WERELD REISGIDS

Verenigde Staten

oost

anwb

Inhoud

Land, volk en cultuur

Reisinformatie

Onderweg

Hoofdstuk 1 – New England

Hoofdstuk 2 – Tussen de Atlantische Oceaan en de Grote Meren

Hoofdstuk 3 – Centrale Atlantische kust

Hoofdstuk 4 – Het zuiden

Hoofdstuk 5 – Florida

Thema's

Alle kaarten in een oogopslag

Waar de Nieuwe Wereld op zijn oudst is

Europeanen bekijken de Verenigde Staten vaak met een wantrouwende blik. Dit geldt vooral voor mensen die het land alleen uit de media kennen en niet uit eigen ervaring. Wie ooit in Amerika geweest is, behoudt in de regel deze kritische blik, maar moet toegeven dat er moeilijk te ontkomen valt aan fascinatie voor de VS.

Niet ver van het wereldberoemde, groen uitgeslagen Vrijheidsbeeld ligt het piepkleine Ellis Island in de Upper Bay van New York, met de unieke skyline van Manhattan op de achtergrond. Tussen 1892 en 1954 was dit de plaats waar 12 miljoen immigranten voor het eerst voet op Amerikaanse bodem zetten. Bijna de helft van de momenteel circa 319 miljoen Amerikaanse staatsburgers stamt van hen af, zo is onderzocht en aangetoond. In de ruime lobby van het Ellis Island Immigration Museum stapelen tassen, koffers, kisten en manden zich op, net als die waarin de nieuwkomers uit alle landen van de wereld hun noodzakelijkste bezittingen hadden gepakt, die ze later aan land sleepten, een onzekere toekomst tegemoet. Deze berg symboliseert de enorme toestroom van emigranten naar de Verenigde Staten, zonder wie het uitgestrekte grondgebied aan de andere kant van de Mississippi niet ingenomen had kunnen worden en Amerika niet was uitgegroeid tot een politieke en economische wereldmacht.

Niet alleen de reusachtige immigratiegolf echter maakte van de Atlantische kust de bakermat van de natie. In de eerste decennia nadat Christoffel Columbus Amerika had ontdekt, verkenden zeelieden de onbekende oostkust van het nieuwe continent. Maar de Europese staten legden vooralsnog nergens een permanente basis aan. Pas in 1565 werd door de Spanjaarden aan de oostkust van Florida de nog steeds bestaande stad St. Augustine gesticht, als eerste nederzetting in de Nieuwe Wereld. In 1607 gingen Engelse kolonisten aan land in de huidige Verenigde Staten en zij stichtten Jamestown (Virginia), de eerste duurzame Engelse nederzetting. In de loop der tijd vestigden Europeanen meer kolonies in onder andere Massachusetts, Pennsylvania, Rhode Island, Connecticut, Maryland, New York en New Jersey, die zich in 1776 als unie van dertien koloniale gebieden onafhankelijk zouden verklaren van Groot-Brittannië, waarna de VS een feit was. Sindsdien heeft het land zich naar het westen uitgebreid en is het uitgegroeid tot een enorme natie van vijftig federale staten. Het 'jongere' westen kent overrompelende landschappen, exotische woestijnen, wereldberoemde nationale parken en grote groepen *native Americans* (indianen), die in het oosten nauwelijks te vinden zijn. Daar stelt de Atlantische kust op zijn beurt historische locaties, slagvelden uit de tijd van de Amerikaanse Revolutie en de Burgeroorlog, monumenten en musea tegenover die de rol van het oosten als historische kern onderstrepen en de bewogen ontstaansgeschiedenis van de Verenigde Staten op duidelijke wijze tot uitdrukking brengen.

Wie meent dat het oosten behalve deze fascinerende historische sporen weinig aan landschapsschoon te bieden heeft, vergist zich evenwel. Van de gekloofde, steile kusten van New England tot aan de koraalbanken van de

Florida Keys maakt het oosten van de VS indruk met zijn schitterende natuur, zoals die in Europa nauwelijks te vinden is. De vlammende herfstbossen van Vermont, Maine en New Hampshire, de grandioze Niagara Falls op de grens met Canada, het vriendelijke, landelijke Pennsylvania met zijn volstrekt on-Amerikaanse amishbevolking, de door de schrijver James Fenimore Cooper van *De laatste der Mohikanen* onsterfelijk gemaakte wildernis van de Adirondack Mountains in het noorden van de staat New York, de eilandenwereld van de Outer Banks van North Carolina, de fascinerende Great Smoky Mountains en de reusachtige moerasgebieden van de Everglades in Florida tonen aan dat het wijdverbreide beeld van het verstedelijkte oosten van Amerika op een misvatting berust.

De talrijke wereldsteden vormen een fraai contrast met deze weelderige natuur. New York City heeft zich hersteld van de gruwelijke aanslag van 11 september 2001 en zijn voormalige dynamiek herwonnen, al zullen de herinneringen aan dit allerdonkerste moment nog lang voortleven. Het Brits aandoende Boston, de hoofdstad Washington D.C. als politieke en culturele etalage van Amerika, Philadelphia met herinneringen aan het ontstaan van de natie, Baltimore met zijn drukke Inner Harbor, Atlanta als opkomende metropool van het zuiden en het enigszins Caribisch aandoende Miami – alle zijn het bolwerken van consumentisme en commercie, trendsetters op het gebied van mode en muziek, goudmijnen van kunst en cultuur, en dat in een even afwisselende als boeiende stedelijke omgeving. Wie van de VS droomt, heeft meestal deze vibrerende metropolen van het oosten voor zijn geestesoog, metropolen waarin tussen de stalen kolossen en de glazen façades het stadsleven sneller en drukker lijkt te verlopen dan waar ook ter wereld. Zo beschouwd is het oosten van de VS een zeer gevarieerd deel van het land, een staalkaart van het huidige en vroegere Amerika, met een steeds wisselend aanzien. Wie hier op zoek gaat naar de roots van het land, maakt ook kennis met culturele verworvenheden, met de modernste trends en met de typisch Amerikaanse way of life. Dit betekent soms echter ook dat men in contact komt met de pijnlijke maatschappelijke problemen van het land.

De schrijver

Manfred Braunger
anwbmedia@anwb.nl

Manfred Braunger deed zijn journalistische praktijkervaring op als redacteur bij een dagblad. In zijn studententijd kocht hij met twee vrienden in de VS een oldtimer en reisde daarmee drie maanden kriskras door het land. Genoeg tijd om het Amerikavirus op te lopen, waarvan hij nog steeds niet genezen is. Na een intermezzo als VS-expert van een Duitse reisorganisatie publiceerde hij een aantal reisgidsen over uiteenlopende delen van de VS.

Het oosten van de VS als reisbestemming

Dat het oosten van de VS bij bezoekers uit de Oude Wereld zo populair is, heeft zijn redenen. De een voelt voel zich goed verzorgd, omdat Oost-Amerikanen in mentaliteit en levenswijze in veel opzichten gelijk zijn aan Europeanen. De ander gaat op weg om in de Nieuwe Wereld te vinden wat Europa niet biedt, zoals de 'Gone with the win'-flair in de zuidelijke staten, de Caribische sfeer op de Florida Keys, de amusementsindustrie van Orlando, de landelijkheid van Pennsylvania Dutch Country, natuurlijke landschappen en door wolkenkrabbers bepaalde wereldsteden.

Het hele oosten in één keer?

Gezien de XXL-geografie kunt u het reisplan het best concentreren op een geselecteerd kleiner deel – zoals de zes staten van New Engeland, waar alleen al in Maine meer dan een half dozijn gedeeltelijk beeldschone vuurtorens de kust decoreren. Of op metropolen als Boston, New York City, Philadelphia of Washington D. C. Misschien combineert u een grote stad met een landelijk gebied, zoals Philadelphia met Pennsylvania Dutch Country of Miami en Miami Beach met de Golfkust van de Keys tot Panama City. Al deze reisregio's hebben een bijzonder karakter en presenteren het 'land van de onbegrensde mogelijkheden' vanuit een regionale invalshoek, omdat natuurlijke omstandigheden, geschiedenis, cultuur en levenswijze van de bevolking in de afzonderlijke delen van de Atlantische kust soms flink van elkaar verschillen.

Over het algemeen gezien is het oosten van de VS met zijn ruige kliffen, imposante baaien, heerlijke eilandparadijzen, idyllische zandstranden, afgelegen gebergten, bruisende metropolen en landelijk rust een gigantische puzzel, die aan facettenrijkdom nauwelijks te overtreffen is.

Aanbevolen routes door de regio

Een reis door de staten van New England kan worden gecombineerd met een fantastisch hoogtepunt: New York. Iedere bezoeker, voor het eerst of terugkerend, kijkt met kloppend hart naar de imposante wolkenkrabberskyline. Het beste ziet u deze vanaf de Staten Island Ferry, die op korte afstand van het Vrijheidsbeeld tussen Battery Park en Staten Island heen- en weer pendelt. Wie in de herfst gaat, reist van de Big Apple meestal verder naar de 'vlammende bossen' van New Engeland, die zich in de Indian summer van hun mooiste kant laten zien. Een langer bezoek in deze regio verdient de historische metropool Boston. In het seizoen van de gekleurde blaadjes ontmoet je veel toeristen in de bossen van New England. Midden in de zomer trekt het tienduizenden naar het grandioze natuurwonder van de Niagarawatervallen aan de Amerikaans-Canadese grens.

Een tocht langs het middengedeelte van de Atlantische kust leidt als eerste naar Philadelphia, waar de wieg van de VS stond – in 1787 werd hier de Amerikaanse Onafhankelijkheidsverklaring getekend. Belangrijke sporen van de Amerikaanse geschiedenis, zoals in het Independence National Historic Parc, vind je midden in de stad. Het interessante Open Air Museum Colonial Williamsburg in Virginia toont het nationale verleden met monumentale gebouwen uit de koloniale tijd en gekostumeerde acteurs.

Niet alleen aan de geschiedenis, maar aan alle takken van wetenschap gewijd zijn de beroemde musea aan de wereldberoemde 'national mall' in Washington D.C. Wie na zo veel historie en cultuur iets luchtigers wil, kan naar de vermaarde casino's aan de Boardwalk in Atlantic City.

Een reis naar de parels van de zuidelijke staten kunt u het beste beginnen in de twee steden Charleston (SC) en Savannah (GA). De unieke zuidelijke flair met betoverende stadspaleizen, plantages en prachtige eikenlanen herinnert aan de tijd van weleer. Niet om het verleden, maar om de toekomst gaat het in het Kennedy Space Center in Florida, dat televisiekijkers uit de hele wereld kennen van shuttle-lanceringen naar het internationale ruimtestation. In een uurtje rijden met de auto is vandaar het enorme pretparkenparadijs bij Orlando bereikbaar. In het stadsdeel South Beach in Miami Beach gaat het alleen puristen slechts om de architectuur van het grootste Amerikaanse art-decodistrict.

Anderen genieten ook van het neonverlichte nachtleven onder de palmen aan Ocean Drive. Even fascinerend is de kunstenaars- en schrijversgemeenschap van Key West aan het einde van de Florida Keys, met een reputatie van de coolst en excentriekste feesten in heel zuidelijk Florida.

De nieuwste culturele trends en historische plaatsen

Afgezien van het fraaie landschap kent het oosten twee voor Amerika belangrijke zwaartepunten. Ten eerste biedt het levendige City Life in de grote metropolen een bijna niet te overtreffen aanbod aan kunst en cultuur, van musea van wereldklasse en theater tot tentoonstellingen, shows en sportevenementen. Daarbij komt het voor een deel exotische gastronomische aanbod uit alle hoeken van de wereld, amusement als een nog steeds groeiend aantal casino's en pretparken, die vooral de omgeving van Orlando tot een droombestemming voor de hele familie maken.

Ten tweede zijn de plaatsen, die op de achtergrond van de ontstaansgeschiedenis van de VS van belang zijn geweest, regelrechte toeristische bedevaartsoorden. Tegenwoordig koestert Amerika de schatten van zijn geschiedenis met overgave, ongeacht of het om onderhoudende openluchtmusea ter grootte van een kleine stad gaat, zoals Williamsburg in Virginia, woningen van beroemde personen, historische plantages, slagvelden uit de

BELANGRIJKE VRAGEN OVER DE REIS

Welke **documenten** heb ik nodig om te VS binnen te komen en tijdens het reizen? zie blz. 60

Van welk **budget** moet ik uitgaan voor een reis door het oosten van de VS? zie blz. 88

Moet ik thuis al **geld** wisselen of pas in de VS? zie blz. 77

Worden er **vaccinaties** aanbevolen, welke **medicijnen** moet je zeker meenemen? zie blz. 78

Wat voor **kleding** moet ik inpakken? zie blz. 81

Wordt er in de VS links gereden zoals in Engeland of rechts als bij ons? En waarin verschillen de **verkeersregels**? zie blz. 62

Wanneer moet je een **auto** huren, ter plaatse of voor het begin van de reis? zie blz.61

Waar vind ik informatie over de **weersverwachtingen**? zie blz. 81

Hoe zit het met de **veiligheid** in het gebied? Welke voorzorgsmaatregelen moet ik treffen? zie blz. 90

Amerikaanse Revolutie of Burgeroorlog, monumentale gebouwen of oude vestingwerken – er zijn volop mogelijkheden om de spannende en afwisselende historie van de Amerikaanse wereldmacht te leren kennen.

Op eigen gelegenheid reizen

Een uitstekend netwerk van wegen, de verkeerstechnische ontsluiting van zelfs afgelegen omgevingen, fiets- en wandelroutes in toeristisch interessante gebieden en overnachtingsgelegenheden te kust en te keur maken het reizen aan de Amerikaanse oostkust eenvoudig. Iets minder uitgebreid is het openbaar-vervoernetwerk. Spoorverbindingen zijn niet vergelijkbaar met de Europese, zeker niet buiten de hoofdroutes tussen de grootstedelijke gebieden.

Bussen zijn met name in de dunner bevolkte gebieden meestal de enige vorm van openbaar vervoer. Amerika is ingesteld op individueel verkeer, waardoor een huurauto vele voordelen biedt. Je bent van alle beperkingen bevrijd, kunt je routes en bestemmingen naar wens veranderen en bent geen waardevolle vakantietijd kwijt aan het wach-

Portland Head Light behoort tot de mooiste plekken aan de kust van Maine

ten op de bus of trein. Een nadeel: in grote steden is moet je vaak lang zoeken naar een parkeerplek. Bovendien is parkeren behoorlijk duur.

Huurauto of camper

Een huurauto kunt u het beste in eigen land reserveren (zie blz. 61). De meeste verhuurders bieden voordelige arrangementen met een onbegrensd aantal kilometers en verzekering. Wie een huurautoreis door het oosten van de VS wil maken, moet zich afvragen of hij de auto wel van de eerste tot de laatste dag nodig heeft. Veel reizigers beginnen een Amerikaanse vakantie met een meerdaags verblijf in de omgeving waar ze landen. Wie bijvoorbeeld naar New York vliegt en twee of drie dagen in de stad blijft, doe er goed aan om met het openbaar vervoer van de luchthaven naar de stad te reizen en de auto pas op te halen als de roadtrip begint. Het spaart ook kosten wanneer je een stadsbezichtiging op de plaats van vertrek aan het einde van de reis plant, omdat je de auto dan eerder kunt inleveren. Bij een meerdaagse reisonderbreking een huurauto afgeven en voor de verdere reis een nieuwe huren, kan vanwege de hogere enkelereishuur soms duurder zijn dan de auto de hele tijd te houden.

Wie met een camper (RV = Recreation Vehicle) door het oosten van de VS wil reizen, moet erop letten een auto in geen geval met het maximaal mogelijke aantal personen te huren, maar eerder een grotere categorie te kiezen. Vooral op reis met kinderen moet je ervoor zorgen dat binnen voldoende plaats is, omdat er anders conflicten kunnen ontstaan. Ook bij de planning van het aantal kilometers kun je beter ruim inschatten. De met niets in Europa te vergelijken uitgestrektheid van het land heeft een verleidelijk effect en nodigt uit tot spontane uitstapjes.

Voor de korte termijn: georganiseerde reizen

Met een georganiseerde reis, inclusief professionele reisbegeleiding, kun je heerlijk ontspannen reizen. Organisatorisch hoef je je nergens druk over te maken, taalbarrières vormen geen probleem en voor alle vragen en problemen heb je een bekwame contactpersoon. Het nadeel: je volgt een vast reisplan, bent voortdurend onderworpen aan de groepsdynamiek en hebt maar beperkt de mogelijkheid om je reis individueel vorm te geven. Wie graag zelfstandig reist, kan door reisexperts een vakantie met een huurauto of camper laten organiseren. In Nederland en België vind je een groot aantal organisaties voor rondreizen door het oosten van de Verenigde Staten.

Uw reis plannen

Planning

Bij de volgende reisplanningen is rekening gehouden met reizigers die over een beperkte hoeveelheid tijd beschikken.

1. New England

De zes staten van New England (Connecticut, New Hampshire, Maine, Massachusetts, Rhode Island en Vermont) vormen afgezien van een paar grotere steden een dunbevolkte omgeving. Met uitzondering van Vermont grenzen al deze staten aan de Atlantische

De hoofdstukken in deze gids

kust, die vooral bekendstaat om de kreefvisserij. De twee bergketens White en Green Mountains bepalen het binnenland. Onofficiële hoofdstad is het 650.000 inwoners tellende Boston in de staat Massachusetts.

Boston *White Mountains*

Goed om te weten: een doorgaande kustweg is er niet. Veel kleinere plaatsen en kuststroken zijn alleen bereikbaar via zij- en omwegen. Voor een strandvakantie is de regio slechts gedeeltelijk geschikt. Veel kuststroken zijn particulier bezit en de toegang tot het water is op veel plaatsen tot de State Parks en State Beaches beperkt.

Bovendien zijn de watertemperaturen eerder geschikt voor pinguïns. In plaats van te zwemmen kun je beter een walvistocht boeken of kreeft gaan eten in een restaurant. In het binnenland lonken de schitterende berg- en boslandschappen, die tijdens de Indian summer de herfst een fantastische kleur krijgen. Ook beeldschone dorpen en glinsterende meren dragen bij aan het idyllische beeld van New England.

Tijdschema

Boston:	3 dagen
Rijtijd van Boston naar het Acadia National Park:	5-6 uur
Rondreis door New England:	14 dagen tot drie weken

Extra excursies: voor een prachtige impressie van New Engeland gaat u naar de kust tussen de universiteitsstad New Haven en het plaatsje Mystic. Hier vindt u het Seaport Museum dat aan de walvisgeschiedenis is gewijd.

2. Tussen de Atlantische Oceaan en de Grote Meren

De belangrijkste stad in dit deel van het land is natuurlijk New York City met zijn wereldberoemde bezienswaardigheden, zoals het Vrijheidsbeeld, het nieuwe One World Trade Center, het Empire State Building, Times Square en de Brooklyn Bridge. Maar ook Cleveland en Pittsburgh, andere grote agglomeraties in de regio, bieden een enorm aanbod aan culturele, historische en gastronomische hoogtepunten. Dat is niet altijd zo geweest: in de 18e eeuw begon tussen de Atlantische kust en Lake Ontario en Lake Erie de Amerikaanse Industriële Revolutie.

Veel stadsdelen in Cleveland en Pittsburgh herinneren nog aan het inktzwarte verleden, dat echter al lang heeft plaatsgemaakt voor een omvangrijke moderne structurele verandering. Weg van deze stedelijk centra duikt u bijvoorbeeld in de Adirondack en Catskill Mountains in New York State, maar ook in Wine Country aan de zuidoever van Lake Erie met wijngaarden en -huizen in een rustige, landelijke sfeer. Wijngaarden gedijen ook op de hellingen van de Hudson Valley, ertussen bouwden in de afgelopen eeuw en daarvoor businesstycoons en politici met hun miljoenen vorstelijke landhuizen.

De Amerikaanse Revolutie en de Burgeroorlog hebben in deze omgeving eveneens zichtbare sporen achtergelaten, zoals in Gettysburg in Pennsylvania en Morristown in New Jersey.

Manhattan *Niagara Falls*

Goed om te weten: wie van Manhattan naar het noorden wil, kan het beste de route door de Hudson Valley kiezen, die landschappelijk gezien aan het Duitse Rijndal herinnert.

Tijdschema

New York City:	3-4 dagen
Niagarawatervallen:	2 dagen

Extra excursies: wie zich voor het bijzondere 19e eeuwse landleven van de Amish People interesseert, vindt meerdere gemeentes als Berlin, Kidron en Millersburg im Holmes County ten zuidwesten van Akron (Ohio). Tijdens een landelijk uitstapje is het hier en daar net of je tweehonderd jaar terug in de tijd bent gegaan.

3. Centrale Atlantische kust

Dit deel van de oostkust wordt cultureel gedomineerd door de twee metropolen Washington D.C. en Philadelphia, landschappelijk door de fraaie Atlantische kust, de Appalachenbergketen en de westelijk daarvan gelegen, eerder landelijke staat West Virginia. In Washington D.C. is de zogenaamde Mall tussen het Capitool en het Lincoln Memorial met zijn beroemde monumenten en musea de belangrijkste attractie. Philadelphia scoort met een midden in de stad gelegen nationaal park, waar de dramatische historie van de Amerikaanse onafhankelijkheid centraal staat. Totaal on-Amerikaans met paardenkoetsen in plaats van auto's zijn de talrijke amish- en mennonietengemeenschappen in Pennsylvania Dutch Country bij Lancaster.

- *Philadelphia*
- *Atlantic City*
- *Washington D.C.*
- *Williamsburg*

Luray Caverns

Goed om te weten: wie van New Jersey tot North Carolina de kustlijn wil volgen, moet zich goed over de dienstregelingen respectievelijk reserveringen voor de autoveerboten Cape May-Lewes en Ocracoke-Cedar Island informeren. Bij de overnachting in Atlantic City kunt u besparen, door uw verblijf tussen zondag en donderdag te plannen.

Tijdschema

Washington D.C. en Philadelphia:	elk 3 dagen
Centraal-Atlantische kust:	2-3 weken

Extra excursies: ver weg van de stedelijke hectiek en de drukte van de stad rijdt u over de beboste bergrug van de Appalachenketen van de legendarische Blue Ridge Parkway van het Shenandoah National Park in Virginia naar het op de staatsgrens van Tennessee gelegen Great Smoky National Park, waar zwarte beren, wasberen en bosmarmotten leven. Wie meer zin heeft in zee en strand, kan naar de voor de kust gelegen Outer Banks, een mooie ruige eilandenketen met eenzame zandstranden, aantrekkelijke duikgebieden en herinneringen aan de luchtvaartpionier Wright.

4. Het zuiden

Enigszins gedateerd, maar misschien juist daarom zo sfeervol ontvangt het zuiden zijn bezoekers. Dat geldt met name voor de betoverende, te midden van schitterende oude plantages gelegen plaatsen Charleston en Savannah. Terwijl in deze pittoreske stadjes vooral een provinciale charme hangt, kent de regionale metropool Atlanta met zijn grote wolkenkrabbers en verkeersknooppunten een veel nuchterder karakter. Weer heel anders is Nashville in Tennessee, waar de verbondenheid met de countrymuziek al lange tijd karakteristiek is voor de stad. De beroemde bourbonstokerij Jack Daniel's ligt in Tennessee. Je mag de bourbon (Amerikaanse whiskey) hier wel kopen, maar opvallend genoeg is drinken vanwege de alcoholwetten niet toegestaan.

- *Savannah*
- *Charleston*

Goed om te weten: ingangen van het Okefenokee Swamp vind je in Waycross, Fargo en Folkston. Van half mei tot augustus is een goede bescherming tegen de zoemende kleine plaaggeesten onontbeerlijk.

Tijdschema

Atlanta:	2-3 dagen
Charleston en Savannah:	elk 2-3 dagen
Antebellum Trail:	1 dag

Extra excursies: buiten Charleston kunt u verscheidene historische plantages bezichtigen. Aan de 100 mijl lange Antebellum Trail in de perzikstaat Georgia tussen Athens en Macon vieren dromerige kleine steden hun vergangenheid met victoriaanse residenties en zuilenvilla's uit de tijd van de Amerikaanse Burgeroorlog (1861-1865). Wie altijd al

Het eiland Key Biscayne ligt direct voor Downtown Miami

eens een moeras had willen verkennen, kan een uitstapje maken naar het ongerepte Okefenokee Swamp aan de grens met Florida, een waar labyrint van pikzwarte poelen en smalle kanalen vol alligators voor een avontuurlijk kano-avontuur.

5. Florida

De populairste kust van de Sunshine State is die aan de oostkant met het koloniale stadje St. Augustine, het fascinerende Kennedy Space Center, superstranden als Daytona Beach en Cocoa Beach, de miljonairshoek Palm Beach, het 'Venetië van Florida' Fort Lauderdale en ten slotte de rusteloze metropool Miami. In het achterland van de kust heeft Orlando zich ontwikkeld tot amusementscentrum met wereldberoemde pretparken. In het uiterste zuiden vormen de subtropische Florida Keys een voorbode op het Caribisch gebied. Dit is een 100 mijl lange keten van met palmen begroeide koraaleilanden, turquoise zwembaaien en poedersuikerstranden. Minder druk bezocht, maar toch zeker bezienswaardig zijn de kust aan de Golf van Mexico en de zogenaamde Panhandle in het noordwesten.

- *Orlando*
- *Kennedy Space Center*
- *Miami Beach*

Key West

Goed om te weten: in het tropische deel van Florida heerst een vochtig, subtropisch klimaat en in het zuiden zelfs een tropisch klimaat. De heetste maanden zijn juli en augustus met zwoele temperaturen tot 35°C. Deze periode zijn het beste aan de kust met een constante bries uit te houden. Tussen juni en september valt de meeste neerslag. Het orkaanseizoen duurt van juni tot november.

Tijdschema

Orlando:	3 dagen
Miami en Miami Beach:	3 dagen
Everglades N.P.:	halve dag
Florida Keys vanuit Miami:	2-4 dagen

Extra excursies: het Everglades National Park is een enorm moeras vol alligators, schildpadden, slangen en wilde vogels. Vanaf de hoofdingang bij Homestead leidt de centrale parkweg naar Flamingo (38,5 mijl). Twee andere toegangen vind je bij Shark Valley aan de Old Tamiami Trail (Hwy 41) en westelijker bij Everglades City.

Suggesties voor rondreizen

New Engeland (2 weken)

1e-2e dag: aankomst in Boston. Freedom Trail over de Amerikaanse geschiedenis.
3e dag: via Salem gaat u naar Gloucester respectievelijk Rockport de de schilderachtige Cape Ann en verder naar Kennebunkport (130 mijl).
4e dag: via Portland, Boothbay Harbor en Camden bereikt u het Acadia National Park (207 mijl).
5e dag: autorit of wandeling door de gemengde bossen van het Acadia National Park.
6e dag: terugrit via Wiscasset en de shoppingbestemming Freeport naar Portland (155 mijl).
7e dag: landinwaarts naar de White Mountains. Na het uitstapje naar Mount Washington verder naar Lincoln (155 mijl).
8e dag: richting het zuiden. Stop in Concord en Lexington (130 mijl).
9e dag: korte dagrit via Providence naar Newport (90 mijl).
10e dag: vanuit Newport via New Bedford naar Falmouth op Cape Cod (72 mijl) – boottocht naar het eiland Martha's Vineyard.
11e dag: via Hyannis en Chatham naar Provincetown (80 mijl).
12e dag: van Provincetown naar het openluchtmuseum en Plymouth (78 mijl).
13e-14e dag: terugreis naar Boston en vertrek (40 mijl).

Metropolen en kusten (3 weken)

1e-3e dag: aankomst in New York City en verkenning van Lower Manhattan.
4e-5e dag: rit via de universiteitsstad Princeton naar Philadelphia met stadsbezichtiging (100 mijl).
6e dag: over land gaat het naar Lancaster in het Pennsylvania Dutch Country (70 mijl).
7e dag: vanuit York bereikt u de kust weer bij Baltimore (80 mijl).
8e-10e dag: Washington D.C. met een bezoek aan de musea van de Smithsonian Institution en het Lincoln Memorial (45 mijl).
11e dag: via Fredericksburg ledit de plantageroute naar Richmond (150 mijl).

12e dag: wandeling door Richmond, 's middags langs het Richmond Mural Project met interessante Street Art.
13e dag: rit naar het gebied Hampton Roads (100 mijl).
14e dag: bezichtigingen in Newport News, Hampton, Norfolk en Virginia Beach.
15e dag: rit door de Chesapeake Bay Bridgetunnel naar Virginia's Eastern Shore en Chincoteague Island (105 mijl).
16e dag: via Ocean City naar Lewes en met de veerboot naar Cape May (110 mijl).
17e dag: bezichtiging van de victoriaanse badplaatsen van Cape May.
18e-19e dag: rit naar het casinoparadijs Atlantic City (50 mijl).
20e-21e dag: terugreis naar New York City en vertrek (130 mijl).

De zuidelijke staten (4 weken)

1e-2e dag: heenreis en bezichtiging van Atlanta in de voetsporen van Martin Luther King.
3e dag: rit naar Athens (76 mijl).
4e dag: via Augusta naar Charleston aan de kust (260 mijl).
5e-6e dag: bezichtiging van Charleston. De volgende dag een plantagetour in de omgeving.
7e dag: vanuit Charleston via Beaufort en Hilton Head Island naar Savannah (140 mijl).
8e dag: bezichtiging van het historische district van Savannah en de Waterfront.
9e dag: na een stop in het idyllische zuidelijke stadje Fernandina Beach verkent u 's avonds St. Augustine (205 mijl).
10e dag: langs de kust gaat u naar Daytona Beach en verder naar het Kennedy Space Center bij Titusville. Eerste overnachting in Orlando (170 mijl).
11e-13e dag: op het programma staan de beroemde pretparken van Orlando, van Walt Disney World tot Universal Studios.
14e dag: reisdag naar Miami (240 mijl).
15e-16e dag: bezichtiging van Miami en Miami Beach met zijn fonkelende Ocean Drive en het art-decodistrict.

17e dag: 's ochtends alligators bekijken in het Everglades N.P. 's Avonds een overheerlijke *sundowner* drinken op Key West (190 mijl).
18e dag: een dagje wemmen en snorkelen op de Keys.
19e dag: weer op het vasteland gaat u verder naar Naples (270 mijl).
20e dag: langs de Golfkust van Naples via Sanibel Island en Fort Myers naar Sarasota (215 mijl).
21e dag: van Sarasota met een strandpauze op St. Pete Beach via Treasure Island en Clearwater naar Tampa (80 mijl).
22e dag: de dag in Tampa brengt u door met de bezichtiging van het historische Ybor City, de Bush Gardens en het gerenommeerde Tampa Museum of Art.
23e dag: langs de noordelijke Golfkust rijdt u van Tarpon Springs via Homosassa naar Tallahassee (270 mijl).
24e dag: via Apalachicola naar de kustroute van Panama City Beach (145 mijl).
25e dag: stranddag in Panama City Beach.
26e dag: aankomst en bezichtiging van Macon met zijn fraaie villa's (210 mijl).
27e dag: vanuit Macon gaat u over de Antebellum Trail naar Madison, een victoriaanse parel, en terug naar Atlanta (130 mijl).
28e dag: vertrek vanuit Atlanta.

Land, volk en cultuur

Meteen na de ontdekking van Amerika werd het bedacht
Manfred Hinrich (1926-2015), filosoof en schrijver

Bij het Festival Sail Boston leggen historische zeilschepen aan bij Long Wharf

Het oosten van de VS in het kort

Feiten en cijfers

Naam: Verenigde Staten Oost

Oppervlakte: 1,21 miljoen km^2 (alleen VS-Oost). Dat is ongeveer 325 maal de oppervlakte van Nederland
Staten: Connecticut, Maine, Massachusetts, New Hampshire, Vermont, Rhode Island, New York, New Jersey, Ohio, Pennsylvania, Maryland, Delaware, West Virginia, Virginia, North en South Carolina, Tennessee, Georgia, Florida
Hoofdstad: Washington D.C.

Officiële taal: Engels
Inwoners: 134 miljoen (alleen VS-Oost)
Bevolkingsdichtheid: 140 inw./km^2
80% van de bevolking is woonachtig in stedelijk gebied
Levensverwachting: mannen: 74,5 jaar, vrouwen 80,8 jaar
Valuta: US-dollar ($). De dollar *(greenback)* is onderverdeeld in 100 cents. Er zijn biljetten van 1, 2, 5, 10, 20, 50 en 100 dollar

Tijdzones: Eastern Time (MET -6 uur) en Central Time (MET -7 uur)
Landnummer: 001
Vlag: de rode en witte strepen op de Amerikaanse vlag (die als bijnaam de *star spangled banner* draagt) staan voor de dertien oprichtingsstaten. De vijftig witte vijfpuntige sterren op een blauwe achtergrond symboliseren de vijftig federale staten van nu. Kleursymboliek: het wit staat voor zuiverheid en onschuld, rood voor dapperheid en uithoudingsvermogen en blauw voor waakzaamheid, standvastigheid en gerechtigheid.

Geografie

De oostkust van de Verenigde Staten ligt tussen de 49e en 25e breedtegraad en loopt van Maine in het noorden tot aan de zuidpunt van Florida, een afstand van 3000 km. In de breedte strekt het gebied zich circa 800 km uit van de Atlantische kust naar het westen. Langs de kust ligt een bijna 1700 km lange reeks van eilanden en zandbanken. Hier hebben zich grote baaien als de Chesapeake Bay (Maryland/Virginia) gevormd, waar de oceaan is binnengedrongen in de mondingen van rivieren. Achter de kust strekt zich in het zuiden een grote vlakte uit tot aan de voet van de Appalachen. Dit vooral door loofbomen begroeide gebergte loopt van Canada tot Alabama en heeft in de Mount Mitchell (2037 m) in North Carolina zijn hoogste top. Ten westen van de Appalachen wordt het landschap tussen de Canadese grens en de Grote Meren enerzijds en de Golf van Mexico anderzijds bepaald door een enorm continentaal bekken.

Geschiedenis

De eerste duurzame Engelse nederzetting op Amerikaanse bodem was Jamestown (Virginia), gesticht in 1607. In 1620 kwamen de Pilgrim Fathers, een groep puriteinen, met hun schip de Mayflower aan in Plymouth (Massachusetts). In 1733 leefden Engelse kolonisten in dertien kolonies langs de Atlantische kust. Het Eerste Continental Congress van 1774 verscherpte het verzet van de Amerikaanse kolonies tegen de als onderdrukkend ervaren

Britse politiek. Ten tijde van de Vrijheidsoorlog (Amerikaanse Revolutie, 1775-1783) scheidden de Verenigde Staten zich af van het moederland Groot-Brittannië. Op 4 juli 1776 proclameerden dertien staten in Philadelphia hun onafhankelijkheid. De Burgeroorlog (1861-1865) maakte een einde aan de slavernij en bevorderde de ontwikkeling van de Verenigde Staten tot een nationale eenheidsstaat. Industrie en economie bepaalden het land in steeds sterkere mate en bereidden het voor op een opmars naar de wereldmacht. De New Yorkse beurskrach van oktober 1929 stortte de hele wereld in een economische crisis, dus ook Amerika. President Roosevelt probeerde deze crisis op te vangen met het sociale programma New Deal. De periode na de Tweede Wereldoorlog stond enerzijds in het teken van economische welvaart en anderzijds van diepgravende maatschappelijke omwentelingen. Deze vonden onder meer uitdrukking in de burgerrechtenbeweging, de demonstraties tegen de Vietnamoorlog, de flowerpowerbeweging en de massale conservatieve tegenbeweging vanaf begin jaren 80. Aan het begin van de 21e eeuw bleef de Verenigde Staten na de ineenstorting van de Sovjet-Unie over als enige echte wereldmacht.

Staat en politiek

De VS kennen een presidentieel regeringssysteem met aan het hoofd een president die om de vier jaar wordt gekozen. In januari 2017 werd de nieuw gekozen Amerikaanse president Donald Trump geïnstalleerd. De wetgevende macht ligt in handen van het uit twee kamers (Senaat en Huis van Afgevaardigden) bestaande Congres. De afgevaardigden worden voor twee jaar, de senatoren voor zes jaar gekozen. Het Hooggerechtshof (Supreme Court) is het hoogste rechtscollege. De stabiliteit van de oudste geschreven grondwet *(constitution)* ter wereld blijkt uit de tot nu toe 27 toegevoegde artikelen *(amendments)*. Mede dankzij het meerderheidsstelsel zijn twee partijen verreweg de belangrijkste, de Republikeinen en de Democraten.

Na de meedogenloze presidentiële verkiezingscampagne in 2016 vormden zich in veel steden in het land protestbewegingen tegen de racistische en seksistische houding van de nieuwe president Donald Trump – een absoluut nieuw fenomeen. De personele samenstelling van Trumps regering en zijn aangekondigde positie in de internationale politiek wekte wereldwijd zorgen op over de toekomstige buitenlandse politieke koers van de VS.

Economie en toerisme

De VS is goed voor circa 20% van het jaarlijkse wereldinkomen. De economische dynamiek van het land is onder andere het gevolg van een uitgestrekt en goed ontsloten grondgebied met een enorme voorraad grondstoffen en een omvangrijke interne markt van circa 319 miljoen consumenten. Het bruto binnenlands product (bbp) wordt vooral bepaald door de dienstensector (56%), de industrie (14%) en de land- en mijnbouw (elk 1,5%). Jaarlijks worden er zo'n 40 miljoen toeristen geregistreerd, die $ 90 miljard besteden.

Bevolking en religie

Meer dan 56 miljoen mensen zijn tot nu toe naar de VS geëmigreerd Zij hebben bijgedragen aan de etnische en culturele variëteit in het land. Van de circa 134 miljoen inwoners van het oosten zijn er circa 103 miljoen (77,3%) blank, onder wie mensen van Latijns-Amerikaanse afkomst. Er leven 18 miljoen (13,6%) Afro-Amerikanen, 10 miljoen (6,8%) mensen van Aziatische of Pacifische afkomst en circa 3 miljoen (2,3%) native Americans (indianen) en Inuit. Ongeveer 62% van de bewoners behoort tot een religieuze gemeenschap, waarvan er in totaal 238 zijn. Hiervan vormen de katholieken (26%), protestanten (doopsgezinden, methodisten, lutheranen, presbyterianen; 27,5%) en de joden (2,6%) de grootste groeperingen.

Natuur en milieu

Steile kusten met fjorden en kreeftgronden, eindeloze zandstranden, indrukwekkende baaien, door koraalriffen omzoomde eilanden, meer dan 2000 m hoge bergen met kleurrijke bossen in de Indian summer en in ijs en sneeuw verstarde toppen: tussen Canada en het Caribisch gebied kan de natuur nauwelijks veelzijdiger zijn.

Landschapsvormen

De oostelijke staten strekken zich uit langs de Atlantische kust van de grens met Canada tot aan de rand van het Caribisch gebied, waar de zuidpunt van Florida slechts 150 km verwijderd is van Cuba. In Europa zou dit 1,2 miljoen km² grote gebied van Parijs tot aan Noord-Egypte reiken. Het feit dat het zich over 3000 km uitstrekt van noord naar zuid heeft natuurlijk gevolgen voor het klimaat, de flora en de fauna, en tevens voor de levenswijze van de mensen. Wanneer je de wouden van New England vergelijkt met de subtropische eilanden in Florida of de moerasgebieden in het zuidoosten, wordt duidelijk dat de landschappen in het oosten van de Verenigde Staten zeer verschillend zijn. Het reliëf wordt bepaald door drie **landschapstypen**: de Atlantische kustvlakte, het middelgebergte van de Appalachen en ten westen van deze bergrug het reusachtige continentale bekken dat het grootste deel van het midden van de VS bepaalt.

Atlantic Coastal Plains

Atlantische kust

Eén blik op de landkaart maakt duidelijk dat baaien, kapen en eilanden een groot stempel drukken op de Amerikaanse Atlantische kust. New England bijvoorbeeld dankt zijn landschapsschoon onder andere aan op fjorden lijkende baaien, waarin de branding bontgekleurde boeien laat dansen met schilderachtige vuurtorens op de achtergrond. Aan deze kust ligt het enige nationaal park van New England, Acadia. De Atlantische kust ten zuiden van Virginia ziet er heel anders uit. Hier schermen langgerekte zandbankeilanden als natuurlijke golfbrekers het vasteland af van de branding. De subtropische Florida Keys tonen weer een ander gezicht, met hun turquoise baaien en Caribisch aandoende poedersuikerstranden, waarvoor het op twee na grootste koraalrif ter wereld ligt. De Sunshine State met zijn kustlijn van 13.000 km is een belangrijke toeristische trekpleister.

Kustvlakte

Terwijl in New England de uitlopers van de Appalachen soms tot aan de Atlantische Oceaan reiken, strekt zich van de monding van de Hudson tot aan Florida een kustvlakte uit van gemiddeld 300 km breed. Hierin liggen de grootste **bevolkingsconcentraties** van het oosten van de Verenigde Staten: Boston, New York, Washington, Philadelphia en Atlanta. Karakteristiek voor deze slechts weinig boven zeeniveau gelegen regio zijn ook de uitgestrekte moerasgebieden, zoals de Okefenokee Swamp en drassig land in New Jersey en North en South Carolina. Ten noorden van de Golf van Mexico heeft de kustvlakte een gelijk karakter.

Waar de zee is binnengedrongen in de riviermondingen hebben zich enorme baaien gevormd, zoals de Delaware Bay en Chesapeake Bay in Maryland en Virginia, de Albemarle Sound in South Carolina en de Tampa Bay in Florida. Grote rivieren als de Hudson, Delaware, Susquehanna, Potomac en Savannah staan dankzij de forse neerslag altijd vol

Uitzicht vanaf de Franconia Ridge Trail in New Hampshire over de White Mountains

water en zijn in de kustvlakte bevaarbaar. Ze zijn tevens verantwoordelijk voor de watertoevoer aan de steden en voor de irrigatie van landbouwgronden. Alleen al in Maine hebben gletsjers uit de ijstijd 2200 meren achtergelaten. Tot de indrukwekkendste getuigen uit deze periode behoren de vijf Grote Meren: Lake Ontario, Lake Erie, Lake Huron, Lake Michigan en Lake Superior aan en over de grens met Canada, het grootste zoetwaterreservoir op aarde. Waar Lake Ontario en Lake Erie samenkomen, liggen de Niagara Falls, een van de grootste natuurwonderen van de oostelijke Verenigde Staten.

Appalachian Mountains

Vanaf de kustvlakte loopt het terrein omhoog via het Piedmontplateau tot aan de grofweg in noord-zuidrichting van Canada tot aan Alabama verlopende Appalachen, die zo karakteristiek zijn voor het reliëf van de oostkust. De White Mountains in New England, de Blue Ridge Mountains in Virginia en North Carolina en de Great Smoky Mountains aan de grens met Tennessee maken deel uit van deze **bosrijke bergketen**. Dit middelgebergte, dat 450 miljoen jaar geleden in het paleozoïcum werd gevormd, heeft in de Mount Mitchell (2037 m) in North Carolina zijn hoogste top. Mount Washington is met zijn 1917 m de hoogste berg van de White Mountains in New Hampshire – een molshoopje vergeleken met de toppen van de Sierra Nevada of de Rocky Mountains. Door zijn ligging op het snijpunt van drie windgangen heerst er op de bergtop een uitgesproken poolklimaat. Zelfs op warme herfstdagen, wanneer de Indian summer de hele regio in kleurenpracht zet, wordt de bezoeker op deze top ontvangen door een ijskoude mist, rukwinden en een in ijs verstard landschap, dat men hier niet voor mogelijk had gehouden.

Central Lowlands

Ten westen van de Appalachen strekt zich een tot 2500 km **brede continentale vlakte** uit, die tot aan de voet van de Rocky Mountains reikt. Toen in het begin van de 19e eeuw de industrie in het noordoosten van de VS zich begon te ontwikkelen, waren vooral de gemakkelijk te exploiteren steenkool- en ijzerertsvoorraden van groot belang. Dankzij de nabije ligging en de toenemende vraag naar metalen voor de vervaardiging van spoorlijnen en machines werd Pittsburgh in 1815 het centrum van de wereld der ijzergieters, werktuigbouwers en machinefabrikanten.

Flora en fauna

Plantenwereld

Ten tijde van het begin van de Europese kolonisering was ongeveer de helft van het huidige territorium van de Verenigde Staten bedekt met bossen. Inmiddels is het bestand nog maar een kwart van de oorspronkelijke grootte. Maine met 80 en Vermont met 65% aan bossen, die in de pionierstijd bouw- en brandstof leverden en later ook de grondstoffen voor celstof- en papierfabricage, steken ver boven het landelijk gemiddelde uit. De naaldbomen zijn overwegend balsemzilversparren en op rotsige ondergrond ook pekdennen en witte sparren in de nabijheid van de kust. Het gemengd bos bestaat uit espen, elzen, zwarte essen en berken. De Appalachen zijn deels bedekt door secundaire bossen. Met name in de 19e eeuw werden enorme oppervlakken gekapt en platgebrand. De suikeresdoorn, gele berk, bitternoot, fijnspar en hemlockspar in het Shenandoah National Park in Virginia zijn compleet te danken aan de bemoeienissen van de National Park Service sinds 1936. Great Smoky Mountains National Park tussen Tennessee en North Carolina kent met ruim 120 boomsoorten een nog uitgebreidere diversiteit. Het park heeft er baat bij dat grote delen ervan nooit in dezelfde mate zijn gekapt als in Shenandoah. In het voorjaar en de vroege zomer veranderen rododendrons en azalea's de bergen in een bloemenparadijs.

Dierenwereld

Sinds het begin van de kolonisering is het leefgebied van de dieren in de VS door bevolkingstoename en de ontwikkeling van de menselijke beschaving sterk in omvang afgenomen en is hun aantal voor een deel ook drastisch verminderd. Al in de 17e eeuw speelde de pelshandel met de indianen voor de in Noord-Amerika rivaliserende Europese naties een belangrijke rol. De jacht op elanden, zwarte beren, witstaartherten, lynxen, coyotes, wolven en wasberen kwam daarbij op de tweede plaats. Het ging vooral om bevers, omdat beverhuiden essentieel zijn voor de vervaardiging van vilt. Aangezien vilten hoeden in Europa in de mode waren, nam de beverpopulatie sterk af, totdat deze knaagdieren eind 19e eeuw praktisch uitgeroeid waren. Pas tientallen jaren later sorteerden maatregelen om de diersoort te behouden effect.

Bedreigde karetschildpadden

Aan de Atlantische kust tussen Virginia en Florida loopt het zeeschildpaddenseizoen van maart tot september. Alleen al aan de stranden van Georgia worden jaarlijks tot 1500 nesten met eieren van de onechte karetschildpad (Caretta caretta) geteld, aan de oostkust van Florida is het aantal circa 14.000. Diverse kustplaatsen, zoals Juno Beach en Hobe Sound, organiseren avondlijke rondleidingen, waarbij de deelnemers naar afgezette stukken strand worden gevoerd en kunnen bekijken hoe de schildpadden nesten bouwen en eieren leggen. Twee maanden later kruipen de jonge dieren uit het ei en proberen ze de circa 3 km voor de kust gelegen zeewiergebieden te bereiken. Tal van milieuorganisaties houden zich bezig met de bescherming van de nesten tegen coyotes, wasberen, gordeldieren en vossen.

Poema's en lamantijnen

Tot de bedreigde diersoorten behoort de floridapoema (Puma concolor coryi), een diersoort die in de Sunshine State vrijwel alleen nog op de nummerplaten van auto's te zien is, waarmee een beschermingscampagne wordt gepromoot en gefinancierd. Veel natuurbeschermers hebben ook hun hart verpand aan de lamantijn (Trichechus manatus), een zeekoesoort. Dit maximaal 4 m lange zoogdier, dat elke dag tot 50 kg aan planten consumeert, heeft een soort verkreukelde buldogkop. In de ondiepe, warme kustwateren van Florida zwemmen nog maar enkele duizenden exemplaren rond, Hun aantal heeft vooral te lijden gehad onder de gemotoriseerde watersport, en dat terwijl de wijfjes slechts één keer in de drie tot vijf jaar een jong ter wereld brengen.

Fraaie kleuren: een paartje ara's op Jungle Island in Miami

De jaargetijden

De staat Maine is blootgesteld aan het guurste klimaat van de oostkust. In Caribou aan de grens met Canada bedraagt de gemiddelde maximum- respectievelijk minimumtemperatuur in januari -7°C respectievelijk -17°C, vergeleken met 24°C respectievelijk 18°C in januari en 32°C respectievelijk 27°C in juli in Key West in het uiterste zuiden van Florida. In de winter kan koude lucht uit het noorden doordringen tot in Florida, waardoor soms hele sinaasappelplantages worden verwoest. Andersom schuift een warmeluchtfront in de zomer vanuit de Golf van Mexico ver op langs de oostkust. Dit ongehinderd doorstromen van lucht wordt mogelijk gemaakt door de in noord-zuidrichting verlopende Appalachen, die met hun langgerekte dalen het transport van koude of warme lucht vergemakkelijken. De broeierige hitte, die zelfs het zuiden van New England tropische temperaturen bezorgt, is moeilijk te verdragen.

In de noordelijke helft van de Atlantische regio gedraagt de winter zich soms extreem, met temperaturen tot onder – 30°C en bergen sneeuw. Regelmatig zijn Maine, New Hampshire en Vermont in het koude jaargetijde bedekt door een prachtige witte laag.

Indian summer

Het mooiste jaargetijde in New England is de Indian summer (zie blz. 116). Deze periode, waarin de bladeren prachtige kleuren aannemen, is afhankelijk van verscheidene factoren en niet exact te dateren. In de regel gaat het om de periode tussen half september en eind oktober, wanneer warme dagen en koude nachten elkaar afwisselen en de bossen van Maine tot aan New York vlammend gekleurd zijn.

Krankzinnig weer

Van juni tot november is het in het zuidoosten orkaanseizoen. De **wervelstormen** trekken soms met een geweldige en verwoestende kracht over zee en land. Ze ontstaan in het zuidoosten voor de Atlantische dan wel de Golfkust in een lagedrukgeul, wanneer het door de intensieve zonneschijn verwarmde zeewater verdampt. Daardoor ontstaat een enorme turbulentie in de atmosfeer, waarvan de richting moeilijk te voorspellen is. In het National Hurricane Center in Miami wordt informatie over naderende wervelstormen gebundeld en geëvalueerd. Het behoort tevens tot de taken van het centrum om op tijd waarschuwingen uit te laten gaan of evacuaties te organiseren.

Intracoastal Waterway: een vochtige hoofdweg

De legendarische Panamericana aan de Pacifische kust, ook wel bekend als Dream Road of the World, heeft een vochtige pendant aan de Atlantische kust: de 4827 km lange Atlantic Intracoastal Waterway (ICW) tussen Boston en Key West in Florida.

Geen vaartraject in het oosten van de VS is zo populair als deze voor een deel uit kanalen, maar grotendeels uit rivieren, baaien bij mondingen en lagunes bestaande vochtige Dream Road, die soms ook dwars door een meer loopt. Talrijke passages worden overspannen door in een zeer langzaam tempo werkende draai- en hefbruggen, die doen denken aan een boottocht over een Europees kanaal, en ze dragen daarmee bij aan de ontspannen sfeer.

De ware schoonheid van deze waterweg bestaat uit het steeds wisselende decor. Op veel plaatsen vormen beboste oevers 'groene tunnels' en het water kleurt soms bruin als sterke thee door de veenbodem. De Waccamaw River bij Georgetown in South Carolina met zijn waterlelies en door moerascipressen bedekte oevers is een van de sprookjesachtige etappes door deze onvervalste wildernis. Dan weer vaart men als een echte zondagskapitein bijvoorbeeld in Florida door turquoise water, waardoorheen koralen en de exotische onderwaterflora en -fauna van de oceaan te zien zijn op de bodem. Dichtbevolkte gebieden worden echter niet gemeden door de ICW. Neem Fort Lauderdale, waar de waterweg zich 2 km van de oceaan midden in de stad vertakt in vele kanalen, waaraan keurige villa's liggen met tot in de puntjes verzorgde voortuinen.

Op een vaart van langere duur vormen de voorzieningen een probleem. Op de aanlegplaatsen bestaat meestal niet de mogelijkheid tot inkopen doen en de dichtstbijzijnde supermarkt is gewoonlijk mijlen ver weg. Om die reden mogen de schippers in veel havens gratis een auto lenen *(courtesy car)* om voorraden in te slaan.

Al in de Burgeroorlog bewezen delen van de ICW zich als gunstige routes voor het verschepen van troepen en oorlogsmaterieel. In 1919 maakte het Congres de weg vrij voor de bouw van de ICW om de economische ontwikkeling in de buurt van de kust te bevorderen. Daarna realiseerde het United States Army Corps of Engineers het project en het is sindsdien verantwoordelijk voor de technische toestand. Op de meeste delen wordt periodiek voor een waterdiepte van 4 m gezorgd. Voor de oriëntatie moeten markeringen geplaatst en vervangen worden. Aan de landzijde bestaan ze uit palen met genummerde rode driehoeken, aan de zeezijde wijzen eveneens van nummers voorziene groene vierkanten de weg. Inmiddels is de tolvrije waterweg allang een mekka voor watersporters geworden. Niettemin speelt hij economisch nog een rol als transportroute voor bulkgoederen. In de Chesapeake en Tampa Bay zijn vrachtschepen vanuit de hele wereld een vertrouwd beeld. Vissersboten en garnalenkotters bereiken hun beschermde ligplaatsen meestal ook alleen via de ICW.

Milieubescherming

Amerikanen hebben uiteenlopende denkbeelden over milieubescherming. Wie bijvoorbeeld afval uit zijn autoraam gooit, kan op een flinke boete rekenen. Herbruikbare blikjes worden allang in daarvoor bestemde containers of door arme mensen verzameld. Wie in een nationaal park bloemen of zelfs maar een grasspriet plukt, komt er ook niet zonder uitbrander vanaf. Met water- of energiebesparing nemen de Amerikanen het echter minder precies. Heel langzaam begint men te beseffen dat natuurlijke hulpbronnen worden verkwist. In de supermarkt neemt het gebruik van plastic tasjes maar langzaam af.

Open geschillen

Tegenwoordig is de VS verantwoordelijk voor ongeveer 15,5% van de mondiale CO_2-uitstoot. Tot de milieudoelen van de regering Obama behoorde een klimaatwet, waardoor de uitstoot van broeikasgassen werd gereduceerd en de ontwikkeling van hernieuwbare energiebronnen moest worden gestimuleerd. Welke richting de nieuwe president Donald Trump in deze kwestie zal kiezen, ligt nog steeds open. Tot op heden was hij tegen deze wet, omdat hij net als andere Republikeinen vond dat daardoor de economie van het land werd aangetast. In zijn verkiezingscampagne kondigde Trump aan alle fondsen te bevriezen die aan de Verenigde Naties voor de strijd tegen de klimaatopwarming werden betaald.

Door gebruik te maken van een nieuwe methode om schalie-olie uit de grond te halen (fracking), heeft de VS een regelrechte olie-hausse in gang gezet. Dankzij de 'zwarte zegen' kon de VS zijn veertig jaar geldige uitvoerverbod van aardolie versoepelen en is het land op weg om de grootste olieproducent ter wereld te worden. De nieuwe technologie, die de benutting van moeilijk toegankelijke grondstoffen mogelijk maakt, is echter zeer omstreden, omdat een mengsel van water, zand en chemicaliën diep in de aarde gelegen leisteen openbreekt en daardoor het grondwater kan vervuilen.

Ecotoerisme

Ecologisch verantwoord toerisme is de laatste jaren populair geworden. Dit concept ontstond in de jaren 60 in de VS, waar milieubehoud in sommige regio's een belangrijke rol speelt, bijvoorbeeld bij de koraalbanken voor de oostkust van de Florida Keys. Hoe hoog de waarde van dit ecosysteem geschat moet worden, blijkt uit het volgende voorbeeld: op 25 februari 1993 stootte de atoomonderzeeër *USS Memphis* op een ruim 3000 jaar oud rif en verwoestte daarbij een meer dan 1000 m^2 groot gebied. Vier jaar later werd de marine veroordeeld tot het betalen van een schadevergoeding van $ 750.000. Het geld werd gebruikt om de schade te herstellen. Ecotoerisme vind je volop in Florida. Of de programma's ook altijd uitvoeren wat ze beweren, is een andere vraag.

DUURZAAM REIZEN

Het milieu beschermen, de lokale economie stimuleren, intensieve contacten mogelijk maken, van elkaar leren – wie verantwoord reist voelt zich verantwoordelijk voor het milieu en de maatschappij. De volgende websites geven tips hoe u op verantwoorde wijze kunt reizen.

www.fairtourism.nl: De naam zegt het al, Fair Tourism streeft naar eerlijker toerisme, waarbij de natuur ontzien wordt en de lokale bevolking actief betrokken is. De website is interactief, met veel verhalen over ervaringen met duurzaam toerisme in de hele wereld.

www.mvonederland.nl/mvo-netwerk-toerisme: Landelijk netwerk voor duurzame ontwikkeling van uitgaand toerisme. In het netwerk hebben zitting: bedrijfsleven, maatschappelijke organisaties, onderwijs en overheid. Met een hele lijst van deelnemers om op door te klikken.

En verder: **www.duurzaam-toerisme.com.**

Economie, maatschappij en politiek

De supermacht Verenigde Staten is een land als geen ander. Voor de een is het de *global player* bij uitstek, de ander vindt dat het moderne Amerika door zijn schulden verantwoordelijk is voor de financiële en budgettaire crisis en voor een polarisatie van de maatschappij. Wat men er verder ook van moge denken, het is duidelijk dat de Verenigde Staten niemand onverschillig laten.

Supermacht of wankelende reus?

De ene superlatief na de andere: de enig overgebleven supermacht, economische reus, leider van de westerse wereld. Of dit overeenkomt met de werkelijkheid, is vaak een kwestie van hoe men ernaar kijkt. Wie de Amerikaanse economie van haar positieve kant beziet, wijst graag op de economische groei in de jaren 60, met als gevolg dat de Verenigde Staten met een sterkere nationale economie aan de 21e eeuw begon dan ooit tevoren. De VS vormt met meer dan 310 miljoen consumenten de op een na grootste binnenmarkt ter wereld, na de Europese Unie, en is goed voor meer dan een kwart van de totale wereldproductie, hoewel nog geen 5% van de wereldbevolking op het grondgebied leeft.

Diepe spore lieten de vastgoed- en financiele crisis uit 2008/2009 achter. Na een daling van de jaarlijkse groei van het reële bruto binnenlands product (BBP) in 2008 van ongeveer 0,3% en in 2009 rond 3,5% in vergelijking met het jaar daarvoor herstelden de percentages in de volgende jaren. Ze lagen in 2015 op 2,4% en in 2016 naar voorlopige schattingen zelfs op 2,4%.

Critici voeren het immense exportdeficiet aan, dat onder andere wordt veroorzaakt door stijgende loonkosten en Amerikaanse producten op de wereldmarkt minder concurrerend maakt. Zo steeg het handelstekort in 2015 naar het astronomische bedrag van circa 736 miljard dollar. Volgens vele deskundigen bouwt de regering boven op het tekort op de betalingsbalans hoge schulden op, die in de toekomst steeds moeilijker te voldoen zijn.

Van techniek naar hightech

Op vele gebieden is de VS zijn voormalige technologische voorsprong kwijtgeraakt. Opvallend is ook dat de groei van de productie van industriële goederen sinds halverwege de jaren 80 is ingehaald door andere branches, zoals handel en (financiële) dienstverlening. Computers worden niet meer in het land zelf vervaardigd, maar ingevoerd uit Taiwan. Geïmporteerde machines en auto's zijn *made in Germany* en de fabrieksrobots zijn afkomstig uit Japan.

Hightech-Route 128

In het oostelijke deel van de Verenigde Staten liggen innovatieve economische oases, die de vergelijking met de legendarische Silicon Valley in Californië oproepen. Zoals in de jaren 50 en 60 de auto-, chemie- en staalbranche de economische groei aandreven, is hier nu de hightechsector de stuwende kracht. De door de lokale bevolking 'Route 128 Corridor' genoemde Route 128 ten westen van Boston staat bekend als de leidende hightechlocatie van New England. Halverwege de jaren 70 ontstonden hier de eerste technologische bedrijven onder de rook van het beroemde Massachusetts Institute of Technology in Cambridge, waarvan het zwaartepunt tegenwoordig ligt op de productie van software en biotechnologie.

'Cybermania'

Wie van Washington D.C. via de Potomac River naar Noord-Virginia rijdt, komt op een tolweg die naar Washington Dulles International Airport voert, en bevindt zich dan in de zogenaamde Dullescorridor. Geen andere regio aan de oostkust wordt zo beheerst door 'cybermania' als deze hightechgemeenschap met haar mondiale technologie- en communicatiegiganten. Van de meer dan 12.000 global players in Groot-Washington zijn er vele geconcentreerd in dit mekka van het world wide web. Dat deze hausse vooral in het noorden van Virginia plaatsvindt, heeft te maken met de nabijheid van het Pentagon. In de ontwikkeling van databanken en communicatienetwerken gespecialiseerde bedrijven kregen miljardenopdrachten van het Amerikaanse ministerie van Defensie. Een uitbreiding van het metronetwerk van Washington D.C. via de Dullescorridor is inmiddels voltooid.

Ook de Sunshine State bezit een dergelijk centrum dat grote opdrachten krijgt. De High Tech Corridor van Florida, waarvan de University of South Florida en de University of Central Florida de grote inspirators waren en zijn, strekt zich uit van Tampa Bay in het westen via de agglomeratie Orlando tot aan de Space Coast aan de Atlantische kust. In deze technologische gordel liggen 20.000 bedrijven, waarvan de circa 250.000 werknemers over een jaarinkomen van rond $ 77.000 beschikken.

Sterke financiële sector

Niet met hightech, maar met geld en actie heeft het Financial District in Manhattan zijn reputatie als belangrijkste financiële centrum van de westerse wereld verworven. De ziel van dit stadsdeel is de in 1792 gestichte New York Stock Exchange in de over de hele wereld bekende Wall Street. Nergens anders ter wereld worden rijkdom, speculatie en de macht van het geld beter gesymboliseerd dan hier, waar waardepapieren van meer dan 1700 van de grootste Amerikaanse bedrijven worden verhandeld. Overeenkomstig gevoelig reageert de beurs op slechte berichten uit het land.

Belangrijke landbouw

Ondanks de sterke industrialisering van de staten aan de oostkust speelt de landbouw er nog steeds een grote rol. Afhankelijk van de natuurlijke omstandigheden hebben in New England de bosbouw en de melkproductie de overhand, terwijl aan de centrale Atlantische kust de nadruk ligt op de teelt van mais, sojabonen, fruit, groente en tabak. In de zuidelijke staten worden intussen vooral rijst, katoen, suikerriet en zuidvruchten verbouwd. Na voorzichtige pogingen in de eerste helft van de 19e eeuw om sinaasappel- en citroenbomen te kweken, ontwikkelde zich in Florida een heuse 'sinaasappelkoorts', totdat in de winter van 1894-1895 bijna alle citrusculturen door hevige koude werden vernietigd.

Langzaam heeft de verbouw van citrusvruchten zich hersteld en deze is nu uitgegroeid tot een winstgevende sector, waarin meer dan 100.000 mensen werkzaam zijn. Voor veel Amerikanen is een ontbijt zonder sinaasappelsap geen ontbijt, en dit sinaasappelsap is in de regel afkomstig uit Florida. De in Europa verhandelde sinaasappelen komen in hoofdzaak uit Brazilië.

Gentechniek in de agrarische sector

Sinds 1996 worden in de VS gentechnisch veranderde planten commercieel geteeld. De verbouw is enorm toegenomen, vooral van sojabonen en mais. Zowel in Amerika als in Europa worden gemanipuleerde producten met scepsis of zelfs met afkeuring bekeken. De genetische manipulatie vormt ook een probleem binnen de recente onderhandelingen over de voorgestelde vrijhandelsovereenkomst tussen de Europese Unie en de VS (TTIP). Critici vrezen niet zonder reden dat het akkoord de weg vrijmaakt voor genetische manipulatie op de akkers van de EU. Dit stuit in Europa op veel weerstand.

Net als bij het thema milieubeheer blijkt dat de regeringspolitiek en de mening van het volk over genetisch gemanipuleerde voedingsmiddelen sterk uiteenlopen. In zijn algemeenheid gaan Amerikanen hiermee soepeler om dan Europeanen. Uit onderzoek blijkt echter dat 80 tot 90% van de Amerikanen wil dat het zogeheten *novel food* duidelijk op het etiket wordt aangegeven. Slechts weinig mensen weten dat intussen zo'n 60 tot 70% van alle in de Verenigde Staten verwerkte levensmiddelen genetisch gemanipuleerde bestanddelen bevatten.

Tabak in de gevarenzone

Al in de jaren 80 begon in de VS de uitbanning van tabak, die intussen streng geldt voor horecabedrijven, vliegvelden, gemeentehuizen, belastingdiensten, sportcomplexen en andere openbare instellingen. Sigarettenproducenten hebben een stortvloed aan processen te verduren. Deze bedrijven op hun beurt houden de milieu-instantie EPA voor dat de antirookcampagne is gebaseerd op de wetenschappelijk niet aantoonbare stelling dat passief roken de kans op kanker verhoogt. De tabaksproducenten vallen de EPA aan wegens huichelarij en schijnheiligheid, omdat de staat aan de ene kant tabaksgebruik als gezondheidsbedreigend beschouwt, maar anderzijds jaarlijks vele miljarden tabaksaccijns incasseert.

Het belangrijkste tabakverbouwende gebied in de VS is North Carolina, waar de meeste grote tabaksplantages zich uitstrekken. In 1965 was tabak daar nog het voornaamste agrarische product, maar nu staat het op de derde plaats achter de pluimvee- en de veeteelt. Ook in Virginia, Florida, Georgia, Kentucky, Maryland, South Carolina en Tennessee voelen de tabaksboeren zich in hun bestaan bedreigd. Ze zijn het allang beu om uitgemaakt te worden voor producenten van verslavende gifstoffen. Hun belangrijkste argument: wanneer de overheid openlijk tegen

Hotel in het toeristenbolwerk Daytona Beach in Florida

In het land van bonus en discount

Het is niet mogelijk om voor een prikkie vakantie te vieren in het oosten van de VS. In de grote steden en de voor toeristen interessante gebieden zijn de prijzen vaak gepeperd, bijvoorbeeld die van hotels in Manhattan, Boston en Philadelphia, maar ook in veel plaatsen aan de kust. Er bestaan echter probate middelen om de kosten drastisch te verlagen.

Wie zijn onderdak niet heeft gereserveerd, kan van couponboekjes gebruikmaken die gratis in toeristenbureaus en filialen van hamburgerketens zijn te krijgen of gedownload kunnen worden van internet. Een paar jaar geleden waren er veel aanbieders van deze service, maar tegenwoordig zijn de couponboekjes hoofdzakelijk te vinden op de website van Hotel Coupons (www. hotelcoupons.com). Daarop is de oostkust in diverse regio's verdeeld, zoals North en South Carolina, Florida, Mid Atlantic (het centrale deel van de Atlantische Oceaankust), het noordoosten en het zuiden van de VS. Kijk voor meer aanbiedingen op www.motel-coupons.com en www.ehotelcoupons.com. In de kleine lettertjes van de coupons staat voor welke periode en voor hoeveel personen de kortingen gelden. Deze boekjes zijn ook zeer praktisch omdat er gedetailleerde plattegronden in staan, waarmee de speurtocht naar een geschikt onderkomen sterk wordt vereenvoudigd. Bij Destination Coupons (www.destinationcoupons.com) krijgt u bijvoorbeeld behalve korting op hotels ook huurautos's en plaatsen op campings voor een lagere prijs.

De in alle winkels verkrijgbare bonuskaart van de AAA (Triple A) biedt leden van haar zusterorganisatie ANWB een gereduceerde prijs in veel hotels en zelfs in sommige restaurants en bij bezienswaardigheden. De City Pass in New York, Boston, Atlanta en Philadelphia is geldig voor verscheidene bezienswaardigheden en biedt een korting op de toegangsprijs van bijna 50% (te koop in de betreffende musea en in reisbureaus in de VS; online via www.citypass.com). In talrijke musea is de toegang op bepaalde dagen gratis (informeer bij de plaatselijke toeristenbureaus).

Een telefonische vakantiegroet naar thuis kan een flinke deuk slaan in het reisbudget. Een interlokaal gesprek kunt u beter niet vanuit de hotelkamer voeren; ga liever naar een openbare telefoon en gebruik een telefoonkaart. Ook bellen met uw eigen mobiel is duur. U bent voordeliger uit als u via internet belt, bijvoorbeeld met skype, of een mailtje stuurt. In veel hotels kunt u al dan niet gratis op internet met een inlogcode die u van het hotel krijgt. In bibliotheken, computerwinkels, cafés en fastfoodrestaurants kunt u gratis surfen op internet. Wie hotels, motels en kaarten voor pretparken, musea en evenementen online reserveert, is vaak goedkoper uit.

Ook in de supermarkt zijn koopjes te vinden. Wie over een postadres in de VS beschikt, krijgt in veel supermarkten en warenhuizen gratis een bonuskaart die korting geeft op aankopen. De vele coupons die op markten en in weekendedities van kranten te vinden zijn, maken de koopjesjacht tot een ware sport.

Gokken als ontwikkelingshulp

In 1988 werd de Gaming Regulatory Act van kracht, die als een soort ontwikkelingshulp de indianen het recht geeft in hun quasi-autonome, vaak door werkloosheid, analfabetisme en armoede getekende reservaten instellingen op te zetten waar kansspelen mogen worden beoefend.

Van deze vorm van 'ontwikkelingshulp' maakten onder andere de Mashantucket-Pequotindianen gebruik. Deze uit 870 leden bestaande stam drijft met het Foxwood Casino in het noorden van Connecticut een van de grootste gokbolwerken van het oosten van de VS, die van alle daar woonachtige native Americans een miljonair heeft gemaakt. Naast een jaarinkomen van zes cijfers kregen ze een groot aantal privileges, tot de economische crisis zich ook bij de Mashantucket-Pequotindianen openbaarde in de vorm van dalende gokspelinkomsten. Behalve deze indianen profiteert ook de staat Connecticut van het gokbedrijf, aangezien het casinocomplex niet alleen een van de grootste belastingbetalers van de staat is, maar tevens de belangrijkste werkgever.

Wat er precies met de inkomsten van het casino gebeurt, hangt af van het reservaat. Sommige verdelen de inkomsten per hoofd, andere storten het kapitaal in een fonds, waarvan de opbrengsten worden gebruikt om opleidingsinstellingen, werkplaatsen en bejaardenhuizen te financieren. De Cherokees in North Carolina bijvoorbeeld bouwden onmiddellijk een dyalisecentrum om hun buitenproportioneel grote aantal diabetespatiënten te kunnen behandelen. Hoe de situatie zich zal ontwikkelen, is onzeker. Al geruime tijd probeert elk indianenreservaat op Amerikaans grondgebied mee te doen aan het lucratieve gokbedrijf met roulette en speelautomaten. De gambling-concurrentie wordt steeds groter, niet alleen door het stijgende aantal indiaanse goktempels, maar ook door een wetgeving die tegemoet komt aan niet-indiaanse casino's.

Een ander voorbeeld van succesvol management door indianen, naast het Foxwood Casino van de Mashantucket-Pequotindianen, is het reservaat Oneida Nation bij Verona in het noorden van de staat New York. Al jaren geleden is het Turning Stone Casino Resort in het noordelijke deel van de staat New York met poker-, blackjack- en dobbeltafels, speelautomaten, restaurants, cafés, hotels en een spa uitgegroeid tot een succesmodel, dat het vroeger zo arme indianenreservaat volledig op zijn kop heeft gezet en een warme regen van dollars over de bewoners van het reservaat liet neerkomen.

Per jaar brengen vier miljoen gasten een bezoek aan het casino en/of de in de omgeving gelegen hotels, wat de economie van de Oneida elk jaar honderden miljoenen dollars oplevert. De indianen investeren de winst in een bestekfabriek, een uitgeverij, een film- en televisiebedrijf, een luchtvaartmaatschappij, pompstations met goedkope benzine, winkels die souvenirs en goedkope sigaretten verkopen en in een onlineverzendhuis voor indiaanse kunstnijverheid (5218 Patrick Rd., Verona, tel.1-315-361-7711, www.turningstone. com, vanaf $ 190).

de tabaksconsumptie ten strijde trekt, waarom voert ze dan niet ook soortgelijke campagnes tegen het alcoholgebruik, waardoor de wijnbouwers in Californië en Virginia hun bestaansgrond zouden verliezen?

Het toerisme in de VS floreert

Zoals in veel landen behoort het toerisme in de VS tot de belangrijkste takken van de economie. De VS verkrijgt wereldwijd de hoogste inkomsten uit het internationale toerisme, wat in 2014 neerkwam op bijna $ 177 miljard. Voor de aanslagen van 11 september 2001 stond het land tweede op de lijst van meestbezochte vakantiebestemmingen, alleen overtroffen door Frankrijk. In de jaren die volgden, trokken de bezoekersaantallen geleidelijk weer wat aan: inmiddels komen er jaarlijks ruim 60 miljoen buitenlandse vakantiegangers naar de VS, onder wie een groot aantal Europeanen. Naast de metropolen aan de oostkust profiteert vooral Florida van het herstel. Elk jaar brengen ongeveer 50 miljoen mensen een bezoek aan deze zonnige staat. Dat levert het land niet alleen miljarden op, maar staat ook garant voor een half miljoen arbeidsplaatsen.

Shop till you drop

Met goede redenen wordt Amerika wel aangeduid als consumptieparadijs. Juist in de bevolkingsconcentraties in het oosten van het land is een enorme keus aan winkelmogelijkheden te vinden, van boetiek tot supermarkt, van groentewinkel tot outlet mall, van boerenmarkt tot vlooienmarkt. Winkelen wordt allang niet meer als iets noodzakelijks, maar vooral als een aangenaam tijdverdrijf beschouwd, en ook al lang geleden is het winkelen versmolten met entertainment, waarvoor Amerikaanse reclamestrategen de begrippen *retailtainment* en *shoppertainment* hebben bedacht en architecten de mall hebben uitgevonden. *Shop till you drop*, 'winkelen tot je erbij neervalt', is een vaak gebezigde leus, die ongeremde consumptie bepleit en deze gelijkstelt aan een hogere kwaliteit van het bestaan. Een reusachtig aanbod aan goederen, lange winkelopeningstijden, talrijke speciale aanbiedingen en de alomtegenwoordige reclame zijn de drijvende krachten achter dit consumentisme.

Consumentenbescherming

De macht van de consument is in de Verenigde Staten een gevestigde grootheid, waarvan al

Ook de gastronomie profiteert van het stijgende aantal toeristen

meer dan honderd jaar gewag gemaakt wordt in de Amerikaanse literatuur. In 1906 verscheen het boek *The jungle* van de Amerikaanse schrijver Upton Sinclair, een schrijnende aanklacht tegen onder meer de onhoudbare hygiënische toestanden in de enorme slachthuizen van Chicago. Een direct gevolg daarvan was een scherpere wetgeving op het gebied van de bescherming van de consument. In de jaren 60 proclameerde president John F. Kennedy het recht van alle Amerikanen op veilige producten en uitgebreide productinformatie. In dezelfde tijd zette de advocaat Ralph Nader mediagenieke boycotacties op touw tegen onder andere de Amerikaanse autoindustrie. Hij werd daardoor het boegbeeld van de consumentenbeschermers en deed verschillende keren (vergeefs) een gooi naar het presidentschap. Van de huidige 35 grote Amerikaanse consumentenbonden is de in 1936 opgerichte Consumers Union de invloedrijkste.

Verdeelde natie

Politiek en religie

In de Amerikaanse maatschappij worden seculier en religieus zo veel mogelijk gescheiden. In de jaren 70 heeft het Hooggerechtshof op openbare scholen het door leraren en leerlingen gezamenlijk uitgesproken schoolgebed verboden. Toch is het een gemeenschappelijk gebruik gebleven. En op elk Amerikaans bankbiljet staat de zin 'In God we trust' – om maar twee voorbeelden te noemen.

Religieuze gemeenschap

Weliswaar zijn na de eerste aanvulling op de grondwet van 1791 staat en religie streng van elkaar gescheiden. Maar toch speelt religie bij maatschappelijke en politieke kwesties nog steeds een belangrijke rol. Veel Amerikanen zijn ervan overtuigd dat hun president een sterke religieuze overtuiging moet hebben. Ze zien zich als een natie, die bij de handhaving van vrijheid, gelijkheid en democratie een bijzondere opdracht in de wereldgeschiedenis heeft. Nationale symbolen als Amerikaanse vlaggen, de Onafhankelijkheidsverklaring, de Vrijheidsklok en Grondwet worden bijna heilig verklaard, terwijl monumenten uit de Amerikaanse geschiedenis aan beroemde personen herinneren als heiligen. Wanneer politici bij hun redevoeringen op religieuze elementen wijzen, weerspiegelt zich niet alleen een individuele religieuze overtuiging. Veel meer appelleren zulke referenties aan de religieuze overtuigingen en grondhoudingen van de meeste Amerikaanse burgers en hebben ze een integrerende bedoeling. Lang zwierf het begrip smeltkroes door de media, als het erom ging de Amerikaanse samenleving te omschrijven. Dit model bleek een illusie. Tegenwoordig is er eerder sprake van etnisch pluralisme of etnisch seperatisme.

Armoede en racisme

Een centraal probleem in de Amerikaanse maatschappij is de kloof tussen zwart en blank. Ondanks quota en doelgerichte programma's is er nog steeds discriminatie, wat over en weer tot protesten leidt, onder meer tegen willekeur door de politie. Weliswaar bestaat er een zelfbewuste zwarte middenklasse naast een blanke. Maar de meeste zwarte en latino minderbedeelden leven onder hopeloze toestanden. Dat deze situatie onder president Donald Trump positief zal veranderen, valt te betwijfelen.

Tweepartijenstelsel

Op federaal niveau heeft zich met Democraten en Republikeinen een duidelijk tweepartijenstelsel gevormd, wat door het kiessysteem van relatieve meerderheid wordt gestimuleerd. In tegenstelling tot Nederland en België genieten afgevaardigden een veel hogere mate van onafhankelijkheid, wat bijvoorbeeld in de neoconservatieve Tea Partybeweging tot uitdrukking komt. Hun standpunten worden niet door alle Republikeinen gedeeld. Tussen de partijen zijn er onoverbrugbare tegenstellingen, die op uiterst onwaardige wijze in de verkiezingsstrijd tussen Hillary Clinton en overwinnaar Donald Trump tot uitdrukking kwamen.

Geschiedenis

De menselijke geschiedenis van Amerika overspant een periode van meer dan 40.000 jaar. Hij reikt van de immigratie van de eerste mensen op het tot dan toe waarschijnlijk onbewoonde continent tot het recente verleden. Nog steeds zijn er negatieve herinneringen aan de gevolgen van de kolonisering voor de indiaanse oerinwoners en afstammelingen van de zwarte slaven uit de blanke overheersing.

Veel vragen over de indiaanse bevolking in de precolumbiaanse tijd zijn tot op heden niet beantwoord. Dat de voorouders van de Cherokees, Comanches, Seminolen en Irokezen ongeveer 40.000 tot 18.000 jaar geleden uit Azië via een landbrug waar thans de Beringstraat ligt naar Amerika kwamen, gold lange tijd als zeker. Sommige onderzoekers vermoeden echter dat er ook mensen uit andere delen van de wereld over zee naar Amerika zijn gekomen, bijvoorbeeld over het noordelijke deel van de Grote Oceaan, het zuidelijke deel van de Grote Oceaan of zelfs uit Europa. Dat al 500 jaar voor Columbus de Vikingen met hun snelle schepen aan de Atlantische kust Labrador en Newfoundland bereikten en misschien nog verder zuidwaarts zijn doorgedrongen tot aan New England of zelfs de monding van de Hudson, wordt vaak veronachtzaamd. Deze Noord-Europeanen hebben tenslotte geen duurzame nederzettingen gesticht en in de Nieuwe Wereld praktisch geen sporen achtergelaten.

Europese annexatie

In 1492 ging Christoffel Columbus op zoek naar een westelijke route naar Indië en 'ontdekte' het continent dat later Amerika genoemd zou worden. De historie werd duidelijker toen de eerste Europeanen in de postcolumbiaanse tijd aan de oostkust opdoken, zoals de Spanjaard Juan Ponce de León in 1513 in het noordoosten van Florida of de Italiaan Giovanni da Verrazano in 1524 bij Sandy Hook aan de kust van New Jersey. Hij berichtte dat daar ongeveer 2000 leden van de tot de Algonquin behorende stam Lenni-Lenape leefden. In 1543 landde de toen 43-jarige Franse zeevaarder Jacques Cartier uit St-Malo op de oostkust van Canada.

Wedloop van fortstichtingen

In de jaren daarna probeerden zijn landgenoten, deels in een strijd met de zuidelijker naar schatten zoekende Spanjaarden, voet aan de grond te krijgen op het Amerikaanse continent. In 1564 bouwden zij in de buurt van de huidige stad Jacksonville het Fort Caroline en stichtten de eerste protestantse gemeenschap in Amerika. Een jaar later was het lot van de jonge kolonie al bezegeld toen de Spanjaarden onder Pedro Menéndez de Aviles het fort innamen en de grondslag legden voor het nog steeds bestaande St. Augustine, de eerste duurzame nederzetting van Europeanen op het grondgebied van de latere VS. Andere naties uit de Oude Wereld lieten niet lang op zich wachten. De Engelsman Henry Hudson voer in 1607 in opdracht van de Nederlandse Oost-Indische Compagnie de later naar hem genoemde rivier af. In de jaren 1620 landden Nederlanders in de baai van New York en Zweedse pioniers bouwden in Delaware het Fort Christina, om hun kleine nederzetting te beschermen.

Erfenis van de kolonisten

Engeland zette zijn aanwezigheid in Amerika op de krachtigste wijze door. De in 1607 in Jamestown, Virginia, aan land gekomen kolonisten leidden de Britse kolonisering in en ongeveer dertien jaar later voeren de Pilgrim Fathers met de Mayflower de Atlantische Oceaan over om in Massachusetts een leven naar eigen religieuze en sociale voorstellingen te gaan leiden – het oosten van Amerika werd Brits territorium. Religieuze vrijheid was voor veel van de eerste kolonisten een van de belangrijkste redenen om naar de Nieuwe Wereld te vertrekken. Onder hen waren veel aanhangers van religieuze gemeenschappen als de amish people, shakers en hutterianen, die in de Europese monarchieën werden vervolgd.

Weg naar de onafhankelijkheid

In Connecticut, Maryland, New Jersey en Pennsylvania ontstonden in de loop der tijd door de toestroom van emigranten Europese koloniale territoria, die zich steeds zelfstandiger gingen opstellen, om zich ten slotte na de Vrijheidsoorlog (Amerikaanse Revolutie; 1775-1783) los te maken van het moederland Groot-Brittannië. De dag waarop dertien staten in 1776 in Philadelphia hun onafhankelijkheid uitriepen, 4 juli, is nog steeds de nationale feestdag.

Verdringing van de oerbevolking

De indiaanse oorspronkelijke bewoners van het land nemen over het algemeen een afstandelijke houding aan tegenover deze jaarlijks terugkerende feestelijkheden voor de onafhankelijkheid. De nieuwkomers uit de Nieuwe Wereld hadden niet alleen glanzende snuisterijen, nuttige werktuigen, wapens en ideeën, maar ook onbekende ziekten meegebracht, waartegen de indianen geen enkele afweer bezaten.

Landonteigening in de 19e eeuw

Hun culturele erfgoed in de vorm van tempelcomplexen, begraafplaatsen en geheimzinnige kunstmatige heuvels wekten in het begin hooguit de interesse van antropologen en historici. Tijdens de grote, gewelddadige uitbreiding naar het westen in de 19e eeuw verbreidde zich ook de opvatting dat de resterende indiaanse bevolking zich moest aanpassen aan de leefwijze van de blanke meerderheid. De indianen van het oosten werden aan de overzijde van de Mississippi in een territorium opgesloten dat bij wet als indianengebied was aangewezen en waar geen blanken mochten wonen. Enige decennia later was deze wet het papier niet meer waard waarop hij was opgeschreven. Blank Amerika had in zijn honger naar meer land de eindeloze prairies in het hart van het continent in het oog gekregen en in het voetspoor van de expeditie van Lewis en Clark van 1804-1806 ook al een verlekkerde blik op de Grote Oceaankust geworpen.

Seminolenoorlogen in Florida

In Florida was niet zoveel goud te halen als in Georgia en Californië, maar het land was wel heel geschikt voor de verbouw van gewassen. Blanke pioniers en boeren waren echter pas geïnteresseerd in een leven in dit deel van het land wanneer het 'gepacificeerd' was, dat wil zeggen: vrij van potentieel vijandelijke indianen. In drie oorlogen (1817-1818, 1835-1842 en 1855-1858) hebben de Seminolen zich, uiteindelijk zonder succes, verzet tegen verhuizing dan wel verdrijving. Kleine groepen hebben in moerassige gebieden nog achterhoedegevechten geleverd met het leger, maar uiteindelijk zijn de indianen van Florida net als de Cherokees naar het westen verplaatst.

Afschrijving door de meerderheidsmaatschappij

Eeuwenlang zijn de native Americans (indianen) afgeslacht en gemarteld, verdreven en onderdrukt, van hun familie gescheiden en

Jongeren voor een foto van Martin Luther King in Battery Park in New York

tot slaaf gemaakt, omdat blank Amerika aanvankelijk hun cultuur niet accepteerde en geen ontzag had voor hun spiritueel-religieuze historie, noch voor hun maatschappelijke instellingen. Nadat hun talen ten nutte waren gemaakt (de Navajotaal werd tijdens de Tweede Wereldoorlog in de Grote Oceaan gebruikt als geheime code) volgde belangstelling voor andere zeden en gewoonten. Het is in de Verenigde Staten gebruikelijk dat football- en honkbalteams strijdlustige namen dragen, zoals Washington Redskins, Atlanta Braves of Cleveland Indians. Sinds de jaren 70 maken tal van organisaties zich er sterk voor dat de Amerikaanse profsport afziet van namen en handelingen die discriminerend werken en de indiaanse religieuze ceremonies in het belachelijke trekken.

Laat staatsburgerschap

Tot1924 waren indianen buitenlanders in hun eigen land. Pas door de Indian Citizenship Act kregen ze het Amerikaanse staatsburgerschap en het daarmee verbonden recht om door het staatsgebied te reizen. Het mag dan ook geen wonder heten dat zij bij de festiviteiten ter ere van het feit dat vijfhonderd jaar eerder Amerika was 'ontdekt' door Columbus, aandacht vroegen voor vijfhonderd jaar koloniale geschiedenis en onderdrukking, uitbuiting, slavernij en genocide.

Indianenpolitiek na de Tweede Wereldoorlog

De jaren na de Tweede Wereldoorlog stonden in het teken van de Indian Claims Commission. Deze werd in 1948 opgericht om alle gebieds- en herstelbetalingsaanspraken van indianen voortvloeiende uit oude verdragen tussen hen en de regering te onderzoeken en toe te kennen. Rechtmatige gebiedsaanspraken zouden niet worden ingewilligd door teruggave van het land, maar door een financiële schadevergoeding die ver onder de werkelijke waarde lag. Aangezien de commissie te maken had met een enorme hoeveelheid aanspraken, waarvan er vele moesten

De Cherokees op hun Trail of Tears

Lange tijd is het indianenbeleid van de Amerikaanse regering uitgesproken cynisch en mensonterend geweest. Dit wrede, het recht tartende gedrag is eigenlijk nooit zo duidelijk naar voren gekomen als in de gedwongen deportatie van de Cherokees van Georgia naar Oklahoma in 1838.

Het jaar 1828 was noodlottig voor de indianen in het oosten van de VS. Met de als 'indianenvreter' bekendstaande Andrew Jackson (1767-1845) kwam de zevende president van de VS aan de macht, een voormalige generaal die alle stammen uit het oosten desnoods met geweld naar Oklahoma wilde laten verhuizen. Dit gebied ten westen van de Mississippi stond bij blanke kolonisten bekend als Great American Desert, synoniem voor een waardeloos niemandsland.

Al meteen aan het begin van zijn presidentstermijn verleende Jackson de staat Georgia hulp bij de pogingen om het politieke en juridische machtsterritorium uit te breiden tot voorbij het gebied van de Cherokee-indianen. De indianen moesten dus door het opvoeren van de druk verdreven worden van hun oorspronkelijke stamgebied. Toen in 1828 goud werd gevonden in het territorium van de Cherokees tuimelden de gebeurtenissen over elkaar heen. Blanke goudzoekers claimden het grondgebied van de indianen en drukten hun aanspraken met gebruik van het recht van de sterkste door. De staat Georgia vaardigde in dezelfde tijd verscheidene wetten uit die de indianen van hun rechten beroofden. En ook het Amerikaanse Congres liet zich niet ongemoeid.
Op 28 mei 1830 nam het de Removal Act aan, een wet die de grondslag vormde voor de gedwongen verhuizing van de oostelijke indianenstammen naar de Grote Amerikaanse Woestijn. Op die manier moesten vestigingsplaatsen voor blanken worden gecreëerd, blanken die het succes van de Cherokeeboeren tot dan toe toch al vol haat en afgunst hadden aangezien. De zogenaamde 'vijf beschaafde stammen' in het gebied – Creek, Choctaw, Chickasaw, Cherokees en Seminolen – stuurden hun kinderen naar missiescholen en bouwden stevige huizen, die in niets onderdeden voor die van de blanken. Ze hadden zelfs slaven in bezit om het land te bebouwen.
De oorspronkelijke bevolking verzette zich tegen de Removal Act, maar het Hooggerechtshof bleef onontvankelijk voor de klachten, omdat de indianen als mensen zonder burgerrechten niet tot klagen bevoegd waren. In 1838 kwam een einde aan de droom van een Cherokeerepubliek in Georgia, toen 14.000 leden van de stam gedwongen werden de Trail of Tears naar Oklahoma te volgen. Op deze lange mars stierven 4000 van hen aan uitputting en ziekten, terwijl tegelijkertijd hun oude stamgrond per loterij aan blanke kolonisten werd verpatst. Zo'n 1000 Cherokees slaagden erin te vluchten in de ontoegankelijke bossen van de Appalachen. De koopman William Holland ontfermde zich over hen en verwierf in North Carolina een aanzienlijk stuk land waar de indianen zich mochten vestigen. Tegenwoordig leven in het Cherokee Indian Reservation aan de rand van de Great Smoky Mountains ongeveer 11.000 nazaten van deze verdrevenen. Andere stamleden vestigden zich in verschillende andere staten van de VS.

worden erkend, probeerden de in de jaren 50 overheersende conservatieve krachten het probleem op andere wijze op te lossen.

Landonteigening door de achterdeur

In 1953 nam het Congres een resolutie aan met als doel de tot dan toe geldende uitzonderingsstatus van de indianen in reservaten op te heffen. De gevolgen waren catastrofaal, niet alleen in maatschappelijk en onderwijskundig opzicht. De indianen verloren praktisch hun totale gebied aan reservaten en raakten hun – toch al rudimentair aanwezige – zelfstandigheid kwijt. Tussen 1954 en 1962 hielden zo meer dan 100 stammen op te bestaan.

Een wisselbad van presidenten

In die tijd leerden de indianen van de zwarte burgerrechtenbeweging zich te organiseren en te strijden voor hun rechten en belangen. Dat was ook bitter nodig als ze niet het gevaar wilden lopen volledig weggedrongen te worden. In overeenstemming met de algemene hervormingsplannen van eerst president John F. Kennedy en later ook onder de presidenten Johnson en Nixon rijpte binnen de regering het inzicht dat het indianenprobleem niet was op te lossen zonder deze groep een groter zelfbeschikkingsrecht te geven. De jaren 70 werden gekenmerkt door een constructieve verhouding tussen de indianen en de regering van de Verenigde Staten. Er werden talrijke wetten aangenomen ten gunste van de oorspronkelijke bewoners op het gebied van onderwijs, zelfbeschikking, medische verzorging en vrijheid van godsdienst.

Met de in 1981 aan de macht gekomen regering-Reagan veranderde de situatie weer ten koste van de indianen. Bill Clinton was de eerste president die, in 1994, vertegenwoordigers van alle 547 stammen die op het Amerikaanse grondgebied leefden, uitnodigde op het Witte Huis om een nieuw samenwerkingsverband tussen regering en indianen te initiëren. Ook president Obama organiseerde in 2009 in Washington D.C. een grote bijeenkomst.

Zwarte burgerrechtenbeweging

In de jaren 60 richtten de activiteiten van de alomtegenwoordige FBI zich vooral op de beweging voor de rechten van de zwarte burger. FBI-baas J. Edgar Hoover noemde hoogstpersoonlijk als doel 'het sterker worden van zwarte groeperingen te verhinderen en hun openbare imago te vernietigen'. In februari 1968 kregen de COINTELPRO-agenten de opdracht 'de opkomst van een zwarte messias als Martin Luther King of Stokeley Carmichael met alle middelen te verhinderen'. Twee maanden later werd King doodgeschoten voor het Lorraine Motel in Memphis.

King had niet alleen vanwege zijn optreden voor de gelijkberechtiging van de Afro-Amerikanen de woede van het establishment over zich afgeroepen, maar ook omdat hij als een van de eerste prominenten protesteerde tegen de Vietnamoorlog.

Zwarte bewustwording

Net als de indianen (native Americans) wijzen ook de zwarten er al enige tijd op dat zij binnen de VS niet alleen een raciale minderheid maar onderdeel van de hele gemeenschap zijn door zich *Afro-Americans* te noemen. Tevens is de naam een verwijzing naar hun afkomst. De eerste zwarten werden al luttele jaren na de stichting van de Engelse kolonie Jamestown als slaven naar de zuidelijke staten gedeporteerd. De Burgeroorlog (1861-1865) maakte een einde aan de slavernij in de VS, nadat al tien tot twaalf miljoen zwarten waren afgevoerd naar het westelijk halfrond.

Opheffing van de rassenscheiding

Pas in 1954 werd met een belangrijke uitspraak van het Hooggerechtshof een mijlpaal op de weg naar gelijkberechtiging bereikt. De rechters wraakten de 'kleurenblindheid' van de grondwet en verboden de rassenscheiding in de scholen – voor de zwarte burgerrechten een belangrijke stap in de goede richting.

Jaartallen

Vanaf circa 40.000 v.Chr.	Vikingen stoten door tot aan de oostkust van Noord-Amerika.
14e-16e eeuw	Na Christoffel Columbus bereiken ook ontdekkingsreizigers als John Cabot, Giovanni da Verrazano en Jacques Cartier de noordoostkust van de VS. De Spanjaard Juan Ponce de León zet in 1513 als eerste Europeaan voet aan de grond in Florida.
	In 1607 wordt Jamestown (Virginia) gesticht als eerste permanente Engelse nederzetting in Amerika. Later bereiken de Engelse Pilgrim Fathers met de Mayflower Massachusetts en leggen Nederlandse kolonisten de basis voor New York.
Vanaf 1773	Met de Boston Tea Party begint in New England het georganiseerde verzet tegen Engeland, dat op 4 juli 1776 resulteert in het uitroepen van de Amerikaanse onafhankelijkheid. De hieropvolgende revolutionaire oorlog eindigt in 1783 met de capitulatie van Engeland.
1778	De Amerikaanse grondwet wordt aangenomen.
1789	George Washington, de voormalige opperbevelhebber van het Amerikaanse Continentale Leger, wordt de eerste president van de VS (tot 1797).
1812-1820	De tweejarige Brits-Amerikaanse oorlog eindigt in 1814. Enkele jaren later staat Spanje voor $ 5 miljoen Florida af aan de VS. De eerste grote immigratiegolf van de 19e eeuw doet het inwonertal snel omhoogschieten.
1861-1865	De Amerikaanse Burgeroorlog eindigt met de capitulatie van de zuidelijke staten. President Abraham Lincoln komt in Washington D.C. om bij een moordaanslag.
1866-1869	Het 13e amendement op de grondwet schaft de slavernij officieel af. Het 15e amendement verzekert alle burgers van de VS ongeacht ras of huidskleur van kiesrecht.
1903	De gebroeders Wright schrijven in Kitty Hawk (North Carolina) luchtvaartgeschiedenis met de eerste gemotoriseerde vlucht.
1924	De indianen *(native Americans)* krijgen het staatsburgerschap.
1927	Charles Lindbergh steekt als eerste piloot non-stop de Atlantische Oceaan over.
1929	Begin van de wereldwijde economische crisis.

Na de Japanse aanval op Pearl Harbor in 1941 worden de VS de Tweede Wereldoorlog binnengetrokken. Vier jaar later vindt de Conferentie van Jalta plaats met Roosevelt, Churchill en Stalin.	**1941-1945**
Het Hooggerechtshof verklaart de rassenscheiding in de scholen in strijd met de grondwet.	**1954**
President Kennedy wordt in Dallas doodgeschoten.	**1963**
Vietnamoorlog	**1963-1975**
De Voting Rights Act verleent alle Afro-Amerikaanse burgers het kiesrecht. Martin Luther King wordt in Memphis vermoord.	**1965**
Apollo 11: Neil Armstrong zet als eerste mens voet op de maan.	**1969**
Het Watergateschandaal dwingt president Nixon tot aftreden.	**1973**
Het ruimtevaartprogramma van de NASA ondervindt een zware terugslag wanneer de spaceshuttle Challenger explodeert.	**1986**
Na een chaotische presidentsverkiezing wint George W. Bush.	**2000**
Zelfmoordaanslagen op het World Trade Center in New York en het Pentagon in Washington D.C. op 11 september.	**2001**
Barack Obama wordt tijdens een ceremonie voor het Capitool in Washington D.C. beëdigd als eerste zwarte president van de VS.	**2008**
Tijdens orkaan Sandy komen aan de oostkust ruim honderd mensen om het leven. Vooral in New Jersey en New York is de schade enorm.	**2012**
Een arctische inval van de winter vestigt aan het begin van het jaar nieuwe kouderecords in Atlanta (-13°C.) en New York City (-16°C.).	**2013**
Het drie verdiepingen tellende uitkijkplatform op One World Trade Center wordt geopend. De hoogste wolkenkrabber van de stad werd gebouwd op het voormalige Ground Zero.	**2015**
Na landelijke protesten wordt Donald Trump als 45e president van Amerika voor het Capitool in Washington D.C. tot zijn ambt beëdigd. Belastingvermindering, het afbreken van de gesprekken over vrijhandelsovereenkomsten, afschaffing van de ziektekostenverzekering in zijn huidige vorm en afsluiting van de arbeidsmarkt tegen immigranten zijn centrale punten in zijn programma.	**2017**

Maatschappij en dagelijks leven

Vele Amerikanen beschouwen de American way of life als de poort naar het geluk. Deze levensstijl houdt een mengeling van waarden, maatschappelijke normen, consumptiegewoonten en mentaliteiten in die door sommigen wordt geprezen en door anderen vervloekt. Een tussenweg is er eigenlijk niet.

Afgezien van het savoir-vivre van de Fransen bestaat er waarschijnlijk geen specifieke manier van leven die over de hele wereld zo bekend is als de American way of life. De reden ligt voor de hand. Deze levenswijze loopt nogal in het oog, is sterk op consumptie gericht (zie blz. 37) en wordt als een wereldwijd toepasbaar, prototypisch gedragspatroon beschouwd, dat zijn kracht ontleent aan Coca-Cola en cheeseburgers en zijn ideologische onderbouwing vindt in de Bill of Rights, die al meer dan twee eeuwen geleden het streven naar geluk *(the pursuit of happiness)* als fundamenteel mensenrecht heeft vastgelegd.

De American Way of Life

Ook in de Amerikaanse Onafhankelijkheidsverklaring zijn passages aan te treffen over Amerikaanse waarden; er worden er enkele genoemd waarvan de geldigheid onbetwistbaar wordt geacht. Net als de Bill of Rights benadrukt de verklaring het grondwettelijk geproclameerde onvervreemdbare recht op streven naar geluk. Deze grondgedachte leidde tijdens de economische hausse van het begin van de jaren 20 tot een nog steeds voortlevende mythe over de Amerikaanse maatschappij, die inhoudt dat ieder individu het van bordenwasser tot miljonair kan brengen, als men maar vastbesloten genoeg is.

American Dream voor iedereen

De American way of life en de American dream zijn de succesnummers van de Amerikaanse samenleving. Bij de conferentie van de Verenigde Naties over milieu en ontwikkeling in 1992 in Rio de Janeiro weigerde president George Bush sr. duurzame stappen te ondernemen om het milieu te beschermen tegen menselijke activiteiten en bezigde daarbij de sindsdien vaak geciteerde uitlating dat over de Amerikaanse manier van leven niet valt te onderhandelen. Daarmee bevestigde hij dat de Amerikaanse levenswijze een vitale functie in de samenleving vervult, die een stempel drukt op de mentaliteit van de Amerikanen. In feite ligt aan dit levensconcept niet alleen het recht van het individu op gelijkheid van kansen en een zo groot mogelijke vrijheid ten grondslag, maar zelfs de diepe overtuiging dat de American way of life überhaupt de enige juiste levenswijze is.

Het gezin als hoeksteen

De hoeksteen van de Amerikaanse samenleving is het gezin. Net als in andere westerse landen hebben in de VS de afgelopen decennia ingrijpende veranderingen in de gezinsstructuur plaatsgevonden: een toegenomen aantal echtscheidingen, ontwrichte huwelijken, steeds meer alleenstaanden, adoptiegezinnen. Desondanks blijft de VS als een op het gezin gericht land gelden, waarbij het ongeschonden gezin voor een onneembaar bolwerk van de veelgeroemde 'Amerikaanse' waarden geldt doorgaat.

Hoge werkdruk

Wat het Amerikaanse gezinsleven er niet direct eenvoudiger op maakt, is het feit dat veel volwassenen noodgedwongen verscheidene beroepsmatige bezigheden verrichten en dat zelfs de kinderen als oppas of krantenbezorger geld verdienen. De VS behoort weliswaar tot de industrielanden met het hoogste inkomen per hoofd van de bevolking, maar zelfs gezinnen in de middenklasse komen niet meer uit met één enkel inkomen. Meer dan de helft van alle Amerikanen van boven de 16 verricht betaalde arbeid. Meer dan 60% van de ouders met kinderen onder de 6 jaar werkt buitenshuis, op zijn minst in deeltijd.

Sociaal engagement en liefdadigheid

In veel gezinnen is het gebruikelijk om geld te schenken aan bijvoorbeeld de gemeente of de parochie, of vrijwilligerswerk te verrichten, in navolging van de woorden van president John F. Kennedy in zijn rede van januari 1961: 'Vraag niet wat uw land voor u kan doen. Vraag wat u voor uw land kunt doen.' Meer dan 80% van alle leerlingen neemt deel aan buitenschoolse activiteiten als sport, schoolkranten, theater, discussiegroepen, koren of schoolorkesten.

Verder werken veel jongeren voor liefdadigheidsorganisaties, zijn lid van clubs als scouting of doen iets aan milieubeheer. Populair zijn de *Adopt a Highway*-programma's, waarbij schoolklassen en bedrijven bepaalde stukken weg adopteren en schoonhouden, en de *Beautification*-acties, waarbij straten of parken mooier worden gemaakt. Hierdoor, en door activiteiten als hulp bij de vrijwillige brandweer, als voorlezer in verzorgingstehuizen of als verkeersbrigadier, krijgen jonge mensen een sociale bewustwording, die ze ook als volwassenen zullen uitdragen. Vrijwilligerswerk zorgt in de VS elk jaar voor een arbeidsprestatie ter waarde van meer dan $ 200 miljard.

Grote betekenis van de religie

In geen enkel ander westers land horen procentueel zoveel mensen bij een religieuze groepering als in de VS. Er dringt zich een betrekking tussen religie en economie op, aangezien in beide sectoren een ongeremde concurrentie heerst. Volgens de schrijver Malise Ruthven is het godsdienstige Amerika 'een religieuze supermarkt geworden, waar voor vrijwel elke denkbare smaak een kerk te vinden of op te richten is'.

Religieus fanatisme

Het fanatisme van bepaalde religieuze groeperingen heeft in Amerika al vroeg tot uitwassen geleid, zoals de heksenvervolgingen van het eind van de 17e eeuw in Salem, Massachusetts. Puriteins georiënteerde blanken waren dikwijls overtuigd van de superioriteit van hun ras en meenden dat die ook door God gewenst was. Vooral in het zuiden van de Verenigde Staten vervolgden zij zwarten door middel van een apartheidspolitiek en in 1915 stichtten ze de nieuwe Ku Klux Klan, die wortels heeft tot in de 19e eeuw. Deze club van obscure types met een kap over hun hoofd telt tegenwoordig naar schatting nog steeds zo'n zevenduizend leden.

Megakerken

In de VS, waar meer dan 80% van de bevolking zich als christen beschouwt, behoort de kerkgang voor veel gelovigen tot de zondagse plicht. Zogenoemde megakerken, die confessioneel niet gebonden zijn en waarvan de diensten meer dan tweeduizend bezoekers trekken, bloeien in het hele land op. Er schijnen meer dan duizend van deze evangelische instellingen te bestaan, die de evolutieleer betwisten, de Bijbel voor onfeilbaar houden en homoseksualiteit als een zware zonde beschouwen. Deze kerken en hun predikanten komen via de televisie ook bij de mensen thuis. Zogenoemde tele-evangelisten bezitten vaak een eigen televisiestation, via welk medium ze invloed uitoefenen op de publieke opinie en door oproepen tot donaties aanzienlijke financiële middelen vergaren. Sommige van deze fanatieke 'vertegenwoordigers van God' nemen het overigens niet zo nauw met de waarheid en eerlijkheid, wat wordt aangetoond door tal van gevallen van bedrog en morele misstappen.

Mobiliteit als levenskwaliteit

In veel hogere mate dan in Europa wordt van Amerikaanse werknemers mobiliteit verwacht. Negen van de tien Amerikaanse huishoudens beschikken over een auto, wat in een land waar flexibiliteit zo belangrijk is bijna onontbeerlijk is. Mobiliteit wordt niet alleen als objectief noodzakelijk, maar ook als subjectief pluspunt beschouwd, wat onder meer met de enorme omvang van het land te maken heeft. Bovendien verhuizen Amerikanen regelmatig, waarbij het wisselen van woonplaats niet zelden met het wisselen van baan te maken heeft. Statistieken tonen aan dat Amerikaanse burgers in de loop van hun leven gemiddeld vijfmaal van arbeidsplaats wisselen. Daarbij komt de wijdverspreide mobile home goed van pas, die per dieplader snel naar een andere woonplaats kan worden gebracht.

Van individueel naar lokaal openbaar vervoer

Het belangrijkste vervoersmiddel in de VS is – net als in Europa – de auto. Toch is het aantal kilometers in de VS per hoofd van de bevolking met 21.500 km per jaar bijna tweemaal zo hoog als in bijvoorbeeld Nederland. Geen wonder dat het enorme individuele verkeer in de Nieuwe Wereld sinds enkele jaren tot nieuwe concepten bij de stadsplanning heeft gedwongen. Bijvoorbeeld New York City: tot eind 2011 kende de metropool geen enkele verkeersvertragende 30-zone, tegenwoordig heeft de Big Apple een uitgebreid netwerk van fietspaden. Daarnaast werd een openbaar verhuursysteem voor fietsers opgezet (zie blz. 197). Jarenlang konden steden en gemeenten federale subsidies voor verkeersinfrastructuur alleen gebruiken voor snelwegen. Pas sinds een wetswijziging uit 1991 laat met federale fondsen ook bus- en spoorprojecten toe, wat in vele steden het openbaar vervoer ten goede kwam.

Bevolking

Door de slavernij en de toestroom van immigranten ontstond in de Verenigde Staten al snel een maatschappelijk mozaïek van etnische groepen en nationaliteiten. In het oosten van de VS wonen circa 134 miljoen mensen – ongeveer een derde van alle Amerikanen. De staat New York, die op de nationale ranglijst achter Californië en Texas op de derde plaats staat, vormt hierbij een zwaartepunt met 19,8 miljoen inwoners. Tot de bevolkingsrijkste staten behoren ook Florida met 20,3 en

Ook Malcolm X heeft hier in de New Yorkse wijk Harlem wellicht koffie gedronken

Pennsylvania met 12,8 miljoen inwoners. In tegenstelling hiermee wonen in staten als Maine en Vermont maar 1,3 miljoen respectievelijk 626.000 mensen. De grootste toestroom tussen 2000 en 2014 is in New York City, Atlanta en Centraal-Florida geregistreerd; in de staten New York, Ohio en Pennsylvania stagneerde de bevolkingsgroei.

Multicultureel in opmars

Kenmerkend voor de moderne Amerikaanse samenleving is het gestaag multicultureler wordende karakter ervan. Kon de bevolking tot dertig of veertig jaar geleden nog worden onderverdeeld in zwart en blank, nu is er door de immigratie uit Azië, Latijns-Amerika, Afrika en het Caribisch gebied een totaal ander beeld ontstaan. Er bestaat in de Verenigde Staten momenteel een veel grotere diversiteit aan rassen, culturen en talen dan ooit tevoren.

Latinisering

Enkele jaren geleden kwam het voor volkstellingen verantwoordelijke US Census Bureau met schattingen dat de Hispanics de zwarte bevolking zouden aflossen als de grootste minderheidsgroepering. Het in de jaren 70 ontstane begrip Hispanic duidt op Spaanssprekende inwoners van Latijns-Amerikaanse afkomst. Zij hebben in de afgelopen jaren een hoger immigratie- en geboortequotum gehad en daarmee de Afro-Amerikanen getalsmatig overvleugeld. In 2015 bestond de Amerikaanse bevolking voor 17,6% uit Hispanics en men vermoedt dat dit percentage in 2050 zal zijn opgelopen tot 23%. Er wordt al gesproken van een latinisering van de VS; met circa 55 miljoen Hispanics is de Verenigde Staten tegenwoordig het op een na grootste Spaanstalige land ter wereld.

Native Americans

De oorspronkelijke indiaanse bevolking is in de 19e eeuw vrijwel volledig uit het oosten van de VS verdrongen; alle grote indianenreservaten liggen in het westen. In het oosten leven alleen nog kleine gemeenschappen. De Eastern Band of Cherokee Indians in North Carolina aan de voet van de Great Smoky Mountains bestaat bijvoorbeeld uit ongeveer 10.500 afstammelingen van degenen die in 1838 over de Trail of Tears ('Pad der Tranen') onder onbeschrijflijke omstandigheden en met een groot verlies aan levens naar het 2000 km verder gelegen Oklahoma werden gedeporteerd. De Cherokees behoorden samen met de Choctaw, Chickasaw, Creek en Seminolen tot de 'vijf beschaafde stammen', die wat betreft hun sociale organisatie en economie overeenkwamen met Europese staten. De zwarte burgerrechtenbeweging van de jaren 60 en 70 was van grote invloed op het zelfbewustzijn en het politiek engagement van de *native Americans*, waarna de Indian Self-Determination Act van 1974 vergaande bevoegdheden toekende aan de indianenreservaten.

Criminaliteit en veiligheid

Niet alleen bezoekers van de VS houden zich sinds de schietpartijen in scholen als die in Littleton (Colorado), Jonesboro (Arkansas), Newtown (Connecticut) en de Universiteit van Virginia, in een homoclub in Orlando (FL), de Las Vegas-Strip en de terroristische aanslagen van 11 september 2001 bezig met veiligheidskwesties, de Amerikaanse bevolking heeft daar nog veel directer mee te maken.

Oorzaken van misdrijven

Een hoog percentage misdrijven in de Verenigde Staten staat in direct verband met drugshandel dan wel -gebruik. De regering heeft verscheidene officiële instanties ingesteld die met andere regeringen samenwerken om de productie en smokkel van drugs een halt toe te roepen. In de Drug Enforcement Administration (DEA) beschikt het Amerikaanse ministerie van Justitie over een nationaal en internationaal opererende antidrugsinstantie, die in vele hoofdsteden van de wereld vertegenwoordigd is en zelfs zijn eigen vliegtuigen bezit voor operaties in de Verenigde Staten en op internationale schaal. In scholen en openbare nutsinstellingen lopen talrijke projecten om informatie te bieden over de grote gevaren van het gebruik van drugs, en tegelijkertijd drugsverslaafden te helpen.

Ook is er een duidelijk verband aan te wijzen tussen criminaliteit en de dalende inkomens, nu de lonen aan het onderste uiteinde van de inkomensschaal voor velen niet meer toereikend zijn om in het levensonderhoud te voorzien.

Zero tolerance

Sinds het begin van de jaren 90 zijn de criminaliteitcijfers twintig jaar lang gedaald, maar in 2012 kwam daar een einde aan. Het aantal misdrijven als moord, geweld en verkrachting neemt nu weer toe en hetzelfde geldt voor eigendomsdelicten. Toch verkeren de cijfers nog altijd op een historisch dieptepunt. Velen zien een verband met de verhevigde politie-inzet in de grote steden. Een goed voorbeeld is Manhattan, waar voormalig burgemeester Giuliani al in 1994 een campagne voor zero tolerance begon, waarbij geen genade werd getoond voor kleinere vergrijpen en de politie ook kleine dealers, tippelaarsters, graffitispuiters en agressieve bedelaars aangepakte. Ook automobilisten kregen te maken met de harde aanpak. Bij controles bleek dat één op de 438 verkeersdeelnemers een illegaal vuurwapen bij zich droeg. Hierop volgde een wijze van optreden onder het motto: wanneer we kleinigheden niet meer door de vingers zien, lossen de grote problemen zich vanzelf op. Als gevolg van deze campagne werd bijvoorbeeld de buurt rond Times Square beduidend schoner en veiliger. Critici beweren echter dat het concept onderdeel vormt van een algemene neoconservatieve aanval op de sociale hulp, de gezondheidszorg en de sociale woningbouw. De bevolkingsgroepen die er het meest onder lijden, zijn onder andere de armen en daklozen, die geslachtofferd worden voor de belangen van een geprivilegieerde stadsbevolking.

Sterke wapenlobby

Bij de wijze van optreden van het New York Police Department speelt de wapencontrole een belangrijke rol, een thema dat de Verenigde Staten al decennia lang verdeelt. Tussen de tegenstanders van wapens en de naar schatting zestig tot tachtig miljoen wapenbezitters gaapt een diepe culturele en sociale afgrond. De sterke lobby van de machtige, maar liefst drie miljoen leden tellende National Rifle Association (NRA) heeft tot nu toe de beperking van het particuliere wapenbezit weten tegen te houden, maar er is een felle discussie gaande omtrent vuurwapengeweld.

Sport en vrije tijd

Sportieve activiteiten en evenementen zijn niet weg te denken uit de Amerikaanse maatschappij. Naast typische Amerikaanse sporten als American football, honkbal en basketbal genieten ook golf, ijshockey, tennis en autoracen grote populariteit. Waarschijnlijk hebben beroemde sporters nergens ter wereld een zo grote voorbeeldfunctie voor de maatschappij als in de Verenigde Staten, ongeacht hun huidskleur of religie. De verering van sportsterren neemt soms zelfs religieuze trekken aan, wat niet alleen te maken heeft met hun buitengewone prestaties, maar ook met hun torenhoge salarissen en deels extravagante levenswandel. De legendarische honkbalheld Joe Di Maggio (1914-1999), die als 'bijbaantje' getrouwd was met Marilyn Monroe, komt zelfs voor in het beroemde liedje *Mrs. Robinson* van Simon and Garfunkel uit de film *The Graduate*.

Halls of Fame

Geen wonder dat de grote sporthelden eer wordt betoond in speciaal daartoe bestemde hallen als de Georgia Sports Hall of Fame in Macon (Georgia), de National Baseball Hall of Fame in Cooperstown (New York), de Pro Football Hall of Fame in Canton (Ohio), de Naismith Memorial Basketball Hall of Fame in Springfield (Massachusetts) en de International Tennis Hall of Fame in Newport (Rhode Island). Aan de in Amerika zo populaire golfsport zijn in het oosten van de VS zelfs twee musea gewijd, de Georgia Golf Hall of Fame in Augusta (Georgia) en de World Golf Hall of Fame in St. Augustine (Florida). Basketballers LeBron James, Kevin Durant en Stephen Curry hebben de ranglijst van de honderd best verdienende beroemdheden van het tijdschrift *Forbes* bereikt, net als de golfprof Tiger Woods en de American footballspeler Andrew Luck.

Mega-evenement Superbowl

Geen sportwedstrijd op Amerikaanse bodem kan wedijveren met de Superbowl, de finale van de American footballcompetitie NFL. De televisiezenders kunnen erop rekenen dat over de hele wereld naar schatting een miljard mensen naar dit superevenement kijken. De finale tussen de winnaars van de American Football Conference en de National Football Conference vindt sinds 1967 steeds plaats in het laatste weekend van januari of een week later in februari, waarbij de wedstrijdlocaties wisselen. Karakteristiek voor grote sportevenementen als dit is het sterk nationalistische voorprogramma met hymnen, vaandeldragers van alle legeronderdelen en F14-straaljagers die over het stadion razen.

Architectuur en kunst

De beroemde wolkenkrabberarchitectuur van Manhattan, het statige neoclassicisme van Washington D.C., de kleurrijke art deco in Miami Beach, wereldliteratuur uit Greenwich Village en Key West, de musicals en andere shows van Broadway, countrymuziek in Nashvillestijl en popart van bijvoorbeeld Andy Warhol: de kunst- en cultuurwereld van de Verenigde Staten is uiterst gevarieerd.

Architectonische hoogtepunten

Torenhoge gebouwen zijn niet het enige kenmerk van de architectuur van het oosten van de VS. Sinds de onafhankelijkheid van 1776 hebben immigranten uit alle delen van de wereld met hun diverse bouwstijlen de VS een zeer veelzijdig aanzien gegeven. De periode voor 1860 stond, vooral wat betreft de overheids- en regeringsgebouwen, hoofdzakelijk in het teken van de Greek Revival, een soort neoclassicisme in navolging van de architectuur van de Griekse oudheid, en vanaf 1825 kwam met het victoriaanse tijdperk een bouwstijl in zwang die zich in verschillende richtingen splitste, zoals Second Empire en Queen Anne. Via de beaux-artsperiode met monumentale portalen, stucwerk en weelderige sculpturen, en de art deco heeft de architectuur het postmodernisme bereikt.

De wolkenkrabber als handelsmerk

Waaraan denkt u het eerst als het over New York gaat? Waarschijnlijk aan de skyline van Manhattan, die zich weerspiegelt in het water van de Hudson en de East River. Toch werd de eerste wolkenkrabber niet hier, maar in Chicago gebouwd, tussen 1883 en 1885 naar ontwerp van de architect William Le Baron Jenny (1832-1907).

De eerste torens in New York

Jenny's prototype sloeg ook aan in Manhattan, waar toparchitect Louis Sullivan in 1889 het van een terracottagevel voorziene Bayard-Condict Building in Bleecker Street ontwierp naar dit nieuwe bouwprincipe. De twaalf verdiepingen van dit bouwwerk werden al vier jaar later overtroffen door Sullivans collega David H. Burnham. Op de hoek van Broadway en Fifth Avenue verrees het Flatiron Building 87 m naar de hemel, wat in die tijd als waanzinnig werd beschouwd, zodat de inwoners al bij de doop van het op een strijkijzer lijkende gebouw (vandaar de naam) een bijnaam paraat hadden: Burnham's Folly ('Burnhams Dwaasheid').

Nieuw: One World Trade Center

In de jaren 60 en 70 luidden de architecten een wedergeboorte van de 'grootheidswaanzin' in met de bouw van de twee torens van het World Trade Center, dat op 11 september 2001 ten onder ging aan een radicaal-islamitische terreuraanslag. Men was nog maar nauwelijks van deze gruwelijke daad bekomen, toen werd bekendgemaakt dat het Ground Zero genoemde terrein opnieuw bebouwd zou worden. Na eindeloze discussies en juridische strijd begonnen de werkzaamheden. Het hart van het complex is het 541 m hoge One World Trade Center, het hoogste gebouw van de VS en de op vijf na hoogste wolkenkrabber ter wereld. Het uitkijkplatform en het restaurant op de honderdste etage zijn vanaf het voorjaar van 2015 geopend voor het publiek. Op het terrein herinneren een 9/11-monument en een museum aan de zwartste dag in de geschiedenis van de stad.

Gejaagd door de wind

Voor veel bezoekers van de VS is alleen al het 'Gejaagd door de wind'-karakter van de zuidelijke staten de reis waard. Plantages met prachtige herenhuizen zoals Drayton Hall bij Charleston of de Shirley Plantation aan de James River in Virginia liggen te midden van een subtropische plantengroei en getuigen van de rijkdom en de luxe levensstijl van de voormalige planters. Slavenverblijven zoals die op de Boone Hall Plantation bij Charleston herinneren aan het onzalige tijdperk van de dwangarbeid. Vele van deze landgoederen stammen uit de tijd van voor de Amerikaanse Burgeroorlog (1861-1865), het Antebellum, en worden daarom ook wel antebellumhuizen genoemd.

In de ban van de Painted Ladies

De architectuur van voor 1860 aan de Antebellum Trail is voor het grootste deel uitgevoerd in de sedert circa 1825 populaire victoriaanse stijl, die zich in verscheidene stromingen manifesteerde, zoals de Gothic Revival (neogotiek, vanwege het gebruik van hout ook Carpenter Gothic), Italianate (gebaseerd op Italiaanse villa's), Second Empire (de periode van het Tweede Franse Keizerrijk, 1852-1870), Romanesque Revival (neoromaans) en Queen Anne (sinds circa 1890). De meeste houten huizen van voor 1860 waren nog relatief eenvoudig, maar tegen het eind van de 19e eeuw werden er op veel plaatsen victoriaanse paleizen gebouwd, die vanwege hun meestal pastelkleurige voorgevels Gingerbread Houses (peperkoekhuizen) of Painted Ladies (zwaar opgemaakte dames) werden genoemd. Cape May aan de kust van New Jersey is een soort openluchtmuseum van victoriaanse architectuur.

Art deco in Florida

De wijk South Beach in Miami Beach, het grootste art-decodistrict van de Verenigde Staten, geldt als het mekka van deze bouwstijl. Sommige gebouwen zien eruit als gestrande oceaanstomers die tot steen zijn verstard. De balkons zijn als het zonnedek van een cruiseschip. De bewoners kijken niet door ramen, maar door patrijspoorten, en de liftschachten op de daken groeien als ouderwetse stoomschipschoorstenen en stuurmansbruggen de hemel in. De stucversiering doet de kijker denken dat de muren van de huizen met ronde of vierkante klinknagels bij elkaar worden gehouden.

Europese wortels

Art deco, een inkorting van *arts décoratifs*, is een stijlrichting die de kunstnijverheid, fotografie, affichekunst, beeldhouwkunst, toneeldecors en vooral de architectuur tussen 1920 en 1940 sterk heeft beïnvloed. De Wiener Werkstätte, De Stijl, de Deutsche Werkbund en Bauhaus hebben aan de art deco belangrijke impulsen gegeven. Art deco verbond elementen van de voorafgegane jugendstil met het functionalisme van de jaren 20 en het futurisme.

Literatuur

Amerika is zo groot en historisch gezien zo gevarieerd dat de literatuur zeer gedifferentieerd is, zowel wat betreft de regio als de thematiek. Dat geldt bijvoorbeeld voor de literatuur van de zuidelijke staten, waarin na de Burgeroorlog de teloorgang van de vroegere grootheid in de werken van bijvoorbeeld William Faulkner en in Margaret Mitchells *Gejaagd door de wind* tot dragend motief geworden is.

Oases van het schrijversgilde

Het valt op dat vooral de schrijvers uit het oosten van het land zich aangetrokken voelden tot bepaalde oorden waar de Amerikaanse kunst en cultuur zich uitkristalliseerden, en zich bij voorkeur op deze fraaie plaatsen vestigden.

Greenwich Village, een wijk van schrijvers

Nergens anders in het land is meer geschreven, is meer gezweet boven een manuscript, de eenzaamheid van het schrijven heviger in alcohol gedrenkt of vaker nachtenlang doorgewerkt aan de eindversie van een toneelstuk dan in de wijk Greenwich Village in Manhattan. De lijst van dichters en critici, roman- en toneelschrijvers die daar hebben gewerkt, laat zich lezen als een 'Who is who' van de Amerikaanse literatuur. Dat heeft hoogstwaarschijnlijk te maken met de ontegenzeggelijk gunstige locatie van de Village, waar men zogezegd aan de rand van de stad leeft zonder maar iets van het hectische stadsleven te hoeven missen.

Theodore Dreiser (1871-1945) boog zich in West 11th Street over de maatschappijkritische roman. Sinclair Lewis (1885-1951), een getrouw waarnemer van de Amerikaanse middenklasse, verliet in 1910 zijn geboortegrond Minnesota en huurde een woning in Charles Street in de Village. Twintig jaar later ontving hij als eerste Amerikaan de Nobelprijs voor Literatuur. De toneelschrijver Eugene O'Neill (1888-1953), veelzeggend geboren in een hotel aan Broadway, werkte een tijdje in het Princetown Playhouse (133 MacDougal St.). De dichter Dylan Thomas (1914-1953) uit Wales had de White Horse Tavern (567 Hudson St.) als stamcafé. Susan Sontag (1933-2004), een van de invloedrijkste intellectuelen van de VS en vanaf 2000 ook een van de hardnekkigste critici van de regering-Bush, heeft zich ook een tijdlang door Greenwich Village laten inspireren.

Dichterseiland Key West

Het eiland en het gelijknamige stadje Key West op de zuidpunt van de Florida Keys zijn meer dan een tropisch paradijs. Sinds de jaren 20 zijn ze uitgegroeid tot een trefpunt van belangrijke schrijvers, die daar op zijn minst tijdelijk woonden en werkten. De lokale bevolking is er trots op dat hun eilandje per hoofd van de bevolking meer literatoren telt dan welke andere Amerikaanse stad ook. Het literaire belang van Key West begon met Ernest Hemingway (1899-1961), die er in 1931 aankwam en er met onderbrekingen bleef tot 1961. Hij schreef er onder andere *The old man and the sea*, waarvoor hij in 1954 de Nobelprijs voor Literatuur kreeg.

In 1941 kwam er nog een beroemde schrijver naar Key West, namelijk Tennessee Williams (1911-1983), die er dertig jaar bleef. Een met de drukte rond Hemingway vergelijkbare Tennessee Williamsgekte bestaat echter niet op Key West. Hij kocht een bescheiden wit houten huis op Duncan Street 1431 en net als zijn grote collega liet hij er een werkkamer, die hij zelf gekkenhuis noemde, inrichten en een zwembad bij aanleggen. In de St. Mary Star of the Sea Catholic Church aan Truman Avenue heeft de schrijver, die met *The Glass Menagerie* en de verfilmde stukken *A Streetcar Named Desire* en *Cat on a Hot Tin Roof* wereldberoemd werd, zich in naar het schijnt niet geheel nuchtere toestand laten dopen.

Bewonderaars van Robert Frost (1874-1963), een van de belangrijkste Amerikaanse lyrische dichters van de 20e eeuw, kunnen het huisje van de dichter vinden bij Jessie Porter's Heritage House Museum. Frost, die veel over de natuur van New England dichtte, keerde in de jaren 30 's winters steevast zijn geboortegrond Vermont in het noorden de rug toe om het koude jaargetijde in het Caribisch aandoende Key West door te brengen.

Horror, crime en fantasy

Edgar Allan Poe geldt met zijn griezelverhalen als de grondlegger van de *gothic novel*, zoals dit genre in de VS wordt genoemd. Eigenlijk was strikt genomen de schrijver en journalist Charles Brockden Brown (1771- 1810), die in werken als *Wieland: or, The Transformation* (1798) stijlmiddelen inzette die later ook Poe en Nathaniel Hawthorne zouden gebruiken, de wegbereider van de griezelroman.

In het recente verleden hebben talrijke Amerikaanse schrijvers het horror-, sciencefiction- en fantasygenre ontdekt, waarmee over de hele wereld miljoenenoplagen worden bereikt.

Wie als toneelspeler op Broadway staat, wacht een grote carrière

Internationale bestseller-auteurs

De in 1947 in Portland (Maine) geboren Stephen King draagt met trots de titel 'koning van de horror'. De leraar Engels brak in 1973 door met de roman *Carrie* en in het laatste kwart van de 20e eeuw groeide hij uit tot een van de commercieel succesvolste en productiefste schrijvers van zijn tijd.

Marion Zimmer Bradley (1930-1999) hield zich naar eigen zeggen al tijdens haar schooltijd in Albany, de hoofdstad van de staat New York, bezig met het schrijven van fantasy en sciencefiction. Aan het begin van de jaren 70 verwierf ze met een cyclus over de imaginaire planeet *Darkover* de status van cultschrijfster met een lezerskring van nog bescheiden omvang, maar een tiental jaren later werd ze internationaal bekend met de romans *Mists of Avalon*, over de tijd van koning Arthur, en *The Firebrand*, waarvan over de hele wereld miljoenen exemplaren zijn verkocht.

Patricia Cornwell had veel baat bij haar ervaring als voormalige politiereporter en computeranaliste op het gebied van de forensische geneeskunde. Met romans als *Trace* (Nederlandse titel: *Sporen*), *All that Remains (Al wat overblijft)*, *Dust (Zuurstof)* en *The Bone Bed (Link)* is ze een van de succesvolste thrillerauteurs ter wereld geworden. In haar oeuvre speelt de forensisch geneeskundige Kay Scarpetta de hoofdrol. Als achtergrond dient onder andere Richmond in Virginia, waar de in 1956 in Miami geboren schrijfster sinds de jaren 80 woont.

Muziek en kunst

Musicalparadijs Broadway

Wat in het algemeen onder het begrip Broadway wordt verstaan, is de theaterbuurt rondom het New Yorkse Times Square tussen 41st en 53rd Street en tussen Sixth en Ninth Avenue. Jaar in jaar uit vertonen hier tal van grote en kleine theaters hun producties.

On-Broadway

Er zijn drie soorten Broadwayproducties. 'On Broadway'-stukken worden op de planken gebracht in de ongeveer veertig grote theaters in de buurt die meer dan vijfhonderd plaatsen hebben. De stukken die bijvoorbeeld in het Majestic Theatre, Astor Palace Theatre, Palace Theatre en Winter Garden Theatre worden opgevoerd, zijn dure, pretentieuze ensceneringen van bekende regisseurs, die even bekende acteurs, zangers, dansers, decor- en kostuumontwerpers en choreografen met zich meebrengen.

Off-Broadway

In ongeveer vijftig kleinere theaters, die minder dan vijfhonderd zitplaatsen tellen, worden voor het publiek minder spectaculaire 'Off Broadway'-stukken en -musicals vertoond, waarin vooral jonge artiesten, soms de sterren van morgen, hun vaardigheden op het toneel kunnen bewijzen. De eenvoudigste categorie is het 'Off-off Broadway'-theater, stukken die in de regel in kleinere theaters, keldertheaters, clubs en op podia voor experimenteel en avant-gardistisch toneel worden opgevoerd. Hierbij gaat het er in de regel niet minder professioneel aan toe dan in de grote, bekende theaters.

Countrymuziek

Naast de bolwerken van kunst en cultuur bestaat er in het oostelijke deel van de Verenigde Staten nog een onneembare vesting – het bastion van de countrymuziek in Nashville (Tennessee). Sinds de radiozenders in de jaren 20 'cowboymuziek' de ether in stuurden, maakt de country-and-western een zegetocht door overvolle concertzalen en radio- en televisiestudio's die alleen op deze muzieksoort gericht zijn. Langzaamaan ging de eerst als achterlijk en provinciaals beschouwde muziek andere richtingen beïnvloeden en vooral in de jaren 60 steeg ze tot onvermoede hoogten. De sterren waren toen Loretta Lynn, Johnny Cash, Patsy Cline, Don Williams, Tammy Wynette en natuurlijk de internationaal befaamde rondborstige blondine Dolly Parton. De gangmakers van nu zijn George Strait, Taylor Swift, Kenny Chesney, Luke Bryan en Lee Ann Womack.

Verschillende stijlen

Country is geen homogene muziekstijl, maar samengesteld uit diverse richtingen, die deels regionaal, deels etnisch of deels door de tijdgeest zijn bepaald. Bekende richtingen zijn de bluegrass, honkytonk, rockabilly, countrygospel, countryrock, Nashville sound, Western swing en de hoofdzakelijk in het zuidwesten beoefende tex-mex, een mengeling van Texaanse en Mexicaanse muziek.

Beeldende kunst

In de VS heeft de beeldende kunst, als we even afzien van de kunst van de oorspronkelijke inwoners van het land, pas relatief laat haar eigen identiteit gevonden. Tot na de helft van de 18e eeuw ging het hoofdzakelijk om koloniale kunst, wat wordt uitgedrukt in de benaming Colonial Period voor de stijlperiode voor 1776.

Hudson River School

In de schilderkunst bijvoorbeeld zijn pas typisch Amerikaanse trekken te bespeuren bij de zogenaamde Hudson River School, met schilders als Thomas Cole, Frederick E. Church, Asher B. Durand en John F. Kensett, die vanaf rond 1825 de landschappen van de Hudson Valley in de staat New York nauwkeurig op het linnen hebben vereeuwigd in een stijl tussen romantiek en realisme in. De beeldhouwkunst uit die tijd stond daarentegen meer in de traditie van het classicisme, zoals de sculpturen van bijvoorbeeld Horatio Greenough (1805-1852), met George Washington als Zeus, duidelijk maken.

Na de Tweede Wereldoorlog

Behalve de politieke begon in de 20e eeuw ook de culturele hegemonie van de Verenigde Staten zich zo sterk te manifesteren dat critici ten slotte spraken van de 'eeuw van Amerika'. Amerikaanse kunstenaars namen stelling tegen oude, ingesleten tradities en, naar hun mening, achterhaalde ideeën over kunst en stichtten na de Tweede Wereldoorlog met het abstract expressionisme de eerste echt Amerikaanse schildersbeweging. Hiertoe behoorden onder anderen Jackson Pollock en de uit Nederland afkomstige schilder Willem de Kooning. Na hen kwam een nieuwe, aan andere ideeën hechtende kunstenaarsgeneratie. Als de belangrijkste vertegenwoordigers hiervan golden Robert Rauschenberg, Jasper Johns en Roy Lichtenstein. Zij stelden hun werken samen uit verschillende alledaagse voorwerpen, van krantenknipsels tot bierblikjes en van foto's tot huishoudelijke artikelen, en droegen met de hen typerende speelse ironie nieuwe ideeën aan voor de discussie wat eigenlijk onder kunst moet worden verstaan. Deze stroming werd popart genoemd, met als bekendste vertegenwoordiger het in Pittsburgh geboren multitalent Andy Warhol (1928-1987).

Film

Dat de wieg van de Amerikaanse film niet in Hollywood stond, maar aan de oostkust, is bijna in de vergetelheid geraakt. De reden? Al aan het begin van de 20e eeuw keerden verscheidene productiebedrijven New York City en New Jersey de rug toe, om zich aan de zonnige, landschappelijk fraaie Pacifische kust te vestigen. Niet alleen vanwege de betere draaiomstandigheden: daarbij kwam dat de in 1908 in New Jersey gestichte Motion Picture Patents Company met patenten van de geniale uitvinder Thomas Edison voor filmmateriaal, camera's en projectoren probeerde om een filmmonopolie af te dwingen die de hele branche controleerde. Zo werden de producties van onafhankelijke bedrijven door strikte licentiepraktijken onrendabel gemaakt.

Filmlocaties aan de oostkust

Tot de eerste blockbusterproducties aan de oostkust behoorde in 1975 Steven Spielbergs *Jaws*. Filmlocatie was het eiland Martha's Vineyard bij Cape Cod in Massachusetts, waar een *location scout* in Edgartown de ideale plek voor het verhaal had ontdekt. Een voordeel was ook dat het het water in de oeverzone nauwelijks meer dan vier meter diep was en de filmtechnici de manoeuvres met de mechanische hoofdrolspeler gemakkelijker maakte dan in diep water. Na Spielberg ontdekten ook andere regisseurs als Sydney Pollack en Kevin Bacon draailocaties op het eiland, waar 'in het kielzog' van de witte haai ondertussen circa zestig bioscoopfilms en tv-producties werden opgenomen.

New York City zou de dominerende oostkustmetropool niet zijn geweest, als het ook niet filmgeschiedenis had geschreven. Honderden films werden voor een deel opgenomen door prominente regisseurs en regisseuses als Woody Allen, Martin Scorsese, Nora Ephron, Spike Lee en Lena Dunham. Succesvol bleken daarbij niet alleen de gebruikelijke belastingvoordelen, maar ook het feit dat ter plaatse geen gebrek aan professioneel personeel is. Een slimme stap was het aanstellen van een agentschap, dat als taak had filmproducties met vergunningen, marketing en logistieke bijstand te helpen.

Niet alleen Forrest Gump

Zonder veel furore ontwikkelde Georgia zich tot een krachtige locatie voor filmproducties – afgezien dan van het enorme succes van het in 1994 in Savannah opgenomen *Forrest Gump* met Tom Hanks in de hoofdrol. De film was niet alleen een publiek succes, maar ontwikkelde ook een toeristische attractie, omdat veel bezoekers zelf naar de stad kwamen om op het Chippewa Square de ondertussen in het Savannah History Museum staande bank te zien, waarop zich enkele belangrijke scènes afspeelden. Dat de hoofdstad Atlanta naast North Carolina al het 'Hollywood van het oosten' genoemd wordt, is met het groeiende aantal producties geen wonder.

Info

Reisinformatie voor de Verenigde Staten oost

Reis en vervoer
Accommodatie
Eten en drinken
Sport en activiteiten
Feesten en evenementen
Praktische informatie van A tot Z

De Indian summer is een typisch droog herfstseizoen in de staten van New England. De koude nachten versnellen het verkleuren van de bladeren in de gemengde bossen

Streetart, zoals hier in het Strip District in Pittsburgh, is in de grote steden van de VS alomtegenwoordig

De Brooklyn Bridge in New York was de eerste hangbrug waarvoor draagkabels van staal werden gebruikt

Reis en vervoer

Douanebepalingen

Bezoekers uit de Europese Unie, ook kinderen en baby's, hebben voor een verblijf van maximaal 90 dagen een eigen machineleesbaar paspoort nodig. Paspoorten moeten voorzien zijn van een digitale foto en van biometrische gegevens in chipvorm (een zogenoemd e-paspoort). Iedere reiziger is bij aankomst verplicht digitale vingerafdrukken en een digitale pasfoto te laten maken.

Vraag op zijn laatst 72 uur van tevoren een elektronische reistoestemming of ESTA (Electronic System for Travel Authorization) aan (dit is mogelijk bij uw reisbureau of op internet: kijk op www.esta.cbp.dhs.gov > Nederlands). De kosten voor de aanvraag bedragen $ 14 en zijn alleen per creditcard te betalen. Vul het officiële ESTA-formulier in en reken af met uw creditcard. Bovendien moet op het boekingsformulier minstens 72 uur voor vertrek uw volledige naam, geboortedatum en geslacht worden vermeld. Dit is verplicht voor alle internationale vluchten van en naar de VS en voor binnenlandse vluchten.

Eerste verblijfadres

Wie naar de Verenigde Staten reist, is verplicht om niet alleen zijn of haar persoonlijke gegevens, maar ook een volledig eerste verblijfsadres in de Verenigde Staten op te geven (bijvoorbeeld het adres van het hotel, het adres van de persoon bij wie u logeert en, wanneer u een auto huurt, ook dat van het filiaal van de verhuurmaatschappij).

Reisbagage

Alle bagage wordt voor de vlucht onderzocht op explosieven. Koffers kunt u in verband met eventuele nacontrole beter niet afsluiten. Enkele luchtvaartmaatschappijen hebben hun regels over handbagage veranderd. Informeer voor alle zekerheid wat u mag meenemen in het vliegtuig. Zakmessen en andere puntige voorwerpen zoals nagelvijltjes zijn verboden. Lithiumbatterijen horen in de handbagage, niet in een koffer.

In- en uitvoer van goederen

Als u huisdieren meeneemt naar Amerika, moet u bij de douane een verklaring van een dierenarts kunnen overleggen. Het invoeren van 200 sigaretten, 1 liter alcohol en cadeaus met een maximale waarde van $ 100 is belastingvrij voor volwassenen van 21 jaar en ouder. Bedragen van meer dan $ 10.000 moet u aangeven. De invoer van verse, gedroogde of ingeblikte vleesproducten is niet toegestaan. Hetzelfde geldt voor plantenzaden. Bakkersproducten en houdbare kaas mag u wel invoeren. Het invoeren van wapens is verboden.

Heenreis

... met het vliegtuig

Wie met het vliegtuig van Europa naar het oosten van de VS reist, komt normaliter aan in New York (JFK), Boston (BOS), Philadelphia (PHL), Washington Dulles International (IAD), Atlanta (ATL), Miami (MIA), Tampa (TPA) of Orlando (MCO). In toenemende mate wordt er ook gevlogen op Fort Lauderdale (FLL) en Fort Myers (RSW). Aangezien het vliegtuig in de VS vanwege de daar te overbruggen grote afstanden een populairder vervoermiddel is dan in Europa, beschikt het oosten over een dicht net van vliegverbindingen. In het hoogseizoen zijn vluchten duur. Een Air Pass levert korting op. Grote Amerikaans luchtvaartmaatschappijen bieden de mogelijkheid om samen met een transatlantische vlucht minstens drie lokale Amerikaanse vluchten te boeken, waarvan de plaatsen van vertrek en de bestemmingen van tevoren moeten worden vastgelegd.

Diverse maatschappijen, zoals KLM en charterbedrijven, bieden een fly-drive-programma inclusief vlucht en huurauto. U kunt boeken via de maatschappij zelf, het reisbureau of internet.

... met de boot

Het enige schip dat regelmatig de transatlantische route tussen Europa en de Amerikaanse oostkust bevaart, is de luxelijnboot Queen Mary II. Meestal vaart het schip af van Southampton (Engeland), maar soms ook van Hamburg (Duitsland). In de regel is New York de bestemming, maar een keer per jaar ook Fort Lauderdale in Florida. De overtochten vinden plaats tussen april en november en duren zes dagen (informatie: Cunard Line, www. cunard. com).

Binnenlands vervoer

Vliegtuig

Prijsvechters (websites zie blz. 85) zullen binnen afzienbare tijd ook tussen de Verenigde Staten en Europa vliegen. Binnen de Verenigde Staten vliegt **JetBlue Airways** (www.jetblue.com) op veel steden in het oosten, waaronder Boston, New York, Washington D.C. en Fort Lauderdale. Een vlucht tussen New York City en Fort Lauderdale (FL) kunt u bij deze aanbieder al krijgen voor ongeveer $ 150. Van de basis Fort Lauderdale vliegt **Spirit Airlines** (www.spirit.com) naar talrijke bestemmingen aan de Amerikaanse oostkust, zoals Myrtle Beach, Washington D.C., Atlantic City, New York City en Boston. Een dicht lijndienstnetwerk bezit in het oosten ook **Southwest** (www.southwest.com).

Trein

Treinen spelen in de Verenigde Staten, het land van het individuele vervoer, een veel geringere rol dan in Europa. De meeste treinen rijden in de noord-oostcorridor tussen Washington D.C. en Boston, waar de op de Franse TGV gebaseerde hogesnelheidslijn **Acela Express** de afstand tussen beide steden in 6 uur aflegt. Andere belangrijke trajecten voeren van New York, Boston en Washington D.C. naar bijvoorbeeld Cleveland (Ohio), Pittsburgh (Pennsylvania) en Miami (Florida). Van de metropolen in het oosten zijn ook de meeste steden in het westen bereikbaar. Met de **Amtrak USA Rail Pass** reizen niet-Amerikanen het voordeligst in de afzonderlijke regio's en in het hele land. Koop de Amtrakpas voor vertrek (Incento BV Travel Con/ Amtrak, Vaartweg 23g, 1401 RA Bussum, tel. 035-6955111, www.incento.nl of Treinreiswinkel, Breestraat 57, 2311 CJ Leiden en Singel 393, 1012 WN Amsterdam, tel. 071-5137008, info@treinreiswinkel.nl, www.treinreiswinkel.nl). De kosten zijn afhankelijk van wanneer u reist: in het hoogseizoen (mei-sept. en rond de kerst) of daarbuiten.

Bus

De maatschappij **Greyhound** onderhoudt in de hele VS een netwerk van busverbindingen voor de korte en de lange afstand. **Peter Pan Bus Lines** (1778 Main St., Springfield, MA 01103, tel. 1-800-343-9999, www.peterpanbus.com) heeft veel lijnverbindingen in het noordoosten en in de Midden-Atlantische regio en biedt ook chartertours aan. Bij tal van charterbusmaatschappijen zijn bustours in het oosten te boeken. Dat geldt ook voor all-intours inclusief overnachting vanaf Boston: **Atlas Cruises & Tours** (8895 N. Military Trail, Suite 102-E, Palm Beach Gardens, FL 33410, tel. 1-800-942-3301, www.atlastravel web.com), **Collette Tours** (162 Middle St., Pawtucket, RI 02860, tel. 800-340-5158, www.gocollette.com).

Huurauto's

Een huurauto kunt u het best al in eigen land reserveren. Wie nog geen 25 jaar is, moet informeren of de betreffende firma een minimumleeftijd verlangt. In de meeste staten is de wettelijk verplichte WA-verzekering inbegrepen. Dat geldt ook voor de *collision damage waiver,* een soort cascoverzekering. Een rijbewijs en een creditcard zijn absoluut noodzakelijk wanneer u een auto wilt huren. Op alle luchthavens en in de grotere steden vindt u filialen van de grote bedrijven

Alamo (www.alamo.com), **Avis** (www.avis. com), **Budget** (www.budget.com), **Dollar** (www.dollar. com), **Hertz** (www.hertz.com) en **National** (www.nationalcar.com). Filialen van **Rent-a-Wreck** (www.rentawreck.com) zijn alleen in de steden te vinden. Ze verhuren oudere modellen die zeker nog niet aftands zijn tegen een voordelige prijs. Bij **Holiday Autos** (tel. 085-8881214, www.holiday-autos.nl) kost het huren van een kleine auto met airconditioning all-in circa € 295 per week. De bedrijven bieden (met toeslag) ook *one way rentals* aan, waarbij u de auto bijvoorbeeld in New York huurt en in Miami aflevert.

Tanken

De prijs van benzine ligt in de VS gemiddeld op $ 2-3 per gallon, dat wil zeggen 3,785 liter. Er zijn grote verschillen per staat. Zelfs op een kruising kunt u twee benzinestations aantreffen met een prijsverschil van 15 cent per gallon. Vooral in afgelegen gebieden moet u rekening houden met extreme prijzen. Deze gelden voor een gallon. Een huurauto rijdt meestal op *unleaded* benzine, loodvrij dus, ook regular genoemd. Bij veel benzinestations betaalt u met een creditcard aan de pomp zelf. Hier en daar moet bij de pompstationbeheerder een creditcard of contant geld worden achterlaten voordat u kunt tanken.

WEGENCATEGORIEËN

In de VS krijgen chauffeurs van huurauto's te maken met allerlei soorten wegen, die niet altijd even goed van elkaar te onderscheiden zijn, zoals **highways**, **boulevards** en **avenues. Turnpikes** en **tollways** zijn snelwegen waarvoor u tol moet betalen. De Nederlandse en Belgische snelwegen lijken het meest op de **freeways** en de dwars door het hele continent lopende **Interstates**, die in noord-zuidrichting oneven nummers en in oost-westrichting even nummers hebben. **Expressways** zijn snelwegen met kruisingen. **Parkways** zijn overwegend door recreanten gebruikte wegen, die door fraaie landschappen lopen en meestal vrij zijn van vrachtverkeer. **Bij pech** kunt u voor assistentie het beste telefonisch contact opnemen met de verhuurder van de auto.

Verkeersregels

In de VS wordt aan de rechterkant van de weg gereden, maar sommige verkeersregels wijken af van die in Europa. Zo mag je in veel staten ook bij rood licht rechts afslaan en op meerbaanswegen rechts inhalen. Het gebruik van de **autogordel** is verplicht, behalve in New Hampshire. Er bestaat geen eenheidsregeling van de maximumsnelheid, maar op secundaire wegen bedraagt die meestal 55 en op interstates 60 of 65 mijl per uur. De politie gebruikt radarapparatuur ter **controle** en kan zeer streng zijn. Wanneer kinderen in of uit de gele schoolbus stappen, moet het verkeer in beide richtingen stilstaan. Kruispunten zijn vaak voorzien van een stopbord in beide straten. Wie als eerste aankomt, rijdt ook als eerste verder. Van staat tot staat kunnen de regels met betrekking tot bijvoorbeeld de maximumsnelheid, verplicht gordelgebruik en het rechts afslaan verschillen. De *center left turn lanes* – centrale rijstroken voor verkeer dat naar links afslaat – komen veel voor. Hier kunt u zonder het verkeer te hinderen vaart minderen, stoppen en links afslaan wanneer de gelegenheid zich voordoet. Op meerbaanswegen wordt vaak een bepaalde baan aangeduid als **car pool lane**, wat betekent dat deze rijstrook in het spitsuur alleen mag worden gebruikt door voertuigen met meer dan één inzittende. Een in een **tow-away zone** geparkeerde auto wordt onmiddellijk weggesleept. Wat alcohol betreft geldt *Don't drink and drive:* geen alcohol achter het stuur.

Accommodatie

Dankzij de uitstekende toeristische infrastructuur kent het reizen in het oosten geen problemen. Wat de accommodatie betreft, wordt een onderscheid gemaakt tussen hotels (meestal in de stad), motels (waar men praktisch voor de deur parkeert), inns (een soort landelijk pension) en bed and breakfasts (accommodatie bij particulieren, meestal zeer verzorgd).

Aan het slaapcomfort wordt in de regel hoge prioriteit verleend. In de VS komt men nergens bedden met een breedte van 90 cm of 1 m tegen, wat bij ons heel gewoon is bij een onderkomen in een eenpersoonskamer of een kamer met twee losse bedden. Gasten hebben in de betere hotels en motels de keuze tussen queensizebedden, met een breedte van ongeveer 1,40 m, en kingsizebedden, met een inderdaad koninklijke afmeting van 2 bij 2 m. Onder *twin beds* worden twee eenpersoonsbedden van queensize-afmetingen verstaan.

De in een groot aantal motels aanwezige wasmachines en drogers, die op muntjes werken, zijn heel praktisch. Waspoeder haalt u uit een automaat of u koopt een pakje bij de receptie. Het kan soms voorkomen dat u ervoor naar de dichtstbijzijnde supermarkt moet. In bijna elke grotere plaats zijn *coin laundries* (muntwasserijen) te vinden, aangezien in de VS lang niet elk huishouden over een wasmachine beschikt. In de betere onderkomens horen strijkijzer, strijkplank en koffieapparaat tot de basisaccessoires. Steeds meer hotels bieden hun gasten naast de in de noordelijke streken verwarmde binnen- en buitenbaden ook fitnessruimten met een meer of minder omvangrijk aanbod aan apparaten. Wilt u een greep doen in de veelal aanwezige minibar, besef dan dat de prijs van een drankje of een chocoladereep vaak het veelvoud bedraagt van die in de supermarkt. Waardevolle spullen stopt u in uw eigen kluis op de kamer of u geeft ze bij de receptie in bewaring.

In veel gevallen zijn in hotels en motels in de Verenigde Staten ook kamers te vinden met een (al dan niet uitgebreide) keuken. Het hangt van de hotelcategorie af hoe schoon en bruikbaar de ter beschikking staande apparaten zijn. Overigens is een kamer met keuken eigenlijk alleen handig bij een meerdaags verblijf, aangezien de aanschaf van schoonmaakmiddelen, die doorgaans niet voorhanden zijn, bij eenmalig gebruik nauwelijks loont.

Als u 's avonds een kamer zoekt, hebt u baat bij een typisch Amerikaans gebruik: veel hotels en motels schakelen na 18 uur lichtreclames aan met daarop 'Vacancy' of 'No vacancy', zodat u al vanuit uw auto kunt zien of er nog een kamer beschikbaar is.

Hotelcategorieën

Discount motels: de laagste kamerprijzen worden aangeboden in motels van grote ketens, bijvoorbeeld Motel 6 (www.motel6.com), Super 8 (www.super8.com), Red Roof Inns (www. redroof.com), Econo Lodge, Comfort Inn, Quality Inn, Sleep Inn, Rodeway Inn (alle te vinden onder www.choicehotels.com) en Days Inn (www.daysinn.com), die over het algemeen keurige kamers bieden.

Middenklasse: iets minder voordelig, maar van meer gemakken voorzien, is de accommodatie van ketens als Travelodge (www. travelodge. com), Howard Johnson (www.hojo. com), Best Western (www.bestwestern.com), Embassy Suites (www.embassysuites.com), Hampton Inn (www.hamptoninn.com), Holiday Inn Express (www.ihg.com), La Quinta (www.lq.com) en Ramada (www. ramada.com).

Luxehotels: voor reizigers die iets hogere eisen stellen aan hun verblijf in de Verenigde Staten zijn er natuurlijk de hotels die deel uitmaken van bekende ketens als Hyatt (www. hyatt.com), Marriott en Courtyard by Marriott (www.marriott.com), Hilton (www. hilton.com), Radisson (www.radisson.com), Ritz-Carlton (www.ritzcarlton.com), Westin

In Hotel Aloft Tampa Downtown wordt goed voor je gezorgd

en Sheraton (www.starwoodhotels.com) en Fairmont Hotels (www.fairmont.com).

Bed and breakfast

Bed and breakfasts zijn wijdverbreid in het oosten van de Verenigde Staten. In veel gevallen zijn dit accommodaties in particuliere woningen van Amerikanen uit de betere standen, met weelderig ingerichte kamers vol antiek, waarin een televisie of andere verworvenheden van de moderne techniek doorgaans ontbreken. Wel kunt u slapen in een hemelbed, voor de traditionele Amerikanen het symbool van de goede oude tijd. Vaak betaalt u voor deze luxueuze onderkomens een vermogen. In landelijke gebieden zijn echter ook voordeliger bed and breakfasts te vinden; sommige bieden alleen onderdak aan niet-rokers. En aan het ontbijt praat u met de andere gasten en eventueel de eigenaars van de bed and breakfast gezellig een beetje over koetjes en kalfjes.

Vakantiehuisjes en vakantiewoningen

De vakantieganger kan in de Verenigde Staten kiezen uit een enorm aantal vakantiewoningen – variërend van rustieke huisjes om romantisch samen te zijn tot luxe villa's die plaats bieden aan verscheidene gezinnen. Aanbieders zijn er genoeg. U kunt het best op een internetzoekmachine naar de gewenste locatie (staat, stad, dorp) en periode zoeken, en de accommodatie uitkiezen die het best bij u past (bijvoorbeeld op www.homeaway.nl > vul bij 'zoek' Verenigde Staten in, of www.vakantiewoningen.org). Een andere goede tip is www.airbnb.nl.

Reserveringen

Wanneer u telefonisch een kamer reserveert, wordt hij maar tot 18 uur vrijgehouden. U kunt gegarandeerd boeken met een creditcardnummer, maar dan moet u wel betalen, ook als u de reservering later afzegt. Tweepersoonskamers kunnen met een geringe toeslag door meer dan twee personen worden benut. De prijzen zijn altijd bedoeld voor een kamer en worden niet per persoon berekend.

Voor het bespreken van een kamer geldt de vuistregel: in grote steden kunt u maar beter reserveren. Wanneer ten tijde van uw bezoek toevallig een congres of een belangrijk sportevenement wordt gehouden, zijn misschien alle kamers al bezet. In landelijk gebied is de kans hierop klein, zodat u op goed geluk op zoek kunt gaan en kunt proberen om een paar dollars van de prijs af te krijgen met een coupon of een andere kortingmogelijkheid (zie blz. 35). Het is ook aan te bevelen om al een hotel gereserveerd te hebben wanneer u net van het vliegveld komt, want het is vervelend en vaak tijdrovend om na een lange vlucht nog op zoek te moeten gaan. Overigens is het verplicht om een eerste adres op te geven wanneer u in de VS arriveert (zie blz. 60). De in deze gids aangegeven overnachtingsprijzen zijn exclusief tax (belasting), die in elke plaats verschillend is.

Jeugdherbergen

Wie met een klein budget reist, kan veel geld besparen door in een jeugdherberg (hostel) te overnachten. Deze hostels zijn in de grote steden in de regel 24 uur per dag open (circa $ 30-40 per bed), maar in landelijke gebieden zijn ze overdag gesloten en gaan ze pas laat in de namiddag open (circa $ 15 per bed). Normaal gesproken krijgt u een bed in een slaapzaal, soms een iets duurdere privékamer. In Amerikaanse hostels overnachten niet alleen jonge rugzakreizigers, maar ook complete gezinnen. Vaak is een eigen slaapzak verplicht (Hostelling International-USA, 8401 Colesville Rd., Suite 600, Silver Spring, MD 20910, tel. 1-240-650-2100, www.hiusa.org of Stayokay, lid van Hostelling International, tel. 020-5513155 in Amsterdam, info@stayokay.com, www.stayokay.com).

Campings

Het wemelt in de VS van de particuliere, gemeentelijke of staatscampings voor *recreation vehicles* (RV = camper). Vooral de terreinen van de National Park Service en de Forest Service zijn voordelig (ca. $ 5-10), maar ze zijn lang niet zo luxueus toegerust als bijvoorbeeld de langs de hele oostkust te vinden KOA-terreinen ($ 20-40 per nacht, www.koa.com), waar ook *cabins* te huur zijn. Dit zijn houten huisjes met één of twee kamers voor maximaal 6 personen, soms met airconditioning of verwarming, afhankelijk van de ligging. Nog comfortabeler zijn *camping lodges* en *camping cottages* met een keuken vol apparaten, airconditioning en een bad. U moet zelf een slaapzak en keukenbenodigdheden meenemen. Voor een cottage voor 2 personen moet u $ 50-60 per nacht neertellen, inclusief een plaats voor de auto.

Wie met een camper door Amerika reist, mag niet langs de weg overnachten, maar moet daarvoor van een kampeerterrein gebruikmaken. Bij de Chambers of Commerce en de Visitors Bureaus kunt u gratis een volledig overzicht van de kampeermogelijkheden krijgen.

Wie in een natuurpark een tent opzet, moet zelf voor alles zorgen

Eten en drinken

Het was groot nieuws in 2006: de gerenommeerde uitgever Michelin publiceerde de eerste niet-Europese restaurant- en hotelgids – en wel over New York. Dat deze gastronomische bijbel ook de VS bereikte, kwam niet onverwacht. De oostkust kent al lang gastronomische restaurants, die de Amerikaanse keuken een nieuwe impuls geven.

Amerikaanse topkoks

Het wemelt van de Amerikaanse topkoks, die de kneepjes van het vak in alle landen van de wereld hebben geleerd en hun ervaringen verwerken in hun kookkunst.

Charlie Palmer

In New York is sterrenkok Charlie Palmer met meerdere toprestaurants vertegenwoordigd. Deze oud-student van het Culinary Institute of America (CIA) opende in 1988 met Aureole (nu One Bryant Park) zijn eerste topgelegenheid, waarna er andere volgden in Manhattan, Washington D.C. en Las Vegas.

Emeril Lagasse

De naam Emeril Lagasse is niet alleen in zijn thuishaven New Orleans een begrip onder kenners. Dit komt doordat deze begenadigde kookkunstenaar al jarenlang een televisieprogramma heeft en over een hele schare fans beschikt. Met het oog op zijn populariteit heeft een glossy tijdschrift hem de 'gastronomische versie van Elvis Presley' genoemd. Lagasse beheert diverse restaurants in de VS, waarvan een in de Universal Studios in Orlando.

Jean-Georges Vongerichten

Jean-Georges Vongerichten heeft sinds het eind van de jaren 80 met innovatieve interpretaties van klassiekers uit de Franse keuken, die hij bij tijd en wijle met Thaise invloeden verrijkt, de harten van fijnproevers uit de hele wereld veroverd. Behalve met verschillende restaurants in New York is hij ook in Londen en Hongkong vertegenwoordigd. Zijn Franse leermeesters Paul Haeberlin en Paul Bocuse zijn een waarborg voor de kwaliteit van zijn kookkunst.

Ana Sortun

Ana Sortun behoort tot de jonge sterren aan het Amerikaanse culinaire firmament. Deze uit Seattle afkomstige topkok behaalde haar diploma in Parijs en werkte daarna in Barcelona, Turkije en Italië alvorens in Cambridge (Massachusetts) met Oleana (134 Hampshire St., www.oleanarestaurant.com) haar eerste eigen restaurant te beginnen, waarvan de Turks beïnvloede keuken door alle critici de hemel in wordt geprezen.

Culinaire klassiekers

De circa honderd miljoen op Amerikaanse bodem grazende runderen hebben van de VS onvermijdelijk een land van vleeseters gemaakt. Naast vlees en gevogelte staat ook seafood van de Atlantische kust hoog aangeschreven.

Steaks

Steaks en ander snelklaarvlees komen in allerlei variëteiten op tafel. De sappige T-bonesteak wordt door de slachter direct van de wervelkolom afgesneden en inclusief het T-vormige bot gebraden. De *sirloinsteak* is een bijzonder malse lendenbiefstuk, die men graag eet met gebakken uien en knoflookboter, soms op geroosterd brood. Andere variaties zijn de ongeveer 200 g zware ribeyesteak van de dikke rib met een kern van vet, het 'oog' (vandaar ribeye) en de *tenderloin*, een biefstuk van de haas. Op feestdagen is de *prime rib* vrijwel onontkoombaar, een sappig stuk vlees uit het voorste stuk van de dikke rib (*prime* betekent eerste, voorste).

Barbecue (BBQ)

Vermoedelijk om twee redenen is de barbecue (BBQ) het hoogtepunt van Amerikaanse culinaire familiepret: ten eerste kan de houtskoolgrill vanwege de rookontwikkeling alleen buitenshuis worden gebruikt, wat tegemoetkomt aan de Amerikaanse voorliefde voor activiteiten onder de blote hemel, en ten tweede is dit bij voorkeur gemarineerde en daarna gegrilde vlees, bijvoorbeeld spareribs, een stevige en smakelijke kost, die met de handen wordt gegeten, waar de Amerikanen nu eenmaal een voorliefde voor hebben. In de zomer worden er vaak in openbare parken of recreatiecomplexen barbecuewedstrijden gehouden.

Seafood

Naast vlees en gevogelte staan aan de Atlantische kust schelp- en schaaldieren hoog in het vaandel. In Florida zijn dat oesters uit de baai van Apalichicola, rondom de Chesapeake Bay staat de *blue crab* (blauwe zwemkrab) vaak op de menukaart en aan de kust van Maine is *lobster* (kreeft) zo ongeveer dagelijkse kost. Op veel plaatsen en zelfs op het land worden deze schaaldieren in zogenaamde *lobster ponds* in grote bakken gekookt. Dikwijls gebeurt dit door visserscoöperaties die rondom hun botenhuizen een paar houten tafels hebben opgesteld, waar de vangstverse lekkernijen op plastic borden worden geserveerd met gesmolten boter. Het is de bedoeling dat men deze lekkernij dan met de handen opeet.

Ahornsiroop

Een andere, zoete specialiteit komt eveneens uit New England: ahornsiroop *(maple syrup)*. De ahorn (esdoorn) fleurt in de Indian summer niet alleen met zijn bladeren de bossen op, maar zorgt met zijn honingachtige sap voor een onmisbaar ingrediënt van ontbijtpannenkoeken en warme wafels. Van esdoorns wordt net als van rubberbomen sap afgetapt, dat in emmers wordt opgevangen. Het waterige sap krijgt pas zijn barnsteenkleur wanneer, na ongeveer tien uur koken, een groot deel van het water verdampt is.

Alcohol

De Verenigde Staten is traditioneel een land van bierdrinkers. Sinds 1935 is vooral bier uit blik erg populair. Het was in dat jaar dat in Richmond (Virginia) het gerstenat voor het eerst in een speciaal metalen omhulsel op de markt kwam. Hiermee begon de wereldwijde zegetocht van het sixpack.

Bier

Bier uit blik of uit de fles is in vele soorten en maten verkrijgbaar. Behalve Amerikaanse merken is er ook veel importbier uit de hele wereld verkrijgbaar, ook uit Nederland. Het bier uit Mexico is, hoewel duurder dan Amerikaanse merken, zeer populair. In bierkroegen, bars, restaurants en sindskort ook microbrouwerijen is de blonde of donkere koele drank ook van het vat te krijgen, zonder schuimkraag. Het alcoholpercentage ligt in de regel onder 4,5, omdat bier met een hoger percentage alleen als *malt liquor* mag worden verkocht. Het alcoholpercentage van lichte bieren is minder dan 0,5.

Wijn

Enkele tientallen jaren geleden gold wijn in de VS nog als een exotische drank, maar met de opkomst van de fijnproeverskeuken is ook wijn drinken hier in de mode geraakt. Het geldt als chic en als teken van beschaving om bij het avondeten een glas rode of witte wijn te bestellen. De oostelijke staten betrekken de, soms voortreffelijke, wijn vooral uit de staten Californië, Washington en Oregon, maar de laatste jaren ook uit de Piedmont Region in Virginia.

B.Y.O.

Adverteert een restaurant met B.Y.O. *(bring your own)*, dan betekent dat dat je zelf alcoholische drank meebrengt en daarvoor kurkgeld betaalt.

Gezondheidsgolf

Een gezonde keuken is al geruime tijd het devies in een land dat zucht en steunt onder de 60% zwaarlijvigen onder de bevolking. De filmmaker Morgan Spurlock heeft de provocerende documentaire *Super Size Me* gemaakt, waarin hijzelf in een heroïsche actie dertig dagen lang alleen maar de hamburgers van een bekende keten tot zich nam en naar eigen zeggen 12 kg in gewicht toenam.

Van vegetarisch tot low carb

Het aanbod aan vegetarische en veganistische restaurants en producten is met name in de metropolen groot. Bijna alle supermarkten hebben een groot assortiment aan vleesvrije en ook veganistische levensmiddelen. Als nieuwe foodtrend werd aan de westkust de *California cuisine* 'uitgevonden', met verse ingrediënten onder het motto 'salades en groenten in plaats van hamburgers met friet'. Wie hier gehoor aan wil geven, ondervindt in de Verenigde Staten weinig problemen, want dergelijke gerechten worden in een groot aantal restaurants aangeboden. De nieuwste voedingstrend hanteert de toverformule *low carb* – weinig koolhydraten. Dit slankmakende dieet beveelt hoogwaardige eiwitrijke gerechten met vlees, vis, eieren, melkproducten, peulvruchten en noten aan en verbiedt dikmakers als brood, aardappels, pasta, rijst en zelfs enkele groenten.

De diner: een begrip

De VS telt ongeveer 195.000 restaurants, de filialen van hamburgerketens en andere fastfoodtempels niet meegerekend. In dit reusachtige aanbod neemt één categorie een heel bijzondere plaats in: de *diner*. Het is moeilijk om dit oer-Amerikaanse instituut goed te omschrijven. *Diners* zijn het best bekend uit de jaren 50, de tijd van de petticoats en jukeboxen, waarin de Amerikaanse tieners in een *diner* bijeenkwamen en de consumptie van friet, milkshakes, *ice cream sundaes* en ham- en andere burgers verhieven tot het hoogtepunt van de American way of life. In een groot aantal succesvolle Amerikaanse films spelen *diners* nog altijd een rol als trefpunt van tieners, bijvoorbeeld in *American graffiti*.

Een *diner* was in veel gevallen een caravan van roestvrij staal met neonreclame, ingericht met rode kunstleren banken en plastic tafels. Het idee schijnt afkomstig te zijn geweest van een zekere Walter Scott uit Rhode Island, die vanaf 1872 vanuit een huifkar eten aan fabrieksarbeiders verkocht. In de loop van de tijd kregen zulke wagens een vaste standplaats, een eigen keuken en zitgelegenheden. Tijdens de economische crisis in de jaren 30 werden buiten bedrijf gestelde spoorwegwagons steeds populairder, waar voor een redelijke prijs Amerikaanse gerechten als gehaktballetjes, (ham)-burgers, salades, spareribs en het onmisbare 24-uursontbijt werden aangeboden. Dit concept is tot op de dag van vandaag onveranderd gebleven. Het lijkt logisch dat juist in Rhode Island een groot aantal *diners* is te vinden (Haven Brothers Diner, Dorrance St. in Providence, 11th Street Diner, 11th St. & Washington Ave. in Miami Beach, Modern Diner, 364 E. Ave. in Pawtucket).

Restaurantetiquette

Hoe men dineert in een Amerikaans restaurant kan het best worden uitgelegd aan de hand van een voorbeeld. Om u op dit 'evenement' voor te bereiden, kunt u uw badslippers en strandkleding beter thuis laten en gepaste kleding aantrekken – met een stropdas en een colbertje is een heer niet overdressed, al kunt u de stropdas meestal wel achterwege laten. Bij uw aankomst met uw huurauto wordt u door iemand opgewacht die naast het bordje 'Valet Parking' staat. Dit personeelslid rijdt uw auto vervolgens voor u naar een parkeerplaats en geeft u een genummerde fiche. De verplichte fooi van één of twee dollar betaalt u echter pas wanneer u na uw restaurantbezoek dit personeelslid om uw auto vraagt.

In de lobby beveelt het bord 'Wait to be seated' u om te wachten tot u naar uw tafel wordt gebracht. Het maakt daarbij niet uit of het in het restaurant op dat moment stampvol is of dat u er juist de enige gast bent. Net als bij veel restaurants in Europa is het in de Verenigde

Karakteristieke diner uit de jaren 50 in de Universal Studios in Orlando

Staten niet gebruikelijk dat de gasten zelf een tafel uitzoeken. Wel kunt u – wanneer u naar een tafel wordt gebracht – natuurlijk uw voorkeuren kenbaar maken (bijvoorbeeld dat u het liefst bij het raam wilt zitten).

Hoe bestelt u?

Zodra u hebt plaatsgenomen, komt de *waiter* of de *waitress* (de ober of de serveerster) zich aan u voorstellen ('Good evening folks, my name is Linda') en u de menukaart aanreiken. Bij het bestellen van de gerechten biedt Linda u een reeks keuzemogelijkheden aan. De eerste vraag is meestal 'Soup or salad?' Kiest u een salade, dan volgt de vraag 'What kind of dressing do you prefer?' (Welke dressing wilt u erbij?) De gangbare keuzemogelijkheden zijn French, Italian, Thousand Islands, Ranch en Blue Cheese. Wanneer u vlees wilt, wil Linda weten hoe u uw steak wilt hebben ('How would you like your steak cooked? Medium, well done or rare?'). De keus is dus tussen medium, doorbakken en saignant (rood). Daarna komen de bijgerechten *(side-dishes)* aan de beurt, ook weer volgens het multiplechoicesysteem: *baked potato* (gepofte aardappel in aluminiumfolie uit de oven), *rice* (rijst), *French fries* (friet), *vegetables* (groente). Het nagerecht *(dessert)* is in de VS meestal iets zoets, ijs of een stuk taart.

De rekening alstublieft?

U hebt de laatste hap nog niet door uw keel of Linda komt met de laatste vraag: 'Anything else you want tonight?' Hebt u nergens meer behoefte aan, dan duurt het luttele seconden voor de rekening *(check)* op uw tafel ligt. Nog even natafelen met een glas wijn is in de VS niet gebruikelijk, een drankje gebruikt u aan de bar of u zoekt in de buurt een andere gelegenheid.

Sport en activiteiten

Duiken

Sinds het vlaggenschip *Tiger* van sir Walter Raleigh in 1585 aan de grond liep, zijn meer dan 1000 schepen gezonken voor de Outer Banks (North Carolina), waaronder de Duitse onderzeeërs U-85 en U-701, waardoor deze regio een van de grootste scheepskerkhoven ter wereld is geworden. **Dive Hatteras** (Saxon Cut Drive, Hatteras Village NC, tel. 1-703-517-3724, www.divehatteras.com) organiseert duikexcursies. De Florida Keys, met een koraalrif aan de Atlantische zijde en talrijke kunstmatige riffen, zijn een paradijs voor duikers. Vooral de wrakken van oude Spaanse zeilschepen maken het duiken onvergetelijk. Veel duikwinkels, bijvoorbeeld in Key Largo en in het John Pennekamp Coral Reef State Park, bieden uitrustingen en rondleidingen aan. U kunt in het park ook zwemmen, snorkelen, kamperen en picknicken. Om te vissen hebt u een zoutwatervisvergunning nodig. Over het koraalrif varen schepen met een glazen bodem (Mile Marker 102,5, tel. 1-305-451-1202, www.pennekamppark.com).

ZONNEBRANDCRÈME!

In de zonneschijnstaat Florida duikt op veel plaatsen een boomsoort genaamd Gumbo op. De bevolking spreekt graag van 'toeristenboom', omdat de stam en takken rood zijn en vervellen. Om bij een reis door de VS niet met deze boom te worden vergeleken, moet je in de zomer voorzorgsmaatregelen treffen tegen zonnebrand – en dat niet alleen in Florida, want New York ligt op dezelfde breedtegraad als Rome. Het krachtigst schijnt de zon tussen 10 en 15 uur. Wie rond dit moment van de dag in de vrije natuur is, moet zonnebrandcrème met een minimale factor van 15 gebruiken (bij voorbruining is een lagere beschermingsfactor voldoende). Zelfs bij bewolkt weer moet je voorzichtig zijn, omdat de ultraviolette stralen zich niet door de wolken laten weerhouden. Ook water beschermt bij het zwemmen niet tegen zonnebrand, in tegendeel: het werkt als een prisma.

Golfen

Vooral in Florida kan er het hele jaar door worden gegolft onder fantastische omstandigheden. Ook in andere staten echter zijn bij een hotel behorende golfterreinen te vinden of openbare waarvan men tegen betaling kan gebruikmaken. Over het algemeen kunt u een golfuitrusting huren. U kunt ook golfbenodigdheden kopen, dat is goedkoper dan in Nederland.

Wandelen

De meer dan 4000 km lange Appalachian Trail door de Appalachen is een klassieker voor langeafstandwandelaars; hij voert van de White Mountains in New Hampshire tot aan de Great Smoky Mountains in North Carolina (inlichtingen: **Appalachian National Scenic Trail NPS Park Office**, Harpers Ferry Center, Harpers Ferry, WV 25425, tel. 1-304-535-6278, www. nps.gov/appa). Een andere langeafstandsroute is de Long Trail in Vermont (inlichtingen bij de **Green Mountain Club**, 4711 Waterbury-Stowe Rd., Waterbury, VT 05677, tel. 802-244-7037, www.greenmountainclub.org). Het tussen 1910 en 1930 aangelegde pad volgt 430 km lang de kam van de Green Mountains van de staatsgrens tussen Massachusetts en Vermont tot aan de landsgrens met Canada.

Op Captiva Island kunt u lange strandwandelingen maken

Wildwatervaren

Vooral in de Appalachen kunt u wildwatervaren, bijvoorbeeld in South Carolina op de Chattooga River. In het voorjaar en de vroege zomer zijn de omstandigheden het best. Filmliefhebbers kennen deze onstuimige rivier uit de film *Deliverance* uit 1972 met Burt Reynolds (**Wildwater Ltd.**, P.O. Box 309, Long Creek, SC 29658, tel. 1-866-319-8870, www.wildwaterrafting.com).

De Ocoee River in het zuidoosten van de staat Tennessee diende als strijdtoneel van de wedstrijden wildwatervaren tijdens de Olympische Spelen van 1996 (tot de commerciële aanbieders van raftexcursies behoren: **Cherokee Rafting Service**, Hwy 64, P.O. Box 111, Ocoee, TN 37361, tel. 1-800-451-7238, www.cherokeerafting.com, mrt.-okt.; **Nantahala Outdoor Center**, 13077 Hwy 19W., Bryson City, NC 28713-9165, tel. 1-828-785-5082, www.noc. com, mrt.-okt.).

Zwemmen

De schoonste stranden met het warmste zeewater liggen in Florida op de Florida Keys, aan de zuidelijke Atlantische kust en aan de Golf van Mexico. Veel stranden zijn vlak en geschikt voor kinderen. Op sommige stranden, bijvoorbeeld Daytona Beach, mag u tegen betaling met uw auto rijden. Myrtle Beach (South Carolina), een badplaats waar het 's zomers heel druk is, is vooral bestemd voor jongeren en kampeerders. Dat geldt bijvoorbeeld ook voor de hippe partylocatie Panama City Beach in de Panhandle van Florida. Meer naar het noorden is zwemmen in zee echter niet zonder gevaar.

In zee zwemmen

Bij het zwemmen in zee dient u rekening te houden met gevaren als stromingen en getijdenverschillen. Het heeft weinig zin om tegen een stroming in te zwemmen, want zo verliest u alleen maar kracht. U kunt zich beter laten meevoeren, omdat de stromingsrichting vaak al relatief snel verandert en u dan de mogelijkheid hebt om diagonaal naar de kust terug te zwemmen.

In sommige perioden hebben de kust van de Golf van Mexico en sommige delen van de Atlantische kust te kampen met **kwallen**, die soms een ware plaag kunnen vormen. Wanneer u met deze dieren in contact komt, kan dat een verbranding van de huid opleveren. Een middel om deze pijn te verlichten, is het betreffende deel van de huid met een handvol zand in te wrijven en er papaïnepoeder, dat u dan van huis moet hebben meegenomen, overheen te strooien.

Feesten en evenementen

Dat de Amerikanen een levenslustig volk zijn, bewijzen elk jaar weer honderden feesten en festivals.

Traditionele feesten

Onafhankelijkheidsdag

De belangrijkste feestdag van het jaar is **Onafhankelijkheidsdag** op 4 juli. Op deze dag wordt de Onafhankelijkheidsverklaring van 1776 op uitbundige wijze gevierd. Heel Amerika is dan op de been, om aan parades, gratis concerten en andere culturele evenementen deel te nemen. Op Coney Island in New York City vindt op de nationale feestdag sinds 1916 de opmerkelijke International Nathan's Hot Dog Eating Contest plaats. De recordhouder werkte in 2013 binnen tien minuten maar liefst 69 hotdogs naar binnen. Aan het eind van de dag wordt in veel steden vuurwerk afgestoken, dat vooral in New York City zeer imposant is en vaak de East River in een zee van licht verandert. Dit avondlijke schouwspel kunt u het best volgen vanaf de zuidpunt van Roosevelt Island.

Thanksgiving

Op de vierde donderdag van november vieren de Amerikanen in de familiekring of met goede vrienden **Thanksgiving**. Dit is naast Kerstmis het belangrijkste familiefeest. Vrijwel overal in de Verenigde Staten verloopt het volgens een vast ritueel. De vrouw des huizes legt haar volledige ziel en zaligheid in het bereiden van het feestmaal, in de regel kalkoen met cranberry's en gevarieerde vulling. Als dessert is er de in de herfst toch al zo geliefde *pumpkin pie*, pompoentaart. Natuurlijk mogen ook marshmallows niet ontbreken, waarvan in Amerika ieder jaar circa 45 miljoen kg wordt geconsumeerd. Daarbij worden de suikerkussentjes verwerkt in in recepten als zoeteaardappeltaart met marshmallowkorst.

Kerst en Nieuwjaar

Kerstavond (Christmas Eve) speelt in de VS een minder grote rol dan bij ons. De belangrijkste feestdag is Eerste Kerstdag (Christmas Day), die wordt ingeluid met een nachtmis (0 uur) en meestal met een overvloedig diner wordt opgeluisterd. Oudejaarsavond vieren de Amerikanen net als de Europeanen samen met familie of met feesten en natuurlijk vuurwerk.

Pasen

Net als bij ons wordt ook in de VS Pasen gevierd. In het Witte Huis in Washington D.C. nodigt de president traditioneel kinderen en ouders uit voor een White House Easter Eggs Roll en schenkt hij zijn gasten houten eieren en chocolade. In New York vindt op de fraai versierde Fifth Avenue een enorme parade met praalwagens plaats.

Festivals en evenementen

Foodfestivals

Key West Food & Wine Festival: FL, januari, www.keywestfoodandwinefestival.com. Gastronomisch festival op de zuidpunt van de Florida Keys in Key West.

New York City Wine & Food Festival: NY, oktober, www.nycwff.org. Culinair evenement met tal van beroemde chef-koks en hun kunsten.

Muziekfestivals en carnaval

Ultra Music Festival: FL, mrt., www.ultramusicfestival.com. Twee weekenden lang komen de fans van elektronische muziek in Miami aan hun trekken.

Calle Ocho: FL, mrt., www.carnavalmiami.com. Groot Cubaans carnavalsfeest in Miami met muziek en traditionele delicatessen.

Als de kleuren maar kloppen: vrolijke kostuums tijdens Onafhankelijksdag

Firefly Music Festival: juni, www.firefly festival.com. Groot, kleurrijk festival in Dover met alle muzikale richtingen.

Brooklyn Hip Hop Festival: NY, juli, www.bkhiphopfestival.com. In New York City gehouden muziekfestival voor hip-hop-liefhebbers.

Newport Folk Festival: RI, juli, www.newportfolk.org. Al meer dan vijftig jaar een ontmoetingspunt voor bekende Amerikaanse folkmuzikanten.

Fantasy Fest: FL, okt., www.fantasyfest.com. Tien dagen lang staat Key West in het teken van kleurrijke optochten met kostuums en fabelachtige decoraties.

Sport en cultuur

Daytona500: FL, februari, www.daytonain ternationalspeedway.com. Een van de populairste autoraces op Amerikaanse bodem op het circuit van Daytona International Speedway.

Philadelphia Flower and Garden Show: PE, mrt., www.theflowershow.com. Een van de grootste niet in de openlucht gehouden bloemen- en plantenshows ter wereld in Philadelphia.

Boston-Marathon: MS, apr., www.baa.org. Wereldberoemde langeafstandsloop in de hoofdstad van Massachusetts.

National Cherry Blossom Festival: D.C., apr., www.nationalcherryblossomfestival.org. Jaarlijks terugkerend kersenbloesemfestival in Washington D. C.

Fashion Week NY: NY, sept. In New York breekt in de eerste helft van september regelmatig de modekoorts uit. Traditioneel staat de stad dan in het teken van grote modeshows van modeontwerpers en de presentaties van beroemde modelabels.

Art Basel: FL, dec., www.artbasel.com/miami-beach. Inmiddels gerenommeerde kunstbeurs in Miami.

Praktische informatie van A tot Z

Alcohol

Alcoholwetten worden door de federale staten bepaald. Wie alcohol wil kopen, moet in de meeste staten 21 jaar oud zijn. In aanwezigheid van volwassen personen is de consumptie hier en daar ook onder de 21 jaar toegestaan. De minimumleeftijd voor het kopen van alcohol ligt in de VS op 21 jaar.

Diplomatieke vertegenwoordigingen

... in Nederland

Ambassade van de VS
Lange Voorhout 102, 2514 EJ Den Haag, tel. 070-3102209, fax 070-3102209, www.thehague.usembassy.gov.

Consulaat-Generaal van de VS
Museumplein 19, 1071 DJ Amsterdam, tel. 020-5755310.
Vooral voor het aanvragen van een visum voor de VS (algemene info visa: immigrantvisasams @state.gov) www.amsterdam.usconsulate.gov.

... in België

Ambassade van de VS
Regentlaan 27, 1000 Brussel, tel. 02-8114000, fax 02-8114500, www.dutch.belgium.usembassy.gov.

Consulaat van de VS
Regentlaan 25, 1000 Brussel, tel. 02-8114000, usvisabrussels@state.gov
Voo het aanvragen van een visum voor de VS.

... in de VS

Nederlandse ambassade
4200 Linnean Avenue NW, Washington D.C, tel. 1-202-244-5300, fax 1-202-362-3430, was@minbuza.nl.

Er zijn Nederlandse consulaten in Atlanta, Boston, Miami, New Orleans, New York en Orlando. Adressen vindt u op: www.nederlandwereldwijd.nl.

Belgische ambassade
3330 Garfield Street NW, Washington, DC 20008, tel. 1-202-333-6900, fax 1-202-338-4960, unitedstates.diplomatie.belgium.be/nl/ambassade.

Er zijn Belgische consulaten in Atlanta, Miami, New Orleans, Philadelphia en Pittsburgh, Adressen vindt u op: www.countries.diplomatie.belgium.be/nl/verenigde_staten.

Do's and don'ts

Bezoekers uit Europa houden van de openheid in de omgang en de ongecompliceerdheid van de Amerikanen. Ook waarderen zij de bijna alomtegenwoordige behulpzaamheid. Het zou een vergissing zijn om aan de informele intermenselijke relaties een gebrek aan omgangsvormen toe te schrijven.

Juiste aanspreekvorm

Er wordt in de Verenigde Staten grote waarde gehecht aan correct gedrag. Wanneer men met iemand heeft kennisgemaakt, noemt men elkaar weliswaar snel bij de voornaam, maar dat is niet hetzelfde als 'jij' en 'jou' zeggen in het Nederlands, maar afstandelijker bedoeld. Zakelijke contacten beginnen over het algemeen vormelijk. Afhankelijk van de hiërarchie of de onderlinge 'chemie', zoals dat tegenwoordig wordt genoemd, gebruikt men dan sneller of juist minder snel de voornaam, wat de omgang beleefder maakt.

Beleefd blijven

Bij aankomst in de VS: Het is zaak om de gebruikelijke immigratieprocedure rustig en beleefd te ondergaan. Grappen over en opmerkingen jegens de ambtenaar zijn absoluut misplaatst en kunnen vervelende consequenties hebben.

Niet te uitvoerig antwoorden

Amerikanen zijn over het algemeen ongecompliceerd. Toch wordt ook hier grote waarde gehecht aan omgangsvormen. De gebruikelijke begroeting 'How are you?' is geen werkelijke vraag naar uw welbevinden, maar gewoon een vriendelijke standaardzin. Het beste beantwoord u hem met een wedervraag 'Fine, how are you?'.

Bloemen meenemen

Amerikanen nodigen elkaar al snel ergens voor uit. Word er geen geen concreet tijdstip afgesproken, dan moet u het aanbod niet serieus nemen. Komt het toch tot een privé-ontmoeting, dan is een kleine attentie voor de gastheer/vrouw en de dag erna een schriftelijk bedankje gebruikelijk. Langer dan drie uur blijven, staat een beetje opdringerig. Amerikanen hechten overigens waarde aan punctualiteit. Bij een uitnodiging moet u in geen geval te vroeg verschijnen.

Altijd passend gekleed gaan

Wat de dresscode betreft is 'casual' het toverwoord. Dit betekent zo veel als los en ongedwongen. Hoge hakken en een stropdas hoeven niet, in plaats daarvan draag je nette vrijetijdskleding. Belangrijk is echter, in plaats van sportschoenen netter schoeisel te dragen. In zeer dure restaurants wordt vaak elegante kleding, dus een jurk, blouse of kostuum respectievelijk stropdas verwacht. Bij een zakelijke meeting geldt eerder 'business standard', waarbij mannen een donker kostuum, een licht overhemd en een stropdas dragen en vrouwen nette, zakelijke kleding.

Te veel blote huid tonen of zeer aftekenende kleding moet worden vermeden. Over het algemeen kleedt men zich in het oosten van de VS iets conservatiever dan in het westen. Positief of negatief commentaar over het uiterlijk van mensen moet je zeker vermijden. Al snel wordt een opmerking als seksuele intimidatie opgevat.

Handen op het stuur

Wie door de politie aangehouden wordt, blijft in de auto zitten en legt de handen zichtbaar op het stuur totdat een agent de wagen heeft bereikt. Doe geen onverwachte greep in een tas of het handschoenenvak! Dat zou tot tragische misverstanden kunnen leiden. In grote steden moeten de autodeuren voor de veiligheid tijdens de rit zijn afgesloten. Gebruik je gezonde verstand en wandel in het donker niet door afgelegen straten of twijfelachtige buurten.

Zeg nooit toilet

In het restaurant naar het toilet vragen is onbeleefd. Vraag in plats daarvan naar de men's of ladies room respectievelijk naar de bathroom, wanneer u de weg niet zelf kunt vinden.

Drugs

Cannabis

Bij de presidentsverkiezingen in 2016 stemden negen staten voor de legalisering van cannabis. In Californië, Nevada, Massachusetts en Maine werd cannabis voor personen van 21 jaar en ouder gelegaliseerd. In Californië werden speciaalzaken voor cannabis ingevoerd. In de overige staten is de consumptie, het bezit, de verkoop en teelt van cannabis alleen onder bepaalde voorwaarden toegestaan of helemaal verboden. Er gelden uitzonderingen wanneer marihuana voor medische doelen wordt gebruikt. In bijna de helft van alle Amerikaanse staten is cannabis in de een of andere vorm al legaal. In Washington D.C. mogen tot maximaal zes planten worden geteeld en tot een ounce (ca. 28 g) cannabis in het bezit zijn of worden verhandeld.

Harddrugs

LSD, cocaïne, heroïne en synthetische designdrugs zijn in de VS illegaal. De Drug Enforcement Administration (DEA) is een belangrijk toezichthoudend agentschap, met als taak de illegale productie van drugs en drugshandel te voorkomen – een doel waarvoor agressieve methoden worden gebruikt.

Elektriciteit

Omdat de stroomspanning 110 Volt bedraagt, zijn sommige apparaten die van thuis worden meegenomen alleen te gebruiken als ze vanuit 220 Volt kunnen worden omgeschakeld of automatisch omschakelen (zoals laptops). Een adapter van een speciaalzaak is in ieder geval nodig, omdat de Nederlandse en Belgische stekkers niet in de Amerikaanse stopcontacten passen.

Feestdagen

New Year's Day: 1 jan. (Nieuwjaar)
Martin Luther King jr. Day: 3e ma. in jan. (geboortedag van Martin Luther King)
President's Day: 3e ma. in feb. (geboortedag van George Washington)
Memorial Day: laatste ma. in mei (Dodenherdenking; begin van het vakantieseizoen)
Independence Day: 4 juli (Onafhankelijkheidsdag)
Labor Day: 1e ma. in sept. (Dag van de Arbeid; einde van het vakantieseizoen)
Columbus Day: 2e ma. in okt. (herinnering aan de landing van Christoffel Columbus in Amerika)
Veterans Day: 11 nov. (herdenking van de oorlogsveteranen)
Thanksgiving Day: 4e do. in nov. (Oogstdankfeest)
Christmas Day: 25 dec. (Eerste Kerstdag)

In verkiezingsjaren valt Election Day op de dinsdag na de eerste maandag in november. Wanneer een feestdag op een zondag valt, is de maandag daarna een vrije dag. In een verscheidene staten wordt ook nog een aantal andere feesten gevierd.

Films

Midnight in the Garden of Good and Evil: 1997. Regisseur Clint Eastwood draaide het filmdrama met John Cusack en Kevin Spacey in de hoofdrollen in Savannah naar een roman van John Berendt. Het verhaal gaat over een authentieke moordzaak in de jaren 80.
Forrest Gump: 1994. Zes Oscars en drie Golden Globes ontving deze door Robert Zemeckis geregisseerde film, waarbij Tom Hanks op een bank aan Chippewa Square in Savannah over zijn leven vertelt. Talrijke opnamelocaties van de film lagen in de omgeving van de kustplaats Beaufort in South Carolina.
The Legend of Bagger Vance: 2000. De staat Georgia vorm de achtergrond van dit door Robert Redford verfilmde drama met Will Smith en Matt Damon in de hoofdrollen. Het gaat om een professionele golfer, die zijn strijdplan helemaal heeft veranderd en zijn vroegere grootsheid pas door zijn caddie terugvindt.
Cold Mountain: 2003. De filmklassieker vertelt een in de tijd van de Burgeroorlog spelend liefdesverhaal tussen Jude Law en Nicole Kidman, dat in de Blue Ridge Mountains speelt.
The Hunger Games: 2012. Verfilmde romantrilogie met in het middelpunt utopische maatschappelijke verhoudingen, een onsterfelijke liefde en dodelijke gevaren. In North Carolina zijn nog veel sporen te vinden van de filmcrew. In 2013 volgde het tweede deel, *Cathing Fire*.

Fooi

Een fooi heet in de Verenigde Staten *tip* of *gratuity*. Kruiers krijgen $ 1 per stuk bagage. Taxichauffeurs verwachten een fooi van circa 15% van de ritprijs. In restaurants is een fooi van 15% van het bedrag op de rekening gebruikelijk, omdat het bedieningsgeld meestal niet bij de rekening inbegrepen is. Bovendien krijgt het bedienend personeel zo'n laag basisinkomen dat het vrijwel volledig van de fooien afhankelijk is. Wie, wellicht uit onwetendheid, het bedrag maar een klein beetje naar boven afrondt, zal daar zeker op worden aangesproken. Ook de kamermeisjes verwachten een fooi – circa $ 1 per nacht is gebruikelijk. Een fooi is in Amerika niet alleen een beloning voor een goede bediening, maar een vast onderdeel van het inkomen in de dienstensector.

Fotograferen

Bij aankomst blijft de camera in het immigratiegebied in ieder geval in de bagage. Wie vakantieherinneringen als foto's of films mee naar huis wil nemen, moet zich in de indianengebieden aan strikte voorschriften houden. Deze staan meestal duidelijk aangegeven. Casino's kennen een film- en fotografeerverbod. Stel u in de amishgebieden zeer terughoudend op. De mensen willen hier in de regel niet worden gefotografeerd. Wees eveneens voorzichtig en terughoudend op de stranden en bij foto's van kinderen.

Geld

Er zijn bankbiljetten – vanwege de groene kleur ook wel *greenbacks* genoemd – van 1, 2, 5, 10, 20, 50, 100, 500 en 1000 dollar. Het biljet van $ 10 heeft overigens rode tinten, dat van $ 20 gele en dat van $ 50 blauwe. Briefjes van $ 2 zijn zeer zeldzaam en daarom een verzamelobject. Biljetten van $ 100 worden vanwege de mogelijkheid dat ze vals zijn in veel winkels argwanend bekeken of zelfs niet geaccepteerd. Wanneer u dollars wilt meenemen van huis, kunt u er beter voor zorgen dat er veel biljetten van lagere waarde bij zitten.

Er zijn munten van 1 cent, 5 cent *(nickel)*, 10 cent *(dime)*, 25 cent *(quarter)*, 50 cent en de zeldzame munt van 1 dollar

Cheques en creditcards

Travellercheques in dollars bestaan nog wel, maar raken in deze tijd van creditcards en bankpassen steeds meer uit de mode, en worden door sommige banken in Nederland en België zelfs niet meer uitgegeven. Creditcards zijn handig in de meeste winkels, hotels, restaurants, bij alle autoverhuurbedrijven en zelfs bij de benzinepomp. Vaak kunt u direct aan de pomp met de kaart betalen. Zonder 'plastic geld' is het huren van een auto onmogelijk, of op zijn minst omslachtig, omdat er een grote som geld als waarborg moet worden overhandigd. Ook wie onderweg telefonisch alvast een hotel wil reserveren, moet het nummer van zijn creditcard geven. Het meest verbreid zijn Visa, MasterCard en American Express. Met een bankpas of creditcard kunt u geld halen bij een geldautomaat *(ATM, automatic teller machine,* ook wel *cash dispenser)* waarop het logo is afgebeeld dat ook op uw pas staat, bijvoorbeeld Cirrus of Maestro. Doet u dit met een creditcard, dan zijn er hoge extra kosten aan verbonden.

Als u in de Verenigde Staten uw bankpas wilt gebruiken om geld op te nemen of in een winkel te betalen, doet u er goed aan om vooraf bij uw bank te informeren naar de bepalingen die gelden voor passen met de EMV-chip. Uit veiligheidsredenen kan er namelijk met Europese bankpassen vaak buiten Europa niet automatisch worden gepind. Vraag bij uw bank hoe deze beperking kan worden opgeheven. Biedt een geldautomaat de keus uit de wisselkoers in dollars of euro's, kies dan dollars, anders zijn er extra kosten verschuldigd.

Het biedt geen voordelen om euro's mee te nemen om die in de VS te wisselen voor dollars – het brengt enkel het risico mee dat u voortdurend veel contant geld bij u hebt. Bovendien bestaat de mogelijkheid dat kleinere banken in het binnenland überhaupt geen buitenlandse valuta accepteren.

Wie van een in het verleden gemaakte reis nog Amerikaans geld over heeft, doet er goed aan een handvol quarters (25 centmunten) en/of een paar kleine dollarbiljetten mee te nemen. Ze kunnen van pas komen bij uw aankomst om bijvoorbeeld te telefoneren of een kruier te betalen.

Vals geld

Vals geld is niet alleen in de eurozone, maar ook in de Verenigde Staten een lastige kwestie. Veel winkeliers willen hun handen niet branden aan een 100 dollarbiljet. U kunt het best op de drie veiligheidskenmerken letten: watermerk, veiligheidsdraad en een 20 in de rechterbenedenhoek van de voorkant waarvan de kleur verandert bij het schuin houden van het biljet.

Gezondheid

De Amerikaanse gezondheidszorg is van een hoog niveau, maar brengt ook hoge kosten met zich mee. Het is gebruikelijk om **medische verzorging** vooruit te betalen, en dat kan snel oplopen. Zorgverzekeraars vergoeden de in de VS ontstane ziektekosten niet, zodat het nuttig is een ziektekostenverzekering voor het buitenland af te sluiten. Let op de voorwaarden en zorg ervoor dat ook transport naar huis bij de verzekering is inbegrepen. In de *Yellow Pages* van de telefoongids vindt u de adressen van artsen *(physicians)*, tandartsen *(dentists)* en ziekenhuizen *(hospitals)*. Ook de grote hotels en de telefooncentrale (tel. 0) kunnen u helpen bij het zoeken naar een adres voor medische zorg.

Apotheken en drogisterijen

Met een recept van een Amerikaanse arts kunt u terecht in *pharmacies* of *drugstores,* die vaak in grote supermarkten zijn gevestigd. Daar zijn ook veel medicijnen zonder recept verkrijgbaar, zoals antigrieptabletten, pijnstillers en sets voor tandreparatie, die in Nederland of België niet vrij – of helemaal niet - te koop zijn. Drogistartikelen zijn in elke grote supermarkt verkrijgbaar.

Reisapotheek

Medicijnen kunt u tijdens vliegreizen het best meenemen in uw handbagage, voor het geval uw koffer zoekraakt. Als u bijzondere medicijnen gebruikt, die in de VS als bedenkelijk zijn geclassificeerd, kan een doktersverklaring of -recept misverstanden uit de weg ruimen.

Bescherming tegen muggen

Het is belangrijk dat u zich de VS tegen **muggen** beschermt, sinds bekend is dat het westnijlvirus door muggen kan worden overgedragen op mensen. De infecties zijn in 80% van de gevallen onschuldig. Bij kinderen, ouderen en zwakkere mensen kunnen complicaties optreden. Als voorzorg kunt u een effectief beschermingsmiddel tegen muggenbeten gebruiken. In Miami is het eveneens door muggen verspreide Zika-virus opgedoken. Voor zwangere vrouwen geldt een reiswaarschuwing voor het stadsdeel Wynwood ten noorden van het stadscentrum en enkele andere gebieden. Wie tussen juni en november in de VS is geweest, mag wegens potentiële virusoverdracht vier weken lang geen bloed doneren.

Pas op voor teken

Houd ook in de VS tijdens warmere jaargetijden rekening met door teken veroorzaakte problemen. Hiertoe behoren koorts, een rode huid, gewrichts- en hersenontstekingen. Het meest voorkomend is lyme-borreliose, die overwegend in het noordoosten en delen van het middenwesten voorkomt. Verder is er de Rocky Mountain Spotted Fever, die met name in het zuidoosten voorkomt. Bescherm u tegen teken en zoek bij problemen onmiddellijk medische hulp.

Vaccinaties

Het is niet verplicht om bij uw aankomst een **inentingsbewijs** te overleggen. Zorg er echter wel voor dat u tegen tetanus bent gevaccineerd.

Homo's en lesbiennes

De Verenigde Staten kennen grotendeels een gelijke berechtiging van homo's en lesbiennes. Toch kan de vooruitgang op dit gebied niet verbloemen dat er nog altijd zeer conservatieve krachten zijn die zich fel verzetten tegen maatschappelijke diversiteit. Discriminatie komt nog steeds voor bij het zoeken naar een baan of woning, maar ook op het gebied van onderwijs. In juli 2015 behaalden homo's en lesbiënnes een historische overwinning: het Hooggerechtshof legaliseerde het homohuwelijk voor het hele land.

BANKPAS OF CREDITCARD BLOKKEREN

Bij verlies of diefstal kunt u vanuit de Verenigde Staten 24 uur per dag en 7 dagen per week de onderstaande nummers in Nederland bellen. Geef de vermissing van uw pas ook aan bij de politie!

Bankpassen

ABN Amro: 0031 102 41 17 20
ING: 0031 202 28 88 00
Rabobank: 0031 887 22 67 67
Overige banken:
0031 883 85 53 72 (Bankpassen Meldcentrale)

Creditcards

American Express: 0031 250 48 00 00
MasterCard: 001-31 42 75 66 90
VISA: 0800 022 3110

Houd bij het bellen uw (pas- en) rekeningnummer bij de hand!

Informatiebureaus

... in Nederland

De Amerikaanse ambassade in Den Haag beantwoordt schriftelijke vragen en kan u doorverwijzen naar instellingen die beschikken over alle relevante informatie. Het consulaat is vooral bestemd voor staatsburgers van de Verenigde Staten. U kunt zich ook richten tot de onderstaande organisaties:

Vereniging VisitUSA
tel. 010-2584211
www.visitusa.nl/contact
center@visitusa.nl

Visumdienst
Postbus 4786
4803 ET Breda
www.visumdienst.com

Fulbright Center
Westerdoksdijk 215
1013 AD Amsterdam
tel. 020-5315930
www.fulbright.nl

Atlantic and Pacific Exchange Program
Eendrachtsweg 21
3012 LB Rotterdam
www.apep.nl

Stichting Dutch International Society Nederland
Secr. Joubertstraat 49
2806 GA Gouda
tel. 018-2511900
www.dutchinternationalsociety.org

... in de VS

Iedere grotere plaats in de VS beschikt over zijn eigen informatiebureau (Visitor Center) of over een Chamber of Commerce (Kamer van Koophandel), waar u alles te weten komt over de plaats, de bezienswaardigheden, hotels en restaurants. Soms kunt u via deze bureaus aan een voordelige hotelkamer worden geholpen. Langs de Interstate Highways aan weerszijden van de staatsgrenzen vindt u vaak Welcome Centres, waar u terecht kunt voor informatie over accommodatie, praktische reistips, plattegronden en brochures.

Internettoegang

Het hotelwezen is inmiddels allang ingesteld op de communicatiebehoeften van zijn gasten die ook tijdens hun vakantie of op zakenreis willen kunnen internetten en e-mailen. Zelfs voordelige motels adverteren met wifi. Met een laptop, smartphone of tablet kunt u op uw eigen kamer of in ieder geval in de hotellobby inloggen. Bij sommige hotels kunt u gratis internetten, bij andere moet u (soms flink) betalen. Doorgaans hebt u een bepaalde code nodig om via de browser verbinding te maken met internet. Afhankelijk van het gebied waar u reist of de hotelcategorie gaat het om een snelle of langzamere verbinding, meestal in een gewoonlijk onbeveiligd netwerk. Dus wees voorzichtig met persoonlijke gegevens en gevoelige informatie!

Onderweg

In de meeste steden zijn internetcafés te vinden, waar u voor een gering bedrag online kunt gaan. Soms betreft het normale cafés, die over een internettoegang beschikken, waarvan u met uw laptop of tablet kunt gebruikmaken. De openbare bibliotheken en grote computercentra bieden veelal gratis toegang tot internet. Ook talrijke, fastfoodketens en luchthavens beschikken over een wifi-hotspot, via welke u met een laptop, tablet of smartphone draadloos toegang tot internet kunt krijgen.

De website www.wififreespot.com geeft een overzicht van talloze wifi-spots van luchthavens, hotels en kampeerterreinen. Op de Duitse website www.worldofinternetcafes.de (> Internet Cafe Nordamerika > Internet Cafe USA) zijn alle internetcafés van de Verenigde Staten te vinden, gerangschikt per staat.

De koffieketen Starbucks biedt in al zijn vestigingen – zo'n beetje op elke straathoek dus – een supersnelle draadloze internetservice aan. Vestigingen van Starbucks zijn te vinden op de site www.starbucks.com/store-locator/search.

Gratis internetten is bovendien mogelijk bij vestigingen van boekhandelsketen Barnes & Noble, kantoren van FedEx en filialen van McDonald's.

Wie bij zijn netcommunicatie onafhankelijk wil zijn, kan voor een bepaalde periode een wifi-mini-hotspot voor mobiel internet huren (1 GB-pakker voor twee weken, voldoende voor e-mail, Facebook enzovoort € 62, info op www.anwb.nl/vakantie/reisvoorbereiding/mifi-buitenland).

Kaarten

De ook in Nederland verkrijgbare autoatlas van Rand McNally is heel geschikt voor de algemene routeplanning. Voor de reis zelf is hij echter nogal onhandig en zwaar. U kunt het best een grote regiokaart kopen voor het gebied dat u wilt bereizen. Bij de toeristenbureaus in de VS of bij de Welcome Centers langs de interstates aan de staatsgrenzen kunt u gratis kaarten krijgen over de betreffende staat. Leden van de ANWB of Touring kunnen bij de filialen van de AAA (American Automobile Association) gratis wegenkaarten en informatiemateriaal krijgen op vertoon van hun lidmaatschapskaart.

Kijksporten

Geen andere sport is bij Amerikanen geliefder dan American football, waarbij het er ruig aantoe kan gaan.

Football en basketbal

In de National Football League (www.nfl.com) spelen 32 professionele teams uit de belangrijkste Amerikaanse steden tegen elkaar. De twee beste teams staan eind januari tegenover elkaar bij de Superbowl, een sportief mega-evenement. Bij baseball (honkbal) spelen in de Major League (www.mlb.com) dertig teams ut de VS en Canada. Ze zijn ingedeeld in twee leagues, de National League en de American League. De beste van beide leagues wordt meestal aan het eind van de herfst tijdens de World Series bepaalt. Niet alleen op honderden hogescholen en universiteiten wordt soms basketbal op hoog niveau gespeeld. De dertig professionele topteams uit de VS en Canada treden in de National Basketball Association (www.nba.com) tegen elkaar aan.

IJshockey

Iets minder populair dan de andere sporten is ijshockey, waarbij in de National Hockey League (www.nhl.com) de dertig beste profteams uit de Verenigde Staten en Canada spelen. Bij de Stanley Cup wordt bepaald welk team kampioen wordt.

Motorsport

Hoogtepunten voor motorsportfans zijn de jaarlijks ongeveer 35 autoraces van de National

Association for Stock Car Auto Racing (www.nascar.com) tussen februari en augustus. Racecircuits vind je in het hele oosten van Loudon in New Hampshire tot Homestead ten zuiden van Miami in Florida. Wereldberoemd is de Daytona International Speedway in Daytona in Florida, die elk jaar in maart het middelpunt vormt van de beroemde Bike Week.

Kleding en uitrusting

Wie in de herfst naar de noordelijke oostkust reist, doet er goed aan om warme kleding mee te nemen. Die kunt u zelfs midden in de zomer soms ook in het zuidelijke Florida gebruiken, omdat in horecagelegenheden en supermarkten de airconditioning vaak zo hoog staat dat het er ronduit koud is. In principe is in de Verenigde Staten lichte vrijetijdskleding ruim voldoende en hoeft u niet al te formeel gekleed te gaan. Een concert of een aanverwant cultureel evenement van niveau moet u in de onconventionele VS echter juist in gepast tenue bezoeken. Voorzie u thuis al van belangrijke reisbenodigdheden, anders verdoet u tijdens uw vakantie kostbare tijd.

Klimaat en reisperiode

Het hoogseizoen ligt in de VS tussen Memorial Day (laatste weekend van mei) en Labor Day (eerste weekend van september). De zomervakanties van de meeste scholen vallen binnen deze periode en vele gezinnen gebruiken deze maanden om eropuit te trekken. Daarom zijn bezienswaardigheden en landschappelijk interessante gebieden zoals National Parks en State Parks en ook badplaatsen in het hoofdseizoen blootgesteld aan een enorme toestroom van binnenlandse toeristen.

In Florida is het hoogseizoen dankzij het bijzonder gunstige klimaat verschoven naar de periode november tot april. Enkele breedtegraden naar het noorden, bijvoorbeeld in de Panhandle van Florida, in Georgia en in North en South Carolina, heerst van mei/juni tot oktober het zogenaamde *peak season*. In New England, New York State en het noordelijk deel van Pennsylvania is het vanaf eind september overdag vaak nog mooi weer, maar de nachten zijn kil, waarmee de Indian summer met zijn kleurige bladerpracht wordt aangekondigd. Dit jaargetijde met zijn vlammend gekleurde bossen markeert in New England het begin van een tweede hoogseizoen, na hartje zomer, waarin het er bijna nog drukker aan toegaat.

Weer

De Amerikaanse oostkust strekt zich van Canada tot het Caribisch gebied in noord-zuidrichting uit over een afstand van circa 3000 km. Hierdoor is het onmogelijk om zinvolle informatie te geven over het weer in het hele gebied. Het heeft meer zin om aparte regio's van de oostkust, het noorden, midden en zuiden, te behandelen. Als vuistregel geldt: hoe verder naar het noorden, hoe koeler het weer en hoe onplezieriger het zwemmen in zee. De hoogste gemiddelde jaartemperatuur heerst aan de zuidpunt van de Florida Keys, waar u het hele jaar door aangenaam zwemwater aantreft.

Weer online

www.weeronline.nl/Noord-Amerika/Verenigde-Staten/211 – op dit internetadres vindt u een recent overzicht van het weer in de VS en verscheidene steden, inclusief een weersvoorspelling voor de volgende vier dagen.

Reisperiode voor het noorden

In de zes staten van New England en de naburige gebieden heerst een landklimaat, met een zeer koude winter en een zwoele, warme zomer, waarbij de seizoenswisselingen zich in de regel veel sneller voltrekken dan in Europa en meestal ook extremer uitvallen. De gunstigste reisperiode is van mei tot half oktober, waarbij de herfst van half september tot begin november soms prachtig weer en vooral grandioze bladkleuren met zich meebrengt. Geen wonder dat de Indian summer in New England als hoogseizoen geldt. Ondanks de noordelijke ligging heersen in New England midden in de zomer niet zelden hoge dagtemperaturen met dito luchtvochtigheid. Dat komt doordat er aan de oostkust geen in oost-westrichting lopende bergketens voorkomen, zodat de warme luchtmassa's uit het zuiden ongestoord kunnen doordringen naar het noorden.

Omgekeerd kan het gebeuren dat in de winter de uit Canada komende koude lucht langs de Appalachen tot in het zuiden doorstoot. Hierdoor hebben de centrale en zuidelijke Atlantische kust af en toe met flinke sneeuwbuien te maken en zijn in Florida sinds het begin van de weermeting al meermalen delen van de midden op het schiereiland gelegen citrusplantages vernietigd.

Reisperiode voor het midden

Aan de centrale Atlantische kust heersen van april tot oktober overwegend gematigde temperaturen. Toch stijgen de maximumtemperaturen in de zomermaanden niet zelden tot boven de 30°C, terwijl de minimumtemperaturen nauwelijks onder de 20°C zakken. De winters zijn in dit deel van Amerika aan de gematigde kant en over het algemeen te vergelijken met die in Nederland, want er valt doorgaans meer regen dan sneeuw en de temperaturen schommelen tussen het vriespunt en circa 8°C. Niettemin is er af en toe sprake van hevige sneeuwval, die het openbare leven in vooral de grote steden soms tijdelijk geheel lamlegt.

Wie aan het centrale deel van de Atlantische kust vooral steden wil bezoeken, heeft voor zijn vakantie meer aan het begin en het eind van de zomer, wanneer het weer aangenaam is, dan aan hartje zomer, wanneer de straten in metropolen als Washington D.C. en Philadelphia zinderen in de zwoele hitte en de inwoners in het weekend naar de oceaankust vluchten.

Reisperiode voor het zuiden

Florida is de zuidelijkste staat van de Verenigde Staten. Zowel 's zomers als 's winters worden de extreme temperaturen aan de kust hier getemperd door de Golf van Mexico. Over het algemeen kan worden gezegd dat er in Florida twee klimaatzones bestaan met sterk uiteenlopende weersomstandigheden, waarbij de scheidslijn ongeveer ter hoogte van Orlando loopt. In het noordelijke deel van Florida heerst een gematigd klimaat, maar in juli en augustus kan het er even heet worden als in het zuiden. In de winter valt in de hoger gelegen delen van de Panhandle af en toe sneeuw, die echter hoogstens enkele uren blijft liggen.

Klimaat van New York

Klimaat van Miami

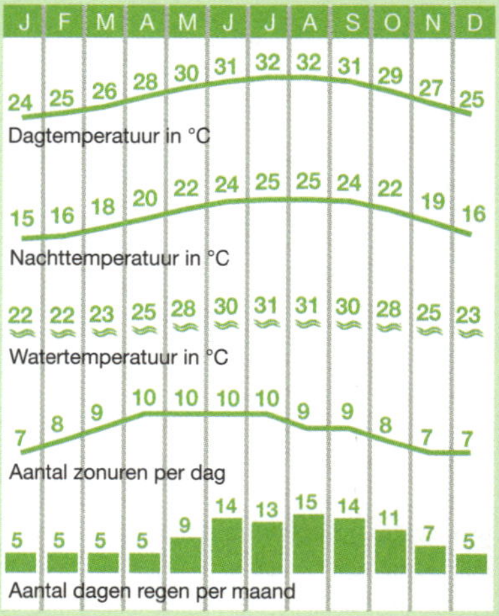

De Golfkust van Florida staat bekend om zijn schitterende zonsondergangen

Een goede uitrusting met stevige schoenen, regenkleding, een winddichte warme jas en voldoende water is in de eenzame State Parks essentieel

Ten zuiden van Orlando is het klimaat subtropisch met van november tot april, het hoogseizoen, zachte weersomstandigheden en weinig vochtigheid. Van mei tot oktober zijn de dagtemperaturen hoger, maar door de invloed van de zee toch nog lager dan in bijvoorbeeld New York City. Dit jaargetijde wordt in het zuiden grofweg gekenmerkt door de ene dag een hoge luchtvochtigheid en onweer en de andere dag stormen. Met de soms overvloedige regenval en onweersbuien is in de regel een temperatuurdaling van enkele graden verbonden, wat in de zomer heel aangenaam kan uitvallen. Vooral orkanen, die elk jaar tussen juni en november over dit landsdeel razen en soms catastrofale verwoestingen aanrichten, trekken de aandacht.

Leestips

Ames, Jonathan: *The Extra Man*, 1998. Over de overlevingsstrijd van twee bijzonder sympathieke, zij het enigszins vreemde types in New York City.

Beecher Stowe, Harriet *Uncle Tom's Cabin*, 1850-1852 *(De hut van oom Tom)*. Deze klassieke roman over de periode van de slavernij vertelt het verhaal van de negerslaaf Tom. Het is een wereldberoemde, meeslepend opgeschreven aanklacht.

Bellow, Saul: *Mr Sammler's Planet*, 1970. Bellow schreef een roman over een overlever van de holocaust die in de stad New York in de roerige jaren 60 zijn weg probeert te vinden.

Berendt, John: *Midnight in the Garden of Good and Evil*, 1995 *(Middernacht in de tuin van goed en kwaad)*. In de nette wijk van Savannah worden dodelijke schoten gelost. De dader is bekend, zijn motief is onduidelijk. Door deze roman kent heel Amerika nu Savannah.

Bernlef. J.: *Hersenschimmen*, 1984. Het verhaal van een dementerende geëmigreerde Nederlander.

Cornwell, Patricia: *Red Mist*, 2011 *(Rood waas)*. In Savannah (Georgia) heerst angst vanwege een vermoedelijke wraakactie in de extra beveiligde afdeling van de lokale gevangenis.

Hawthorne, Nathaniel: *The House of the Seven Gables*, 1851. Het historische 'heksenbolwerk' Salem in Massachusetts, de geboorteplaats van Hawthorne, is het toneel van deze roman.

Irving, John: *The Cider House Rules*, 1985 *(De regels van het ciderhuis)*. Een weesjongen gaat in de jaren 30 en 1940 de worsteling aan met zijn excentrieke omgeving.

James, Henry: *The Bostonians*, 1886. Een feministe moet kiezen tussen de politiek en haar huwelijk met een jonge advocaat.

Melville, Herman: *Moby-Dick*, 1851 *(Moby Dick)*. Epos over een zeeman, Ismael, die jacht maakt op een witte walvis waarmee hij nog een appeltje te schillen heeft.

Mitchell, Margaret: *Gone with the Wind*, 1936, *(Gejaagd door de wind)*. Beroemde roman, mogelijk het best verkochte literaire werk aller tijden, die zich afspeelt tijdens de Amerikaanse Burgeroorlog, met een rassenthema, maar het draait toch eigenlijk om de liefde tussen Scarlett O'Hara en Rhett Butler. De verfilming is een klassieker. Bijzonder romantisch

Moore, Michael: *Stupid White Men*, 2002. Bittere maatschappijkritiek over het Amerika van George W. Bush van de hand van de regisseur, schrijver en televisiemaker Michael Moore.

Roth, Philip: *The Plot Against America*, 2005 *(Het complot tegen Amerika)*. Wat zou er gebeurd zijn wanneer de antisemitische held Charles A. Lindbergh, die als eerste non-stop per vliegtuig de Atlantische Oceaan overstak, in 1940 president van de VS was geworden in plaats van Franklin D. Roosevelt?

Salinger, J.D.: *The Catcher in the Rye*, 1951 *(De vanger in het koren)*. Een opstandige puber vertelt onopgesmukt zijn ontroerende verhaal.

Starr, Jason: *Twisted City*, 2004. Een New Yorkse financieel journalist raakt door beroeps- en privéproblemen uit de dagelijkse sleur en belandt op het verkeerde pad.

Tartt, Donna: *The Secret History*, 1992 *(Het geheime verhaal)*. Student wordt medeplichtig aan moord en doodslag en worstelt met zijn geweten.

Twain, Mark: *The Adventures of Huckleberry Finn*, 1885 *(De avonturen van Huckleberry Finn)*. Legendarische roman over Huckleberry die met een slaaf de Mississippi afvaart.

Updike, John: *Rabbit, Run*, 1960 *(Hazehart)*. Eerste deel van een serie van vier boeken over de autoverkoper Harry Angstrom uit New England, die het enigszins te stellen heeft met zijn seksleven en zijn vrouw niet altijd trouw blijft. Wordt vervolgd in *Rabbit Redux*, *Rabbit is Rich* en *Rabbit at Rest*.

Wolfe, Tom: *The Bonfire of the Vanities*, 1987 *(Het vreugdevuur der ijdelheden)*. Dit boek speelt zich af in het New York van de jaren 80, waarin chaos en politieke correctheid heersten. De hoofdpersoon neemt een verkeerde afslag en veroorzaakt een ongeluk.

Links en apps

Informatieve websites

www.state-maps.org: op deze website kunt u wegen- en topografische kaarten van alle Amerikaanse staten en districten raadplegen. Bovendien wordt hier per staat basisinformatie gegeven.

www.thehague.usembassy.gov: uitvoerige informatie over de VS: regering en politiek, economie, reizen naar en studeren in de VS.

www.visitusa.nl: Nederlandstalige websites met reistips, praktische informatie en wetenswaardigheden over bestemmingen.

www.allesamerika.com: Nederlandstalige website met informatie over reizen (reisverhalen), verblijf in de VS, geschiedenis, cultuur en nog veel meer.

www.airtran.com; www.flyfrontier.com; www. delta.com; www.southwest.com; www.spirit.com; www.jetblue.com: ook in de Verenigde Staten kunt u terecht voor veel goedkope luchtvaartmaatschappijen, die onder meer tussen de grote steden aan de oostkust vliegen.

www.usa.gov/recreation-and-travel: handige informatie over verkeer, veiligheid, recreatieve activiteiten, recreatiegebieden, campings en nog veel meer.

www.romwell.com/travel/advisory/atract/festi/amerfest.shtml: informatie over attracties en reismogelijkheden in alle staten van de VS.

www.time.gov: correcte tijdmeldingen in alle tijdzones van de VS.

www.theusa.nl: informatie over alle staten, nationale parken, geschiedenis, de bevolking en de economie. Verder een uitgebreid fotoalbum met ruim drieduizend foto's.

www.verenigdestatenvanamerika.info: reisverhalen, foto's, tips en discussiegroepen op deze interactieve site.

www.museumsusa.org/museums: een groot aantal Amerikaanse musea met links naar hun websites (vul de staat, stad en/of de naam van het museum in).

www.usacitylink.com: op deze site vindt u een schat aan informatie over alle staten en de belangrijkste steden. Bovendien treft u er wetenswaardigheden over attracties, musea, nationale parken en universiteiten aan.

Praktische reis-apps

Gas Buddy: vind real time de voordeligste benzinestations in de omgeving en toont deze op een kaart. iOS en Android, gratis.

Google Maps: berekent actuele weg- en verkeersverbindingen en biedt alternatieve routes. De app kan ook als navigatie-instrument worden gebruiken. Voor iOS en Android, gratis.

WeatherBug: op een rondreis kan de weersvoorspelling van grote betekenis zijn. Alternatieve apps zijn Yahoo Weather, Accuweather en The Weather Channel. Voor iOS en Android, gratis.

FourSquare: zoekt u een cafetaria of restaurant in de omgeving en weet u zelfs al wat u graag wilt eten? Deze app geeft tips, met kwaliteit en prijs. Voor iOS en Android, gratis.

Wi-Fi Finder: deze app helpt bij het zoeken naar openbare wifi-spots in in de nabije omgeving en toont ze op een kaart. Voor iOS en Android, gratis.

TripIt: een goede hulp bij de organisatie van uw reis. Hiermee kunt u allerlei gegevens verzamelen, van vluchtgegegens tot hotelboekingen. Voor iOS en Android, gratis.

Maten, gewichten en temperaturen

Lengtematen

1 inch (in.) – 2,54 cm
1 foot (ft.) – 30,48 cm
1 yard (yd.) – 0,9144 m
1 mile (mi.) – 1,609 km

Oppervlaktematen

1 sq mile – 2,5899 km^2
1 acre – 0,4047 ha
1 sq foot – 0,092903 m^2
1 sq inch – 6,452 cm^2

Inhoudsmaten

1 pint (pt.) – 0,473 l
1 quart (qt.) – 0,946 l
1 gallon (gal.) – 3,785 l
1 fluid ounce – 29,5735 ml

Gewichten

1 ounce (oz.) – 28,35 g
1 pound (lb.) – 453,592 g (16 oz.)

Temperaturen

De temperaturen worden gemeten in graden Fahrenheit (°F). Voor de omrekening geldt de formule: Fahrenheit min 32 gedeeld door 1,8 = graden Celsius. Omgekeerd: Celsius vermenigvuldigd met 1,8 plus 32 = graden Fahrenheit.

Media

Televisie

In de VS zijn er grote netwerken, die bij de tv-voorziening van de bevolking een vitale rol spelen. De vijf grootsten zijn NBC, CBS, ABC, FOX en The CW, die programma's produceren die ook aan kleinere 'klantenzenders' worden verkocht. Een speciale rol speelt het niet-commerciële onderwijsnetwerk Public Broadcasting Service met programma's zonder vervelende reclame voor veeleisende kijkers (zelden op hoteltelevisies te zien). Via de kabel zijn ook betaalzenders als het populaire HBO te ontvangen. Alle kabelzenders kunnen ook via de satelliet worden bekeken, maar ze zijn vaak gecodeerd en alleen te zien met een decoder. Een probleem bij live-uitzendingen zijn de verschillende tijdzones, waarbij ook nog de zomertijd komt.

Radio

Wie in de auto de radio inschakelt, krijgt in de regel te maken met duizenden meestal in particuliere handen zijnde radiostations. Deze moete het hebben van reclame-inkomsten. Redactionele bijdragen naast verkeersnieuws en weersverwachtingen zijn een zeldzaamheid. Daarvoor in de plaats is er non-stop muziek, van country en oldies tot new wave.

Kranten

Een van de wijdst verspreide dagbladen van de Verenigde Staten is het populaire *USA Today*, dat u kunt kopen bij een krantenkiosk of een op muntjes werkende automaat. Behalve andere landelijke dagbladen als de kwaliteitskranten *New York Times* en de *Washington Post* zijn er vele lokale en regionale bladen, waarin het meestal vergeefs zoeken is naar wereldnieuws. In de grote steden en op internationale luchthavens zijn buitenlandse kranten en tijdschriften te koop, soms ook van dezelfde dag, maar de keus is vaak niet groot.

Ook in de Verenigde Staten is de situatie voor drukwerk sterk veranderd sinds de opkomst van nieuwe media. Kranten en tijdschriften hebben in verhevigde mate te maken met de concurrentie van televisie en andere elektronische media, en vertrouwen daarom steeds meer op hun eigen platform op het internet.

Nachtleven

Terwijl in landelijke gebieden na zonsondergang normaal gesproken niets meer te beleven is, zijn vele steden in het oosten van de VS een paradijs van avondlijk en nachtelijk vermaak. De culinaire wereld in steden als New York, Philadelphia en Miami bestaat uit eetgelegenheden in alle prijsklassen en is zeer afwisselend door de veelheid aan etnische keukens. Vrienden en collega's spreken na kantooruren vaak af in kroegen en bars voor een borreltje, en dat is meestal in het happy hour tussen ongeveer 16 en 19 uur, wanneer drankjes en hapjes voor de helft van de prijs worden aangeboden.

Nachtbrakers kunnen in de grote steden kiezen uit een nauwelijks te overtreffen aanbod aan toneel- en musicaltheaters, klassieke en moderne concerten, comedyclubs, cabarets (variétérestaurants), televisieshows en discotheken, waar de stemming er doorgaans pas na middernacht in komt en het uitgaansplezier doorgaat tot in de kleine uurtjes. Zelfs sommige musea en galeries houden op bepaalde dagen in de week de deuren tot 22 uur geopend.

In Orlando (Florida) sluiten de grote themaparken weliswaar relatief vroeg, maar de Universal Studios hebben in de buurt van de ingang van het terrein en de grote hotels City Walk gecreëerd, een wijk waarin de kroegloper kan kiezen tussen bijvoorbeeld de Bob Marley Bar, de Red Coconut Club en diverse restaurants zoals het Hard Rock Café met memorabilia van rocklegendes.

Een andere vorm van amusement bieden de talrijke casino's, waar in het oosten in de eerste plaats Atlantic City om bekendstaat. Ze zijn 24 uur per dag open en bieden speeltafels, automaten, shows en *all-you-can-eat*-buffetten.

Noodgevallen

911: dit alarmnummer is geldig in het hele land. Een telefonist *(dispatcher)* verbindt u met de politie, brandweer of ambulance.

Openingstijden

De openingstijden van de winkels lopen sterk uiteen, aangezien de VS geen winkelsluitingswet kent. Kleine winkels zijn geopend ma.-za. van 9.30 tot 17 uur en supermarkten vaak tot 21 uur. Vooral in de grote steden zijn er tal van winkels waarin u de klok rond terechtkunt. Ook in landelijk gebied echter wordt er, anders dan men zou verwachten, soms zeer onconventioneel omgegaan met de openingstijden.

Post

De United States Postal Service (USPS) is de hoofdaanbieder van de posterijen in de VS, naast particuliere ondernemingen als UPS, FedEx, Airborne en DHL. Wie regelmatig gebruikmaakt van de diensten van een van deze bedrijven, kan een klantenrekening openen en korting krijgen. De portokosten zijn afhankelijk van de gewenste bezorgtijd. Zo kost bij USPS een brief die binnen de VS wordt bezorgd $ 0,47, een brief met een grotere envelop $ 0,91. Op een ansichtkaart moet u $ 0,34 plakken en internationale brieven en ansichtkaarten moeten voor $ 1,15 worden gefrankeerd. Postzegels kunt u kopen in de filialen van de betreffende bezorgdiensten (postkantoren bijvoorbeeld), bij hotelrecepties en in souvenirwinkels. De meeste vestigingen van USPS zijn geopend van 8.30 tot 17.30 uur, in grote steden soms ook 24 uur per dag. De USPS verhuurt een postbus alleen aan een ingezetene van de VS. Particuliere postbedrijven bieden ook postbussen aan niet-VS-staatsburgers aan, wanneer de postbus van tevoren wordt betaald. Een via USPS per luchtpost verstuurde ansichtkaart of brief komt in ongeveer één week in Europa aan. Per expresse gaat het sneller, maar dat is ook beduidend duurder.

Prijsniveau

Sinds de invoering van de euro in 2002 is de waarde van de euro ten opzichte van de dollar verre van stabiel. Een tijdje geleden kende de euro nog een koers van rond de $ 1,60. Tegenwoordig is de koers ongeveer $ 1,18 (oktober 2017) en dat betekent dat een reis vaan de Verenigde Staten al lang niet meer spotgoedkoop is. Sommige goederen of diensten zijn in de Verenigde Staten goedkoper dan in Nederland, maar andere juist duurder. De prijs van benzine ligt lager dan bij ons (momenteel bedraagt de gemiddelde prijs $ 2-3 per gallon = 3,8 l, de regionale verschillen kunnen groot zijn). Ook textiel, vooral jeans, schoenen en fruit zijn voordeliger. Een bezoek aan een chic restaurant, de toegangsprijs van een museum of een pretpark, alcoholische dranken en sommige levensmiddelen, zoals verse melk, zijn aanzienlijk duurder. Een prijsvoorbeeld: voor een pakket met twaalf blikjes Budweiser betaalt u in de supermarkt circa $ 20. Onder de $ 12 is in New York City, waar de prijzen het hoogst zijn, nauwelijks een pakje sigaretten te krijgen. Rookwaren zijn het voordeligst in indianenreservaten.

Belasting bij hotelprijzen

In deze reisgids zijn de hotelprijzen zonder belasting aangegeven, omdat deze per plaats verschillen. Als vuistregel geldt, dat je door belastingen en heffingen rekening moet houden met 20 tot 25 % hogere prijzen. Overnachtingsgelegenheden weten deze kosten als resort fee en beddenbelasting zeer creatief te versluieren. Bovendien kennen de staten respectievelijk plaatsen verschillende tarieven.

Uit eten

Voor een ontbijt in een Amerikaanse *coffeeshop* betaalt u gemiddeld ongeveer $ 6-8. Bent u gevallen voor de charme van een knus café naast een groot hotel, dan bent u voor hetzelfde algauw het dubbele kwijt. Een lunch of avondmaaltijd in een *food court* krijgt u inclusief non-alcoholisch drankje voor circa $ 5 tot $ 7. Bij de lunchbuffetten van sommige eenvoudige restaurants kunt u voor $ 8-12 eten. Een fles bier kost in een normale bar circa $ 5. Een avondmaal in een fatsoenlijk Amerikaans restaurant komt inclusief een drankje voor circa $ 30 in de boeken. Voordeliger zijn Chinese restaurants, *buffets* (cafetaria's) of *take aways* in supermarkten. In supermarkten kunt u warme maaltijden krijgen voor circa $ 5-8. U betaalt daar zo'n $ 2 voor een kop hete koffie. Dat is goedkoper dan in een café.

Reiskosten

Als u online een kaartje boekt, betaalt u voor de rit per bus van Washington D.C. naar New York of van New York naar Boston circa $ 25. Voor het afleggen van dezelfde trajecten met de trein betaalt u minstens $ 76. Een taxi van de luchthaven van Miami naar Lincoln Road in Miami Beach moet ongeveer $ 40 kosten, de rit van de luchthaven JFK naar Manhattan kost $ 57. Wie met een dorstige camper door de Verenigde Staten wil reizen (het verbruik van deze voertuigen ligt tussen 22 en de 28 liter per 100 km), moet bij zijn voorbereiding rekening houden met de benzine- en dieselprijzen. Deze zijn weliswaar lager dan in Europa, maar in het uitgestrekte Amerika neigt men ertoe grote afstanden af te leggen. Je bespaart wanneer je in een drukke omgeving voor een volle tank zorgt. In afgelegen gebieden is de benzineprijs vaak hoger.

Bespaartips

Wie zijn vakantie buiten het hoogseizoen (juni/juli/aug. respectievelijk sept./okt. in New England) plant, bespaart op overnachtingen en heeft meer keus bij het vinden van accommodatie. De $ 80 kostende America-the-Beautiful-nationaleparkenpas (www.store.usgs.gov/pass) loont in het oosten alleen wanneer u naast de weinige nationale parken ook verschillende van de ongeveer 25 National Monuments bezoekt, waarvoor de pas ook geldig is. Om op restaurantkosten te besparen, kunt u ook gaan eten in de *food courts*, die in bijna alle grote malls te vinden zijn.

Reizen met een handicap

Veel hotels en motelketens beschikken over kamers voor gehandicapten met bijvoorbeeld grotere badkamers en bredere deuren. In de grote musea en pretparken houdt men altijd rekening met rolstoelen en openbare instanties hebben rolstoelhellingen. Gehandicapten kunnen informatie vinden op de website van de Society for Accessible Travel & Hospitality (SATH), een gehandicaptenorganisatie (www.sath.org). De autoverhuurbedrijven kunnen voor speciaal voor gehandicapten aangepaste auto's zorgen.

Reizen met kinderen

Wanneer uw kinderen groot genoeg zijn om langere autoritten te kunnen verdragen, is het kindvriendelijke Amerika een ideaal vakantieland voor het hele gezin. Kinderen tot 18 jaar mogen gratis overnachten op de kamer van de ouders. Veel musea hebben voor de jonge bezoeker installaties waar ze naar hartenlust aan mogen zitten, en aquaria en dierentuinen beschikken over speciale *touch tanks*, open bassins waarin de kinderen zeedieren kunnen aanraken.

Voor gezinnen zijn niet zozeer de drukke metropolen, maar de mooie landschappen en stranden interessant. Vooral in het zuiden, bijvoorbeeld in Florida, komen uw kleine waterratten aan hun trekken, want daar zijn de stranden vlak en dus veilig. Aangezien veel stranden buiten de bewoonde wereld liggen, moet u wel voor eten en drinken zorgen. Het strookt niet met de Amerikaanse normen om kleine kinderen naakt te laten rondlopen op het strand.

Roken

Het landelijke, door de meeste staten overgenomen rookverbod verbiedt het roken op openbare plaatsen en in restaurants en bars. Dat geldt ook voor openbare gebouwen, op stranden en in parken, met name in de buurt van kinderspeelterreinen of scholen, in voetgangersgebieden en in wachtrijen. Op binnenlandse en internationale vluchten geldt *no smoking*. De prijzen voor sigaretten zijn op veel plaatsen behoorlijk hoog. In veel hotels heerst een rookverbod, sommige bieden echter ook rookkamers, zoals de Motel-6-keten.

Telefoneren

De telecommunicatie ligt net als bij ons in handen van bedrijven. Om vanuit je hotelkamer of een openbare telefoon te telefoneren, zijn er meerdere mogelijkheden. Het voordeligst zijn prepaid-phonecards. Deze plastic kaarten ter grootte van een creditcard worden verkocht door supermarkten, souvenirshops, benzinestations en winkels, waarbij de prijs afhankelijk is van het aantal eenheden. Voor hoeveel eenheden kan worden getelefoneerd, staat op de achterkant, op basis van nationale eenheden. U kiest de afgedrukte code en wordt dan verzocht het eveneens op de kaart vrijgemaakte geheime getal in te voeren. Daarna volgt zoals bij een normaal telefoongesprek het nummer van de gewenste abonnee.

Voor de koop van een telefoonkaart moet je de kleine lettertjes van de kaartverstrekker goed lezen. De voordeligste aanbieder van gesprekken binnen de VS hoeft niet automatisch ook de voordeligste internationale verbindingen te leveren. Want bij het bellen met een normale openbare telefoon worden hier en daar hoge aansluitingskosten en bovendien administratiekosten gerekend. Wie van de **telefooncentrale** *(operator)* gebruik wil maken, toetst een 0. Voor gesprekken met het buitenland geldt de volgende nummervolgorde: 011 + landnummer + netnummer (zonder de eerste 0) + abonneenummer (landnummer Nederland 31, België 32). 800- of 888-nummers zijn gratis nummers van bedrijven zoals hotels, bed and breakfasts en restaurants. Deze nummers kunnen echter alleen binnen de Verenigde Staten worden gebeld en in principe moet er een 1 voor worden gekozen. Sommige hotels vragen tegenwoordig ook een bedrag voor het kiezen van deze nummers.

Mobiel telefoneren

Prepaid-phonecards zijn in de VS ook met de mobiele telefoon te gebruiken. In principe hebt u een triband- of quadband-mobiele telefoon nodig, waarvoor in het buitenland een hogere prijs per minuut geldt. Het is belangrijk om te weten of in de VS 1-800-nummers gratis kunnen worden gebeld. Mocht dat zo zijn, dan is dit een handige en voordelige mogelijkheid om te telefoneren (zie boven). Een mobiele telefoon wordt in de VS overigens aangeduid met *cell phone* of *mobile phone*.

Een tweede 'mobiele'-variant is de aankoop van een *prepaid-telephone* zonder een contract, zonder activeringskosten, inclusief een gesprekstegoed vanaf 30 minuten. Via een codenummer kunt u het apparaat gebruiken. Het functioneert ook als je in een speciaalzaak een nieuwe kaart met een codenummer koopt wanneer het geïntegreerde tegoed is verbruikt. Zulke kaarten en passende mobiele telefoons zijn verkrijgbaar in filialen van grote computerzaken respectievelijk radio- en tv-speciaalzaken als Target, Best Buy, Office Depot, Office Max, Walmart en AT&T Wireless Stores.

Tijd

Het oosten van de Verenigde Staten ligt in twee tijdzones. Het grootste deel van het gebied valt in de Eastern Time Zone (6 uur vroeger dan bij ons). Alleen het westen van Tennessee met Nashville en de Panhandle in Florida hoort bij de Central Time Zone (7 uur vroeger).

Op de tweede zondag in maart gaat in alle oostelijke staten de zomertijd *(daylight saving time)* in, waarbij de klok één uur vooruit wordt gezet; de wintertijd begint de eerste zondag in november.

In de VS is de dag niet verdeeld in 24 uur, maar in tweemaal 12 uur. Tussen middernacht en 12 uur staat er am *(ante meridiem*, voor de middag) achter de tijd en daarna pm *(post meridiem*, na de middag). Ook de schrijfwijze van de datum is anders dan bij ons. In de VS wordt eerst de maand, dan de dag en daarna het jaar vermeld. Een voorbeeld: 5 oktober 2015 is 10/5/2015. Houd hier bijvoorbeeld rekening mee bij het reserveren van een hotelkamer.

Toiletten

Openbare toiletten vindt u in de regel bij tankstations, op rustplekken aan snelwegen en bij Picnic Areas respectievelijk Roadside Tables. In Welcome Centers, die vaak langs Interstates in de buurt van staatsgrenzen liggen, vindt u schone gratis toiletten. Ook daar waar je kunt eten en drinken, zijn toiletten, net als in grote supermarkten.

Veiligheid

Let op! Net als in zoveel grote steden ter wereld zijn er ook aan de oostkust van de Verenigde Staten metropolen met stadsdelen die u beter kunt mijden, ook al omdat er gewoonlijk geen belangrijke bezienswaardigheden te vinden zijn. In de steden geldt: houd het raam van uw auto dicht en vergrendel de portieren van binnenuit.

Vrouwen

Alleen reizende vrouwen zullen bij een reis door Amerika weinig specifieke problemen ondervinden. Uiteraard moeten net als in andere landen algemene voorzorgsmaatregelen worden genomen. Alleen gaan liften is evenmin aan te raden als in het donker zonder begeleiding de straat opgaan. Bij busreizen is het aan te raden niet midden in de nacht op de plaats van bestemming aan te komen, omdat busstations vaak in onveilige gebieden liggen.

Wellness

In een groot aantal van de grotere hotels vind je een fitnessruimte, in veel gevallen in combinatie met een wellnessafdeling, om tegemoet te komen aan het stijgende verlangen om gezond te leven. Spa's zijn er in overvloed.

Winkelen

Amerika-kenners steken lichtbepakt de Atlantische Oceaan over, maar hebben wel een extra tas in hun koffer om inkopen in te stoppen. Om twee redenen is het winkelen in het oosten van de VS zo aantrekkelijk: ten eerste vanwege het enorme aanbod, ten tweede vanwege de betrekkelijk voordelige prijzen.

Factory Outlet Malls

Factory outlet malls vormen soms een compleet stadsdeel met parkeerplaatsen zo groot als een voetbalveld en daaromheen de verkooppunten van afzonderlijke firma's of merken. De producent van vrijetijdskleding L.L. Bean (www.global.llbean.com) in Freeport (Maine) was de pionier op het gebied van fabrieksverkoop. Dit bedrijf opende het eerste winkelcentrum dat het hele jaar door, 24 uur per dag geopend was. Alles wat maar iets voorstelde op de Amerikaanse kledingmarkt volgde snel. Intussen doen ook internationale firma's mee. Aan Main Street in een willekeurige stad staan nu tientallen winkels direct naast elkaar, die merken als Levi's, Tommy Hilfiger, Reebok, Wrangler en Calvin Klein ver onder de normale prijs verkopen (www.freeportusa.com). De stad Reading in Pennsylvania is ook een eldorado van factory outlets (www.gogreaterreading.com > Things to do > Shopping > Outlet) met een gigantisch aanbod van bijna alle branches. De mode is overigens niet altijd het nieuwste van het nieuwste, vaak zijn het modellen uit oudere collecties.

De Simon Premium Outlets (www.premiumoutlets.com) vormen de grootste keten van factory outlets van de VS, met over het hele land meer dan vijftig vestigingen, hoofdzakelijk in de oostelijke staten, bijvoorbeeld alleen al zeven in Florida. Websites als www.outletbound.com/shop-online geven een overzicht van dergelijke shopping malls. Niet alleen kleding leent zich voor fabrieksverkoop. Ook schoenen, reistassen, huishoudelijke spullen, chocolade, noten, pretzels, Bijbels en fijnproeversdesserts, om maar een paar voorbeelden te noemen, zijn tegen gereduceerde prijzen te koop

Souvenirs

Honkbalpetjes, nummerplaten met symbolen en motto's, en straatnaamborden zijn de bestsellers in de talrijke Amerikaanse souvenirwinkels. In indianenreservaten worden sieraden en andere kunstnijverheid verkocht, zoals decoratieve dekens en manden. Nashville staat bekend om zijn westernkleding en dan vooral de uitbundig versierde leren laarzen.

Uitverkoop en belasting

In de Verenigde Staten hoeft u niet te wachten op de zomer- of winteruitverkoop, want *sales* en speciale acties vanwege een feestdag worden er het hele jaar door gehouden. De afgeprijsde goederen in de etalages zijn niet over het hoofd te zien. Niet alleen de economie, maar ook de staat probeert de particuliere consumptie op te drijven. New Hampshire heft in het algemeen geen omzetbelasting en in Massachusetts, Pennsylvania en New Jersey is kleding belastingvrij. Dat geldt in Delaware voor alle goederen behalve auto's. Wie wil overgaan tot een grote aankoop doet er goed aan uit te zoeken in welke staat dat het best kan. Met gratis kortingkaarten, bijvoorbeeld bij een supermarkt, kunt u veel geld besparen.

Zwemmen

Natuurlijk staat Florida met zijn buitengewoon fraaie badstranden op de eerste plaats van de badparadijzen in het oosten, maar ook de stranden van Cape Cod en Coopers Beach, Southampton, New York, gelden tot de mooiste stranden van de VS (zie ook blz 71).

Naaktrecreatie

Er zijn veel plaatsen die voor naaktzwemmen worden gebruikt, maar de meeste daarvan zijn niet legaal. De officiële stranden heten *clothing optional beach*. Wanneer u het niet zeker weet, kunt u beter uw zwemkleding aanhouden.

Onderweg in het oosten van de VS

De herfst in New York is uniek. Maar het zijn niet alleen de bladeren die van uiterlijk veranderen. Er hangt iets in de lucht dat ons ertoe brengt kleur te bekennen.
Citaat uit de Amerikaanse tv-serie *Gossip Girl*

De bladeren vallen: Indian summer in de Green Mountains, Vermont

TATTOO
COCONUTS
THE
Mayflower
FAMILY
DINING
Provincetown
1929
Bangor
Burlington
Portland
Boston
Providence
Cape Cod
New Haven

Hoofdstuk 1

New England

Keurige dorpen met witgepleisterde houten huizen die worden omgeven door kleurige loofbomen: de zes staten in het noordoosten staan bekend als een prachtige streek en genieten deze reputatie niet ten onrechte.

Vanwege het Noord-Europese karakter van het landschap, het klimaat en de vegetatie komt New England Europeanen vaak vertrouwd voor. Dat geldt ook voor de mentaliteit van de mensen, wier voorvaderen het noordoosten bijna vierhonderd jaar geleden koloniseerden. Universiteiten als Harvard en Yale vormden het geestelijk centrum van Amerika lang voordat de contouren van de Amerikaanse onafhankelijkheidsstrijd zich rond het midden van de 18e eeuw begonnen af te tekenen. U stuit er bijna overal op historische resten, van de heksenvervolging in Salem tot de door Herman Melville literair vastgelegde walvisindustrie in Cape Cod, en van de eerste schoten van de Vrijheidsoorlog tot de beroemde Boston Tea Party, waarmee Amerika een belangrijke stap zette naar onafhankelijkheid van het Engelse moederland. Niettemin is New England niet in het verleden blijven hangen. De hoofdstad Boston behoort tot de moderne metropolen van het land met een bruisend *city life*. De combinatie van heden en verleden, van steden vol vitaliteit en historie met een schilderachtige natuur maakt het gebied een bestemming die zich bij uitstek leent voor een eerste kennismaking met de Verenigde Staten van Amerika.

Het door de Pilgrim Fathers gestichte Provincetown op Cape Cod behoort nu voornamelijk toe aan vakantiegangers

In een oogopslag: New England

Hoogtepunten

Boston: de Freedom Trail in het centrum van de metropool voert langs de belangrijkste historische plaatsen van de stad (zie blz. 98).

White Mountains: New Hampshires 'vlammende' bossen zijn op hun mooist tijdens de Indian summer (zie blz.119).

Cape Neddick Nubble Light: de vuurtoren bij York op het schiereiland Cape Neddick heeft altijd al grote aantrekkingskracht op schilders en fotografen uitgeoefend (zie blz. 149).

Mystic Seaport: het grootste zeescheepvaartmuseum van de Verenigde Staten roept met zijn oldtimerschepen de sfeer van vroeger tijden op (zie blz. 168).

Fraaie routes

Kancamagus Highway: deze route in de White Mountains van New Hampshire volgt een oud indianenpad en verbindt de plaatsen Conway en Lincoln. In de Indian summer geldt hij als een van de mooiste routes van New England (zie blz. 122).

Rond Cape Cod: op de weg rond het eiland Cape Cod ziet u dat het vakantieparadijs een aan drie zijden door de zee omgeven kustgebied is met typisch New Englandse dorpen en ongerepte stranden (zie blz. 130).

New Englands kreeftenkust: deze kustroute, die deels vlak langs de kust loopt, vormt een goed vertrekpunt voor uitstapjes naar het schilderachtige Cape Ann, de ruige steile kust van de staat Maine en sfeervolle vissersplaatsen (zie blz. 143).

Tips

Spiegelbeeld im John Hancock Tower: het hoogste gebouw in Boston is helemaal met glas bekleed. Bijzonder fraai spiegelt zich hierin de gevel van de Trinity Church (zie blz. 105).

Zandkastelen bouwen aan Hampton Beach: deze badplaats met zijn kilometerslange strand is heel geschikt voor gezinnen met kleine kinderen (zie blz. 147).

Kamperen in het Acadia National Park: in het nationale park vindt u slechts twee kampeerterreinen, een eldorado voor outdoorliefhebbers (zie blz. 159).

Actief

Te voet door Bostons Klein-Engeland: een wandeling door de wijk Beacon Hill komt neer op een tocht door een typisch Engelse woonwijk met bakstenen huizen en bijzondere tuinen (zie blz. 106).

Fietsen in de zeewind: geen kust in de staat Massachusetts leent zich beter voor verfrissende tochten per waterfiets dan Cape Cod (zie blz. 134).

Fietstocht door Newports miljonairshoek: in de tweede helft van de 19e eeuw bouwden superrijken bij Newport (Rhode Island) paleizen, die nog altijd getuigen van een voorname levensstijl (zie blz. 166).

✪ Boston

▶ 1, N 2

De officieuze hoofdstad van de regio wordt wel de 'Grande Dame' van New England genoemd, een goede typering van deze 673.000 zielen tellende metropool. Natuurlijk is haar statige leeftijd 'de Dame' aan te zien en vindt u overal herinneringen aan haar bewogen geschiedenis, maar toch is Boston nog altijd een jeugdige, levendig stad die met zijn tijd meegaat.

De schemering valt aan de rand van de Boston Common. Paartjes slenteren gearmd over de voetpaden langs de zwanenvijver. Een venter met hanenkam duwt zijn met *stars & stripes* versierde hotdogkraam naar huis. In een hoekje liggen jongeren op het gras te luieren en luisteren naar een zwarte band die een nummer speelt over moderne vormen van slavernij. Spandoeken met politieke slogans wapperen tussen de bomen, als om de eeuwenoude rol van het park als locatie voor politieke boodschappen en demonstraties te doen herleven. Al in de 17e eeuw veranderden de Bostonians het voormalige weiland in een trefpunt waar werd gediscussieerd over de toekomst van het land.

Wie naar Boston gaat, wil meer te weten komen over de historie van de stad, die in 1630 door de puriteinen werd gesticht. Daarbij vormt de lokale 'streep' een handig hulpmiddel. U kunt hem onmogelijk over het hoofd zien: de rode lijn op het plaveisel die de Freedom Trail markeert, waarlangs zich een tiental oorspronkelijke plaatsen uit de ontstaansgeschiedenis van de VS aaneenrijgen als een openluchtmuseum. Wat dit 'pad' zo aantrekkelijk maakt, is dat het midden door het kloppende hart van Boston voert en wandelaars die de route volgen de mogelijkheid biedt om de tocht door het roerige verleden van de stad te combineren met een bezoekje aan een modezaak of een gezellig terras.

Naast de Freedom Trail heeft Boston nog meer historische schatten te bieden, zoals de wijk Beacon Hill, met zijn bakstenen huizen, en de eerbiedwaardige Harvard University in Cambridge. Ook wat musea betreft, hoeft Boston een vergelijking met andere steden niet te schuwen. Met zoveel geschiedenis en cultuur zou u bijna vergeten dat Boston ook een stad is om zorgeloos in rond te slenteren, en waar de bezienswaardigheden en interessante wijken zo dicht bij elkaar liggen dat u ze te voet kunt bereiken. Zonder opdringerig te zijn, maakt de stijlvolle diva van New England het haar bezoekers gemakkelijk om haar sympathiek te vinden.

De Freedom Trail

Kaart: blz. 100

Boston ontvangt bezoekers met Europese charme zonder zijn Amerikaanse accent te verbergen. Niet alleen Amerikanen wandelen aandachtig over de ruim 4 km lange **Freedom Trail** ('pad van de vrijheid', www.thefreedom trail.org), waaraan diverse locaties liggen die een belangrijke rol hebben gespeeld in de geschiedenis.

In Beacon Hill

Boston Common 1

Bostons bekendste route door de stad begint bij de **Boston Common**, het oudste openbare park van de VS. Een handige plattegrond van de Freedom Trail, verkrijgbaar bij het **Visitor Center** in Tremont Street aan de oostzijde van het park, biedt u de mogelijkheid om de route op eigen houtje te verkennen. Na de stichting van de stad in 1630 heeft deze groene oase allerlei functies gehad. Tot 1830 graasden er koeien van plaatselijke boeren en tot 1817 werden op de wei ter dood veroordeelden in het openbaar opgehangen. Maar de burgers van de stad gebruikten de uitgestrekte groene vlakte ook om tegen de Britse politiek te demonstreren, omdat hier van oudsher vrijheid van meningsuiting en van vergadering gold. Zo werd het park met zijn aan de Vrijheids- en Burgeroorlog herinnerende monumenten in de loop der eeuwen een onaantastbaar instituut, dat sinds de Amerikaanse Revolutie doordrenkt is met het hartenbloed van de plaatselijke bevolking.

State House 2

Beacon St./Park St., gratis rondleidingen ma.-vr. 10-15.30 uur, voor deze rondleidingen is het verplicht te reserveren via tel. 1-617-727-3676; het State House is daarbij gratis toegankelijk

Aan de noordrand van de Boston Common ligt tegen de heuvel in de wijk Beacon Hill het **State House**, de zetel van de regering en het parlement van de staat Massachusetts. Toen het door Charles Bulfinch ontworpen overheidsgebouw op 11 januari 1798 werd geopend, zaten de beide zijvleugels er nog niet aan. Deze zijn pas later toegevoegd.

Het opvallendste kenmerk is de oorspronkelijk met houten dakspanen bedekte koepel, die later is overtrokken met koper uit de werkplaats van de revolutieheld Paul Revere (zie blz. 102) en in 1874 werd verguld. Binnen vindt u de Doric Hall, die is gevuld met beelden en schilderijen van belangrijke historische personen, zoals George Washington en John Hancock. Opvallend in de hal zijn de tien Dorische zuilen, die vroeger van dennenhout waren gemaakt, maar later werden vervangen door brandveilige, met gips beklede ijzeren steunzuilen.

Park Street Church 3

Park/St. Tremont St., half juni- aug. di.-za. 9.30-15 uur; rest van het jaar op afspraak; kerkhof dag. 10-17 uur, toegang gratis

Als u van Tremont Street naar het stadscentrum kijkt, ziet u voor de skyline met wolkenkrabbers de spitse toren van de in 1809 gebouwde protestantse **Park Street Church** staan, waar nog altijd diensten worden gehouden. De slanke, 66 m hoge toren van de kerk, die vaker op ansichtkaarten staat afgebeeld dan welk ander gebouw ook, is een soort symbool van Downtown Boston geworden. Voordat Park Street Church werd gebouwd, stond hier een graanschuur, waarnaar de aangrenzende **Old Granary Burial Ground** is genoemd. In de schaduw van de boomkruinen liggen de graven van patriotten uit de Amerikaanse Revolutie: drie ondertekenaars van de Onafhankelijkheidsverklaring, John Hancock, Robert Treat Paine en Samuel Adams, en acht gouverneurs. Een plaquette aan de rand van de begraafplaats vermeldt dat ook Paul Revere hier zijn laatste rustplaats heeft gevonden.

Old South Meeting House 4

310 Washington St., tel. 1-617-482-6439, apr.-okt. dag. 9.30-17, rest van het jaar 10-16 uur

Geen enkel gebouw in de stad speelde zo'n belangrijke rol in de geschiedenis van de Revolutie aan het begin van de tweede helft van de 18e eeuw als het **Old South Meeting House** uit 1729. Het bakstenen bouwwerk, oorspronkelijk een kerk, werd in de jaren 70 van de 18e eeuw een revolutionaire kiemcel waarvan belangrijke impulsen uitgingen voor de vrijheidsstrijd. Op 16 december 1773 vond in en voor het gebouw een bijeenkomst plaats waarbij circa vijfduizend burgers onder aanvoering van Samuel Adams hun onvrede over de door Londen geheven theebelasting kenbaar maakten. Verkleed als indianen stormden negentig demonstranten naar de haven, klommen aan boord van de Britse schepen die daar lagen en gooiden thee ter waarde van 18.000 pond sterling in het water – een protestactie die een keerpunt vormde in de geschiedenis van Amerika. Met de legendarische *Boston Tea Party* begon het actieve verzet van de kolonisten tegen Engeland, die uiteindelijk tot onafhankelijkheid zou leiden. Binnen is de geheel witte kerk omgetoverd in een museum dat – uiteraard – gewijd is aan de gebeurtenissen tijdens de Boston Tea Party.

Boston

Bezienswaardig

1. Boston Common
2. State House
3. Park Street Church
4. Old South Meeting House
5. Old State House
6. Faneuil Hall
7. Quincy Market
8. Paul Revere Church
9. Old North House
10. Bunker Hill Monument
11. USS Constitution
12. Museum of Science
13. New England Aquarium
14. Boston Tea Party Ship & Museum
15. Institute of Contemporary Art
16. Otis House Museum
17. Museum of Afro-American History
18. Nichols House Museum
19. Louisburg Square
20. Acorn Street
21. Beacon Street
22. Newbury Street
23. Copley Square
24. Boston Public Library
25. Copley Place
26. Prudential Center
27. Christian Science Church
28. Museum of Fine Arts
29. Isabella Stewart Gardner Museum

Accommodatie

1. Newbury Guest Hotel
2. Charlesmark Hotel
3. Holiday Inn Express
4. Boston Park Plaza
5. The Copley House
6. Constitution Inn
7. Buckminster Hotel
8. Beacon Inn 1087
9. 40Berkeley
10. HI-Boston Hostel

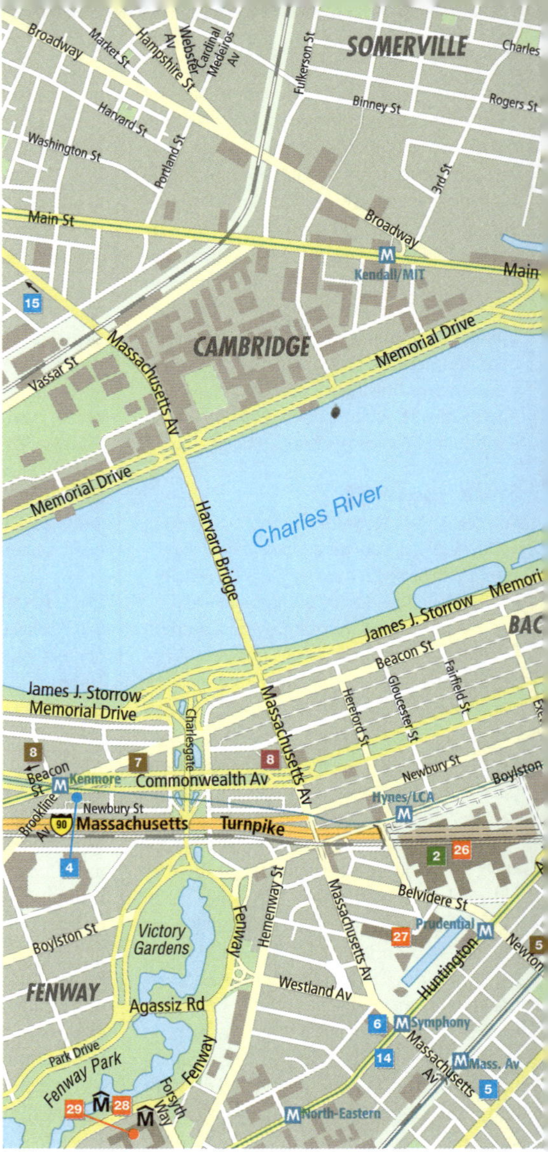

Eten en drinken

1. Durgin Park
2. Marliave
3. Beacon Hill Bistro
4. La Famiglia Giorgio's
5. Union Oyster House
6. Market Boston
7. Lala Rokh
8. Sonsie
9. Deli One
10. Panificio

Winkelen

1. Copley Place
2. Prudential Center

Uitgaan

1 Bull and Finch Pub/Cheers
2 Legal Harborside
3 Royale
4 Eastern Standard Kitchen & Drinks
5 Wally's Café
6 Boston Symphony Orchestra
7 Hatch Shell
8 Boston Lyric Opera
9 Colonial Theatre
10 Opera House
11 Shubert Theatre
12 Wang Theatre
13 Wilbur Theatre
14 Huntington Theatre
15 Loeb Drama Center

Actief

1 Historic Tours of America/ Ghosts & Gravestones
2 Boston Whale Watch

Old State House 5

State/Washington St., tel. 1-617-720-1713, eind mei-begin sept. 8-18, rest van het jaar 9-17 uur

Het oudste openbare gebouw van Boston, het **Old State House** diende na zijn voltooiing in 1713 als bestuursgebouw van de Britse koninklijke gouverneur. Daarna was het de zetel van de regering van de staat Massachusetts, tot in 1798 een nieuw State House kon worden betrokken.

In de vertrekken heeft de Bostonian Society tentoonstellingen over de geschiedenis van de stad en de staat Massachusetts ingericht. Voor het gebouw geven markeringen de plaats aan waar vijf burgers zijn gedood bij de Boston Massacre. Zeven voor het bloedbad verantwoordelijke Britse soldaten moesten zich later voor de rechter verantwoorden. Vijf werden er vrijgesproken en twee veroordeeld wegens moord.

Faneuil Hall 6

Faneuil Hall Marketplace, tel. 1-617-242-5642, dag. 9-18 uur; ieder half uur gratis rondleidingen van 9.30-16.30 uur

Tegenover het hoog oprijzende Government Center met het vestingachtige stadhuis ligt aan Congress Street de **Faneuil Hall** uit 1742, die als markt- en ontmoetingsplaats wordt gebruikt. Aan de vooravond van de Revolutie vonden op de bovenste verdieping (die tijdens rondleidingen te bezichtigen is) talrijke samenkomsten plaats waarbij werd gediscussieerd over hoe er tegen de Britten moest worden opgetreden. Met zijn schilderijen van de strijd en militaristische voorwerpen dient het in georgian stijl opgetrokken gebouw tegenwoordig als reliekschrijn van de vrijheidsstrijd.

Quincy Market 7

Faneuil Hall Marketplace, openingstijden verschillen per zaak, www.faneuilhallmarketplace.com

Naast Faneuil Hall strekt zich het populairste toeristische centrum van Boston uit. Rond de **Quincy Market**, een langgerekte markthal met een zuilenfaçade, heerst in de zomer een levendige drukte. Bij de kraampjes verkoopt men honkbalpetten, aardbeienkwarkijs, ballonnen en souvenirs, die waarschijnlijk in het Verre Oosten zijn gemaakt. In de hal zelf wedijveren kooplui achter visstalletjes, pizzabakkers, oosterse eetkraampjes en oesterkramen om de gunst van het publiek. Dit belegert de Quincy Market vooral rond het middaguur, alsof in de rest van de stad geen eten te krijgen is.

Achter de Quincy Market sneed vroeger de Central Artery (I-93), een overbelaste snelweg, het centrum in tweeën. Inmiddels is deze weg naar tunnels verplaatst en heeft de oude verkeersader plaatsgemaakt voor de **Rose Fitzgerald Kennedy Greenway**, met gazons, bloemperken, sproeiende fonteinen, een draaimolen, openbare kunst en bomen waaronder mensen in de schaduw hun meegebrachte lunch oppeuzelen, yoga-oefeningen doen of mailen via het gratis wifi-netwerk.

In North End

Paul Revere House 8

19 North Sq., tel. 1-617-523-2338, half apr.-eind okt. 9.30-17.15, rest van het jaar tot 16.15 uur, ma. en jan.-mrt. gesloten

Ten noordoosten van de voormalige Central Artery strekt zich het stadsdeel North End uit. Oorspronkelijk was dit het favoriete woon- en werkgebied van de Ieren, maar de afgelopen decennia hebben de Italianen de regie in dit deel van Boston overgenomen met winkels, restaurants en cafés. De revolutieheld Paul Revere (1734-1818) kocht daar in 1770 het destijds al negentig jaar oude, grote huis dat tegenwoordig **Paul Revere House** wordt genoemd en geldt als de oudste particuliere woning in Boston. Revere was zilversmid en maakte alles wat men zich maar kan voorstellen, van zilveren lepels tot theeserviezen. In 1788 opende hij een ijzergieterij en produceerde metalen onderdelen voor de plaatselijke scheepswerven, kanonnen en klokkenspelen. Op de avond van 18 april 1775 kreeg hij de opdracht naar Lexington en Concord (zie blz. 116) te rijden en daar de ondergedoken revolutionairen Samuel Adams en John Hancock te waarschuwen voor hun op handen zijnde arrestatie door de Britten. Deze Midnight Ride inspireerde Henry Wadsworth Longfellow in 1860 tot zijn gedicht

Paul Revere's Ride, dat een jaar later werd gepubliceerd in de *Atlantic Monthly* en van de tot dan toe anonieme ambachtsman in één klap een nationale held maakte. Het huis doet nu dienst als museum en ziet er vanbinnen nog net zo uit als toen Paul Revere het aan het eind van de 17e eeuw verkocht.

Old North Church 9

193 Salem St., dag. 9-18 uur

Slechts zo'n veertig jaar jonger dan het huis van Paul Revere is de in georgian stijl opgetrokken episcopale kerk **Old North Church** van baksteen. Het oudste godshuis in Boston heeft een spitse toren die veel op die van de Park Street Church lijkt. Tijdens de Amerikaanse Revolutie werd hij door de patriotten als seintoren gebruikt. Als er een lantaarn hing, betekende dit 'de Britten naderen over land', en twee lantaarns wilde zeggen 'de Britten komen over het water'. De vijf klokken in de kerk zijn afkomstig uit Engeland en waarschijnlijk het oudste klokkenspel op Amerikaanse bodem. Aan het einde van de 17e eeuw stond hier op de kansel pastoor Increase Mather, die samen met zijn zoon Cotton een van de aanstichters van de heksenhysterie in Salem was.

Overzijde van de Charles River

Bunker Hill Monument 10

Dag. 9-17 of 18 uur, beklimming gratis

Op de plaats waar de Charles River uitmondt in de Atlantische Oceaan en waar tegenwoordig de Charlestown Bridge van North End naar het naburige Charlestown voert, vestigde zich in de 17e eeuw de geestelijke William Blackstone, die een kluizenaarsbestaan leidde. In de jaren 30 van de 17e eeuw kwam hij in contact met een groep puriteinen die op zoek waren naar een gebied om zich te vestigen. Blackstone bood de pioniers aan in eerste instantie op zijn grondgebied te blijven. Niet lang daarna verkocht hij zijn grond aan de nieuwkomers, en sloeg op de vlucht vanwege hun intolerante levenswijze. daarmee min of meer de basis leggend voor de stichting van Boston.

In Beacon Hill domineren kleine zaken, zoals hier een ouderwetse barber shop

Ook daarna schreef het gebied rond de riviermonding geschiedenis, getuige het **Bunker Hill Monumen** op het laatste deel van de Freedom Trail. Nadat u een wenteltrap van 294 treden hebt beklommen, geniet u op het 60 m hoge platform van de granieten obelisk van een prachtig uitzicht over de stad en de haven. Het monument herinnert aan de eerste grote slag in de Revolutie van 17 juni 1775, waarbij de slecht uitgeruste en nauwelijks opgeleide koloniale troepen de oppermachtige Britse aanvallers het hoofd boden, totdat hun munitie opraakte en ze moesten opgeven.

USS Constitution 11

Constitution St., tel. 1-617-799-8198, half mrt.-begin okt. di.-vr. 14.30-18, za.-zo. 10-18 uur, legitimatieplicht voor volwassenen

Het laatste punt om te bezichtigen langs de Freedom Trail is de **USS Constitution** in de jachthaven van Charlestown, het oudste intact gebleven oorlogsschip in de Verenigde Staten, dat in 1797 in Boston van stapel liep. Het maakte deel uit van een uit zes schepen bestaande vloot die in opdracht van George Washington was gebouwd om de belangen van Amerika's groeiende maritieme rol te behartigen. Naar aanleiding van zijn tweehonderdste verjaardag werden in 1997 na een ligtijd van honderd jaar voor het eerst de zeilen gehesen, voer het schip een uur op zee en nam toen met een donderend kanonsalvo afscheid van het enthousiaste publiek. Een soortgelijke plechtigheid vindt ieder jaar plaats op de Amerikaanse Onafhankelijkheidsdag. Dan wordt de imponerende driemaster, begeleid door de fonteinen van blusboten en onder het gejubel van de bevolking van Boston, met sleepboten door de haven getrokken en daarna weer teruggebracht naar de ligplaats, waar de National Park Service een museum over de geschiedenis van het schip beheert.

Museum of Science 12

O'Brien Hwy, Rte 28, tel. 1-617-723-2500, www.mos.org, za.-do. 9-17, vr. tot 21 uur, volwassenen $ 25

Vanaf de Freedom Trail goed bereikbaar is het **Museum of Science,** waar je, zonder je te vervelen, dagen kunt doorbrengen. Bijna zeshonderd interactieve experimenten en presentaties rond het het thema natuurwetenschappen maken het museum tot een waar genoegen. Bezoekers kunnen zich op de productieafdeling verwonderen over ouderwetse technische snufjes en de nieuwste ontwikkelingen, het skelet van een dinosaurus bestuderen en een reis maken door het menselijk lichaam.

Aan de Waterfront

Kaart: blz. 100

Op een steenworp afstand van de Freedom Trail ligt het **Waterfront**, dat zich uitstrekt langs de Inner Harbor. Tegenwoordig bestaat het uit kades die allemaal uit de 19e eeuw stammen en later zijn aangepast aan modernere eisen. Blauwe borden markeren de **Harbor Walk** (www.www.bostonharbornow.org/), die na zijn voltooiing over een afstand van circa 76 km van East Boston in het noorden naar Quincy in het zuiden zal voeren en de bezoekers gelegenheid biedt om op rustige voetpaden langs het Waterfront te kuieren.

Harbor Walk

New England Aquarium 13

Central Wharf, tel. 1-617-973-5200, www.neaq.org, in de zomer zo.-do. 9-18, vr.-za. 9-19 uur, 's winters korter, volwassenen $ 27, kinderen 3-11 jaar $ 18,95; IMAX-Theatre dag. 9.30-22.30 uur, volwassenen $ 9,95, kinderen 3-11 jaar $ 7,95

Op de wandelroute aan het water concurreren in het **New England Aquarium** meer dan 20.000 levende wezens uit alle wereldzeeën met de historische bezienswaardigheden. Er zijn hier onder andere papegaaiduikers, pinguïns, haaien, schildpadden en murenen te zien. Het middelpunt vormt een enorm, cilindervormig aquarium met meer dan 700.000 liter zout water plus koraalriffen en exotische bewoners. Rond het vier verdiepingen hoge aquarium is een platform voor bezoekers gebouwd. Het hoofdgebouw is verbonden met een paviljoen waar dolfijnen, zeeleeuwen en zeehonden kunstjes vertonen. In het ernaast gelegen IMAX-Theatre worden natuurdocumentaires getoond.

Boston Tea Party Ship & Museum 14

306 Congress St., tel. 1-617-338-1773, www. bostonteapartyship.com, rondleidingen van een half uur dag. 10-17 uur, volwassenen $ 28, kinderen $ 16

Ten zuiden van de Rowes Wharf overspannen verscheidene bruggen het Fort Point Channel, een zijarm van de Boston Inner Harbor. Bij de Congress Street Bridge ligt het drijvende **Boston Tea Party Ship & Museum**, bestaande uit de twee gereconstrueerde schepen de *Eleanor* en de *Beaver*, die een grote rol speelden de in Amerikaanse geschiedenis. Nu horen ze tot de belangrijkste attracties van de stad. De bezienswaardigheid dankt haar populariteit onder andere aan de gekostumeerde acteurs. Op de avond van 16 december 1773 bestormde na een bijeenkomst van burgers in het Old South Meeting House (zie blz. 102) een groep als Mohawkindianen verklede mannen Griffin's Wharf, waar drie Amerikaanse schepen afgemeerd lagen, die waren volgeladen met thee van de Engelse East India Company. Om hun onvrede te uiten over de Britse theebelasting klommen de mannen in een razendsnelle actie aan boord van de schepen, hakten met bijlen 342 theekisten open en gooiden ze in de haven. De Britse regering beantwoordde deze provocatie met sluiting van de haven en beperking van de vrijheden. Dit leidde vervolgens weer tot sancties van de Amerikaanse koloniën. Het conflict vormde de aanleiding tot het uitbreken van de Amerikaanse Vrijheidsoorlog in april 1775.

Institute of Contemporary Art 15

100 Northern Ave., tel. 1-617-478-3100, www. icaboston.org, di., wo. en za., zo. 10-17, do., vr. 10-21 uur, volwassenen $ 15, do. 17-21 uur en kinderen tot 17 jaar gratis, elke 1e vr. van de maand 17-22 uur gratis

In het grotendeels uit glas bestaande **Institute of Contemporary Art** kunt u werken van nationale en internationale moderne kunstenaars bewonderen. In het Water Café genieten de gasten van eetbare kunstwerkjes.

Bostons Klein-Engeland 16 - 20

zie blz. 106

Back Bay en omgeving

Kaart: blz. 100

Beacon 21 en Newbury Street 22

Ten westen van de Boston Common (zie blz. 98) loopt de verkeersrijke **Beacon Street**. Voor de meeste wat oudere televisiekijkers in de VS is dit een beroemde straat. In de Bull & Finch Pub, waar tapbier wordt geserveerd in de ambiance van een typisch Engelse pub, zijn namelijk de buitenopnamen van de uit de jaren 80 stammende tv-serie *Cheers* gemaakt. Ten zuiden van Beacon Street begint de **Newbury Street,** Bostons bekendste en duurste winkelstraat met exclusieve boetieks, antiekwinkels, zonnestudio's en galeries. In deze straat gelden twee wetmatigheden: hoe verder u naar het westen loopt in de richting van Massachusetts Avenue, des te alternatiever worden de winkels, en hoe dichter u in de buurt komt van het Ritz-Carlton Hotel in Arlington Street, des te prijziger en exclusiever de koopwaar wordt.

Copley Square 23

Het centrum van het stadsdeel Back Bay is **Copley Square**, waar het goed shoppen is sinds het plein in de jaren 80 opnieuw werd ingericht en uitgebreid met een fantastisch winkelcentrum. Sinds het begin van de jaren 70 verheft zich aan de rand van Copley Square de 62 verdiepingen tellende **John Hancock Tower**, met 241 m het hoogste gebouw in New England. De glazen buitenmuren en de zich daarin spiegelende naburige gebouwen doen de wolkenkrabber, die werd ontworpen

Actief

TE VOET DOOR BOSTONS KLEIN-ENGELAND

Informatie

Begin: Massachusetts State House
Lengte: circa 1,5 mijl (2,4 km)
Duur: 2-3 uur
Kaart: zie blz. 100

Roze en witte vlijtige liesjes verschuilen zich in kleine voortuintjes achter smeedijzeren hekken en baksteenbruine muren. Geraniums kleuren de vensterbanken groen en rood. Bronzen deurbeslag glimt. De woonwijk **Beacon Hill**, met zijn voorname bakstenen gebouwen en smalle straatjes, is een romantisch, idyllisch plekje en in feite een kleine stad binnen de grote stad, die soms Engelser aandoet dan Engeland zelf.

Wanneer u de inwoners hele roedels rashonden ziet uitlaten en in de garages de verchroomde grilles van chique Europese auto's u tegemoet glimmen, weet u zich in een oase van de goed gesitueerde, misschien wat snobistische gemeenschap van Boston. Deze woonwijk ontstond tussen 1800-1850. De baksteenfabrieken van Massachusetts moeten decennialang lucratieve opdrachten hebben gekregen uit dit stadsdeel. Niet alleen de rijtjeshuizen zijn traditioneel van roodbruin baksteen gemaakt, maar ook de straten en tuinmuurtjes.

U kunt een wandeling het best beginnen bij het **State House** (zie blz. 99), dat u aan zijn vergulde koepel kunt herkennen. Ten noorden daarvan strekt zich Bostons schilderachtige Klein-Engeland uit tot Cambridge Street, waar het **Otis House Museum** 16 uit 1796 met zijn roodbruine bakstenen gevel de aandacht op zich vestigt. Eigenaar Harrison Gray Otis, congresafgevaardigde en burgemeester van Boston verdiende zijn vermogen met grondspeculatie. Dat hij er een exuberante levensstijl op nahield, is nog altijd te zien aan de dure tapijten, de schilderijen in zware lijsten en de antieke meubels in het huis (141 Cambridge St., tel. 1-617-994-5920, wo.-zo. 11-17 uur, rondleidingen van een half en een heel uur, volwassenen $ 10).
De noordelijke rand van Beacon Hill was als voormalige woonwijk van slaven en bedienden lange tijd een onopvallende wijk. Pas na de komst van de Black Heritage Trail in de jaren 70 maakte de wijk een toeristische opleving door. Aan het begin van de 19e eeuw woonde hier een grote zwarte gemeenschap, waarvan de geschiedenis centraal staat in de route. U vindt ook informatie over de zwarte gemeenschap in het **Museum of Afro-American History** 17 . Het middelpunt van dit museum wordt gevormd door het **African Meeting House**, het oudste Afro-Amerikaanse godshuis in de VS, dat tegenwoordig als expositieruimte fungeert. De exposities zijn voornamelijk gewijd aan de antislavernijbeweging, waarin Boston tot het eind van de Burgeroorlog in 1865 een centrale rol speelde. Destijds woonde in de stad, waar al in 1783 de slavernij was afgeschaft, de grootse vrije Afro-Amerikaanse gemeenschap van de VS. De Abiel Smith School, waar sinds 1835 zwarte kinderen onderwijs kregen, maakt ook deel uit van het museum (46 Joy St., tel. 1-617-725-0022, www.afroammuseum.org, ma.-za. 10-16 uur, volwassenen $ 5).
Veel toeristen en amateurfotografen nemen graag een kijkje in de **Mount Vernon Street**, waar klimop tegen de muren van de huizen omhoog groeit en het licht in de gaslantaarns ook overdag flikkert. De schrijver Henry James (1843-1916) noemde hem 'de enige respectabele straat in Amerika'. Net als elders in Beacon Hill staan hier overwegend particuliere woonhuizen, die alleen van buiten kunnen worden bekeken. Een uitzondering vormt het **Nichols House Museum** 18 , dat laat zien hoe de gegoede inwoners van dit stadsdeel aan het eind van de 19e en het begin van de 20e eeuw leefden (55 Mt. Vernon St., tel. 1-617-227-6993, www.nicholshousemuseum.org, apr.-okt. di.-za., nov.-mrt. do.-za. 11-16 uur, volwassenen $ 10, kinderen tot 12 jaar gratis).
De huizenprijzen aan **Louisburg Square** 19 zijn zelfs voor de leden van Bostons high society te hoog. Dat is opmerkelijk, omdat deze buurt vroeger een weinig uitnodigende, sjofele rosse buurt was. Dat veranderde toen de sociale ladder bestijgende Bostonians de tijdloze charme van het plein ontdekten en het omtoverden tot een romantische wereld in victoriaanse stijl. Van 1885 tot 1888 woonde de bekende kinderboekenschrijfster Louisa May Alcott (1832-1888) in het huis op nr. 10. Al jaren bezit voormalig minister van Buitenlandse Zaken John Kerry een van de mooiste huizen aan het plein. Deze chique wijk contrasteert met het romantische **Acorn Street** 20 met zijn plaveisel van ronde kiezelstenen zo groot als kokosnoten, waar geen enkele automobilist zich op waagt. Vroeger was het een smalle straat in een wijkje van kunstenaars en handelaars, nu is de Acorn Street de meest gefotografeerde straat van Boston.
Een goede straat om te flaneren is de fraaie **Chestnut Street**, waarin de zogenaamde **Swan Houses** (nr. 13, 15 en 17) opvallen, die Hepzibah Swan als huwelijksgeschenk voor haar drie dochters liet bouwen naar ontwerpen van de architect Charles Bulfinch.
Aan **Charles Street**, die Beacon Hill in het westen begrenst, staan kunstgaleries, restaurants, bloemen- en antiekwinkels. Daarmee vindt u in deze wijk de winkels die u in de rest van Beacon Hill niet vindt. Wie behoefte heeft om even te gaan zitten en de inwendige mens te versterken, kan terecht in de delicatessenwinkel **Panificio** 10 (144 Charles St, zie blz. 113), waar u van een ontbijt of een eenvoudige maaltijd kunt genieten.

door toparchitect I.M. Pei, iets minder hoog lijken. Dat is met name het geval op wolkeloze dagen, wanneer het gebouw door de blauwe lucht doorzichtig oogt. De **Trinity Church** is het mooiste gebouw dat in de buitenmuren van de Hancock Tower weerspiegelt. Architect Henry Hobson Richardson gaf deze fraaie kerk in 1877 een neoromaans uiterlijk, dat contrasteert met het moderne gebouw dat ernaast is opgetrokken. Opvallend is de betrekkelijk lage toren van de kerk. Omdat het hele gebied van Back Bay vroeger een moerassig stuk grond was, dat pas na ophoging als bouwgebied kon worden gebruikt, mocht de toren om technische redenen niet te hoog uitvallen.

Boston Public Library 24

700 Boylston St., Copley Sq., tel. 1-617-536-5400, www.bpl.org, ma.-do. 9-21, vr., za. 9-17, zo. 13-17 uur, Gratis rondleidingen over het thema architectuur ma. 14.30, di. en do. 18, wo., vr., za. 11, zo. 14 uur

Aan de westzijde van Copley Square voegt de in 1848 geopende **Boston Public Library** met zijn gevel in neorenaissancestijl een derde bouwstijl toe aan het totaalbeeld van het plein. Dit was de eerste openbare bibliotheek van de Verenigde Staten die boeken uitleende. Tot de collectie behoort de omvangrijkste verzameling tegen de slavernij gerichte publicaties.

Enkele van de bekendste schilders uit die tijd, onder wie de uit Lyon afkomstige Puvis de Chavannes (1824-1898), Edwin Abbey (1852-1911) uit Philadelphia en de Amerikaans-Italiaanse portretschilder John Singer Sargent (1856-1925), luisterden het gebouw op met muurschilderingen.

Het is ook interessant om even een kijkje te nemen in de Bates Hall, een 66 m lange en 15 m hoge leeszaal, die is uitgerust met een gewelfd plafond. Pauzeren en iets nuttigen kunt u in het elegante restaurant Courtyard of in het Map Room Café.

Copley Place 25

100 Huntington Ave., www.simon.com/mall/copley-place, mall ma.-za. 10-21, zo. 11-18 uur

Op een regenachtige dag is **Copley Place** een ideale plaats om met droge voeten een paar uur wat stadslucht op te snuiven en misschien enkele inkopen te doen – als uw portemonnee dat tenminste toelaat, want Copley Place is uiterst luxueus en de prijzen dienovereenkomstig. Het interieur is echter zeer fraai, met zaken van gerenommeerde namen als Tiffany & en Co., Armani, Gucci, Louis Vuitton, Hugo Boss en Christian Dior. Wie veeleisend is, kan een kamer boeken in het Westin Hotel of in Boston Marriott Copley Place en genieten van de geboden luxe in het winkelcentrum.

Aan Huntington Avenue

Prudential Center 26

800 Boylston St., www.prudentialcenter.com > Shop by Category > Entertain, in de zomer 10-22, 's winters tot 20 uur, volwassenen $ 19, kinderen tot 12 jaar $ 13

Deze kantoor- en winkelreus uit de jaren 60 was lange tijd een doorn in het oog van de bevolking van Boston, maar hij werd in 1993 verbouwd en is er daardoor op vooruitgegaan. Wat in ieder geval rond kerst aan de populariteit bijdraagt, is het feit dat hier dan de grootste kerstboom van de stad staat. Deze boom krijgt het **Prudential Center** van oudsher ieder jaar cadeau van de Canadese Atlantische provincie Nova Scotia. Fraai opgetuigd en verlicht wordt hij opgesteld op het plein aan Huntington Avenue. Het complex vormt een kleine stad op zich met hotels, warenhuizen en meer dan honderd winkels en boetieks. De toren bezit zeven restaurants en een *food court* voor de verzorging van de inwendige mens. Het **Skywalk Observatory** op de 50e verdieping biedt bezoekers een panoramisch uitzicht over de stad en bij helder weer tot 120 km over de omgeving.

Christian Science Church 27

'Gebed in steen' noemde de grondlegster van de Christian Sciencekerk, Mary Baker Eddy (1821-1910), de in 1884 gebouwde **Christian Science Church**, toentertijd nog een bescheiden godshuis. Een verbouwing en uitbreiding resulteerde in 1906 in een kolossale basiliek met een bijna 70 m hoge koepel in

Ontspannen kunstpauze in het lichte café van het Museum of Fine Arts

neorenaissancistische stijl. Ondanks de omliggende tuinen met zorgvuldig ondersteunde bomen, bloemenborders, fonteinen en een ruim 200 m lange en 30 m brede *reflecting pool,* maakt het bombastische complex een opmerkelijk sobere en statische indruk. Mary Baker Eddy, die als kind al een zwakke gezondheid had, hield haar geloofsgemeenschap in 1879 ten doop en richtte later diverse dagbladen op, waaronder de succesvolle *Christian Science Monitor*, die nog steeds wordt gepubliceerd (www.christianscience.com).

Museum of Fine Arts 28

465 Huntington Ave., tel. 1-617-267-9300, www.mfa.org, ma., di., za. en zo. 10-16.45, wo.-vr. 10-22 uur, volwassenen $ 25, kinderen gratis

Jaarlijks brengen meer dan een miljoen mensen een bezoekje aan het 'vlaggenschip' van de musea in Boston, het **Museum of Fine Arts**, dat alleen al indruk maakt door zijn grote omvang. Het behoort tot de meest vooraanstaande kunstmusea ter wereld, met een permanente tentoonstelling die sculpturen, schilderijen, reproducties, tekeningen, foto's en textiel omvat. Bovendien omspant de collectie een periode van de oudheid tot heden en strekken de geografische zwaartepunten zich uit van Amerika tot Europa en Azië. Naast afdelingen over de islamitische wereld en het Verre Oosten verdient vooral ook de verzameling kunstwerken uit de klassieke oudheid de aandacht. In het Bravo Restaurant en in Garden Cafeteria kunt u bijkomen van alle indrukken.

Isabella Stewart Gardner Museum 29

25, Evans Way, tel. 1-617-566-1401, www.gardnermuseum.org, wo.-ma. 11-17, do. tot 21 uur, volwassenen $ 15, kinderen tot 18 jaar gratis

Van een heel andere orde dan het Museum of Fine Arts is het **Isabella Stewart Gardner Museum**. Dit gebouw, geïnspireerd op een Venetiaans palazzo met galerijen rondom een binnenplaats, imponeert niet met zijn zuivere dimensies, maar met zijn gemoedelijke, stoffige, ietwat geheimzinnige ambiance, die het woonhuis van de in 1924 overleden kunstbewonderaarster naar wie het is genoemd ook nu nog uitstraalt. Schilderijen, sculpturen en gebruiksvoorwerpen zijn op een ietwat onorthodoxe wijze tentoongesteld. In de nacht van 18 maart 1990 drongen dieven vermomd als politieagenten het museum binnen en ontvreemdden dertien waardevolle schilderijen, waaronder drie van Rembrandt en vijf van Degas. Ondanks een beloning van $ 5 miljoen zijn ze tot op heden niet teruggevonden.

Cambridge ▶1, N 2

Cambridge ligt op de linkeroever van de Charles River. Net als de Rive Gauche in Parijs geniet ook Bostons Left Bank de reputatie van een bedrijvige studentenwijk waar een tamelijk alternatieve cultuur heerst.

Harvard University

Midden in het levendige centrum van Cambridge strekt zich de campus van de wereldberoemde **Harvard University** uit, een van de oudste en gerenommeerdste universiteiten van de VS. Op het parkachtige terrein staan vierhonderd gebouwen. Hun gedeeltelijk met klimop begroeide façades maken duidelijk waarom Harvard tot de zogenaamde Ivy League ('klimopdivisie') behoort, zoals de 'club' van de oude Oost-Amerikaanse topuniversiteiten ook wel wordt genoemd. Het oudste gebouw op Harvard Yard is **Massachusetts Hall** uit 1720. Tegenwoordig wordt dit gebruikt door het bestuur en nieuwe studenten.

Widener Library

1350 Massachusetts Ave., tel. 1-617-495-1573, www.harvard.edu, gratis rondleidingen van een uur vanaf het Smith Campus Center, ma.-vr. 10-16 uur

In de **Widener Library**, een van de grootste universiteitsbibliotheken van de wereld, zijn meer dan 7,5 miljoen boeken ondergebracht. De buitentrap van het gebouw is een populaire 'logeplaats', die uitzicht biedt op de bedrijvigheid op de campus.

Musea

Het zwaartepunt van de antropologische collecties van het **Peabody Museum of Archaeology and Ethnology** wordt gevormd door Noord- en Midden-Amerika (11 Divinity Ave., tel. 1-617-496-1027, www.peabody.harvard.edu, dag. 9-17 uur, $ 12). Het toegangskaartje is ook geldig voor het **Harvard Museum of Natural History** (26 Oxford St., tel. 1-617-495-3045, www.hmnh.harvard.edu, dag. 9-17 uur).

Longfellow House

105 Brattle St., tel. 1-617-876-4491, www.nps.gov/long, gratis rondleidingen dag. 10-16 uur

Voor literatuurliefhebbers is de voormalige woning van de dichter Henry W. Longfellow een must. Het complex in de directe nabijheid van de Harvarduniversiteit was van 1775-1776 de centrale commandopost van generaal George Washington tijdens de belegering van Boston.

Massachusetts Institute of Technology

77 Massachusetts Ave., tel. 1-617-253-4795, www.web.mit.edu > About > Visiting, ma.-vr. 11-15 uur

Harvard moet zijn faam delen met het in 1861 opgerichte **Massachusetts Institute of Technology (MIT)**, de wereldberoemde prestigieuze opleiding waar de nadruk ligt op onderzoek en kennis op het gebied van high

Een beroemde Bostonian: John F. Kennedy

De metrohalte heet Coolidge Corner en ligt in de gegoede voorstad Brookline. Vanhier kunt u de vier straten verderop gelegen Beale Street te voet bereiken. Het twee verdiepingen tellende bescheiden houten huis op nummer 83 van deze straat trekt bezoekers uit de hele wereld, omdat hier op 29 mei 1917 de latere Amerikaanse president John F. Kennedy ter wereld kwam.

Zijn ouders hadden het huis drie jaar eerder voor $ 14.000 gekocht. Nadat het in 1921 door een particulier was overgenomen, kocht de familie Kennedy het in 1966 terug om er een gedenkplaats voor de in 1963 vermoorde president in te richten. Rose, de moeder van JFK, stortte zich helemaal op dit project, ook omdat er nog veel oorspronkelijke meubels en voorwerpen in haar bezit waren. U ziet er onder meer de piano die Rose en haar man Joseph als huwelijksgeschenk hadden gekregen, een doopjurk die door alle kleine Kennedy's was gedragen en een houten bak met systeemkaarten waarop de lengte en alle ziektes van de kinderen precies werden bijgehouden. Natuurlijk ontbreken in deze schrijn ook de favoriete kinderboeken en de lievelingsteddybeer van JFK niet (John F. Kennedy National Historic Site, 83 Beale St., Brookline, tel. 1-617-566-7937, www.nps.gov/jofi, mei-okt. wo.-zo 9.30-17, rondleidingen elk halfuur (check de website), bezichtiging zonder gids mogelijk).

John bracht de eerste jaren van zijn leven door in zijn geboortehuis en een tweede woning in Brookline, voordat de familie in 1926 naar New York City verhuisde. Tien jaar later keerde hij terug naar zijn geboortestad om tot 1940 aan de Harvard University politieke wetenschappen te studeren. Al één maand na de afronding van zijn studie publiceerde hij zijn scriptie over de politiek van Groot-Brittannië, getiteld *Why England slept* ('Waarom Engeland sliep') en verkocht van dit boek 40.000 exemplaren. Na een militaire loopbaan in het gebied van de zuidelijke Grote Oceaan en zijn eerste schreden in de politiek was JFK van 1953 tot 1960 in Boston senator, waarna hij op 8 november 1960 werd gekozen tot president van de VS. Op 22 november 1963 werd hij zittend in een open wagen tijdens een rit door Dallas (Texas) het slachtoffer van een moordaanslag. Tot op heden doen er complottheorieën de ronde over deze aanslag, die in de hele wereld voor grote beroering heeft gezorgd.

Naast het geboortehuis herinnert in Boston ook de John Fitzgerald Kennedy Library aan de 35e president van de VS. De internationaal bekende toparchitect I.M. Pei ontwierp het complex, dat u betreedt via een glazen entreehal. Tussen de uitgebreide documentatie staat ook een groot aantal herinneringen aan de tot op heden jongste president van Amerika uitgestald. Om bezoekers meer achtergrondinformatie te geven over de oud-president, voor wie nog altijd veel belangstelling bestaat, laat de bibliotheek een film van een halfuur zien, die veel officiële gelegenheden en gebeurtenissen uit de ambtsperiode van J.F. Kennedy in herinnering roept (Columbia Point, tel. 1-617-514-1600, www.jfklibrary.org, dag. 9-17 uur, volwassenen $ 14, kinderen $ 10).

Boston Citypass

De pas kost $ 56, kinderen 3-11 $ 44 en verleent toegang tot vier grote bezienswaardigheden, waarvoor u normaal het dubbele moet betalen. Hij is onder meer verkrijgbaar in het New England Aquarium, het Museum of Science en het Museum of Fine Arts (online te koop via www.citypass.com/boston).

tech, voor zowel civiele als militaire toepassingen. In 2005 kwamen de beide elite-instituten in het nieuws toen het een internationaal onderzoeksconsortium onder hun bevoegdheid lukte om het chimpanseegenoom te ontcijferen. De 10.000 studenten, de meerderheid vrouwen, kunnen zich ook inschrijven voor vakgebieden als architectuur, sociale wetenschappen en geneeskunde.

Informatie

Greater Boston Convention & Visitors Bureau: 2 Copley Pl., Suite 105, Boston, MA 02116-6502, tel. 1-617-536-4100, www.bostonusa.com. Een filiaal vindt u bij de Boston Common, 139 Tremont St.

Accommodatie

Volgens de wet zijn er in Boston alleen nog rookvrije hotels. In Downtown zijn de overnachtingsadressen vrij duur – er is bijna geen kamer onder de $ 100 te vinden. Voordelige motels vindt u bij de afritten van de I-95.

Victoriaans – **Newbury Guest House** 1: 261 Newbury St., tel. 1-617-670-6000, www.newburyguesthouse.com. Van binnen een moderne B&B in victoriaanse stijl uit 1882. Vanaf $ 250.

Gunstig gelegen – **Charlesmark Hotel** 2: 655 Boylston St., tel. 1-617-247-1212, www.charlesmarkhotel.com. Een van de weinige stadshotels waarvan de prijs-kwaliteitverhouding klopt. Eenvoudig comfort, maar een aangename plek om te verblijven. 2 pk circa $ 220.

Betaalbaar – **Holiday Inn Express Boston Garden** 3: 280 Friend St., tel. 1-617-720-5544, www.hiexpress.com. Dit bij het North Station gelegen ketenhotel biedt comfortabele kamers, een fitnessstudio en een business-center met wifi. 2 pk circa $ 200.

Bij de Public Garden – **Boston Park Plaza** 4: 50 Park Plaza, tel. 1-617-426-2000, www.bostonparkplaza.com. Sommige kamers zijn nogal klein en aan een renovatie toe. Tegen vergoeding wifi en betaald parkeren. 2 pk circa $ 160.

Redelijk – **The Copley House** 5: 239 West Newton St., tel. 1-617-236-8300, www.copleyhouse.com. De ligging bij het centrum en de voor Boston redelijke prijs 'betaal' je met een mindere kwaliteit. De voordeligste, maar soms luidruchtige kamers worden aangeboden met een gedeelde badkamer. 2 pk vanaf circa $ 150.

Voor prijsbewuste reizigers – **Constitution Inn** 6: 150 Third Ave., Charlestown, tel. 1-617-241-84 00, www.constitutioninn.org. Modern hotel. Kamers met airconditioning, zwembad en fitnesscenter. Vanaf circa $ 210.

Traditioneel en voordelig – **Buckminster Hotel** 7: 645 Beacon St., tel. 1-617-236-7050, www.bostonhotelbuckminster.com. Hotel met 67 kamers, waaronder 49 suites met een ietwat gedateerde inrichting. Gelegen in de buurt van de metro. Vanaf $ 160.

Betaalbaar – **Beacon Inn 1087** 8: 1087 Beacon St., tel. 1-617-566-0088, www.beaconinn.com. 5 km van de City verwijderd in Brookline. B&B met gratis wifi in elke kamer. 2 pk vanaf $ 140.

Kostenbewust – **40Berkeley** 9: 40 Berkeley St., tel. 1-617-375-2524, www.40berkeley.com. Onderkomen voor budgetgasten, die behalve een bed en een douche niet veel nodig hebben. 2 pk vanaf $ 130.

Voor backpackers – **HI-Boston Hostel** 10: 19 Stuart St., tel. 1-617-536-9455, www.bostonhostel.org. Modern, milieuvriendelijk hostel in de binnenstad met een tv-kamer en een keuken. Bed op slaapzaal vanaf $ 50, 2 pk vanaf $ 170.

Eten en drinken

Populair zijn de diverse delicatessenkramen op **Quincy Market** 7 met zeevruchten en andere seafoodspecialiteiten. Neem plaats op de eerste verdieping of in de openlucht.

Voor wie veel trek heeft – **Durgin Park 1 :** 340 Faneuil Hall Marketplace, tel. 1-617-227-20 38, www.durgin-park.com, dag. 11.30-21 uur. Hier vindt u seafoodgerechten, maar ook heerlijke desserts als *Indian Pudding* van melasse en maïsmeel met een kroon van vanille-ijs. $ 15-100.
Veel geprezen – **Marliave 2 :** 10 Bosworth St., tel. 1-617-422-0004, www.marliave.com, dag. 11-1 uur. Traditioneel toprestaurant met bar en eetzaal, waar vooral oester- en mosselliefhebbers aan hun trekken komen. Hoofdgerecht circa $ 20-30.
Groeten uit Frankrijk – **Beacon Hill Bistro 3 :** 25 Charles St., tel. 1-617-723-7575, www.beaconhillhotel.com, dag. ontbijt, lunch, diner, zo. brunch. Restaurant in het Beacon Hill Hotel. De menukaart voor het avondeten heeft een Frans karakter. Vanaf $ 30.
Italiaan met grote porties – **La Famiglia Giorgio's 4 :** 112 Salem St., tel. 1-617-367-6711, www.lafamigliagiorgio.com, zo.-do. 11-21, vr.-za. 11-22 uur. Klein restaurant met authentieke Italiaanse gerechten als kip met parmezaanse kaas en een grote keus aan pastagerechten. $ 15-30.
Kleine en grote trek – **Market Boston 6 :** 21 Broad St., tel. 1-617-263-0037, www.mktboston.com, ma.-vr. 15- 2, za. 17-2 uur. Trendy bar met vr. en za. dj-muziek. Gerechten als sirloinsteak en gegrild lamsvlees. Vanaf $ 20.
Perzisch genieten – **Lala Rokh 7 :** 97 Mt. Vernon St., tel. 1-617-720-5511, www.lalarokh.com, lunch ma.-vr. 12-15, diner dag. 17.30-22 uur. Iraanse specialiteiten als *chelo kabob*, een eenvoudig, zeer smakelijk gerecht van gemarineerd rundvlees en basmatirijst. Hoofdgerecht vanaf $ 18.
Smakelijk – **Sonsie 8 :** 327 Newbury St., tel. 1-617-351-2500, www.sonsieboston.com, dag. vanaf 11.30 uur. Vlees- en visgerechten, lamskoteletten met watermeloen, pepersteaks, pasta en pizza. vanaf circa $ 15.
Goede prijs-kwaliteit – **Deli One 9 :** 85 Arch St., tel. 1-617-292-7825, ma.-vr. 5.30-15, za. 6-11 uur. Overvloedig ontbijt en voor de lunch heerlijke sandwiches, Griekse schotels, pastagerechten en heerlijke salade. Gemiddeld onder de $ 8.
Delicatessen – **Panificio 10 :** 144 Charles St., tel. 1-617-227-4340, www.panificioboston.com, ma.-vr. 8-22, za., zo. 9-22 uur.

Winkelen

Boston leent zich uitstekend voor een heerlijk shoppingavontuur: voor mode met een prijs tot $ 175 betalen klanten in deze staat geen btw.
Winkelcentra – **Copley Place 1 :** 100 Huntington Ave., www.simon.com/mall/copleyplace, ma.-za. 10-20, zo. 12-18 uur. Boetieks onder één dak, chique merken als Gucci, Tiffany en het luxueuze warenhuis Neiman Marcus. **Prudential Center 2 :** 800 Boylston St., tel. 1-617-236-3100, www.prudentialcenter.com, ma.- za. 10-21, zo. 11-18 uur. Tientallen Shops met alles wat een mens nodig heeft.
Shoppen in het museum – **Isabella Steward Gardner Museum 29 :** zie blz. 110. In de winkel van het museum worden naast relevante literatuur, fotoboeken en leuke souvenirs ook decoratieve afdrukken en handgemaakte sieraden verkocht.

Tip

UNION OYSTER HOUSE

Het **Union Oyster House 5** in Boston uit 1826 geldt als het oudste restaurant van heel Amerika. Het gastenboek staat vol met namen van prominenten, van Sir Laurence Olivier via president Kennedy tot Luciano Pavarotti. Het voorgerecht (voor twee personen) Hot Oyster House Sampler met gegrilde oesters, mosselen en garnalen voor $ 30 smaakt naar meer, zoals de versgevangen sint-jakobsschelpen voor $ 25 (41 Union St., tel. 1-617-227-2750, www.unionoysterhouse.com, dag. vanaf 11 uur, zo. brunch tot 15 uur).

De training voor de Boston Marathon kan niet vroeg genoeg beginnen

Uitgaan

Legendarische tv-bar – **Bull and Finch Pub/ Cheers** 1 **:** 84 Beacon St., tel. 1-617-227-9605, www.cheersboston.com, dag. vanaf 11 uur. Deze veel bezochte bar vormde het decor van de aanvankelijk ook daar opgenomen tv-serie *Cheers*.

Cool ontmoetingspunt – **Legal Harborside** 2 **:** 270 Northern Ave., tel. 1-617-477-2900, www.legalseafoods.com. Rooftop bar met prachtig uitzicht op de haven.

Populaire discotheek – **Royale** 3 **:** 279 Tremont St., tel. 1-617-338-7699, www.royaleboston.com, do.-za. vanaf 22 uur. Discotheek met een elegant interieur.

Hippe scene – **Eastern Standard Kitchen & Drinks** 4 **:** 528 Commonwealth Ave., tel. 1-617-532-9100, easternstandardboston.com, dag. 7-2 uur. Bier, wijn, cocktails.

Jazz voor kenners – **Wally's Café** 5 **:** 427 Massachusetts Ave., tel. 1-617-424-1408, www.wallyscafe.com, ma.-zo. dag. 14-2 uur. Gerenommeerd jazzcafé uit 1947.

De beste klassieke muziek – **Boston Symphony Orchestra** 6 **:** 301 Massachusetts Ave., tel. 1-888-266-1200, www.bso.org, kaartenvoorverkoop ma.-vr. 10-18, za. 12-18 uur. Wereldberoemd orkest, waarvan het speelseizoen jaarlijks van september tot mei duurt.

Concerten in de openlucht – **Hatch Shell** 7 **:** Esplanade aan de Charles River, tel. 1-617-626-1250. Podium met veel gratis zomerconcerten, filmvoorstellingen en dansavonden.

Voor operaliefhebbers – **Boston Lyric Opera** 8 **:** 265 Tremont St., tel. 1-866-348-9738, www.blo.org. Opvoeringen in het Shubert Theatre, seizoen okt.-mei.

Theater – Boston kent een rijke theaterscene met talrijke schouwburgen, waar toneelstukken, musicals en Broadwaystukken te zien zijn: **Colonial Theatre** 9 **,** 106 Boylston St., tel. 1-617-426-9366; **Opera House** 10 **,** 539 Washington St., tel. 1-617-259-3400; **Shubert Theatre** 11 **,** 265 Tremont St., tel. 1-866-348-9738; **Wang Theatre** 12 **,** 270 Tremont St., tel. 1-617-482-9393, **Wilbur Theatre** 13 **,** 246 Tremont St., tel. 1-617-248-9700; **Huntington Theatre** 14 **,** 264 Huntington Ave., tel. 1-617-266-7900; en het **Loeb Drama Center** 15 **,**

in Cambridge (64 Brattle St., Cambridge, tel. 1-617-547-8300).

Actief

Griezeltochten – **Historic Tours of America/Ghosts & Gravestones 1:** tel. 1-866-754-9136, www.ghostsandgravestones.com. Twee uur durende 'Frightseeing'-tochten in het donker over Bostonse begraafplaatsen en langs andere griezelige plaatsen in de stad. Reserveren is vereist.

Walvisspotten – **Boston Whale Watch 2:** 1 Long Wharf, tel. 1-617-227-4321, www.bostonharborcruises.com. Walvistochten vanuit Boston. Meerdere uren met succesgarantie.

Evenementen

Boston Marathon: in april vindt de Boston Marathon plaats, het bekendste internationale sportevenement van New England. Het 42.195 km lange traject trekt meer dan twintigduizend lopers.

St. Patrick's Day Celebrations: mrt. Traditioneel Iers feest, waarbij half Bosten in het groen gekleed gaat. Naast een parade zijn er concerten. Restaurants bieden tijdens het feest speciale menu's aan.

Onafhankelijkheidsdag: 4 juli wordt in Boston samen gevierd met het **Harborfest** (www.bostonharborfest.com) dat op 28 juni begint en een week lang duurt. Concerten, havenrondvaarten, culinair chowderfeest en een groot vuurwerk.

Boston Landmarks Orchestra: tel. 1-617-987-2000, www.landmarksorchestra.org. Het orkest geeft de hele zomer in de openlucht gratis klassieke concerten in de Hatch Shell aan de Charles River.

Vervoer

Vliegtuig: Logan International Airport ligt 5 km ten oosten van Downtown aan de andere kant van de Boston Inner Harbor (www.massport.com/logan-airport). Het is de belangrijkste luchthaven in New England en er gaan veel internationale en binnenlandse vluchten naartoe. De snelste en goedkoopste verbinding met de stad is de Blue Line van de metro (dag. 5.30-0.30 uur). Gratis shuttlebussen rijden van de terminals naar de metro. U kunt ook de bus (tel. 1-800-235-6426) of watertaxi Harbor Express nemen (tel. 1-617-222-6999, www.mbta.com > Schedules & Maps > Boats, ma.-vr. 5.45-23.25, za., zo. 8-22.15 uur, enkele reis $ 9,25, aanlegsteiger Long Wharf). Een taxi naar naar de binnenstad kost $ 25-45.

Trein: de Amtrak-sneltrein uit respectievelijk naar NY, Philadelphia en Washington D.C. respectievelijk de trein via Cleveland naar Chicago gebruiken het South Street Station (Atlantic Ave./Summer St.) en het Back Bay Station, 145 Dartmouth St., tel. 1-800-872-7245, www.amtrak.com. De Massachusetts Bay Transportation Authority (MBTA, tel. 1-617-222-3200, www.mbta.com) biedt vanaf North Station (126 Causeway St., tel. 1-800-392-6100) regionale lijnen, zoals naar New Hampshire en Maine.

Bus: het South Street Station (zie Trein) is het centrale station voor de Greyhound-bussen, tel. 1-800-639-3317, www.greyhound.com. De bussen van de Peter-Panlijndiensten rijden vanaf Logan Airport naar verschillende regio's van New England (www.peterpanbus.com).

New Hampshire en Vermont

Tal van vereerde plaatsen uit de Amerikaanse geschiedenis liggen langs de weg naar New Hampshire, dat in de Indian summer met de White Mountains tot de aantrekkelijkste reisbestemmingen in New England behoort. 'Vlammende bossen' sieren in dit jaargetijde ook de buurstaat Vermont – voor natuurliefhebbers een waar paradijs.

Eigenlijk zou Bostons Freedom Trail aan de noordwestrand van het verstedelijkte gebied moeten worden doorgetrokken. De beide plaatsen die daar liggen, Lexington en Concord, speelden namelijk niet alleen een rol van betekenis in de Amerikaanse Vrijheidsoorlog. Ze groeiden uit tot synoniemen voor vrijheid en vaderlandsliefde, in een patriottisch georiënteerd land als de VS een zeer belangrijk predikaat. In deze twee landelijke gemeenten brak in 1775 met enkele schermutselingen de vrijheidsstrijd tegen Engeland uit. Op aandringen van de twee leiders van de Revolutie, Samuel Adams en John Hancock, die bij de Engelsen helemaal boven aan de lijst van meest gezochte personen stonden, waren de kolonisten begonnen om geheime wapendepots aan te leggen. Toen de Britten oprukten om Adams en Hancock in te rekenen, waren de twee Amerikanen inmiddels al door Paul Revere gewaarschuwd en hadden ze hun legertje vrijwilligers opgesteld.

In de White Mountains van New Hampshire draait het echter niet om historische achtergronden, maar om het natuurschoon. Het toerisme speelt hier al heel lang een rol. Het beste bewijs hiervoor is de in 1869 voltooide bouw van de eerste tandradbaan van Amerika op de weliswaar nog geen 2000 m hoge, maar wel in de permafrost liggende top van de Mount Washington – nog altijd een van de spectaculairste reisbestemmingen in New England. Net als de bergen in het noorden van New Hampshire is ook het landschap in het kleine Vermont een goed voorbeeld van onbedorven natuurschoon, waarin boerenhoeven, dorpen en kleine steden het beeld bepalen, grote steden ontbreken en rokende industriecomplexen dunner zijn gezaaid dan elders in het land. Toen de Franse ontdekkingsreiziger Samuel de Champlain in 1609 hier doorheen trok en de donkergroene bergen zag liggen, kon hij maar één naam bedenken: Les Verts Monts ('de groene bergen'), wat later is verengelst tot Vermont.

Lexington (MA) ▸ 1, N 2

Bij dit dertigduizend inwoners tellende stadje vond de eerste bloedige schermutseling van de Amerikaanse Vrijheidsoorlog plaats. De Britten en Amerikanen waren al overeengekomen om geen wapens te gebruiken, toen er plotseling een schot viel. Wie het afvuurde, is nooit opgehelderd. Er volgde een schotenwisseling die het leven kostte aan acht *minutemen* (vrijwilligers die binnen een minuut gevechtsklaar moesten zijn).

Bezienswaardigheden

Minutemanbeeld

Waar in het stadscentrum de Massachusetts Ave. en Bedford St. elkaar kruisen, werd voor de Minutemen een monument opgericht. Op een opgestapelde steenhoop staat de door de beeldhouwer Henry Kitson in brons gegoten figuur van Captain John Parker, de aanvoerder van de uit tachtig man bestaande burgerwacht, die op 19 april 1775 bij de zogenaamde Slag bij Lexington was betrokken.

Belangrijke Amerikanen: vlaggetjes sieren de graven van bekende schrijvers op de Sleepy Hollow Cemetery

Buckman en Munroe Tavern

Voorafgaand aan de schermutselingen was het burgerleger bijeengekomen in zijn hoofdkwartier **Buckman Tavern** (1 Bedford St., tel. 1-781-862-5598, www.lexingtonhistory.org, begin mrt.-eind nov. behalve Pasen en Thanksgiving dag. 9.30-16 uur, audiotours, volwassenen $ 8, kinderen $ 5). De Britse soldaten trokken zich na de eerste schotenwisseling terug in de **Munroe Tavern** en richtten daar een veldhospitaal en het tijdelijke hoofdkwartier van generaal Earl Percy in (1332 Massachusetts Ave., tel. 1-781-862-0295, www.lexingtonhistory.org, apr.-eind mei za. en zo., eind mei-okt. dag. 12-16 uur, $ 8, combikaartje $ 15).

Concord (MA) ▸ 1, N 2

Na de gebeurtenissen in Lexington marcheerden de Britse troepen in westelijke richting naar Concord, om de wapens en munitie van de kolonisten in beslag te nemen. Daarbij kwam het tot de eerste slag. Concord maakte echter niet alleen geschiedenis tijdens de Revolutie. In de 19e eeuw ontstond hier een belangrijke schrijverskolonie. Veel van deze schrijvers vonden hun laatste rustplaats op het **Sleepy Hollow Cemetery,** die daarom de bijnaam 'Author's Ridge' draagt (Rte 62 W.).

Bezienswaardigheden

Old North Bridge

Minute Man National Historical Park, 174 Liberty St., tel. 1-978-369-6993, www.nps.gov/mima, dag. 9-17 uur

Toen de *Redcoats* (Britse soldaten) over de Concord River trokken en vervolgens bij de **Old North Bridge** arriveerden, hadden zich daar inmiddels zo'n vierhonderd *Minutemen* verschanst. De idyllische rivier, die zich door een schitterend, bosrijk gebied slingert, doet niet vermoeden dat zich op deze plaats de eerste echte veldslag van de Amerikaanse Vrijheidsoorlog afspeelde. De opstandelingen kregen in het gevecht de overhand en de Britse troepen moesten zich terugtrekken naar Boston. In het **North Bridge Visitor Center** op een heuvel boven de Concord bevindt zich een interessant museum met allerlei voorwerpen uit die tijd, zoals wapens en uniformen.

Concord Museum

Lexington Rd., tel. 1-978-369-9763, www.concordmuseum.org, jan.-mrt. ma.-za. 11-16, zo. 13-16 uur, apr.-dec. ma.-za. 9-17, zo. 12-17, juni-aug. zo. 9-17 uur, volwassenen $ 10, kinderen $ 5

Tentoonstellingen over het begin van de Amerikaanse Revolutie zijn ook te zien in het **Concord Museum**. Verder vindt u er herinneringen aan Henry David Thoreau en Ralph Waldo Emerson.

The Old Manse

269 Monument St., tel. 1-978-369-3909, www.thetrustees.org > Places To Visit > List Of Reservations > Old Manse, eind mei-eind okt. di.-zo. 12-17, rest van het jaar korter, volwassenen $ 10, kinderen $ 5

Op een steenworp afstand van de Old North Bridge staat **The Old Manse**, een huis dat de grootvader van de filosoof en dichter Ralph Waldo Emerson (1803-1882) in 1770 liet bouwen. Emerson bracht er een aantal jaren van zijn jeugd door. Tussen 1842 en 1845 had het huis opnieuw een prominente bewoner in de persoon van de toen pasgetrouwde schrijver Nathaniel Hawthorne, die in deze periode een tijd lang onder de invloed van de transcendentalisten raakte.

Emerson House

28 Cambridge Turnpike, tel. 1-978-369-2236, rondleidingen half apr.-okt. do.-za. 10-16.30, zo. 13-16.30 uur

Van 1835 tot 1882 woonde Emerson in het **Emerson House**, het tweede huis in Concord dat nog precies zo is ingericht als tijdens het leven van de voormalige eigenaar.

Walden Pond

915 Walden St., tel. 1-978-369-3254, www.mass.gov/walden-pond-state-reservation.html

Tot de kring van Emerson behoorde ook de beroemde schrijver Henry David Thoreau (1817-1862), die met zijn in 1854 verschenen essaycyclus *Walden or Life in the Woods* beroemdheid verwierf. Hierin pleitte hij voor het recht en de plicht van ieder individu om beslissingen te nemen vrij van iedere conventie en alleen georiënteerd op de natuur. In de cyclus verwerkte hij ervaringen die hij in 1845 opdeed tijdens een vrijwillige ballingschap in een zelfgebouwde houten hut aan de **Walden Pond** bij Concord. Op de plaats waar hij twee jaar lang zijn 'bestaansexperiment' uitvoerde, staat nu een replica van zijn vroegere behuizing.

Orchard House

399 Lexington Rd., tel. 1-978-369-4118, www.louisamayalcott.org, apr.-eind okt. ma.-za. 10-16.30, zo. 13-16.30 uur, rest van het jaar korter, volwassenen $ 10, kinderen $ 5

De enige vrouw die tot de literaire kolonie behoorde, was Louisa May Alcott (1832-1888). In het **Orchard House** schreef ze haar roman *Little women* (Onder moeders vleugels), waarin ze een beeld schetst van het toenmalige gezinsleven in deze staat in New England.

Informatie

Concord Visitor Center: 15 Walden St., Concord, MA 01742, tel. 1-978-369-3120, www.concordchamberofcommerce.org.

Eten en drinken

Door Van Gogh geïnspireerd – **Vincenzo's Ristorante:** 1200 Main St., tel. 1-978-318-9800, www.vincenzosrestaurant.com, lunch vr., diner di.-zo. Heerlijke Italiaanse gerechten in een kleurrijke omgeving. Vanaf $ 10.

Het heerlijkste roomijs – **Bedford Farms Ice Cream:** 68 Thoreau St., www.bedfordfarmsicecream.com, in de zomer 12-21.30 uur. Eersteklas ijsspecialiteiten.

Concord (NH) ▶ 1, N 1

De hoofdstad van New Hampshire aan de Merrimack River is een gemeente met iets meer dan 42.500 inwoners en zonder enige grootsteedse allures. Alleen eens in de vier jaar ligt dat anders, als in deze staat traditiegetrouw de voorronden van de presidentsverkiezingen van start gaan, en het hele land de aandacht richt op het dwergstadje in New England.

Bezienswaardigheden

Statehouse

107 N. Main St., tel. 1-603-271-1110, www.nh.gov, ma.-vr. 8-16.30 uur

Het **Statehouse**, gebouwd in 1819, is het oudste parlementsgebouw van de VS, waarin zowel de Senaat als het Huis van Afgevaardigden nog in hun oorspronkelijke zalen vergaderen. Dit representatieve bouwwerk staat in een park vol bomen, struiken en monumenten die herinneren aan beroemde inwoners. Vanbinnen oogt het gebouw bescheidener dan andere State Capitols, met uitzondering van een mozaïek over historische gebeurtenissen in de Senat Chamber.

Museum of New Hampshire History

30 Park St., tel. 1-603-228-6688, www.nhhistory.org, di.-za. 9.30-17 uur, volwassenen $ 7, kinderen toegang gratis

Bezoekers die geïnteresseerd zijn in de geschiedenis van de staat kunnen daar veel over te weten komen in het **Museum of New Hampshire History**, van het indianenopperhoofd Passaconaway tot de astronaut Alan Shepard, die als vijfde mens op de maan liep tijdens de Apollo 14-missie in 1971.

Informatie

Chamber of Commerce: 49 South Main St., Concord, NH 03301, tel. 1-603-224-2508, www.concordnhchamber.com.

Accommodatie

Keurig verblijf – **Comfort Inn:** 71 Hall St., tel. 1-603-226-4100, www.comfortinnconcord.com. Standaardkamers met wifi en ontbijt. Bovendien zwembad, sauna en fitnessruimte. Vanaf $ 130.

Lichte, schone kamers – **Best Western Concord Inn & Suites:** 97 Hall St., tel. 1-603 228-4300, www.concordbestwestern.com. Goede inrichting met koelkast, koffiemachine, magnetron, whirlpool, zwembad en fitnessruimte. Krant en ontbijt inbegrepen. Vanaf $ 120.

Eten en drinken

Ruime keus aan goede gerechten – **The Red Blazer:** 72 Manchester St., tel. 1-603-224-4101, www.theredblazer.com, dag., zo. ontbijtbuffet. Authentiek restaurant waar naast Amerikaanse gerechten talrijke biersoorten worden geserveerd. Vanaf circa $ 12.

Echt Mexicaans – **Hermanos Cocina Mexicana:** 11 Hills Ave., tel. 1-603-224-5669, www.hermanosmexican.com, zo.-do. 11.30-21, vr., za. 11.30-22 uur. Van nachos met chili, guacamole en bonen tot chimichanga. Erbij worden heerlijke margarita's geserveerd. Zo-do. livejazz. Vanaf $ 12.

White Mountains

North Conway ▶2, G 3

Een bezienswaardigheid is dit plaatsje met zijn 2400 inwoners bepaald niet. De kwaliteiten van **North Conway** liggen op twee andere terreinen. Ten eerste is het een uitstekende uitvalsbasis voor tochten naar de White Mountains en ten tweede is dit het belangrijkste economische centrum van dit tamelijk provinciaalse deel van New Hampshire. Langs Highway 16 rijgen zich motels uit alle prijsklassen, bed and breakfasts, cottages, resorts, restaurants, winkelcentra en supermarkten aaneen, als in een middelgrote stad. Daartussen treft u centra aan met tientallen *outlet centers* voor textiel, schoenen en huishoudelijke artikelen.

Conway Scenic Railroad

Rte 16, 38 Norcross Circle, tel. 1-603-356-5251, www.conwayscenic.com, apr.-jan.

Bij de Village Green midden in het plaatsje houdt het in 1874 gebouwde, geelgepleisterde spoorwegstation met zijn rode

Tip

NAAR DE TOP VAN MOUNT WASHINGTON

De arctische weersomstandigheden en de museale oldtimerlocomotief maken de rit met de **Mount Washington Cog Railway** op de bijna 2000 m hoge top van **Mount Washington** een waar avontuur. Regelmatig woeden er orkanen op de in de permafrost liggende top, omdat de berg op het snijpunt van drie stormgebieden ligt. Op 12 april 1934 werd op de top van de berg een wereldrecord opgetekend – een nadien nooit meer gemeten windsnelheid van 371,75 km/uur. Veel trekkers die de berg verkeerd hadden ingeschat, zijn door de extreme klimaatomstandigheden om het leven gekomen. Op iedere bergrit verslindt de stoomlocomotief 1 ton steenkool en tijdens de anderhalf uur durende 'bestorming' van de top zet hij 4000 liter water om in hete stoom. Het steilste gedeelte is de Jakobsladder met een hellingpercentage van 37,4. Als u de tocht in het najaar maakt, beginnen de grasloze vlakten langs de spoorlijn door de rijp al vlug een 'gesuikerd' aanzien te krijgen. Op de top heerst een snijdende kou, waardoor de meeste bezoekers liever het verwarmde Sherman Adams Building binnenvluchten om de witte pracht vanachter de ramen te bewonderen (dalstation bij het Mount Washington Hotel, tel. 1-603-278-5404, www.the cog.com, mei-okt. dag. 9-15 uur, vanaf 13 jaar $ 69, stoomloc $ 75). Ook met de auto kunt u de berg bestijgen. In Pinkham Notch begint 22 km ten noorden van Glen met de Mount Washington Auto Road een 13 km lange slingerende tolweg. Tussen half mei en half oktober is hij officieel geopend, maar door de weersomstandigheden niettemin geregeld onberijdbaar (tel. 1-603-466-3988, www.mtwashingtonautoroad.com, midden in de zomer dag. 7.30-18 uur, rest van het jaar korter, auto en bestuurder $ 29, overige personen $ 9).

De in sneeuw en ijs gehulde top van Mount Washington

dak de herinnering aan vroeger levend. Tegenwoordig doet het dienst als station voor de nostalgische, met stoom- en diesellocomotieven uitgeruste **Conway Scenic Railroad**, waarmee jaarlijks duizenden mensen een ritje maken naar Barlett in de Saco River Valley of naar Conway.

Informatie

Mount Washington Valley Chamber of Commerce: 2617 White Mountain Hwy, P. O. Box 2300, North Conway, NH 03860-2300, tel. 1-603-356-5947, www.mtwashingtonvalley.org.

Accommodatie

Aan de doorgaande weg van North Conway vindt u overnachtingsgelegenheden in alle prijsklassen.

Themakamers – **Adventure Suites:** 3440 White Mountain Hwy, tel. 1-603-356-9744, www.adventuresuites.com. Origineel hotel met 'themasuites'. Het is moeilijk om te kiezen. Keuze uit Romeinse spa met rond bed, boomhut met tent voor de kids, 'Motorcycle Madness' met geïntegreerde motorfietsgarage voor Harley-fans, jacuzzi voor zeven personen en toiletpapierhouders in Harley-look, 'Love Shack' met waterbed en spiegel aan het plafond en diverse andere thema's. Alle suites hebben een jacuzzi. Vanaf $ 150.

Aanbevolen verblijf – **North Conway Grand Hotel:** Rte 16 bij de Settler's Green Outlet, tel. 1-603-356-9300, www.northconwaygrand.com. Groot hotel met binnen- en buitenbad, plus fitnessruimte. Ideaal om te shoppen. Zo.-do. vanaf $ 120, vr. en za. $ 160.

Stijlvol op een mooie locatie – **White Mountains Hostel:** 36 Washington St., tel. 1-603-447-1001, www.wmhostel.com. Eenvoudige herberg in een omgebouwde boerderij met 10 slaapzalen en 28 bedden, naast 5 privékamers voor elk 5 personen. Vanaf $ 31 per persoon.

Eten en drinken

Zelf als je veel trek hebt – **Delaney's Hole in the Wall:** 2966 White Mountain Hwy, tel. 1-603-356-7776, www.delaneys.com, dag. 11.30-23 uur. Deze afstammeling van een lid van de bende van Butch Cassidy en Sundance Kid doet alles onder het motto 'Hole in the Wall-Gang'. Gespecialiseerd in salades, wings, ribs en chicken. Elke woensdag livemuziek. Vanaf $ 10.

Gezellig – **Moat Mountain Smokehouse:** 3378 White Mountain Hwy, tel. 1-603-356-6381, www.moatmountain.com, dag. 11.30-24 uur. Restaurant met een eigen brouwerij en overvloedige porties. Barbecueribs en houtovenpizza behoren tot de huisspecialiteiten. Vanaf $ 9.

Winkelen

Outlets – North Conway is een waar shoppingparadijs en biedt in zijn ongeveer honderd outlet centers mode, schoenen en accessoires van onder meer Nike, L. L. Bean, Polo Ralph Lauren en GAP. Omdat in New Hampshire geen btw hoeft te worden betaald, is winkelen hier voordeliger dan elders. **Settler's Crossing:** 1500 White Mountain Hwy., ma.-za. 10-21, zo. 10-18 uur. **Settler's Green Outlet:** Rte 16, ma.-za. 9-21, zo. 10-18 uur, www.settlersgreen.com.

Actief

Vakantie in het zadel – **Stables at the Farm by the River:** 2555 West Side Rd., tel. 1-603-356-6640, www.farmbytheriver.com. Hier vindt u zowel een manage voor buitenritten als pony's voor kinderen. Tevens buitenritten met paard en wagen. Overnachten doet u in de gezellig ouderwetse B&B. Vanaf $ 125.

Bretton Woods ▶ 2, F 3

Uit de verte gezien lijkt het alsof aan de voet van Mount Washington een wit cruiseschip aan de grond is gelopen in een oceaan van bossen en weiden. Sinds 1902 bepaalt het **Omni Mount Washington Resort** het dorpsgezicht en in 1944 haalde het zelfs de koppen in de wereldpers. In de stijlvolle zalen werd in de zomer van dat jaar op uitnodiging van president Franklin D. Roosevelt een belangrijk internationaal monetair en financieel congres gehouden. De onderhandelingen van de 700 afgevaardigden uit 44 landen duurden drie weken. Dit resulteerde uiteindelijk in de oprichting van het Internationaal Monetair Fonds om de wisselkoersen te stabiliseren en de internationale handel te bevorderen. Het personeel bij de receptie wordt er liever niet aan herinnerd dat horrorauteur Stephen King het idee voor zijn roman *The Shining* kreeg na een bezoek aan het Mount Washington Hotel. Des te opmerkelijker is het dat de directie topregisseur Stanley Kubrik in 1980 toch toestond om enkele scènes voor de verfilming van het boek op deze chique locatie op te nemen.

Accommodatie

Chic – **Omni Mount Washington Resort:** Rte 302, tel. 1-603-278-1000, www.brettonwoods.com. Een chic traditioneel hotel met dikke tapijten en zware kroonluchters in de lobby. Hier werd wereldgeschiedenis geschreven. 18 holes-golfbaan, tennisbanen, manege, massage. Alleen halfpension.Vanaf $ 300.
Aan de voet van Mt. Washington – **Omni Bretton Arms Inn:** 173 Mt. Washington Hotel Rd., tel. 1-603-278-3000, www.mtwashington.com. 34 gastenkamers en ruime suites, highspeed-internet, kabel-tv. 2 pk vanaf $ 130.
Goed kampeerterrein – **Twin Mountain KOA:** Twin Mountain, 372 Rte 115, tel. 1-603-846-5559, www.twinmountainkoa.com, geopend van 20 mei tot 16 okt. Cabins circa $ 55.

Eten en drinken

Goede gerechten in een pubsfeer – **Fabyan's Station:** Rte 302, tel. 1-603-278-2222, dag. 11.30-21 uur. Eenvoudig restaurant in een voormalig station. Op de menukaart: nachos, burgers, ribs. Vanaf $ 10.

Kancamagus Highway

► 2, F 3

Tussen Conway en Lincoln vormt de **Kancamagus Highway** een circa 55 km lange oost-westverbinding door de White Mountains. De route door het berggebied is een van de mooiste in New England. Van het dal van de Swift River, waar zich al aan het eind van de 18e eeuw houthakkers vestigden, voert de panoramasnelweg omhoog naar de 872 m hoge Kancanagus Pass.

De namen langs de route, zoals het verlaten dorp Passaconaway en de Sabbaday Falls, verraden de indiaanse oorsprong van de nederzettingen. Midden 17e eeuw waren de White Mountains het jachtgebied van enkele indianenstammen. Opperhoofd Passaconaway ('berenjong') verenigde in 1627 een tiental stammen in de Penacook Confederation. De panoramaweg is genoemd naar de kleinzoon van het grote opperhoofd.

Lincoln ► 2, F 3

De Kancamagus Highway eindigt in het kleine toeristische centrum Lincoln op de westelijke helling van de White Mountains. Dit vakantieoord is uitgegroeid tot een uitvalsbasis voor tochten naar het omliggende berggebied, omdat het stadje handig aan de noord-zuidverbinding I-93 ligt en u er alles kunt vinden wat u nodig hebt voor een tussenstop: accommodatie, eetgelegenheden en winkels.

Loon Mountain Park

Gondelbaan, tel. 1-603-745-8111, www.loonmtn.com, half juni-half okt. dag., eind mei-half juni za., zo.
Van de rand van het stadje voert een 2 km lange kabelbaan naar **Loon Mountain Park**, waar liefhebbers van het buitenleven hun weekends graag doorbrengen met paardrijden, mountainbiken of wandelen. Hierbij maakt men gebruik van paden die naar grotten voeren die aan het eind van de ijstijd zijn gevormd. 's Winters suizen skiërs van de hellingen. Op de uitkijktoren in het park geniet u van schitterend uitzicht over de omgeving.

Hobo Railroad

Hobo Junction Station, Rte 112, tel. 1-603-745-2135, www.hoborr.com, mei-okt., volwassenen en kinderen $ 22
Met de **Hobo Railroad** kunnen gezinnen ritten van anderhalf uur maken langs de Pemigewasset River en het mooie landschap tussen Lincoln en Franconia Norch verkennen.

Informatie

Lincoln-Woodstock Chamber of Commerce: Rte 112, tel. 1-603-745-6621, Lincoln, NH 03251, www.westernwhitemtns.com.

Accommodatie

Voor een perfect verblijf – **Red Sleigh Inn:** 191 Pollard Road, tel. 1-603-745-8517, www.redsleighinn.com. Hier bent u te gast bij hartelijke mensen, die een comfortabele B&B met sympathiek ingerichte kamers uitbaten. 2 pk $ 75-175.

Eersteklas motel – **Franconia Notch Motel:** 572 Rte. 3, Exit 33 van de I-93 North, tel. 1-603-745-2229, www.franconianotch.com. Motel op een bebost terrein aan de oever van de Pemigewasset River. Vanaf $ 110.

Fraai, ontspannen complex – **Country Bumpkins Family Campground:** Rte 3, tel. 1-603-745-8837, www.countrybumpkins.com, apr.-okt. Kampeerterrein met warme douches en cabins met verwarming, tv en eigen douche. Cabins vanaf $ 65.

Eten en drinken

Goed hotelrestaurant – **Profile Dining Room:** 664 Rte 3, tel. 1-603-745-8014, www.indianheadresort.com, dag. 7-21 uur. Restaurant van het Indian Head Resort met goede gerechten. Ruime keus aan steaks, seafood en pasta. Vanaf $ 14.

Aanbevolen restaurant – **Gypsy Café:** 117 Main St., tel. 1-603-745-4395, dag. lunch en diner. Smakelijke Amerikaanse, Aziatische, Mexicaanse en Italiaanse gerechten. Vanaf circa $ 10.

Actief

Elanden kijken – **Pemi Valley Excursions:** Rte 112 tegenover McDonalds, tel. 1-603-745-2744, www.moosetoursnh.com, Eind mei-half okt. Vanaf circa 18 uur. Voor deze avontuurlijke tochten moet u zeker reserveren! Volwassenen $ 32, kinderen $ 22.

Pretpark – **Whale's Tale Water Park:** Water Park Rte 3, tel. 1-603-745-8810, www.whalestalewaterpark.net, Half juni-begin sept. dag. 10-18 uur, waterpark met glijbanen en zwembaden. $ 35, vanaf 15 uur $ 25.

Franconia Notch State Park ▸ 2, F 3

Visitor Center, tel. 1-603-745-8391, www.nhstateparks.com/franconia.html, half mei-eind okt. dag. 10-17, in hartje zomer tot 17.30 uur, volwassenen $ 16, kinderen 6-11 jaar $ 13

Ten noorden van Lincoln voeren de I-93 en daaraan parallel lopende Route 3 door de Franconia Notch, een gedeeltelijk nauw dal, waar de belangrijkste bezienswaardigheden in het **Franconia Notch State Park** worden beschermd.

De **Flume Gorge** is een 12 km lange, door gletsjers uitgesleten kloof tussen de Franconia en de Kinsman Range. Hij wordt omgeven door hoge, steile wanden die glimmen van vochtigheid. Door de smalle canyon stroomt de bergbeek Flume via talrijke cascaden in de richting van het dal. Zelfs midden in de zomer polijst het ijskoude water de op elkaar gelegen blokken graniet en heerst er een klimaat als in een koelhuis, een gevolg van het feit dat er vrijwel nooit een zonnestraal in de kloof schijnt. Dwars door dit wonderlijke landschap loopt een pad dat gedeeltelijk uit planken bestaat.

Cannon Mountain Aerial Tramway

tel. 1-603-823-8800, www.cannonmt.com > Attractions > Aerial Tramway, eind mei-half okt. dag. 8-16 uur, volwassenen $ 17, kinderen 6-12 jaar $ 14

In de Franconia Notch zweeft de **Cannon Mountain Aerial Tramway**, die plaats biedt aan tachtig personen, in slechts acht minuten naar de 1250 m hoge top van de Cannon Mountain, waar u kunt wandelen en genieten van het adembenemende vergezicht.

Noordelijke Green Mountains

Montpelier ▸ 2, E 3

Wie zich de metropool van Vermont voorstelt als een dichtbevolkt, verstedelijkt gebied, vergist zich. Met ruim 7800 inwoners, witgepleisterde houten huizen en liefdevol verzorgde voortuintjes is het dromerige **Montpelier** de kleinste staathoofdstad van de VS.

Vermont State House

115 State St., tel. 1-802-828-0386, www.vtstatehouse.org > Tours, gratis rondleidingen juli-half okt. ma.-vr. 11-15.30, za. 11-14.30 uur. gratis toegang tot het gebouw ma.-vr. 8-16 uur
Het is niet verwonderlijk dat veel mensen het in 1859 in Greek Revivalstijl gebouwde **State House** op het eerste gezicht voor een uit vroeger tijden daterend luxehotel houden. Dorische zuilen sieren de grijze granieten façade, die bekroond wordt door een gouden koepel met een beeld van Ceres, de Romeinse godin van het graan. In de entreehal hangen de portretten van de uit Vermont afkomstige presidenten Calvin Coolidge en Chester Arthur. Ook staat er een buste van Lincoln, die als voorbeeld diende voor een veel groter beeld op zijn graf in Springfield (Illinois).

Informatie

Vermont Dept. of Tourism: 1 National Life Dr., Montpelier, VT 05620-0501, tel. 1-800-837-6668. Informatie over vakantie of bezichtigen op de boerderij via www.vtfarms.org.

Rock of Ages ▸ 2, E 3

Graniteville, tel. 1-802-476-3119, www.centralvt.com/web/roa, de steengroeve kan alleen met rondleidingen worden bezichtigd, mei-sept., ma.-za. 10-16 uur
Het grootste deel van het stenen bouwmateriaal voor het Capitol in Montpelier is afkomstig uit de buurgemeente **Barre**, om precies te zijn uit de steengroeve **Rock of Ages**. Al sinds 1885 zagen in deze grootste granietgroeve ter wereld machines blok na blok uit een intussen 150 m diep gat in een berghelling. In een aangrenzende fabriek wordt het tonnen wegende ruwe materiaal kleiner gezaagd, gepolijst en verwerkt tot bijvoorbeeld tegels. In de hele wereld wordt het zogenoemde bethelgraniet uit Vermont gebruikt op allerlei locaties, tot en met het Island Centre Plaza in Hongkong.

Stowe ▸ 2, E 2

Het skicircus van de Green Mountains speelt zich af rond de 1340 m hoge Mount Mansfield ten oosten van Burlington, waar de plaats **Stowe** terugkijkt op een jarenlange wintersporttraditie. Reeds in de jaren 30 liet het plaatselijke toeristenbureau skileraren overkomen uit Oostenrijk en 'importeerde' daarmee de sfeer van het Alpengebied in de Nieuwe Wereld. Dat is vandaag de dag nog altijd goed te merken aan de namen van verscheidene hotels, om nog maar te zwijgen van het gastronomische aanbod.

Informatie

Stowe Area Association: P. O. Box 1320, 51 Main St., Stowe, VT 05672, tel. 1-802-253-7321, www.gostowe.com.

Lake Champlain

Burlington ▸ 2, D 2

In het koude seizoen wordt Burlington een 'basiskamp' voor wintersporters, die in de Green Mountains (zie blz. 123) kunnen skiën. Met 43.000 inwoners is het de grootste stad in de staat. Hij dankt zijn charme vooral aan de ligging aan de oever van **Lake Champlain** en zijn centrum met huizen uit de 19e eeuw. Voor een levendige flair, vooral in de cafés en restaurants aan de centrale Church Street, zorgen de tienduizend studenten van de in 1791 gestichte University of Vermont. Cultuur is er natuurlijk ook volop. Naast tentoonstellingen en kamerconcerten organiseert de universiteit ieder jaar in de zomer een zeer gerenommeerd Mozartfestival en in het Royal Tyler Theatre van begin juli tot half augustus talrijke voorstellingen.

ECHO Lake Aquarium

1 College St., tel. 1-802-864-1848, www.echovermont.org, dag. 10-17 uur, volwassenen $ 13,50, kinderen 3-17 jaar $ 10,50
Bij de haven, waar vissersboten en jachten zij aan zij liggen, wijdt het **ECHO Lake Aquarium**, een combinatie van een aquarium en

een wetenschapscentrum, zich aan de natuur, ecologie, cultuur en geschiedenis van de regio rond Lake Champlain. Een gebied waar ruim vijftig verschillende vissoorten, amfibieën en reptielen voorkomen. Boeiend zijn ook de interactieve tentoonstellingen.

Fleming Museum of Art

61 Colchester Ave., www.uvm.edu/~fleming, di.-vr. 10-16, za., zo. 12-16 uur, volwassenen $ 5, studenten $ 3

Op de campus van de universiteit ligt het kunstmuseum van Burlington. De collectie van twintigduizend objecten varieert van stèles uit Mesopotamië en ambachtelijke kunstvoorwerpen van native Americans tot Europese kunst uit de 16e-18e eeuw.

Informatie

Chamber of Commerce: 60 Main St., Suite 100, Burlington, VT 05401, tel. 1-877-686-5253, www.vermont.org/experiences/burlington.

Accommodatie

Goed gelegen – **Sunset House B&B:** 78 Main St., tel. 1-802-864-3790, www.sunsethousebb.com. Sobere gelegenheid in Queen Anne-stijl uit 1854 met relatief sobere kamers en badkamer op de verdieping. 2 pk $ 130-170.

Mooie ligging – **Anchorage Inn:** 108 Dorset St., South Burlington, tel. 1-802-863-7000, www.anchorageinnvt.com. Verblijf met zwembad, whirlpool en sauna. Vanaf $ 70.

Kampeerterrein – **North Beach Campground:** 60 Institute Rd., tel. 1-802-862-0942, Kampeerterrein voor tenten en campers met zandstrand aan het Lake Champlain.

Eten en drinken

Smakelijk – **NECI on Main:** 118 Main St., tel. 1-802-223-3188, www.neci.edu/restaurants/neci-on-main, di.-za. 15-21 uur. Gerenommeerd restaurant van het New England Culinary Institute. Zeer smakelijk, van het hoofdgerecht tot het dessert. Vanaf circa $ 20.

Heerlijk eten – **Leunig's Bistro:** 115 Church St., tel. 1-802-863-3759, www.leunigsbistro.com, ma.-vr. vanaf 11, za./zo. vanaf 10 uur. Vriendelijk café in Franse stijl. Vanaf $ 8.

Winkelen

Winkelcentrum – **Burlington Town Center:** 49 Church St., ma.-za. 10-21, zo. 13-18 uur. Meer dan veertig zaken onder één dak.

New Englandse flair – **Church Street Marketplace:** Autovrije, mooie voetgangerszone in Church Street midden in de stad met veel kleine winkels en grote warenhuisketens, bars en restaurants – een door bomen omzoomd, sympathieke gebied om te flaneren te shoppen.

Actief

Met de stoomboot – **Spirit of Ethan Allen:** 348 Flynn Ave., Perkins Pier, tel. 1-802-862-8300, www.soea.com. Tochtjes met een schip voor 363 passagiers. In de vaart van eind mei tot half okt.

Vervoer

Boot: Lake Champlain Ferries, King St. Dock, tel. 1-802-864-9804, www.ferries.com, juni-okt., autoveerboot naar Port Kent, NY, overtocht 1 uur.

Trein: Van Essex Junction kun je met de Vermonter van Amtrak naar Boston en New York (29 Railroad Ave., Essex Jct., VT 05452, tel. 1-800-872-7245).

Shelburne ▶ 2, D 2/3

Ten zuiden van Burlington ligt de plaats Shelburne, met originele toeristische attracties.

Shelburne Museum

Rte 7, tel. 1-802-985-3346, www.shelburnemuseum.org, half mei-dec. dag. 10-17 uur, jan.-apr. alleen wo.-zo., volwassenen $ 24, kinderen $ 14

Ten zuiden van Burlington in Shelburne ligt het **Shelburne Museum**, een sfeervolle, historische enclave. Op een parkachtig terrein staan ruim dertig gebouwen, waarvan de meeste uit de 19e eeuw dateren. Een bijzonder bouwwerk is de drie verdiepingen tellende ronde schuur die de toegang vormt tot het openluchtmuseum. Een klein kustwachtstation, een spoorwegstation, een smederij, een postkoetsenstation, een gevangenis en

Het idyllisch aan het Lake Champlain gelegen Burlington trekt veel zeilers

het in 1906 van stapel gelopen, allang afgedankte stoomschip SS Ticonderoga vormen samen een nostalgische idylle, waar ook een overdekte brug niet ontbreekt en ambachtslieden in klederdracht hun vakmanschap tonen. In veel gebouwen zijn tentoonstellingen van Amerikaanse volkskunst te zien. De basis van het museum bestaat uit de kunstcollecties van de oprichtster van het museum, Electra Havemeyer Webb, die sculpturen en schilderijen verzamelde van beroemde Franse impressionisten als Edgar Degas, Claude Monet en Édouard Manet.

Shelburne Farms

Harbor/Bay Rd., tel. 1-802-985-8686, www.shelburnefarms.org, eind mei-half okt. rondleidingen dag. 10-16 uur, volwassenen $ 8, kinderen $ 5

Een kijkje in het agrarische verleden wordt geboden in **Shelburne Farms**. Deze boerderij werd in 1886 gebouwd als zomerverblijf van een welvarende industrieel. Gekostumeerde bewoners tonen hier hoe je kaas maakt, meubels vervaardigt en kleinvee verzorgt.

Vermont Teddy Bear Company

6655 Shelburne Rd., tel. 1-802-985-3001, www.vermontteddybear.com, dag. winter 10-16, zomer 9-18 uur, volwassenen $ 4, kinderen tot 12 jaar gratis

Veel gezinnen met kinderen maken een uitstapje naar de **Vermont Teddy Bear Company**. Rondleiding door een teddyberenfabriek.

Fort Ticonderoga ▶ 2, D 3

Tel. 1-518-585-2821, www.www.fortticonderoga.org, mei-okt. dag. 9.30-17 uur, volwassenen $ 20

Ieder jaar trekken er vroeg in de zomer kruitdampen over de imposante muren van **Fort**

Ticonderoga, bij de grens tussen de staten Vermont en New York, wanneer tweehonderd soldaten in traditionele uniformen een veldslag uit de Zevenjarige Oorlog naspelen. Toen de Fransen het complex in 1755 bouwden op een landengte tussen Lake Champlain en Lake George, heette het nog Fort Carillon. De vesting moest de waterweg tussen Canada en de Amerikaanse kolonies veiligstellen en een stokje steken voor de expansiedrift van de Britten. Dit lukte maar tot 1759, toen Engelse troepen het complex veroverden en het zijn huidige naam gaven. In 1775 namen Amerikaanse revolutionaire troepen het fort tijdens een verrassingsaanval zonder bloedvergieten in bezit, maar twee jaar later werd het weer heroverd door de Britten. Nadat Fort Ticonderoga door brand was verwoest, werd het aan het begin van de 20e eeuw herbouwd naar oude Franse ontwerpen. Nu is het een museum met oude wapens en uitrustingen, maar vooral met eigendommen van eenvoudige soldaten die in de vesting waren gestationeerd.

Zuidelijke Green Mountains

Middlebury ▸ 2, D 3

Al meer dan 200 jaar bezit het stadje aan de westflank van de zuidelijke Green Mountains met het **Middlebury College** een onderwijsinstelling waar meer dan 2500 studenten staan ingeschreven (www.middlebury.edu).

UVM Morgan Horse Farm

74 Battell Dr., tel. 1-802-388-2011, www.uvm.edu/morgan, rondleidingen door de stallen mei-okt. dag. 9-16 uur

De **UVM Morgan Horse Farm** bezit een naamsbekendheid die tot ver voorbij de stads- en de staatsgrenzen reikt. Experts van deze fokkerij brengen al meer dan honderd jaar morganpaarden voort, die bekendstaan om hun kracht en snelheid. Dit paardenras fungeert dan ook als het symbool van de staat Vermont. De oorsprong ervan gaat terug op de schoolmeester Justin Morgan, die aan het einde van de 18e eeuw van een schuldenaar in plaats van geld een veulen kreeg, waar het eerste morganpaard van afstamde.

Killington (VT) ▸ 2, E 4

Dit naar de 1292 m hoge **Killington Peak** genoemde vakantieoord is een van de bekendste skiparadijzen in het oosten van de Verenigde Staten. Tientallen skiliften en kabelbanen, waaronder een van de snelste ter wereld naar de Skye Peak (1158 m), ontsluiten de zuidelijke keten van de Green Mountains met bergen als Snowdon Mountain (1095 m), Rams Head Mountain (1100 m) en Rico Mountain (1209 m) en meer dan 200 deels lastige afdalingen. De langeafstandspaden Appalachian Trail en Long Trail kruisen elkaar op de Killington Peak, de een na hoogste top van Vermont. Wandelaars die deze paden volgen, kijken er in de zomer bij goed zicht uit op vijf buurstaten. In de plaats zelf, die na de Tweede Wereldoorlog uit de grond is gestampt en daarom de karakteristieke New Englandse sfeer mist, zorgen onder meer een ijs- en rodelbaan, tennisbanen, golfterreinen en talrijke evenementen ervoor dat vakantiegangers zich geen moment hoeven te vervelen. Als het van u een tikkeltje avontuurlijker mag, kunt u kanoën of kajakken op de Mad River.

Informatie

Chamber of Commerce: 2319 Rte 4, Killington, VT 05751-9607, tel. 1-802-773-4181, killingtonpico.org. Veel informatie over het gebied.

Accommodatie

Aangename herberg - **Greenbrier Inn:** 2057 Rte 4, tel. 1-802-775-1575, www.greenbriervt.com. Ruime kamers met tv en koelkast, buitenzwembad. Vanaf circa $ 125.

Grote klasse – **Birch Ridge Inn:** 37 Butler Rd., tel. 1-802-422-4293, www.birchridge.com. Sommige kamers met whirlpool, sommige alleen met een douche. Eigen restaurant. Vanaf $ 120.

Aanbevolen stop – **Butternut Inn:** 63 Weathervane Dr., tel. 1-802-422-5660, www.butternutinnkillington.com. Gezellige B&B met hedendaags ingerichte kamers inclusief badkamer. Bij het complex hoort een populair restaurant. Vanaf $ 110.

Eten en drinken

Niet alleen noedels – **Pasta Pot:** 5501 U.S. 4, tel. 1-802-422-3004, www.pastapotvt.com, dag. 17-22 uur. Op een leisteenbord staan naast pastaspecialiteiten ook gerechten met kalfsvlees en gevogelte. Tevens pizza's.
Ongecompliceerde gerechten – **Charity's Tavern:** Killington Rd., tel. 1-802-422-3800, ma.-do. vanaf 15, vr.-zo. vanaf 12 uur. Rustiek restaurant in een omgebouwde schuur. Grote porties, ontspannen sfeer. Vanaf $ 6.

Uitgaan

Eten en entertainment – **Wobbly Barn:** 2229 Killington Rd., tel. 1-802-422-6171, www.wobblybarn.com. Steakhouse met nachtclub (of omgekeerd). Al meer dan veertig jaar een lokaal instituut. Dag. vanaf 16 uur.

Plymouth ▶ 2, E 4

Op 4 juli vieren de inwoners van **Plymouth** twee gebeurtenissen: de Amerikaanse Onafhankelijkheidsdag en de geboortedag van hun voormalige stadsgenoot Calvin Coolidge (1872-1933), die van 1923 tot 1929 de dertigste president in het Witte Huis was.

President Calvin Coolidge State Historic Site

3780 Rte 100 A, tel. 1-802-672-3773, www.historicsites.vermont.gov/directory/coolidge, eind mei-half okt. dag. 9.30-17 uur, volwassenen $ 9
Met de **President Calvin Coolidge State Historic Site** wordt de herinnering levend gehouden aan de bekendste inwoner van Plymouth. Het middelpunt van deze gedenkplaats is het voormalige woonhuis van de familie Coolidge, waar de jonge Calvin op vierjarige leeftijd kwam te wonen, en enige jaren later zijn moeder en twee van haar kinderen stierven. De meeste vertrekken van het grote huis zijn precies zo ingericht als vroeger of zijn met veel gevoel voor detail weer in de oude staat teruggebracht. De keuken wekt bijvoorbeeld de indruk dat de familie Coolidge nog steeds in het huis woont.

Weston ▶ 2, E 4

Weston, in het bovendal van de West River, telt slechts vijfhonderd inwoners, maar toch is dit fraaie dorpje bij veel Amerikanen een begrip. Het plaatsje met zijn typisch New Englandse houten huizen dankt zijn bekendheid vooral aan de in 1946 geopende **Vermont Country Store**, een winkel uit grootmoeders tijd met de langste snoepwarentoonbank van de VS.

Vermont Country Store

Rte 100, ma.-za. 9-17, in hartje zomer tot 18 uur, tel. 1-802-824-3184, www.vermontcountrystore.com
Deze museale winkel verkoopt zo'n beetje alles waar vraag naar is – van kruiwagens tot overhemden, van bonen in tomatensaus tot rollen prikkeldraad. Een zeer succesvol artikel in de jaren 40 en 50 was de Tangee-lippenstift, die veel van de huidige, inmiddels iets ouder geworden vrouwelijke klanten naar eigen zeggen ooit aan hun eerste zoen heeft geholpen. Dit nostalgische cosmeticaproduct, dat later van de markt is verdwenen, vliegt in Weston nog altijd over de toonbank. Net als vroeger runt de winkel ook een postorderbedrijf en maakt daarmee een omzet van $ 100 miljoen per jaar.

Overige bezienswaardigheden

Een andere oude winkel uit 1891 is de **Weston Village Store** met een enorm aanbod aan nostalgische cadeaus, aardewerk, boeken, kaarsen en T-shirts (660 Main St., www.westonvillagestore.com, dag. 9-17, juli-aug. tot 20 uur, tel. 1-802-824-5477). In Weston herinneren het **Old Mill Museum**, een voormalige graanmolen, en het **Farrar-Mansur House** in de stijl van de 19e eeuw aan de tijden van weleer (tel. 1-802-824-5294, www.weston-vermont. com > Museums, eind juni-half okt. za.-zo. 14-17 uur).

Bennington ▸ 2, D 5

Het patriottisme van de 15.500 inwoners leeft ieder jaar half augustus op als de burgers zich in historische uniformen hullen voor de *Battle of Bennington* en ten strijde trekken tegen vijandelijke Britse troepen. Hoe het gevecht afloopt, leert de geschiedenis: op 16 augustus 1777 behaalden de Amerikaanse kolonisten een overwinning op een Britse eenheid. Ter ere van deze gebeurtenis richtte de stad veertien jaar later het 94 m hoge **Bennington Battle Monument** op.

Bennington Battle Monument

15 Monument Circle, tel. 1-802-447-0550, www.benningtonbattlemonument.com, apr.-okt. 9-17 uur, volwassenen $ 5, kinderen $ 1

Een lift brengt bezoekers naar het uitkijkplatform, vanwaar het uitzicht 60 km ver reikt tot in de aangrenzende staten Massachusetts en New York.

Old First Church

Rte 9/Monument Ave., tel. 1-802-447-1223, www.oldfirstchurchbenn.org

De **Old First Church** uit 1805 is de oudste kerk in Vermont en een bezienswaardig voorbeeld van postkoloniale architectuur. Op het ernaast gelegen kerkhof ligt de dichter en tweevoudig winnaar van de Pulitzerprijs Robert Frost (1874-1963) begraven.

Bennington Museum

75 Main St., tel. 1-802-447-1571, www.benningtonmuseum.org, juni-okt. dag., rest van het jaar do.-di. 10-17 uur, volwassenen $ 10

Naast historische kunstvoorwerpen, verzamelingen meubelen, poppen, wapens en uniformen bezit het **Bennington Museum** een grote collectie naïeve schilderkunst van de volkskunstenares Grandma Moses (1860-1961). In haar oude school zijn veel herinneringen aan haar tentoongesteld.

Informatie

Bennington Visitors Center: 100 Veterans Memorial Dr., Bennington VT 05201, tel. 1-802-447-3311, www.bennington.com.

Accommodatie

Victoriaanse romantiek – **South Shire Inn:** 124 Elm St., tel. 1-802-447-3839, www.southshire.com. In een tuin gelegen victoriaans complex, alleen voor niet-rokers. Vanaf $ 130.

Goede prijs-kwaliteitverhouding – **Best Western Bennington:** 220 Northside Dr., tel. 1-802-442-6311, www.book.bestwestern.com. De kamers zijn vriendelijk ingericht. Zwembad, jacuzzi. Vanaf $ 130.

Eten en drinken

Brouwerij – **Madison Brewing Co.:** 428 Main St., tel. 1-802-442-7397, www.madisonbrewingco.com. Bij het eten kun je kiezen uit enkele ambachtelijk gemaakte bieren.

Winkelen

Aardewerk – **Potters Yard Factory Store:** 324 County St., tel. 1-802-447-7531, www.benningtonpotters.com. Borden, kruiken, kopjes ... Fraaie aardewerk van eigen productie in vele kleuren.

Duitse discounter – **Aldi:** bij de noordelijke stadsuitgang aan de Rte 7, ma.-za. 9-20, zo. 10-19 uur. Filiaal van de Duitse supermarktketen. VS-producten tegen discountprijzen.

Massachusetts Museum of Contemporary Art ▸ 2, E 5

North Adams, 1040 Mass Moca Way, tel. 1-413-662-2111, www.massmoca.org, in de zomer dag. 10-18, rest van het jaar 11-17 uur, volwassenen $ 18

Ten zuiden van Bennington loopt de staatsgrens van Massachusetts. Meteen erachter vindt u, in de aan een knooppunt van spoorwegen gelegen voormalige industriestad North Adam, het **Massachusetts Museum of Contemporary Art**, een interessant kunstmuseum met uitstekende tentoonstellingen, ingericht in een leegstaande fabriek. Regelmatig zijn hier ook baanbrekende kunstwerken van bekende Europese kunstenaars te bewonderen, en daarnaast werk van internationale schilders en beeldhouwers die (nog) geen deel uitmaken van de gevestigde internationale kunstwereld.

Cape Cod

Voor New Englanders is Cape Cod een heerlijk, door de zee omgeven oord dat garant staat voor een zonnige, zorgeloze zwemvakantie. Mooie dorpen waar de oceaan de toon zet, zandstranden, duinlandschappen, bossen en twee eilanden zijn de grote trekpleisters van deze grillig gevormde landtong, tevens een bekende locatie om walvissen te kijken.

Onder een strandvakantie verstaan de bewoners van New England meestal een verblijf op Cape Cod ('kaap kabeljauw'), de door de warme Golfstroom omspoelde favoriete bestemming in Massachusetts. De grillige landtong, die pas twaalfduizend jaar geleden aan het eind van de ijstijd ontstond, wordt omgeven door 500 km aan stranden en duinen, waarop het dunne helmgras de zandkorrels probeert vast te houden in de vaak stevige wind.

Kleine meren en plassen, moerassen en grazige weiden, struweel en typisch New Englandse plaatsen met houten huizen en naar vis ruikende kades, waarlangs rijen krakende garnalenkotters afgemeerd liggen – dit alles maakt Cape Cod tot een ideaal toevluchtsoord om tot rust te komen. Voor veel toeristen zijn de eilanden Martha's Vineyard en Nantucket de belangrijkste redenen om de kaap te bezoeken, omdat daar ondanks de commercie en de jetset nog ongerepte stranden en onbedorven plekjes te vinden zijn.

Tot dit idyllische plaatje behoren ook de windmolens die vroeger werden gebruikt om zeewater voor de zoutwinning in verdampingsbekkens te pompen of koren en zout te malen. Tegenwoordig leveren ze vooral mooie vakantiekiekjes op, zoals de Dexter Grist Mill in Sandwich en de molen op de *village green* in Eastham. Dat geldt ook voor de vuurtorens die sinds de 18e eeuw schepen over de woelige baren rond de kaap leiden, waaronder de twee torens in Cape Cod National Seashore en het schilderachtige Nobska Light bij Woods Hole. Cape Cod was al in de 19e eeuw een kustgebied dat aantrekkingskracht uitoefende op de welvarendste families van Amerika. Destijds vierde de rijke elite van het land nog vakantie op een schiereiland. Dit veranderde in 1914, toen een particulier kanaal werd geopend waarop men tol hief. Tegenwoordig is het kanaal zo'n 12 km lang, 147 m breed en 10 m diep. Ongeveer twintigduizend schepen varen jaarlijks door de kunstmatige waterweg, die de vaarroute tussen Boston en New York aanzienlijk verkort en veiliger maakt. Nu steken de toeristen via twee bruggen vanaf het vasteland het kanaal over: tussen Buzzards Bay en Bourne en bij Bournedale aan de snelle verbindingsroute van Boston naar Provincetown, die pas in 1938 gereedkwam.

Van Bourne naar Woods Hole ▸1, O 3

Kaart: blz. 133

Bourne

Op de eilandzijde van het Cape Codkanaal ligt de plaats **Bourne**, dat vooral bezoekers trekt met zijn outletcenter en het culinaire Bourne Scallop Festival, dat in september wordt gehouden.

Aptucxet Trading Post 1

24 Aptucxet Rd., tel. 1-508-759-9487, eind mei-half okt. di.-za. 11-15 uur, juli-aug. ook ma.

In een bos even buiten de stad ligt een bijzondere historische bezienswaardigheid, die

Een vakantie op het geliefde eiland Cape Cod is niet goedkoop

beslist een bezoek verdient. In 1627 stichtten de Pilgrim Fathers hier de **Aptucxet Trading Post**, de eerste winkel op Noord-Amerikaanse bodem. Een ver naar beneden doorlopend pannendak beschermt het uit donker hout gereconstrueerde gebouw, dat de Engelse kolonisten gebruikten om waren te ruilen met de Hollanders in Nieuw-Amsterdam, het huidige New York. Naast indiaanse kunstvoorwerpen kunt u hier de geheimzinnige Bournesteen bewonderen, een granieten plaat met twee rijen runen. De steen zou zijn gegraveerd door de Vikingen, die hun schepen mogelijk op vernuftige wijze via boomstammen over de landengte tussen het vasteland en Cape Cod vervoerden, om niet rond de kaap te hoeven varen.

Vervoer

Met de auto: als u een van de eilanden wilt bezoeken, kunt u het best uw auto bijvoorbeeld in Bourne achterlaten en u op het eiland verplaatsen met het openbaar vervoer of per fiets. Het voordeel is dat u zonder auto niet hoeft te reserveren voor de veerboot en dat de overtocht een stuk goedkoper is.

Falmouth 2

Weg 28 voert langs de Buzzards Bay naar **Falmouth**, met 31.500 inwoners de op een na grootste stad van Cape Cod. Zo'n 150 jaar geleden rook het hier nog sterk naar traan, weerklonk achter de huizen het gehamer van de werven en reden de boeren hun groenten naar de markt, die ze met moeite op de schrale grond hadden verbouwd. Tegenwoordig rijdt 's zomers in het weekend het drukke vakantieverkeer vaak in een slakkengangetje door de met fraaie bed and breakfasts geflankeerde straten.

Vervoer

Island Queen: Falmouth Harbor, mei-half okt., tel. 1-508-548-4800, www.islandqueen.com, passagiers zonder auto kunnen in 35 minuten van Falmouth naar Oak Bluffs varen, reserveren hoeft niet, heen- en terugtocht volwassene $ 20.

Falmouth/Edgartown Ferry: 278 Scranton Ave., eind mei-half okt., tel. 1-508-548-9400, www.falmouthferry.com. Veerboot van Falmouth naar Edgartown op Martha's Vineyard, alleen passagiers zonder auto, duur 45 min., reserveren verplicht, heen- en terugtocht volwassene $ 50.

Woods Hole 3

Voor de meeste bezoekers is Falmouth niet meer dan een tussenstop op de route naar **Woods Hole** in het uiterste zuidwesten van Cape Cod. Deze belangrijkste vissershaven op de kaap wordt ook gebruikt door de veerboten van en naar Martha's Vineyard.

Ocean Science Exhibit Center

15 School St., tel. 1-508-289-2252, mei-okt. ma.-za. 10-16.30 uur, nov.-dec. alleen di.-vr., www.whoi.edu

De plaats trekt ook veel mensen vanwege het Woods Hole Oceanographic Institution. De belangstelling voor het instituut steeg enorm nadat de hier werkzame Amerikaanse diepzeeonderzoeker Robert D. Ballard met de in Woods Hole ontwikkelde onderzeeër *Alvin* in 1985 het vermaarde gezonken schip de *Titanic* had ontdekt. Vier jaar later behaalde men een nieuw succes met de vondst op 4800 m diepte van het in 1941 in een zeeslag gezonken Duitse oorlogsschip de *Bismarck*. Informatie over het werk biedt het Exhibit Center.

Nobska Light

Voordat u Woods Hole achter u laat, is het de moeite waard om eerst nog een uitstapje te maken naar het in 1829 gebouwde Nobska Light op Nobska Point aan de zuidpunt van Woods Hole. Het schilderachtige station van de kustwacht kreeg zijn toren pas in 1876. In 1985 verliet de laatste vuurtorenwachter het station, dat sindsdien automatisch werkt. U hebt hier een prachtig uitzicht op de Vineyard Sound en de talrijke eilanden.

Vervoer

Veerboten: Steamship Authority, reserveringen tel. 1-508-477-8600, www.steamshipauthority.com. Dagelijks varen er autoveren naar Martha's Vineyard (45 min.), passagier betalen $ 8 per overtocht, auto (afhankelijk van de lengte en het seizoen) vanaf $ 87, fiets $ 8.

Island Queen: Falmouth Harbor, mei-half okt., tel. 1-508-548-4800, www.islandqueen.com, passagiers zonder auto kunnen in 35 minuten van Falmouth naar Oak Bluffs varen, reserveren hoeft niet, heen- en terugtocht volwassene $ 20.

Falmouth/Edgartown Ferry: 278 Scranton Ave., eind mei-half okt., tel. 1-508-548-9400, www.falmouthferry.com. Veerboot van Falmouth naar Edgartown op Martha's Vineyard, alleen passagiers zonder auto, duur 45 min., reserveren verplicht, heen- en terugtocht volwassene $ 50.

Martha's Vineyard

▶ 1, O 4

Kaart: blz. 133

Na een overtocht van circa 45 minuten leggen de veerboten uit Woods Hole aan in Oak Bluffs of in Vineyard Haven op het 170 km² grote, door vijftienduizend mensen bewoonde eiland **Martha's Vineyard** 4. Het met wilde wingerd begroeide landelijke eiland met eenzame stranden, waar in 1974 de film *Jaws* werd opgenomen, was een gewild vakantieadres van verscheidene Amerikaanse presidenten, van Bill Clinton tot Barack Obama.

Plaatsen en stranden

Oak Bluffs en Vineyard Haven

Aan de haven van **Oak Bluffs** rijgen zich victoriaanse houten huizen aaneen, waarvoor kleurige boten en jachten in het water liggen te schommelen. In de stad staan 'peperkoekhuisjes' met fraaie decoraties in zuurstokkleuren. Ten westen van Oak Bluffs ligt **Vineyard Haven**, het commerciële centrum van het eiland, dat ook per veerboot bereikbaar is. De oude aanblik van de plaats is deels bewaard gebleven in William Street. U leert het eiland het best kennen op de fiets. Bij verscheidene verhuurders kunt u naast een fiets of een scooter ook een plattegrond van het eiland krijgen, zodat u zich goed kunt oriënteren.

Edgartown en omgeving

Bij **Edgartown** ziet u een duidelijke markering op de kaart staan. Deze plaats is dan ook een juweel, dat de moeite van een bezichtiging waard is. De stijlvolle herenhuizen, die voormalige zeelieden vooral aan North of

Actief

FIETSEN IN DE ZEEBRIES

Informatie

Begin: Route 134 in South Dennis
Lengte: 40 km
Duur: 2-3 uur
Fietsverhuur: Barb's Bike Shop, 430 Rte 134, South Dennis, tel. 1-508-760-4723, www.barbsbikeshop.com - Brewster Bike, 442 Underpass Rd., Brewster, tel. 1-508-896-8149, www.brewsterbike.com

Waar ooit de in 1873 voltooide spoorweg van de Old Colonial Railroad tussen Boston en Provincetown lag, vindt u tegenwoordig de geasfalteerde **Cape Cod Rail Trail**, de populairste fietsroute op de kaap. Deze begint ten zuiden van Dennis op een parkeerplaats bij de kruising van de wegen 134 en 6 en voert vervolgens naar de **Ponds Hinckley**, **Seymour** en **Long**, een drietal meren die in de laatste ijstijd zijn ontstaan. U kunt hier zwemmen en boottochtjes maken. Ook is het mogelijk om in het **Nickerson State Park** in East Brewster aan te meren. In dit bosrijke natuurreservaat liggen acht forellenvijvers. U kunt in het reservaat kamperen, wandelen of op geplaveide wegen een uitstapje op de fiets maken. U fietst vervolgens door moerasgebieden, cranberryvelden en het zevenduizend inwoners tellende dorp **Orleans** naar het **National Seashore Salt Pond Visitor Center**. Dit bezoekerscentrum bezit een uitstekend museum met collecties die zijn gewijd aan de geschiedenis van de natuur en cultuur op de kaap. In het natuurreservaat vind u meer dan 65 km aan ongerept strand, zoutmoerassen, glasheldere zoetwatervijvers, vele soorten dieren en planten, vuurtorens en duinhuisjes. Van het bezoekerscentrum voert de fietsroute **Nauset Marsh Trail** 2,4 km dieper het park in. De Rail Trail eindigt in het noorden in het dorp **Wellfleet**, dat beroemd werd dankzij Guglielmo Marconi (1874-1937). De Italiaanse telecommunicatiepionier liet aan het begin van de 20e eeuw op een hoge klif eenradiotoren oprichten om draadloze signalen vanuit de VS naar Europa te sturen. Daar ontving hij in 1912 ook de noodoproep van de Titanic. Een herdenkingsplaat herinnert aan de historische plek.

South Water Street lieten optrekken, dateren van later tijd, toen Edgartown zich in de eerste helft van de 19e eeuw ontwikkelde tot een centrum van de walvisvaart. Ten oosten van de haven ligt **Chappaquiddick Island**, dat bereikbaar is per pendelveer. De enige verharde weg leidt naar het **Wasque Point** met een natuurreservaat en een weinig bezocht strand. Veel delen van de kust zijn privébezit, maar er zijn openbare stranden als het **South Beach** (Katama Beach), 6 km ten zuiden van Edgartown aan de Katama Road. Het strand is bij surfers populair vanwege de hoge golven. Sommige delen worden bewaakt. Hier en daar zijn openbare toiletten.

Gay Head

Het toeristische centrum van Martha's Vineyard ligt in het uiterste westen, waar het eiland de vorm van een brede laars heeft. Twee meren domineren het landschap van deze landtong, die **Gay Head** wordt genoemd. Zo'n vijfduizend jaar geleden leefden hier al de Wampanoagindianen, die in het jaar 1987 een gedeelte van hun stamgebied terugkregen. Bij het 3,5 km lange **Lobsterville Beach** aan de noordkant van Gay Head is het water vlak en geschikt voor kinderen. Er zijn echter geen openbare parkeerplaatsen. Daarom moet u naar het strand fietsen. Het mooie **Moshup Beach** is gedeeltelijk een nudistenstrand. De natuur laat zich hier met ruim 50 m hoge klippen van zijn indrukwekkende kant zien.

Informatie

Chamber of Commerce: Vineyard Haven, 24 Beach Rd., MA 02568, tel. 1-508-693-0085, www.mvy.com.

Accommodatie

Voor een overnachting op Martha's Vineyard betaal je in de zomer een stevige prijs, inclusief 11,7% toeristenbelasting.

Charmant – **Tivoli Inn:** 125 Circuit Ave., Oak Bluffs, tel. 1-508-693-7928, www.tivoliinn.com. Fraai victoriaans complex. Voordelige kamers met badkamer op de verdieping. In zomerse weekends minimaal drie nachten. mei-sept. $ 95-225.

Gezellig – **Nashua House:** 9 Healy Way, Oak Bluffs, tel. 1-508-693-0043, www.nashuahouse.com. Klein hotel met eenvoudige kamers, waarvan de meeste met toegang tot het balkon op de tweede verdieping. Badkamer op de verdieping. 's Zomers vanaf $ 109.

Vriendelijk toevluchtsoord – **Edgartown Inn:** 56 N. Water St., tel. 1-508-627-4794, www.edgartowninn.com. Centraal gelegen inn met twaalf kamers, waarvan enige zonder eigen badkamer. Tegen extra betaling wordt in de tuin een ontbijt geserveerd. $ 75-275.

Kamperen – **Martha's Vineyard Family Campground:** 569 Edgartown Rd., Vineyard Haven, tel. 1-508-693-3772, www.campmv.com, 15 mei tot 15 okt. Het eigen kampeerterrein op het eiland, ook met cabins voor maximaal vier personen. $ 140.

Eten en drinken

Charmante zaak – **Among the Flowers Café:** Mayhew Ln., Edgartown, tel. 1-508-627-3233, www.amongtheflowersmv.com, juli-aug. dag. 8-22 uur. In de buurt van de haven. Uitstekend ontbijt en een even goed diner. Vanaf $ 12.

Oudste pub – **The Newes from America:** 23 Kelley St., Edgartown, tel. 1-508-627-4397, dag. vanaf 7 uur. Restaurant met brouwerij. Op de menukaart staan clam chowder, burritos, wings en shrimps. Gerechten $ 6-11.

Actief

Fietsverhuur – **Martha's Bike Rental:** 4 Lagoon Pond Rd., Vineyard Haven, tel. 1-508-693-6593, www.marthasbikerentals.com.

Vervoer

Auto-/personenveerboot: Steamship Authority, tel. 1-508-477-8600, www.steamshipauthority.com, pendeldienst per autoveerboot van Woods Hole naar Vineyard Haven respectievelijk Oak Bluffs in 45 minuten. Reserveren. Hy-Line, 220 Ocean St. Dock.

Personenveerboot: Hyannis, begin juni-half sept., tel. 1-508-778-2600, www.hylinecruises.com, passagiersveerboot (geen auto's), bijvoorbeeld van Oak Bluffs naar Nantucket (2 uur en 15 minuten) en snelle veerboot naar Martha's Vineyard (55 minuten).

Hyannis ▶1, O 3

Kaart: blz. 133

Vanwege de gunstige ligging als haven voor de veerboten naar Martha's Vineyard en Nantucket groeide het twintigduizend inwoners tellende **Hyannis** 5 al jaren geleden uit tot een imposant vakantieoord. De twee eilanden zijn vanhier in goed twee uur te bereiken. Met zijn accommodatie, restaurants en winkels is Hyannis daarnaast een goede uitvalsbasis voor uitstapjes naar de meeste bezienswaardigheden op Cape Cod en biedt met zijn moderne *malls* de beste gelegenheid om de hele dag te winkelen (bijvoorbeeld als het regent).

Aan de populariteit van **Hyannis** hebben ook de stranden in de omgeving bijgedragen, waaronder Craigville Beach ten westen van de stad. Op zomeravonden is er al aan het eind van de ochtend geen vrije parkeerplaats meer te vinden, omdat het strand, dat ook wel Muscle Beach wordt genoemd en vooral in trek is bij jonge mensen, een waar mekka voor strandliefhebbers is.

Bezienswaardigheden

John Kennedy Museum

397 Main St., tel. 1-508-790-3077, www.jfkhyannismuseum.org, half apr.-okt. ma.-za. 9-17, zo. 12-17 uur, volwassenen $ 10

De Amerikaanse president John F. Kennedy bracht met zijn familie vele zomers zijn vakantie door in Hyannis. Het **John F. Kennedy Museum** herinnert aan die tijd, en toont meer dan tachtig foto's uit de periode 1934-1963 en een video.

Cape Cod Maritime Museum

135 South St., tel. 1-508-775-1723, www.capecodmaritimemuseum.org, ma.-za. 10-16, zo. 12-16 uur, volwassenen $ 6, kinderen $ 5

De zeer nauw met de zee verbonden geschiedenis van Cape Cod wordt gedocumenteerd in het **Cape Cod Maritime Museum**; er wordt onder andere uit de doeken gedaan hoe de bevolking in de loop der eeuwen de akkerbouw staakte om zich op de visserij te richten.

Nantucket ▶1, P 4

Kaart: blz. 133

Het hoefijzervormige eiland **Nantucket** 6, waarvan de naam 'ver afgelegen eiland' betekent, was halverwege de vorige eeuw naast New Bedford het beroemdste centrum van de walvisvaart van de VS. Het hier geproduceerde traan verlichtte menige Europese woonkamer, voordat het in 1859 in Pennsylvania ontdekte petroleum als brandstof op de markt kwam en het dierlijke product verving. Om te zwemmen biedt Nantucket twee verschillende strandcategorieën. In het noorden is de branding van **Jetties Beach** en **Dionis Beach** relatief rustig, terwijl stranden als **Surfside Beach, Cisco Beach** en **Miacomet Beach** in het zuiden vooral bij surfers populair zijn. Met kleedruimtes, douches, toiletten en sportfaciliteiten is Jetties Beach goed uitgerust. Dionis Beach ligt achter de duinen met rustig, voor kinderen geschikt water. Je vindt er toiletten en een lifeguard.

Nantucket Town

Whaling Museum

13 Broad St., tel. 1-508-228-1894, www.nha.org, mei-okt. dag. 10-17, rest van het jaar korter, volwassenen $ 20, kinderen 6-17 jaar $ 5

De oude tijden staan centraal in het **Whaling Museum** in Nantucket Town, dat is gevestigd in een voormalige kaarsenfabriek uit 1848. Bezienswaardig zijn vooral de talrijke *scrimshaw*-stukken, artistiek snijwerk van walvistanden of -been, dat zeer gewild is als typisch souvenir uit deze streek. Aan de lokale walvisvangst herinneren, behalve harpoenen en uitrustingen, ook een walvisvaarder met volle zeilen en het skelet van een 13 m lange vinvis.

Nantucket Shipwreck & Lifesaving Museum

158 Polpis Rd., tel. 1-508-228-1885, www.nantucketshipwreck.org, half mei-half okt. dag. 10-17 uur, volwassenen $ 10, kinderen $ 5

Het **Nantucket Shipwreck & Lifesaving Museum** toont historische foto's, krantenknipsels over spectaculaire reddingsacties en talrijke attributen die in het verleden werden gebruikt bij de redding van schipbreukelingen.

Informatie

Chamber of Commerce: Zero Main St., Nantucket, MA 02554, tel. 1-508-228-1700, www.nantucketchamber.org.

Accommodatie

Net als in Martha's Vineyard doen ook hier de hotelprijzen een grote aanslag op uw reisbudget.

Fantastische bed & breakfast – **Cliff Lodge:** 9 Cliff Rd., tel. 1-508-228-9480, www.clifflodgenantucket.com. Een stijlvol huis uit 1771 iets buiten het centrum. Het ontbijt wordt op de veranda geserveerd. Vanaf $ 195, laagseizoen vanaf $ 145.

Nette kamers – **Sherburne Inn:** 10 Gay St., tel. 1-508-228-4425, www.sherburneinn.com. Verzorgde B&B met drie sterren in het historische centrum. Acht nette gastenkamers met airconditioning en wifi. 2 pk vanaf circa $ 200.

Eten en drinken

Veel restaurants in deze omgeving accepteren geen creditcards, alleen contante betaling.

Creatieve keuken – **Black-Eyed Susan's:** 10 India St., tel. 1-508-325-0308, www.blackeyedsusans.com, apr.-okt., Ontbijt dag. 7-13, diner ma.-za. 18-22 uur. Chique bistro met wisselende menukaart. Alcohol moet u zelf meebrengen tegen $ 2 kurkgeld. Hoofdgerecht $ 30-40.

Uitgaan

Eilandinstituut – **Chicken Box:** 16 Dave St., tel. 1-508-228-9717, www.thechickenbox.com, dag. geopend. Reggae, funk en rock vanaf 22 uur. Met 'smoking-deck'.

Actief

Walvissen kijken – **Shearwater Excursions:** Nantucket Town, tel. 1-508-228-7037, www.shearwaterexcursions.com. Diverse tochten, onder meer een zes uur durende walvistocht met eten en drinken.

Fietsverhuur – **Island Bike Company:** 25 Old South Rd., Nantucket Town, tel. 1-508-228-4070, www.islandbike.com. **Young's Bicycle Shop:** 6 Broad St., Nantucket Town, tel. 1-508-228-1151, www.youngsbicycleshop.com.

Antistressprogramma – **Tresses & The Day Spa:** 117 Pleasant St., tel. 1-508-228-0024, geen eigen webpage, mei-juni ma.-za. 9-18, Eind juni-begin sept. ma.-za. 9-19, zo. 10-18 uur. Tot het aanbod behoren massage, aromatherapie en watertherapie.

Siasconset

Aan de oostkust van Nantucket is de seizoenswisseling ieder jaar duidelijker zichtbaar. Vroeger zaten in **Siasconset** miljonairs en grootindustriëlen weinig opvallend in versleten spijkerbroek en oude pullover in de cafés. Tegenwoordig geldt het voormalige vissersdorp als kunstenaarskolonie en ontmoetingsplaats van bohemiens, bij wie goede omgangsvormen even overbodig lijken als goede smaak. De mode op straat wordt beheerst door *Sex and the City*-epigonen, de communicatie door rinkelende mobieltjes, die al in de jaren 90 op het eiland hun intrede deden. In die tijd arriveerden kopstukken uit de e-business hier per privévliegtuig en reden de chauffeurs van de grote namen uit de jetset hun dure wagens van de veerboot het eiland op. Niettemin zijn er nog genoeg aardige plekjes.

Noordoostelijk Cape Cod ►1, P 3

Kaart: blz. 133

Chatham 7

Leefde deze 6600 inwoners tellende plaats vroeger van de visvangst, scheepsbouw en de zoutwinning, inmiddels is **Chatham** veranderd in een rustig, romantisch stadje, waar veel mensen die zich hebben teruggetrokken uit het arbeidzame leven hullen hun oude dag doorbrengen.

Old Godfrey Windmill

Ma., wo. en vr. 11-15 uur

Aan vroeger herinnert de in 1797 gebouwde **Old Godfrey Windmill**, die gedurende bijna een jaar door vaklui getrouw naar het origineel werd gerestaureerd en sindsdien weer gebruikt kan worden om graan te malen. Wie in deze oldtimer geïnteresseerd is, kan 's zomers deelnemen aan interessante rondleidingen in de molen.

Railroad Museum

153 Depot Rd., www.chathamrailroadmuseum.com, half juni-half sept. di.-za. 10-16 uur, toegang gratis

In het 130 jaar oude station van de Chatham Railroad Company laat het **Railroad Museum** herinneringen zien aan de spoorwegmaatschappij waarvan de treinen tussen 1887 en 1937 naar Cape Cod reden. De treinwagons, modellen en oude foto's zijn evenzeer een kijkje waard als het victoriaanse spoorwegstation zelf, met zijn decoratieve toren, in een stijl die ook wel de 'spoorweggotiek' wordt genoemd, is een waar pronkstuk.

Cape Cod National Seashore 8

Salt Pond Visitor Center: Rte 6 in Eastham, tel. 1-508-255-3421, www.nps.gov/caco, dag. 9-16.30 uur, in hartje zomer langer, auto's $ 20, fietsers $ 3

De aan de Atlantische Oceaan gelegen oostkust van Cape Cod werd in 1961 op aandringen van president John F. Kennedy als **Cape Cod National Seashore** onder de bescherming van de National Park Service geplaatst. Het 65 km lange duin- en strandlandschap met zoutmoerassen, rotsen en bossen kunt u het gemakkelijkst bezoeken bij het **Salt Pond Visitor Center** in Eastham, omdat hier parkeerplaatsen zijn aangelegd en informatie verkrijgbaar is over het natuurgebied. Buiten deze toegangsweg voeren er nog talrijke weggetjes naar zee. Deze buigen af van de naar Provincetown leidende Route 6. Naast elf wandelwegen en diverse, voor een deel bewaakte zandstranden (muggenspray niet vergeten!) kunnen outdoorfans in het National Seashore gebruikmaken van een speciaal aangewezen gebied dat is opengesteld voor terreinwagens. Voor een rit naar het niet geasfalteerde gebied moet u in het bezoekerscentrum echter een tijdelijke vergunning *(permit)* halen.

Provincetown 9

Groter kunnen de verschillen tussen verleden en heden nauwelijks zijn. In 1620 zetten deugdzame, godvrezende Pilgrims Fathers in het uiterste noorden van Cape Cod voor het eerst voet op Amerikaanse bodem, voordat

ze in Plymouth een kolonie stichtten. Tegenwoordig is het excentrieke **Provincetown** New Englands ongekroonde hoofdstad van homo's en lesbiennes, met travestieshows, karaokebars en cafés, en in de zomer bovendien een uit zijn voegen barstende vakantiebestemming. Een twintigtal galeries laat zien dat 'P-town' aan het begin van de 20e eeuw werd ontdekt door schilders, schrijvers en hun aanhang, en toen van een vissersplaats in een kunstenaarskolonie veranderde. Vissersboten ziet u er nog steeds, maar de maritieme traditie wordt tegenwoordig vooral in stand gehouden door de excursieboten, die walvistochten aanbieden naar de Stellwagen Bank. Deze circa 10 km voor de stad gelegen zandbank maakt deel uit van een 2000 km^2 groot, beschermd zeegebied dat vanwege zijn rijke voedselaanbod een van de bekendste leefgebieden van walvissen aan de Atlantische kust is. Naast bultruggen, dwergvinvissen en vinvissen zijn van april tot november ook dolfijnen en tonijnen waar te nemen.

Pilgrim Monument en Provincetown Museum

Museum: tel. 1-508-487-1310, www.pilgrim-monument.org, dag. 9-17 uur, volwassenen $ 12, kinderen $ 4

Op Monument Hill herinnert het 77 m hoge **Pilgrim Monument** aan de eerste landing van de Pilgrim Fathers in de Nieuwe Wereld. Na 116 treden wordt u boven op de toren beloond met een schitterend uitzicht over het hele noorden van Cape Cod. Het bijbehorende **Provincetown Museum** vertelt aan de

In Provincetown ontmoeten kunstenaars en levenskunstenaars elkaar

hand van zijn presentaties verhalen over de tijden dat de walvisvaart een gevaarlijk beroep was, en veel walvisvaarders voor de kust van Provincetown om het leven kwamen.

Informatie

Chamber of Commerce: 307 Commercial St. P. O. Box 1017, Provincetown, MA 02657, tel. 1-508-487-3424, www.ptownchamber.com.

Accommodatie

Voor een bescheiden prijs – **Cape Colony Inn:** 280 Bradford St., tel. 1-508-487-1755, www.capecolonyinn.com. Moderne kamers met badkamer, airconditioning en tv. Verwarmd zwembad. Vanaf $ 199.

Zonder franje – **Breakwater Motel:** 716 Commercial St., alleen mei-okt., tel. 1-508-487-1134, www.breakwatermotel.com. Eenvoudig motel. In de zomer vanaf $ 135.

Voor de eenvoudige smaak – **Moffat House Inn:** 296 A Commercial St., tel. 1-508-487-6615, www.moffatthouse.com. In dit kleine, maar fijne onderkomen mag je zelfs in de tuin douchen. Gratis fietsen om te lenen. 2 pk in de zomer vanaf $ 75.

Uitgaan

Al 25 jaar – **Atlantic House:** 6 Masonic Pl., tel. 1-508-487-3169, www.ahouse.com, dag. 21-1 uur. Ook hetero's zijn welkom in deze homobar met dansvloer. In de macho bar domineren lak en leder. Vr. themafeest. Entree $ 10.

Partyparadijs – **Boatslip Beach Club:** 161 Commercial St., tel. 1-508-487-1669, www.boatslipresort.com. In deze homobar wordt de lokaal bekende Tea Dance gehouden, een open-air-party.

Gewoon goed – **The Red Shack:** 315 Commercial St., www.theredshackptown.com. De lobster rolls met salade en tomaten behoren bij dit straatrestaurant tot de culinaire hoogtepunten. Klanten staan hier in een rij.

Actief

Walvis spotten – **Dolphin Fleet Whalewatch of Provincetown:** tel. 1-508-240-3636, www.whalewatch.com, vertrek van de drie tot vier uur durende tochten vanaf Mac-Millan Pier. De ticketoffice bevindt zich aan het einde van de pier. **Alpha Whale Watch:** MacMillan Wharf, tel. 1-508-221-5920, www.alphawhalewatch.com. Professioneel geleide walvistochten voor maximaal zes personen. Het programma kan worden aangepast aan persoonlijke voorkeuren.

Brewster 10

Onder de North Shore verstaan de bewoners de zuidelijke kust van Cape Cod Bay tussen Orleans en Sagamore. De secundaire weg 6A voert door kleine gemeenten als Brewster, Dennis en Sandwich, waarvan de straten en gebouwen in de stadscentra de afgelopen decennia grotendeels onveranderd zijn gebleven. Het 9800 inwoners tellende **Brewster** wordt door velen als de schilderachtigste plaats op Cape Cod beschouwd. In de 'stad van de zeekapiteins' staan talrijke villa's die deze in de 19e eeuw lieten bouwen. Tegenwoordig fungeren ze als romantische hotelletjes waar paartjes op huwelijksreis graag de mooiste dagen van hun leven doorbrengen.

Sandwich 11

Sandwich, gesticht in 1639, is de oudste stad op Cape Cod, die ook de meeste historische bezienswaardigheden bezit. Op slechts een steenworp afstand van elkaar zijn historische gebouwen als het Dunbar House uit 1741 (1 Water St.) en het Hoxie House uit 1675 (18 Water St., $ 3) van architectonisch belang.

Sandwich Glass Museum

129 Main St., tel. 1-508-888-0251, www.sandwichglassmuseum.org, feb.-mrt. wo.-zo. 9.30-16, apr.-dec. dag. tot 17 uur, volwassenen $ 9

Het tijdperk van de glasindustrie wordt belicht in het **Sandwich Glass Museum**, dat van 1825 tot 1888 in bedrijf was als glasfabriek, en waarvan de producten in heel Amerika zeer gewild zijn. In de museumwinkel worden reproducties van de originele tentoongestelde exemplaren verkocht, zoals karaffen en schalen, maar ook nieuwe fraaie ontwerpen uit de eigen werkplaats.

Heritage Museums & Gardens

67 Grove St., tel. 1-508-888-3300, www.heritagemuseumsandgardens.org, apr.-okt. dag. 9-17 uur, nov.,dec. kortere tijden, jan.-mrt. gesloten, volwassenen $ 18, kinderen 3-12 jaar $ 8

Heritage Museums & Gardens is de populairste bezienswaardigheid in Sandwich: een combinatie van een openluchtmuseum, autotentoonstelling, park en kunstgalerie. Ooit was dit een onrendabele boerderij, maar eigenaar Charles Dexter veranderde de uitgestrekte landerijen enkele tientallen jaren geleden in een toeristische trekpleister. Eind mei komen bezoekers kijken naar de bloeiende rododendrons, die half juli worden afgelost door bloeiende lelies. Bovendien hebben de tuinlieden zich in de teelt van hortensia's gespecialiseerd. Een reproductie van een ronde shakerschuur bergt een expositie van oude auto's. Naast een museum voor volkskunst, kunt u ook de **Old East Mill** bezichtigen, een van de mooiste historische windmolens op Cape Cod.

Dexter Grist Mill

Aan de Shawme Pond, tel. 1-508-888-4361, in de zomer dag. 10-16 uur

Al enkele jaren na de stichting van de stad werd de **Dexter Grist Mill** gebouwd. Nu staat er een replica van de korenmolen, waarvoor nog steeds een houten waterrad ronddraait dat de molensteen binnenin in beweging houdt.

Plymouth ▶ 1, O 3

Kaart: blz. 133

Slechts 35 km scheiden de stad Sandwich van het 58.000 inwoners tellende **Plymouth** **12**, dat weliswaar niet meer op het grondgebied van Cape Cod ligt, maar vandaar goed bereikbaar is. In deze kuststad begon half september 1620 de geschiedenis van New England. Na een reis van twee maanden landden hier destijds 102 emigranten die hun Engelse vaderland de rug hadden toegekeerd en met het schip de Mayflower de noordelijke Atlantische Oceaan waren overgestoken om in Amerika in religieuze vrijheid een nieuw leven te beginnen. Deze historische gebeurtenis heeft Plymouth beroemd gemaakt. Elk jaar bezoeken hordes toeristen de haven van de stad, waar een open zuilentempel aan Water Street is opgericht op de plaats waar de Pilgim Fathers naar verluidt voet op Amerikaanse bodem zetten.

Bezienswaardigheden

Mayflower II

Dag. 9-17 uur, tel. 1-508-746-1622, www.plimoth.org > What To See > Mayflower II, combiticket met Plimoth Plantation volwassenen $ 31, kinderen $ 20

In de haven van Plymouth ligt de replica van het oorspronkelijke schip van de Pilgrim Fathers onder de naam **Mayflower II**, een imposante driemaster met een opvallend hoge opbouw en een takelage zoals die in oude films over de zeevaart. Medewerkers verkleed als bootslieden en Pilgrim Fathers vertellen aan boord over de 66 dagen durende overtocht, alsof ze er zelf bij zijn geweest. In opdracht van de Britse regering bouwde een Engelse werf in 1957 de *Mayflower II* als geschenk voor de VS. Het schip voer op zijn enige transatlantische tocht naar historisch voorbeeld van Plymouth in Engeland naar Plymouth in Massachusetts en ligt sindsdien als museumschip in de haven voor anker. Het schip voer enkele malen uit, zoals in 1992, toen het een tocht van vier maanden in de kustwateren van Florida maakte.

Pilgrim Hall Museum

75 Court St., tel. 1-508-746-1620, www.pilgrimhall.org, dag. 9.30-16.30 uur, jan. gesloten, volwassenen $ 10, kinderen $ 6

Historische kunstvoorwerpen en documenten informeren in het **Pilgrim Hall Museum** over de eerste nederzetting van de Pilgrims in de Nieuwe Wereld. De nieuwkomers uit Engeland wachtte een zware winter. Tegen de tijd dat het voorjaar aanbrak, was de helft van hen bezweken aan ziekten, honger of uitputting.

Plimoth Plantation

137 Warren Ave., tel. 1-508-746-1622, www.plimoth.org, dag. 9-17 uur, combiticket met Mayflower volwassenen $ 31, kinderen $ 20
Hoe de nakomelingen van de weinige overlevenden het hoofd boven water probeerden te houden, leert u in het bezienswaardige openluchtmuseum **Plimoth Plantation**, even buiten Plymouth. Zodra u door de poort in een door een palissade omgeven museumdorp komt, stapt u de wereld van de 17e eeuw binnen. Vrouwen zitten in enkellange jurken met hun kinderen voor huizen van zware houten planken met strodaken. Authenticiteit heeft de hoogste prioriteit in dit openluchtmuseum. Als u met 'inwoners' in gesprek komt, zult u merken dat ze hun rol consequent afstemmen op de 17e eeuw.

Alle huizen zijn voorzien van een aangestampte lemen vloer, net als in de eerste jaren van de immigrantenkolonie. In boerentuinen kijken zonnebloemen over schuttingen en gedijen allerlei soorten groenten. In het Store House zijn vaten en kisten met levensmiddelen opgeslagen, die in tuinen en op akkers zijn verbouwd om ook de winter te kunnen overleven. Vachten en huiden werden naar Engeland verscheept om schulden mee af te betalen of waren te kopen die de Nieuwe Wereld niet kon leveren. Op een veld buiten de palissade heeft zich een groep avontuurlijk uitgeruste mannen verzameld voor de militaire training om het dorp bij noodgevallen tegen aanvallers te kunnen beschermen. De Pilgrim Fathers arriveerden in 1620 niet in een onbewoond land. Op veel plaatsen leefden indianenstammen, zoals de Wampanoag ('mensen van de dageraad'). Bij Plimoth Plantation hoort ook Hobbamock's Homesite, de kleine nederzetting van Hobbamock en zijn gezin. Hij hielp de eerste kolonisten hun eerste winter door en leerde ze te overleven met de natuurlijke hulpbronnen die aan de oostkust voorhanden waren.

Informatie

Destination Plymouth: 130 Water St., Plymouth, MA 02360, tel. 1-508-747-7525, www.seeplymouth.com.

Accommodatie

Goed ingericht – **John Carver Inn & Spa:** 25 Summer St., tel. 1-508-746-7100, www.johncarverinn.com. Niet ver van de Mayflower gelegen motel met tachtig ruime kamers met eigen badkamer. Spa en zwembad. Vanaf circa $ 189.

Victoriaans – **Hall's Pilgrim B&B:** 3 Sagamore St., tel. 1-508-746-2835, www.bandbplymouthmass.com. Romantisch ingerichte kamers met badkamer op de verdieping. In een rustig complex uit 1872. Circa $ 100.

Kampeerterrein – **Pinewood Lodge Campground: 190 Pinewood Road,** tel. 1-508-746-3548, www.pinewoodlodge.com. Lommerrijk en modern ingericht. Aan een meeroever met zwemgelegenheid.

Eten en drinken

Steak en shrimps – **Isaac's on the Waterfront:** 114 Water St., tel. 1-508-830-0001, www.isaacsdining.com, dag. 11.30-22.30 uur. Bouillabaisse, kreeft, prime rib. Vanaf $ 25.

Wat de Amerikaanse keuken biedt – **Hearth & Kettle Family Restaurant:** 25 Summer St., tel. 1-508-747-7405, dag. 7-22 uur, www.hearthnkettle.com. Seafoodspecialiteiten, prime-rib, gegrilde kip, cheesecake. Vanaf $ 14.

Lokale favoriet – **Lobster Hut:** 25 Town Wharf, tel. 1-508-746-2270, www.lobsterhutplymouth.com, dag. Dit restaurant serveert alles wat op zee wordt gevangen. $ 10-20.

Actief

Walvis spotten – **Captain John Boats:** 10 Town Wharf, tel. 1-508-746-2643, captjohn.com. Moderne vloot voor walvistochten (vier uur), havenrondvaarten en vistochten. Transfer naar Provincetown.

Stadsrondleidingen – **Colonial Lantern Tours of Plymouth:** 51 Liberty St., tel. 1-774-320-5132, www.lanterntours.com. Negentig minuten durende tour met draagbare lantaarns door het verleden van de stad.

Wijnproeven – **Plymouth Bay Winery:** 114 Water St., tel. 1-508-746-2100, www.plymouthbaywinery.com. Gratis tochten en wijnproeven met cranberry- en andere vruchtenwijnen.

New Englands kreeftenkust

Dit ruim 250 km lange kustgebied, dat zich uitstrekt over drie staten, biedt een afwisselend programma: een heksenmuseum, kapiteinsvilla's die herinneren aan het tijdperk van de overzeese handel, badplaatsen, historische openluchtmusea, dichterswoningen en een gevarieerd kustlandschap met eilanden en idyllische stranden.

Wanneer Bostonians in zomerweekends de in de hitte zinderende metropool ontvluchten op zoek naar ontspanning, gaan ze – als Cape Cod niet in aanmerking komt – het liefst noordwaarts richting North Shore, zoals de Atlantische kuststrook nabij de grens met New Hampshire wordt genoemd. Daar steekt Cape Ann met zijn zandstranden en baaien uit in de Atlantische Oceaan en lijkt daardoor haast wel een eiland – een ideale plaats om het uitzicht op de wolkenkrabbergevels van glas en staal te vergeten en in te wisselen voor een blik op de grillige steile kusten en de duikers in hun uitrusting van neopreen, die met enorme kreeften aan hun riem opduiken uit zee.

Van Cape Ann rijdt u in een halfuur naar de noordelijke buurstaat New Hampshire. Van alle aan zee grenzende Amerikaanse staten bezit New Hampshire de kortste Atlantische kuststrook (nog geen 30 km). Als u op het bord dat ten noorden van de Merrimack River de staatsgrens aangeeft de bijnaam Granite State ('Granietstaat') leest, zult u zich op deze kustweg verbazen, omdat u alleen zandstranden ziet liggen. De Appalachen, meer landinwaarts, bestaan echter wel degelijk uit graniet. Op de kuststrook beperkt het strandleven aan de overzijde van de uitgestrekte zoute weiden zich noodgedwongen tot maar een paar badplaatsen, waaronder Seabrook, Hampton Beach en Rye. Aan de havenboulevards rijgen zich motels, hotels, cafetaria's, restaurants, cafés en bars aaneen. Deze zitten 's zomers bomvol, hoewel de overnachtingsprijzen relatief hoog zijn. De vele restaurants met specialiteiten als eersteklas jakobsschelpen, romige *clam chowders* (een soort soep van venusschelpen en aardappelen) en puntgave kreeft verraden wat reizigers ook verder noordelijk te verwachten hebben.

Als u uw voet niet tijdig van het gaspedaal haalt, bent u de grens van Maine, de grootste staat van New England, alweer gepasseerd voordat u er erg in hebt. In Kittery rijdt u op de doorgaande weg eerst langs een groot aantal outletmalls, voordat voorbij de badplaats York aan Cape Neddick ineens het overweldigende uitzicht op de vuurtoren Nubble Light opdoemt. Het is dan net alsof Walt Disney op deze landtong een typisch New Englands en vooral fotogeniek vuurtorendecor heeft aangelegd.

Salem ▶ 1, N 1

Ieder jaar gedenkt deze 42.000 inwoners tellende stad in juli/augustus met het Salem Maritime Festival zijn maritieme erfgoed en zijn met de zee verbonden tradities. Tijdens dit populaire evenement opent de National Park Service gratis de poorten van de Salem Maritime National Historic Site, die werd ingericht om de zeevaarthistorie van New England levend te houden en aanschouwelijk te maken. Salem 'teert' nog altijd op zijn reputatie als 'heksenhoofdstad' van de Verenigde Staten en slaat zoveel mogelijk munt uit deze weinig roemrijke periode. Bij het bieden van achtergrondinformatie wordt het niet altijd even nauw genomen met de historische

In Salem heb je niet alleen met Halloween met het bovennatuurlijke te maken

feiten, omdat men vooral uit is op sensatie om bezoekers kippenvel te bezorgen.

De werkelijke gebeurtenissen: Geruchten en kwaadsprekerij leidden in 1692 tot massahysterie en vervolgens tot de beruchte heksenprocessen, waarbij meer dan 160 personen betrokken waren, van wie velen gevangen werden gezet en van hun bezittingen beroofd. De collectieve paranoia kostte het leven aan 25 vrouwen. Enkele jonge meisjes beschuldigden een aantal stadsgenoten ervan een verbond te hebben gesloten met de duivel en te zijn behekst. De beschuldigingen richtten zich vooral tegen welgestelde, alleenstaande vrouwen, die niet leefden volgens de dogma's van de puriteinse gemeenschap.

Bezienswaardigheden

Maritime National Historic Site

160 Derby St., tel. 1-978-740-1650, www.nps.gov/sama, dag. 9-17 uur, toegang gratis

De **Salem Maritime National Historic Site** omvat historische gebouwen rond het kadecomplexen Derby Wharf (1762), Hatch's Wharf (1819) en Central Wharf (1791). Voor het Pedrick Store House ligt aan de Derby Wharf de origineelgetrouwe replica van de historische driemaster **Friendship** voor anker, die na zijn tewaterlating in 1797 vijftien jaar lang op de handelsroutes naar India, China, Zuid-Amerika, Rusland en Europa voer en de stad grote welstand bracht, die nog steeds zichtbaar is in Salem. Een erfenis uit het gouden tijdperk van de zeehandel is ook het uit 1762 stammende **Derby House**, dat een van de succesvolste kooplieden van de stad en een van de eerste miljonairs in de VS liet bouwen als huwelijksgeschenk voor zijn zoon.

Achter de grijze, houten façade van de **West India Goods Store** uit 1804 lagen destijds goederen uit de hele wereld opgeslagen. Ook nu gaan er nog steeds koffie, specerijen en thee over de toonbank, producten die ooit per zeilschip over de wereldzeeën naar Salem werden verscheept.

Peabody Essex Museum

East India Sq., tel. 1-978-745-9500, www.pem.org, di.-zo. 10-17 uur, volwassenen $ 20, kinderen tot 16 jaar gratis

Het is niet zo vreemd dat dit oudste museum van Amerika, dat nog nooit voor langere tijd zijn deuren gesloten heeft, zich naast de historie van de zeevaart ook richt op kunst en cultuur uit de hele wereld. Ten tijde van de wereldwijde overzeese handel kwamen exotische kostbaarheden uit allerlei landen in Salem terecht. Het was daardoor bijna onontkoombaar dat er in 1799 een museum werd geopend. Tegenwoordig biedt het complex een blik op culturen uit de hele wereld. Op de afdeling Azië staat bijvoorbeeld een compleet huis uit de late periode van de Chinese Qingdynastie (1644-1911). Afrika is vertegenwoordigd met vroege werken van de oost- en de westkust, waaronder kunstvoorwerpen van de Zoeloes en de christelijke Ethiopiërs uit de 16e tot 20e eeuw, met iconen en metalen objecten. Tot de oudste stukken van dit museum behoren sculpturen en siervoorwerpen uit Oceanië, een collectie die inmiddels is uitgegroeid tot meer dan twintigduizend voorwerpen. Hebt u trek in een versnapering, dan kunt u terecht in het tuinrestaurant of het Atrium Cafe.

Witch Museum

Washington Sq., tel. 1-978-744-1692, www.-salemwitchmuseum.com, dag. 10-17, juli/aug. tot 19 uur, volwassenen $ 12, kinderen $ 9

Het **Witch Museum** toont naast documenten en voorwerpen uit de tijd van de heksenjacht ook een audiovisuele show over de gebeurtenissen in die tijd. Voor het museum staat een door beeldhouwer Henry Kitson vervaardigde donkere sculptuur van de stichter van de stad, Roger Conant, die goed bij de ambiance past.

Witch House

310 Essex St., tel. 1-978-744-8815, www.salemweb.com/witchhouse, mei-nov. dag. 10-17 uur, volwassenen $ 10, kinderen $ 6

Het enige bewaard gebleven gebouw dat een rol heeft gespeeld bij de heksenprocessen is het **Witch House**. In dit bouwwerk uit de 17e eeuw woonde rechter Jonathan Corwin, die tijdens de heksenprocessen negentien vrouwen tot de galg veroordeelde.

House of the Seven Gables

54 Turner St., tel. 1-978-744-0991, www.7gables.org, dag. 10-17, eind juli-okt. tot 19 uur, rest van het jaar tot 17 uur, volwassenen $ 13, kinderen $ 10

De heksenhysterie van 1692 en de ideeën en opvattingen van de New Englandse puriteinen komen ook aan bod in de werken van de in Salem geboren schrijver Nathaniel Hawthorne (1804-1864), wiens overgrootvader een van de rechters was tijdens de processen. In een mooie, geheimzinnig ogende tuin staat het uit 1668 stammende, met zeven puntgevels uitgevoerde **House of Seven Gabels**, dat Hawhorne in zijn gelijknamige roman literair vereeuwigde. Door de gecompliceerde bouwstijl krijgt het zwartgeschilderde gebouw iets mysterieus. Rondleidingen maken het leven in de 19e eeuw inzichtelijk. Op hetzelfde terrein staat ook het geboortehuis van Hawthorne.

Informatie

Destination Salem Office of Tourism: 93 Washington St., Salem, MA, tel. 1-978-744-3663, www.salem.org.

Accommodatie

Gastvrij – **Hawthorne Hotel:** 18 Washington Sq., tel. 1-978-744-4080, www.hawthornehotel.com. Traditioneel hotel in Downtown, smaakvol ingericht. Wifi bij de prijs inbegrepen. Vanaf $ 179.

Aanbevolen – **Coach House Inn:** 284 Lafayette St., tel. 1-978-744-4092, www.coachhousesalem.com. in 1879 gebouwde voormalige kapiteinswoning, nu een B&B met hoge plafonds en meubilair in de stijl van de 19e eeuw. Inclusief klein ontbijt. Vanaf $ 155.

Bijna als een museum – **Daniels House:** 1 Daniels St., tel. 1-978-744-5709, www.thedanielshouse.com. Keurige B&B in een meer dan driehonderd jaar oud, met veel antiek ingericht complex. $ 115-135.

Eten en drinken

Goede kwaliteit – **Bella Verona:** 107 Essex St., tel. 1-978-825-9911, www.bellaverona.com, dag. 16-21 uur. Italiaanse klassiekers met onder meer huisgemaakte pasta in een gezellige sfeer. Hoofdgerecht vanaf $ 16.

Excellent menu – **Nat's:** 18 Washington Sq., in het Hawthorne Hotel, tel. 1-978-744-4080, www.hawthornehotel.com/dining. Bij Nathaniel wordt dagelijks gegrilde zwaardvis, kalfsfricassee en ravioli van wilde paddenstoelen geserveerd – allemaal smakelijk bereid. Op zondag een jazzbrunch voor $ 20.

Winkelen

Leuk kitscherig – **Enchanted:** 98 Wharf St., www.enchantedofsalem.com, ma.-za. 11-19, zo. 12-18 uur. Alles rond het thema heksen.

Zwarte magie – **Crow Haven Corner:** 125 Essex St., tel. 1-978-745-8763, www.crowhavencorner.com. 'Hobby-heksen' kunnen hier terecht voor hun benodigdheden, van zwarte capes tot tarotkaarten en kristallen bollen.

Vervoer

Trein: de vergeleken met de bus iets snellere lokale trein rijdt in circa 35 minuten van North Station in Boston naar Salem. Informatie bij www.mbta.com.

Bus: bus 450 rijdt van de Haymarket in Boston in circa 50 minuten naar Salem.

Cape Ann ▸1, O 2

Het ver in de Atlantische Oceaan uitstekende schiereiland **Cape Ann** is het antwoord van North Shore op Cape Cod (zie blz. 130), meer naar het zuiden. Rotsachtige kusten worden afgewisseld door lange zandstranden. Voor de kust duiken ieder jaar verschillende walvissoorten, dolfijnen en een enkele keer zelfs orka's op, zodat het spotten van walvissen ook hier is uitgegroeid tot een levendige business.

Gloucester

Dit circa 30.000 inwoners tellende, op Thatcher Island gelegen stadje bezit de oudste haven van de VS en is een van de populairste vakantiebestemmingen op de kaap. Het stadsdeel Rocky Neck groeide rond 1850 uit tot een kunstenaarskolonie, waar Edward Hopper in de jaren 20 vaak de zomer doorbracht en tekeningen en aquarellen van plaatselijke huizen maakte (www.rockyneckartcolony.org).

Hammond Castle

80 Hesperus Ave., Magnolia, tel. 1-978-283-2080, www.hammondcastle.org, mei-sept. di.-zo. 10-16 uur, volwassenen $ 10

Ook anderen die hier een kijkje kwamen nemen, waren zeer te spreken over de kustplaats. Onder hen was de uitvinder en kunstverzamelaar John H. Hammond, die in 1928 ten zuidoosten van Gloucester het **Hammond Castle** liet bouwen, een complex met ophaalbruggen en middeleeuwse torens. Hij richtte het in met een verzameling opmerkelijke kunstwerken uit de Romeinse tijd, de middeleeuwen en de renaissance, die u kunt bekijken.

Crow's Nest

334 Main St., www.crowsnestgloucester.com

Gloucester maakte in 2000 zijn debuut op het witte doek in *The Perfect Storm* van regisseur Wolfgang Peterson. Deze film vertelt naar de roman van Sebastian Junger het op feiten berustende relaas van de vissersboot Andrea Gail, die in oktober 1991 in de orkaan Grace terechtkwam en probeerde zijn thuishaven Gloucester te bereiken. In de film speelt de plaatselijke bar **Crow's Nest** een rol, maar alleen het interieur komt overeen met dat op het witte doek.

Informatie

Gloucester Visitor Center: 9 Hough Ave., Gloucester, MA 01930, tel. 1-978-281-8865, www.gloucesterma.com.

Accommodatie

Knus verblijf – **Julietta House:** 84 Prospect St., tel. 1-978-281-2300, www.juliettahouse.

com. Met veel liefde voor detail ingerichte gastenkamers in victoriaanse stijl, inclusief ontbijt. Vanaf $ 140.

Vriendelijk en comfortabel – **Sea Lion Motel:** 138 Eastern Ave., tel. 1-978-283-7300, www.sealionmotel.com. Schone kamers met badkamer en airconditioning. Cottages en kamers inclusief keuken. Vanaf $ 109.

Kamperen – **Cape Ann Camp Site:** 80 Atlantic St., West Gloucester, tel. 1-978-283-8683, www.capeanncampsite.com. Alle tweehonderd plaatsen hebben een eigen picknicktafel en vuurplek.

Actief

Wavis spotten – **Cape Ann Whale Watch:** 415 Main St., tel. 1-800-877-5110, www.caww.com. Walvistochten van apr.-nov.

Captain Bill's Whale Watch, 24 Harbor Loop, tel. 1-978-283-6995, www.captbillandsons.com. Mei-okt. twee tochten per dag. Volwassenen $ 48.

Rockport

In 2002 brachten de Amerikaanse posterijen een postzegel van 34 cent uit waarop achter het opschrift 'Greetings from Massachusetts' een foto te zien is van de Inner Harbor in **Rockport** samen met een rode vissershut. De U.S. Postal Service had een gelukkige keuze gemaakt, omdat ze een motief had gebruikt dat ver over de grens van de staat bekendstaat als het symbool van dit plaatsje. De vissershut draagt al jaren de bijnaam **Motif No. 1**, omdat geen fotograaf of schilder het kan laten om hem te vereeuwigen. Toen een storm in 1978 het opvallende 'monument' van de kade blies, aarzelde het gemeentebestuur geen moment om de beroemde blikvanger zo snel mogelijk weer op te bouwen.

Rockport is een idyllisch, aan drie kanten door de zee omgeven plaatsje. Het is niet verwonderlijk dat het zich al tientallen jaren geleden ontwikkelde tot een vissersplaats met de ambities van een kunstenaarskolonie, vooral omdat de overbevissing geleidelijk aan een steeds grotere bedreiging ging vormen voor de traditionele broodwinning. Op warme zomerdagen zijn de straten van Rockport uitgestorven, omdat de bevolking dan verkoeling zoekt op het kleine zandstrand.

Essex

Het vierduizend zielen tellende stadje is een oude werfplaats. Bij de lokale bevolking is Essex echter beter bekend als antiekmekka met ongeveer zestig zaken, die zich langs de doorgaande weg aaneenrijgen.

Essex Shipbuilding Museum

66 Main St., tel. 1-978-768-7541, www.essexshipbuildingmuseum.org, mei-okt. wo.-zo. 10-17, nov.-mei za./zo. 10-17 uur, volwassenen $ 7

In het **Essex Shipbuilding Museum** komt de glorierijke oude tijd weer tot leven. Het museum bestaat uit een complex van gebouwen aan de Essex River en toont meer dan drieduizend historische foto's, manuscripten en documenten over de scheepsbouw en ruim vijfhonderd oude werktuigen. Het pronkstuk is de op het terrein tentoongestelde schoener Evelina M. Goulart uit 1927, die hier samen met ruim vijfhonderd andere schepen van stapel liep

White Elephant Shop

32 Main St., tel. 1-978-768-6901, www.whiteelephantshop.com, ma.-za. 11-17, zo. 12-17 uur

Tor de bekendste antiekzaken behoort de aan de buitenkant overladen, maar uitnodigend ogende **White Elephant Shop**, met een overdekte uitbouw, waar zo'n beetje alles te krijgen is wat een mens niet per se nodig heeft: schommelstoelen, porseleinen beeldjes, keramiek, speelgoed, muziekinstrumenten, boeken, Amerikaanse vlaggen, ansichtkaarten en nog veel meer. Veel van de handel loopt ook via internet .

Hampton Beach

▶ 2, G 5

Deze badplaats, gelegen aan de Atlantische kust van New Hampshire, biedt met zijn kilometerslange strand onbezorgd vertier, vooral voor gezinnen. In augustus wordt speciaal voor kinderen een week lang het Hampton Beach Children's Festival gehouden, met goochelaars en clowns en afsluitend een kinderoptocht. Een maand eerder kunnen toekomstige architecten en landschapsontwerpers tijdens een jaarlijkse wedstrijd zandkastelen bouwen een proeve geven van hun fantasie.

Als er geen feest of concert plaatsvindt op de Seashell Stage aan het strand, vermaakt het publiek zich op de bijna 5 km lange *boardwalk*. In een tiental cafetaria's en fastfoodrestaurants verdringen bezoekers elkaar om suikerspinnen en pizza's te bemachtigen. Verder slentert men door de speelhallen of belegert de ijssalons.

Portsmouth ► 2, G 4

De staat New Hampshire bezit maar één zeehaven: de circa 21.400 inwoners tellende havenstad **Portsmouth** aan de Piscataqua River. Talrijke stijlvolle gebouwen getuigen van de belangrijke economische en politieke rol die de stad heeft gespeeld, eerst als centrum van de scheepsbouw en later als haven voor de overzeese handel en als bestuurscentrum.

Historische gebouwen

Moffat-Ladd House

154 Market St., tel. 1-603-436-8221, www.moffattladd.org, half juni-half okt. ma.-za. 11-17, zo. 13-17 uur, volwassenen $ 7

William Whipple, een van de ondertekenaars van de Onafhankelijkheidsverklaring, woonde in het **Moffat-Ladd House**. Deze voorname, met enkele kostbare, 18e-eeuwse meubels ingerichte villa werd in 1763 door Whipples schoonvader John Moffat gebouwd, die dankzij de overzeese handel een flink vermogen had vergaard. Het dak van het fraaie huis is voorzien van een karakteristieke *widow walk*, een balkonachtige constructie rond de schoorsteen, waarop men kan lopen.

Governor John Langdon House

143 Pleasant St., tel. 1-603-436-3205, www.historicnewengland.org, rondleidingen juni-half okt. vr.-zo. 11-17 uur, volwassenen $ 8

Nog statiger is het **Governor John Langdon House** uit 1784. De voormalige heer des huizes, die zijn handtekening onder de grondwet van de VS zette, bekleedde drie ambtstermijnen de functie van gouverneur van New Hampshire.

Warner House

150 Daniel St., tel. 1-603-436-5909, www.warnerhouse.org, juni-okt. wo.-ma. 11-16 uur, volwassenen $ 7

Het bakstenen **Warner House** in georgian stijl stamt uit 1716 en was oorspronkelijk eigendom van een scheepskapitein. Het is vooral een bezoek waard vanwege de indrukwekkende muurschilderingen, waaronder afbeeldingen van twee indianenopperhoofden van de Mohawkstam, en het fraaie interieur.

Strawbery Banke Outdoor Museum

14 Hancock St., tel. 1-603-433-1100, www.strawberybanke.org, mei-okt. dag. 10-17 uur, rest van het jaar rondleidingen van 1,5 uur za., zo. 10-14 uur, volwassenen $ 19,50

In de haven aan de Piscataqua, waar sloepen en kleine viskotters tegen de achtergrond van kleurig geschilderde houten huizen in het water schommelen, waant u zich in een karakteristiek New Englands vissersdorpje. Hier zetten in 1630 de eerste Engelse kolonisten voet op de rivieroever, die begroeid was met wilde aardbei – ze noemden hun dorp daarom Strawbery Banke. Drie jaar later, toen de scheepsbouw en de houtindustrie inmiddels een rol van betekenis speelden, veranderde men de naam van het stadje in Portsmouth. Hoe het er aan toeging in de oude pionierstijden kunt u zien in het **Strawbery Banke Museum**, een openluchtmuseum met 46 huizen uit de periode tussen 1695 en 1820, die de herinnering aan de vroege jaren van Portsmouth levend houden.

Het met zorg onderhouden museumterrein met zijn verklede dorpsbewoners zou prima geschikt zijn als decor van een film over de geschiedenis van New England. In verscheidene van hun houten huizen ziet u hoe vroeger met eenvoudige werktuigen boten werden gebouwd, keramiek tot stand kwam en dakspanen werden vervaardigd.

Omgeving van Portsmouth

Even buiten het centrum van Portsmouth overspant de Memorial Bridge de brede rivierbedding van de Piscataqua, waarin **Badger Island** als steunpilaar fungeert. Op de noordoever van de rivier begint de staat Maine. Van ongerepte schoonheid en verlaten steile kusten is in eerste instantie niets te zien. In plaats daarvan wijzen enorme borden de weg naar de **Kittery Outlets**, die zich aan de doorgaande weg over een afstand van bijna 2 km aaneen rijgen. Meer dan 120 zaken van Levi's tot Liz Claiborne en van Calvin Klein tot Timberland, Eddie Bauer, Puma en Reebok verkopen merkartikelen rechtstreeks uit de fabriek tegen bodemprijzen (www.thekitteryoutlets.com, ma.-za. 9-21, zo. 10-18 uur).

Informatie

Discover Portsmouth Center: 10 Middle St., Portsmouth, NH, tel. 1-603-436-8433, www.portsmouthhistory.org en www.portsmouthnh.com, apr.-dec. dag. 10-17 uur.

Accommodatie

Victoriaanse charme – **Hotel Portsmouth:** 40 Court St., 603-433-1200, www.thehotelportsmouth.com. Huis in Queen-Annestijl (19e eeuw) met 34 mooie gastenkamers. Vanaf $ 190.

Comfortabel – **Martin Hill Inn:** 404 Islington St., tel. 1-603-436-2287, www.martinhillinn.com. Uit twee gebouwen bestaande B&B met decoratieve, rookvrije kamers. Hoogseizoen $ 190.

Eten en drinken

Uitstekende Italiaan – **Ristorante Massimo:** 59 Penhallow St., tel. 1-603-436-4000, www.ristorantemassimo.com, dag. 7-22 uur. Chic Italiaans restaurant als een antiekmuseum in het historische centrum. Topkeuken. Vanaf circa $ 30.

Goede gerechten, reële prijzen – **Blue Mermaid:** 409 The Hill, tel. 1-603-427-2583, www.bluemermaid.com, ma.-za. 11.30-21, zo. 10-21 uur. Innovatieve gerechten als zalm in een korst van zwarte maïs met mangovinaigrette. Voor minder avontuurlijke eters zijn er alternatieven als pizza's en hamburgers. Lunch circa $ 10, diner circa $ 20-25.

Actief

Sightseeingtour – **Portsmouth Harbor Trail:** Toeristische route met de belangrijkste bezienswaardigheden. Rondleidingen ma. en do.-za. 10.30 en 17.30, zo. 13.30 uur. Informatie bij Discover Portsmouth (zie hiernaast).

Havenrondvaart – **Portsmouth Harbor Cruises:** Ceres St. Dock, tel. 1-603-436-8084, www.portsmouthharbor.com. Becommentarieerde havenrondvaarten mei-okt.

Kajaktochten – **Portsmouth Kayak Adventures:** 185 Wentworth Rd., tel. 1-603-559-1000, www.portsmouthkayak.com. Begeleide kajaktochten en -cursussen in het Piscataqua River Basin. Ook kajakverhuur.

Voor bierliefhebbers – **Portsmouth Brewery, Smuttynose Brewing Company:** in Hampton. Brouwerijbezichtiging, waarbij u ook een maaltijd kunt bestellen. Informatie bij de Chamber of Commerce.

Vervoer

Verkeer in de stad: Van juli tot eind aug. doet een trolleybus de belangrijkste punten in Portsmouth aan, volwassenen $ 0,50.

Southern Maine Coast

▶ 2, G 4

York en Cape Neddick

De schilderachtige kust van Maine begint pas bij het uit drie delen bestaande stadje **York**, met zijn vele 18e- en 19e-eeuwse huizen. Langs de promenade staan talloze cafés, restaurants en disco's, die in de zomer van de nacht een dag maken, als jongeren in het weekend massaal uitgaan en uit ieder café de laatste hits schallen. Ten noorden van York kromt de kustlijn zich rond een licht gebogen baai, waar het water zelfs midden in de zomer nog enkele graden koeler is dan bijvoorbeeld bij Cape Cod. Kleine weggetjes voeren over de beboste **Cape Neddick**, die als een kansel van rots in de Atlantische Oceaan uitsteekt. Aan de uiterste punt ligt een boomloos eiland, dat door een smalle doorgang van het vasteland is gescheiden. Hier verheft zich **Nubble Light**, een van de meest gefotografeerde bouwwerken van New England.

Ogunquit ▶ 2, G 4

De indiaanse naam van dit plaatsje betekent 'mooie plaats aan zee'. Al in de 19e eeuw was dit voor investeerders een reden om hier een vakantieoord te bouwen, wat **Ogunquit** tot de dag van vandaag is gebleven. Winkels met snuisterijen, mode en merkartikelen omzomen de kronkelende straten, waar zich ook ruim 25 restaurants, galeries en hotels verschuilen.

Het gaat het er even levendig aan toe in het iets zuidelijker gelegen **Perkins Cove**, waar een ophaalbrug voor voetgangers de haveningang overspant en veel bezoekers speciaal staan te wachten op een zeilboot met een hoge mast, omdat de brug dan wordt opgehaald. Kunstgaleries, modeboetieks en aangename restaurants vindt u hier te kust en te keur.

Stranden

Een bezienswaardigheid is het kilometerslange Ogunquit Beach, door de monding van de Ogunquit River gescheiden van het vasteland. In het verlengde van Beach Street kunt u over een brug naar het strand rijden. U kunt zich de zenuwslopende zoektocht naar een parkeerplaats echter ook besparen door in het centrum de trolleybus naar het strand te nemen. Verder naar het noorden overspant een houten bruggetje de rivier naar **Footbridge Beach**, waar het rustiger is.

Kennebunkport ▶ 2, G 4

Dit vierduizend inwoners tellende plaatsje is het hele jaar door een vakantiebestemming, maar vooral in de zomer is het druk rond **Dock Square** met zijn schilderachtige houten huizen, als al vroeg in de ochtend uit de hele omgeving bussen nieuwsgierigen arriveren.

Het dorp, dat niet pal aan de kustlijn ligt, maar verder landinwaarts aan de Kennebunk River, is voor veel Amerikanen al decennia lang een ver van de stad gelegen toevluchtsoord om tot rust te komen. Ook schilders en schrijvers weten de rustige sfeer rond de haven zeer te waarderen. In de jaren 80 kreeg het massatoerisme een nieuwe dimensie – min of meer om politieke redenen. Aan de rand van Kennebunkport ligt bij **Cape Arundel** vlak aan zee namelijk het vakantieverblijf van de Bushdynastie, wat het toerisme in Kennebunkport een extra impuls heeft gegeven. George Bush sr. was in 1989-1993 president van de VS. Zijn zoon Bush jr. bekleedde het hoogste ambt in 2001-2009. In juli 2007 ontving Bush jr. hier de Russische president Poetin.

Stranden

Goede stranden om te zwemmen zijn **Gooch's Beach**, **Middle Beach** en **Mother's Beach**. Ze liggen ten zuiden van de Kennebunk River, waar Beach Street naar zee voert. De twee eerstgenoemde stranden worden vooral door jongeren druk bezocht, terwijl Mother's Beach populair is bij gezinnen met kinderen.

Informatie

Chamber of Commerce: 16 Water St., Kennebunkport, ME 04043, tel. 1-207-967-0857, www.visitthekennebunks.com.

Accommodatie

Vakantieoase – **Fontenay Terrace Motel:** 128 Ocean Ave., tel. 1-207-967-3556, www.fontenayterrace.com. Eenvoudige kamers met airconditioning en badkamer. Het motel is omgeven door een mooie tuin. Vanaf $ 150.

Voor individualisten – **Wildwood Cottages:** 122 Wildes District Rd., tel. 1-207-967-3377, www.wildwoodcottages.com. Op het terrein

Toevluchtsoorden voor kreeftenliefhebbers

De door stormen geteisterde Atlantische kuststrook van de staat Maine draagt niet voor niets de bijnaam kreeftenkust. De vangst van deze schaaldieren kent hier al een lange traditie en lobsters, zoals de Amerikanen deze delicatesse noemen, behoren sinds jaar en dag tot de 'eerste levensbehoeften' van de kustbevolking.

Kreeft in overvloed aan de kust van Maine

De meeste restaurants langs de kust hebben kreeft op de menukaart staan. U kunt natuurlijk gaan eten in een modern, stijlvol ingericht etablissement, maar het is origineler om een van de vele voor Maine karakteristieke *lobster pounds* te bezoeken. Dit zijn zeer eenvoudige eetgelegenheden of vissershutten, waarin vers gevangen kreeften in zeewater worden gekookt – overigens een zeer snelle dood. Zodra de bruinzwarte schaaldieren in het kokende vocht liggen, krijgen ze een aantrekkelijke rode kleur. Na ongeveer een kwartier zijn ze gaar en worden ze traditioneel met warme, gesmolten boter genuttigd. De chef-koks bekommeren zich niet om de inrichting van hun eenvoudige zaken. De delicatessen worden op plastic borden geserveerd, samen met de gereedschappen die nodig zijn om de pantsers te breken.

Als u een ritje door de omgeving maakt, ziet u aan het eind van de ochtend of in de vroege avond naast eenvoudige schuren niet zelden een rookpluim opstijgen – een duidelijke aanwijzing dat hier sprake is van een lobster pound. Vaak liggen de 'keukens' in de openlucht en bestaan uit eenvoudige, bakstenen ovens met ruimte voor de enorme kuip waarin men de schaaldieren in een net bewaart.

Kreeften kwamen vroeger aan de kust van Maine zulke enorme aantallen voor, dat boeren de lekkernijen verpulverden om er hun akkers mee te bemesten. Reeds in de jaren 1840, aan het begin van de kreeftenindustrie, begonnen de hoeveelheden af te nemen. Tegelijk steeg het kreeftenvlees in waarde, onder meer omdat de vangboten de zeedieren over langere perioden levend aan boord konden vervoeren, wat bij vis niet mogelijk was. Bovendien zorgde de uitvinding van ingeblikte producten voor nieuwe afzetmarkten, waardoor de export tot aan Californië mogelijk werd. Het spoorvervoer in de 20e eeuw en het toenemende luchtvervoer in het recente verleden zorgden ervoor dat Mainekreeft een in veel delen van de wereld gewaarde delicatesse werd.

De huidige kreeftenvloot heeft met zijn voorgangersmodellen weinig meer gemeen. Moderne schepen zijn beladen met honderden vangkooien en voorzien van radar, sonar en andere elektronische hulpmiddelen die de vissers bij het plaatsen van de kooien van grote hulp zijn. Een hele reeks voorschriften moet overbevissing tegengaan. Toch is en blijft de kreeftenvangst een lonende bezigheid. Jaarlijks oogsten de vissers tussen de 30.000 en 40.000 ton van deze schaaldieren, wat overeenkomt met een geldwaarde van 200 tot 300 miljoen dollar.

hebben gasten de keus uit twee comfortabel ingerichte chalets en twee relatief eenvoudige cabins. In de zomer $ 115-135.

Comfortabel – **Ocean Woods Resort:** 71 Dyke Rd., tel. 1-207-967-1928, www.oceanwoodsresort.com. Resort met 32 kamers met airconditioning, badkamer, kabel-tv, bad, douche, föhn en koffieapparaat. Vanaf $ 110, in de zomer bijna tweemaal zo duur.

Goede faciliteiten – **Yankeeland Campground:** tien mijl naar het westen aan de Old Alfred Rd. (Rte 35), tel. 1-207-985-7576, www.yankeelandcampground.com, mei-okt. Bebost kampeerterrein met zwembad, winkel, sportieve en sanitaire voorzieningen.

Eten en drinken

Heerlijke kreeft – **Nunan's Lobster Hut:** 9 Mills Rd., tel. 1-207-967-4362, www.nunanslobsterhut.com, dag. vanaf 17 uur. En bijzonder gezellig restaurant. De kreeft is eenvoudig bereid, maar smaakt fantastisch. Lobstermenu $ 22-24.

Prima en eenvoudig – **Alisson's Restaurant:** 11 Dock Sq., tel. 1-207-967-4841, www.alissons.com, dag. 11-22 uur, pub tot 24 uur. Geliefd bij de lokale bevolking. Vanaf $ 8.

Biddeford Pool ▶ 2, G 4

Biddeford Pool bestaat uit enkele tientallen, verspreid langs de kust staande huizen. Voor de kust liggen geelachtige, rond geslepen rotsen, die zich als slapende fabeldieren in het water hebben neergelegd – een schitterend plaatsje om na een inspannende tocht van de rust en de zoute lucht te genieten. In het achterland van de kust strekt zich een donkergroen moeraslandschap uit, met watervlakten waarin de schapenwolken aan de hemel weerspiegelen.

Old Orchard Beach ▶ 2, G 4

Als u daarna het strandleven weer in wilt gaan, hoeft u alleen door te rijden naar het nog geen negenduizend inwoners tellende **Old Orchard Beach**. In de zomer is dit 12 km lange strand een levendig kermisterrein met alle denkbare attracties, waaronder de enige houten achtbaan van de staat, een waterpark en een reuzenrad, en elke donderdag wordt er vuurwerk afgestoken. Vanaf de op houten palen rustende, 150 m in de zee uitstekende pier met kleine winkels, kraampjes en cafetaria's hebt u een prachtig uitzicht op de bedrijvigheid aan het strand.

Portland Head Light ▶ 2, H 4

1000 Shore Rd., tel. 1-207-799-2661, www.portlandheadlight.com, dag. geopend van zonsopkomst tot zonsondergang, museum dag. 10-16 uur, volwassenen $ 2

Onderweg naar Portland kunt u een omweg maken via Cape Elizabeth. Het **Portland Head Light** uit 1791 staat zo schilderachtig op een grillig gevormde rots dat de vuurtoren niet alleen veelvuldig in fotoboeken en reisgidsen staat afgebeeld, maar ook op postzegels en verpakkingen van ontbijtgranen.

Portland ▶ 2, H 3

Kromme klinkerstraten, uitnodigende restaurants achter victoriaanse gevels, keurige boetieks, her en der een naar mout geurende minibrouwerij, kunst- en antiekgaleries, koffiehuizen en een muur met een kolossale schildering die herinnert aan de maritieme geschiedenis van de stad. In de jaren 70 was het stadsbestuur het verwaarloosde havenkwartier **Old Port** met zijn half vervallen bakstenen huizen beu en toverde het om in een uitnodigende wijk, die niet alleen op bezoekers, maar ook op mensen uit de stad zelf een aantrekkende werking uitoefent. Het in 1807 opgetrokken **Portland Observatory**, een voormalige vuurtoren, biedt uitzicht op het prachtige geheel (volwassenen $ 9).

Stadswandeling

Waterfront en Monument Square

Aan de overzijde van Commercial Street sterkt zich het Waterfront uit, met pakhuizen, aanlegsteigers, moderne appartementencomplexen, vismarkten en parkeerplaatsen voor bezoekers van de stad die aan boord van excursieboten de fascinerende, met eilanden bezaaide Casco Bay willen verkennen. Het Waterfront, waar de geur van teer, zout water en vis hangt, toont niet alleen het maritieme karakter van Portland, maar vormt ook het hart en de ziel van de slechts 66.000 inwoners tellende stad.

Het stadscentrum is niet zo groot, dus u kunt het gemakkelijk te voet verkennen. Het eigenlijke centrum ligt rond het **Monument Square**, dat een goed startpunt is voor een wandeling naar de rijkversierde **City Hall**. De in een hal ingerichte **Public Market**, met een uitgebreid aanbod aan fruit en groente, ligt direct om de hoek.

Victoria Mansion

109 Danforth St., tel. 1-207-772-4841, www.victoriamansion.org, mei-okt. ma.-za. 10-16, zo. 13-17 uur, nov.,dec. ma. gesloten, volwassenen $ 15

Twee straten van het Waterfront verwijderd staat het op een klein Italiaans palazzo gelijkende **Victoria Mansion** uit 1860, dat u een blik gunt in het victoriaanse tijdperk. Eigenaar Ruggles Morse, die een vermogen had verdiend in het hotelwezen, wist hoe je een huis in een paleis kon omtoveren met mooi meubilair, mahoniehouten trappen, tapijten, gebrandschilderde ramen met de staatswapens van Maine en Louisiana, en schilderijen. In de ontvangstruimte springt naast een portret van de bebaarde heer des huizes een open, met wit marmer afgedekte en met sierlijke figuren van danseressen verfraaide schouw in het oog. De toren van het gebouw, die van binnen met trompe-l'oeilschilderingen in een tent is veranderd, is alleen te bezoeken bij speciale gelegenheden.

Wadsworth Longfellow House

489 Congress St., tel. 1-207-774-1822, www.mainehistory.org/house_overview.shtml, rondleidingen mei-okt. di.-za. 10-16 uur, volwassenen $ 15, kinderen en senioren $ 12

Via Congress Street komt u uit bij het bekendste gebouw in de stad, het uit 1785 daterende en tegenwoordig met hedendaags meubilair ingerichte **Wadsworth Longfellow House**, waar Henry Wadsworth Longfellow (1807-1882) zijn jeugd doorbracht. Tijdens rondleidingen ziet u onder andere Longfellows schrijflessenaar en een originele cassette waarin de dichter papier en schrijfgerei bewaarde.

Portland Museum of Art

7 Congress Sq., tel. 1-207-775-6148, www.portlandmuseum.org, in de zomer za.-wo. 11-18, do.-vr. 11-20 uur, rest van het jaar korter, volwassenen $ 15, vr. 16-20 uur toegang gratis

Het **Portland Museum of Art**, het grootste kunstmuseum van de staat, werd in 1882 gesticht en is sinds 1983 gehuisvest in een architectonisch meesterwerk van de internationaal bekende architect I.M. Pei. U kunt er een collectie Amerikaanse schilderkunst uit de 18e tot 20e eeuw bewonderen, waaronder werken van beroemdheden als Edward Hopper, Winslow Homer, Rockwell Kent, Andrew Wyeth en John Singer Sargent. In de afdeling voor Europese kunst hangen werken van onder anderen Degas, Monet, Renoir, Picasso, Munch en Magritte. Behalve de schilderijen zijn ook de sculpturen, grafiek, foto's en werken van glas en keramiek het bezichtigen waard. Het in 1801 in Federal Style opgetrokken **McLellan House** maakt eveneens deel uit van het museum.

Informatie

Greater Portland Convention and Visitors Bureau: 14 Ocean Gateway Pier, Portland, ME 04101, tel. 1-207-772-5800, www.visitportland.com. Op de luchthaven vindt u een informatiepunt.

Accommodatie

Fantastisch – **Pomegranate Inn:** 49 Neal St., tel. 1-207-772-1006, www.pomegranateinn.com. Chique, met moderne schilderijen ingerichte bed & breakfast met fraaie gemeenschappelijke ruimtes en stijlvolle kamers. Het Carriage House is een origineel ingerichte kleine woning. In de zomer vanaf $ 300, ander vanaf $ 169.

Alleen basisvoorzieningen – **Motel 6:** 1 Riverside St., tel. 1-207-775-0111, www.motel6.com. Prima ketenmotel aan de Interstate voor gasten met weinig wensen. Circa $ 90.
Goede voorzieningen – **Wassamki Springs Campground:** 56 G. Saco St., Scarborough, tel. 1-207-839-4276, www.wassamkisprings.com, 1 mei- 15 okt. Bebost kampeerterrein ten westen van Portland. Bij het State Park.

Eten en drinken

Portland staat bekend om zijn ruime keus aan goede restaurants.
Voldoet aan de verwachtingen – **Fore Street:** 288 Fore St., tel. 1-207-775-2717, www.forestreet.biz, zo.-do. 17.30-22, vr., za. tot 22.30 uur. Chique gerechten. De chef-kok is een liefhebber van verse ingrediënten en wordt geprezen door vaktijdschriften. Veel vis, maar ook steaks en zelfs pizza. Vanaf $ 25.
Eenvoudig – **Becky's Diner:** 390 Commercial St., tel. 1-207-773-7070, www.beckysdiner.com, dag. vanaf 4 uur. Ideale plek om te ontbijten. Ook de lunch en het diner zijn goed en zeer voordelig. Vanaf $ 5.

Winkelen

Winkelcentrum – **Maine Mall:** 364 Maine Mall Rd., South Portland, www.mainemall.com, ma.-za. 10-21, zo. 11-18 uur. Meer dan 140 winkels, restaurants en fastfoodtenten. Groot *food court*.

Actief

Stadstochten – **Portland Discovery:** Long Wharf, 5 Moulton St., tel. 1-207-774-0808, www.portlanddiscovery.com, mei-okt. Trolleybustochten door de stad en omgeving, plus het Portland Head Light (zie blz. 152).
Pakjes en passagiers – **Casco Bay Lines:** P. O. Box 4656, tel. 1-207-774-7871, www.cascobaylines.com, in de zomer tochten dag. 10 en 14.15, verder 10, 14.45 uur. Drie uur durende tochten door de Casco Bay per postboot, $ 16.
Walvis spotten – **Odyssey Whale Watch:** Long Wharf, Commercial St., tel. 1-207-775-0727, www.odysseywhalewatch.com, Walvistochten eind mei-okt. Daarnaast ook dinertochten.

Vervoer

Vliegtuig: Portland International Jetport, tel. 1-207-874-8877, www.portlandjetport.org. De luchthaven ligt 15 minuten rijden ten zuidwesten van de stad. Luchtvaartmaatschappijen vliegen op New York City, Philadelphia, Atlanta, Washington D.C., Pittsburgh, Chicago, Boston en Cleveland. Voor vervoer naar het centrum kunt u de bus (tel. 1-207-774-0351) en taxi's, die circa $ 17 kosten, gebruiken. Alle grote autoverhuurders zijn hier vertegenwoordigd.
Trein: Amtrak Terminal, 100 Thompson's Point Rd., Portland Transportation Center, tel. 1-800-872-7245, www.amtrak.com. Tussen Portland en Boston rijdt de Downeaster. Duur van de tocht is 2 uur, $ 25.
Bus: Greyhound Station, 950 Congress St., tel. 1-207-772-6588, www.greyhound.com. Verbindingen naar alle grote steden.

Maine's Midcoast

Freeport ▸ 2, H 3

Freeport staat met 170 outletcenters, designwinkels, modezaken en magazijnen vol schoenen, broeken, blouses en overhemden symbool voor ongeremde kooplust. Nog altijd is de in 1911 geopende L.L. Bean's Store het paradepaardje van de in de stijl van een New Englands dorp aangelegd consumptieparadijs. Er wordt textiel van het modecultlabel Banana Republic verkocht in een fraai pand van roodbruin baksteen met witte raamkozijnen. Er worden lederwaren en huishoudelijke artikelen aangeboden in witgepleisterde houten huizen waarvan de ingangen zijn verfraaid met bloemen. Het hongerige winkelpubliek verorbert in het Azure Café *lobster fettuccine Alfredo* onder rode en groene parasols. Dit alles verleent Main Street een allure die u van een outletcentrum eigenlijk niet verwacht (de meeste winkels zijn 's zomers open op ma.-za. 10-21, zo. 10-19 uur, 's winters korter). Een interactieve kaart met alle winkels, restaurants en hotels vindt u op www.onefreeportvillagestation.com/store-directory.

Desert of Maine

Exit 19 of 20 van de I-95, Desert Rd., tel. 1-207-865-6962, www.desertofmaine.com, mei-okt. dag. 9-17 uur, volwassenen $ 10,50

Zo'n 11.000 jaar geleden zetten gletsjers ten noorden van Portland bij **Freeport** zandbergen af, die zich lange tijd verscholen onder gras en andere begroeiing. In 1797 begon een zekere William Tuttle met de niet geheel vakkundige teelt van aardappelen en zette daarmee een voor het gebied fataal erosieproces in gang. Overbeweiding van de grasvlakten deed de rest, zodat ten slotte hele stukken grond kaal werden en geleidelijk aan de **Desert of Maine** ontstond. Van Tuttles Farm is alleen een houten schuur bewaard gebleven, waarin nu een klein museum is gevestigd. In het duinlandschap ligt een camping.

Wiscasset ▶ 2, H 3

Het stadje **Wiscasset** leeft allang niet meer van visvangst, scheepsbouw en houtindustrie, maar van toerisme. Waar inwoners vroeger in ouderwetse winkels het allernoodzakelijkste kochten, stallen antiekwinkels en galeries tegenwoordig hun schatten uit. Van heinde en verre stromen bezoekers toe om over de met baksteen geplaveide trottoirs te slenteren of zich in het bekende **Sarah's Cafe** te goed te doen aan een BBQ turkey burger (Main St./Water St., tel. 1-207-882-7504, www.sarahscafe. com, 's zomers dag. 11-20 uur, in de winter korter, vanaf $ 6).

Afgaand op de lengte van de rij wachtenden is **Red's Eats** een nog populairdere tussenstop. De kleine cafetaria aan de doorgaande weg nabij de brug over de Sheepscot River verkoopt heerlijke *lobster rolls*, met kreeftenvlees belegde broodjes, die u kunt meenemen of voor de zaak op een tuinstoel kunt opeten (41 Water St., tel. 1-207-882-6128, dag. vanaf 11 uur).

Boothbay Harbor ▶ 2, H 3

In **Boothbay Harbor** staan aan de waterkant tot restaurant omgebouwde voormalige pakhuizen op palen in het water. Toeristen slenteren over ruwhouten steigers langs kleurig geschilderde houten huizen. Natuurliefhebbers brengen graag een bezoek aan de **Coastal Maine Botanical Gardens** in het naburige Boothbay, met circa twaalfhonderd vooral in de zomer bloeiende plantensoorten (132 Botanical Gardens Dr., tel. 1-207-633-4333, www.mainegardens.org, dag. 9-17 uur, $ 16).

Boothbay Railway Village

586 Wiscasset Rd., tel. 1-207-633-4727, www.railwayvillage.org, mei-okt. dag. 10-17 uur, volwassenen $ 12, kinderen $ 6

In **Boothbay Railway Village** staan rond een in 1847 gebouwd stadhuis 28 gebouwen gegroepeerd, inclusief een kapel en een brandweerkazerne, die een echt dorp vormen. In verscheidene verbouwde schuren zijn ouderwetse locomotieven en wagons ondergebracht en in andere auto's uit de hele 20e eeuw. Rondom het terrein loopt een smalspoorbaan, waarmee u 's zomers een ritje om de Village kunt maken.

Rockland ▶ 2, J 3

Dit zevenduizend inwoners tellende plaatsje geldt als 'kreeftenhoofdstad van de wereld' (zie Tip blz. 158). In Main Street vind je uitstekende restaurants.

Maine Lighthouse Museum

One Park Dr., tel. 1-207-594-3301, www.mainelighthousemuseum.org, mei-nov. ma.-vr. 10-17, za.-zo. 10-16 uur, rest van het jaar korter, volwassenen $ 8, kinderen tot 12 jaar gratis

Hoe zeer Rockland met de zee verbonden is, demonstreert het **Maine Lighthouse Museum.** De tentoonstellingen behandelen behalve thema's als vuurtorens, kustbewaking en redding op zee ook vrouwelijke vuurtorenwachters, die vaak in het voetspoor traden van hun vader of echtgenoot.

Farnsworth Art Museum & Wyeth Center

16 Museum St., tel. 1-207-596-6457, www.farnsworthmuseum.org, in de zomer dag. 10-17, wo. tot 20 uur, 's winters korter,

Boothbay Harbor behoort tot de pareltjes langs de kust van Maine

volwassenen $ 15, vanaf 17 uur en kinderen tot 16 jaar gratis
Kunstliefhebbers zijn enthousiast over het **Farnsworth Art Museum & Wyeth Center**, dat werken van Amerikaanse kunstenaars als Gilbert Stuart, Thomas Sully, Thomas Eakins, Frank Benson, Childe Hassam en Maurice Prendergast tentoonstelt. Daarnaast wijdt het museum een aparte afdeling aan de kunstenaarsfamilie Wyeth, en exposeert sculpturen van de beeldhouwster Louise Nevelson.

Informatie

Penobscot Bay Regional Chamber of Commerce: Harbor Park, 1 Park Dr., Rockland, ME 04841, tel. 1-207-596-0376, www.mainedreamvacation.com.

Accommodatie

Fraaie B&B – **Captain Lindsey House Inn:** 5 Lindsey St., tel. 1-207-596-7950, www.lindseyhotel.com. Het huis stamt uit 1835, tegenwoordig is de B&B een leuke mengeling van oud en nieuw. Alle kamers hebben tv en wifi. Vanaf $ 199.

Keurig – **Rockland Harbor Hotel:** 520 Main St., tel. 1-207-594-2131, www.rocklandharborhotel.com. Direct aan de luchthaven gelegen hotel. Alle kamers hebben een koelkast. In de winter gesloten. Vanaf $ 130.

Eten en drinken

Positieve ervaring – **Primo:** 2 S. Main St., tel. 1-207-596-0770, www.primorestaurant.com, Openingstijden zie website. Melissa Kelly verwent haar gasten al enkele jaren met geraffineerde visgerechten, pasta en pizza. Menu vanaf $ 38.

Actief

Heerlijke eilandtocht – **Maine State Ferry Service:** 517A Main St., tel. 1-207-596-5400, tot zes tochten per dag, retour $ 17,50. De veerboten zetten bezoekers over van Rockland naar het eiland Vinalhaven. De auto kun je weliswaar meenemen, maar het is handiger om het eiland – met winkels, twee inns en een vuurtoren – te voet te verkennen.

Camden (ME) ▶ 2, J 2

Het landschap langs de centrale kust van Maine is over het algemeen vrij vlak, maar dat verandert op de plaats waar de Camden Hills bijna tot aan de zee doorlopen. Op de top in **Camden Hills State Park** reikt het uitzicht op heldere dagen tot ver over de kust en de ervoor gelegen eilanden. Zelfs als er mistbanken of lage wolken voor de beboste hellingen hangen, bewaart het stadje Camden zijn landschappelijke schoonheid. De mooie bakstenen huizen scharen zich rond de schilderachtige haven, die tot de belangrijkste zeilbestemmingen aan de noordelijke Atlantische kust behoort.

Mel Gibson nam hier *The Man Without a Face* op. Collega-acteurs John Travolta en Kirstie Alley zouden net als de familie Onassis geheime zomerverblijven bezitten op de eilanden voor de kust.

Accommodatie

Vorstelijk ontbijt – **The Belmont:** 6 Belmont Ave., tel. 1-207-236-8053, www.thebelmontinn.com. Inn uit het einde van de 19e eeuw met zes romantische kamers. Vanaf $ 209.

Met uitzicht op zee – **Birchwood Motel:** 530 Belfast Rd., tel. 1-207-236-4204, www.birchwoodmotel.com. Eenvoudig motel, inclusief ontbijt. Vanaf $ 119.

Eten en drinken

Typisch Maine – **Cappy's Chowder House:** 1 Main St., tel. 1-207-236-2254, www.cappyschowder.com, dag. 11-23 uur. In dit bijzonder gezellige restaurant krijgen de gasten onder toezien van een opgezet hert meer dan alleen Cappy's bekende chowder geserveerd. Vanaf $ 10.

Van biologische teelt – **Francine:** 55 Chestnut St., tel. 1-207-230-0083, www.francinebistro.com, diner di.-za. 17.30-23 uur. Charmant restaurant in de stijl van een Franse bistro. Vanaf $ 25.

Winkelen

Alles van leder – **The Leather Bench:** 34 Main St., tel. 1-207-236-4688. Deze winkel biedt een uitstekende selectie lederen riemen en tassen.

Actief

Voor fietsers – **Ragged Mountain Sports:** 46 Elm St., tel. 1-207-236-6664. Fietsverhuur voor tochten.

Outdoortochten – **Riverdance Outfitters:** P. O. Box 1072, tel. 1-207-763-3139. Wandel-, fiets- en zeekajaktochten.

Acadia National Park

▶ 2, K 2

Bijna het gehele eiland, **Mount Desert Island** waarop het Nationaal Park Acadia ligt, bestaat uit circa 300 km^2 aan ruige granietrotsen, groene bossen met balsemzilversparren en baaien met jachthavens. In de ijstijd groeven de onstuitbare gletsjers zich diep in de kustlijn van het eiland in en vormden daar ver ingesneden baaien. In gletsjerkuilen op het eiland bleven meren achter, zoals Eagle Lake en Jordan Pond. Een twintigtal afgeronde, haast vegetatieloze heuveltoppen van graniet verheffen zich boven het dichtbeboste omliggende land.

Cadillac Mountain

De hoogste berg van het nationaal park en tegelijkertijd ook de hoogste verheffing aan de hele Noord-Amerikaanse Atlantische kust is de 466 m hoge **Cadillac Mountain**. Hij gaat geregeld schuil achter hardnekkige regenwolken of mist. Maar als op mooie zomerdagen de morgenzon, die de VS op dit punt als eerste beschijnt, het imposante granietplateau op de top verwarmt, hebt u onder een azuurblauwe hemel een grandioos uitzicht op het landschap, dat bestaat uit gemengde bossen en naaldwouden, bergen, meren en eilanden. Zo'n 200 km aan wandel-, fiets- en ruiterpaden doorkruist het beschermde

Tip

ZWELGEN IN KREEFTENBERGEN

Ieder jaar verandert het Rockland Harbor Park in het eerste weekend van augustus (wo.-zo.) in een roodkleurig gastronomisch gebied, dat in de schalen van gekookte kreeften verzinkt. In de loop der jaren is het vijfdaagse **Maine Lobster Festival** uitgegroeid tot een gerenommeerd culinair evenement, dat veel fijnproevers zich niet laen ontgaan. Een bewijs daarvoor zijn de bezoekersaantallen. Gemiddeld trekt het feest 30.000 bezoekers die niet minder dan 30.000 pond schaaldieren wegwerken. Vaarbedrijven en muzikaal vermaak dragen bij aan de gezellige, informele sfeer (www.mainelobsterfestival.com, toegangsprijs afhankelijk van de dag $ 5-10).

natuurgebied, waarin bezoekers als ze geluk hebben bevers, wasberen en muildierherten aantreffen.

Bar Harbor

De enige grotere plaats op Mount Desert Island is het levendige **Bar Harbor**, waar het midden in de zomer erg druk is. Het ondanks het toerisme gemoedelijk gebleven stadje met 4400 permanente inwoners ligt aan de oostkust van het eiland, dat al in de jaren 1880 door welvarende industriëlen en bankiers werd ontdekt. In de daaropvolgende decennia kwam de toenmalige jetset geregeld recreëren aan de Frenchman Bay. In 1947 viel het plaatsje echter ten prooi aan een grote brand. Deze verwoestte niet alleen de voornaamste villa's, maar ook zijn reputatie als miljonairsenclave. Intussen hebben bezoekers met een smallere beurs de plaats van de rijken ingenomen en een lucratieve toeristenindustrie op gang geholpen. Zwemvertier bieden de veelal rotsachtige kustgebieden alleen aan waaghalzen. Zelfs midden in de zomer wordt het water in deze kustgebieden niet warmer dan 13 °C.

Abbe Museum

Downtown, tel. 1-207-288-3519, www.abbemuseum.org, in de zomer dag. 10-17, 's winters do.-za. 10-16 uur, volwassenen $ 8, kinderen $ 4
Aan de hand van ruim vijftigduizend museumstukken documenteert het **Abbe Museum** de geschiedenis van de indianen die al 10.000 jaar in de staat Maine leven. U ziet in dit museum onder meer keramische voortbrengselen, hun van steen en botten vervaardigde werktuigen en archeologische vondsten die inzicht geven in de cultuur van de Passamaquoddy-, Penobscot-, Micmac- en Maliseetstammen.

Informatie

Hulls Cove Visitor Center: Rte 3, Hulls Cove, P. O. Box 177, Bar Harbor, ME 04609, tel. 1-207-288-3338, www.nps.gov/acad, 15 apr.-juni 8-16.30, juli-aug. tot 18, sept-okt. tot 17 uur, $ 20 per auto. Rangeractiviteiten half juni-okt. Ook de webpage www.acadiamagic.com informeert over het park.
Bar Harbor Chamber of Commerce: 93 Cottage St., Bar Harbor, ME 04609, tel. 1-207-288-5103, www.barharborinfo.com.

Accommodatie

In Bar Harbor vind je onderkomens te kust en te keur. In zomerse weekends of in de Indian summer moet je zeker reserveren. Hetzelfde geldt voor de kampeerterreinen in het nationale park.
Schitterend en sfeervol – **Coach Stop Inn:** 715 State Hwy 3, tel. 1-207-288-9886, www.coachstopinn.com. Voormalige postkoetsenstation uit 1804, tegenwoordig een B&B. Vanaf $ 105.
Rustig toevluchtsoord – **Bar Harbor Cottages & Suites:** tel. 1-207-288-4571, www.

barharborcottages.com. Aan de Salisbury Cove gelegen, witgekalkte houten huizen met overdekt terras en een of twee slaapkamers, kleine keuken en tv. In de zomer vanaf $ 119.
Karakter – **Llangolan Inn & Cottages:** 865 State Hwy 3, tel. 1-207-288-3016, www.llangolaninn.com. Ongeveer zeven mijl van Bar Harbor gelegen met vijf vriendelijke kamers (vier met gemeenschappelijke badkamer) en cottages, inclusief keuken voor 2-5 personen. Kamer vanaf $ 60, cottages vanaf $ 80.
Kamperen – **Bar Harbor Woodlands KOA:** 1453 State Hwy 102, tel. 1-207-288-5139, www.koa.com > Campgrounds > Bar HarborWoodlands. Goed ingericht kampeerterrein met speel- en sportfaciliteiten. **Hadley's Point Campground:** 33 Hadley Point Rd., acht mijl van Bar Harbor, tel. 1-207-288-4808, www.hadleyspoint.com, mei-okt. Slechts een steenworp van het strand. Iedere plek beschikt over een grill en picknicktafel, talrijke cabins. **Acadia National Park:** Er zijn in het park geen hotels of motels, alleen twee kampeerterreinen. Een pure outdoorervaring. Vooral in de zomermaanden en de vakantieperioden is een vroege reservering vereist via tel. 1-1-877-444-6777 of www.recreation.gov: Blackwoods (hele jaar, geen hook-ups, stromend koud water); Seawall (half mei-eind sept., hoofdzakelijk voor campers met tenten, stromend koud water); Seawall Campground (half mei-half okt., deze plaats is niet met de auto bereikbaar, maar des te intenser de natuurervaring).

Eten en drinken

Niet alleen hemelse desserts – **La Bella Vita:** 55 West St., tel. 1-207-288-5033, www.labellavitaristorante.com, dag. Lunch en diner. Hier geniet je van seafood, steak of pasta met een mooi uitzicht op de haven. Vanaf $ 20.
Prima eten – **Poor Boys Gourmet:** 300 Main St., tel. 1-207-288-4148, www.poorboysgourmet.com, juni-sept., dag. vanaf 16.30 uur. Traditioneel restaurant, gespecialiseerd in pasta. Vanaf circa $ 12.
Begin van de dag – **2 cats:** 130 Cottage St., Bar Harbor, tel. 1-207-288-2808. Creatieve ontbijtplek met een ruime keus aan gerechten. U kunt uw kreeftenomelet ook buiten eten. Vanaf circa $ 10.

Uitgaan

Ontmoetingspunt voor jonge mensen – **Carmen Verandah:** 119 Main St., tel. 1-207-288-2886, geen eigene webpage, apr.-nov., restaurant en bar dag. vanaf 12 uur. Iedere avond is er vanaf 21.30 uur iets te doen: livemuziek van blues tot rock of muziek van dj's om te dansen.

Actief

Trolleybustochten – **Oli's Trolley:** Acadia & Island Tours, 1 West St., Harbor Pl. Bldg., tel. 1-207-288-9899, www.olistrolley.com, mei-okt. vanaf 10 uur. Deze leuke tochten, ook in het nationale park, duren een tot tweeenhalf uur.
Kajaktochten – **Coastal Kayaking Tours:** 48 Cottage St., tel. 1-207-288-9605, www.acadiafun.com. Avontuurlijk kajaktochten, ook voor beginners.
Hiken en biken – **Carriage Roads:** John D. Rockefeller Jr. liet 45 mijl aan onverharde wegen aanleggen om zich met paard en koets door het Acadiapark te kunnen verplaatsen. Tegenwoordig delen hikers, bikers en ruiters het schitterende uitzicht.
Hikingavontuur – **Sieur de Monts Nature Center:** www.acadia.ws > Nature Center. 3 mijl ten zuiden van Bar Harbor aan de Rte 3. Rangerexcursies met verschillende thema's.
Rotsklimmen – **Otter Cliff:** Bij Otter Point ten zuiden van Bar Harbor ligt een onder rotsklimmers populaire, 33 m hoge klif met hier en daar moeilijke passages. Informatie en uitrusting bij: Acadia Mountain Guides Climbing School, 228 Main Str., Bar Harbor, tel. 1-207-288-8186, www.acadiamountainguides.com.
Wandelaars kunnen van juli tot okt. gebruikmaken van de gratis Island Explorer Bus, die acht verschillende (www.exploreacadia.com).
Mountainbikers beginnen hun tocht meestal bij de hoofdingang of laten hun fietsen brengen, bijvoorbeeld door outfitter Acadia Bike. Bar Harbor, 48 Cottage St., tel. 1-207-288-9605, www.acadiabike.com.

Rhode Island en Connecticut

Contrasten van oud en nieuw, de tijden van de walvisvaart tegenover atoomonderzeeërs, religieuze verdraagzaamheid en puriteinse bekrompenheid, high society en plattelandsleven, provincieplaatsjes en universiteitscentra bepalen het gezicht van deze twee staten. Het zuidelijkste deel van New England, gelegen tussen Boston en New York, laat op bezoekers een zeer afwisselende indruk achter.

New England loopt ten zuiden van Boston uit in twee staten. Little Rhody, zoals Rhode Island door de 1 miljoen inwoners liefkozend wordt genoemd, is met 3144 km² de kleinste staat van de Verenigde Staten. Het kan echter bogen op de langste officiële naam: State of Rhode Island and Providence Plantations. De naam van Rhode Island, in de Narragansett Bay, is – volgens één uitleg tenminste – herkomstig van de Italiaanse zeevaarder Giovanni da Verrazano, die in 1524 over deze wateren voer en meende dat het eiland aan Rhodos deed denken.

Destijds woonden er verscheidene indianenstammen, waarvan de erfenis voortleeft in veel geografische namen in de staat. Het Amerikaanse 'kleinduimpje' draagt met trots de bijnaam 'Land van Verdraagzaamheid'. In tegenstelling tot bijvoorbeeld Connecticut hebben zich hier vooral kolonisten gevestigd die het puriteinse klimaat in Massachusetts niet te liberaal, maar juist niet liberaal genoeg vonden. Internationale handel zorgde voor economische groei van Rhode Island, waarbij vooral de havens Newport en Providence een grote rol hebben gespeeld.

Het landschappelijke hart van Rhode Island is de met eilanden bezaaide Narragansett Bay, waar de exclusieve zeilhaven Newport ligt. In dit fantastische zeilgebied met zijn diep ingesneden baaien, eilanden en schiereilanden werd in 1930 voor het eerst de beroemde zeilwedstrijd om de America's Cup gevaren. De schitterende kust sprak in de 19e eeuw zeer tot de verbeelding van de welvarendste bewoners van het land, die hier chique zomerverblijven en woningen lieten bouwen.

De staat Connecticut speelde een belangrijke rol in de industriële ontwikkeling van Amerika, vanwege talrijke uitvindingen en nieuwe productiemethoden. Nu hoort de staat tot de grote industriegebieden, met een van de hoogste inkomens per hoofd van de bevolking in de Verenigde Staten. In sommige stedelijke gebieden steken weliswaar fabriesschoorstenen de lucht in, maar vooral langs de Atlantische kust kan Connecticut ook bogen op bezienswaardige landschappen.

De kustweg tussen Mystic en de universiteitsstad New Haven met de beroemde Yale University ligt in een van de schilderachtigste gebieden.

Providence ▸ 1, N 3

Kaart: blz. 163
Veel van de 178.000 inwoners van Providence bekennen dat ze twintig jaar geleden nog blij waren als ze na een lange werkdag de saaie, onaantrekkelijke stad de rug konden toekeren. Dankzij intensieve projecten ter verbetering van het stadsbeeld is er inmiddels veel veranderd. Nu houden de bewoners van het grootste verstedelijkte gebied van Rhode Island wél van hun stad, en wie Providence enkel van vroeger kent, zal zijn ogen uitkijken.

De op twee na grootste stad van New England, na Boston en Worcester, werd in 1636 gesticht door Roger Williams. Deze vrij-

Het gebouw van de Bank of America in Providence heet in de volksmond Superman Building

denker had de door puriteinen gedomineerde Massachusetts Bay Colony vanwege zijn liberale opvattingen moeten verlaten. Samen met andere bannelingen vestigde hij zich niet ver van de grens van Massachusetts aan de Providence River, waar hij in een heuvelachtig landschap de eerste kolonie in Rhode Island opbouwde. Terwijl zich in grote delen van New England in de 17e eeuw een klimaat van onverdraagzaamheid verbreidde, werd Rhode Island gekenmerkt door een liberale sfeer. Veel kolonisten die niet overweg konden met de religieuze fanatici in hun eigen kolonies, namen de wijk naar de staat Rhode Island.

Stadswandeling

State House 1

82 Smith St., tel. 1-401-222-3983, www.sos.ri.gov > Visit the State House, vijftig minuten durende rondleidingen ieder uur ma.-vr. 9-14, behalve 12 uur

Het bekendste gebouw is het in 1901 uit wit Georgiamarmer opgetrokken **State House** met zijn enorme koepel, die na de dom van de Sint-Pieter in Rome vermoedelijk de grootste ter wereld is. Bovenop verheft zich het 200 kg zware en meer dan 3 m hoge bronzen beeld *Independent Man*, het staatssymbool van vrijheid en tolerantie, dat herinnert aan de stichting van Rhode Island. Een van de belangrijkste historische documenten die er te zien zijn, is een in 1663 door de Engelse koning Karel II uitgevaardigd handvest waarin de kolonisten in Rhode Island het recht op vrije uitoefening van godsdienst wordt verleend.

Roger Williams National Memorial 2

282 N. Main St., tel. 1-401-521-7266, www.nps.gov/rowi, dag. 9-17 uur

Het **Roger Williams National Memorial** is gewijd aan de stichter van de stad en de staat. In het Memorial Visitor Center is een tentoonstelling te zien over hem en zijn tijd. Waar zich nu het park met de vijvers uitstrekt, stonden vroeger de eerste huizen van de stad.

Waterplace Park 3

Aan Memorial Boulevard

Het jongste bewijs voor de bouwkundige renaissance van Providence is het in de jaren 90 aangelegde **Waterplace Park** met de Riverwalk en een amfitheater voor concerten, wegen en bruggen, die – geholpen door de gondels op de Woonasquatucket River – het park een Venetiaanse charme moeten verlenen.

City Hall 4

65 Weybosset St.

Ten zuiden van het State Capitol strekt het zakencentrum van de stad zich uit rond de voetgangersvriendelijke Kennedy Plaza, waarvan de zuidwestzijde wordt gedomineerd door de monumentale **City Hall**. De imposante grijze granieten façade onder het groene patina van het dak maakt een uiterst weerbare indruk. Oudere huizen omzomen Westminster Street met zijn vele winkeltjes. Op slechts een steenworp afstand verbergt zich achter een van 1828 daterende, classicistische zuilenfaçade van de **Arcade** 5, de eerste shoppingmall van de VS, die is verbouwd tot een modern complex met winkels en woningen.

Federal Hill 6

In het stadsdeel **Federal Hill**, ten westen van de I-95 rond Atwells Avenue, oefenen de afgelopen jaren talrijke gerestaureerde huizen en eetgelegenheden aantrekkingskracht uit op zowel inwoners als toeristen. In dit deel van Providence zijn veel restaurants te vinden in allerlei categorieën en kookstijlen. Dat deze stad bekendstaat als bolwerk van de gastronomie dankt hij mede aan deze wijk en diverse hier gevestigde topetablissementen.

First Baptist Church 7

75 N. Main St., tel. 1-401-454-3418, www.fbcia.org, ma.-vr. 9.30-15.30 uur

De oudste woonwijken van de stad met historische huizen liggen aan de oostzijde van de Providence River. Parallel aan de rivier ligt Benefit Street, de 'historische straat' van Rhode Island. Van de 22 plaatselijke baptistenkerken is de **First Baptist Church** uit 1775 de oudste.

Providence

Bezienswaardig

1 State House
2 Roger Williams National Memorial
3 Waterplace Park
4 City Hall
5 Arcade
6 Federal Hill
7 First Baptist Church
8 Museum of Art
9 Brown University
10 John Brown House Museum

Accommodatie

1 Christopher Dodge House
2 Old Court B&B
3 Annie Brownell House
4 Courtyard by Marriott
5 Ledbetter B&B

Eten en drinken

1 The Capitel Grille
2 Bacaro
3 Ten Prime Steak & Sushi
4 Red Fez

Winkelen

1 Farmers' Market
2 Wrentham Village Premium Outlets

Uitgaan

1 Hot Club
2 Providence Performing Arts Center

Museum of Art 8

224 Benefit St., tel. 1-401-454-6500, www.risdmuseum.org, di.-zo. 10-17 uur, volwassenen $ 12

Ook de Rhode Island School of Design met het **Museum of Art** en het nieuwe Chace Center is hier gevestigd. Het laatste is met zijn Japanse prenten, schilderijen van Europese meesters, Amerikaanse kunst en oosterse collecties erg in trek bij kunstliefhebbers.

Brown University 9

Tel. 1-401-863-1000, www.brown.edu, campustours: ma.-vr. 9-15 uur, bibliotheek: tel. 1-401-863-2725, ma.-vr. 9-17, do. tot 19 uur

De welvarende en invloedrijke koopman John Brown gaf zijn naam aan de **Brown University**, die in 1764 als zevende universiteit van de VS onder de naam Rhode Island College werd gesticht in het plaatsje Warren en zes jaar later werd verplaatst naar Providence. De universiteit met haar circa achtduizend studenten behoort daarmee tot de oudste en beroemdste onderwijsinstellingen van het land, de zogenaamde Ivy League Universities. De **John Brown Library**, gesticht in 1904, bezit circa veertigduizend gedrukte werken van voor het begin van de 19e eeuw, waarbij het zwaartepunt ligt op de Amerikaanse geschiedenis. Zeer waardevol is, naast een verzameling oude landkaarten, de eerste uitgave van een boek met brieven van Christoffel Columbus aan koningin Isabella, waarin de vorstin vernam van de ontdekking van de Nieuwe Wereld.

John Brown House Museum 10

52 Power St., tel. 1-401-273-7507, www.rihs.org, apr.-nov. di.-vr. 13-16, za. 10-16, rondleidingen za. 10.30-15 uur, rest van het jaar korter, volwassenen $ 10

Het in 1786 in georgian stijl opgetrokken **John Brown House Museum** van baksteen geeft een goed beeld van de immense rijkdom van de vroegere heer des huizes. Naast kostbaar meubilair is een verzameling zilveren voorwerpen te bewonderen. John Brown bouwde als koopman in de handel op China een enorm vermogen op, waarmee hij aanzienlijke invloed uitoefende op de ontwikkeling van de stad.

Informatie

Visitor Information Center: 1 Sabin St., Providence, RI 02903, tel. 1-401-751-1177, 1-800-233-1636, www.goprovidence.com, ma.-za. 9-17 uur.

Rhode Island Tourism Division: 315 Iron Horse Way, Suite 101, Providence, RI 029 08, tel. 1-800-556-2484**,** www.visitrhodeisland.com, informatie over de staat Rhode Island.

Accommodatie

Zeer charmante B&B – **Christopher Dodge House 1:** W. Park St., tel. 1-401-351-6111, www.providence-hotel.com. Victoriaanse B&B in een huis uit 1865 met gezellig ingerichte kamers. Vanaf $ 149.

Een fraaie B&B in de historische wijk – **Old Court B&B 2: ** 144 Benefit St., tel. 1-401-751-2002, www.oldcourt.com. Huis met een een victoriaanse inrichting, maar moderne bedden. In de zomer vanaf $ 155, 's winters vanaf $ 125.

Comfortabele B&B – **Annie Brownell House 3:** 400 Angell St., tel. 1-401-454-2934, www.anniebrownellhouse.com. Huis uit het einde van de 19e eeuw, ongeveer vier dwarsstraten van de universiteit. Rookvrije kamers zonder tv. $ 120-170.

Midden in het centrum – **Courtyard by Marriott 4:** 32 Exchange Terrace, tel. 1-401-272-1191, www.marriott.de > Courtyard Hotels > Providence. Comfortabel stadshotel, binnenzwembad, fitnesscentrum. Vanaf $ 160.

Prima locatie – **Ledbetter B&B 5:** 326 Benefit St., tel. 1-401-351-4699. Centrale B&B met vijf kamers, waarvan twee met eigen badkamer. $ 95-115.

Eten en drinken

Koken op hoog niveau – **The Capital Grille 1:** 10 Memorial Blvd., tel. 1-401-521-5600, www.thecapitalgrille.com, lunch ma.-vr. 11.30-15, diner dag. vanaf 17 uur. Porterhousesteaks, lamsvlees, gegrilde zwaardvis … het fijnste van het fijnste. Hoofdgerecht $ 25-35.

Italiaans wijnrestaurant – **Bacaro 2:** 262 S. Water St., tel. 1-401-751-3700, www.bacaro restaurant.net, zo., ma. gesloten De eetzaal was ooit een magazijn, Italiaans geïnspireerde gerechten. $ 20-30.

Steaks en sushi – **Ten Prime Steak & Sushi 3:** 55 Pine St., 1-tel. 1-401-453-2333, www.tenprimesteakandsushi.com, lunch ma.-vr. 11.30-16, diner dag. 16-22 uur. Japans-Amerikaanse keuken in een exotisch-exclusieve ambiance, topkeuken. Hoofdgerecht vanaf circa $ 25.

Heel apart restaurant – **Red Fez 4:** 49 Peck St., tel. 1-401-861-3825, di.-za. 17-1 uur. Niet al te grote eetzaal voor kleine gerechten met daarboven een zeer donkere bar. Vanaf circa $ 10.

Winkelen

Boerenmarkt – **Farmers' Market 1:** Aan de kruising van Hope St. en Blackstone Blvd., www.hopestreetmarket.com, za. 9-13, wo. 15-18 uur. Verse groenten en fruit, bloemen, heerlijk brood en gebak, seafood, gevogelte, worst en vlees van producenten uit de omgeving.

Outlet-Center – **Wrentham Village Premium Outlets 2:** 1 Premium Outlets Blvd., Wrentham, www.premiumoutlets.com/wren tham, ma.-za. 10-21, zo. 12-18 uur. Enorm centrum met 170 factory outlets.

Uitgaan

Hip ontmoetingspunt voor de jeugd – **Hot Club 1:** 575 S. Water St., tel. 1-401-861-9007, www.hotclubprov.com, dag. vanaf 12 uur. Deze club met aangesloten restaurant bevindt zich in een voormalige elektriciteitscentrale. Hier werden scènes opgenomen uit de film *There's Something About Mary* met Cameron Diaz, Matt Dillon en Ben Stiller.

Populair – **Providence Performing Arts Center 2:** 220 Weybosset St., tel. 1-401-421-2787, www.ppacri.org. Gevarieerd programma met onder meer Broadwayshows, theatervoorstellingen en concerten.

Actief

Stadstour – **Banner Trail:** Een toeristische route door Providence langs de meeste bezienswaardigheden van de stad. Een stadsplattegrond met ingetekende route is verkrijgbaar bij het toeristenbureau en alle informatiekiosks (www.woonsocket.org/ river/provtour.htm).

Evenement

Gallery Night: iedere derde do. van de maand (mrt.-nov.) organiseert de stad Providence samen met kunstmusea en meer dan twintig kunstgaleries van 17-21 uur de Gallery Night (tel. 1-401-490-2042, www.gallery night.info). Kunstliefhebbers kunnen dan alle deelnemende exposities gratis bezichtigen en zich met de Art Trolley voor niets van de ene bezienswaardigheid naar de andere laten vervoeren.

Vervoer

Trein: station, 100 Gaspee St., tel. 1-800-872-7245, www.amtrak.com. Hogesnelheidsverbindingen met de Acela Express naar New York City, Boston en andere metropolen aan de oostkust. De rit van Providence naar Boston kost vanaf $ 15.

Lokaal openbaar vervoer: een trolleybus rijdt naar alle bezienswaardigheden, enkele rit $ 2, City Pass voor alle trolley- en busverbindingen binnen de grenzen van Rhode Island voor één dag $ 6, Rhode Island Public Transit Authority: 265 Melrose St., tel. 1-401-781-9400, www.ripta.com.

Newport ▶1, O 4

Bij de levendige **Bowen's Wharf** schommelen in de zomer tientallen jachten in het water, die stuk voor stuk op zijn minst even veel waard zijn als een twee-onder-een-kapwoning. De vissers die bij de pieren hun vangst aan land brengen, zijn gewend aan de aanblik van in messing uitgevoerde superzeilboten en exemplaren van glanzend mahonie.

'sZomers is het in de weekends in de haven zo druk als op de kermis. Op een heuvel boven de haven troont de witgepleisterde **Trinity Church** uit 1726, het herkenningsteken van het stadje dat van ver zichtbaar is.

Bezienswaardige musea

Het **Newport Art Museum** biedt Amerikaanse kunstenaars een prachtig podium om schilderijen, sculpturen en foto's toegankelijk te maken voor een groter publiek (76 Bellevue Ave., tel. 1-401-848-8200, www.newportart museum. org, di.-za. 10-16, zo. 12-16 uur, $ 10.

De geschiedenis van de tennissport vanaf het allereerste begin wordt gedocumenteerd in de **International Tennis Hall of Fame & Museum.** Tal van internationale sterren uit de tennishistorie hebben in de Hall of Fame een plaatsje gekregen, onder wie Boris Becker, Björn Borg, Stefan Edberg, Jimmy Conners, Mats Wilander, Ilie Nastase, Martina Navratilova, Jana Novotna en Steffi Graf (194 Bellevue Ave., tel. 1-401-849-3990, www.tennisfame.com, dag. 10 17 uur, $ 15, kids t/m 16 gratis).

Informatie

Visitor Information Center: 23 America's Cup Ave., Newport, RI 02840, tel. 1-401-845-9110 of 1-800-326-6030, www.discover newport.org.

Accommodatie

Voor bescheiden wensen – **Mainstay Hotel:** 151 Admiral Kalbfus Rd., tel. 1-401-849-9880, www.mainstayhotelnewport.com. Buiten het centrum gelegen hotel zonder bijzondere voorzieningen, maar betaalbaar. Vanaf $ 150.

Goede keus – **Henry Collins Inn:** 12 Collins St., tel. 1-401-848-0708, www.henrycollinsinn.com. Onder de dure B&B's in Newport een voordelig alternatief. Vanaf $ 120.

Tip

UITSTAPJE NAAR DE INDIANENGESCHIEDENIS

Naast het lichte amusement in de indianencasino's (zie onder) wordt er op het grondgebied van de Mashantucket Pequot Tribal Nation in het **Mashantucket Pequot Museum & Research Center** ▶ kaart 1, M 4, een van de grootste indianenmusea van de VS, ook volop aandacht besteed aan de cultuur. De tentoonstellingen belichten de achttienduizend jaar oude geschiedenis van de native Americans en de natuurlijke historie. De multimedia-exposities in het vijf verdiepingen tellende complex zijn zelfs een aanrader voor mensen die niet van musea houden (tel. 1-800-411-9671, www.pequotmuseum.org, wo.-za. 9-17 uur, $ 20).

Actief

FIETSTOCHT DOOR NEWPORTS MILJONAIRSHOEK

Informatie

Begin: The Elms Mansion (367 Bellevue Ave.)
Lengte: circa 24 km
Duur: 3 uur – een halve dag
Belangrijk: het Newport Mansions Experience Ticket verschaft voordeliger toegang tot vijf landhuizen naar keuze (volwassenen $ 33, kinderen $ 11)
Fietsverhuur: Ten Speed Spokes, 18 Elm St., Newport, RI 02840, tel. 1-401-847-5609, www.tenspeedspokes.com, $ 35 per dag, $ 50 voor twee dagen

Een van de mooiste routes buiten Newport is de **Ten Mile Drive** rond de zuidpunt van Rhode Island. Langs deze routes liggen de feodale paleizen van puissant rijke burgers en victoriaanse residenties als parels aan een ketting aaneengeregen.

U begint de fietstocht (of natuurlijk de autotocht) bij **The Elms** 1, een vorstelijk landgoed uit het begin van de 18e eeuw, waarvan het ontwerp is geïnspireerd op het Franse Château d'Asnières bij Parijs. De voormalige eigenaar, die in de steenkoolmijnbouw een gigantisch vermogen verdiende, liet het interieur met aardewerk, Venetiaanse schilderijen en oosterse jadekunst verfraaien.

Aan het eind van Narragansett Avenue voeren de **Forty Steps** 2 naar een ommuurd uitkijkplatform dat pal aan de zee ligt. Via de trap komt u ook bij de 6 km lange **Cliff Walk**, die langs de oostkust van Rhode Island tot aan het uiteinde van de zuidelijke Bellevue Avenue voert. Bij

Fairlawn Mansion 3, een circa 150 jaar oud pand dat is opgetrokken uit baksteen en hout, belandt u op de campus van de particuliere, rooms-katholieke **Salve Regina University** 4, die wat betreft ligging tot de mooiste van de VS wordt gerekend.
In de omgeving van deze universiteit staat het in 1852 voltooide **Chateau-sur-Mer** 5, dat tegenwoordig als museaal overblijfsel van de victoriaanse levensstijl van de geldadel fungeert. Het onbetwiste hoogtepunt van de villahoek is **The Breakers** 6, een pal aan de steile kust gelegen, zeventig kamers groot paleis, dat Cornelius Vanderbilt in 1895 liet verrijzen. De familie Vanderbildt had in de scheepsbouw en bij de aanleg van spoorwegen een enorm vermogen vergaard. Architect Richard Morris Hunt liet zich bij de bouw van het paleis inspireren door het voorbeeld van een Genuees kasteel uit de 16e eeuw. Het is een prachtig bouwwerk, dat elk decor van een zich in de high society afspelende soapserie in de schaduw stelt.
Rosecliff Mansion 7 werd in 1974 gebruikt als decor voor de film *The Great Gatsby*. **Beechwood Mansion** 8 is door de heer des huizes en Oracle-oprichter Larry Ellison in een kunstmuseum veranderd. Net als andere mooie huizen in Newport werd ook **Marble House** 9 door een Frans voorbeeld geïnspireerd, in dit geval het Petit Trianon in Versailles. **Belcourt Castle** 10 is uitgebreid gerenoveerd, nadat het in 2012 eigendom werd van Carolyn Rafaelian, de grondlegger van het sieradenimperium Alex and Ani (www.belcourt.com).
Van het zuidelijke uiteinde van Bellevue Avenue voert de route op de Ocean Avenue, steeds vlak bij de kust blijvend, in westelijke richting naar het grote **Brenton Point State Park** 11, waar u kunt wandelen op de voetpaden of een hapje kunt eten bij een van de picknickplaatsen. Als u zich graag laat bedienen, dan kunt u plaatsnemen op het terras van de victoriaanse **Castle Hill Inn** 12, waar u naar de witte zeilschepen in de Narragansettbaai kunt kijken. Via Ridge Road loopt de route verder naar Harrison Avenue, die na enige tijd langs de **Hammersmith Farm** 13 voert. In september 1953 vond daar de bruiloftsreceptie van John F. Kennedy en zijn vrouw Jacqueline plaats, nadat zij in de St. Mary's Church in Newport in de echt waren verbonden. De laatste stopplaats op de tour is **Fort Adams** 14, de grootste kustvesting van de VS. Dit naar de Amerikaanse president John Adams genoemde fort werd sinds zijn voltooiing in 1799 verscheidene malen gemoderniseerd.

Keurige budgetkamers – **Motel 6:** 249 Connell Hwy, tel. 1-401-848-0600, www.motel6.com. Verblijf in een eenvoudig ketenhotel. Vanaf $ 50.

Eten en drinken

Fraaie ligging, goed eten – **Black Pearl:** Bannister's Wharf, tel. 1-401-846-5264, dag. Lunch en diner. 's Zomers zit je buiten, bekijk je de jachten in de haven en geniet je van zwaardvis met basilicumboter of filet mignon. Hoofdgerecht circa $ 30.
Nogal toeristisch – **Wharf Pub & Restaurant:** 37 Bowens Wharf, tel. 1-401-619-5672, www.thewharfpubnewport.com, dag. 11.30-23 uur. Minibrouwerij in het toeristische epicentrum met smakelijke Amerikaanse gerechten. Vanaf $ 15.

Uitgaan

Plezier en gokken voor liefhebbers – **Newport Grand:** 150 Admiral Kalbfus Rd., tel. 1-401-849-5000, www.newportgrand.com, dag. 10-1 uur. Een gezellig entertainmentcomplex met een groot aantal speelautomaten, videowanden voor sportevenementen en een restaurant.
Ongecompliceerde gezelligheid – **Mudville Pub:** 8 W. Marlborough St., tel. 1-401-619-4680, www.mudvillepub.com. Sportbar met gerechten als *pulled pork*, hamburgers en steaks. $ 10-18
Bier en eten – **Buskers Irish Pub & Restaurant:** 178 Thames St., tel. 1-401-846-5856, www.buskerspub.com. Ierse pub voor de liefhebbers van een goed glas bier. Er worden ook goede gerechten geserveerd.

Actief

Stadstour – **Newport History Tours:** 127 Thames St., tel. 1-401-841-8770, www.newport historytours.org. Thematische rondleidingen te voet door Newport.

Evenementen

Folk Festival: juli/aug. Sinds 1959 behoort het Newport Folk Festival tot de belangrijkste folkmuziekevenementen in de VS. Albert Grossman, de latere manager van Bob Dylan, hield het festival ten doop. Heel wat sterren hebben er de afgelopen jaren opgetreden, onder wie Joan Baez, Marc Cohen, Elvis Costello, Bob Dylan, James Taylor en Leonard Cohen (www.newportfolk.org). Tegenwoordig treden er nieuwkomers op als Michael Kiwanuka.

De kust van Connecticut ▸1, M 4

Mystic

In de tijd van de walvisvaart voeren langs de kuststrook van de tweeduizend inwoners tellende plaats **Mystic** vloten die men, als de wind uit een bepaalde richting kwam, al kon ruiken voordat ze in zicht kwamen. Filmliefhebbers ontdekken met de pizzeria **Mystic Pizza** (56 W. Main St., www.mystic pizza.com) het decor van de gelijknamige film uit 1987.

Mystic Seaport

75 Greenmanville Ave., tel. 1-860-572-0711, www.mysticseaport.org, mrt.-okt. 9-17, rest van het jaar 10-16 uur, volwassenen $ 26, kinderen 6-17 jaar $ 17

Mystic Seaport, het grootste maritieme museum van de Verenigde Staten, is de belangrijkste trekpleister van de plaats. Van de weinig romantische tijd van de walvisvangst kunt u zich een voorstelling maken aan boord van de ruim 150 jaar oude *Charles W. Morgan*, de laatste niet door motoren aangedreven walvisvaarder die onder Amerikaanse vlag voer. Aan zijn zijde liggen onder andere het in 1882 gebouwde opleidingsschip Joseph Conrad en de schoener L.A. Dunton, die u ook kunt bezichtigen. Het openluchtmuseum bestaat uit een vissersdorp, waarin bewoners in oude klederdracht in de zomer oude ambachten demonstreren en het leven in de 18e en 19e eeuw inzichtelijk maken.

Mystic Pass Card

Wie Seaport en het aquarium wil bezoeken, kan kosten besparen met de Mystic Pass Card ($ 50) en tegen gereduceerd tarief een hotelkamer huren (www. mysticaquarium.org/ visit/tickets).

Mystic Aquarium

55 Coogan Blvd., tel. 1-860-572-5955, www. mysticaquarium.org, Exit 90 van de I-95, dag. 9-18, winter 10-17 uur, volwassenen $ 37, kinderen $ 30, online korting

In het **Mystic Aquarium** ziet u meer dan 3500 zeedieren in uiteenlopende leefomgevingen, zoals een subtropisch mangrovemoeras en een eiland in een ijszee. In het Marine Theater stelen zeeleeuwen de show. Een populaire expositie is gewijd aan de ondergang van de Titanic, waarvan een 6 m lang model te bewonderen is.

Indianencasino's

Ten noorden van Mystic liggen bij Uncasville op indiaans territorium de twee hotelcasino's **Mohegan Sun Resort** (1 Mohegan Sun Blvd., Uncasville, tel. 1-888-226-7711, www.mohegansun.com) en **Foxwoods Resort Casino** (39 Norwich Westerly Rd., Mashantucket, tel. 1-800-369-9663, www.foxwoods.com). Deze gokhallen zijn recentelijk uitgebreid. Ze hebben hun hotelcapaciteit aanzienlijk vergroot en daarbij hun toch al veelzijdige amusementsaanbod nog gevarieerder gemaakt.

Groton

Groton aan de Thames River is de belangrijkste basis van de Amerikaanse onderzeevloot in de Atlantische Oceaan. Het is dan ook niet verwonderlijk dat nergens in Amerika meer onderzeeërs en meer documenten over en foto's van duikboten te zien zijn dan in deze marinehaven.

Submarine Force Museum

1 Crystal Lake Rd., tel. 1-860-694-3174, www.theoneill.org/monte-cristo-cottage, in de zomer 9-17, rest van het jaar tot 16 uur, di. gesl., toegang gratis

In het **Submarine Force Museum** kunt u, naast diverse andere typen onderzeeërs, ook de *USS Nautilus* bezichtigen. Dit is de oudste atoomonderzeeër ter wereld, die bovendien op 3 augustus 1958 als eerste een spectaculaire reis onder de ijskap van de noordpool maakte.

New London

Aan de haven van New London zit Eugene O'Neill, de belangrijkste zoon van de plaats, in brons gegoten op een rotsblok en kijkt naar de schepen die in- en uitvaren.

Monte Cristo Cottage

325 Pequot Ave., tel. 1-860-443-5378, www.theoneill.org/monte-cristo-cottage, mei-aug. do.-zo. 12-16 uur, volwassenen $ 7

In het ouderlijk huis van Eugene O'Neill (1888-1953), waar de latere toneelschrijver van 1888 tot 1917 woonde, is een klein museum ingericht met talrijke memorabilia. Het victoriaanse gebouw met overdekt terras draagt de naam **Monte Cristo Cottage**, omdat O'Neills vader acteur was en bekend werd door zijn rol als Edmond Dantès in Alexandre Dumas' stuk *De graaf van Monte Christo*.

De Connecticut River

De **Connecticut River**, die bij Old Lyme uitmondt in zee, was in de eerste helft van de 17e eeuw een levensader voor de bewoners van het achterland, die zich aan zijn oevers hadden gevestigd. De rivier ontspringt in de buurt van de Canadese grens en mondt na een 650 km lange reis door vier New Englandse staten uit in de Atlantische Oceaan. Een zandbank aan de monding verhinderde het ontstaan van een diephaven en de ontwikkeling van grotere steden aan de benedenloop. Daarom is het dal nu nog steeds wat het een eeuw geleden was: een afgelegen provincie met kleine stadjes en een landelijk karakter.

Essex ▶ 1, M 4

Connecticut River Museum

Main St., tel. 1-860-767-8269, www.ctrivermuseum.org, in de zomer dag. 10-17 uur, volwassenen $ 9, kinderen 6-12 jaar $ 6

Aan het tijdperk van de scheepsbouw en de binnenscheepvaart op de Connecticut River herinnert het **Connecticut River Museum,** waar naast veel nautische voorwerpen en tentoonstellingen over de geschiedenis van het rivierdal een reconstructie is te zien van de eerste, door David Bushnell gebouwde onderzeeër *Turtle* uit 1775.

The Valley Railroad

tel. 1-860-767-0103, www.essexsteamtrain.com, mei-okt. tochten per trein en boot

Als u de auto een keer wilt laten staan, kunt u een uitstapje maken met de **Valley Railroad,** die toeristen tussen Essex en Chester vervoert. De stoomlocomotieven en wagons op het station, dat bestaat uit een gerestaureerd depot en kaartjesloketten, stammen uit de pionierstijd van het railvervoer. De treinrit kunt u combineren met een tocht per stoomboot op de Connecticut River tussen Deep River en East Haddam.

East Haddam ▶ 1, M 4

Goodspeed Opera House

6 Main St., tel. 1-860-873-8668, www.goodspeed.org, seizoen apr.-nov.

Naast de ophaalbrug over de Connecticut River staat het in musicals gespecialiseerde **Goodspeed Opera House** ietwat verloren in het landschap. Vroeger liet de beau monde zich per stoomschip van New York naar deze muziektempel varen, om het stadsleven even achter zich te laten. Tegenwoordig worden in het

Hop-on-hop-off in Hartford
Met de Dashbussen kunnen stadsbezoekers op weekdagen van 7 tot 19 uur gratis door de binnenstad rijden en bij twaalf haltes in- of uitstappen. Centrale halte is het Connecticut Convention Center in Front Street.

theater try-outs van nieuwe musical- en balletvoorstellingen gegeven, die, als ze succes hebben, later op Broadway komen. Tot dusver is dit al bij zestien producties gelukt.

Gillette Castle

67 River Rd., tel. 1-860-526-2336, www.stateparks.com/gillette_castle.html, mei-sept. dag. 10-16.30 uur

Ten zuidoosten van East Haddam (een kwartiertje per auto) stroomt de Connecticut River langs **Gillette Castle**, dat zich op een beboste bergrug hoog boven de oever verheft. De acteur William Gillette had rond de vorige eeuwwisseling vooral dankzij de rol van de speurder Sherlock Holmes een aanzienlijk vermogen opgebouwd, dat hij in 1914 in dit excentrieke gebouw investeerde. Veel zaken in zijn interieur bracht de toneelspeler mee terug van tournees in het buitenland.

Hartford ▶ 1, L/M 3

Hoewel de stadskern en nogal onopvallend uitziet, zijn er in de hoofdstad van de staat Connecticut enkele interessante gebouwen en musea te ontdekken. Met het **Front Street District** is in het centrum van Hartford aan de rivieroever een uitgaansgebied met restaurants en bars ontstaan. Direct ernaast kunnen cultuurliefhebbers terecht in het **Wadsworth Atheneum Museum of Art** (600 Main St., thewadsworth.org, wo.-vr. 11-17, za.-zo. 10-17 uur, $ 15).

State Capitol

210 Capitol Ave., tel. 1-860-240-0222, www.cga.ct.gov/capitoltours, ma.-vr. 9.15-13.15, juli en aug. tot 14.15 uur gratis rondleidingen

Trekpleister in het Bushnell Park, waar meer dan 120 verschillende boomsoorten groeien, is het monumentale **State Capitol** met zijn overdadige architectuur onder een gouden koepel. Hier vergaderen de Senaat en het parlement van Connecticut en zijn de kantoren van de gouverneur en vice-gouverneur gevestigd. In het decoratief ingerichte interieur van het in 1876 voltooide gebouw van graniet en marmer zijn onder meer een standbeeld van de revolutieheld Nathan Hale en het veldbed van generaal Lafayette te bezichtigen. Meer in de richting van het stadscentrum, aan de rand van het Bushnell Park, herinnert de 30 m hoge en 10 m brede **Soldiers and Sailors Memorial Arch** aan de gevallenen in de Amerikaanse Burgeroorlog.

Harriet Beecher Stowe Center

77 Forest St., tel. 1-860-522-9258, www.harrietbeecherstowe.org, ma.-za. 9.30-17, zo. 12-17 uur, laatste toegang 16.30 uur, volwassenen $ 14, kinderen 5-16 jaar $ 8

Hartford was lange tijd de thuishaven van twee belangrijke auteurs. Het twee verdiepingen tellende **Harriet Beecher Stowe Center** in de 19e-eeuwse cottagestijl is genoemd naar Harriet Beecher Stowe (1811-1896), tegenstandster van de slavernij en schrijfster van dertig boeken, waaronder het wereldberoemde *De hut van oom Tom*.

Mark Twain House

351 Farmington Ave., tel. 1-860-247-0998, www.marktwainhouse.org, ma.-za. 9.30-17.30, zo. 12-17.30 uur, jan.-mrt. di. gesloten, volwassenen $ 20, kinderen $ 11

Buurman van Harriet Beecher Stowe was zeventien jaar lang Mark Twain, die van 1874 tot 1891 in het negentien kamers tellende victoriaanse **Mark Twain House** woonde. Hoewel hij een generatie jonger was dan zijn buurvrouw onderhielden de twee een vriendschappelijke relatie en kwamen ze geregeld bij elkaar op bezoek. Het huis is zeer gezellig ingericht en laat in veel kamers invloeden uit het Midden-Oosten en Azië zien, wat te danken is aan de firma Tiffany, die belast was met de inrichting.

Zo woonde de schrijver: romantische wintertuin in het Mark Twain House

Graf van Katherine Hepburn

Cedar Hill Cemetery, 453 Fairfield Ave., dag. 7-17 uur, westzijde van sectie 10

Een van de bekendste inwoonsters van de stad was de actrice Katherine Hepburn, die in 1907 in Hartford werd geboren en na haar dood op 29 juni 2003 op de Cedar Hill Cemetery haar laatste rustplaats kreeg. Op het graf van de filmster staat een groot uitgehouwen granietblok, waarin alleen haar achternaam gegraveerd is.

Informatie

Connecticut Office of Tourism: One Constitution Plaza, Second Floor, Hartford, CT 06103, tel. 1-888-288-4748, www.ctvisit.com.

Accommodatie

Praktisch stadshotel – **Holiday Inn Express:** 440 Asylum St., tel. 1-860-246-9900, www.ihg.com/holidayinnexpress. Downtownhotel met 99 kamers, businesscenter en fitnesscentrum. Circa $ 130.

Bescheiden voorzieningen – **Super 8 Motel:** 57 W. Service Rd., tel. 1-860-246-8888, www.super8.com. Dit aan de I-91 gelegen ketenhotel biedt redelijke standaardkamers. Vanaf $ 75.

Eten en drinken

Door en door Amerikaans – **Black Eyed Sally's:** 350 Asylum St., tel. 1-860-278-7427, www.blackeyedsallys.com. Zeven dagen in de week lunch en diner. Op sommige avonden blues & jazz., barbecue en gerechten in cajunstijl uit Louisiana. $ 10-20.

New Haven ▶1, L 4

Met zijn cafés, schaduwrijke lanen en winkeltjes ademt het centrum van deze 130.000 inwoners tellende stad een sfeer die men kan verwachten van een studentenbolwerk. Net als veel andere plaatsen in New England vormt ook in New Haven de **Green** het hart van de stad – een met bomen begroeid stadspark, dat oorspronkelijk overdag dienstdeed als marktplein en 's nachts als veeweide.

Yale University

Mead Visitor Center, 149 Elm St., tel. 1-203-432-2300, www.visitorcenter.yale.edu, gratis rondleidingen ma.-vr. 10.30, 14, za., zo. 13.30 uur

Het in 1638 gestichte New Haven beleefde aan het begin van de 18e eeuw de belangrijkste gebeurtenis uit zijn bestaan. Toen werd namelijk de Collegiate School opgericht, de voorloper van de **Yale University**. Deze vermaarde elite-universiteit wordt beschouwd als kaderopleiding van studenten die een diplomatieke loopbaan ambiëren. Speelse kleine torens en architectonische versieringen, zoals kunstzinnige inscripties en figuurtjes, sieren de bouwwerken in de onmiskenbaar Brits ogende universiteitswijk. Sommige gebouwen lijken van middeleeuwse oorsprong. In de traditie van de Gothic Revival werd aan het begin van de jaren 20 de met een klokkenspel uitgeruste **Harkness Tower** gebouwd, het visitekaartje van Yale University. Het oudste bouwwerk is de niet erg opvallende **Connecticut Hall** uit 1752 op de oude campus.

Beinecke Rare Book and Manuscript Library

121 Wall St., tel. 1-203-432-2977, www.beinecke.library.yale.edu, ma.-vr. 9-16.45 uur

De universiteitsstad presenteert zich met enkele musea naar buiten toe als bolwerk van kunst en cultuur. In de met klimaatbeheersing uitgeruste zalen van de **Beinecke Rare Book and Manuscript Library** vindt u maar liefst een half miljoen curiositeiten en enkele miljoenen manuscripten en documenten, waarvan sommige van onschatbare waarde, die alleen in het gebouw mogen worden ingekeken.

Yale Center for British Art

1080 Chapel St., tel. 1-203-432-2800, www.britishart.yale.edu, di.-za. 10-17, zo. 12-17 uur, toegang gratis

De collecties van het **Yale Center for British Art** omvatten 1900 schilderijen en 100 sculpturen. Dit museum, dat zich op Britse kunst heeft toegespitst, is de trotse eigenaar van werken van onder anderen William Hogarth, Thomas Gainsborough, Joseph Wright of Derby, John Constable en J.M.W. Turner. Tot de kunstenaars uit de 20e eeuw behoren Stanley Spencer en Damien Hirst.

Yale Peabody Museum of Natural History

170 Whitney Ave., tel. 1-203-432-5050, www.peabody.yale.edu, di.-za. 10-17, zo. 12-17 uur, volwassenen $ 13, kinderen $ 6

Meteorieten en mineralen, dinosaurusbotten en indiaanse kunstvoorwerpen, planten en dieren uit New England en voorwerpen uit Egypte en het gebied rond de Grote Oceaan zijn de schatten van het **Yale Peabody Museum of Natural History.**

Yale University Art Gallery

1111 Chapel St., tel. 1-203-432-0600, www.artgallery.yale.edu, di.-vr. 10-17, za., zo. 11-17, sept.-juni do. tot 20 uur

Een bezoek aan de **Yale University Art Gallery** is een genoegen dankzij de munten uit de tijd van Alexander de Grote, Romeinse sculpturen uit voorchristelijke tijd, Afrikaanse sculpturen uit Guinea, Burkina Faso en Benin. Daarnaast vindt u er collecties van Amerikaans meubilair en zilver, schilderijen van Rubens, Manet en Picasso, en kunstvoorwerpen uit Azië en precolumbiaans Amerika.

Informatie

Info New Haven Visitor Center: op de hoek van College en Chapel St., New Haven,

CT 06400, tel. 1-203-773-9494, www.info newhaven.com.

Accommodatie

Gunstige ligging bij de universiteit – **Courtyard New Haven at Yale:** 30 Whalley Ave., tel. 1-203-777-6221, www.marriott.com. Meer dan tweehonderd gerenoveerde, rookvrije kamers met gratis wifi. Niet ver van de campus. Vanaf $ 140.

Aanbevolen – **The Study Hotel at Yale:** 1157 Chapel St., tel. 1-203-503-3900, www.studyhotels.com. Bij de campus gelegen hotel met traditionele inrichting en vriendelijke kamers. Vanaf $ 140.

Standaard ketenhotel – **Red Roof Inn:** 10 Rowe Ave., Milford, tel. 1-203-877-6060, www.redroof.com. Buiten het centrum gelegen ketenhotel met eenvoudige, schone kamers. Vanaf $ 75.

Voordelig – **Motel 6:** I-95 at Main St., Exit 55, Branford, tel. 1-203-483-5828, www.motel6.com. Ketenhotel met standaardkamers buiten de stad. Vanaf $ 56.

Eten en drinken

Pizza en pasta vind je in de restaurants van Little Italy rond **Wooster Square.**

Typische soul food – **Southern Hospitality Soul Food:** 427 Whalley Ave., tel. 1-203-785-1575, ma.-za. Lunch en Dinner. Gerechten uit het Amerikaanse zuiden. Voedzaam, eenvoudig, niet bepaald caloriearm. Vanaf $ 12.

Traditionele Italiaan – **Leon's Restaurant:** 344 Washington Ave., North Haven, tel. 1-203-562-5366, www.leonsrestaurant.com, lunch en diner. Italiaanse gerechten in twee eetzalen. Vanaf $ 12.

Beroemde lunchroom – **Louis's Lunch:** 263 Crown St., tel. 1-203-562-55 07, www.louislunch.com, di., wo. 11-16, do.-za. 12-2 uur. Hier moet in 1900 de eerste hamburger zijn verkocht. De handgemaakte varianten zetten het fastfood van de hamburgerketens ver in de schaduw. Vanaf $ 6.

Winkelen

Boeken – **Yale University Bookstore:** 77 Broadway, tel. 1-203-777-8440. Dit filiaal van de bekende boekhandelsketen Barnes & Nobles biedt niet alleen een ruime keus aan buitenlandse boeken en kranten, maar ook koffie.

Vlooienmarkt – **Boulevard Flea Market:** 500 Ella T. Grasso Blvd., Rte 10, hele jaar za., zo. 7-16 uur, oudste vlooienmarkt in Connecticut met meer dan honderd handelaren.

Uitgaan

New Haven kent gerenommeerde culturele instellingen als het Long Wharf Theatre, het Yale Repertory Theatre, het Shubert Performing Arts Center, het Yale University Theatre, het Yale Cabaret, het Lyman Center for the Performing Arts en het New Haven Symphony Orchestra (informatie over het programma is verkrijgbaar bij het New Haven Visitor Center, zie blz. 172).

Ontmoetingspunt na zonsondergang – **Bar:** 254 Crown St., tel. 1-203-495-8924. Restaurant en meerdere bars. Biljarten en dansen.

Aanstormend talent – **Toads' Place:** 300 York St., tel. 1-203-624-8623, www.toadsplace.com. Dagelijks livemuziek met wisselende regionale rock- en popgrootheden.

Vervoer

Trein: Shore Line East, State St. Station tussen Court en Chapel St., tel. 1-877-287-4337, www. shorelineeast.com. Er rijdt een lokale trein naar New London en New York City. Amtrak, Union Station, 50 Union Ave., tel. 1-800-872-7245, www.amtrak.com. New Haven ligt aan het spoortraject New York-Boston en wordt onder meer aangedaan door de hogesnelheidstrein Acela Express. Een kaartje voor de rit New Haven-New York Penn Station kost minimaal $ 31.

Bus: Greyhound Lines, Union Station, 50 Union Ave., tel. 1-203-772-2470, www.greyhound.com. Greyhound Lines onderhoudt regelmatige verbindingen naar alle grote steden, een kaartje voor het traject New Haven-New York City kost online $ 19.

Lokaal openbaar vervoer: CTTRANSIT, tel. 1-203-624-0151, www.cttransit.com. De maatschappij verzorgt het busverkeer in de stad.

Lake Ontario
Syracuse
Niagara
Falls
Lake Erie
Cleveland
New York
Pittsburgh

Hoofdstuk 2

Tussen de Atlantische Oceaan en de Grote Meren

In de stedendriehoek New York City, Cleveland en Pittsburgh begon in de 18e eeuw de Amerikaanse Industriële Revolutie. Hier zijn zowel grote verstedelijkte gebieden als slaperige landelijke dorpjes te vinden, spectaculaire natuurwonderen, historische plaatsen en het oeverlandschap van de grootste zoetwatervoorraad ter wereld, de Grote Meren.

Dit is het Amerika van de onontwarbare snelwegkluwens en de alomtegenwoordige hoogspanningsleidingen, futuristische wolkenkrabbers van staal, beton en glas en de dampende industriegebieden bij Cleveland in Ohio, van unieke steden als New York City, maar ook die van de overduidelijke kenmerken die door kenners typisch Amerikaans worden genoemd, en die u nergens tussen de Atlantische en de Grote Oceaan in zo zeer zult aantreffen als hier.

Hier wonen niet alleen de leiders van grote bedrijven en mensen die verslaafd zijn aan de grote stad, maar ook de kleine luiden, die in hun keurige stadjes hun voortuintje bijhouden, liefdadigheidsbazaars organiseren en op Halloween met hun als monsters verklede kinderen langs de huizen trekken om snoep op te halen.

Hoewel het deze regio in zijn algemeenheid ontbreekt aan de landschappelijke pracht van andere delen van Amerika, bezit ook het reusachtige gebied tussen de Atlantische Oceaan en de Grote Meren zijn natuurschoon, met hoogtepunten als de beroemde Niagara Falls, de Hudson Valley en niet in de laatste plaats wildernissen als de Adirondack Mountains.

One World Trade Center – de nieuwe architectonische blikvanger van New York City

In een oogopslag: Tussen de Atlantische Oceaan en de Grote Meren

Hoogtepunten

Manhattan: de skyline van de wereldstad New York City met zijn wolkenkrabbers is uiterst indrukwekkend (zie blz. 178).

Niagara Falls: de grootste watervallen van Noord-Amerika liggen precies op de grens van de VS met Canada (zie blz. 215).

Cleveland: de voormalige industriestad heeft zich al enige tijd ontdaan van zijn negatieve imago en is uitgegroeid tot een levendige, cultuurminnende stad (zie blz. 228).

Pittsburgh: bij een blik op het centrum met zijn vele lichtjes is bijna niet meer voor te stellen dat dit ooit een roetzwarte industriestad was (zie blz. 240).

Fraaie routes

Door de Hudson Valley: de tocht door de Hudson Valley vertoont verbluffende overeenkomsten met een reisje door het Duitse Rijndal (zie blz. 206).

Kloof van de Niagara River: aan de Amerikaanse kant van de rivier loopt een panoramische route langs de kloof die de Niagara River op zijn weg van Lake Erie naar Lake Ontario heeft uitgesleten (zie blz. 216).

Tips

Ontspannen in New York City: geef je heerlijk over aan het verstrijken van de tijd. In de New Yorkse wellnessoases gaat dat moeiteloos (zie blz. 205).

Vanderbilt Mansion in de Hudson Valley: nog steeds is de luxe van het complex van Frederick William Vanderbilt, directeur van de New York Central Railroad, adembenemend (zie blz. 209).

State Museum of Pennsylvania: in Harrisburg moet je je de gelegenheid niet laten ontgaan om eenmaal een echt twaalfduizend jaar oud mammoetskelet te bewonderen (zie blz. 254).

Actief

De mooiste uitkijkpunten in Manhattan: letterlijk hoog op ieders verlanglijstje staan in New York City de uitkijkpunten vanwaar u de totale omvang en stadse energie van de Big Apple kunt zien en zelfs bijna voelen (zie blz. 193).

Kroegen- en clubtocht in de uitgaanswijk van Cleveland: The Flats hebben zich ontwikkeld van een sjofele buurt met zware industrie tot een inmiddels beroemd geworden en zeer populaire uitgaanswijk met cafés, restaurants en nachtclubs (zie blz. 234).

New York/Manhattan

▶ 1, K 5

Het zicht vanaf de Staten Island Ferry op Manhattan is adembenemend. De vraag rijst waarom het eiland niet allang gezonken is onder het gewicht van die gigantische wolkenkrabbers. De stad die nooit slaapt, heeft alles. New York City en meer in het bijzonder Manhattan vormt een wereld op zich.

Manhattan is al met van alles vergeleken. Over sommige vergelijkingen valt misschien te twisten, maar een ding is zeker: de stad is uniek. Nergens anders ter wereld voelt men zich zozeer in het hart van de menselijke beschaving, met haar verworvenheden en haar uitwassen, als in de canyons tussen het steen en glas van Manhattan. Als een reusachtig, door jachtige mensenmassa's en eindeloze rijen auto's aangedreven uurwerk drijft deze moloch de tijd voort.

Op 11 september 2001 (in de VS kortweg 9/11 genoemd) stond dit uurwerk een tijdje stil. Onmiddellijk na de verschrikkelijke terreuraanslag was er niets meer te bespeuren van de razende hartslag van de Big Apple. Enkele uren na de ramp veranderde dat echter al. Samen met de stofwolken boven Manhattan verdween langzaamaan ook de collectieve shock die de stad na het instorten van de Twin Towers van het WTC had lamgelegd. Met horten en stoten keerden de levenskrachten van het epicentrum van de Amerikaanse stedelijke wereld terug als de vitale functies van een zwaargewonde. Het New York van vandaag is weer boomtown, megacity, cultuurmetropool en de *city that never sleeps* ineen. Dankzij het onwrikbare vertrouwen in de eigen overlevingskracht is het gewone leven in de stad teruggekeerd.

In New York City kun je maanden doorbrengen en toch niet alles gezien hebben. De belangrijkste stadsdelen met de bekendste en interessantste bezienswaardigheden liggen tussen Battery Park op de zuidpunt van Manhattan en Central Park, de groene oase van de stad. Vooral het zuidelijke deel van Manhattan rondom de nieuwe superwolkenkrabber One World Trade Center is merkbaar veranderd. Hier bevindt zich het Financial District, het financiële hart, dat zijn stempel op het hele stadsdeel drukt. Iets meer naar het noorden liggen de exotische Chinatown, het steeds kleiner wordende Little Italy, het trendy TriBeCa, de kunstenaarsbuurt SoHo en het bijna kleinsteeds aandoende Greenwich Village. Midtown, met de twee grote spoorwegstations van Manhattan, stijlvolle winkelstraten als Fifth Avenue, met zijn luxehotels en zijn vele bezienswaardigheden van het Empire State Building tot het Museum of Modern Art, vormt hiermee een contrast. Ten oosten van Central Park liggen de belangrijkste kunstmusea van de stad, op het Museum of Modern Art na, vlak bij elkaar.

Lower Manhattan

Kaart: blz. 180

De zuidkant van het eiland Manhattan, die **Lower Manhattan** wordt genoemd, loopt van Battery Park tot aan Houston Street. In dit stadsdeel legden Nederlandse pioniers in de 17e eeuw met de stichting van Nieuw-Amsterdam de fundamenten voor het huidige New York.

Oorspronkelijk nam de zuidpunt van Manhattan een veel kleiner oppervlak in beslag. In het begin van de 19e eeuw begon het stadsbestuur land te winnen op het water om er zo dringend benodigde bouwgrond bij te krijgen – iets wat tot op de dag van vandaag in New York wordt gedaan.

Geen bezoek aan New York City zonder een blik op het Vrijheidsbeeld

Battery Park en eilanden

Castle Clinton 1

Battery Park, tel. 1-212-344-7220, www.nps.gov/cacl, dag. 7.45-17 uur, toegang gratis
In het voormalige verdedigingscomplex ter bescherming van de Hudson River biedt **Castle Clinton** een tentoonstelling over de immigatiegeschiedenis van de stad.

SeaGlass Carousel 2

Battery Park, www.thebattery.org, dag. 10-22 uur, volwassenen en kinderen $ 5
Ernaast vormt de van glas en staal gemaakte **SeaGlass Carousel** een bijzondere blikvanger. Het is geen carrousel in de traditionele zin, bezoekers reizen er eerder met beeld en geluid door een magische onderwaterwereld.

Liberty Island 3

Op het piepkleine **Liberty Island** rijst het met een groen patina overtrokken, 46 m hoge en 225 ton zware Vrijheidsbeeld omhoog, dat al van veraf zichtbaar is. 'Miss Liberty' kwam in 1885 tot stand naar een ontwerp van de Elzasser beeldhouwer Frédéric Auguste Bartholdi voor de ingang van het Suezkanaal. Het fakkeldragende, metalen reuzenstandbeeld met een ondersteunende ruggengraat van Gustave Eiffel is tegenwoordig niet alleen het onmiskenbare symbool van de VS, maar vooral ook van de stad New York.

Ellis Island Museum of Immigration 4

In het voormalige immigratiecentrum op Ellis Island bevindt zich het **Ellis Island Museum of Immigration.** Tussen 1892 en de sluiting van Ellis Island als immigratiecentrum in

Tickets Liberty en Ellis Island

Wie het Vrijheidsbeeld en het Ellis Island Museum bezichtigen wil, moet de tour inclusief veerbootticket zo vroeg mogelijk boeken. De tickets zijn in diverse varianten verkrijgbaar, bijvoorbeeld met een bezoek aan de sokkel van Lady Liberty (volwassenen $ 25, kinderen $ 16) of met een bezoek aan de kroon van het Vrijheidsbeeld (volwassenen $ 28, kinderen $ 19). Reserveren via www.statueoflibertytickets.com/Statue-Of-Liberty-Tours of www.statuecruises.com > Plan Your Trip.

1954 betraden rond de twaalf miljoen immigranten hier voor het eerst Amerikaanse bodem. Ze werden medisch onderzocht en ondervraagd over politieke kwesties; wanneer ze waren toegelaten voor immigratie, werden ze gemerkt met een krijtstreep. In het museum wordt een documentaire vertoond over het lot van de immigranten. In de tentoonstellingsruimte krijgen de bezoekers aan de hand van foto's, affiches en gebruiksvoorwerpen informatie over de jaren van de immigratie. Op een computer kan worden gezocht naar geëmigreerde familieleden. Buiten het museum zijn in de **Wall of Honor** de namen van honderdduizenden immigranten gegraveerd.

Staten Island Ferry 5

Vertrek Whitehall Terminal, Battery Park, 24/7, dag. om de circa 20 minuten

De **Staten Island Ferry** die vanaf Battery Park vaart, biedt een voor voetgangers gratis boottocht door de baai van New York. Van het veer (gratis), dat op enige afstand Ellis Island en het Vrijheidsbeeld passeert, ziet u de indrukwekkende wolkenkrabbers van Manhattan in al hun pracht.

National Museum of the American Indian 6

One Bowling Green, tel. 1-212-514-3700, www.nmai.si.edu > Visit > New York, dag. 10-17, do. tot 20 uur, toegang gratis

Het is maar een paar stappen van Battery Park naar het classicistische US Customs House met zijn marmeren zuilenfaçade en vanbinnen beschilderde rotunda. Het hier gehuisveste **National Museum of the American Indian** van het beroemde Smithsonian Institution documenteert aan de hand van een miljoen voorwerpen, van kleding en sieraden tot religieuze en ceremoniële objecten, het leven en de cultuur van de oorspronkelijke be-

Lower Manhattan

Bezienswaardig

1 Castle Clinton
2 SeaGlass Carousel
3 Liberty Island
4 Ellis Island Museum of Immigration
5 Staten Island Ferry
6 National Museum of the American Indian
7 Skyscraper Museum
8 Fraunces Tavern
9 New York Stock Exchange
10 Trinity Church
11 One World Trade Center
12 9/11 Memorial
13 Oculus
14 Brookfield Place
15 St. Paul's Chapel
16 South Street Seaport Museum
17 Pier 17
18 Brooklyn Bridge, zie ook kaart blz. 187
19 - 61 kaarten blz. 187, 195

Accommodatie

1 - 9 kaarten blz. 187, 195

Eten en drinken

1 - 11 kaarten blz. 187, 195

Winkelen

1 - 2 kaarten blz. 187, 195
3 Century 21

Uitgaan

1 - 5 kaarten blz. 187, 195

Actief

1 - 3 kaart blz. 195

woners van Noord- en Zuid-Amerika vanaf het begin in precolumbiaanse tijden tot aan het heden. In een videocentrum worden films vertoond over verschillende fasen in de geschiedenis van de indianen.

Skyscraper Museum 7

39 Battery Pl., tel. 1-212-968-1961, www.skyscraper.org, wo.-zo. 12-18 uur, volwassenen $ 5, kinderen $ 2,50

Een nieuwer museum is het **Skyscraper Museum**, dat zich bezighoudt met datgene wat New York zo uniek maakt: de wolkenkrabbers. Het gaat daarbij om de bekendste gebouwen van de stad, van het in 1902 door Daniel Burnham gebouwde Flatiron Building via het Chrysler Building met zijn ongeëvenaarde spits tot aan het Empire State Building, na het gloednieuwe One World Trade Center (1WTC) het hoogste gebouw van New York

Fraunces Tavern 8

54 Pearl St., tel. 1-212-425-1778, www.frauncestavernmuseum.org, dag. 12-17 uur, volwassenen $ 7, senioren/kinderen $ 4

Een van de gereconstrueerde historische gebouwen in Lower Manhattan is de oorspronkelijk uit 1719 daterende **Fraunces Tavern**. Het museum naast de taveerne stelt historische documenten en voorwerpen uit de 18e en 19e eeuw tentoon. Het restaurant op de begane grond is ingericht met een plankenvloer en rustiek houten meubilair, en serveert typisch Amerikaanse gerechten.

Wallstreet

New York Stock Exchange 9

Het kloppend hart van de Amerikaanse economie is de **New York Stock Exchange**. Dit is het epicentrum van financiële aardverschuivingen, waaronder die van oktober 1929, toen met catastrofale schokgolven een economische crisis in gang werd gezet, en die van de herfst van 2008, toen de internationale bankwereld aan het wankelen werd gebracht. De grootste beurs ter wereld gaat schuil achter een neoclassicistische zuilenfaçade uit 1903, die duidelijk maakt hoezeer de architectuur uit die tijd door die van de oude Grieken en Romeinen werd beïnvloed. Uit veiligheidsoverwegingen is de beurs gesloten voor publiek.

Trinity Church 10

89 Broadway/hoek Wall St., www.trinitywallstreet.org, kerk en terrein dag. 8-18 uur

Tot het tijdperk van de wolkenkrabbers was de hoekige toren van de **Trinity Church** uit 1846 het hoogste gebouw van de stad. Een klein museum documenteert de geschiedenis van de kerk. Op de begraafplaats hebben prominenten als minister van Financiën Alexander Hamilton (1757-1804), die bij een duel om het leven kwam, en Robert Fulton (1765-1815), de uitvinder van de stoomboot, een laatste rustplaats gekregen.

Ground Zero

One World Trade Center 11

285 Fulton St., tel. 1-844-696-1776, www.oneworldobservatory.com, volwassenen $ 34, senioren 65+ $ 32, kinderen 6-12 jaar $ 28

Waar zich tot de terroristische aanslag van 9/11 het World Trade Center verhief, vind je nu een volledig veranderd stedelijk landschap rond het nieuwe, door architect David Childs ontworpen **One World Trade Center** (1WTC), met een symbolische hoogte van 541 m de hoogste wolkenkrabber van Amerika (dat komt overeen met 1776 voet en herinnert aan de Amerikaanse onafhankelijkheid in 1776). Over 70 van de in totaal 105 bovengrondse verdiepingen zijn kantoren verdeeld. Op het dak staat een 124 m hoge spits met een antenne voor televisie- en radiofrequenties. Op de bovenste drie verdiepingen bevinden zich uitkijkplatforms met een panoramisch uitzicht. Direct eronder bevindt zich het hoogste restaurant van de VS.

9/11 Memorial 12

180 Greenwich St., tel. 1-212-312-8800, www.911memorial.org, zo.-do. 9-20, vr.-za. 9-21 uur, volwassenen $ 24, senioren vanaf 65 jaar $ 18, kinderen 7-17 jaar $ 15

In de buurt van 1WTC bevindt zich het **9/11 Memorial,** een monument voor de ongeveer drieduizend slachtoffers van de terroristische aanslag op het World Trade Center op 11 september 2001 en en een bomaanslag in 1993. In het gratis toegankelijke Memorial (dag. 7.30-21 uur) markeren twee vijvers met watervallen de plaatsen waar de ingestorte Twin Towers hebben gestaan. Het ontwerp werd gekozen uit 5200 voorstellen, afkomstig uit 63 landen. In de koperen omrandingen van de bassins zijn de namen van alle slachtoffers gegraveerd die bij de twee radicaal-islamistische terreuraanslagen in 1993 en 2001 om het leven zijn gekomen. Onder het straatniveau liggen twee **gedenkruimten**, waarin licht valt dat door de watervallen wordt gefilterd. Het middelpunt van het museum wordt gevormd door drie tentoonstellingen die gewijd zijn aan de dag van de aanslag, de dag ervoor en de dag erna. De voorwerpen en documentatie verwijzen zowel naar de gebeurtenissen voorafgaand aan 9/11 als de achtergronden van de mysterieuze vlucht 93 en de aanslag op het Pentagon.

Oculus 13

Nieuw op het terrein van het voormalige Ground Zero is ook het $ 4 miljard kostende, met de naam **Oculus** gedoopte station van de Spaanse sterarchitect Santiago Calatrava, die de toegang tot elf metrolijnen in Lower Manhattan bundelt en een reuzenvogel met uitgespreide vleugels voorstelt.

Brookfield Place 14

www.brookfieldplaceny.com/stories/rooftop films

Ten westen van het nieuwe complex ligt het **Brookfield Place**, dat niet verloren ging, maar wel beschadigd raakte bij de aanslagen op het WTC. Het bestaat uit verscheidene gebouwen en werd vanaf het eind van de jaren 70 gebouwd als World Financial Center aan de oever van de Hudson River als onderdeel van Battery Park City. Met de grond die voor de bouw van het WTC moest worden afgegraven, kon een heel stuk van de rivier worden gedempt, waardoor Lower Manhattan met ongeveer 40 ha werd uitgebreid. De blikvanger van het kantoor- en bedrijvencomplex is de fraaie glazen Winter Garden, een kruising tussen een botanische tuin en een atrium. De palmbomen onder het gebogen glazen dak creëren een ronduit exotische sfeer. Op het dak van het complex worden regelmatig films vertoond, een ondertussen populair evenement.

St. Paul's Chapel 15

Church St., tel. 1-212-602-0800, www.trinitywallstreet.org > St Paul's Chapel, ma.-za. 10-18, zo. 7-18 uur, regelmatig concerten

In de in 1766 gebouwde **St. Paul's Chapel** ging George Washington al ter kerke. Op wonderbaarlijke wijze heeft het gebouw de terroristische aanslag op het WTC overleefd, omdat de enorme plataan die er vlakbij stond de puin- en asregen tegenhield die door de instorting was veroorzaakt. In de dagen na de ramp werd de kerk omgetoverd in een hulpcentrum, dat daar acht maanden lang functioneerde.

Aan de East River

South Street Seaport Museum 16

12 Fulton St., tel. 1-212-748-8600, www.southstreetseaportmuseum.org, jan.-mrt. do.-zo. 10-17, apr.-dec. wo.-zo. 11-17 uur, volwassenen $ 12, kinderen $ 8, inclusief schepen aan pier 16
De buurt rond Water Street was in het laatste kwart van de 19e eeuw nogal berucht. De vroegere havensfeer is alleen nog tastbaar in het **South Street Seaport Museum**, een openluchtmuseum bestaande uit ruim tien historische gebouwen, waaronder een voormalige drukkerij en het Titanic Memorial Lighthouse, dat de slachtoffers van de scheepsramp van 1912 gedenkt. De vele restaurants, galeries en winkels trekken voornamelijk toeristen. Schermerhorn Row, een huizenblok uit het begin van de 19e eeuw, vormt het historische hart van de buurt. Grote schepen als de viermaster Peking uit 1911 en de in 1885 van stapel gelopen Wavertree liggen hier voor anker en zijn te bezichtigen.

Pier 17 17

Het winkel- en amusementscentrum **Pier 17** raakte net als de wijk Seaport in 2012 zwaar beschadigd door de orkaan Sandy en wordt in de zomer van 2018 heropend in vernieuwde staat.

Brooklyn Bridge 18

Ook een van de architectonische symbolen van New York is de **Brooklyn Bridge**. Met zijn enorme stenen pylonen met spitse openingen doet de fotogenieke constructie boven de East River welhaast middeleeuws aan. De uit Duitsland afkomstige ingenieur John Roebling ontwierp met de brug een technisch wonder dat na de dood van de ingenieur in 1869 door zijn zoon Washington werd voltooid. Voetgangers en fietsers kunnen over een aparte baan ongehinderd door de auto's de East River oversteken – iets wat u als bezoeker van New York zeker een keer gedaan moet hebben. Bij de oprit naar de brug staat een door Frank Gehry ontworpen wolkenkrabber met golvende façaden (8 Spruce Street).

Van het Civic Center naar SoHo

Kaart: blz. 187

Civic Center

African Burial Ground 19

290 Broadway, tel. 1-212-637-2019, www.nps.gov/afbg, ma.-za. 9-17 uur, toegang gratis
Al sinds de Hollanders in de 17e eeuw de locatie van de latere metropool koloniseerden, speelden Afro-Amerikaanse arbeiders een belangrijke rol in de economie van de stad. In 1776 woonden er zo'n 25.000 binnen de gemeentegrenzen, onder wie veel slaven. In de loop der tijd vonden duizenden van hen een laatste rustplaats in graven die al snel in de vergetelheid raakten. In 1991 werd bij bouwwerkzaamheden in de buurt van City Hall Park zo'n oude begraafplaats ontdekt. Bijna twintig jaar daarna besloot de gemeente op dit terrein als eerbetoon aan de slaven het **African Burial Ground National Monument** te plaatsen en een bezoekerscentrum met interactieve faciliteiten op te richten. In New York City werd de slavernij in 1827 definitief afgeschaft.

Chinatown 20

Verder noordwaarts begint in **Chinatown** een andere wereld. Canal Street en naburige straten worden omzoomd door oude bakstenen gebouwen, met trottoirs vol rekken met zonnebrillen, kunstlederen handtassen en honkbalpetten van Afrikaanse straathandelaars en kraampjes van Chinese groente- en fruitwinkels. Op de toonbanken van de winkels liggen stapels beschilderde soepborden en bergen porseleinen lepels, knoestige ginsengwortels en schaaldieren met wriemelende voelsprieten. Exotische geuren van jasmijn en lotusbloem, oosterse karakters en een onverstaanbaar geroezemoes creëren een sfeer die eerder aan Shanghai of Hanoi dan aan Manhattan doet denken. Behalve Chinese zijn er ook Vietnamese, Cambodjaanse en Thaise eetgelegenheden en ook de kookkunst van de Chinese immigranten loopt uiteen, afhankelijk of er in een restaurant gerechten uit Kanton, Hunan, Sichuan of Fujian worden klaargemaakt.

TriBeCa 21

TriBeCa (de afkorting voor 'Triangle Below Canal Street'), tussen Chambers Street en het westelijk deel van Canal Street, behoorde tot enkele jaren geleden tot de buurten in Manhattan die sterk in opkomst waren. Het is nog altijd een dure buurt, maar het trendy uitgaansleven en de hippere winkels vestigden zich de afgelopen jaren steeds verder noordwaarts in het Meatpacking District (officieel Gansevoort Market Historic District; zie blz. 181).

Little Italy 22

De razendsnelle groei van Chinatown is een logisch gevolg van de teruggave van de Britse kroonkolonie Hongkong aan China in 1997, waarna veel Hongkong-Chinezen naar Amerika trokken. De uitbreiding van de prestatiegerichte Chinese gemeenschap heeft met name de wijk **Little Italy**, waar vroeger de uit Napels en Sicilië toegestroomde Italiaanse immigranten kwamen wonen, in de verdrukking gebracht. Het rood-wit-groene tijdperk lijkt ten einde te komen, want de Italiaanse wijk krimpt even snel als de Aziatische uitdijt. Net als in Chinatown wemelt het in Little Italy van de restaurants, die zich vooral concentreren langs Mulberry Street. De hele zomer doen de trottoirs dienst als terrassen, wat het dorpse karakter van de buurt benadrukt. Op de winkelpuien erboven wapperen in de nationale Italiaanse kleuren bedrukte spandoeken vrolijk in de wind.

SoHo 23

Houston Street loopt van de Lower East Side in westelijke richting en vormt op de kruising met Broadway de noordgrens van de wijk **SoHo** (= **So**uth of **Ho**uston Street, zie blz. 179). SoHo heeft zich opgewerkt van een eenvoudige buurt tot wijk van trendsetters, avant-gardisten en overlevingskunstenaars. Modeontwerpers, musici, schilders en schrijvers hebben achter de gietijzeren gevels appartementen betrokken in de voor een deel uit de tweede helft van de 19e eeuw stammende *cast-iron*-huizen (zie rechts) en hebben de prijzen een flink stuk opgedreven. Midden in SoHo ligt Spring Street, een straatnaam waarvan het hart van flaneurs en doorgewinterde snobs sneller gaat kloppen. Hier wisselen exclusieve galeries af met in souterrains verstopte fijnproeversrestaurants en ongegeneerd dure boetieks.

New Museum

235 Bowery, tel. 1-212-219-1222, www.newmuseum.org, wo.-zo. 11-18, do. tot 21 uur, volwassenen $ 16, kinderen tot 18 jaar gratis

Goed herkenbaar aan zijn bijzondere architectuur is het **New Museum**. Het vormt een uitstekende locatie voor eigentijdse kunst. Daarbij is het museumprogramma niet tot Amerikaanse kunstenaars beperkt, maar is er een internationaal aanbod.

Greenwich Village

Kaart: blz. 187`

Een wandeling door Greenwich Village doet vermoeden dat deze wijk mijlen van het glas en steen van het wolkenkrabberhart van Manhattan ligt. De Village is weliswaar niet dorps, zoals de naam suggereert, maar lijkt met zijn

Cast-Iron Historic District in SoHo

In 1973 herontdekte een bouwcommissie midden in Manhattan een pareltje: een prachtige verzameling gebouwen met gietijzeren ('cast-iron') façades, merendeels uit de tweede helft van de 19e eeuw. Sindsdien is het Cast-iron Historic District een beschermd monument.

Gewapend met stoom- en zandstralers bestrijden hele legioenen bouwvakkers, die in hun beschermende pakken wel op astronauten lijken, het vuil en roet die de oude huizen al tientallen jaren lang ontsieren. In de trendy wijk SoHo (van 'South of Houston Street') is stadsverfraaiing tegenwoordig in de mode. Het opknappen van oude pakhuizen en kantoren met weelderige gietijzeren gevels of ze omtoveren in luxueuze lofts (bovenverdiepingen die uit één grote ruimte bestaan), galeries of bedrijfsruimten levert veel geld op.

Al halverwege de 19e eeuw lieten welvarende kooplieden in SoHo handelshuizen bouwen die het zakelijk succes van de opdrachtgevers moesten weerspiegelen en daarom een zo voornaam mogelijke uitstraling moesten hebben. Kosten noch moeite werden gespaard om fraaie voorgevels te creëren. Naast zandsteen en marmer hadden architecten vooral een voorkeur voor het nieuwe materiaal gietijzer.

Gietijzer bestaat uit een legering van ijzer en delen koolstof en silicium waaraan mangaan, zwavel, fosfor, chroom of nikkel wordt toegevoegd. Dankzij het hoge koolstofgehalte is het materiaal bestand tegen roest en druk en uitermate sterk. Door de gietbaarheid van het ijzer is in principe elke vorm mogelijk, waar vroeger steenhouwers voor aan de slag moesten. Niet iedereen was echter gecharmeerd van gietijzer als bouwmateriaal. In 1849 leverde de Engelse schrijver, schilder, kunsthistoricus en socioloog John Ruskin (1819-1900) met zijn werk *The Seven Lamps of Architecture* een belangrijke bijdrage aan de architectuurtheorie, en in dit invloedrijke boek noemde hij de gietijzeren ornamenten 'koud, plomp en ordinair'.

Kapitaalkrachtige investeerders hebben het Cast-iron Historic District omgetoverd in een trendy woon- en winkelwijk. Complete etages werden voor veel geld verbouwd tot luxe lofts van miljoenen dollars, die door de van vloer tot plafond reikende ramen een unieke uitstraling hebben.

Een oppervlakte van meer dan 500 m^2 is niets bijzonders. Op de begane grond zijn meestal boetieks, galeries, cafés of restaurants gevestigd. Stap er eens binnen, dan kunt u zich een goed beeld vormen van hoe de gebouwen in het Cast-iron District er nu precies uitzien. Vanbuiten danken de voor het merendeel tussen 1860 en 1890 gebouwde voormalige pakhuizen en handelskantoren hun aantrekkelijkheid aan de gietijzeren gevels versierd met zuilen, lateien, kroonlijsten, portalen en bogen, die er door de luchtvervuiling in de loop der jaren zijn gaan uitzien als beroet metselwerk.

rijtjeshuizen van baksteen, kleine voortuinen en smalle, door bomen overschaduwde trottoirs toch vooral op een idyllische provinciestad, die een ouderwetse charme ademt. Dat de plattegrond van Greenwich niet kaarsrecht is, als een schaakbord, maar met zijn schots en scheef lopende straten een Europese sfeer uitstraalt, draagt verder bij aan de charme.

Washington Square 24

Het sociale hart van de Village is **Washington Square**, aan het einde van de 18e eeuw een begraafplaats voor de slachtoffers van steeds weer de kop opstekende gelekoorts- en tyfusepidemieën. Later was dit plein een militair exercitieterrein en werden er openbare executies voltrokken, totdat het stadsbestuur hier een park liet aanleggen. Nu dienen plein en park vooral als ontmoetingspunt, joggingterrein en openluchtpodium voor concerten en optredens van straatartiesten.

Washington Memorial Arch

De blikvanger van het plein is de **Washington Memorial Arch**, opgericht in 1889 naar aanleiding van de honderdste verjaardag van de beëdiging van de eerste Amerikaanse president, George Washington – de oorspronkelijk houten boog werd later vervangen door een exemplaar van wit marmer. Vlakbij staat een beeld van de Spaanse schrijver Miguel de Cervantes (1547-1616), auteur van de wereldberoemde roman *Don Quichot*.

The Row

Washington Square North vormt de noordgrens van het park. Rond 1830 was **The Row**, zoals de straat ook wel werd genoemd, een van de exclusiefste buurten van de stad met prachtige huizen in de neoclassicistische stijl die toen in zwang was. In het huis op nr. 3 schreef John Dos Passos *Manhattan Transfer* (1925). In deze roman schiep de auteur een beeld van de gelaagde en altijd in beweging zijnde bevolking van deze metropool, waarvan hij de maatschappelijke en morele ondergang als onvermijdelijk beschouwde. The Row had ook andere prominente bewoners als Alexander Hamilton (1755-1804), een van de grondleggers van de Verenigde Staten, de sociaal kritische schrijfster Edith Wharton (1862-1937) en de beroemde schilder Edward Hopper (1882-1967).

Sheridan Square 25

Het buurtje rond **Sheridan Square**, genoemd naar generaal Philip Sheridan uit de Burgeroorlog, en het belendende **Christopher Park** schreven aan het eind van de jaren 60 geschiedenis. Homo's en lesbiennes begonnen zich toen te verzetten tegen de almaar toenemende homodiscriminatie door de politie. Hoezeer in de daaropvolgende jaren de houding van de overheid tegenover homo's is veranderd, toont wel het feit dat homo's in New York in 1994 de Gay Games organiseerden, waaraan veertigduizend homoseksuele sporters, zowel mannen als vrouwen, deelnamen.

St. Luke's Place 26

Enkele huizen aan **St. Luke's Place** schreven filmgeschiedenis. Het huis op nr. 4 was in 1967 het decor van de thriller *Wait Until Dark* met Audrey Hepburn, waarvoor de actrice een Oscarnominatie kreeg. In het pand op nr. 16 werkte Theodore Dreiser (1871-1945) gestaag aan het manuscript van zijn in 1925 verschenen magnum opus *An American Tragedy*.

Meatpacking District

In het noordwesten grenst direct aan Greenwich Village het kleine **Meatpacking District**, dat zich tussen Gansevoort Street en West 15th Street uitstrekt. Hier ontstond een trendy gebied (zie Tip blz. 188). Op de hoek van Gansevoort en Washington Street begint de High Line (zie blz. 189).

Whitney Museum of American Art 27

99 Gansevoort St., tel. 1-212-570-3600, www.whitney.org, ma.-do., zo. 10.30-18, vr.-za. tot 22 uur, volwassenen $ 22, onder de 18 jaar gratis, vr. 19-22 uur donatie

Van het Civic Center naar SoHo, Greenwich Village

Bezienswaardig

1 - 17 kaart blz. 180
18 Brooklyn Bridge
19 African Burial Ground
20 Chinatown
21 TriBeCa
22 Little Italy
23 SoHo
24 Washington Square
25 Sheridan Square
26 St. Luke's Place
27 Whitney Museum of American Art
28 Rubin Museum of Art, zie ook kaart blz. 195
29 - 61 kaart blz. 195

Accommodatie

1 kaart blz. 195
2 Washington Square Hotel
3 - 4 kaart blz. 195
5 SoHotel
6 - 7 kaart blz. 195
8 Off Soho Suites
9 kaart blz. 195

Eten en drinken

1 - 2 kaart blz. 195
3 Balthazar Restaurant
4 kaart blz. 195
5 Tertulia
6 Snack Taverna
7 Katz's Delicatessen
8 Bubby's
9 Rice to Riches
10 - 11 kaart blz. 195

Winkelen

1 Strand Book Store
2 kaart blz. 195
3 kaart blz. 180

Uitgaan

1 Webster Hall
2 kaart blz. 195
3 The Bitter End
4 - 5 kaart blz. 195

Actief

1 - 3 kaart blz. 195

Tip

HOTSPOT MEATPACKING DISTRICT

De buurt rond **Gansevoort Market**, ten noordwesten van Greenwich Village, heeft zich na sanering van de wijk tot een hip uitgaans- en winkelgebied ontwikkeld. Waar de straten vroeger omzoomd waren door het ene na het andere abattoir, pakhuis, onfrisse drankhol en illegale bordeel, ontstond geleidelijk een nieuwe hotspot voor genotsverslaafde nachtvlinders en shoppers. In de straten tussen W. 17th Street in het noorden, W. 12th Street in het zuiden, High Line Park in het westen en Hudson Street en 9th Avenue in het oosten vindt u nu cafés, restaurants, nachtclubs, galeries, parfumerieën en schoonheidssalons. Vooral West 14th Street met zijn vele kledingboetieks ziet eruit als een mini-winkelparadijs. Een andere bijdrage aan de culturele verrijking levert het **Whitney Museum of American Art** 27 (zie blz. 186, www.meatpacking-district.com). Op de hoek van Gansevoort en Washington Street begint de **High Line** (zie blz. 189), een 2,33 km lange goederenspoorlijn die tussen 2006 en 2014 in een park op palen werd veranderd.

Eerst kwamen de galeries, toen gingen de slagers om plaats te maken voor designers en bars

Met ongeveer twaalfduizend schilderijen, prenten, sculpturen, tekeningen en foto's behoort het **Whitney Museum of American Art** mondiaal tot de musea met de omvangrijkste en meest representatieve collectie Amerikaanse kunst van de 20e eeuw. De schatrijke beeldhouwsters Gertrude Vanderbilt Whitney stichtte in 1931 dit museum, dat belangrijk heeft bijgedragen aan New York als stad van de kunst. Alle grote Amerikaanse kunstenaars zijn vertegenwoordigd, van Warhol en Rauschenberg tot Jasper Johns, Wesselman, Pollock, de Kooning, Basquiat en Haring. Sinds 2015 is het museum ondergebracht in een niet minder bezienswaardig gebouw van sterarchitect Renzo Piano in het Meatpacking District.

Midtown

Kaart: blz. 194

Chelsea

Net als het Meatpacking District heeft ook de noordelijker wijk **Chelsea** een metamorfose ondergaan. In de rode bakstenen gebouwen trokken nieuwe bedrijven en sinds het midden van de jaren 90 steeds meer galeries en kunstenaarsateliers.

Rubin Museum of Art 28

150 W. 17th St., tel. 1-212-620-5000, www.rubinmuseum.org, ma., do. 11-17, wo. 11-21, vr. 11-22, za., zo. 11-18 uur, volwassenen $ 15, kinderen $ 10, 1e ma in de maand gratis

Het bezienswaardige **Rubin Museum of Art** is gespecialiseerd in kunst uit het Himalayagebied. De collectie omvat niet alleen historische, maar ook hedendaagse objecten.

Chelsea Hotel 29

222 W./23rd St., www.hotelchelsea.com

Dat de wijk vroeger ook al aantrekkingskracht uitoefende op creatieve geesten bewijst het **Chelsea Hotel** (heropening in 2018). Hier logeerden populaire beroemdheden als Vladimir Nabokov, Ernest Hemingway, Bob Dylan, Janis Joplin en Jim Morrison en overleed in 1953 schrijver Dylan Thomas.

Chelsea Piers 30 en High Line 31

De **Chelsea Piers**, vier voormalige pieren tussen 17th en 23rd Street, heeft men omgetoverd in een sport- en amusementscomplex. Het stilgelegde hoge spoorlijntraject **High Line** tussen Gansevoort St. en West 34th St. werd veranderd in een populair, 2,3 km lang stadspark met groene zones, zithoeken en waterpartijen. Een plaats om in het hectische centrum van de wereldstad weer even heerlijk te ontspannen (www.thehighline.org).

Midtown South

Empire State Building 32

Letterlijk met kop en schouders erbovenuit steekt het bezienswaardige **Empire State Building**, dat met 381 m overigens allang niet meer het hoogste gebouw ter wereld is. De klassieke wolkenkrabber werd in 1930-1931 gebouwd in slechts 19 maanden tijd. Hierbij werd 365.000 ton materiaal gebruikt, waaronder 60.000 ton staal, 30.000 m² marmer, 20.000 m² glas voor 6500 ramen en 10 miljoen bakstenen. Het ESB is wel nog steeds een van de bekendste gebouwen van het land. Dat heeft misschien ook te maken met de rol die de toren in tientallen films speelde, zoals *King Kong*, waarin een verliefde gorilla op zoek naar de vrouw van zijn dromen omhoogklimt langs de grijze gevel.

Macy's 33

151 W. 34th St./Broadway, tel. 1-212-695-4400, www.macys.com, ma.-za. 10-22, zo. 11-21 uur

Het in 1857 geopende winkeltje van voormalig walvisvaarder Rowland Hussey Macy groeide naar eigen zeggen uit tot het 'grootste warenhuis ter wereld'. Rekening houdend met de Amerikaanse neiging om in superlatieven te spreken, moet gezegd worden dat **Macy's** inderdaad een gigantisch winkelparadijs is, waar zo ongeveer alles te koop is wat u maar zou kunnen bedenken: dames-, heren- en kindermode, cosmetica, elektronica,

Het kloppend hart in het centrum van Manhattan: Times Square

huishoudelijke artikelen, delicatessen en zelfs reproducties van kunst uit het Metropolitan Museum of Art.

Rond Penn Station 34

390 7th Ave., tel. 1-800-622-5000, www.transitcenter.com

Naast Grand Central Terminal is **Penn Station** het tweede grote knooppunt voor Amtraktreinen naar alle delen van de Verenigde Staten, forenzentreinen en de metro. Tijdens het spitsuur krioelt het in deze ondergrondse doolhof vooral vanwege de treinen naar Long Island en New Jersey van de mensen, waarbij het er nogal chaotisch aan toegaat.

In dit reusachtige station ligt ook de **Port Authority Bus Terminal**, vanwaar bussen naar New Jersey rijden (40th St. tot 42nd St., tel. 212-564-8484) en langeafstandsbussen van de Greyhound Lines stoppen (www.panynj.gov).

Het wereldberoemde complex **Madison Square Garden** 5 boven het station biedt plaats aan twintigduizend bezoekers en is de grootste locatie in Manhattan voor sporten en muziekevenementen (rondleidingen dag. 10.30-15 uur, tel. 1-212-465-6741, www.thegarden.com).

General Post Office 35

Achter Penn Station vindt u een bouwkundig juweel. Het in 1913 in beaux-artsstijl opgetrokken **General Post Office** (hoofdpostkantoor) valt op door de weidse trap en de gevel met twintig Korinthische zuilen. Erboven is een 80 m lange inscriptie aangebracht met een beschrijving van Herodotus van de postdienst in het Perzische rijk. Het is de bedoeling dat het bouwwerk – in de verre toekomst en na een uitgebreide verbouwing – dienst gaat doen als station voor langeafstandsverbindingen van Amtrak. Wanneer de opening van het station zal plaatsvinden staat echter in de sterren geschreven, aangezien de financiering van het project nog niet eens rond is.

Times Square 36 en Theater District

Een aantal brede verkeerswegen voert tot in het hart van New York City, **Times Square**. Het plein aan de kruising van 7th Avenue en Broadway kreeg zijn huidige naam toen de *New York Times* hier in het begin van de 20e eeuw zijn redactiekantoor vestigde. Met zijn neonslingers, lichtkranten met wereldnieuws, theaterreclames en gigantische toneel- en musicalreclames vormt het door wolkenkrabbers omringde deel van **Broadway** tussen 47th en 42nd Street een opwindend stadstafereel. Om de hoek verdringen mensenmassa's zich voor de bekendste theaters van het **Theater District**. In cafetaria's zitten hongerige passanten schouder aan schouder aan plastic tafeltjes, op straat woedt een felle concurrentiestrijd tussen de exploitanten van de pretzel- en de hotdogstalletjes en uit de metro-uitgangen zweeft de kenmerkende geur van de ondergrondse naar buiten. Na zonsondergang veranderen de lichtreclames, felle straatlantaarns, verlichte kantoorramen en autokoplampen het plein in een reusachtig theater, waar zich avond aan avond een door politiesirenes en dreunende motoren begeleid stadsspektakel afspeelt. Toeschouwers bij deze gigantische show zijn kijklustigen uit alle delen van de wereld, zakenlieden, politieagenten, T-shirtverkopers en de lange rijen wachtenden voor het theater. Enkele jaren geleden besloot het gemeentebestuur Times Square deels verkeersvrij te maken en er bankjes te plaatsen. Tegenwoordig is 7th Avenue de enige doorgaande autoweg, omdat ook Broadway alleen toegankelijk is voor flanerende voetgangers en *celebrity spotters*.

Bryant Park

Vergeleken bij Times Square is **Bryant Park** een oase van groen. In de zomer spreken veel mensen hier af voor de lunch.

New York Public Library 37

Fifth Ave./42nd St., tel. 1-917-275-6975, www.nypl.org, ma. en do.-za. 10-18, di., wo. 10-20 uur, zo. gesloten

Een geliefde zitplaats in de middagpauze zijn ook de trappen van de in 1911 in beaux-artsstijl gebouwde **New York Public Library** om de hoek. Daar slaan twee marmeren leeuwen genaamd Patience (geduld) en Fortitude (doorzettingsvermogen) het gekrioel van mensen en auto's voor de zuilenfaçade gade. De huidige bibliotheek beschikt over zes miljoen boeken en zeventien miljoen documenten. Tot de zeldzaamheden behoren een Gutenbergbijbel en een afschrift van Thomas Jeffersons ontwerp van de Onafhankelijkheidsverklaring. Achter de entreehal schittert de **Gottesman Exhibition Hall** met zijn wisseltentoonstellingen in een zaal met een fraai plafond.

Midtown East

Grand Central Terminal 38

www.grandcentralterminal.com

Door de week is het in 1913 in beaux-artsstijl voltooide **Grand Central Terminal** één grote mierenhoop, want dagelijks pendelen ruim een half miljoen forenzen per stoptrein uit de voorsteden en het naburige New Jersey naar hun werk in Manhattan. Dat Grand Central in de ogen van New Yorkers geen gewoon station is, bleek in de jaren 70 en 80 van de vorige eeuw, toen de 114 m lange en twaalf verdiepingen hoge stationshal gesloopt dreigde te worden. Prominente New Yorkers staken er een stokje voor en kregen voor elkaar dat de terminal onder monumentenzorg werd geplaatst. In de jaren 90 werd het station grondig gerenoveerd. In de indrukwekkende, met kroonluchters en marmer gedecoreerde hal waant men zich nu eerder in een hotellobby dan in een station.

Chrysler Building 39

405 Lexington Ave.

Een bijzonder architectonisch monument is het **Chrysler Building**, dat in 1929 in artdecostijl werd gebouwd. Na de voltooiing was het met 319 m even het hoogste gebouw ter wereld. De mooiste wolkenkrabber van New York valt vooral op door zijn kunstige torenspits en de entreehal van Afrikaans marmer. Eén dag voor Zwarte Donderdag, 24 oktober 1929, toen met de koersval op de New Yorkse beurs een wereldwijde economische crisis begon, beleefde het Chrysler Building juist zijn hoogtepunt. In het diepste geheim brachten arbeiders en technici het kant-en-klare materiaal voor de 26 t zware spits naar de 65e verdieping. Daar werden de onderdelen in elkaar gezet en in slechts anderhalf uur tot een 37,5 m hoge 'kroon' gemonteerd, waarmee het gebouw de Eiffeltoren overtrof, die veertig jaar lang het hoogste gebouw ter wereld was geweest.

Waldorf Astoria 40

301 Park Ave., tel. 1-212-355-3100, www.waldorfastoria3.hilton.com, 2 pk vanaf circa $ 350. Gesloten wegens renovatie tot 2020

Voor hoog bezoek en beroemdheden komt in New York eigenlijk maar één logeeradres in aanmerking: het superchique, gerenommeerde **Waldorf Astoria**, onderdeel van het Hiltonconcern. Het hotel was niet alleen in trek bij gekroonde hoofden uit de hele wereld, presidenten, captains of industry en topsporters, maar ook bij sterren uit de film- en showbusiness. Het gastenboek wemelt van de klinkende namen, zoals Diana Ross, Frank Sinatra en Ginger Rogers. Vroeger bezat het hotel, dat inmiddels met twee torens is uitgebreid, zelfs zijn eigen ondergrondse spoorwegstation, zodat prominente gasten in een privéwagon konden arriveren. De art-decostijl van het hotel komt het meest tot zijn recht in de mooie, ouderwetse lobby.

United Nations 41

1st Ave., tel. 1-212-963-8687, www.visit.un.org, rondleidingen ma.-vr. 9-16.30, za.-zo. 10-16.30 uur, volwassenen $ 22, tickets alleen online

Maar de echte internationale hotspot van New York is het **United Nations Building**. *The Interpreter* (De tolk), een film van Sydney Pollack met Nicole Kidman en Sean Penn in de hoofdrollen, bracht de Verenigde Naties onder de aandacht van het internationale bioscooppubliek. Ondanks de kunstwerken ziet het complex er vanbuiten uit als een verzameling kleurloze kantoorkolossen. Het gebouw van de Algemene Vergadering, dat toegankelijk is op een rondleiding, is een bezoek waard. Van de kunstwerken die u er kunt bewonderen, verdienen met name de schilderijen van Fernand Léger en gebrandschilderde ramen van Marc Chagall de aandacht. Tot de zittingen van de Algemene Vergadering, de Veiligheidsraad en andere bijeenkomsten worden ook bezoekers toegelaten (beperkt).

Rockefeller Center 42

Een paar stratenblokken naar het noorden, aan de stijlvolle Fifth Avenue, ligt het uitgestrekte **Rockefeller Center**. De 'stad in de stad' ontstond tussen 1931 en 1940, toen Amerika werd getroffen door de wereldwijde economische crisis. Veel New Yorkers raakten hun baan kwijt of konden de huur niet meer opbrengen en één op de vijf schoolkinderen in Manhattan was ondervoed. In deze tijd van nood leek het investeerders een goed idee om met de bouw van het Rockefeller Center mensen weer toekomstperspectief te bieden.

Lower Plaza

Rond **Lower Plaza**, een onder straatniveau gelegen plein met 's zomers een groot terras en 's winters een schaatsbaan, staan negentien kantoorgebouwen. Als symbool heeft het plein het vergulde, in 1934 geplaatste beeld van Prometheus van kunstenaar Paul Manship.

Comcast Building

De kern van het centrum met meer dan 6500 werknemers is het zeventig verdiepingen tellende **Comcast Building** met kantoren en studio's van de televisiezender NBC. Hier wordt onder meer de populaire dagelijkse *Tonight Show* met Jimmy Fallon en zijn beroemde gasten geproduceerd. Niet alleen bovengronds is het Rockefeller Center een bezoek waard (zie blz. 193), op de ondergrondse niveaus vindt u winkels, restaurants in alle prijs- en kwaliteitsklassen en zelfs een postkantoor.

Radio City Music Hall

1260 Sixth Ave., tel. 1-212-247-4777, www.radiocity.com

Ook de in 1932 geopende **Radio City Music Hall** maakt deel uit van het Rockefeller Center. Aan de buitenkant valt het gebouw op door de fraaie art-decoarchitectuur, binnen kunt u behalve de in goudbrons gevatte gipsdecoraties ook de afmetingen bewonderen, waarmee dit eens het grootste overdekte theater van de VS was. Bij de feestelijkheden ter gelegenheid van de opening van Radio City

Actief

DE MOOISTE UITKIJKPUNTEN VAN MANHATTAN

Informatie

Begin: Battery Park in Zuid-Manhattan
Lengte: circa 14 km (9 mijl)
Duur: afhankelijk van het oponthoud met de metro circa een halve dag
Kaarten: blz. 180, 187

De mooiste uitkijkpunten in Manhattan zijn natuurlijk de observatieplatforms op het **One World Trade Center** 11. Het fantastische panoramische uitzicht reikt over de 'spitsen' en vlakke daken van de lagere wolkenkrabbers in de hele omgeving, maar ook in de diep ingesneden stratenkloven, waar het hectische verkeer zich doorheen worstelt.

Het **Empire State Building** 32 is zonder twijfel een van de beroemdste wolkenkrabbers ter wereld en bezit bovendien een van de spectaculairste uitkijkpunten van de stad. Elk jaar nemen tienduizenden mensen in deze stenen kolos een van de snelliften naar het 'dak' om op het open Observation Deck op de 86e verdieping (320 m) te genieten van een grandioos uitzicht over Manhattan en omgeving. Er is ook een overdekte ruimte, die 's winters wordt verwarmd en 's zomers gekoeld. Het tweede, kleinere panoramadek op de 102e etage (op 381 m hoogte) heeft glas rondom voor winderige of regenachtige dagen. Op dagen met een hoge bezoekersopkomst wordt dit platform soms gesloten (350 5th Ave., tel. 1-212-736-3100, www.esbnyc.com, dag. 8-2 uur, hoofddek volwassenen $ 34, senioren vanaf 62 jaar $ 31, kinderen 6-12 jaar $ 27).

Naast het Empire State Building vindt u in het centrum van Manhattan met de **Top of the Rock Observation Deck** in het **Rockefeller Center** 42 nog een uitkijkplatform met een indrukwekkend, weids uitzicht over de stad. De Top of the Rock neemt de 67e, 69e en 70e verdieping van het Rockefeller Center in beslag en komt qua hoogte ongeveer overeen met de 86e verdieping (320 m) van het Empire State Building. Het ontwerp is gebaseerd op het dek van een cruiseschip. Op de 70e etage hebt u een ongehinderd uitzicht door veiligheidsglas (30 Rockefeller Plaza, tel. 1-212-698-2000, www.topoftherocknyc.com, dag. 8.30-24 uur, volwassenen $ 34, senioren vanaf 62 jaar $ 32, kinderen 6-12 jaar $ 28. Het Sun-&-Stars-ticket voor $ 49 geeft recht op twee bezoeken op een dag).

In het **Metropolitan Museum of Art** 52 is er een Roof Garden (daktuin), waar in de openlucht sculpturen worden tentoongesteld. Maar veel bezoekers brengen hier om een andere reden een bezoek aan: het uitzicht op het vlak bij het museum gelegen Central Park en natuurlijk ook op de skyline van Manhattan en de East River is adembenemend (1000 Fifth Ave./82nd St.).

Al zo'n veertig jaar vormt de 945 m lange kabelbaan **Roosevelt Island Tram** 61 een belangrijk vervoermiddel van de Upper East Side naar Roosevelt Island in de East River. De rode gondels zijn niet alleen een handige pendelverbinding, maar bieden ook een prachtig uitzicht op de wolkenkrabbers van Manhattan. De westelijke terminal van de kabelbaan ligt op de hoek van 2nd Ave., en E. 60th Street. Vandaar stijgen de gondels met 10 km/u naar bijna 80 m hoogte. Na de rivier te zijn overgestoken, dalen ze af naar het eiland, met als eindbestemming de terminal aan Main Street bij de Queensboro Bridge. 's Ochtends en 's avonds is het uitzicht het mooist (ticket $ 2,25).

Music Hall in december 1932 waren onder anderen Charlie Chaplin en Clark Gable van de partij. In de decennia daarna had de bioscoop bijna het alleenrecht op filmpremières. Hier worden grote concerten en shows gegeven.

Fifth Avenue en omgeving

St. Patrick's Cathedral 43

14 East/51st St., dag. 6.30-20.45 uur

Schuin tegenover het Rockefeller Center rijzen de twee in 1888 gebouwde neogotische torens van de katholieke **St. Patrick's Cathedral** op in de door wolkenkrabbers beheerste lucht van Manhattan. Met hun hoogte van 100 m waren de identieke torens ooit het summum van New Yorkse hoogbouw. Tegenwoordig lijken ze te midden van de minstens twee keer zo hoge wolkenkrabbers bijna miniaturen. Een deel van de gebrandschilderde ramen in de kerk komt uit Frankrijk.

Midtown en Central Park

Bezienswaardig

- 1 - 17 kaart blz. 181
- 18 - 27 kaart blz. 187
- 28 Rubin Museum of Art
- 29 Chelsea Hotel
- 30 Chelsea Piers
- 31 High Line
- 32 Empire State Building
- 33 Macy's
- 34 Penn Station
- 35 General Post Office
- 36 Times Square
- 37 New York Public Library
- 38 Grand Central Terminal
- 39 Chrysler Building
- 40 Waldorf Astoria
- 41 United Nations
- 42 Rockefeller Center
- 43 St. Patrick's Cathedral
- 44 Museum of Modern Art
- 45 Trump Tower
- 46 Carnegie Hall
- 47 Intrepid Sea Air & Space Museum
- 48 Columbus Circle
- 49 Wollman Rink
- 50 Central Park Zoo
- 51 Frick Collection
- 52 Metropolitan Museum of Art
- 53 Neue Galerie/Museum for German and Austrian Art
- 54 Guggenheim Museum
- 55 National Academy Museum and School of Fine Arts
- 56 Cooper-Hewitt Smithsonian Design Museum
- 57 Jewish Museum
- 58 American Museum of Natural History
- 59 Dakota Building
- 60 Lincoln Center
- 61 Roosevelt-Isl.-Tram

Accommodatie

- 1 Inter-Continental The Barclay
- 2 kaart blz. 187
- 3 Stanford
- 4 Belleclaire Hotel
- 5 kaart blz. 187
- 6 Days Inn
- 7 Broadway Hotel
- 8 kaart blz. 187
- 9 La Quinta Inn Queens

Eten en drinken

- 1 Marea
- 2 Ai Fiori
- 3 kaart blz. 187
- 4 Sardi's
- 5 - 9 kaart blz. 187
- 10 Serendipity 3
- 11 230 Fifth

Winkelen

- 1 kaart blz. 187
- 2 Saks Fifth Ave.
- 3 kaart blz. 181

Uitgaan

- 1 kaart blz. 187
- 2 Copacabana
- 3 kaart blz. 187
- 4 Opera Ebony
- 5 Madison Square Garden

Actief

- 1 Circle Line Tours
- 2 Oasis Day Spa
- 3 Juvenex Spa

Museum of Modern Art 44

11 W. 53th St., tel. 1-212-708-9400, www.moma.org, za.-wo. 10.30-17.30, do.-vr. tot 20.30 uur, volwassenen $ 25, tot 16 jaar gratis, vr. 16-20 uur gratis

Via het modepaleis Cartier ga je langs de Fifth Avenue naar het **Museum of Modern Art,** dat na de verbouwing in 2006 een ongeveer tweemaal zo grote tentoonstellingsruimte omvat. Ondanks de uitbreiding kan het museum nog steeds maar een deel van zijn collectie exposeren, bestaande uit zo'n 150.000 schilderijen, tekeningen, sculpturen, zeefdrukken, foto's, maquettes en designobjecten. Daar komen nog films, video's, multimediapresentaties, filmdraaiboeken en historische documenten bij. De bibliotheek van het museum telt meer dan 300.000 boeken en tijdschriften. Het hart van de collectie wordt gevormd door ruim drieduizend moderne kunstwerken van onder anderen Cézanne, van Gogh, Léger, de Kooning, Rodin, Gauguin, Matisse, Braque, Picasso, Feininger, Oldenburg, Klein en Warhol.

Trump Tower 45

725 Fifth Ave., permanent geopend

Met de ruim 200 m hoge **Trump Tower** liet miljardair en president Donald Trump in 1984 een monument voor zichzelf oprichten. Het pronkstuk van dit bouwwerk is het zes verdiepingen hoge atrium. In dit van bronzen ornamenten en een waterval voorziene

Het omvangrijke Central Park is de groene long van New York

geheel van zalmkleurig brecciëmarmer zijn verscheidene dure winkels en een café gevestigd. Op de bovenverdiepingen liggen 260 luxe appartementen.

Carnegie Hall 46

154 W. 57th St., tel. 1-212-903-9765, www.carnegiehall.org, rondleidingen dag. gedurende het concertseizoen okt.-juni, volwassenen $ 17, kinderen $ 12

Achter de gevel van de neorenaissancistische, wereldberoemde **Carnegie Hall** traden sinds het openingsconcert in 1891 onder leiding van Pjotr Iljitsj Tsjaikovski tal van grootheden op. Van operadiva's tot rocksterren, van solisten tot symfonieorkesten kwam alleen het neusje van de zalm op het podium, onder wie Luciano Pavarotti, Leonard Bernstein, het Concertgebouworkest, de Beatles, David Bowie en Liza Minelli.

Recentelijk heeft er een grote verbouwing plaatsgevonden, zodat er tegenwoordig drie concertzalen zijn. Het Isaac Stern Auditorium, de grootste zaal, biedt plaats aan 2800 bezoekers.

Intrepid Sea Air & Space Museum 47

Pier 86, 12th Ave. & 46th St., tel. 1-212-245-0072, www.intrepidmuseum.org, ma.-vr. 10-17, za., zo. 10-18, nov.-mrt. dag. 10-17 uur, vanaf 13 jaar $ 26-33, vanaf 65 jaar $ 24-31, kinderen $ 19-24

Aan de Hudson River doet het vliegdekschip Intrepid uit 1943 nu dienst als museum. Het schip, dat werd ingezet in de Tweede Wereldoorlog en in 1970 in de Vietnamoorlog, heeft in het **Intrepid Sea Air & Space Museum** zijn laatste haven gevonden. Naast een supersonische Concorde is hier onder meer de Space Shuttle Enterprise te zien.

Central Park en omgeving

Kaart: blz. 194

Dichter en journalist William Cullen Bryant maakte niet alleen literair naam, maar ook stedenbouwkundig. Als uitgever van de *Evening Post* zorgde hij er in de jaren 40 van de 19e eeuw voor dat de gemeente in het toen nog onbebouwde noorden een stuk grond van ruim 2000 ha kocht en een wedstrijd uitschreef voor landschapsarchitecten om een park te ontwerpen. Frederick Law Olmsted en Calvert Vaux kregen in 1858 toestemming om hun ontwerp uit te voeren. Jaren gingen voorbij voordat de duizenden bomen waren geplant, vijvers aangelegd, heuvels opgeworpen en vrije ruimten ingepland. Toen aan het eind van de 19e eeuw enkele welgestelde New Yorkers een huis bouwden langs het park, deden ze daarmee de nieuwe groene oase aanzienlijk in waarde stijgen.

Columbus Circle 48

De zuidwestelijke hoek van het rechthoekige Central Park markeert het enige ronde plein in Manhattan, de **Columbus Circle.** In het midden hiervan staat een beeld van Christoffel Columbus op een 22 m hoge marmeren zuil. In 1892 gaf de Italiaanse gemeenschap van New York dit ten geschenke aan de stad naar aanleiding van het feit dat vierhonderd jaar tevoren Amerika was 'ontdekt'. Op de zuil ziet u de drie schepen Niña, Pinta en Santa Maria waarmee de uit Genua afkomstige ontdekkingsreiziger in 1492 uitvoer.

Time Warner Center

De twee identieke torens van het **Time Warner Center** hebben de omgeving van Columbus Circle opvallend veranderd. Behalve het Mandarin Oriental Hotel herbergt het complex winkels, kantoren van de tv-zender CNN, restaurants en een auditorium voor jazzevenementen. De noordzijde van het plein wordt beheerst door het Trump International Hotel & Tower.

Museum of Arts & Design

2 Columbus Circle, tel. 1-212-299-7777, www.madmuseum.org, di.-zo. 11-18, do., vr. tot 21 uur, volwassenen $ 16, kinderen tot 18 jaar gratis, do. vanaf 18 uur, toegang gratis, donatie op prijs gesteld

Sinds 2008 staat het **Museum of Arts & Design** aan de zuidkant van het plein – eenvoudig herkenbaar aan de grafisch vormgegeven gevel van geglazuurde bakstenen en glas.

Central Park

De New Yorkers dragen het 4 km lange en 0,5 km brede **Central Park** een warm hart toe, niet alleen omdat het een ideaal gebied is om te joggen, fietsen of skeeleren. In het weekend trekken hele gezinnen over 59th Street, waar midden in de huizenzee de natuur een plek heeft gekregen. Bovendien worden in het beroemde park regelmatig concerten en andere culturele evenementen gehouden.

Wollman Rink 49

www.wollmanskatingrink.com, half okt.-eind mrt.

Bij de noordpunt van de ondiepe, door weiden omgeven **Pond** vermaken zich 's winters schaatsers en krabbelaars op de **Wollman Rink**. Het materiaal is ter plaatse te huur. Wie liever niet over een nacht ijs gaat, kan in ieder geval genieten van het uitzicht op de imposante wolkenkrabbers.

Central Park Zoo 50

830 Fifth Ave., tel. 1-212-439-6500, www.centralparkzoo.org, dag. 10-17 uur, volwassenen $ 18, kinderen 3-12 jaar $ 13

New York Citi Bike

New York City heeft een bijzonder handig openbaar verhuursysteem voor fietsen, genaamd **Citi Bike**, met circa driehonderd stations die over de hele stad zijn verdeeld. Bovendien is in de stad al 600 km aan fietspaden aangelegd. Het is inmiddels algemeen bekend dat Manhattan op een stalen ros sneller te doorkruisen is dan met de auto. Hoe u voor bijvoorbeeld 24 uur of een hele week gebruik kunt maken van het Citi Bike-netwerk, leest u op de website www.citibikenyc.com > How it Works.

IJsberen, zeeleeuwen, pinguïns en apen voelen zich thuis in de **Central Park Zoo**. Een bijzondere attractie is het zeeleeuwenbassin tijdens voedertijd (11.30, 14 en 16 uur). De allerkleinsten kunnen in **Tisch Children's Zoo** geiten, schapen en hangbuikzwijntjes van dichtbij bekijken. U vindt er bovendien een volière met naast vogels ook kikkers en schildpadden.

Museum Mile

In de omgeving van het park hebben zich niet alleen welgestelde burgers gevestigd, maar ook de beste musea van de stad, reden waarom Fifth Avenue ter hoogte van het park wel **Museum Mile** wordt genoemd.

Frick Collection 51

1st E./ 70th St., tel. 1-212-288-0700, www.frick.org, di.-za. 10-18, zo. 11-17 uur, ma. gesl., volwassenen $ 22, kinderen vanaf 10 jaar $ 12

De **Frick Collection** is ondergebracht in het voormalige woonhuis van staalmagnaat en kunstverzamelaar Henry C. Frick (1849-1919). Frick liet in 1914 zijn residentie bouwen in Lodewijk XVI-stijl. Al decennialang worden in het statige gebouw kostbare kunstwerken van François Boucher, Hans Holbein, Titiaan, Rembrandt, Paolo Veronese, William Turner, Antoon Van Dyck, Johannes Vermeer en El Greco bewaard. De aantrekkingskracht van het museum zit hem niet alleen in de hoge kwaliteit van de tentoongestelde kunst, maar ook in de presentatie in een woonhuis met een historisch karakter.

Metropolitan Museum of Art 52

1000 Fifth Ave./82nd St., tel. 1-212-535-7710, www.metmuseum.org, zo.-do. 10-17.30, vr., za. tot 21 uur, inclusief The Cloisters volwassenen $ 25, studenten $ 12

Het museum had ooit het imago van een stoffige verblijfplaats voor verstrooide professoren en historici, maar dat is het **Metropolitan Museum of Art** allang niet meer: het is inmiddels uitgegroeid tot het grootste museum van New York. Onder leiding van voormalig directeur Thomas Hoving veranderde het tussen 1967 en 1977 in een populaire kunstinstelling en een cultuurtempel van formaat. Een van Hovings wapenfeiten was de aankoop van de Egyptische Tempel van Dendur, die is ondergebracht in een aparte glazen vleugel. Amerikaanse, Aziatische, Griekse en Midden-Oosterse kunst zijn er even goed vertegenwoordigd als Europese schilderkunst.

Neue Galerie/Museum for German and Austrian Art 53

1048 Fifth Ave., tel. 1-212-994-9493, www.neuegalerie.org, do.-ma. 11-18, volwassenen $ 20, studenten $ 10, eerste vr. van de maand 18-20 uur toegang gratis

Een van de highlights van de New Yorkse museumscene is de **Neue Galerie/Museum for German and Austrian Art**. Op twee verdiepingen worden Duitse en Oostenrijkse kunst en kunstnijverheid uit het begin van de 20e eeuw tentoongesteld. Er is werk te zien van onder anderen Gustav Klimt, Ernst Ludwig Kirchner, Egon Schiele, Oskar Kokoschka, Paul Klee, August Macke, Franz Marc, Otto Dix, George Grosz en Ludwig Mies van der Rohe. In museumcafé Sabarsky zijn specialiteiten als apfelstrudel en Linzer Torte te bestellen.

Guggenheim Museum 54

1071 Fifth Ave./89th St., tel. 1-212-423-3500, www.guggenheim.org, zo.-wo., vr. 10-17.45, za. 10-19.45 uur, volwassenen $ 25, studenten $ 18, za. vanaf 17.45 toegang gratis

Het ontwerp van het **Guggenheim Museum** door Frank Lloyd Wright is gebaseerd op het slakkenhuis, waarin de etages zich als een spiraal rond een tot onder het dak reikend atrium slingeren. Het scala aan moderne avantgardistische kunst in de collectie loopt van Van Gogh tot Kandinsky, van Matisse tot Kokoschka en van Franz Marc tot Modigliani.

National Academy Museum and School of Fine Arts 55

1083 Fifth Ave./89th St., tel. 1-212-369-4880, www.nationalacademy.org, wo.-zo. 11-18 uur, volwassenen $ 17, senioren vanaf 65 jaar $ 10, kinderen tot 12 jaar gratis

Met rond achtduizend kunstwerken geldt het **National Academy Museum and School of Fine Arts** als een van de grootste collecties Amerikaanse kunst ter wereld. Naast speciale tentoonstellingen is er in het door kunstenaars gerunde museum werk te zien van oud-leerlingen van de School of Fine Arts, zoals John Singer Sargent, Augustus Saint-Gaudens en Thomas Eakins.

Cooper-Hewitt Smithsonian Design Museum 56

2 E. 91st St., tel. 1-212-849-8400, www.cooperhewitt.org, wo.-vr. en zo. 10-18, za. 10-21 uur, volwassenen $ 18, senioren $ 12, za. 18-21 toegang gratis, donatie gewenst

De tentoonstellingen in het uitgebreide en gerenoveerde **Cooper-Hewitt Smithsonian Design Museum**, dat onderdeel is van het beroemde Smithsonian Institute, betreffen hoofdzakelijk decoratieve kunst. Tot de beroemdste stukken behoort het ongesigneerde ontwerp van een kroonluchter, dat het museum in 1942 samen met vier andere tekeningen voor $ 60 kocht bij een Londense handelaar. Zestig jaar later deed een Schotse kunstexpert een sensationele ontdekking: het tot dan toe anonieme ontwerp van de kroonluchter was van de hand van Michelangelo Buonarotti.

Jewish Museum 57

1109 Fifth Ave., tel. 1-212-423-3200, www.thejewishmuseum.org, vr.-di. 11-17.45, do. 11-20 uur, volwassenen $ 15, tot 18 jaar gratis

Schilderijen, sculpturen, foto's, prenten, manuscripten en objecten als munten, ceremoniële voorwerpen en antieke vondsten maken van het **Jewish Museum** een van de mooiste collecties judaïca van Amerika. In café Weissman kan de bezoeker pauzeren bij een van de koosjere gerechten.

Central Park West

American Museum of Natural History 58

Central Park West/79th St., tel. 1-212-769-5100, www.amnh.org, dag. 10-17.45 uur, Space Show dag. 10.30-17 uur elk halfuur., Museum en Rose Center volwassenen $ 23, kinderen 2-12 jaar $ 13

Delen van het **American Museum of Natural History** met collecties mineralen, reptielen, dinosauriërskeletten, schelpen, indiaanse kunstvoorwerpen uit Zuid-Amerika en Aziatische volkskunst maken een wat stoffige indruk, maar het museum heeft ook een ander gezicht. In het **Rose Center for Earth and Space** biedt het gemoderniseerde Hayden Planetarium technisch virtuoze multimediashows. Een populaire, spannende ruimteshow neemt de bezoeker mee op een avontuurlijke reis door de melkwegstelsels. Wie de schoolklassen wil mijden, moet het museum laat in de middag bezoeken.

Dakota Building 59

Tussen 71st en 74th St

Stadwaarts ligt appartementencomplex **Dakota**, dat er vanbuiten uitziet als een elegant kasteel. Hier nam Roman Polanski in 1968 de horrorfilm *Rosemary's Baby* op, met Mia Farrow en John Cassavetes in de hoofdrollen. Het gebouw won meer bekendheid door de talrijke prominente bewoners, zoals Boris Karloff, Lauren Bacall, Leonard Bernstein, Roberta Flack, Kim Basinger en John Lennon, die op 8 december 1980 voor het Dakota Building werd doodgeschoten door een gestoorde fan.

De weduwe van John Lennon, Yoko Ono, liet in 1983 ter nagedachtenis aan haar echtgenoot en beroemde Beatle **Strawberry Fields** aanleggen. Dit gedenkteken, genoemd naar een liedje van Lennon, bestaat uit een zwart-wit mozaïek aan de rand van Central Park schuin tegenover het Dakota.

Lincoln Center 60

In de jaren 60 moesten de huizen van vijftienhonderd bewoners en een hele sloppenwijk plaatsmaken voor het **Lincoln Center**. Dit cultureel centrum bestaat uit acht onderdelen, waaronder het Metropolitan Opera House, het New York State Theater en de Avery Fisher Hall, die thuishaven is van het **New York Philharmonic Orchestra**. Dit in 1842 opgerichte orkest haalde in 2008 de krantenkoppen omdat het als eerste Amerikaanse orkest een concert gaf in Noord-Korea. Het staat onder leiding van Alan Gilbert. Het concertseizoen duurt van september tot juni (65th St./Columbus Ave., tel. 1-212-875-5656, www. nyphil.org).

Nog beroemder is de **Metropolitan Opera**, sinds de opening in 1883 een van de belangrijkste operahuizen ter wereld. Het seizoen loopt van september tot mei. Wie bijzondere interesse heeft in de 'Met', kan zich aansluiten bij een rondleiding achter de schermen *(backstage tour)*, waarbij u onder andere de decorateliers en kostuumafdeling bezoekt (64th St./Columbus Ave., tel. 1-212-769-7028, www.metopera.org/Visit/Tours, in het operaseizoen op weekdagen 15 uur, zo. 10.30 en 13.30 uur, $ 25).

Noord-Manhattan

Op de plek in Noord-Manhattan waar Central Park eindigt, ter hoogte van Cathedral Parkway en West 110th St., begint Morningside Heights, een wijk waarop het Union Theological Seminary, het Jewish Theological Seminary, het Barnard College en vooral Columbia University hun stempel drukken.

Tip

GIDS

Via de organisatie **Big Apple Greeter** kunt u zich door amateurgidsen door de stad laten rondleiden. Daarvoor moet u eerst een online-formulier invullen (www.form.big applegreeter.org/hello/hello/application.php). De gidsen verwachten een bijdrage van circa $ 25.

Columbia University

2960 Broadway, Visitors Center, Zimmer 213 Low Library, tel. 1-212-854-4900, www. columbia.edu > About > Visiting > Tourists & First-Time Visitors

Columbia University is een van de gerenommeerdste particuliere universiteiten van het land en heeft ook buiten de Amerikaanse landsgrenzen een goede reputatie. De universiteit werd in 1754 gesticht als King's College door koning George II. De aan het onderwijsinstituut ingeschreven 23.000 studenten kunnen na hun basisopleiding aan een tiental faculteiten verder studeren. De goede reputatie van Columbia University berust niet in de laatste plaats op de Columbia Graduate School of Journalism, in vakkringen ook wel 'journalisten-Harvard' genoemd. Sinds 1912 komt de schrijvende elite van Amerika van deze, door Joseph Pulitzer opgerichte journalistenopleiding. U kunt de campus op eigen houtje verkennen of u aansluiten bij een rondleiding.

The Cloisters

Tel. 1-212-923-3700, www.metmuseum.org/ visit/met-cloisters, mrt.-okt. 10-17.15 uur, rest van het jaar korter, inclusief MET volwassenen $ 25, studenten $ 12

Fort Tryon Park ligt weliswaar in het hoge noorden van Manhattan, maar vanwege **The Cloisters** is het absoluut een bezoek waard. Dit complex uit de jaren 30 werd opgetrokken uit talloze uit Europa geïmporteerde bouwdelen die deels teruggaan tot de 12e eeuw. Naast de uit vijf Franse kloosters bestaande kern van het museum werd onder andere de Fuentidueñakapel in Spanje afgebroken en in New York geheel opnieuw in elkaar gezet. Binnen zijn de gebouwen van top tot teen ingericht met middeleeuwse Europese kunst, zoals portalen van Franse kloosters en kerken, beelden en schilderijen uit de 13e tot 16e eeuw, kostbare Brusselse wandtapijten, gebrandschilderd glas en religieuze kunst als miskelken, monstransen en reliekhouders, die verzameld zijn in een schatkamer.

Grootse livejazz vormt een van de hoofdattracties van Harlem

Harlem

Harlem en **East Harlem** gelden weliswaar nog steeds als door armoede en criminaliteit beheerste zwarte getto's, maar ook in dit deel van New York zijn de tijden veranderd. Toeristen hoeven niet meer met een grote boog om Harlem heen te lopen, dat tot voor enkele jaren nog bekendstond als een plek waar u zich beter niet kon vertonen. Cultureel gezien was het zwarte hart van Manhattan overigens altijd al bijzonder bruisend en creatief.

De lage onroerendgoedprijzen hebben de afgelopen jaren steeds meer yuppen naar Harlem gelokt. Dit luidde de heropleving van het stadsdeel in, hoewel zijstraten er nog steeds bijliggen alsof er een oorlog heeft gewoed. In het hart van het stadsdeel barstte de bouwwoede jaren geleden al los en tegenwoordig schieten nieuwe winkel- en vermaakscentra als Harlem USA met bioscopen en modezaken aan 125th Street als paddenstoelen uit de grond. Zelfs voormalig president Bill Clinton huurde na zijn afscheid als staatshoofd een penthousekantoor op de 14e verdieping van het gebouw op 55 West 125th Street. Hier vlakbij stak de voormalige basketballegende Earvin 'Magic' Johnson geld in een bioscoop en in een **filiaal van Starbucks**.

Apollo Theater

253 W. 125th St., tel. 1-212-531-5300, www.apollotheater.com

Commerciële slagader van Harlem is de dag en nacht drukke 125th Street, met tal van winkels, bars, clubs en restaurants, die ook wel Martin Luther King Jr. Boulevard wordt genoemd. Aan deze straat ligt het **Apollo Theater**, een amusementscentrum dat al in de jaren 30 heel populair was. Later traden hier grootheden als B.B. King, James Brown, Ella Fitzgerald, Stevie Wonder en Michael Jackson op. Al tientallen jaren is het op woensdagavond Amateur Night in het Apollo, waarop amateurmuzikanten met hun instrument het van muziek bezeten publiek vermaken.

Cotton Club

656 W. 125th St., tel. 1-212-663-7980, www.cottonclub-newyork.com

Tot de populairste muziekgelegenheden behoorden ooit de Sugar Cane Club en de nog steeds bestaande **Cotton Club**, waar lang geleden grootheden als Bill 'Bojangles' Robinson, Lena Horne, Count Basie en Duke Ellington hun carrière begonnen. In de jaren 20 en 30 was dit de beroemdste en exclusiefste nachtclub van Amerika, waarin voornamelijk zwarte artiesten optraden voor een welvarend blank publiek. In 1984 kreeg de jazzclub zelfs een hoofdrol in de film *Cotton Club* van Francis Ford Coppola met Richard Gere en Nicholas Cage in de hoofdrollen.

Abyssinian Baptist Church

132 Odell Clark Pl., tel. 1-212-862-7474, www.abyssinian.org, zo. 11 uur

Op zondagochtend wordt op veel plaatsen in Harlem uit volle borst 'halleluja' gezongen. De **Abyssinian Baptist Church** heeft zich de laatste jaren tot een toeristische trekpleister ontwikkeld en het komt meer dan eens voor dat midden in de zomer hele busladingen buitenlandse toeristen de dienst bijwonen en zich onder de hoofdzakelijk zwarte bevolking mengen. Stel u in ieder geval in op lange wachttijden.

Sylvia's

328 Malcolm X Blvd., tussen 126th en 127th St., tel. 1-212-996-0660, www.sylviasrestaurant.com, ma.-za. 8-22.30, zo. 11-20 uur

Naast jazz-, gospel- en kunstbolwerken kan Harlem ook bogen op bijzondere culinaire hoogtepunten, zoals restaurant **Sylvia's**, waar het typische soulfood in de stijl van de zuidelijke Amerikaanse staten een korte pauze van het sightseeing tot een belevenis kan maken. Wie op de lijn let, kan maar beter met een grote boog om dit restaurant heen lopen: hier draait alles om calorierijke kost als spareribs, gefrituurde kip en gebakken vis. Behalve een flinke trek moet u ook de nodige tijd hebben. Meestal staan er lange rijen wachtenden voor deze populaire eetgelegenheid, vooral voor de zondagse gospelbrunch.

Informatie

Visitor Information Center: 810 7th Ave. tusse 52nd en 53rd St. tel. 1-212-484-1222, www.nycgo.com, ma.-vr. 8.30-18, za., zo. 9-17 uur. Met de praktische New York Pass hebt u toegang tot meer dan tachtig musea, attracties en vervoersmiddelen. De Pass is één of meerdere dagen geldig (details via www.newyorkpass.com).

Accommodatie

Luxehotel – **InterContinental The Barclay 1 :** 111 E. 48th St., tel. 1-212-755-5900, www.intercontinentalnybarclay.com. Elegant reuzenhotel uit 1927 met zevenhonderd keurige kamers en een uitstekende service. Hier verblijven veel prominenten. 2 pk vanaf circa $ 320.

Gezellig en gunstig gelegen – **Washington Square Hotel 2 :** 103 Waverly Pl., tel. 1-212-777-9515, www.washingtonsquarehotel.com. Verblijf in het hart van Greenwich Village met stijlvol ingerichte kamers en art-decomeubilair, inclusief ontbijt en gratis snelle wifi. 2 pk vanaf $ 210.

Schoon en centraal – **Stanford 3 :** 43rd W./32nd St., tel. 1-212-563-1500, www.hotelstanford.com. Praktisch in Midtown gelegen hotel met karaokebar, coffeeshop en fitnesscenter. Vanaf $ 215.

Goede prijs-kwaliteitverhouding – **Belleclaire Hotel 4 :** 250 W. 77th St., tel. 1-212-362-7700, www.hotelbelleclaire.com. Lichte, eenvoudige kamers met badkamer. Vanaf $ 215.

Zonder veel comfort – **SoHotel 5 :** 341 Broome St., tel. 1-212-226-1482, www.thesohotel.com. Verblijf in SoHo met vier verdiepingen. De kamers kennen alleen basisvoorzieningen. Vanaf $ 180.

Keurig – **Days Inn 6 :** 215 W. 94th St., tel. 1-212-866-6400, www.daysinn.com. Hotel met fitnessruimte en luchthavenshuttle, kamer met tv, dataport, koffieapparaat en airconditioning. Vanaf $ 180.

Bescheiden comfort – **Broadway Hotel 7 :** 230 W. 101 St., tel. 1-212-865-7710, www.broadwayhotelnyc.com. Prima verblijf met badkamer op de etage. Voor gasten met bescheiden wensen, 2 pk $ 168.

Fraaie appartementen – **Off Soho Suites** 8 **:** 11 Rivington St., tel. 1-212-979-9815, www.offsoho.com. Kamers met airconditioning en keuken. De badkamer wordt met de suite ernaast gedeeld. Vanaf circa $ 160.
Praktisch gelegen en goed – **La Quinta Inn Queens** 9 **:** 37-18 Queens Blvd., Long Island City, tel. 1-718-729-8775, www.laquintanewyorkcityqueens.com. Drie blokken van de Subway naar Times Square (25 min.). In een veilig stadsdeel. 2 pk vanaf $ 130.

Eten en drinken

Superkwaliteit – **Marea** 1 **:** 240 Central Park S., tel. 1-212-582-5100, www.marea-nyc.com, lunch zo.-vr. vanaf 12, diner dag. 17.30-23 uur. In vis en zeevruchten gespecialiseerd restaurant met heerlijke gerechten. Vanaf $ 50.
Superlekker – **Ai Fiori** 2 **:** 400 Fifth Ave., tel. 1-212-613-8660, www.aifiorinyc.com, ma.-vr. 7-10.15, 12-14, 17-22, za., zo. 7-11, 17-22 uur. Smakelijke interpretaties van traditionele Italiaanse gerechten. $ 30-50.
Topkwaliteit – **Balthazar Restaurant** 3 **:** 80 Spring St., tel. 1-212-965-1414, dag. 8-24 uur, www.balthazarny.com. Restaurant in de stijl van een Franse brasserie met een aangename sfeer en heerlijke gerechten. Vanaf $ 30.
Voor operaliefhebbers – **Sardi's** 4 **:** 234 W. 44th St., tel. 1-212-221-8440, www.sardis.com, ma. gesloten. Populair ontmoetingspunt voor en na de theateravond. Exquise gerechten. Vanaf $ 30.
Spaans – **Tertulia** 5 **:** 359 Sixth Ave., tussen Washington Pl. en W. 4th St., tel. 1-646-559-9909, www.tertulianyc.com, zo.-do. 11.30-23, vr.-za. tot 24 uur. Spaanse specialiteiten en heerlijke tapas. Er worden bijpassende wijnen geschonken. Vanaf circa $ 20.
Leuk minirestaurant – **Snack Taverna** 6 **:** 63 Bedford St., tel. 1-212-929-3499, www.snacktaverna.com, dag. 11-23 uur. Goede Griekse gerechten. Voorgerecht $ 4-11, hoofdgerecht $ 17-19.
Goed, maar toeristisch – **Katz's Delicatessen** 7 **:** 205th E./Houston St., tel. 1-212-254-2246, www.katzdeli.com, zo.-do. 8-22 uur, vr., za. dag en nacht. Kosjere delicatessenzaak met restaurant. Locatie van een scène uit de cultkomedie *When Harry met Sally* met Meg Ryan en Billy Crystal. Specialiteiten: corned beef en warme pastrami. Vanaf $ 12.
Goed en overvloedig – **Bubby's** 8 **:** 120 Hudson St., tel. 1-212-219-0666, www.bubbys.com, dag. vanaf 8 uur. Dit ongedwongen restaurant wordt goed bezocht. De eenvoudige, maar uitstekende gerechten worden niet alleen door insiders op waarde geschat. $ 7-20.
Voor lekkerbekken – **Rice to Riches** 9 **:** 37 Spring St., www.ricetoriches.com, tel. 1-212-274-0008, dag. vanaf 11 uur. Eerste rijstpuddingtempel van Amerika. Porties vanaf $ 6.
Serendipity 3 10 **:** 225 E./60th St., tel. 1-212-838-3531, www.serendipity3.com. Zeven dagen per week. Fastfoodparadijs dat bekend is om zijn hemelse nagerechten. Vanaf $ 4.
Fantastisch uitzicht – **230 Fifth** 11 **:** 230 5th Ave., tel. 1-212-725-4300, dakterras.

Winkelen

'Shop till you drop' (winkelen tot je er bij neervalt): New York biedt de beste mogelijkheden. Van chique outfits tot spionageapparatuur – in deze stad is alles te krijgen.
Boeken – **Strand Book Store** 1 **:** 828 Broadway, tel. 1-212-473-1452, www.strandbooks.com. Enorm antiquariaat met discountprijzen.
Warenhuizen – **Macy's** 33 **:** 151 W. 34th St./ Broadway, www.macys.com. Het grootste warenhuis ter wereld heeft altijd iets tegen een speciale prijs te koop. **Saks Fifth Ave.** 2 **:** 611 Fifth Ave., www.saksfifthavenue.com. Negen etages vol met de mooiste kleding.
Designmode tegen discountprijzen – **Century 21** 3 **:** 22 Cortlandt St., tel. 1-212-227-9092, www.locations.c21stores.com/en/downtown, ma.-vr. 7.45-21.30, za. 10-21, zo. 11-20 uur. Mode voor groot en klein, cosmetica, accessoires en elektronica.

Uitgaan

Uitgaanskalender – **www.nytheatre.com:** deze website biedt oriëntatie bij het enorme aanbod aan musicals, broadwayshows, cabarets, kindertheater en veel meer.
Beroemd muzikaal centrum – **Lincoln Center for the Performing Arts** 60 **:** 140 W.

65th, tel. 1-212-875-5456, www.lincoln center.org. In dit centrum zijn onder meer de beroemde **Metropolitan Opera** (tel. 1-212-362-6000, www.metopera.org), het **New York City Ballet** (tel. 1-212-496-0600, www.nycballet.com) en het **New York Philharmonic Orchestra** (tel. 1-212-875-5656, www.nyphil.org) gevestigd. Liefhebbers van klassieke muziek moeten zeker naar de Metropolitan Opera Shop, met een omvangrijk aanbod aan cd's, posters, libretti en muziekliteratuur.

Voor echte nachtbrakers – **Webster Hall 1:** 125 E./11th St., tel. 1-212-353-1600, www.websterhall.com, do.-za. 22-4.30 uur. Enorme nachtclub en amusementscentrum met diverse bars, dansvloeren en de coolste dj's van de stad.

Prominentenclub – **Copacabana 2:** 268 W. 47th St., tel. 1-212-221-2672, vr., za. 22-4 uur. Populaire club met drie verdiepingen en een dakterras in de buurt van Times Square. Onder de gasten bevinden zich regelmatig prominenten.

Legendarisch – **The Bitter End 3:** 147 Bleecker St., tel. 1-212-673-7030, www.bitterend.com, zo.-do. vanaf 19.30, vr., za. vanaf 20 uur. Legendarische club waar onder meer Bob Dylan, Neil Diamond en Stevie Wonder hun carrière begonnen. Ook tegenwoordig nog het begin van de loopbaan van sterren.

Grote stemmen en nieuwe sterren – **Opera Ebony 4:** 2109 Broadway, Suite 1418, tel. 1-212-877-2110, www.operaebony.org. Amerika's oudste Afro-Amerikaanse operagezelschap presenteert zijn producties, een

Manhattan is vastbesloten het fietsen meer te promoten

combinatie van spirituals, blues, jazz en opera, onder meer in het Aaron Davis Performing Arts Center in Harlem.

Rock- en poptempel – **Madison Square Garden** 5 **:** (7th Ave./W. 33rd St., tel. 1-212-465-6741, www.thegarden.com). Elk jaar trekken hier circa zeshonderd evenementen zes miljoen toeschouwers. Naast belangrijke sportwedstrijden zijn er ook concerten met internationale sterren.

Actief

Tours – **Circle Line Tours** 1 **:** tel. 1-212-563-3200, www.circleline42.com/de, vanaf Pier 83, 42nd St. Diverse lange boottochten rond het eiland. **On Location Tours,** tochten naar de locaties van tv-series of bioscoopfilms als *Spiderman* en *Manhattan*, tel. 1-212-683-2027. Info ook over andere thematours via www.onlocationtours.com.

Wellness – **Oasis Day Spa** 2 **:** 1 Park Ave. tussen 32nd & 33rd St., tel. 1-212-254-7722, www.oasisdayspanyc.com, ma.-vr. 10-22, za.-zo. 9-21 uur. Beauty- en wellnesscenter.

Met name voor vrouwen – **Juvenex Spa** 3 **:** 32. St. zwischen 5th en 6th Ave., tel. 1-646-733-1330, www.juvenexspa.com. Dag en nacht oosterse massages, aromatherapie en sauna in de jade-iglo. De spa is van 7 tot 17 uur alleen voor vrouwen geopend.

Evenementen

Chinees Nieuwjaar: eerste helft van februari. Heel Chinatown staat op zijn kop. Stratenparades met draken en vuurwerk.

St. Patrick's Day Parade: 17 mrt. Feest van de Ierse schutspatroon met parades, bands, doedelzakspelers – en veel bier.

Independence Day: 4 juli. Enorm vuurwerk dat vanaf schuiten op de East River wordt afgestoken.

New York Marathon: begin november. Grootste marathon ter wereld door vijf New Yorkse stadsdelen.

Thanksgiving Day Parade: 24 november. Dankparade voor de oogst.

New Year's Eve Ball Drop: 31 december. Amerika's grootste oudejaarsfeest op Times Square.

Vervoer

Aankomst met het vliegtuig: wie uit Europa komt, landt meestal op John F. Kennedy Airport (JFK) of in het naburige Newark (New Jersey). Vanaf JFK bereikt u met de Air-Train ($ 5) metrostation Howard Beach, waar u kunt overstappen op metrolijn A ($ 2,75) naar Manhattan. Een taxi naar Manhattan kost circa $ 52 plus tunnelgeld en fooi. Daarnaast zijn er ook een shuttle- (tel. 1-800-258-3826) en een limousineservice.

Aankomst met de auto of de bus: New York City ligt aan de noord-zuidverbinding I-95 en is vanuit het westen te bereiken via de I-80.

Aankomst met de trein: Manhattan is via de hogesnelheidslijn Acela Express verbonden met grote steden als Boston, Chicago, Philadelphia en Washington D.C. De treinen vertrekken en komen aan in Grand Central Terminal (42nd St./Park Ave., tel. 1-800-872-72 45) of in Penn Station (7th Ave/33rd St., tel. 1-800-872-7245). Greyhoundbussen komen aan in de Port Authority Bus Terminal (tel. 1-212-971-6300).

Bus: bushaltes zijn te vinden op kruispunten en te herkennen aan een gele markering op de stoeprand en een bord met daarop het lijnnummer van de bus. U werpt het bedrag van de ritprijs ($ 2,75, expresbus $ 6,50) gepast in een bus bij de bestuurder – geen penny's, geen bankbiljetten, de bestuurder heeft geen wisselgeld. Wie moet overstappen, vraagt om een *transfer ticket*, dat in de volgende bus aan de chauffeur wordt getoond. Bussen stoppen om de twee à drie zijstraten, die met het bord 'limited' erop stoppen minder vaak. Een plattegrond van het busnetwerk is bij verkooppunten in Downtown Manhattan verkrijgbaar.

Metro: de ingangen van metrostations zijn te herkennen aan een gestileerde wereldbol; een groen bord betekent dat het station 24 uur per dag geopend is, een rood bord wijst op kortere openingstijden. Een metrokaartje ('Metrocard') voor een rit van onbeperkte afstand kost $ 2,75. Info: www.mta.info. Voor onbeperkt reizen per metro en bus kunt u de 7-Day Unlimited Ride MetroCard aanschaffen ($ 32, 1 maand $ 121). Kaartautomaten vindt u op de stations.

Hudson Valley

In de 19e eeuw lieten de zaken- en industriemagnaten van Amerika door de bekendste architecten van het land in de Hudson Valley huizen en villa's van vorstelijk formaat bouwen. Hier en daar doet het mooie dal van de Hudsonrivier met zijn beboste oevers en dorpjes denken aan het Duitse Rijndal.

Zodra u het stedelijk gebied van New York City en de uitlopers van deze enorme conglomeratie achter u laat, ziet u de bossen, weilanden en akkers van het heuvelachtige landschap in de Hudson Valley. Geen wonder dat deze streek in de eerste helft van de 19e eeuw een aantrekkelijk onderwerp vormde voor de romantische landschapsschilders van de zogenoemde Hudson River School, zoals Thomas Cole (1801-1848), David Johnson (1827-1908) en Thomas Doughty (1793-1856). Zij legden het rivierlandschap in heldere kleuren en met af en toe overmoedige fantasie vast op het linnen. Ook de Catskill Mountains en Adirondack Mountains werden door hen geschilderd. In die tijd werd het dal al geruime tijd bewoond door blanke immigranten, die zich er in de 17e eeuw hadden gevestigd en daarmee de Hudson Valley tot een van de oudste kolonisatiegebieden van het oosten van de VS hadden gemaakt.

Onder hen waren veel Duitsers, die het opviel dat de vallei op het Rijndal leek. Ook vandaag nog roepen namen als Rhinebeck, Rhinecliff en New Paltz dergelijke associaties op. In plaats van middeleeuwse burchten kijken hier echter herenhuizen en sprookjesachtige villa's neer op het dal. Ze weerspiegelen het leven en de bijna onmetelijke welstand van vooraanstaande Amerikaanse dynastieën als de Vanderbilts, Roosevelts en Rockefellers. Deze geslachten bepaalden eeuwenlang het economische en politieke leven in de VS. De sporen die ze in de Hudson Valley nalieten, kan de bezoeker nu volgen.

Over een afstand van zo'n 500 km stroomt de Hudson River van zijn bron in de Adirondack Mountains in het noorden van de staat New York naar de baai van New York City. De rivier werd genoemd naar de voor de Nederlandse Oost-Indische Compagnie varende ontdekkingsreiziger Henry Hudson, die hem in 1609 'ontdekte' en met zijn schip Halve Maen bevoer. Hij had zich laten misleiden door de machtige monding in de Atlantische Oceaan bij het huidige New York City en meende via deze zeeweg de legendarische noordwestpassage naar de Oost te zullen vinden. Later diende de rivier als belangrijke waterroute. De dorpen aan de Hudson profiteerden van de scheepvaart, omdat ze hun producten eenvoudig en snel in New York City op de markt konden brengen. Andersom begonnen de bewoners van Manhattan en omstreken de natuur op de hellingen van het dal te ontdekken. De hier gelegen bossen vormen ook nu nog aantrekkelijke recreatiegebieden.

Zuidelijke Hudson Valley ▶ 1, K 4

Slechts 30 mijl van het hectische Manhattan verwijderd bepalen fruitboomgaarden en historische complexen de oever van de Hudson River, die in zuidelijke richting stroomt. Langs de hellingen liggen de oudste wijngaarden van de VS, Franse Hugenoten plantten in 1677 de eerste druiven in New Paltz, honderd jaar voordat de wijnbouw in Californië begon. De oudste, tegenwoordig nog producerende wijnmakerij in de Hudson Valley is de

Voor de deur van New York City: de Hudson Valley

Brotherhood Winery in Washingtonville, die in 1837 voor het eerst voor commerciële doeleinden miswijn produceerde (www.hudson valleywinecountry.org).

Tarrytown

Het stadje **Tarrytown** (11.000 inwoners) ligt op de plaats waar de Tappan Zee Bridge als een van de weinige bruggen de Hudson River overspant.

Sunnyside

W. Sunnyside Ln., tel. 1-914-591-8763, www.hudsonvalley.org > Historic Sites > Washington Irvings Sunnyside, mei-nov. wo.-zo. 10.30-15.30 uur, volwassenen $ 12, kinderen $ 6

Ten zuiden van de brug woonde in **Sunnyside**, een 17e-eeuws huis aan de rivier, schrijver Washington Irving (1783-1859). Door zijn geestige, fantasierijke verhalen *The Legend of Sleepy Hollow* en *Rip van Winkle* werd hij bekend bij een breed publiek. Personages als Rip van Winkle en Ichabod Crane zouden uitgroeien tot iconen van de Amerikaanse cultuur. Gekostumeerde gidsen geven rondleidingen in het historische huis vol verhalen.

Lyndhurst

635 S. Broadway, tel. 1-914-631-4481, www.lyndhurst.org, tuinen dag. 8-19, huisbezichtiging vr.-zo. 10-16, ma. 12-16 uur, volwassenen $ 18, kinderen tot 5 jaar gratis

Met **Lyndhurst**, ten zuiden van Tarrytown, bouwde de architect Alexander Jackson Davis in 1838 een kasteelachtig, neogotisch landhuis, waar spoorwegmagnaat Jay Gould aan het eind van de 19e eeuw zijn intrek nam. De fraaie inrichting van het monumentale huis, waarin het hele jaar door evenementen worden gehouden, geeft een beeld van de verfijnde levensstijl van de high society in die tijd.

Sleepy Hollow

In 1996 besloten de bewoners van North Tarrytown de naam van hun dorp te veranderen in **Sleepy Hollow**, naar het verhaal van schrijver Washington Irving, die op het plaatselijke kerkhof begraven ligt (www.sleepyhollowcemetery.org).

Kykuit

381 N. Broadway, Sleepy Hollow, tel. 1-914-631-3992, www.hudsonvalley.org > Historic Sites > Kykuit, rondleidingen op vaste tijden mei-sept. en nov. do.-zo., okt. dag. behalve di., volwassenen $ 25-28, kinderen $ 23-26

Tot de bekendste inwoners behoorden vier generaties telgen van de steenrijke familie Rockefeller, die in 1913 op een heuvel boven de oever van de Hudson het landgoed **Kykuit** (het Nederlandse 'uitkijkpunt') lieten bouwen. Dit juweel in beaux-artsstijl in een tuin is tegenwoordig een museum met bijzondere kunstschatten, zoals antiek, keramiek en schilderijen. In de beeldentuin staan werken van Pablo Picasso, Alexander Calder, Henry Moore en Isamu Noguchi. Oldtimers en hun voorgangers, paardenkoetsen en -karren, zijn ondergebracht in de schuur.

Philipsburg Manor

381 N. Broadway, tel. 1-914-631-3992, www.hudsonvalley.org > Historic Sites > Philipsburg Manor, rondleidingen op vaste tijden mei-nov. wo.-zo. 10.30-15 uur, volwassenen $ 12, kinderen $ 6

Minder elitair is **Philipsburg Manor**, een herenhuis uit de 18e eeuw. Op het uitgestrekte omringende terrein zorgen een oude watermolen met vijver en schuur voor een romantische sfeer. In weekends in de zomer komt het huis tot leven, wanneer 'bewoners' in kostuum oude ambachten uitoefenen en huismoedertjes in lange rokken en met mutsen op boven het vuur koloniale gerechten bereiden.

West Point

Voor drillen en discipline bestaat in de Hudson Valley een synoniem: **West Point**. In de daar gevestigde **United States Military Academy** wordt sinds 1802 de militaire elite van het land opgeleid. Beroemde generaals als Grant, MacArthur en Eisenhower werden hier op hun toekomstige taak voorbereid. Het academiegebouw is opgetrokken uit bak- en zandsteen in neogotische en federalstijl. In het West Point Museum zijn uniformen, vlaggen, wapens en documenten uit lang geleden gevoerde oorlogen te zien, maar ook memorabilia uit het recente militaire verleden, zoals operatie *Desert Storm* uit de Golfoorlog van 1991 (tel. 1-845-938-4041, www.usma.edu, dag. 9-16.45 uur).

Hyde Park ▶ 1, K 3

Naast kunstenaars, schrijvers en industriemagnaten voelde ook de politieke elite van het land zich in de 19e en 20e eeuw aangetrokken tot de Hudson Valley. Bij **Hyde Park** bouwden ze hun feodale woningen.

Bezienswaardigheden

Home of Franklin Delano Roosevelt

Rte 9, tel. 1-845-229-5320, www.nps.gov/hofr, dag. 9-17 uur, volwassenen $ 18, tot 15 jaar gratis

Op het Springwood geheten landgoed woonde de 32ste president van de Verenigde Staten (1882-1945. Als enige president van het land wist hij bijna vier ambtstermijnen vol te maken van 1933 tot 1945. U kunt over het landgoed slenteren en de *living room* bekijken waar Roosevelt zich bezighield met zijn grootste hobby's: postzegels verzamelen en scheepsmodellen bouwen. De slaapkamer ziet er nog precies zo uit als toen de president kort voor zijn dood in de lente van 1945 op Springwood logeerde.

Eleonore Roosevelt National Historic Site

Rte 9, tel. 1-845-229-9422, www.nps.gov/elro, mei-okt., rondleidingen dag. 9-17 uur, rest van het jaar do.-ma., volwassenen $ 10, tot 15 jaar gratis

First Lady Eleonore Roosevelt was nogal afstandelijk en richtte enkele kilometers ten oosten van Springwood voor zichzelf een bescheiden privéoptrekje in. Dit was ook vanwege het feit dat behalve haar echtgenoot, de president,

Tip

WAAR CIA-'AGENTEN' EEN KOKSMUTS DRAGEN

In het stadje **Hyde Park** in de Hudson Valley herbergt een voormalig jezuïetenklooster sinds 1972 het CIA, geen buitenpost van de Amerikaanse geheime dienst, maar het beroemde Culinary Institute of America. Kenners noemen deze academie ook wel 'Harvard van het koken'. De koksacademie heeft zich vanaf 1946 tot een gerenommeerde instelling ontwikkeld waar tweeduizend studenten ingewijd worden in de hogere kookkunst.
Dag in, dag uit bereiden studenten duizenden maaltijden die in de drie restaurants en het café van het CIA onder het nauwlettend toeziend oog van docenten op tafel komen. Het **American Bounty Restaurant** is gespecialiseerd in typisch Amerikaanse gerechten met verse ingrediënten uit de streek, terwijl het Frans geïnspireerde **Bocuse Restaurant** specialiteiten uit bepaalde Franse regio's op tafel zet, zoals de landelijke, stevige keuken van de Provence of exquise Parijse delicatessen. Onder de Venetiaanse kroonluchters in het **Ristorante Caterina de' Medici** kunt u zich laten verwennen met Italiaanse klassiekers als rundercarpaccio met Parmezaanse kaas en limoensaus. Door de ramen kijkt u over de kruiden- en rozentuin uit op de erachter gelegen Hudson River.
Dat ook het bakken van taarten, gebak en koekjes deel uitmaakt van de opleiding, ondervindt u in het heerlijk ruikende luilekkerland genaamd **Apple Pie Bakery Café** (1946 Campus Dr., Hyde Park, NY 12538-1499, di.-za. 11.30-13 en 18-20.30 uur, behalve het Apple Pie Bakery Café ma.-vr. 8-18.30 uur, reserveren tel. 1-845-452-9600 of op www.ciachef.edu). In alle gelegenheden van CIA wordt nette kleding (geen spijkerbroek en/of gymschoenen) op prijs gesteld. De prijzen in de restaurants liggen tussen $ 20-50.

ook diens moeder in hun echtelijke huis woonde. De **Eleonore Roosevelt National Historic Site** wordt ook wel 'Val-Kill' genoemd, naar het stadsdeel waar het zich bevindt.

Vanderbilt Mansion

Rte 9, tel. 1-845-229-7770, www.nps.gov/vama, dag. 9-16 uur, volwassenen $ 10, tot 15 jaar gratis

Vlak nadat Frederick Vanderbilt aan het eind van de 19e eeuw zijn landgoed **Vanderbilt Mansion** had laten bouwen, noemde een verslaggever van de *New York Times* dit het mooiste plekje tussen New York City en Albany. Zestig bedienden zorgden het hele jaar door voor de reusachtige villa, hoewel de heer des huizes zich er alleen in het voor- en het najaar en af en toe in de winter een paar dagen liet zien. Dat veranderde toen Fredericks echtgenote Louise in 1926 overleed. Vanaf dat moment tot aan zijn dood, twaalf jaar later, trok hij zich terug in Hyde Park en hield zich bezig met de tuin. Het in neoklassieke stijl gebouwde landhuis met zijn façades met zuilen moet al een vermogen hebben gekost, maar de kosten van de bijna vorstelijke inrichting van het paleisje, dat brandvrij werd gebouwd, zouden nog eens dubbel zo hoog zijn geweest. Wat meubilair, decoratie en kunst betreft, was alleen het duurste goed genoeg, waardoor het gehele complex in een sprookjesachtig decor van een duizelingwekkende pracht en praal veranderde.

Informatie

Hyde Park Chamber of Commerce: 532 Albany Post Rd., Hyde Park, 125 38, tel. 1-845-229-8612, www.hydeparkchamber.org.

Accommodatie

Kamers met standaarduitrusting – **Quality Inn:** 4142 Albany Post Rd., tel. 845-229-0088, www.choicehotels.com. Op de vriendelijk ingerichte kamers hebt u de beschikking over wifi. Ontbijt inbegrepen. Vanaf $ 100.

Eenvoudig, maar netjes – **Golden Manor Hotel:** 4100 Albany Post Rd., tel. 1-845-229-2157, www.goldenmanorhydepark.com, Standaardkamers, inclusief ontbijt en een krant. In de zomer $ 65-85.

Eten en drinken

Ongecompliceerde gerechten – **Hyde Park Brewing Company:** 4076 Albany Post Rd., tel. 1-845-229-8277, www.hydeparkbrewing.com, ma., di. 16-22, wo., do. 11-22, vr., za. 11-24, zo. 11-21 uur. Gezellig restaurant met typisch Amerikaanse gerechten en een ruime keus aan bieren, waaronder enkele zelfgebrouwen soorten. Er zijn ook biercocktails. Vanaf circa $ 10.

Noordelijke Hudson Valley ▶ 1, K 3

Woodstock

Het zesduizend inwoners tellende **Woodstock** in de heuvelachtige uitlopers van de Catskill Mountains bereikte op onconventionele wijze wereldfaam. In 1969, midden in het flowerpowertijdperk, stroomden honderdduizenden naar het rockfestival dat circa 80 km verderop bij Bethel plaatsvond.

Onder anderen de beroemde Joan Baez, Jimi Hendrix, Joe Cocker, Blood, Sweat & Tears, Grateful Dead, Jefferson Airplane, Janis Joplin, Carlos Santana, Bob Dylan en Jethro Tull protesteerden met hun optredens tegen het geweld in de wereld en tegen de Vietnamoorlog.

Rondwandeling

Wie tegenwoordig door het plaatsje slentert, valt niet alleen de vrolijk gekleurde houten huizen, maar ook de tientallen souvenirwinkels op, waar T-shirts met het portret van Bob Marley en andere groten uit de popscene worden verkocht. Op het voormalige concertterrein staat een nieuw cultuur- en evenementencentrum met een openluchttribune en museum, dat het flowerpowertijdperk nog eens uitgebreid in het zonnetje zet (200 Hurd Rd., Bethel, tel. 1-866-781-2922, www.bethelwoodscenter.org).

In de omgeving

Woodstock is een prima uitvalsbasis voor uitstapjes naar de **Catskill Mountains**. Aan de rand van dit middelgebergte komt u bij het Bear Café en ziet u ook borden die de weg wijzen naar **Bearsville**, en deze namen duiden er

In Woodstock is nog menig hippie te vinden

inderdaad op dat u de wegen in deze omgeving af en toe moet delen met zwarte beren.

In het koude jaargetijde zijn de New Yorkse skigebieden **Hunter** (www.huntermtn.com), **Windham** (www.windhammountain.com) en **Belleayre** (www.belleayre.com) populair bij wintersportliefhebbers.

Informatie

Woodstock Chamber of Commerce & Arts: Rock City Rd., tel. 1-845-679-6234, www.woodstockchamber.com. Een brochure van de Chamber of Commerce informeert over alle ateliers, galeries, kunsttentoonstellingen en musea.

Accommodatie

Voor een rustig verblijf – **Woodstock Inn on the Millstream:** 48 Tannery Brook Rd., tel. 1-845-679-82 11, www.woodstockinnny.com. Klein motel in de stijl van een B&B. Idyllisch aan de rivier gelegen, ooit overnachtten Bob Dylan en Van Morrison hier. Vanaf $ 169.

Dicht bij de natuur – **Morning Glory B&B:** 141 Tinker St., tel. 1-845-679-3208, www.morninggloryinwoodstock.com. Gezellig onderkomen op slechts enkele minuten van de dorpskern. Sympathiek verblijf bij een aardige gastvrouw. 2 pk Vanaf $ 139.

Eten en drinken

Ontspannen sfeer – **New World Home Cooking:** 1411 Rte 212, Saugerties, tel. 1-845-246-0900, www.ricorlando.com/nwhc, dag. 17-22 uur. De internationaal geïnspireerde recepten worden met verse ingrediënten smakelijk bereid. Regelmatig livemuziek. Ongeveer $ 16-34.

Heerlijke verse broodjes – **Bread Alone:** 22 Mill Hill Rd., tel. 1-845-657-3328, www.bread

alone.com, dag. 7-17 uur. Ecobewuste bakkerij met goed brood uit de houtoven. In het café worden snacks en sandwiches geserveerd. Vanaf $ 7.

Winkelen

Souvenirs, souvenirs – **Not Fade Away:** 42 Mill Hill Rd., tel. 1-845-679-8663, dag. 11-18 uur. T-Shirts van bekende rockhelden, batikwerk, memorabilia over Woodstock.

Annandale-on-Hudson

De vijftienhonderd studenten van het in 1860 gestichte Bard College in **Annandale-on-Hudson** studeren weliswaar dans en theater, maar u zou de indruk kunnen krijgen dat het instituut tegenwoordig in moderne architectuur is gespecialiseerd.

Fisher Center for Performing Arts

Bard College, tel. 1-845-758-68 22, www.bard.edu

De bekende Amerikaanse architect Frank Gehry heeft met het **Fisher Center for Performing Arts** een bouwkundig accent in het landschap geplaatst dat ook heel goed zou passen bij een miljoenenstad. Het in typische Gehrystijl opgetrokken theater- en onderwijscomplex zou ook zomaar een hightechlaboratorium uit een sciencefictionfilm kunnen zijn. Wat voor associaties dit centrum voor uitvoerende kunst ook mag wekken, het maakt veel indruk.

Saugerties

Eén keer per jaar verkeert het vijfduizend zielen tellende stadje **Saugerties** aan de oever van de Hudson in topvorm, namelijk wanneer eind september, begin oktober zo'n vijftigduizend bezoekers afkomen op het beroemde knoflookfestival. Bij dit culinaire festijn, dat omlijst wordt met gezellige muziek, demonstreren tal van kokkinnen en koks waar u allemaal knoflook in kunt doen: pannenkoeken, ijs, aardappelpuree, champignons, pasta, ravioli, soep, popcorn bonbons, maar ook hondenkoekjes en zelfs zeep. Tot de lokale specialiteiten behoren ook *blooming onions*, grote, als een bloem opengesneden uien die in beslag worden gedoopt en gefrituurd in olie. Dat er een stevige knoflookwalm over het feest hangt, behoeft geen vermelding (www.hvgf.org).

Albany ▶ 1, K 2

De hoofdstad van de staat New York is met 98.000 inwoners weliswaar niet eens zo groot als een wijk van Manhattan, maar het zelfbewuste Albany wil ook helemaal niet concurreren met zijn 'grote broer'.

Bezienswaardigheden

State Capitol

Eagle St./Washington Ave., tel. 1-518-474-2418, www.assembly.state.ny.us/Tour, rondleidingen van een uur ma.-vr. 10-15 uur

Het **Capitol** van Albany is een van de weinige in Amerikaanse hoofdsteden die niet geënt zijn op het grote voorbeeld in Washington D.C. De zetel van het staatsbestuur, gebouwd tussen 1865 en 1899, doet met zijn monumentale bordes, geflankeerd door kleine balkons en patinagroene lantaarns, eerder denken aan een Frans renaissancekasteel. In steen zijn scènes uit de geschiedenis van de staat en gezichten van vrienden en familieleden van de vijfhonderd steenhouwers uitgebeiteld. Aan het begin van de trap zit de uit Albany afkomstige Burgeroorloggeneraal Philip Henry Sheridan op zijn bronzen ros. Het interieur van het prachtige gebouw vormt met zijn ontleningen aan romantiek, gotiek en renaissance geen eenheid, wat komt doordat er verschillende architecten aan werkten. Een deel van het State Capitol werd in 1911 door brand verwoest.

Ten zuiden van het State Capitol ligt tussen State Street en Madison Avenue **Empire State Plaza**. Bij windstil weer worden het Capitool, de omliggende regeringsgebouwen en culturele instellingen glashelder weerspiegeld in de vijver op de plaza.

Performing Arts Center

Empire State Plaza, tel. 1-518-473-1845, www.theegg.org

Het **Performing Arts Center** uit 1979 doet futuristisch aan. Vanuit een bepaald gezichtspunt lijkt het een reusachtige satellietschotel van gewapend beton die de hemel afspeurt naar nieuwe verschijnselen. In het in de volksmond The Egg genoemde gebouw zijn twee theaters ondergebracht, het Lewis A. Swyer Theatre voor kamermuziek, cabaret, lezingen en multimediapresentaties, met 450 plaatsen, en het Kitty Carlisle Hart Theatre voor grotere concerten en musicals, met 1000 plaatsen.

Corning Tower

Empire State Plaza, tel. 1-518-473-7665, ma.-vr. 10-15.45 uur, kinderen alleen onder begeleiding van volwassenen

De uit glas en marmer opgetrokken **Corning Tower** is met zijn 44 verdiepingen het hoogste gebouw in de staat New York buiten Manhattan. Op de 42e verdieping is een Observation Deck aangelegd, vanwaar u op een heldere dag de Adirondack Mountains en de staat Massachusetts kunt zien liggen.

New York State Museum

Madison Ave., tel. 1-518-474-5877, www.nysm.nysed.gov, di.-zo. 9.30-17 uur, toegang gratis

Aan de zuidkant van het plein trekt het reusachtige **New York State Museum** met zijn schietgatvormige ramen alle aandacht. Het museum beoogt al het wetenswaardigs over de staat New York te bundelen en op een spannende manier in exposities over te brengen. Aan de orde komen bijvoorbeeld de Adirondackwildernis in het noorden van

Kleurencontrast op de Empire State Plaza in Albany

de staat, cultuur- en natuurhistorie sinds het eind van de laatste ijstijd twaalfduizend jaar geleden en Harlem in de jaren 20. Er is bovendien een indrukwekkende presentatie over de terroristische aanslag op het World Trade Center te zien, met gehavend brandblusmateriaal, vondsten als een volledig verwoeste liftdeur en in de hitte gesmolten sleutels.

City Hall

Op de hoek van Washington Avenue en Eagle Street staat de **City Hall** van Albany, een bouwwerk van de New Englandse architect Henry Hobson Richardson (1838-1886). Hij had een voorliefde voor de middeleeuwen en gaf zijn gebouwen vaak een romaans aanzien. Zijn ontwerp voor een warenhuis in Chicago had veel invloed op latere architecten. Met de aangebouwde, vierkante toren lijkt het gemeentehuis meer op een kerk dan op een bestuursgebouw.

Institute of History & Art

125 Washington Ave., tel. 1-518-463-4478, www.albanyinstitute.org, wo.-za. 10-17, zo. 12-17, do. ook 17-20 uur, feestdagen gesloten, volwassenen $ 10, vanaf 17 uur toegang gratis

Het **Albany Institute of History & Art** behandelt de geschiedenis en kunst van de noordelijke Hudsonvallei sinds de 17e eeuw. Er worden omvangrijke collecties schilderijen, tekeningen, prenten, beelden, meubilair, tafelzilver, aardewerk, kostuums en artefacten geëxposeerd. Bij de historische voorwerpen ligt de nadruk op zaken die de bevolking ook daadwerkelijk gebruikt heeft, van een schommelstoel tot een 130 jaar oude drankfles.

Informatie

Albany County Convention & Visitors Bureau: 25 Quackenbush Sq., Albany, NY 12207, tel. 1-518-434-1217, www.albany.org. Startpunt voor stadstours.

Accommodatie

Betoverend herenhuis – **The Morgan State House:** 393 State St., tel. 1-518-427-6063, www.statehouse.com. Zeer fraaie B&B in een herenhuis uit het einde van de 19e eeuw. Elegante lobby met houten vloer en gestucte wanden, grote keuken, terras aan de achterkant en ruime, traditioneel ingerichte kamers inclusief kabel-tv. Vanaf $ 165.

Prima adres op doorreis – **Comfort Inn:** 16 Wolf Rd., tel. 1-518-618-3906, www.comfortinn.com. Met zwembad, prijs inclusief ontbijt. Het ketenhotel ligt in de buurt van talrijke restaurants en een winkelcentrum. Vanaf $ 90.

Eten en drinken

De **Lark Street**, voor sommigen het Greenwich Village van Albany, is een voor shoppers en restaurantbezoekers aangename plek. Indisch, Mexicaans, Japans of Italiaans, hier vindt iedereen zijn lievelingsgerecht. Maar ook de **Central Avenue** biedt een ruime keus aan restaurants.

Heerlijke gerechten – **New World Bistro Bar:** 300 Delaware Ave., tel. 1-518-694-0520, www.newworldbistrobar.com, ma.-za. vanaf 17, zo. brunch vanaf 11 uur. Restaurant met een aangename sfeer en gerechten van Amerikaans tot Koreaans en Thais. De kwaliteit van de gerechten is te zien. Vanaf circa $ 22.

Winkelen

Winkelcentrum – **Stuyvesant Plaza:** 1475 Western Ave., hoek Fuller Rd., tel. 1-518-482-8986, www.stuyvesantplaza.com, ma.-vr. 10-20, za. tot 18, zo. 12-17 uur. Een waar consumentenparadijs met mode, muziek en elektronica, cosmetica, sieraden en boeken. Natuurlijk meerdere restaurants, lunchrooms en cafés.

Uitgaan

Populaire biertent – **Cafe Hollywood:** 275 Lark St., tel. 1-518-472-9043. Gezellig muziekcafé met een jong publiek.

Groeten uit Beieren – **Wolff's Biergarten:** 895 Broadway, tel. 1-518-427-2461, www.wolffsbiergarten.com, ma.-vr. 11-2, za.-zo. 9-2 uur. Een echte biertentsfeer met een ruime keus aan Duitse, maar ook Belgische en Tsjechische merken. Verder heerlijk pretzels en Wolff's Wurst Breakfast.

✿ Niagara Falls

▶ 1, D 1

'Donderend water', zo noemden de indianen Niagara Falls op de grens van Canada en de VS. Over de drie watervallen stort meer water naar beneden dan in enige andere waterval in Noord-Amerika. Ze worden als een van de spectaculairste Amerikaanse natuurwonderen beschouwd; wie dit grandioze schouwspel heeft gezien, kan uitleggen waarom.

Van Lake Erie stuwt de brede, 57 km lange Niagara River zijn water door een diepe kloof in noordelijke richting naar Lake Ontario. Dat zou op zich niet tot iets opwindends hoeven leiden, ware het niet dat er tussen beide meren een hoogteverschil van zeker 50 m is dat de rivier op spectaculaire wijze overbrugt: met de Niagara Falls. Ze zijn daarmee niet bijzonder hoog, maar worden door hun breedte, hun enorme watermassa en hun adembenemende vorm tot de mooiste watervallen ter wereld gerekend. Over een breedte van honderden meters stort de ziedende watermassa als drie aparte watervallen, de American Falls, Horseshoe Falls en Bridal Veil Falls, in een huizenhoge wolk van waternevel donderend naar beneden.

Het natte natuurfenomeen wordt overigens gedeeld door de VS en Canada, aangezien de Niagara River de grens tussen de beide landen vormt en de exacte grenslijn dwars door de watervallen loopt. Op een steenworp afstand van dit bruisende geweld wordt de rivier overbrugd door de internationale Rainbow Bridge, absoluut een van de plekken ter wereld met een ongeëvenaard uitzicht. De brug verbindt de zustersteden Niagara Falls (VS) en Niagara Falls (Canada).

De eerste Europeanen in de Nieuwe Wereld kregen van de indianen al verhalen te horen over het 'donderende water'. De eerste blanke die het zag, was in 1678 de jezuïtische missionaris Louis Hennepin. Een eeuw later deden reisbeschrijvingen de ronde die het met de precieze details, zoals later zou blijken, niet al te nauw namen. Vóór de Amerikaanse Burgeroorlog werden de watervallen nog gezien als symbool van de zuivere, ongerepte natuur van het land, maar vooral aan het eind van de 19e eeuw veranderde de houding tegenover Niagara Falls. De voortschrijdende industrialisering had tot een nieuwe kijk op de wereld geleid en een hele reeks zakentycoons liet bij de imposante watervallen industriecomplexen verrijzen die op elektriciteit uit de waterkracht draaiden.

De Amerikaanse kant van de waterval

Kaart: blz. 217

Sinds de ijstijd in het gebied van de Grote Meren zo'n twaalfduizend jaar geleden ten einde kwam, heeft de Niagara River stroomopwaarts een diepe kloof uitgesleten waarin de watervallen ongeveer 50 m de diepte in storten. Voordat de rivier aan dit donderend geraas begint, wordt hij door het op Amerikaanse bodem gelegen Goat Island in een Amerikaanse en een Canadese kant gedeeld. De **American Falls** **1** worden gevormd door een loodrechte, circa 300 m lange rand, waarover zo'n 10% van de totale watermassa van de Niagara River naar beneden stort.

Niagara Falls State Park 2

Ten noorden van de waterval strekt zich het in 1885 ingerichte **Niagara Falls State Park** uit, waar tussen bloemperken grasvelden in de vorm van de Grote Meren werden aangelegd.

Bezoekerscentrum

In het **bezoekerscentrum** krijgt u alle benodigde informatie en vandaaruit kunt u ook met de **Niagara Falls Scenic Trolley** handig alle bezienswaardigheden in het park bezoeken (vertrek vanaf 9 uur, elke 15 min.). Met de Niagara USA Discovery Pas, die voor $ 45 in het Visitor Center wordt verkocht, kunt u tot 35% op de entreekosten besparen. Sinds 1925 worden de watervallen in het donker kleurrijk verlicht. Het *Illumination Schedule* (programma) is eveneens verkrijgbaar in het bezoekerscentrum.

Observation Tower 3

Het mooiste uitzicht op de American Falls biedt de 80 m hoge, recht boven de rand gebouwde **Observation Tower**. De glazen liften zoeven niet alleen omhoog naar het Observation Deck, maar ook naar beneden naar de bodem van de kloof, waar de rondvaartboten aanleggen. Een verharde weg en een paar traptreden leiden naar **Crow's Nest**, waar u de koude waternevel van het omlaag stortende water al kunt voelen.

Bridal Veil Falls 4

Het zuidelijkste deel van de American Falls is door het rotseilandje Luna Island afgescheiden van de andere watervallen en wordt **Bridal Veil Falls** (Bruidssluierwatervallen) genoemd, omdat het stuivende water onder invloed van de wind soms als een witte bruidssluier uiteenwaaiert. U kunt deze waterval bereiken vanaf **Goat Island**, het grootste eiland in de Niagara River. Op de plaats waar het water na een val van 55 m op de rotsen slaat, was tot voor enkele jaren nog een grot te vinden, maar die is steeds verder geërodeerd en uiteindelijk om veiligheidsredenen met explosieven opgeblazen. De verharde wegen en trappen die per lift te bereiken zijn en naar de onmiddellijke nabijheid van het donderende water leiden, dragen nog steeds de naam **Cave of the Winds** (Grot van de Wind). Zonder regenkleding wordt dit een natte boel, maar bij de entreeprijs is de huur van een regencape inbegrepen (in hartje zomer dag. 9-21 uur, rest van het jaar korter).

De Niagarakloof

Kaart: rechts

Ten noorden van de Rainbow Bridge loopt de Robert Moses Parkway vlak langs de kloof van de Niagara River. Langs deze weg zijn tal van bezienswaardigheden te bereiken.

Aquarium of Niagara 5

701 Whirlpool St., tel. 1-716-285-3575, www.aquariumofniagara.org, dag. 9-18.30 uur, volwassenen $ 13, kinderen 3-12 jaar $ 9

Het **Aquarium of Niagara** is om twee redenen bijzonder. Het was het eerste aquarium ter wereld dat geen zout water uit zee gebruikte voor zijn zeedieren, maar zelf kunstmatig zout water vervaardigde. Bovendien is dit een van de weinige Amerikaanse aquaria die Peruaanse pinguïns fokken, die met uitsterven worden bedreigd. Behalve deze niet-vliegende vogels kan de bezoeker hier ook zeeleeuwen, haaien, zeepaardjes, schildpadden, piranha's, robben en de in het wild zeldzaam geworden zeekoeien uit Florida *(manatees)* bewonderen.

Niagara Gorge Discovery Center 6

R. Moses Pkwy, tel. 1-716-278-10 70, www.niagarafallsstatepark.com, zo.-do. 9-17, vr.-za. tot 19 uur

In het **Niagara Gorge Discovery Center**, waarin de lokale natuur- en cultuurgeschiedenis worden belicht, leert de bezoeker interessante dingen over de geologische formaties, fossielen en mineralen van de Niagarakloof. Een presentatie op een 180°-scherm toont hoe de rivier zich de afgelopen twaalfduizend jaar een weg baande in de landengte tussen Lake Ontario en Lake Erie.

Bij het centrum hoort ook het **Niagara Gorge Trailhead Building**, waar diverse paden beginnen die te voet of per fiets kunnen worden gevolgd. Dit is ook het startpunt van vier rondleidingen met diverse bestemmingen. Wie van tevoren zijn conditie wil testen, kan dat doen op een 8 m hoge klimwand.

Kloof van de Niagara River

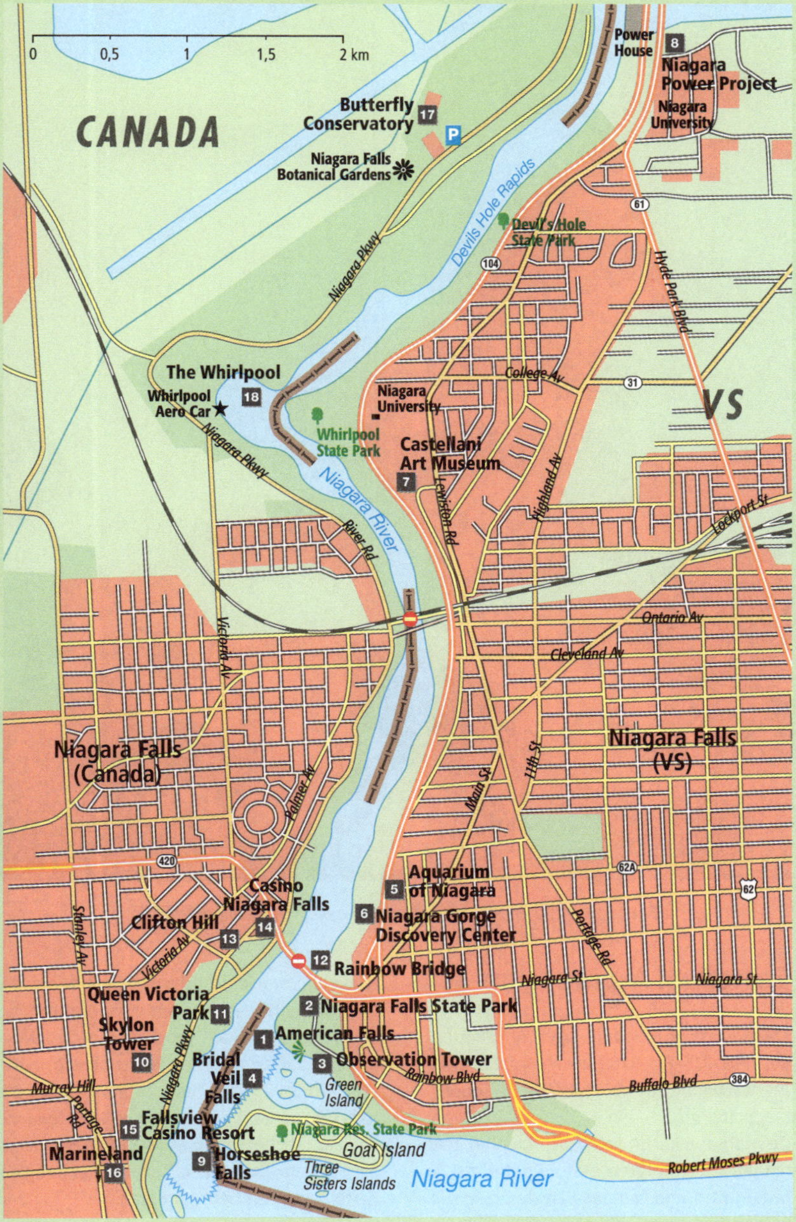

Boot van rederij Maid of the Mist in de nevel van de Niagara Falls

Castellani Art Museum 7

Campus van de Niagara University, Lewiston Rd., tel. 1-716-286-8200, www.castellani-artmuseum.org, di.-za. 11-17, zo. 13-17 uur, toegang gratis

De grafische kunst, foto's, schilderijen, tekeningen en sculpturen in het **Castellani Art Museum** op de campus van de plaatselijke universiteit geven een overzicht van de ontwikkeling van de moderne kunst vanaf de tweede helft van de 19e eeuw, met prachtig werk van onder anderen Amedeo Modigliani, Salvador Dalí en Pablo Picasso. In de tentoonstelling ligt de nadruk op sinds de jaren 70 gemaakte werken van kunstenaars als Jean-Michel Basquiat, Jonathan Borofsky, Sam Gilliam, Pfaff, David Salle, Lynda Benglis, Keith Haring en Georg Baselitz.

Niagara Power Project 8

US 104, tel. 1-716-286-6661, www.nypa.gov, dag. 9-17 uur, toegang gratis

Aan de bovenloop van de rivier liggen, nog voor de watervallen, twee waterkrachtcentrales, een op Amerikaanse en een op Canadese bodem. Allebei takken ze de helft van het water af in hun turbines om daarmee elektriciteit op te wekken. Ook een energiecentrale is het **Niagara Power Project**, 6 km ten noorden van Niagara Falls, dat alleen al goed is voor een zesde van de stroomvoorziening van de staat New York. De productie van elektriciteit en het verbruik ervan worden geïllustreerd aan de hand van talrijke exposities. Vanaf een platform heeft de bezoeker een prachtig uitzicht op de Niagara River en de waterkrachtcentrale.

Informatie

Niagara USA Visitor Center: 10 Rainbow Blvd., Niagara Falls, NY 14303, tel. 1-716-282-8992, www.nypa.gov/vc/niagara.htm.

Accommodatie

Een grotere keus aan accommodatie hebt u aan de Canadese zijde (zie blz. 220).

Ruime gastenkamers – **Hampton Inn Niagara Falls:** 501 Rainbow Blvd., tel. 1-716-285-6666, www.niagarafallshamptoninn.com. Een comfortabel ingericht hotel van de Hiltonketen. Bij de prijs is een warm ontbijt inbegrepen. Vanaf circa $ 200.

Voortreffelijke ligging – **Comfort Inn The Pointe:** One Prospect St., tel. 1-716-284-6835, www.comfortinnthepointe.com. Bij de watervallen gelegen. Goede kamers, waarvan sommige met whirlpool. In het hotel vindt u een restaurant, ontbijt inbegrepen. Vanaf $ 190.

Eenvoudige kamers – **Motel 6:** 9100 Niagara Falls Blvd., tel. 1-716-297-9902, www.motel6.com. Koffie en wifi zijn in dit eenvoudige motel gratis. In de zomer tot $ 180.

Kamperen – **Niagara Falls Campground & Lodging:** 2405 Niagara Falls Blvd., Whitfield, tel. 1-716-731-3434, www.niagarafalls campground.com. Zo'n zes mijl van de stad gelegen in de buurt van de watervallen. Schaduwrijke en zonnige plaatsen, zwembad en cabins.

Eten en drinken

Gemiddeld – **Como:** 2220 Pine Ave., tel. 1-716-285-9341, www.comorestaurant.com, dag. vanaf 8 uur. Familierestaurant met zowel Italiaanse als Amerikaanse gerechten, zo. brunch (mei-sept.). $ 7-18.

Tip

BOOTTOCHT IN DE HEKSENKETEL

Wie de Niagara Falls van hun avontuurlijkste kant wil leren kennen, kan zowel vanaf de Amerikaanse als de Canadese kant een half-uur durende boottocht maken met de rederij van **Maid of the Mist Boat Tours**. Iedere passagier krijgt een regencape en kan de tocht langs de American Falls en Bridal Veil Falls naar de bruisende heksenketel van Horseshoe Falls naar keuze buiten of in de overdekte cabine van de rondvaartboot meemaken. Tijdens deze zeer vochtige en indrukwekkende boottocht probeert de kapitein het in de kolken en stromingen van de rivier hotsende schip zo dicht mogelijk naar de donderende muur van water van de Horseshoe Falls te manoeuvreren. Wie zich aan de reling heeft vastgeklampt, kan zichzelf in dit razende geweld niet meer verstaan. Op warme zomerdagen trekken de passagiers soms vrijwillig hun regencape uit om ten volle te genieten van de spectaculairste douche van hun leven (Prospect Point, tel. 1-905-358-5781, www.maidofthemist.com, boottocht alleen in het warme seizoen (half mei-okt., $ 18,25, 6-12 jaar $ 10,65).

Groeten uit het Verre Oosten – **Chu's Dining Lounge:** 1019 Main St., tel. 1-716-285-7278, www.chusdininglounge.com, dag. 11-23 uur. Een ruime keus aan pikante en minder pikante gerechten voor liefhebbers van de oosterse keuken. $ 7-11.

Winkelen

Outlet-Center – **Fashion Outlets:** 1900 Military Rd., tel. 1-716-297-2022, www.fashionoutletsniagara.com, ma.-za. 10- 21, zo. 10-18 uur. Zo'n honderdvijftig outlets met fabrieksverkoop – een consumentenparadijs.

Uitgaan

Concerten – **Art Park:** 450 S./4th St. Lewiston, tel. 1-716-754-4375, www.artpark.net. Pretpark en amfitheater, in de zomer regelmatig concerten op diverse gebieden, $ 5-50.

Actief

In vogelvlucht – **Rainbow Air:** 454 Main St., tel. 1-716-284-2800, www.rainbowairinc.com. Vluchten mei-okt. dag., mrt. apr., nov., dec. alleen za. en zo. Ook avondvluchten boven de verlichte watervallen.

Gokparadijs – **Seneca Niagara Casino:** 310 Fourth St., tel. 1-716-299-1100, www.senecaniagaracasino.com. Groot casino van de indianen met een western-steakhouse en twee andere restaurants, ma.-vr. vanaf 11, za., zo. vanaf 9 uur.

De Canadese kant van de waterval

Kaart: blz. 217

Horseshoe Falls 9

Het mooiste deel van Niagara Falls ligt aan de Canadese kant: de **Horseshoe Falls**, die hun naam danken aan de als een hoefijzer gebogen, ruim 670 m lange rand. De watervallen zijn één donderende heksenketel, waarin het water lijkt te koken onder een reusachtige sluier van nevel. De afgelopen eeuwen hebben missionarissen, dichters en schrijvers diverse bijna mythische verklaringen bedacht voor dit natuurschouwspel. De ongelooflijke watermassa's slaan met zo'n ontstellende kracht neer dat zich op de bodem intussen een 56 m diepe kuil heeft gevormd. Elke seconde stort er zo'n 2 miljoen liter water over de rand van de Horseshoe Falls en afhankelijk van het jaargetijde kan dat zelfs meer zijn. Zowel de Canadese als de Amerikaanse watervallen worden in de zomer 's avonds en 's nachts verlicht.

Skylon Tower 10

5200 Robinson St., tel. 1-905-356-2651, www.skylon.com, dag. 8-24 uur, online ticket volwassenen 15 Can-$, kinderen 10 Can-$
Het mooiste uitzicht op het geheel hebt u vanaf de Canadese **Skylon Tower**. Op het 160 m hoge platform ziet u het schitterende schouwspel als in vogelvlucht. Het panoramische uitzicht reikt over het bulderende water tot aan de twee zustersteden en de zich in het noorden uitstrekkende kloof van de Niagara River.

Queen Victoria Park 11 en Rainbow Bridge 12

Op een steenworp afstand van de basis van de toren ligt het **Queen Victoria Park**, dat zich uitstrekt langs de Horseshoe Falls en de kloof van de Niagara River. Over een voetpad kunt u tot aan de **Rainbow Bridge** wandelen. Wie vindt dat hij of zij dan nog steeds niet dicht genoeg bij het natuurwonder is, kan met een rondvaartboot zowel vanaf de Canadese als vanaf de Amerikaanse oever een tocht maken langs de American Falls en de Bridal Veil Falls, om uiteindelijk midden in de heksenketel van de Horseshoe Falls terecht te komen (zie Tip blz. 220).

Niagara Falls-stad (Canada)

Kaart: blz. 217
Terwijl Niagara Falls (VS) een doorsnee Amerikaanse stad is en de afgelopen jaren verzuimd heeft om de winstgevende toeristenindustrie te omarmen, maakte Niagara Falls (Canada) met succes de overstap naar het toerisme.

Clifton Hill 13

Rond **Clifton Hill** (www.cliftonhill. com) in de buurt van de Rainbow Bridge vindt u griezelkabinetten, ijssalons, een wassenbeeldenmuseum en een reuzenrad. Er tussenin staan souvenirwinkels zo groot als een gymzaal. In het Rainforest Café wordt de gast begroet door een uit de nepmist opduikende, angstaanjagende krokodil en het nabije spookhuis van Frankenstein heeft ook een hoog kermisgehalte. De filialen van McDonald's, Kentucky Fried Chicken, Planet Hollywood en Hard Rock Café passen prima in het plaatje. Om de 's zomers aanzwellende bezoekersmassa's de baas te kunnen, zijn in de stad de afgelopen jaren een ongelooflijke hoeveelheid motels en hotels verrezen.

Overige attracties

Nog meer aantrekkingskracht dan Clifton Hill heeft de kansspelscene, die Niagara Falls voorziet van een verleidelijk vleugje Las Vegas. Als eerste goktempel opende in 1998 het **Casino Niagara Falls** 14 (www.casinoniagara.com), als tweede in 2004 het **Fallsview Casino Resort** 15. Terwijl het bescheidener Casino Niagara zich op lokale bewoners richt, heeft het mondainere en luxueuzere Fallsview Casino Resort het op een internationale clientèle voorzien. Het streeft er met de eigen Wedding Chapel (trouwkapel) naar om Niagara Falls weer te maken wat het vroeger was: een aantrekkelijke, romantische huwelijksreisbestemming voor pasgetrouwden. De goktempels trokken andere investeringen aan in de private en publieke sector: hotels, restaurants, pretparken, het oceaanpark **Marineland** 16, het vlinderparadijs **Butterfly**

Uitstapje naar Canada
Wie vanuit de VS de Canadese kant van de waterval wil bezoeken, kan zonder problemen met de auto of zelfs te voet het land in. U hoeft alleen uw paspoort te laten zien en een douanedocument te ondertekenen. In de zomer, met name in de weekends, staat er vaak een file bij de Rainbow Bridge; als u niet te lang wilt wachten, moet u vroeg op pad gaan.

Conservatory 17 en een botanische tuin. Er kwamen ook wandel- en fietspaden. De stad slaagde erin om het bezoekersaantal binnen een decennium van 8 naar 14 miljoen per jaar te doen stijgen.

Whirlpool 18

Kabelbaan, 3850 Niagara River Pkwy, tel. 1-905-354-5711, in de zomer 9-21 uur, rest van het jaar korter, bij slecht weer gesloten, volwassenen Can-$ 14,25, kinderen 10 Can-$

Ten noorden van de stad, waar de Niagara River in een bijna rechte hoek afbuigt, vormt de rivier een enorme draaikolk met de toepasselijke naam **Whirlpool**. Hier werd al in 1916 een kabelbaan in gebruik genomen, waarin nieuwsgierigen in een open cabine op 76 m hoogte de kloof kunnen oversteken met het kippenvel op de armen. Het tegenwoordig nog bestaande oldtimergevaarte werd ontworpen door een Spaanse ingenieur en draagt nu de naam Whirlpool Aero Car. Er is geen uitstapmogelijkheid aan de andere oever.

Informatie

Niagara Falls Tourism: 6815 Stanley Ave., Niagara Falls, Ontario, CA L2G 786, tel. 1-905-356-6061, www.niagarafallstourism.com. Alle hierna genoemd prijzen zijn in US-$. In oktober 2017 bedroeg de wisselkoers: US-$ 1 = Can-$ 1,24, Can-$ 1 = US-$ 0,80.

Accommodatie

Vooral langs Lundy's Lane liggen voordelige motels.

Kamers met uitzicht – **Fallsview Casino Resort:** 6380 Fallsview Blvd., tel. 1-888-325-5788, www.fallsviewcasinoresort.com. Casino met een luxueus vijfsterrenhotel. Sommige kamers kijken uit op de watervallen. Vanaf $ 240.

Klassehotel – **Old Stone Inn:** 6080 Fallsview Blvd., tel. 1-905-357-1234, www.oldstoneinnhotel.com. Overwegend antiek ingericht, maar comfortabel met 114 kamers en suites, zwembad en restaurant. Vanaf $ 230.

Goed en gastvrij – **Rex Motel:** 6247 Mcleod Rd., tel. 1-905-354-4223, www.rexmotel.com. Aangenaam familiehotel met vijftien gastenkamers tegen redelijke prijzen. Tot de standaardvoorzieningen behoren een koelkast en magnetron. Vanaf circa $ 120.

Eten en drinken

In de stad vindt u volop restaurants. Kwaliteit staat hier niet centraal, afgezien van enkele dure restaurants.

Een bezoek waard – **Beef Baron Restaurant:** 5019 Centre St., tel. 1-905-356-6110, www.beefbaron.ca, mei-okt. dag. 16-23, nov.-apr. dag. tot 22 uur. Familierestaurant met prime rib, pastagerechten en seafood. Ook kinderporties. Vanaf $ 13.

Familierestaurant – **Betty's Restaurant:** 8921 Sodom Rd., tel. 1-905-295-4436, www.bettysrestaurant.com, dag. vanaf 8 uur. Restaurant waar niemand met honger de deur uitgaat. Vanaf $ 10.

Actief

Vlinders bewonderen – **Niagara Parks Butterfly Conservatory:** Niagara River Pkwy, tel. 1-905-356-8119, www.niagaraparks.com, dag. 9-17 uur. Glazen kas met vlinders uit de hele wereld ($ 14,25).

Botanische tuin – **Niagara Parks Botanical Gardens:** 2565 Niagara Pkwy, tel. 1-905-371-0254, www.niagaraparks.com, in de zomer 10-19 uur. Een ware oase van rust met honderden soorten bomen en struiken, naast een rozen- en een groentetuin (toegang gratis).

Pretpark – **Marineland Theme Park:** 7657 Portage Rd., tel. 1-905-356-9565, www.marinelandcanada.com, dag. 10-18 uur, okt.-half mei gesloten. Een combinatie van een dolfinarium met orkashows, een circus en een volksfeest, $ 46.

Winnen of verliezen – **Casino Niagara Falls:** 5705 Falls Ave., tel. 1-888-325-5788, www.casinoniagara.com. Dag en nacht geopend casino met maar liefst 2700 automaten en 135 speeltafels, vier restaurants en verscheidene winkels.

Vervoer

Vliegtuig: de dichtstbijzijnde grote luchthaven is Buffalo Niagara International Airport, tel. 1-716-630-6000, www.buffaloair port.com. Het vliegveld ligt circa 16 km ten oosten van het centrum van Buffalo en verscheidene Amerikaanse luchtvaartmaatschappijen vliegen er regelmatig op. U vindt er filialen van vele grote autoverhuurbedrijven. Met de AAA Taxi Tour kunt u zich van Buffalo Airport naar de Amerikaanse kant van de Niagarawatervallen laten brengen (volwassenen $ 55). Niagara Falls International Airport, een kleinere internationale luchthaven, ligt vlak buiten de stad; Niagara Falls Blvd./Porter Rd., www.niagarafallsair port.com.

Trein: Amtrak Terminal (VS), 27th St./Lockport Rd., tel. 1-800-872-7245, www.amtrak.com. De internationale trein Maple Leaf rijdt heen en weer tussen New York en Toronto en stopt onderweg in Niagara Falls.

Amtrak Terminal (Canada), 4267 Bridge St., Niagara Falls (CN), tel. 1-800-872-7245.

Bus: Greyhound Terminal, 4555 Erie Ave., Niagara Falls, NY, tel. 1-905-357-2133, www.grey hound.com. Busverbindingen met plaatsen in de nabije en ook verdere omgeving.

Lokaal openbaar vervoer: aan de Amerikaanse kant rijden bussen van NFTA-Metro (prijs afhankelijk van de afstand vanaf $ 2, dagkaart $ 5, weekkaart $ 25). Aan de Canadese kant rijden WEGO-bussen op vier verschillende lijnen naar alle bezienswaardigheden en naar de motels aan Lundy Lane (mei-okt. dagkaart $ 7,50, kaart voor twee dagen $ 12, nov.-apr. gereduceerde prijzen).

Luchtig avontuur: de Aero Car-gondel zweeft boven de machtige Whirlpool

De zuidoever van Lake Erie

Dromerige provincieplaatsjes en dynamische metropolen, vredige wijnstreken en een bruisend stadsleven, kleine stadjes met nette buurten en een meeslepende 'hogere' cultuur: de zuidoever van Lake Erie, het op tien na grootste meer ter wereld, bezit zowel het karakteristieke als tegenstrijdige van de Amerikaanse geest.

Wanneer men het in de VS over het *heartland* heeft, dan bedoelt men daarmee meestal niet alleen de Midwest, maar ook de federale staten Ohio, Pennsylvania en New York, die aan de zuidoever van Lake Erie grenzen. Ohio, dat in 1803 een Amerikaanse staat werd, speelde een sleutelrol in de kolonisering van de regio. Pennsylvania wordt niet voor niets eervol de 'Wieg van de Natie' genoemd: het speelde een historische rol in het onafhankelijkheidsproces. De staat New York was al ten tijde van de Amerikaanse onafhankelijkheid in 1776 een economisch zwaargewicht. Afgezien daarvan staat dit deel van het land bekend als een typisch Amerikaanse regio, waar de mentaliteit en de normen en waarden het dichtst in de buurt komen van het prototypische Amerikaanse waardestelsel.

Lake Erie drukt een overduidelijk stempel op de regio, die ook dichters als Theodor Fontane en Horatio Alger inspireerde tot ballades. Het elfde grootste meer ter wereld is 388 km lang en 92 km breed en is met een gemiddelde diepte van 19 m het ondiepste van de vijf Grote Meren. In de afgelopen decennia heeft het meer nog een andere twijfelachtig 'predicaat' verworven. Van de Grote Meren vormt Lake Erie het grootste probleemgeval, omdat het zo is aangetast door milieutoxines dat het water mede vanwege giftige algen niet meer drinkbaar is.

Veel gebieden op de oever van Lake Erie hebben een provinciaals karakter, zoals meteen duidelijk wordt in de plaatsjes aan de Purple Heart Highway in Pennsylvania of de Chautauqua Wine Trail met zijn wijngaarden en maisvelden. Maar aan de zuidoever liggen ook de drie grote steden Buffalo, Erie en Cleveland, die alles hebben wat een echte stad uitmaakt. Alle drie verwierven ze aanzienlijke welvaart door de scheepvaart voor goederenvervoer op de Grote Meren. Cleveland ontwikkelde zich zelfs tot een van de grootste centra van de staalproductie in de VS: de benodigde kolen kwamen uit de Ohio Valley, ruw ijzererts uit Minnesota. Ook de scheepsbouw en de verwerking van aardolie, die in 1859 in Pennsylvania werd aangeboord, leverden een belangrijke economische bijdrage. In de 20e eeuw ging het de stad niet altijd voor de wind, maar de laatste jaren is hij als een feniks uit de as herrezen en veranderd in een toeristisch centrum met jaarlijks bijna tien miljoen bezoekers.

Buffalo ▸ 1, D 2

De industrie- en havenstad **Buffalo** aan Lake Erie is met 261.000 inwoners de op een na grootste stad in de staat New York en ligt in het hart van een agglomeratie met in totaal ruim een miljoen inwoners. 's Zomers verandert de voetgangerszone rond Lafayette Square in een plek om te flaneren en te relaxen. Hier genieten Buffalonaren op het voetstuk van het Soldiers and Sailors Monument van het zonnetje of luisteren naar de zeldzame openluchtconcerten. Op Niagara Square voor het stadhuis herinnert een monument aan de republikeinse president William McKinley, die in 1901 in Buffalo werd vermoord.

City Hall in Buffalo met het monument voor de vermoorde president McKinley

Bezienswaardigheden

City Hall

65 Niagara Sq., tel. 1-716-852-3300, ma.-vr. 8.30-17 uur, toegang gratis

Wie een mooi uitzicht over de stad wil hebben, kan het beste de lift nemen naar de 28e verdieping in de **Buffalo City Hall Observation Tower**, waar u helemaal tot aan Canada kunt kijken. Het in 1932 in gebruik genomen gebouw is ontworpen in de toen populaire art-decostijl. De deels van zuilen voorziene voorgevel is opgesierd met gebeeldhouwde friezen.

Het is ook zekere aan te raden om een kijkje te nemen in de overwelfde lobby met zijn vele beelden.

Albright-Knox-Gallery

1285 Elmwood Ave., tel. 1-716-882-8700, www.albrightknox.org, di.-zo. 10-17 uur, volwassenen $ 12

De **Albright-Knox Art Gallery** is ondergebracht in een gebouw in wat de Amerikanen 'Greek Revival'-stijl noemen (neoklassiek). Dit door de oudheid geïnspireerde exterieur vormt een contrast met de hedendaagse kunst die binnen te zien is. Er is veel abstracte kunst bij, van namen als Polly Apfelbaum, Lynda Benglis, Arthuro Herrera, Piet Mondriaan, Jackson Pollock, Gerhard Richter en Pae White. Verder zijn er werken van Pablo Picasso, Edgar Degas, Willem de Kooning, Henri Matisse en Roy Lichtenstein en ook sculpturen te bewonderen. In het AK Café kunt u de inwendige mens versterken met kleine gerechten (di.-zo. lunch 12-15, koffie met taart 15-17 uur).

Burchfield Penney Art Center

1300 Elmwood Ave., tel. 1-716-878-6011, www.burchfieldpenney.org, di.-za. 10-17, zo. 13-17, do. tot 21 uur, volwassenen $ 10

In het **Burchfield Penney Art Center** wordt vooral werk van de Amerikaanse schilder

Charles E. Burchfield tentoongesteld. Hij concentreerde zich op gouaches van stadsgezichten en landschappen.

Buffalo Museum of Science

1020 Humboldt Pkwy, tel. 1-716-896-5200, www.sciencebuff.org, dag. 10-16 uur, volwassenen $ 11, senioren $ 9, kinderen $ 8, speciale tentoonstellingen kosten extra

Het **Buffalo Museum of Science** houdt zich bezig met onderwerpen als ruimtevaart, natuurwetenschap, edelstenen, mineralen, insecten, het leven in het oude Egypte, geologie en astronomie. In de 3D-bioscoop worden films over o.a. dinosauriërs en het milieu vertoond.

Informatie

Buffalo Niagara Convention & Visitors Bureau: 403 Main St., Suite 200, Buffalo, NY 14203-1496, tel. 1-800-283-3256, www.visitbuffaloniagara.com.

Accommodatie

Prima – **Elmwood Village Inn:** 893 Elmwood Ave., tel. 1-716-886-2397, www.elmwoodvillageinn.com. Stijlvol oud huis met individueel ingerichte kamers. Vanaf $ 110.

Midden in het centrum – **Best Western On the Avenue:** 510 Delaware Ave., tel. 1-716-259-1174, www.buffalobestwestern.com. Downtown-hotel met vriendelijke kamers. Vanaf $ 150.

Eten en drinken

Excellente keuken – **Rue Franklin:** 341 Franklin St., tel. 1-716-852-4416, www.ruefranklin.com, di.-za. 17.30-22 uur. Specialiteiten in dit restaurant zijn kreeft en lamsvlees. Driegangenmenu di.-do. $ 30-33.

Lokaal populair – **Andersons:** 2634 Delaware Ave., tel. 1-716-873-5330, dag. 11-23 uur. Tearoom met de hier geliefde 'Beef-on-Weck'-komijnbroodjes met roastbeef en mierikswortel. Vanaf $ 5.

Winkelen

Grote mall – **McKinley Mall:** 3701 McKinley Pkwy, Blasdell ten zuiden van Buffalo, www.shopmckinleymall.com, ma.-za. 10-21, zo. 11-18 uur. Enorm winkelaanbod. **Easternhills Mall:** Williamsville, 4545 Transit Rd., www.shopeasternhills.com, ma.-za. 10-21, zo. 12-17 uur. Mall met 85 zaken, een groot *food court* en gratis wifi. **Walden Galleria:** Cheektowaga, 1 Walden Galleria, www.waldengalleria.com, ma.-za. 10-21.30, zo. 10-19 uur. Tweehonderd winkels, een *food court* en meerdere bioscopen.

Uitgaan

Shows en muziek – **Club Marcella:** 439 Pearl St., tel. 1-716-847-6850, www.clubmarcella.com. Populairste gay-nachtclub van de stad met twee dansvloeren, drie dj' en travestieshows.

Voor kroegtijgers – **Soho Burger Bar:** 64 West Chippewa St., tel. 1-716-856-7646. Lokaal populaire bar.

Uitgaanswijk – **Chippewa Entertainment District:** Chippewa St. De circa dertig bars en nachtclubs zorgen voor afwisseling.

Podiumkunst – **Shea's Performing Arts Center:** 646 Main St., tel. 1-716-847-1410 www.sheas.org. Concerten, broadwayshows en musicals in een gerestaureerd bioscoopcomplex uit 1927.

Actief

Boottochten – **Buffalo Harbor Cruises:** 79 Marine Dr., tel. 1-716-262-9087, www.buffaloharborcruises.com, mei-okt. di.-zo. Tochten met commentaar langs de Waterfront.

Amusement voor jong en oud – **Martin's Fantasy Island:** Grand Island, 2400 Grand Island Blvd., tel. 1-716-773-7591, www.fantasyislandny.com, juni-aug. dag. vanaf 11.30 uur, in mei alleen in het weekend. Pret- en waterpark halverwege Buffalo en Niagara Falls (volwassenen $ 35, kinderen $ 25, online korting).

Evenement

Culinair – **National Buffalo Wing Festival:** (1e weekend van september): Culinair festival waarbij veel, maar niet alles om Buffalo wings (pittig gekruide kippenvleugels) draait – er is ook een uitgebreid cultureel programma (www.buffalowing.com).

Vervoer

Vliegtuig: Buffalo Niagara International Airport, tel. 1-716-630-6000, www.buffaloair port. com. De luchthaven ligt 16 km ten oosten van de stad. Alle grote Amerikaanse luchtvaartmaatschappijen en ook prijsvechters als JetBlue vliegen op Buffalo. Shuttlebussen naar de stad voor circa $ 18. Grote autoverhuurbedrijven hebben hier een vestiging.
Trein: Amtrak Terminal, 75 Exchange St., tel. 1-800-USA-RAIL (1-800-872-7245), www. am trak.com. Buffalo ligt aan het traject Boston-Chicago. Er is ook een verbinding met Toronto (Canada).
Bus: Greyhound Terminal, 181 Ellicott St., Tel. 1-716-855-7532, www.greyhound.com, of New York Trailways, zelfde adres. Tel.1-800-776-7548, www.trailways.com. Bussen naar alle grotere steden.

Aan Lake Erie ▶ 1, A 3/D 2

Seaway Trail

www.seawaytrail.com
Highway 5 volgt onder de naam **Seaway Trail** vanaf Buffalo 145 km lang de zuidoever van Lake Erie tot aan de staatsgrens met Pennsylvania. Landschappelijk fraai is het tweede deel van het traject vanaf **Silver Creek,** waar de route door het mooie, agrarisch intensief gebruikte Chautauqua County met talrijke uitgestrekte wijngaarden voert. Wanneer u vanaf Silver Creek de parallel aan de I-90 lopende Highway 20 volgt, zijn er tal van mogelijkheden om dieper het binnenland in te gaan.

Wijnbouwers

Wijnproducenten zoals de **Roberian Vineyards** (12614 King Rd., Forestville, tel. 1-716-673-9255), **Noble Winery** (8630 Hardscrabble Rd., Westfield, www.noblewinery.com), **Vetter Vineyards Winery** (8005 Prospect Station Rd., tel. 1-716-326-3100, www.vetter vineyards.com) en **Schloss Doepken Winery** (9177 Old Rte 20, tel. 1-716-326-3636, Ripley) behoren tot de wijnbouwers die aan de Lake Erie Wine Trail tot proeven uitnodigen (www. lake-erie-wine-trail.com).

Erie

Met 102.000 inwoners is **Erie** de op twee na grootste stad van Pennsylvania en tegelijk de belangrijkste haven van de staat aan het gelijknamige meer. De naam is afgeleid van de Eriez-indianen, die aan het begin van de 17e eeuw nog in dit gebied leefden. Het centrum van Erie ziet er eigenlijk niet uit als dat van een doorsnee Amerikaanse stad, omdat de hoogbouw ontbreekt. In plaats daarvan weerspiegelen neoklassieke of in de Greek Revivalstijl opgetrokken gebouwen het verleden, toen de bedrijvige haven goede zaken deed.

Erie Art Museum

411 State St., tel. 1-814-459-5477, www.erieart museum.org, di.-za. 11-17, zo. 13-17 uur, volwassenen $ 9, wo. en 2e zo. van de maand toegang gratis

Aan West Sixth en State Street ziet u het ene na het andere imposante pand, zoals het **Customs House** uit 1839, waarin het **Erie Art Museum** is ondergebracht. Achter de met Dorische zuilen versierde gevel van Vermontmarmer bevindt zich een schat van vierduizend kunstwerken, waaronder Amerikaanse keramiek, Tibetaanse schilderijen, Japanse foto's uit de 19e eeuw, Etruskisch aardewerk en bronzen voorwerpen uit India. Het museum organiseert jaarlijks wisseltentoonstellingen.

Erie Maritime Museum

150 Front St., tel. 1-814-452-2744, www.flagship niagara.org, apr.-okt. ma.-vr. 9-17 uur, jan.-mrt. alleen do.-za., volwassenen $ 10, kinderen $ 5
Het **Erie Maritime Museum** houdt zich hoofdzakelijk bezig met de Grote Meren, hun geschiedenis, geologie en ecologische thema's. Het middelpunt van de tentoonstelling is de uit 1990 stammende replica van het historische zeilschip US Brig Niagara, waarmee kapitein Oliver Hazard Perry in 1813 op Lake Erie een legendarische succesvolle slag leverde tegen de Britten.

Informatie

Erie Area Convention & Visitors Bureau: 208 E. Bayfront Pkwy, Suite 103, Erie, PA 16507, tel. 1-814-454-1000, www.visiteriepa.com.

Accommodatie

Een voorbeeldig onderkomen – **Spencer House B&B:** 519 West Sixth St., tel. 1-814-464-0419, www.spencerhousebandb.com. Architectonisch juweel uit de victoriaanse periode met hoge plafonds en veel bewerkt hout. In veel weekends een minimaal verblijf van twee nachten. Vanaf $ 99.

Schoon, rustig en vriendelijk – **Glass House Inn:** 3202 W. 26th St., tel. 1-814-833-7751, www.glasshouseinn.com. Rustiek motel met verschillende grote kamers, inclusief ontbijt en buitenzwembad. Bij de toegang tot het Presque Isle. Vanaf $ 122.

Kampeerterrein – **Sara's Campground:** 50 Peninsula Dr., tel. 1-814-833-4560, www.sarascampground.com. Met alle voorzieningen, aan het meer. Per nacht $ 30.

Eten en drinken

Keurig – **Safari Grille:** 2225 Downs Dr., tel. 1-814-866-1390, www.ambassadorerie.com/facilities/safari-grille. Goed restaurant in het Hilton Hotel met seafood, pasta, steaks, kleinere gerechten en een wijnkaart. Vanaf circa $ 20.

Amusante sfeer – **Quaker Steak & Lube:** 7851 Peach St., tel. 1-814-864-9464, www.thelube.com/locations/pennsylvania/erie, dag. 11-23 uur. Restaurant in tankstationlook met motorsportsfeer. Salades, steaks, Buffalo wings in vele variaties. Vanaf $ 8,50.

Actief

Stadstours – **Historical Society:** 356 W. 6th St., tel. 1-814-454-1813, juni-sept. do. 18.30, 19.30 uur. Trolleytours met de nadruk op de geschiedenis van de stad.

Tijgers, leeuwen en meer – **Erie-Zoo:** 3 mijl ten noorden van de I-90, Exit 7, tel. 1-814-864-4091, www.eriezoo.org, dag. 10-17 uur. In de zoo wonen ook gorilla's en orang-oetans. Speciaal gedeelte voor kinderen (volwassenen $ 9, kinderen $ 6).

Pretpark – **Waldameer Park & Water World:** bij de toegang tot het Presque Isle State Park, tel. 1-814-838-3591, www.waldameer.com, eind mei-begin sept., wisselende openingstijden. Pretpark met waterpartijen, glijbanen en bootjes.

Puur natuur – **Tom Ridge Environmental Center:** Op het Presque Isle, tel. 1-814-833-7424, trecpi.org, dag. 10-18 uur. Ecocentrum.

Presque Isle State Park

Ten westen van de stad aan het meer ligt een 11 km lang en 1300 ha groot schiereiland. Kilometerslange zandstranden omzomen het in **Presque Isle State Park** (www.presqueisle.org) aangelegde vakantie- en recreatieparadijs. Het gebied wordt doorkruist door wandel-, skate- en fietspaden. In totaal zijn er ruim tien stranden, een jachthaven met plaats voor bijna vijfhonderd boten, paviljoens om in te picknicken, visstekken en een groot milieucentrum met exposities over flora en fauna.

Cleveland ▸ 1, A 3

Kaart: blz. 231

Cleveland, vroeger een koolzwart, vanwege zijn milieuvervuiling vaak vervloekt industriegebied, heeft als het ware zijn vieze mantel afgelegd om zich voor zijn optreden in de toeristenindustrie vernieuwd te presenteren. Het is echter niet alleen de skyline, die in de grootste havenstad van de federale staat Ohio veranderd is.

Downtown

Op het centrale **Public Square** 1 midden in de City van de 390.000 inwoners tellende metropool herinnert een beeld aan Moses Cleaveland, de stichter van de stad. In 1796 legde hij de eerste steen, niet hier, maar aan de oever van de Cuyahoga River in de zogeheten Flats. Het Soldiers and Sailors Monument in victoriaanse stijl is weer een aan de strijders in de Amerikaanse Burgeroorlog gewijd gedenkteken. Omdat het plein tamelijk eentonig oogde, heeft men het de afgelopen jaren door de aanleg van plantsoenen en voetgangerszones een vriendelijk aanzien gegeven.

Tower City Center 2

Apr.-dec. za., zo. 12-16 uur, volwassenen $ 5

Aan de zuidkant van het Public Square rijst de uit 1927 stammende Terminal Tower op, onderdeel van het **Tower City Center** en het bouwkundige symbool van Cleveland. Op de 42e etage vindt u een uitkijkplatform. Binnen verleiden etages vol speciaalzaken en boetieks tot kopen en nog eens kopen. De afgelopen jaren heeft de wolkenkrabber gezelschap gekregen. In de directe omgeving van het gebouw verrijzen schaamteloos concurrenten als de Key Tower 3, nu met 289 m het hoogste gebouw van de stad.

Old Stone Church 4

www.oldstonechurch.org

In schril contrast met de wolkenkrabbers rond Public Square staat de **Old Stone Church**, die in 1855 werd gebouwd in neoromaanse stijl. De trots van deze kerk, zijn *claim to fame,* zijn vier prachtige Tiffanyvensters en een drielingvenster van de Amerikaanse kunstenaar John La Farge (1835-1910).

Warehouse District 5

Net als in veel grote Europese steden is het in Amerika trendy om oude, vervallen industrie- en opslagcomplexen niet te slopen, maar te verbouwen en opnieuw tot leven te brengen. Cleveland heeft deze trend gevolgd en de roodbruine bakstenen gebouwen in het **Warehouse District** in de loop der jaren getransformeerd tot woningen, lofts en een aantrekkelijke uitgaanswijk (zie ook de wijk The Flats, blz. 234).

Cleveland Arcade 6

401 Euclid Ave., www.theclevelandarcade.com, dag. 7-19, zo. tot 17 uur

Vlak bij Public Square staat de historische **Cleveland Arcade**, een mooi gebouw onder monumentenzorg. De grootste winkelpassage van Europa, de Galleria Vittorio Emanuele II in Milaan, diende als voorbeeld voor de arcade. Het complex bestaat uit twee vleugels van negen verdiepingen hoog en een van vijf verdiepingen, en dateert van 1890, toen het land te kampen had met een economische depressie.

Het rijke industriecentrum Cleveland kon daar dankzij kapitaalkrachtige investeerders als John D. Rockefeller echter luisterrijke architectuur tegenover zetten. Op het vijf verdiepingen hoge atrium met de eromheen lopende galerijen staat een gebogen glazen dak. Enkele jaren geleden betrok het eerste Hyatthotel van de stad beide torens en de bovenste drie verdiepingen van het atrium. De twee onderste galerijen zijn nog altijd toegankelijk voor het publiek, met tal van winkels en een *food court.*

Playhouse Square District 3

Playhouse Square District (zie blz. 235) heeft naam gemaakt als culturele hotspot. Dankzij particuliere initiatieven is de sloop van de voormalige theaters verhinderd en zijn investeerders gevonden die sinds de jaren 80 de renovatie van de sprookjesachtige cultuurpaleizen hebben gefinancierd (www.playhousesquare.org).

University Circle 7

Tegenover zijn mijnwerkersimago plaatste Cleveland al vrij vroeg een bevlogenheid voor kunst en wetenschap. Circa 8 km ten oosten van het centrum is een stuk of vijftig wetenschappelijke, culturele en geneeskundige instellingen gevestigd in de **University Circle**.

Severance Hall

11001 Euclid Ave., tel. 1-216-231-1111, www.clevelandorchestra.com

Wanneer het wereldberoemde, in 1918 opgerichte **Cleveland Orchestra** (zie blz. 235) optreedt in de Severance Hall met plaats voor tweeduizend mensen is bijzonder kunstgenot gegarandeerd. Volgens kenners heeft Christoph von Dohnányi, die het orkest bijna

twintig jaar lang leidde, Amerikaanse virtuositeit weten te verbinden met Europese traditie. Dat geldt ook tegenwoordig nog, nu de Oostenrijkse dirigent Franz Welser-Möst de scepter over het orkest zwaait.

Cleveland Museum of Art

11150 E. Blvd., tel. 1-216-421-7350, www.clevelandart.org, di., do., za., zo. 10-17, wo. en vr. 10-21 uur, toegang tot de permanente collectie gratis, bijzondere tentoonstellingen betaald

Het in 1916 geopende **Cleveland Museum of Art** doet niet onder voor andere gerenommeerde Amerikaanse musea. De in een neoklassiek gebouw ondergebrachte collecties behoren volgens kenners al geruime tijd tot de belangrijkste van de VS. Behalve op Amerikaanse en Europese werken ligt het accent ook op Aziatische kunst. Op de Europese afdeling zijn kunstwerken te zien uit de 14e tot de 20e eeuw.

Bewonder bijvoorbeeld een deel van de Welfenschat, een oorspronkelijk uit Braunschweig in Duitsland afkomstige verzameling kostbaarheden die in de 19e eeuw in delen is verkocht, of werken van Tilman Riemenschneider, Albrecht Dürer, Rembrandt, Diego Velázquez, William Turner, Pablo Picasso en Joan Miró. De Amerikaanse kunst dateert van de 17e tot de 20e eeuw. Na uitgebreide bouwwerkzaamheden werden in 2013 drie nieuwe vleugels geopend plus een interactief educatief centrum.

Cleveland Museum of Natural History

1 Wade Oval, tel. 1-216-231-4600, www.cmnh.org, ma.-za. 10-17, wo. tot 22, zo. 12-17 uur, volwassenen $ 15, kinderen $ 12; planetarium: tel. 1-216-231-1177, wo. 20.30-22 uur, $ 5 extra

Het **Cleveland Museum of Natural History** heeft nationaal naam gemaakt met zijn natuurhistorische verzameling. U vindt er afdelingen met dinosauriërs en andere prehistorische wezens, er worden aardbevingen gesimuleerd en archeologische en botanische vondsten uit het verre verleden getoond. De Wade Gallery heeft een fonkelende collectie met ruim vijftienhonderd edelstenen en als bijzondere attractie een stukje maansteen, dat werd meegebracht door de astronauten van de Apollo 12.

In het Shafran Planetarium werpen multimediashows licht op verre melkwegstelsels en alles wat er wetenschappelijk bekend is over de maan.

Cleveland

Bezienswaardig

1 Public Square
2 Tower City Center
3 Key Tower
4 Old Stone Church
5 Warehouse District
6 Cleveland Arcade
7 University Circle
8 Great Lakes Science Center
9 Rock and Roll Hall of Fame
10 Steamship William G. Mather Maritime Museum
11 Detroit-Superior Bridge
12 Greater Cleveland Aquarium

Accommodatie

1 Renaissance Cleveland Hotel
2 Hyatt Regency Cleveland at the Arcade
3 Holiday Inn Express Cleveland Downtown
4 Radisson Hotel Cleveland-Gateway
5 Comfort Inn Downtown

Eten en drinken

1 Brasa Grill
2 Blue Pointe Grill
3 Vincenza's Pizza & Pasta
4 Winking Lizard
5 Food Court

Winkelen

1 Galleria at Erieview

Uitgaan

1 House of Blues
2 Dive Bar
3 Playhouse Square District
4 Cleveland Orchestra
5 - 10 kaart blz. 234

Actief

1 Cleveland Metroparks
2 Cleveland Metroparks Zoo

Museum of Contemporary Art Cleveland (MOCA)

11400 Euclid Ave., tel. 1-216-421-8671, www.mocacleveland.org, di.-zo. 11-17, vr. tot 21 uur, volwassenen $ 9,50, senioren vanaf 65 jaar $ 6, 1e za. van de maand toegang gratis

Het **Museum of Contemporary Art Cleveland (MOCA)** heeft zich in de afgelopen jaren ontwikkeld tot een centrum van zowel vernieuwende, hedendaagse als gevestigde moderne kunst, met werken van Roy Lichtenstein, Andy Warhol, Christo en Claes Oldenburg. Grote eenmalige tentoonstellingen hebben al kunstenaars en architecten als Frank Gehry, Yoshitomo Nara, Douglas Gordon, Ilya Kabakov, Jim Hodges en Rona Pondick in het zonnetje gezet. Het nieuwe museumgebouw van vier verdiepingen werd ontworpen door de uit Iran afkomstige architecte Farshid Moussavi. Het ensemble, dat voornamelijk uit glas en staal bestaat, staat op een zeshoekige plattegrond.

Cleveland History Center

10825 E. Blvd., University Circle, tel. 1-216-721-5722, www.wrhs.org, di.-za. 10-17, zo. 12-17 uur, volwassenen $ 10, kinderen $ 5

De oudste culturele instelling van Cleveland is de Western Reserve Historical Society, die in 1867 werd opgericht en met zijn museum inzicht geeft in de geschiedenis van de stad en de regio. Het hart van het **Cleveland History Center** wordt gevormd door twintig zalen die in meubels en decoratieve kunst perioden tussen 1770 en 1920 weerspiegelen. In hetzelfde complex zijn nog andere collecties ondergebracht, zoals het **Crawford Auto-Aviation Museum** met oldtimers en oude vliegtuigen en de **Chisholm Halle Costume Wing** met historische mode.

Port of Cleveland

Great Lakes Science Center 8

601 Erieside Ave., tel. 1-216-694-2000, www.greatscience.com, ma.-za. 10-17, zo. 12-17 uur, volwassenen $ 15, kinderen $ 12

In de buurt van het stadion komen wetenschap en techniek samen in het **Great Lakes Science Center**. Op diverse etages kunnen bezoekers op meer dan vierhonderd interactieve apparaten technische experimenten doen of natuurwetten bestuderen, een nagebootste tornado meemaken en alles te weten komen over zeppelins. In het filmtheater Omnimax worden omnimaxfilms geprojecteerd op een zes verdiepingen, hoog doek.

Rock and Roll Hall of Fame 9

1 Key Plaza, 1100 E 9th St., tel. 1-216-781-7625, www.rockhall.com, dag. 10-17.30, wo. tot 21 uur, volwassenen $ 23,50, kinderen $ 13,75
Het duidelijkste bewijs van de wederopleving van de stad werd geleverd in de jaren 90 met de door architect I.M. Pei ontworpen **Rock and Roll Hall of Fame**. Rock-'n-roll-legenden mogen pas een kwart eeuw na hun eerste plaat worden opgenomen in deze reliekschrijn, nadat zeshonderd musici en muziekexperts erover hebben gedebatteerd. De 'Beroemdhedenhal' staat op de oever van het meer als een futuristisch kasteel, een bizar geheel van glas en beton, met scheve hoeken, rondingen, verticale en horizontale lijnen, piramiden, cilinders en kubussen, wat volgens de architect de energie van rock-'n'-roll-muziek weergeeft.

In het heilige der heiligen van de muziek zijn ze allemaal vereeuwigd: Chuck Berry, James Brown, Ray Charles, Fats Domino, Jerry Lee Lewis, Elvis Presley, Roy Orbison, Muddy Waters, de Beach Boys, Bob Dylan, Simon & Garfunkel, Percy Sledge, U2, Bob Seger en vele anderen. Er zijn computers waarop u uw favoriet kunt opzoeken, alles over zijn of haar leven te weten komt en natuurlijk de muziek kunt horen.

Steamship William G. Mather Maritime Museum 10

Dock 32, tel. 1-216-694-2000, www.greatscience.com, mei en sept.-okt. za., zo., juni-aug. di.-zo. 11-17 uur, volwassenen $ 15, kinderen $ 12
Het **Steamship William G. Mather Maritime Museum** is ingericht in het 188 m lange vrachtschip *William G. Mather*, dat in 1925 van stapel is gelopen. Vrijwilligers hebben 250.000 manuren geïnvesteerd in de restauratie van het in 1980 uit de vaart genomen schip, dat als een van de eerste op de Grote Meren werd uitgerust met radar (in 1946).

The Flats

Wanneer u in westelijke richting de **Detroit-Superior Bridge** 11 over de Cuyahoga River oversteekt, reikt het uitzicht vanuit de hoogte

over het industriegebied **The Flats,** dat zich tot restaurant- en uitgaanswijk heeft ontwikkeld (zie Actief blz. 234). Daar vindt u ook het **Greater Cleveland Aquarium** 12 met vissen uit de regionale meren, koraalriffen en haaienbassins (2000 Sycamore St., tel. 1-216-862-8803, www.greaterclevelandaquarium.com, dag. 10-17 uur, volwassenen $ 20, kinderen $ 14).

Informatie

Cleveland Visitors Center: Convention & Visitors Bureau of Greater Cleveland, 334 Euclid Ave., Cleveland, OH 44114, tel. 1-216-875-6680, www.thisiscleveland.com.

Accommodatie

Comfortabele, ruime kamers – **Renaissance Cleveland Hotel** 1**:** 24 Public Sq., tel. 1-216-696-5600, www.marriott.com. Een groot, chic hotel met bijna vijfhonderd kamers. Midden in het centrum. Alle voorzieningen. $ 180-300.

De Rock and Roll Hall of Fame is een werk van de architect van de Louvre-piramide Ieoh Ming Pei

Gerenommeerd – **Hyatt Regency Cleveland at the Arcade** 2 : 420 Superior Ave., tel. 1-216-575-1234, cleveland.regency.hyatt.com. Chic hotel voor veeleisende gasten. In de onder monumentenzorg vallende Cleveland Arcade. Vanaf $ 200.

Centrale ligging – **Holiday Inn Express Cleveland Downtown** 3 : 629 Euclid Ave., tel. 1-216-443-1000, www.hiexpress.com/cleveland. Dit hotel is gevestigd in een voormalig, compleet gerenoveerd bankgebouw uit 1894. In de meeste kamers gratis wifi. Circa $ 160.

Super prijs-kwaliteitverhouding – **Radisson Hotel Cleveland-Gateway** 4 : 651 Huron Rd., tel. 1-216-377-9000, www.radisson.com. Uitnodigend ingerichte kamers met gratis wifi. Fitnesscenter en koffie in de ochtend. Vanaf $ 130.

Standaard – **Comfort Inn Downtown** 5 : 1800 Euclid Ave., tel. 1-216-861-0001, www.comfortinn.com/hotel-cleveland-ohio-OH167. Motel met schone kamers. Vanaf $ 120 inclusief ontbijt.

Eten en drinken

Voor vleesliefhebbers – **Brasa Grill** 1 : 1300 W. 9th St., tel. 1-216-575-0699, www.brasagrillsteakhouse.com, dag. 16-22 uur. Braziliaans steakhouse met zestien verschillend bereide vleessoorten, maar ook seafood, pasta en gevogelte. $ 31-50.

Uitstekend – **Blue Pointe Grill** 2 : 700 W. St. Clair Ave., tel. 1-216-875-7827, www.bluepointgrille.com, lunch en diner, za., zo. alleen diner. Restaurant met seafoodgerechten van de beste kwaliteit. Vanaf $ 30.

Superpizza's – **Vincenza's Pizza & Pasta** 3 : 603 Prospect Ave., tel. 1-216-241-8382, www.vincenzaspizza.com, ma.-vr. 11-18.30 uur. Overtuigende kwaliteit. Vanaf $ 10.

Kroegsfeer – **Winking Lizard** 4 : 811 Huron Rd., tel. 1-216-589-0313, www.winkinglizard.com, dag. 11-24 uur. Gezellige sportbar met

Actief

KROEGEN- EN CLUBTOCHT IN DE UITGAANSWIJK VAN CLEVELAND

Informatie

Begin: Old River Road
Lengte: circa 1,6 km (1 mijl)
Duur: een of meer avonden, onder andere afhankelijk van hoe lang u in de uitgaansgelegenheden blijft

De **Flats** (zie blz. 232) hebben zich van een sjofele buurt met zware industrie tot een populaire uitgaanswijk met cafés, restaurants en nachtclubs ontwikkeld. Op de aan de kant van het plaatsje gelegen oever van de Cuyahoga River, die even verderop in Lake Erie uitmondt, lagen vroeger afgezien van onaantrekkelijke onbebouwde vlaktes een paar kleine restaurants en enkele clubs. In 2014 brak hier met de bouw van een nieuwe wijk echter een nieuw tijdperk aan. In **Flats East Bank** verrees **Ernst & Young Tower** 5, waarin zich naast een tiental bedrijven ook het Aloft Hotel en drie restaurants bevinden: **Willeyville** (1051 W. 10th St., tel. 1-216-862-6422, www.thewilleyville.com, ma.-vr. vanaf 11, za. vanaf 17 uur), het Italiaanse **Lago** inclusief cocktailbar (1091 W. 10th St., tel. 1- 216- 862-8065, www.lagoeastbank.com, dag. 11-1.30 uur) en restaurant Bold Food & Drink (1121 W. 10th St., tel. 1-216-696-8400, www.boldfoodanddrink.com, dag. vanaf 11 uur).
Een bakstenen gebouw herbergt de **Improv Comedy Club** 6, waar u tijdens het avondeten naar cabaretiers en comedians kunt kijken (een bezoek is alleen de moeite waard als u goed Engels verstaat) (tel. 1-216-696-4677, www.clevelandimprov.com, shows do.-zo. 19.30 uur).
Van knapperige salades en pastagerechten tot vis en zeevruchten en black angussteak vallen bij **Shooters** 7 de meest uiteenlopende gerechten te bestellen. De attractie van deze tent is de ligging aan de Cuyahoga River, omdat u van een tafeltje op het terras naar het komen en gaan van de schepen op de rivier kunt kijken en daarachter ook nog de skyline van Cleveland ziet liggen. Op het podium binnen stonden al heel wat grootheden uit de rockwereld (1148 Main Ave., tel. 1-216-861-6900, dag. vanaf 11 uur).
Christie's Cabaret 8 omschrijft zichzelf als een Gentlemen's Club, waar de vrouwelijke 'sterren' uit de kleren gaan. Het lokaal maakt deel uit van de grootste stripclubketen van de VS (1180 Main Ave., tel. 1-216-574-6222, www. christiescabaret.com, ma.-za. 11-2.30, zo. 16-2.30 uur).

Wie graag veel ruimte heeft om te dansen en een spetterend licht- en geluidssysteem wel kan waarderen, is in de **Metropolis Nightclub** 9 aan het juiste adres. De dj's draaien muziek uit verschillende genres – meestal is er voor elk wat wils (2325 Elm St., tel. 1-216-241-4007, do.-zo. vanaf 21.30 uur).
Ook de **Diamond Club** 10 is een meerderjarigenclub waar de serveersters er vrij bloot bijlopen. Wie bovendien geïnteresseerd is in sport, kan op enorme tv-schermen verslagen van de laatste wedstrijden en races volgen (1628 Fall St., tel. 1-216-621-1840, ma.-vr. 15-2, za., zo. 18-2.30 uur).

een rustieke sfeer vol schermen voor sportuitzendingen. Stevige Amerikaanse gerechten en veel bier. Vanaf $ 8.
Verschillende keukens – **Food Court** 5: Galleria at Erieview, 1301 E. Ninth St., www.galleriaaterieview.com, ma.-za. 10-20, zo. 11-18 uur. Diverse internationale restaurants op één locatie. Vanaf $ 4.

Winkelen

Winkelcentra – **Galleria at Erieview** 1: 1301 E. Ninth St., tel. 1-216-861-4343, www.galleriaaterieview.com, ma.-za. 10-20, zo. 11-18 uur. Licht winkelcentrum met kleine winkels voor mode en accessoires. **Cleveland Arcade** 6: 401 Euclid Ave., www.theclevelandarcade.com, ma.-za. 10-18 uur. Winkelen in een atrium uit 1890.

Uitgaan

Populair – **House of Blues** 1: 308 Euclid Ave., tel. 1-216-523-2583, www.houseofblues.com/cleveland, di.-vr. 11.30-22, za. 16-23 uur. Dan Ackroyd is een van de initiatiefnemers van dit centrum, waar muzikale shows en de keuken van het zuiden worden gecombineerd.
Fantastisch happy hour – **Dive Bar** 2: 1214 W. 6th St., tel. 1-216-621-7827. Populaire bar in het gezellige Warehouse District met veel biersoorten, muzikaal amusement en videosportwedstrijden in het weekend.
Volop kunst, cultuur en amusement – **Playhouse Square District** 3: stadswijk met een groot aantal theaters voor Broadwayshows, toneelvoorstellingen, comedy, cabaret, ballet en meer. Met radio- en televisiestudio's van een lokale zender, restaurants en cafés (www.playhousesquare.org).
Fraai klassieke – **Cleveland Orchestra** 4: Het bekende orchester speelt in Cleveland in de Severance Hall (zie blz. 229). 's Zomers wijkt het uit naar het Blossom Music Center in Cuyahoga Falls (www.clevelandorchestra.com).

Actief

Oase – **Cleveland Metroparks** 1: Groene gordel met wandel- en fietspaden. Joggen, paardrijden, vissen, picknicken en wintersporten (dag. 6-23 uur, clevelandmetroparks.com).
Zoo – **Cleveland Metroparks Zoo** 2: 3900 Wildlife Way, tel. 1-216-661-6500, www.clemetzoo.com, dag. 10-17 uur. De dierenwereld in het klein (volwassenen in de zomer $ 14,25, kinderen 2-11 jaar $ 10,25).

Vervoer

Vliegtuig: Cleveland Hopkins International Airport (CLE), tel. 1-216-265-6000, www.clevelandairport.com. Op 16 km ten zuiden van de stad. De shuttlebus rijdt in 25 minuten naar het centrum, waar u het meest hebt aan de treinen van de rode RTA-lijn (tel. 1-216-566-5100, www.riderta.com/pd_airport.asp, ticket $ 2,50, dagpas $ 5,50). Grote autoverhuurbedrijven hebben hier een vestiging. Taxi: Yellow Cab, tel. 1-216-623-1500, naar het centrum circa $ 25-28. Regionale vluchten komen aan op Cleveland Burke Lakefront Airport (BKL), 1501 N. Marginal Dr., tel. 1-216-781-6411.
Trein: Amtrak Terminal, 200 Cleveland Memorial Shoreway, tel. 1-216-696-5115, www.amtrak.com. Treinen naar Chicago, New York, Washington D.C. en andere grote steden.
Bus: Greyhound Station, 1465 Chester Ave., tel. 1-216-781-0520, www.greyhound.com. Busverbindingen met vele grotere steden.

Tussen Cleveland en Pittsburgh

Met grote voortvarendheid vervangen voormalige industriesteden als Cleveland, Akron en Pittsburgh hun negatieve imago door een nieuw gezicht als dienstverleningscentrum en cultuurstad. Deze structurele verandering heeft impact gehad op de grote steden, maar de grootste amishgemeenschap van de VS blijft haar normen en waarden al driehonderd jaar lang trouw.

De regio tussen Cleveland (Ohio) en Pittsburgh (Pennsylvania) staat in Amerika bekend als een van de belangrijkste gebieden met zware industrie van het land. Ten zuiden van Cleveland hangen weliswaar nog steeds roet- en rookwolken boven het Ruhrgebied van de Verenigde Staten, waar in 1868 de eerste staalfabriek in gebruik werd genomen en John Davison Rockefeller (1839-1937) twee jaar later met de Standard Oil Company een olieraffinaderij opzette. De traditionele industrie heeft daar evenwel allang aan belang ingeboet, nu Cleveland in een stad van dienstverlening en toerisme is veranderd.

En in Pittsburgh? Rond 1850 luidden steenkool, aardolie en aardgas daar een nieuw tijdperk in. Staalfabrieken en hoogovens schoten er als paddenstoelen uit de grond. In de jaren 1870 was Pittsburgh met ongeveer de helft van de nationale productie aan gas en ijzer een van de belangrijkste industriesteden van de Verenigde Staten. De fabrieken breidden zich razendsnel uit tot over de gemeentegrenzen en vormden zo een industriegebied waar de zon schuilging achter dikke wolken stof en vervuiling. Na 1945 is een $ 500 miljoen kostend programma voor de verbetering van de luchtkwaliteit doorgevoerd. Tegelijkertijd bracht de structurele verandering van de voormalige kolen- en staalplaats een moderne stad met onderzoeksfaciliteiten, servicebedrijven en zetels van belangrijke firma's. Aan het begin van de 21e eeuw was 85% van de beroepsbevolking werkzaam in niet-industriële sectoren.

Het industriële verleden van deze regio is echter maar een kant van het verhaal. Op meer dan de helft van de grond tussen Cleveland en Pittsburgh worden mais, tarwe, haver en sojabonen verbouwd, op een ander deel worden bovendien veeteelt en zuivelproductie bedreven. De hier gevestigde amishgemeenschap, de grootste van de VS, is al driehonderd jaar werkzaam in de landbouw en heeft er de afgelopen jaren met haar Bijbelse levensstijl aan bijgedragen dat de streek ook toeristisch interessant werd.

Ten zuiden van Cleveland

Na de Amerikaanse Vrijheidsoorlog waren veel families op zoek naar een plekje waar ze zich konden vestigen om te leven van wat het land opbracht. De Connecticut Land Company verkocht in die tijd in Ohio goedkope grond aan New Englanders, die aan het eind van de 18e eeuw ten zuiden van Cleveland het gehucht Wheatfield stichtten.

Hale Farm & Village

▶1, A4

I-77, Exit 143 Wheatley Rd., 2686 Oak Hill Rd., tel. 1-330-666-3711, www.wrhs.org/plan-your-visit/hale-farm, di.-za. 10-17, zo. 12-17 uur, volwassenen $ 10, kinderen 3-12 jaar $ 5

Hoe het er hier in 1848 aan toe ging, is te zien in openluchtmuseum **Hale Farm & Village**. In het nagebouwde dorp laten 'bewoners' in oude kostuums zien hoe men in die tijd leefde en werkte.

Akron ▶ 1, A 4

Het is maar een klein eindje van de landelijke idylle naar industriestad **Akron**. De 200.000 inwoners tellende plaats stond lange tijd bekend als centrum van de rubber- en bandenproductie, maar de laatste decennia hebben andere takken van industrie, zoals de polymerenvervaardiging en metaalverwerking, de overhand gekregen. De grote rubberconcerns hebben in Akron echter nog steeds hun hoofdkwartier en onderzoeksinstellingen. De geografische ligging van Akron komt ook ten goede aan de plaatselijke economie, aangezien het praktisch op de grens ligt tussen de industriële regio's van de oostelijke VS en die van de Midwest.

Akron Art Museum

One South High, tel. 1-330-376-9185, www.akronartmuseum.org, wo.-zo. 11-17, do. tot 21 uur, volwassenen $ 10, do. toegang gratis

Het **Akron Art Museum** houdt zich bezig met Amerikaanse en internationale kunst vanaf het midden van de 19e eeuw. Lange tijd kon het museum nog niet één procent van zijn collectie tentoonstellen, maar het gebouw is inmiddels uitgebreid en biedt nu bijna viermaal zoveel ruimte voor de kunst. Indrukwekkende schilderijen van onder anderen Andy Warhol, Frank Stella en Helen Frankenthal, plus werk van beroemde fotografen als Margaret Bourke-White en Robert Frank, komen nu beter tot hun recht.

Akron Zoological Park

500 Edgewood Ave., tel. 1-330-375-2550, www.akronzoo.org, mei-okt. 10-17, nov.-apr. 11-16 uur, volwassenen $ 12, kinderen $ 9

Naast leeuwen, tijgers en beren zijn er in het **Akron Zoological Park** nog zo'n vierhonderd verschillende diersoorten te zien. Aan sommige is een eigen afdeling gewijd, zoals de Amerikaanse zeearend, het symbool van het land, die ook afgebeeld staat op het wapen van de Verenigde Staten, en de pinguïn. Een van de zeldzamere soorten die u in Akron kunt bewonderen, is de uit Azië afkomstige kleine of rode panda.

Informatie

Akron Summit Convention & Visitors Bureau: 77 E. Mill St., Akron, OH 44 308-1459, tel. 1-330-374-7560, www.visitakron-summit.org.

Accommodatie

Keurig – **Holiday Inn Express:** 898 Arlington Ridge East, tel. 1-330-644-5600, www.hiexpress.com. Goed geleid stadshotel met schone, comfortabele kamers. Vanaf circa $ 120.

Goede voorzieningen – **Best Western Plus West Akron Inn:** 160 Montrose West Ave., tel. 1-330-670-0888, www.bestwesternohio.com. Alle kamers met gratis snel internet. Binnenzwembad, spa en dag en nacht geopend business center. Vanaf $ 120.

Eten en drinken

Goede steaks, goede pasta – **Ken Stewart's Grille:** 1970 West Market St., tel. 1-330-867-2555, kenstewarts.com/grille. Van steaks tot seafood en van salades tot desserts: goede kwaliteit, attente service. Vanaf circa $ 18.

Winkelen

Mooie kunstnijverheid – **Don Drumm Studios & Gallery:** 437 Crouse St., tel. 1-330-253-6268, www.dondrummstudios.com, ma.-vr. 10-18, za. 10-17 uur. Een bijzondere zaak: artikelen als vazen, sculpturen, poppen en decoratieve voorwerpen van vijfhonderd kunstenaars en ambachtslieden.

Streng biologisch – **Mustard Seed Market & Café:** 3885 W. Market St., tel. 1-330-666-7333, www.mustardseedmarket.com. Ohio's grootste ecowinkel met biologische producten, homeopatische middelen en een café.

Holmes County ▶ 1, A 5

Ten zuidwesten van de industriële zone Cleveland-Akron begint een wereld die hier nauwelijks meer van zou kunnen verschillen.

Aan het begin van de 18e eeuw vestigden zich in **Holmes County** in Ohio wederdopers (anabaptisten) die in Duitsland, Elzas-Lotharingen en Zwitserland steeds meer onder druk kwamen te staan bij de uitoefening van hun geloof en daarom hadden besloten naar Amerika te emigreren. Deze amish, zo genoemd naar hun leider Jakob Amman (1644-1730), verspreidden zich over grote delen van Amerika, maar vormden in Ohio en het naburige Pennsylvania de grootste gemeenschappen. Vandaag de dag wonen er nergens méér amish op Amerikaanse bodem dan in Holmes County en de omringende districten, hun aantal bedraagt inmiddels zo'n veertigduizend.

Niet dit grote aantal maakt de amish van Ohio bijzonder, maar hun levenswijze, die in de afgelopen driehonderd jaar niet wezenlijk is veranderd. Saamhorigheid en collectieve voorzieningen zijn hun leidende principes. Ze slaan overheidshulp als een bijstands- of werkloosheidsuitkering af, omdat ze liever terugvallen op hun gemeenschapszin en wederzijdse verantwoordelijkheid. Wat hen echter fundamenteel van anderen onderscheidt, is hun afwijzing van technische vooruitgang. Ze vervoeren zich niet per auto, maar met paard-en-wagen, en wanneer u bij een rondrit door het gebied een boerderij ziet zonder elektriciteits- of telefoondraden, kunt u er zeker van zijn dat die van een amish is.

Kidron

Sinds 1923 wordt in het gehucht **Kidron** ten zuidwesten van Canton wekelijks een veemarkt gehouden, waarbij niet alleen amish, maar ook hun Amerikaanse buren een bod uitbrengen op koeien, schapen en geiten. In de grootste lokale ijzerwinkel, Lehman's Hardware (www.lehmans.com), wisselen apparaten als op gas werkende koelkasten, karntonnen voor handgemaakte boter en zaklantaarns zonder batterij (knijpkatten) van eigenaar, aangezien de amish geen elektrische apparaten gebruiken. Voor de winkel zijn speciale parkeerplaatsen ingericht op paard-en-wagens. Bij de concurrentie Kidron Town & Country (www.kidrontownandcountry.com even verderop worden typische amishhoeden, schorten, bloemetjesmutsen met kant en broeken met bretels verkocht, die alleen nog door de amish worden gedragen.

Schrock's Heritage Village

4363 State Rte 39, Berlin, tel. 1-330-893-3232, www.amishfarmvillage.com, dag. 9-17 uur

Schrock's Heritage Village ligt in de glooiende heuvels bij **Berlin** en is het best denkbare voorbeeld van een amishboerderij: een witgeverfd houten gebouw met bloemperkjes en keurig bijgehouden gazons eromheen. Binnen krijgt de bezoeker in de spaarzaam, maar niet oncomfortabel ingerichte kamers een kijkje in de sobere levenswijze van de amish, die geen elektriciteit gebruiken, maar wel apparaten die met de hand of op gas werken. Een minitreintje rijdt bezoekers over een 2 km lange spoorlijn over het terrein van de boerderij.

Millersburg

Het dagelijkse leven van een amishfamilie ziet u in het niet meer bewoonde **Yoder's Amish Home.** Op de boerderij worden ook paardenkoetsritten aangeboden (6050 SR 515, Millersburg, tel. 1-330-893-2541, www.yodersamish home.com, ma.-za. 10-17 uur, $ 7,50). Echte, bekroonde Zwitserse kazen produceert al decennialang de **Guggisberg Cheese Factory,** waar u verschillende soorten kunt proeven en kopen (5060 Ohio 557, Millersburg, tel. 1-330-893-2500, www.guggisberg.com, ma.-za. 8-18, zo. 11-16 uur).

Holmes County Amish Flea Market

SR 39 circa1 km ten oosten van Berlin, tel. 1-330-893-0900, www.holmesfleamarket.com, mrt.-dec. do.-za. 9-17 uur

De overdekte **Holmes County Amish Flea Market** is geen gewone vlooienmarkt met tweedehands spullen, maar een uit diverse hallen bestaande markt met meer dan vijfhonderd kramen. Aan de stalletjes worden antiek, volkskunst, meubels, interieurdecoratie, kleding en speelgoed verkocht en daarnaast veel etenswaren, die onder meer gemaakt zijn

Bij amishboeren kopen is een belevenis

door amishgezinnen, zoals confituren, conserven, gebak, kazen en pasta. Bij de snackkraampjes kunt u typische amishspecialiteiten proeven.

Informatie

Holmes County Tourism Bureau: 6 W. Jackson St., Millersburg, OH 44654, tel. 1-330-674-3975, www.visitamishcountry.com.

Accommodatie

Cowboyromantiek – **Mrs. Millers Cabins:** 4510 State Rte 557, Millersburg, tel. 1-330-893-9899, www.mrsmillerscabins.com. Circa 10 mijl van Millersburg gelegen, rustiek houten huis. $ 185.

Landelijke sfeer – **Bluebird Inn Bed & Breakfast:** 5335 CR 626, Berlin, tel. 1-330-893-2276, www.berlinohio.com > Lodging. Buiten Berlin gelegen complex met drie gastenkamers. Alle kamers hebben een badkamer, tv en airconditioning. Inclusief ontbijt. Vanaf $ 120.

Gastvrij – **The Barn Inn:** 6838 CR 203, Millersburg, tel. 1-330-674-7600, www.thebarninn.com. Gastenkamers met hemelbedden in een voormalige schuur. Vanaf $ 139.

Eten en drinken

Origineel amish – **Mrs. Yoder's Kitchen:** 8101 Ohio 241, Millersburg, tel. 1-330-674-0922, www.mrsyoderskitchen.com, ma.-za. 7-20 uur. Hier kunt u terecht voor smakelijke amishgerechten en -taarten. Vanaf $ 12.

Lekker en overvloedig – **Dutchman:** 4967 Walnut St., Walnut Creek, tel. 1-330-893-2981, ma.-za. 7-20 uur. Kalkoen, ham, koteletten met aardappelpuree, bijgerechten en desserts: typische amishkost tegen redelijke prijzen (geen alcoholische dranken verkrijgbaar). Vanaf $ 8.

Actief

Landelijke excursies en uitstapjes – **Amish Heartland Tours:** 5568 Township Rd., Millersburg ten westen van Berlin, tel. 1-330-893-3248, www.amishheartlandtours.com, ma.-za. Tochten van een halve of hele dag, waarvan sommige met eten en drinken in originele amishsfeer. Tijdens deze tochten krijgt u alles te zien wat rond Millersburg interessant is. **Country Coach Adventures,** tel. 1-1-877-359-5282, www.amishadventures.com. Georganiseerde tochten en bezoeken aan amishhuizen.

Pittsburgh ▶ 1, C 5/6

Kaart: blz. 242

Geen enkele andere grote Amerikaanse stad heeft in de afgelopen decennia zulke ingrijpende veranderingen doorgemaakt als het 305.000 inwoners tellende **Pittsburgh**. Door de grote steenkoolvoorraden in de regio en de voor het vervoer gunstige ligging bij de samenvloeiing van de Allegheny en Monongahela River in de Ohio River groeide het uit tot de 'Steel City' van Amerika. Al tientallen jaren geleden moest de stad als gevolg van een structurele crisis afscheid nemen van kolen en staal – een moeilijke weg, die uiteindelijk toch lonend bleek. Het moderne gezicht van Pittsburgh wordt bepaald door banken, biotechnologie, dienstverlening en vier universiteiten, en daar is het behoorlijk van opgeknapt.

Downtown

Het stadscentrum van Pittsburgh strekt zich uit tussen de Allegheny River in het noorden en de Monongahela River in het zuiden, en is zo compact, dat u het gemakkelijk te voet kunt verkennen.

Point State Park 1

Op de plaats waar de Allegheny River en de Monongahela River samenvloeien in de Ohio River is in **Point State Park** de stad ontstaan. In zijn geschiedenis speelde de strategische ligging aan deze zogenaamde Golden Triangle een zeer belangrijke rol. In de French and Indian War (1754-1763) verdreven de Britten hun Franse rivalen uit dit gebied en bouwden Fort Pitt (1758), toentertijd het grootste militaire bolwerk van Noord-Amerika. Uit dit verdedigingsbastion ontstond vervolgens Pittsburgh.

In het park met een grote fontein ligt **Fort Pitt Blockhouse**, het oudste huis van de stad en alles wat er nog over is van het voormalige fort. In **Fort Pitt Museum** brengen voorwerpen de tijd tot leven toen indianen, Fransen, Britten en Amerikanen om de macht streden in westelijk Pennsylvania. Ook wordt er aandacht besteed aan de Amerikaanse Revolutie, ook de Vrijheidsoorlog genoemd (Point State Park; tel. 1-412-281-9285, www.heinzhistory center. org, dag. 10-17 uur, $ 7).

Greater Pittsburgh Convention & Visitors Bureau 2

120 Fifth Ave., Suite 2800, tel. 1-412-281-7711, www.visitpittsburgh.com

Wanneer u vanaf Point State Park de stad in loopt, komt u bij het **Greater Pittsburgh Convention & Visitors Bureau**, waar alle informatie over stad, bezienswaardigheden, hotels en restaurants te krijgen is.

Market Square

Aan de zuidwestkant van **Market Square** staat een **rij oude huizen** 3 die een indruk geeft van hoe het centrum er aan het eind van de 19e eeuw kan hebben uitgezien. Een contrast daarmee vormt de oostkant van het plein, die juist laat zien welke ontwikkeling het stadscentrum de afgelopen decennia heeft doorgemaakt. Op het met bomen begroeide plein kunt u op een bankje gaan zitten en de bedrijvigheid gadeslaan.

PPG Place 4

One PPG Place, www.ppgplace.com

Tussen 3th en 4th Avenue staat sinds de jaren 80 **PPG Place**, een futuristisch aandoend ensemble van vijf gebouwen. Erboven rijst een 194 m hoge 'kathedraal' van veertig verdiepingen op. Het geheel bestaat uit vlakken

Oude en nieuwe architectuur in het centrum van Pittsburgh

zwart glas die van elkaar worden gescheiden door lichtgekleurde aluminium omlijstingen. Nergens werd de gotische bouwstijl in het postmoderne tijdperk zo spectaculair weer opgepakt. Midden in deze woestenij van glas waant u zich in een gitzwarte, buitenaardse kolonie. In het complex zijn kantoren ondergebracht, maar ook een tiental restaurants en uiteraard veel winkels en boetieks.

Elk jaar wordt er kort voor Kerstmis een schaatsbaan aangelegd voor het gebouw, met in het midden een prachtig opgetuigde kerstboom.

Heinz Hall 5

600 Penn Ave., tel. 1-412-392-4900, www.pittsburghsymphony.org

In de **Heinz Hall** vinden naast concerten van het Pittsburgh Symphony Orchestra ook Broadwayshows en popconcerten plaats. Al meer dan een eeuw drukt het orkest een duidelijk stempel op het culturele leven van de stad, met grote chefdirigenten als André Previn, Lorin Maazel, Mariss Jansons en Andrew Davis. Het heeft tijdens tournees door alle delen van de wereld zijn hoge artistieke kwaliteit bewezen.

De organisatie biedt 22 weken per jaar abonnementsconcerten en bovendien ook popconcerten, matinees, kamermuziekuitvoeringen, zogenoemde *happy hour concerts* en over het hele jaar verdeelde gratis concerten in Pittsburghse stadsparken en plantsoenen.

Benedum Center for the Performing Arts 6

237 7th St., tel. 1-412-471-6070, www.benedumcenterpi.com

Het **Benedum Center for the Performing Arts** werd in 1928 geopend als filmpaleis en in 1987 na een uitgebreide renovatie

heropend onder de nieuwe naam. Alle decoratieve details, zoals spiegels, bronzen handgrepen en verlichtingsinstallaties zijn in de oorspronkelijke staat gebleven. Dat geldt ook voor de ruim twee ton zware kristallen kroonluchter die in het auditorium, met plaats voor 2800 mensen, aan het plafond hangt. Op St. Patrick's Day in 1936 werd de cultuurtempel getroffen door een zware overstroming, waarbij verschillende mensen drie dagen lang van de buitenwereld waren afgesloten voor ze door de waterpolitie per boot in veiligheid konden worden gebracht. Het Benedum Center for the Performing Arts is tegenwoordig de thuisbasis van twee gezelschappen. Het **Pittsburgh Ballet Theatre** geeft op de bühne klassiek ballet en vernieuwende eigentijdse dans ten beste. Het seizoen van het gezelschap loopt van oktober tot april (2900 Liberty Ave., tel. 1-412-281-0360, www.pbt.org). Daarnaast draagt de **Pittsburgh Opera** ieder jaar van september tot mei zijn steentje bij aan het hoge niveau van de podiumkunsten in Pittsburgh. De uitvoeringen zijn vooral vanwege hun uitmuntende kwaliteit door de jaren heen vermaard geworden tot ver over de grenzen van de stad heen (2425 Liberty Ave., tel. 1-412-281-0912, www.pittsburghopera.org).

Pittsburgh

Bezienswaardig

1 Point State Park
2 Greater Pittsburgh Convention & Visitors Bureau
3 Oude huizen
4 PPG Place
5 Heinz Hall
6 Benedum Center for the Performing Arts
7 Consol Energy Center
8 Strip District
9 Andy Warhol Museum
10 Pittsburgh Children's Museum
11 National Aviary
12 Carnegie Science Center
13 Station Square
14 Monongahela Incline
15 Duquesne Incline
16 University of Pittsburgh
17 The Carnegie

Accommodatie

1 Westin Convention Center
2 Renaissance Pittsburgh
3 Sheraton Station Square Hotel
4 Holiday Inn Express
5 Springhill Suites North Shore

Eten en drinken

1 1902 Nine on Nine
2 Jerome Bettis' Grill 36
3 Six Penn Kitchen
4 North Shore Deli

Winkelen

1 Galleria at Pittsburgh Mills
2 Shops at Station Square

Uitgaan

1 Jekyl & Hyde
2 Pittsburgh Opera
3 Pittsburgh Ballet Theatre
4 Diesel Club Lounge

Uptown

Consol Energy Center 7

1001 Fifth Ave., tel. 1-412-642-1800, www. consolenergycenter. com

Het in 2010 voltooide **Consol Energy Center** biedt als multifunctionele hal plaats aan twintigduizend bezoekers – vooral van sport- en muziekevenementen. Het is het thuisstadion van de plaatselijke ijshockeysterren de Pittsburgh Penguins, maar wordt ook door andere teams gebruikt. Er worden geregeld concerten gegeven, door wereldberoemde artiesten als Paul McCartney, Fleetwood Mac, Lady Gaga en Katy Perry.

Strip District 8

www.neighborsinthestrip.com

Stadsdeel **Strip District**, halverwege de 19e eeuw een nette woonwijk voor twaalfduizend mensen, veranderde aan het einde van de eeuw in een sjofele, door criminaliteit geteisterde buurt. In de 20e eeuw zorgde de toestroom van bedrijven, fabriekjes en veilinghallen voor een grote uiterlijke verandering van de wijk. Aan deze opleving kwam evenwel een einde in de jaren 30 door de economische crisis en de rampzalige overstroming van 1936. De wijk onderging de volgende metamorfose in de laatste decennia van de 20e eeuw, toen het Strip District in een buurt vol eet- en drinkgelegenheden veranderde. In voormalige pakhuizen werden restaurants, bars en discotheken geopend. Elk jaar in de herfst wordt in de straten het vrolijke Penn Brewery *Oktoberfest* gevierd, met kraampjes, bandjes en natuurlijk veel bier.

North Side

Andy Warhol Museum 9

117 Sandusky St., tel. 1-412-237-8300, www. warhol.org, di.-zo. 10-17, vr. tot 22 uur, volwassenen $ 20, kinderen $ 10

Tal van bruggen over de Allegheny River voeren van Downtown naar stadsdeel North Side. De belangrijkste attractie in dit deel van Pittsburgh is het **Andy Warhol Museum**, gewijd aan de beroemdste zoon van de stad, die zijn geboorteplaats op 21-jarige leeftijd verliet en naar New York trok om zijn geluk te beproeven. Op zeven verdiepingen worden ruim vierduizend schilderijen, grafische werken, tekeningen, sculpturen, films en videobanden getoond waarop de popartmeester zelf te zien is of die door hem werden gemaakt of verzameld. De kunstenaar werd na zijn dood in 1987 begraven op het St. John the Baptist Cemetery in Bethel Park, ten zuiden van Pittsburgh. Onder de rouwende gasten bevonden zich zijn vrienden Roy Lichtenstein, Liza Minnelli en Don Johnson.

Pittsburgh Children's Museum 10

10 Children's Way, Allegheny Sq., tel. 1-412-322-5058, www.pittsburghkids.org, dag. 10-17 uur, volwassenen $ 16, kinderen 2-18 jaar $ 14

Het in een voormalig postkantoor ondergebrachte **Pittsburgh Children's Museum** verrast zijn jeugdige bezoekers met onder andere de leuke Gravity Room, waarin de 25° schuin lopende vloer en verschoven inrichting voor een desoriëntatie van de zintuiglijke waarneming zorgen. Ook de Animateering Room biedt iets bijzonders. Hier kunnen kinderen op de computer hun eigen poppentheater creëren, met zelf verzonnen personages, eigen muziek en een zelfgemaakt decor.

National Aviary 11

700 Arch St., tel. 1-412-323-7235, www.aviary.org, dag. 10-17 uur, volwassenen $ 14, senioren $ 13, kinderen $ 13, extrakosten voor shows

In de **National Aviary** gaat u helemaal op in de wereld van onze gevederde vrienden. Hier leven meer dan zeshonderd vogelsoorten onder één dak, van de reusachtige condor uit de Zuid-Amerikaanse Andes tot aan de piepkleine kolibrie uit de tropen, van bonte papegaaien tot roze flamingo's. De bezoekers kunnen op verschillende tijden van de dag aan shows deelnemen of bekijken hoe de vogels worden gevoerd.

Carnegie Science Center 12

One Allegheny Ave., tel. 1-412-237-3400, www.carnegiesciencecenter.org, zo.-vr. 10-17, za. 10-19 uur, volwassenen $ 19,95, kinderen 3-12 jaar $ 11,95

In de buurt van het Heinz Stadium ligt het **Carnegie Science Cente**, waar de bezoeker zich op speelse wijze vertrouwd kan maken met natuurwetten, nieuwe uitvindingen en technische principes. Cinefielen krijgen een kijkje in de wereld van filmproductie en horen wetenswaardigheden over special effects, lasershows, stunts en schminktechnieken. Bij het museum horen een planetarium en de **USS Requin** op de rivieroever, een onderzeeër uit de Tweede Wereldoorlog.

South Side

Station Square 13

www.stationsquare.com

Op de zuidoever van de Monongahela River is rond een uitgerangeerd spoorwegstation **Station Square** aangelegd. Het plein dient als winkel-, restaurant- en amusementscentrum. Vooral in het weekend steken veel Pittsburghers de Smithfield Street Bridge over om een tochtje te maken in een Mississippiraderboot van de Gateway Clipper Fleet. In de loop

Bij het Andy Warhol Museum kunt u met een kano of kajak de Allegheny River op

der jaren heeft Station Square zich tot een populair uitgaansgebied ontwikkeld, waar u kunt kiezen uit veertien restaurants, vier cafetaria's, twintig cocktailbars en vier nachtclubs. Dat hier ooit industriële geschiedenis werd geschreven, is te zien in de Bessemer Court. Op de binnenplaats staat een machine waarmee in de jaren 30 van vloeibaar ijzer staal kon worden gemaakt.

Monongahela Incline 14

E. Carson St., ma.-za. 5.30-0.45, zo. en feestdagen 8.45-24 uur, retour volwassenen $ 5

De kabeltram op de 200 m boven de stad uitstekende Mount Washington heeft twee records op zijn naam. De in 1869 in bedrijf genomen **Monongahela Incline** is niet alleen het oudste kabelspoor van de VS, maar ook het steilste. In een vrij bedaard tempo van 10 km per uur zwoegt hij in zijn ouderwetse wagons maximaal 23 personen tegelijk omhoog over het 200 m lange tracé tussen het dal en het heuvelstation.

Duquesne Incline 15

1220 Grandview Ave., tijden en prijzen zoals bij Monongahela Incline

Ook de uit de jaren 1870 stammende **Duquesne Incline**, een tweede kabelspoorbaan, valt onder monumentenzorg. In 1963 viel bijna het doek voor deze oude tram met zijn rode wagons, maar de burgers namen het heft in handen en gingen het kabelspoor zelf exploiteren, zodat het kon blijven voortbestaan.

Tip

FABELACHTIG UITZICHT

De panoramaroute **Grandview Avenue**, die ten zuiden van het centrum van Pittsburgh op Mount Washington voert, biedt een fantastisch uitzicht over het tussen de twee waterwegen Monongahela River en Allegheny River gelegen Downtown. Vooral tegen de avond, wanneer in de wolkenkrabbers de lichtjes van kantoren en winkels worden ontstoken, ligt de City er adembenemend bij. De uitkijkpunten aan Grandview Avenue zijn per auto of met twee historische kabelbanen (Monongahela Incline en Duquesne Incline, zie blz. 245) te bereiken.

Tussen de heuvelstations van de twee kabelsporen voert de **Grandview Avenue** (zie Tip boven) als panoramaweg over Mount Washington. Bij helder weer hebt u hier een fantastisch uitzicht op de stad, met name tegen het vallen van de avond, wanneer het laatste zonlicht de toppen van de wolkenkrabbers in een gloed zet terwijl beneden op straat en in de huizen de verlichting al aangaat.

University of Pittsburgh 16

De **University of Pittsburgh** is gevestigd in het stadsdeel Oakland. De onderwijsinstelling werd gesticht in 1787 door schrijver en advocaat Hugh Henry Brackenridge als academie en telt tegenwoordig zo'n 35.000 studenten. Op de campus staan zo'n 70 gebouwen, waarvan een aantal het bezichtigen waard is.

Cathedral of Learning

4200 5th Ave., tel. 1-412-624-6000, dag. vanaf 9, zo. vanaf 11 uur

De **Cathedral of Learning** is een gebouw dat letterlijk boven alles uitsteekt. De 163 m hoge, neogotische wolkenkrabber is tussen 1926 en 1937 gebouwd. Wanneer u het 42 verdiepingen hoge 'hoogste schoolgebouw ter wereld' betreedt via de hoofdingang aan Bigelow Boulevard, kunt u de trap nemen naar de vier verdiepingen hoge Commons Room. De zaal straalt de sfeer van een gotische kathedraal uit, waarin maar weinig licht door de glas-in-loodramen naar binnen dringt. De studenten kunnen zich over hun boeken buigen aan tafels die tussen de pijlers staan of in kleine nissen, die maar net genoeg plaats bieden voor één lessenaar.

Mensen die in de loop der eeuwen naar Pittsburgh zijn geëmigreerd, hebben **23 nationaliteitenzalen** ingericht. Voor de interieurs werden gerenommeerde kunstenaars en ambachtslieden uit hun land van herkomst ingeschakeld. De Armeense zaal onder een stenen koepel maakt door de sobere inrichting een bijna spartaanse indruk. De Syrisch-Libanese zaal aan de andere kant is prachtig vormgegeven, met een origineel interieur inclusief muur- en plafondversieringen uit het Midden-Oosten. Enkele glas-in-loodramen in de Duitse zaal tonen taferelen uit de sprookjes van Grimm.

Andere zalen zijn uitgevoerd in classicistische, Byzantijnse, romaanse of barokke stijl of brengen de bezoeker terug naar het tijdperk van de renaissance of het empire. Zelfs exotische culturen als die van het West-Afrikaanse Ashantirijk uit de 18e eeuw zijn vertegenwoordigd.

Heinz Memorial Chapel

4200 5th Ave., tel. 1-412-624-4157, www.heinzchapel.pitt.edu, ma.-vr. 8.30-17, zo. 12-17 uur

De kleine **Heinz Memorial Chapel,** via een groenstrook met de Cathedral of Learning verbonden, is te herkennen aan de spitse toren. De kapel is ingericht met meer dan 20 m hoge glas-in-loodramen, een orgel, houtsnijwerk en een marmeren altaar; er vinden regelmatig concerten en andere evenementen plaats.

The Carnegie 17

In cultureel complex **The Carnegie** zijn een concertzaal met tweeduizend plaatsen, de Carnegie Library met meer dan vier miljoen boeken, documenten en geluidsdragers, het Carnegie Museum of Art met kunstwerken uit de 19e en 20e eeuw en een interessant natuurhistorisch museum ondergebracht.

Carnegie Museum of Natural History

4400 Forbes Ave., tel. 1-412-622-3131, www.carnegiemuseums.org, ma.-za. 10-17, do. tot 20, zo. 12-17 uur, volwassenen $ 20, kinderen $ 12, Kerstmis en Nieuwjaar gesloten

In dit **Carnegie Museum of Natural History** worden veel bezoekers gefascineerd door de dinosauriërhal, die in 2007 is verbouwd en uitgebreid om meer ruimte te bieden aan onder andere de carnivoor Tyrannosaurus rex en de naar de stichter van het museum vernoemde Diplodocus carnegii. In vakkringen worden de collecties van meer dan honderdduizend dinosauriërbotten en fossielen tot de beste ter wereld gerekend.

Carnegie Museum of Art

Zie Carnegie Museum of Natural History, combiticket volwassenen $ 20

De schatten in het **Carnegie Museum of Art** laten zich indelen in de categorieën architectuur, decoratieve kunst, film en video en schilder- en beeldhouwkunst. Tot de kostbaarste schilderijen behoren werken van Edgar Degas, Van Gogh, Edward Hopper, Abbey en Joan Mitchell. Er zijn speciale afdelingen voor de architectuur van Frank Lloyd Wright en fotografie van Luke Swank (1890-1944).

Stephan C. Foster Memorial

Forbes Ave./Bigelow Blvd, ma.-vr. 9-16 uur

In de vorm van een soort kapel staat op het museumterrein het grootste monument ooit aan een Amerikaanse componist gewijd. Het qua stijl aan de Cathedral of Learning aangepaste **Stephan C. Foster Memorial** gedenkt de in 1826 in Lawrenceville (Pennsylvania) geboren liedjesschrijver Stephan C. Foster, die klassiekers als *Beautiful dreamer* en *My old Kentucky home* schreef. In de kapel annex museum en concertzaal zijn muziekinstrumenten van Foster, kopieën van zijn composities en memorabilia als een portemonnee met daarin 38 cent te zien – het enige wat hij bij zijn dood in 1864 bezat.

Informatie

Greater Pittsburgh Convention & Visitors Bureau: 120 Fifth Ave., Suite 2800, Pittsburgh, PA 15222, tel. 1-412-281-7711, www.visitpittsburgh.org.

Accommodatie

Fantastische service – **Westin Convention Center 1:** 1000 Penn Ave., tel. 1-412-281-3700, www.westinpittsburgh.com. Een groot, elegant luxehotel in Downtown met sauna, verwarmd binnenzwembad en businesscenter. Vanaf $ 185.

Tophotel – **Renaissance Pittsburgh 2:** 107 6th St., tel. 1-412-562-1200, www.renaissancepittsburghpa.com. Midden in Downtown gelegen luxehotel met een prachtige lobby, kamers met bad of alleen een douche, fitnessfaciliteiten en sauna. Vanaf $ 170.

Fraai stadshotel – **Sheraton Station Square Hotel 3:** 300 West Station Square Dr., tel. 1-412-261-2000, www.sheratonpittsburghstationsquare.com. Het enige hotel van de stad aan het water. Binnenzwembad, whirlpool, sauna, fitnessstudio en zeer comfortabele kamers. Vanaf $ 160.

Gastvrij – **Holiday Inn Express 4:** 20 S. 10th St., tel. 1-412-488-1130, www.hiexpress.com. Een groter hotel met binnenzwembad, fitnesscenter en kamers zonder veel comfort. $ 115-180.

Keurig schoon – **Springhill Suites North Shore 5:** 223 Federal St., tel. 1-412-323-9005, www.marriott.com. Aangenaam hotel met ruime suites, zwembad en fitnesscenter. Vanaf $ 150.

Eten en drinken

Goede wijnkaart – **1902 Nine on Nine 1:** 900 Penn Ave., tel. 1-412-338-6463, www.nineonninepgh.com, ma.-do. 17-22, vr.-za.

17-23, zo. Brunch 11-15 uur. Smakelijke gerechten in een bijzonder aangename sfeer. Vanaf $ 25.
Gezellige ambiance – **Jerome Bettis' Grill 36** 2: 393 North Shore Dr., tel. 1-412-224-6287, www.jeromebettisgrille36.g3restaurants.com. Goed restaurant voor sportliefhebbers. Hoofdgerecht vanaf $ 20.
Amerikaanse specialiteiten – **Six Penn Kitchen** 3: 146 6th St., tel. 1-412-566-7366, www.sixpennkitchen.com, ma.-do. 11-23, vr. 11-24, za. 16.30-24, zo. brunch 10.30-14.30 uur. Uitstekende Amerikaanse gerechten. Vanaf circa $ 15.
Populaire tearoom – **North Shore Deli** 4: 539 E. Ohio St., tel. 1-412-231-2812, www.northshoredeli.com. Delicatessenzaak met snacks voor de kleine trek. Circa $ 5-7.

Winkelen

Winkelcentra – **Galleria at Pittsburgh Mills** 1: 590 Pittsburgh Mills Circle, Tarentum, www.pittsburghmills.com, ma.-za. 10-21, zo. 11-18 uur. Meer dan tweehonderd *outlet centers* en boetieks, restaurants en entertainment. **Shops at Station Square** 2: Station Sq., ma.-za. 10-17, zo. vanaf 13 uur. In het oude station zijn veel winkels ondergebracht.

Uitgaan

De beste wijken om uit te gaan zijn het **Strip District** en het **Station Square** op de zuidoever van de Monongahela River.
Naast het spoor – **Jekyl & Hyde** 1: 140 S. 18 th St., tel. 1- 412-488-0777, www.jekylandhydebar.com, dag. 19-2 uur. Tamelijk zonderlinge, onder jongeren populaire tent, waar het hele jaar een Halloweensfeer heerst.
Klassiek – **Pittsburgh Symphony Orchestra** 5: 600 Penn Ave., tel. 1-412-392-4900, www.pittsburghsymphony.org. Het vlaggenschip van de Pittsburghse muziekscene geeft de meeste concerten in de Heinz Hall.
Opera – **Pittsburgh Opera** 2: 719 Liberty Ave., tel. 1-412-281-0912, www.pittsburghopera.org. Speelseizoen: sept.-mei.
Grote podiumkunst – **Benedum Center for the Performing Arts** 6: 803 Liberty Ave., Benedum Center, tel. 1-412-471-6070. Met bame Broadwayshows.
Balletvoorstellingen – **Pittsburgh Ballet Theatre** 3: 2900 Liberty Ave., tel. 1-412-281-0360, www.pbt.org. Klassiek ballet en hedendaagse dans.
Ontmoetingspunt voor nachtbrakers – **Diesel Club Lounge** 4: 1601 East Carson St., tel. 1-412-431-8800, www.dieselclublounge.com/Pittsburgh, alleen vr.-za. Hippe club, waar vaak goed bezochte concerten voor heavy-metalliefhebbers plaatsvinden. Verder zijn er regelmatig dj's.

Actief

Riviertochten – **Gateway Clipper Fleet** 13: Station Square Dock, tel. 1-412-355-7980, www.gatewayclipper.com. Tot het aanbod behoren dagtochten, dinnertours en tochten in het maanlicht over de rivieren rond Pittsburgh.

Evenementen

Carnegie International: al meer dan 50 jaar georganiseerde, grote beurs voor hedendaagse kunst met bekende deelnemers uit de hele wereld (okt.-apr., www.cmoa.org).

Vervoer

Vliegtuig: Pittsburgh International Airport, Airport Blvd, 30 km ten noordwesten van de stad, tel. 1-412-472-3525, www.pitairport.com. De meeste Amerikaanse luchtvaartmaatschappijen vliegen op deze luchthaven. Beide terminals zijn door twee metrolijnen met elkaar verbonden. Naar het centrum rijden taxi's en pendelbussen.
Trein: Station Building, 1100 Liberty Ave. tel. 1-412-471-6172, www.amtrak. com. Amtrakstation voor treinen naar onder andere Philadelphia en New York City.
Bus: Grant Street Transportation Center, 55 11 th St., tel. 1-412-392-6526, www.greyhound.com. Verbindingen naar alle grotere steden.
Lokaal openbaar vervoer: bussen en de metro worden beheerd door de Port Authority Transit, tel. 1-412-566-5500. De kortste metrolijn van de VS is gratis in Downtown.

Pennsylvania en New Jersey

Het oosten van de VS maakt vrijwel nergens zo'n sympathieke, provinciale indruk als tussen Pittsburgh in het zuidwesten van Pennsylvania en de Atlantische kust bij Newark. Wie hier rondreist, leert niet alleen het Amerika van de kleine stadjes kennen, maar ook plaatsen vol historie waarmee alle Amerikaanse schoolkinderen vertrouwd zijn.

Al sinds de koloniale tijd behoort Pennsylvania tot de belangrijkste industriestaten van de VS. Dankzij grote kolen- en aardolievoorraden kon een enorme ijzer- en staalindustrie ontstaan. In de loop der jaren kwamen daar nog de textiel-, leder-, tabaks-, voedingsmiddelen- en houtindustrie bij. In de zuidelijke helft van de staat is tijdens de reis van Pittsburgh naar het oosten van grote industrie net zo weinig te bespeuren als in New Jersey: in plaats van fabrieksschoorstenen ziet u hier beboste heuvels, en waar je moderne kantoortorens zou verwachten, zijn er op de velden en weiden alleen boerderijen en fotogenieke schuren te bespeuren. In het heuvelachtige landschap met bossen, lage bergketens, kleine meren en vele rivieren is te zien dat de natuur dit deel van de oostelijke VS rijkelijk heeft toebedeeld, afgezien van spectaculaire natuurwonderen, want die zijn er niet te vinden.

Grote steden zijn hier dungezaaid. De dorpen en stadjes hebben een provinciaal karakter, wat in zekere mate ook geldt voor de 50.000 inwoners tellende hoofdstad Harrisburg, die niet eens moeite doet om de rol van metropool te spelen. In de staat Pennsylvania wonen circa 12,8 miljoen mensen. Alleen al de helft daarvan valt onder het stedelijke concentratiegebied Philadelphia. Wanneer men dan bovendien de nummers 2 en 3 van de staat in aanmerking neemt, de agglomeraties Pittsburgh en Erie met hun miljoenen inwoners, dan wordt het duidelijk dat hele streken van Pennsylvania maar relatief dun bevolkt zijn. Hetzelfde geldt voor het noordoosten van New Jersey.

Snel wordt de reiziger duidelijk dat hij zich niet alleen in een ongekunsteld stukje Amerika bevindt, maar ook buiten de bekende, gebaande toeristenpaden. Dat heeft een niet te onderschatten voordeel: deze streek is niet gemaakt of onecht, maar doet zich gewoon voor zoals hij is: de gemoedelijke Amerikaanse provincie. Hier en daar vormt het zuiden van Pennsylvania daarop een uitzondering, vooral op plaatsen waar de staat zijn naam als historische schatkist eer aandoet. In Gettysburg werd bijvoorbeeld in 1863 de beslissende slag in de Amerikaanse Burgeroorlog uitgevochten en de plaats is dan ook bezaaid met monumenten – en gezien dit historisch belang zijn er natuurlijk ook de nodige toeristische voorzieningen. Historische sporen zijn ook te vinden in het provinciestadje York en in de staat New Jersey, waar het Morristown National Historic Park geheel gewijd is aan de Amerikaanse Revolutie.

York ▶ 1, G 6

Het 44.000 inwoners tellende **York** is nu een dromerig provinciestadje, maar kijkt met trots terug op het verleden. In 1777/1778 was het namelijk een halfjaar lang hoofdstad van de VS. De leden van het Continental Congress, de wetgevende vergadering van de Britse koloniën en na de onafhankelijkheid van de VS, waren toen uit Philadelphia gevlucht voor de Britten en beraadslaagden in het York County Colonial Courthouse welke volgende stappen in de onafhankelijkheidsstrijd zouden worden ondernomen. Dat is weliswaar al lang geleden, maar zeker nog niet vergeten. Aan het eind van de 20e eeuw gaf het gemeentebestuur aan tal van bekende en minder bekende Amerikaanse kunstenaars de opdracht om het historisch belang van York tot uitdrukking te brengen in muurschilderingen, die over het hele stadscentrum zijn verspreid.

Bezienswaardigheden

Colonial Complex

157 W. Market St., tel. 1-717-848-1587, www.yorkheritage.org, di.-za. 9.30-15 uur, rondleidingen ieder uur tussen 10 en 15 uur, volwassenen $ 15, kinderen $ 7

Een herinnering aan lang vervlogen tijden vormt de in 1741 met vakwerk en bakstenen gebouwde, deels met oorspronkelijke meubels ingerichte **Golden Plough Tavern** (Taveerne de Gouden Ploeg). De herberg speelde een belangrijke rol in die tijd, omdat de afgevaardigden van het Congres er kwamen discussiëren over politieke kwesties. In het naburige **Gates House**, op hetzelfde terrein als de taveerne, verbleef in 1778 generaal Horatio Gates. Een jaar eerder had hij volgens de wens van hoge militairen George Washington moeten opvolgen als opperbevelhebber van het leger, maar daar kwam het niet van. Het **Bobb House** geeft de bezoeker een indruk van het leven rond 1830.

Harley-Davidson Factory

1425 Eden Rd., tel. 1-717-848-1177, www.harley-davidson.com, ma.-vr. 9-14 uur, juni-half aug. ook za., gratis rondleidingen, minimumleeftijd 12 jaar

Het Vaughn L. Beals Tour Center van de Harleyfabriek documenteert de technische ontwikkeling van Harley-Davidsonmotoren sinds 1903, toen de *Silent Gray Fellow* op de markt kwam, met een eencilinder-viertaktmotor van 3 pk en 580 cc. Bij ieder type worden brochures, krantenartikelen en foto's getoond, zodat de bezoeker een volledig chronologisch overzicht krijgt van het tijdstip van productie tot de dag van vandaag.

Informatie

Downtown York Visitor Information Center: 34 W. Philadelphia St., York PA 17401, tel. 1-717-852-9675, www.yorkpa.org.

Accommodatie

Charme van het verleden – **Yorktowne Hotel:** 48 E. Market/Duke St., tel. 1-717-848-1111, www.yorktowne.com. Oud hotel (oude stad) met grote kamers en suites, fitnesscenter. Vanaf $ 119.

Verzorgd – **Country Inn & Suites:** 245 St. Charles Way, tel. 1-717-747-5833, www.countryinns.com > York, PA. Binnenzwembad, fitnesscenter, enkele kamers met whirlpool en gratis internet. Inclusief ontbijt. Vanaf $ 110.

Kamperen – **Indian Rock Campground:** 436 Indian Rock Dam Rd., tel. 1-717-741-1764, www.indianrockcampground.com, hele jaar. Rustig terrein met zeventig plaatsen.

Eten en drinken

Goede gerechten – **San Carlo's Restaurant:** 333 Arsenal Rd. tel. 1-717-854-2028, www.sancarlosrestaurant.com. Pasta, BBQ, steaks, schnitzel, sandwiches. Dansvloer en bar in de openlucht, zo., di., do. karaoke, dag. 16-2 uur. Vanaf $ 10.

Jong en oud – **Isaac's Deli:** 2960 Whiteford Rd., tel. 1-717-751-0515, www.isaacsdeli.com, ma.-za. 10-21, zo. 11-21 uur. Enorme keus aan baguettes, soepen en salades. Vanaf $ 6.

Winkelen

Boerenmarkt – **Central Market:** W. Philadelphia St., www.centralmarketyork.com, di., do., za. 6-14 uur. Verse groenten en fruit.

Actief

Op de boerderij – **Perrydell Farm Dairy:** 90 Indian Rock Dam Rd., tel. 1-717-741-3485, www.perrydellfarm.com, ma.-za. 7-21, zo. 11-18 uur. Gratis bezoek aan een zuivelboerderij.

Gettysburg ▶ 1, F 6/7

Tijdens de bloedigste slag tussen de noordelijke en zuidelijke staten in juli 1863 werden binnen drie dagen ruim 50.000 soldaten gewond of gedood. Sinds die tijd geniet het 7600 inwoners tellende provincieplaatsje Gettysburg een treurige faam.

Bezienswaardigheden

National Military Park

1248 Baltimore Pike, Gettysburg, PA 17325-2804, tel. 1-717-334-2146, www.nps.gov/gett, apr.-okt dag. 6-22, rest van het jaar 6-19 uur, museum volwassenen $ 15, kinderen $ 10

De plaatselijke slagvelden en begraafplaatsen uit de slag in de Burgeroorlog worden gebundeld in het **Gettysburg National Military Park**, waar een ringweg doorheen voert. Begin uw rondgang bij voorkeur in het **Visitor Center**, waar de slag tot in de details wordt gedocumenteerd. De bezoeker kan zich aansluiten bij een rondleiding door een ranger of met behulp van een audiogids het terrein met zijn monumenten, plaquettes, oude kanonnen en standbeelden op eigen houtje verkennen. Kritische opmerkingen over de zin van dit historische bloedbad zult u echter tevergeefs zoeken, pathos en heldenverering zijn daarentegen alomtegenwoordig, zoals ook kan worden vastgesteld in het $ 100 miljoen kostende bezoekerscentrum. In dit complex is tevens het **Cyclorama Center** opgenomen, een ruim 100 m lange wandschildering over het verloop van de Slag bij Gettysburg.

National Cemetery

www.nps.gov/gett

Op het **Soldiers' National Cemetery** liggen meer dan 6000 soldaten begraven, onder wie 3512 van het Unieleger. Het duurde vier maanden voor men na de bloedige slag alle doden had geborgen en op hun laatste rustplaats had gelegd. Bij de inwijding van de begraafplaats hield de toenmalige president Abraham Lincoln een korte toespraak, die als de Gettysburg Address de geschiedenis in ging. In zijn drie minuten durende rede

Het Lincolnmonument in Gettysburg, waar de president een beroemde rede hield

Underground Railroad: 'slavenspoorlijn'

Bedienden in historische klederdracht zetten bij kaarslicht schalen vol eten op tafel. Vroeger ging het er in de Dobbin House Tavern in Gettysburg heel anders aan toe. In de 18e en 19e eeuw diende de toenmalige kroeg als schuilplaats voor ontsnapte slaven.

Na de Vrijheidsoorlog eind 18e eeuw hadden de zwarten in het noorden van de VS weliswaar een zwaar bestaan, maar ze waren vrij – in tegenstelling tot hun rasgenoten in de zuidelijke staten, die nog steeds als slaaf op het land werkten. Vak werden ze door hun eigenaars zo slecht behandeld dat ze uit wanhoop zelfmoord pleegden. Vluchten leek onmogelijk, helemaal nadat het Congres in 1793 de Fugitive Slave Law had aangenomen, die het slavenhouders mogelijk maakte om in het hele land op zoek te gaan naar weggelopen lijfeigenen. Desondanks waren er steeds weer moedige slaven die probeerden te vluchten. Het waren vooral jonge mannen die zich verzetten tegen hun lot. Soms sloten individuele vluchtelingen zich bij elkaar aan in een commune, de zogenaamde *maroons*. Velen onder hen hadden het slavenvrije Canada als doel. Zowel blanken als zwarten riskeerden hun leven om de ontsnapte slaven onderweg te helpen.

Al aan het begin van de 18e eeuw was er een netwerk van vluchtwegen en schuilplaatsen ontstaan. Het begrip *Underground railroad* dateert waarschijnlijk van 1831, toen een woedende eigenaar op zoek was naar zijn gevluchte slaaf. Deze leek van de aardbodem verdwenen en zijn vlucht te hebben voortgezet 'on some underground road'. Het nieuws ging rond en in de loop der tijd werd de *road* een *railroad.* De spoorweg die heel Amerika ontsloot, werd zo synoniem voor de zwarte vrijheid. Schuilplaatsen werden 'stations' genoemd en vluchtelingen 'passagiers'.

Veel zwarten in deze organisatie waren succesvolle 'machinisten'. De beroemdste was Harriet Tubman uit Maryland. Als 19-jarige was zij naar Philadelphia gevlucht, maar korte tijd later keerde ze terug naar haar geboortestreek om een zuster en haar kinderen te helpen ontsnappen. Harriet Tubman zat nooit verlegen om een truc. Ze verkleedde haar medepassagiers, verstopte ze in dubbele bodems van koetsen en maakte op geraffineerde wijze gebruik van vervalste paspoorten of vrijheidsdocumenten. Voortdurend werd Harriet Tubman op de hielen gezeten door slavenhouders of betaalde achtervolgers die met honden op het kostbare 'menselijke materiaal' jaagden. Een jonge, sterke slaaf had tenslotte een waarde van $ 1000-2000. In de loop van de tijd nam de roep tot aanhouding van slavenbevrijdster Tubman toe en werd er een beloning van wel $ 40.000 uitgeloofd voor wie haar in de kraag zou vatten. Ze wist echter alle achtervolgers van zich af te schudden en zou pas op 92 jarige leeftijd overlijden.

Het succes van de *Underground Railroad* – het aantal gevluchte slaven tussen 1810 en 1850 wordt geschat op tienduizend – was voelbaar op de plantages in het zuiden. De slavenhouders leden merkbaar onder het verlies van hun arbeidskrachten.

getuigde Lincoln van een onwrikbaar vertrouwen in het voortbestaan van de Unie.

Eisenhowers laatste woning

Tel. 1-717-338-9114, www.nps.gov/eise, toegang alleen per shuttlebus vanaf National Military Park, dag. 9-16 uur, volwassenen $ 7,50

Nadat hij afscheid had genomen van het hoogste Amerikaanse ambt, trok de 34e president Dwight D. Eisenhower zich in 1961 terug in de landelijke omgeving van zijn boerderij in Gettysburg. Af en toe was het daar weer een drukte van belang, wanneer hoog bezoek als Winston Churchill, Nikita Chroesjtsjov of generaal De Gaulle bij hem langskwam. Het woonhuis en de omringende boerderijgebouwen liggen er nog net zo bij als ten tijde van de beroemde bewoner.

Informatie

Gettysburg Convention and Visitors Bureau: 35 Carlisle St., Gettysburg, PA 17325, tel. 1-717-334-6274, www.visitgettysburgpa.com; www.destinationgettysburg.com.

Accommodatie

De kleine stad Gettysburg kent accommodatie in alle prijscategorieën.

Traditioneel verblijf – **The Brafferton Inn:** 44 York St., tel. 1-717-337-3423, www.brafferton.com. Kamers en suites met airconditioning. Ietwat verouderd, maar ook gezellig. Vanaf $ 145.

Spartaans – **Blue Sky Motel:** 2585 Biglerville Rd., tel. 1-717-677-7736, www.blueskymotel.com. Eenvoudige, schone kamers, zwembad, parkeerplaats voor de deur, wifi. Vanaf $ 60.

Kampeerterrein – **Gettysburg KOA Kampground:** 20 Know Rd., tel. 1-717-642-5713, www.koa.com/campgrounds/gettysburg, mei-okt. Camping met minigolf, zwembad, fietsverhuur, cabins en en compleet ingerichte cottages.

Eten en drinken

Inclusief tevredenheid – **Dobbin House Tavern en Springhouse Tavern:** 89 Steinwehr Ave., tel. 1-717-334-2100, www.dobbinhouse.com, dag. 11.30-21 uur. *Candlelight dinner* in een traditionele taveerne uit 1776. De bediening is in historische klederdracht. Vanaf $ 18.

Op het platteland – **Hickory Bridge Farm:** Orrtanna, 9 mijl ten westen van Gettysburg, tel. 1-717-642-5261, www.hickorybridgefarm.com, vr., za. 17-20, zo. 12-15 uur. Overvloedig aanbod aan gerechten in farmerstijl in een 150 jaar oude schuur met veel antiek. Menu inclusief alcoholvrije dranken $ 27, eigen bier kan worden meegebracht.

Winkelen

Outlet – **Outlet Shoppes at Gettysburg:** 1863 Gettysburg Village Dr., www.theoutletshoppesatgettysburg.com, ma.-za. 10-9, zo. 10-18 uur. Meer dan zeventig outletcenters voor mode, schoenen en huishoudelijke artikelen. Op het *food court* kunt u terecht voor een hapje en een drankje.

Actief

Dierenpark – **Land of Little Horses:** 125 Glennwood Dr., tel. 1-717-334-7259, www.landoflittlehorses.com, mei-okt. ma.-za. 10-17, zo. 12-17 uur. Plezier voor kinderen: kinderboerderij, kippen, pony's, dwergezels, lama's, geiten en diverse dierenvoorstellingen om 11 en 14 uur, $ 16.

Evenementen

Battle of Gettysburg Re-Enactment: begin juli. Herbeleving van de grootste slag in de Burgeroorlog (www.gettysburgreenactment.com).

Harrisburg ▸ 1, G 6

Met circa vijftigduizend inwoners behoort de hoofdstad van Pennsylvania tot de kleinste staatshoofdsteden van de VS. In 1979 haalde de stad wereldwijd de voorpagina's van de kranten toen het maar een haar scheelde of de reactorkern van de kerncentrale op Three-Mile Island in de Susquehanna River was gesmolten. Hoewel de vrijgekomen straling directe evacuatie van in de omgeving wonende personen noodzakelijk zou hebben gemaakt, bagatelliseerden de exploitanten van de centrale het voorval. De hieropvolgende discussies over de veiligheid van de bevolking en de geleden gezondheidsschade, zoals een verhoging van het aantal gevallen van leukemie, hebben het Amerikaanse kernenergiebeleid voorgoed veranderd. Harrisburg begon als de in 1710 door John Harris opgerichte handelspost aan de oever van de Susquehanna River. Harris' zoon John onderhield hier later een veerdienst over de rivier, waarmee hij pioniers op weg naar het westen overzette. In 1785 werd er een officiële stad gesticht, die Harris' naam kreeg. In 1812 werd Harrisburg tot hoofdstad uitgeroepen. Zeven jaar later volgde de bouw van de eerste bestuurszetel, maar die ging in 1897 in vlammen op. Uit de begintijd van de stad stammen enkele huizen in North Front Street (Governor's Row), gebouwd tussen 1812 en 1840, waaronder de residenties van drie gouverneurs.

Bezienswaardigheden

State Capitol

Capitol Hill, tel. 1-800-868-7672, www.pacapitol.com/tours.html, gratis rondleidingen ma.-vr. 8.30-16, za., zo. 9-15 uur

De Amerikaanse president Theodore Roosevelt omschreef het **State Capitol** van Pennsylvania na de voltooiing in 1906 als 'het mooiste gebouw dat ik ooit heb gezien'. Wanneer u in de hal onder de koepel staat en de blik laat rondgaan over het marmeren interieur met stijlvolle trappen, monumenten en sculpturen, is de indruk inderdaad overweldigend. Voor de 83 m hoge koepel diende de Sint-Pietersbasiliek in Rome als voorbeeld. De centrale marmeren trap vond zijn inspiratie in de entree van de Parijse Opéra. Twee beeldengroepen van de uit Pennsylvania afkomstige kunstenaar George Grey Barnard flankeren de hoofdingang.

State Museum of Pennsylvania

300 N. St. bij het Capitol, tel. 1-717-787-4980, www.statemuseumpa.org, wo.-za. 9-17, zo. 12-17 uur, volwassenen $ 7, kinderen $ 5, shows in het planetarium mei-aug. verschillende tijden, $ 3

Het **State Museum of Pennsylvania** is het belangrijkste museum van de stad. De tentoongestelde voorwerpen behoren tot de categorieën kunst, geschiedenis, geologie, archeologie, volkenkunde, wetenschap, industrie en technologie. Vooral de indiaanse voorwerpen zijn interessant. In de collectie vindt u uiteenlopende objecten, van prehistorische stenen werktuigen tot artefacten van de Oklahoma-Delaware-indianen, wier voorvaderen onder andere in het oosten van Pennsylvania leefden. U kunt er ook een bijna compleet bewaard gebleven skelet van een twaalduizend jaar oude mastodont zien.

Whitaker Center

222 Market St., tel. 1-717-214-2787, www.whitakercenter.org; di.-za. 9.30-17, zo. 11.30-17 uur, Science Center volwassenen $ 16, kinderen $ 12,50, IMAX-films volwassenen $ 9,50, kinderen $ 8

Het **Whitaker Center** biedt niet alleen natuurwetenschappelijke exposities over bijvoorbeeld menselijke bewegingen bij het dansen en turnen, interactieve installaties en tentoonstellingen over techniek, natuurverschijnselen en wiskunde. In het culturele deel van het centrum worden het hele jaar door opera's, toneelstukken, concerten en shows ten beste gegeven.

National Civil War Museum

1 Lincoln Circle at Reservoir Park, tel. 1-717-260-1861, www.nationalcivilwarmuseum.org, ma., di. en do.-za. 10-17, wo. 10-20, zo. 10-17 uur, volwassenen $ 12, kinderen $ 10

Het bezienswaardige **National Civil War Museum** noemt zichzelf het enige museum in de Verenigde Staten dat het verhaal van de Amerikaanse Burgeroorlog vertelt zonder daarbij partij te trekken voor de Noordelijken of de Zuidelijken. U ziet er wapens, uniformen, uitrustingsstukken van militairen, diorama's over het leven aan het front en plattegronden van slagvelden. Enkele afdelingen zijn gewijd aan speciale thema's, zoals het eerste schot in Fort Sumter in South Carolina, vrouwen in de oorlog, muziek in de Burgeroorlog en de Slag bij Gettysburg.

Het State Capitol, een architectonisch juweel in Harrisburg

City Island

10 N. 2nd St., tel. 1-717-255-3020, www.visitpa.com > City Island

Ter hoogte van Walnut Street brengt een ruim honderd jaar oude, autovrije ijzeren brug u naar **City Island**. Dit langgerekte eiland in de Susquehanna River werd in de jaren 80 door het stadsbestuur tot recreatiegebied bestemd. Behalve over een strand met zwemwater, picknickterreinen, minigolf, beachvolleybalterrein, sportvelden en mogelijkheden om te watersporten beschikt het eiland over een klein dorp met cafetaria's en souvenirwinkels. Er ligt een raderstoomboot voor tochtjes.

Informatie

Hershey Harrisburg Regional Visitors Bureau: 3211 N. Front St., Harrisburg, PA 17110, tel. 1-717-231-7788, www.visithersheyharrisburg.org. Informatie over Pennsylvania via www.visitpa.com.

Accommodatie

De meeste hotels/motels liggen buiten de stad bij de Interstates.

Gunstig gelegen, maar verouderd – **Crowne Plaza Harrisburg:** 23 S. Second St., tel. 1-717-234-5021, www.cpharrisburg.com. Hotel bij het Capitol met 261 comfortabele kamers, zwembad en fitnesscenter. Vanaf $ 140.

Klein kasteel – **Manor on Front B&B:** 2917 N. Front St., tel. 1-717-884-9596, www.themanoronfront.com. Voortreffelijk ingerichte B&B in een van natuursteen gebouwd complex aan de Susquehanna River. Vanaf $ 140.

Ketenmotel – **Red Roof Inn Harrisburg Hershey:** 950 Eisenhower Blvd., tel. 1-717-939-1331, www.redroof.com. Uitstekende prijs-kwaliteitverhouding. Vanaf $ 65.

Eten en drinken

Italiaans – **Subway Cafe:** 1000 Herr St., tel. 1-717-412-7128, www.subwaycafepizza.com, ma.-za., lunch en diner. Typische Italiaan 'om de hoek' voor pizza's, lasagne en salades. Vanaf $ 6.

Hoge kwaliteit – **Firehouse:** 606 N. 2nd St., tel. 1-717-234-6064, www.thefirehouserestaurant.com, ma.-za. 11.30-22 uur. Gezellig restaurant met bar in een voormalige brandweerkazerne. Typisch Amerikaanse gerechten als hamburgers en sandwiches, maar ook calamares en salades. Vanaf $ 7.

Winkelen

Boerenmarkt – **Broad Street Market:** 1233 N. Third St., www.broadstreetmarket.org, do.-vr. 7-18, za. 7-16 uur. Sinds 1860 bestaande boerenmarkt met verse groenten en fruit, vlees en gevogelte. Verscheidene kramen met onder meer schnitzel.

Shoppen – **Harrisburg Mall:** I-83/Paxton St., www.shopharrisburgmall.com, ma.-za. 10-21, zo. 12-18 uur. Deze reusachtige mall omvat meer dan negentig winkels en supermarkten.

Uitgaan

De moeite waard – **Rubicon:** 270 North St., tel. 1-717-317-9027, www.rubiconhbg.com, di.-zo. vanaf 11 uur. Frans restaurant met een goed gesorteerde cocktailbar.

Rustiek – **Lancaster Brewing Co.:** 469 Eisenhower Blvd., tel. 1-717-564-4448, www.lancasterbrewing.com, dag. vanaf 11.30 uur. Brouwerij met proeverijen voor bierliefhebbers en stevige maaltijden. Vanaf circa $ 12.

Opera en meer – Harrisburg kent een levendige **culturele scene.** Dat geldt voor podiumkunst (The Rose Herman Lehrman Arts Center, The Forum, Theater Harrisburg, Open Stage of Harrisburg, Harrisburg Ballet Theater) maar ook voor muzikale optredens (Harrisburg Symphony Orchestra, Harrisburg Civic Opera, Harrisburg Choral Society, Chamber Singers of Harrisburg, Market Square Concerts, Central Pennsylvania Friends of Jazz).

Actief

Als op de Mississippi – **Pride of the Susquehanna:** Market St. aan de brug naar City Island, tel. 1-717-234-6500, www.harrisburgriverboat.com, mei-okt. Rondvaarten en dinner tours met een stoomboot op de Susquehanna River.

Hershey ▶1, G 6

Zo'n 16 kilometer ten oosten van Harrisburg ligt de chocoladehoofdstad van Amerika. In 1903 stichtte Milton S. Hershey daar een chocoladefabriek, waaromheen in de loop van de decennia een stad met dertienduizend inwoners ontstond. Tegenwoordig is de Hershey Company een van de grootste chocoladefabrikanten ter wereld. De straten, waarvan sommige met toepasselijke namen als Chocolate Avenue en Cocoa Avenue, zijn vervuld van de zoete geur uit de fabriek.

Bezienswaardigheden

Hershey's Chocolate World

251 Park Blvd., tel. 1-717-534-4900, www.hersheys.com/chocolateworld, dag. 9-20 uur, in de zomer langer, toegang gratis

Wie altijd al heeft willen weten hoe chocolade wordt gemaakt, kan in het imperium **Hershey's Chocolate World** op reis door de wereld van de chocolade, van de cacaobonenteelt tot aan de productie – inclusief proeverij uiteraard. Tijdens de rondleiding krijgen de bezoekers onder andere een driedimensionale show te zien en kunnen ze door middel van interactieve installaties zelf een handje helpen bij een productielijn.

Overige attracties

Hershey Park is een typisch, in verschillende secties verdeeld pretpark met veel ritjes. Zo kunt u er plaatsnemen in achtbanen met namen als Comet en Lightning Racer en zelfs in een attractie waarin bezoekers ondersteboven hangen (www.hersheypark.com, volwassenen $ 65, kinderen 3-8 jaar $ 43). Het **Zooamerica North American Wildlife Park** (www.zooamerica.com, $ 11,50) geeft een goed beeld van de flora en fauna van Noord-Amerika. De mooie **Hershey Gardens** (www.hersheygardens.org, $ 12,50) zijn ontstaan uit een rozentuin. Het **Museum The**

Hershey Story is gewijd aan het leven, het succesverhaal en de erfenis van chocoladekoning Milton S. Hershey (www. hersheystory.org, $ 10). Behalve glanzende oldtimers biedt het **Antique Auto Museum at Hershey** tentoonstellingen bijvoorbeeld over Route 66 (161 Museum Dr., tel. 1-717-566-7100, www.aacamuseum.org, dag. 9-17 uur, $ 12).

Eten en drinken

Eten op het terras – **Hershey Pantry:** 801 E. Chocolate Ave., tel. 1-717-533-7505, www. hersheypantry.com, ma.-za. 6.30-21 uur. Zeer geliefde ontbijtplek. Voor de lunch en het diner zijn er sandwiches, salades, pasta, kip en vis. Vanaf $ 8.

Niets zoets – **Devon Seafood Grill:** 27 W. Chocolate Ave., tel. 1-717-508-5460, www. devonseafood.com, dag. vanaf 11 uur. Na een hoop chocolade brengt een visgerecht een andere smaaknuance. Vanaf $ 27.

Reading ▶1, H 6

Het 88.000 inwoners tellende **Reading** bezit in het centrum langs 5th Street een historische wijk met kerken en herenhuizen uit de 18e en 19e eeuw. Aan het noordelijke deel van Fifth Avenue en omgeving staan gebouwen met voorgevels in diverse stijlen. De stad is echter vooral bekend om zijn vele *outlet centers*, waar allerlei goederen tegen fabrieksprijzen te koop zijn.

Bezienswaardigheden

Reading Public Museum

500 Museum Rd., tel. 1-610-371-5850, www. readingpublicmuseum.org, dag. 11-17 uur, volwassenen $ 10, senioren vanaf 65 jaar en kinderen 3-18 jaar $ 6

In het **Reading Public Museum** zijn tentoonstellingen te zien op het terrein van kunst, wetenschap, geschiedenis en fotografie. Tot de schilderijen behoren werken van kunstenaars als Edgar Degas, Lyonel Feininger, Max Beckmann, Albert Bierstadt, Paul Cézanne, Salvador Dalí, Francisco de Goya, Käthe Kollwitz, Claude Monet en Pablo Picasso. De avondlijke lasershows in het planetarium genieten een grote populariteit.

Mid-Atlantic Air Museum

11 Museum Dr., tel. 1-610-372-7333, www. maam.org, dag. 9.30-16 uur, volwassenen $ 8, kinderen $ 3

Liefhebbers van oude militaire en burgervliegtuigen kijken in het **Mid-Atlantic Air Museum** bij de luchthaven hun ogen uit.

The Pagoda

Mount Penn, www.readingpagoda.com, vr.-zo. 12-16 uur

Op Mount Penn ten oosten van het centrum staat een **Japanse pagode** van zeven verdiepingen. Het was de bedoeling geweest om er een chic hotel van te maken. Een lokale zakenman met contacten in het Verre Oosten liet de pagode in 1908 bouwen en richtte haar in met Japans antiek, waaronder een ruim 250 jaar oude tempelklok uit de stad Obama. Vanaf het uitkijkplatform hebt u uitzicht over de stad en de Schuylkill River Valley.

Winkelen

Outlets – **VF Outlet Village:** Hill Ave./Park Rd., tel. 1-610-378-0408, www.vfoutletcenter. com, ma.-za. 9.30-21, zo. 10-18 uur. Enorme outlet met onder meer de merken Vanity Fair, Lee, Nautica, Wrangler en Lily of France. **Down East Outlet:** 916 N. Ninth St., tel. 1-610-372-1144, www.members.tripod.com/downeast_gkoutlet, ma.-za. 9.30-17.30, zo. 12-17 uur. Sportkleding. **Burlington Coat Factory:** 3050 N. Fifth St. Hwy, tel. 1-610-929-0168, www.burlingtoncoatfatory.com, ma.-za. 9.30-21.30, zo. 11-17 uur. Jassen, mantels, babykleding en schoenen tegen fabrieksprijzen. Meer outlets: Van Heusen Factory Outlet, Pandora Fashion Outlet, Dooney & Bourke Factory Store en Totes Factory Outlet.

Lehigh Valley ▶1, H 5

Ten noorden van Philadelphia strekt de Lehigh Valley zich uit langs de gelijknamige

In Bethlehem werden veel historische gebouwen gerestaureerd

rivier, die bij Easton uitmondt in de Delaware River. De twee grootste steden in dit dal zijn Allentown en Bethlehem, met gezamenlijk zo'n 200.000 inwoners. Sinds de jaren 60 heeft de regio moeilijke tijden doorgemaakt, omdat veel traditionele productiewerkplaatsen ten prooi vielen aan de structurele economische veranderingen en de nieuwe dienstverlenende sector zich nog niet ten volle had ontwikkeld.

Allentown

Trout Hall

414 Walnut St., tel. 1-610-435-1074, apr.-nov. di.-za. 10-16, zo. 12-16 uur

Allentown werd in 1762 gesticht door opperrechter William Allen. In 1770 liet zijn zoon het zomerhuis **Trout Hall** bouwen, dat tijdens de Vrijheidsoorlog promoveerde tot woonhuis van de familie. Het interieur van het vanbuiten eenvoudige gebouw dateert grotendeels uit de 18e eeuw en laat zien hoe de 'hogere klassen' in die tijd leefden.

Allentown Art Museum

31 N. 5th St., tel. 1-610-432-4333, www.allentownartmuseum.org, di.-wo., vr.-za. 11-16, do. tot 20, zo. 12-16 uur, volwassenen $ 12, kinderen $ 10

Het bezienswaardige **Allentown Art Museum** kreeg in 1960 van een stichting een aantal Italiaanse, Duitse en Nederlandse schilderijen die nog steeds de kern vormen van de collecties. Interessant zijn ook de verzamelingen textiel met *quilts* uit Pennsylvania Dutch Country en borduurwerk uit Zuid-Europa, Azië en het Midden-Oosten. De oorspronkelijk bij een huis uit 1902 horende bibliotheek valt op door de bijzondere architectuur; ze werd ontworpen door niemand minder dan Frank Lloyd Wright. Sinds de recente uitbreiding beschikt het museum over een aanzienlijk groter expositieoppervlak.

Liberty Bell Museum

622 Hamilton/Church St., tel. 1-610-435-4232, www.libertybellmuseum.org, ma.-za. 12-16 uur, volwassenen $ 2, kinderen $ 1

De crypte van de **Zion's Church** is een bedevaartsoord. In het zogenoemde **Liberty Bell Museum** werd in 1777 de Vrijheidsklok, die nu in Philadelphia te bezichtigen is, voor de Britten verstopt. Het Engelse leger wilde namelijk alle beschikbare klokken omsmelten voor de vervaardiging van munitie en kanonnen. De Liberty Bell die er naast voorwerpen uit de Amerikaanse Revolutie en de Burgeroorlog te zien is, is een kopie.

Informatie

Lehigh Valley Visitor Center: 840 Hamilton St., Suite 200, Allentown, PA 18101, tel. 1-610-882-9200, www.discoverlehighvalley.com.

Accommodatie

Aangenaam – **Holiday Inn Allentown:** 904 Hamilton St., tel. 1-610-433-2221, www.holidayinn.com > Allentown PA. Comfortabel hotel met vriendelijke kamers, eigen restaurant en sauna. Vanaf $ 120.

Vrij bescheiden kamers – **Days Inn:** 3400 Airport Rd., tel. 1-610-266-1000, www.daysinn.com. Eenvoudig motel met twee verdiepingen. Sommige kamers hebben een whirlpool, verwarmd binnenzwembad. Vanaf $ 90.

Verzorgde sfeer – **Brenner Mansion:** 25 S. 15th St., 1-484-560-2810, www.historicbrennermansion.com. Historische B&B met gedeeltelijk modern, gedeeltelijk antiek ingerichte kamers in de stadskern. Vanaf $ 125.

Eten en drinken

Verfijnd – **Henry's Salt of the Sea:** 1926 W. Allen St., tel. 1-610-434-2628, www.henryssaltofthesea.com, ma.-do. 16.30-21, vr., za. tot 22 uur. Superrestaurant met heerlijke seafoodgerechten. circa $ 25-40.

Voortreffelijk – **Bayleaf:** 935 Hamilton St., tel. 1-610-433-4211, www.allentownbayleaf.com, lunch ma.-vr. 11.30-14, diner ma.-za. 17-22 uur. In de elegante eetzaal worden Amerikaanse en Aziatische gerechten geserveerd. Lunch vanaf $ 10, diner vanaf $ 20.

Actief

Pretpark – **Dorney Park & Wildwater Kingdom:** 3830 Dorney Park Rd., tel. 1-610-395-3724, www.dorneypark.com. Waterpark met reuzenglijbanen, pretpark met allerlei attracties, liveshows en themarestaurants. Onlineticket $ 40.

Wijnproeven – **Lehigh Valley Wine Trail:** Ten noorden en westen van Allentown liggen negen wijnmakerijen waar u kunt proeven (www.lehighvalleywinetrail.com).

Bethlehem

Bethlehem, de buurstad van Allentown, werd in 1741 gesticht door leden van de protestantse Moravische Broederschap, die van Bohemen en Saksen naar Pennsylvania waren geëmigreerd.

Moravian Museum

66 W. Church St., tel. 1-610-691-6055, www.historicbethlehem.org, vr.-zo. 11-16 uur, volwassenen $ 12-30

In het **Moravian Museum**, een houten huis van vijf verdiepingen, wordt de ongeveer 250-jarige geschiedenis van de Moravische Broederschap in de Nieuwe Wereld verteld. De met bijna even oude meubels ingerichte kamers stralen de koele distantie uit die de sekteleden tot op de dag van vandaag in acht nemen tegenover het aardse bestaan.

Historische huizen

Buiten het museum kunt u het **Nain-Schober House**, een oude **apotheek**, het **Goundie House** uit 1810, een **smederij** uit 1750 en de historische **Burnside Plantation** bezichtigen.

Morristown ▶ 1, K 5

Vlak bij dit twintigduizend inwoners tellende stadje, waar in de winter van 1779/1780 de opstandige troepen onder George Washington hun kamp opsloegen, werd in 1933 het eerste nationale historisch park van de Verenigde Staten gesticht onder de naam **Morristown National Historic Park**.

Morristown National Historic Park

Washington's Headquarters

30 Washington Pl., tel. 1-973-539-2016, aansluiting 210, www.nps.gov/morr, dag. 8.30-17 uur, volwassenen $ 7, tot 15 jaar gratis

Toeristen tonen de meeste belangstelling voor **Washington's Headquarters**. Een weduwe had George Washington, opperbevelhebber van de Unietroepen en de latere eerste president van de VS, haar statige boerenhoeve Ford Mansion ter beschikking gesteld als hoofdkwartier. In een park niet ver ervandaan vindt u een museum met historische objecten en documentatie. Daar wordt ook een 20 minuten durende film getoond over de gebeurtenissen in en om Ford Mansion. Het leger werd niet alleen geplaagd door de bittere winterkou, maar ook door het feit dat het de soldaten door bevoorradingsproblemen ontbrak aan wapens, voedsel en kleding.

Jockey Hollow Encampment Area

Het grootste deel van Morristown Park wordt ingenomen door de **Jockey Hollow Encampment Area**, waar nu een ruim 3 km lange snelweg doorheen loopt. Meer dan tienduizend soldaten moesten wekenlang in de bossen kamperen terwijl de sneeuw 60 cm hoog lag, omdat de blokhutten nog niet klaar waren.

Wick House

580 Tempe Wick Rd., tel. 1-973-543-4030, www.nps.gov/morr, wo.-zo. 9.30-12, 13-16 uur

De rondleiding voert naar andere bezienswaardigheden, waaronder het **Wick House**, een idyllische farm met een tuin, waar Washingtons generaal Arthur St. Clair zijn hoofdkwartier inrichtte. Verderop passeert u blokhutten die als soldatenverblijf dienden en de Grand Parade, een voormalig parade- en exercitieterrein midden in het bos.

Informatie

Morristown County Visitors Center: 6 Court St., Morristown, NJ 07960, tel. 1-973-631-5151, www.morristourism.org.

Accommodatie

Chique herberg – **Hyatt House:** 194 Park Ave., tel. 1-973-971-0008, www.morristown.house.hyatt.com. Zeer fraaie suites met één of twee kamers. Vanaf $ 180.

Rustig gelegen – **Best Western Plus Morristown Inn:** 270 South St., tel. 1-973-540-1700, www.hotelmorristown.com. Hotel met ruime kamers, sauna en wassalon. Inclusief ontbijt. Vanaf $ 140.

Eten en drinken

Respectabel – **Portofino's Restaurant:** 29 Mills St., tel. 1-973-540-0026, www.portofinosrestaurant.com, di.-vr. vanaf 11.30, za.-zo. vanaf 16 uur. Italiaanse gerechten waarop niets valt aan te merken – van pizza tot seafood. Vanaf circa $ 17.

Zeer goed steakhouse – **Rod's Steak & Seafood Grill:** 1 Convent Rd., im Madison Hotel, tel. 1-973-539-6666, www.rodssteak.com, dag. vanaf 11.30 uur, zo. geen lunch. In een victoriaanse sfeer worden steaks, gegrilde lamskoteletten en seafood geserveerd. Diner vanaf $ 30.

Actief

Voor tuinliefhebbers – **Frelinghuysen Arboretum:** 353 E. Hanover Ave., tel. 1-973-326-7603, www.arboretumfriends.org, dag. 8-19 uur. Park met zeldzame bomen en een statig huis, toegang gratis.

Wellness – **Suzi's Salon:** 126 South St., tel. 1-973-267-7750, www.suzissalonandspa.com. Spa met Thaise kruidenmassage, reflexzonemassage, vitaminetherapie en meer.

West Orange ▶ 1, K 5

In **West Orange** woonde een van de grootste Amerikaanse uitvinders aller tijden, Thomas A. Edison. In de loop van 44 jaar nam hij een patent op 1093 uitvindingen, waaronder even geniale als nuttige gebruiksvoorwerpen als de gloeilamp en de batterij. In het lokale Edisonmuseum is een bijzondere baanbrekende prestatie te zien, de al in 1903 opgenomen film *The Great Train Robbery*.

Edison National Historic Park

211 Main St., tel. 1-973-736-0550, aansluiting 11, www.nps.gov/edis, laboratoria: wo.-zo. 9.30/10-16/17 uur; Villa Glenmont: vr.-zo. 11/11.30-16/17 uur, volwassenen $ 10

Het **Edison National Historic Park** ziet er in grote lijnen nog zo uit als in 1887, toen de briljante knutselaar Edison daar begon met experimenteren. In oude schuurtjes en voormalige fabricagehallen staat de ene na de andere machine en werkbank. Verder ziet u er de tastbare resultaten van Edisons werklust, zoals de 'stamvader' van de moderne telefoon en versies van de cinematograaf, een apparaat waarmee 'foto's leerden lopen'.

In 1886 kocht Edison in de buurt van zijn laboratorium het op een heuvel gelegen **Glenmont Mansion**, een roze villa. De 23 kamers zijn grotendeels nog net zo ingericht als in de tijd van de heer des huizes die, kort voordat hij hier introk, met de 19-jarige dochter van een New Yorkse zakenman was getrouwd. Edison en zijn vrouw Minna liggen op het terrein van de villa begraven in een sober graf.

Newark ▶1, K 5

Newark, op slechts 13 km van Manhattan, is met 277.000 inwoners het grootste verstedelijkte gebied in de staat New Jersey. Deze industriestad met zijn internationale luchthaven, waar jaarlijks circa 25 miljoen passagiers uit binnen- en buitenland worden ingecheckt, is tevens een belangrijk zakencentrum en verkeersknooppunt.

Bezienswaardigheden

Newark Museum

49 Washington St., tel. 1-973-596-6550, www.newarkmuseum.org, wo.-zo. 12-17 uur, volwassenen $ 15, kinderen/senioren $ 8

Een van de weinige bezienswaardigheden in de stad is het uitstekende **Newark Museum**, waar u Amerikaanse schilderkunst, een beeldentuin, een verzameling munten, een Tibetaanse afdeling en een planetarium kunt bekijken. Bij het museum hoort ook het gerenoveerde Ballantine House, een in ere herstelde boerderij uit 1885 in victoriaanse stijl.

Accommodatie

Een beetje ouder, maar goed – **Meadowlands River Inn:** 250 Harmon Meadow Blvd., Secaucus, tel. 1-210-867-4400, www.meadowlandsriverinn.com. Motel met sauna en fitnesscenter, gratis ontbijt. Vanaf $ 179.

Gunstig startpunt voor New-York tours – **Red Roof Plus Meadowlands:** 15 Meadowlands Pkwy, Secaucus, NJ 07094, tel. 1-201-319-1000, www.redroofinnsecaucus.com. Keurig motel, kamer met bad of douche. Vanaf $ 150.

Actief

Groene oase – **Branch Brook Park:** Lake St. & Park Ave., Newark, www.branchbrookpark.org. Dit park met joggingpaden en ijsbaan toont zich van zijn mooiste kant, wanneer in het voorjaar de kersenbomen bloeien.

Vervoer

Vliegtuig: Newark Liberty International Airport (EWR), tel. 973-961-6000, www.panynj.gov > Airports > Newark Liberty. De luchthaven ligt 40 km ten zuidwesten van New York en wordt door veel luchtvaartmaatschappijen aangedaan. Diverse busmaatschappijen, zoals NJ Transit (tel. 973-275-5555), bieden pendeldiensten aan. Met de Airtrain Newark rijdt u van de aankomstterminals naar het Rail Link Station, waar u overstapt op een trein van NJ Transit of Amtrak naar bijvoorbeeld Penn Station in Manhattan. Een taxi naar Manhattan kost $ 50-75. Alle grote autoverhuurbedrijven hebben een filiaal op de luchthaven.

Trein: Amtrak Terminal Penn Station, 1 Raymond Plaza W., Market St., tel. 1-800-872-7245, www.amtrak.com. Newark is een halte van de hogesnelheidstrein Acela Express op de lijn Boston-New York City-Philadelphia-Washington D.C.

Bus: Greyhound Lines Terminal, Penn Station, 1 Raymond Plaza W., Market St., tel. 1-973-622-4704, www.greyhound.com. Busverbindingen door de hele VS.

Philadelphia
Baltimore
Washington D.C.
Richmond
Williamsburg
Appalachen
Outer Banks

Hoofdstuk 3

Centrale Atlantische kust

Aan de centrale Atlantische kust is de krachtige polsslag van het oosten duidelijk te voelen. De grote bekoring van dit gebied bestaat onder andere uit het contrast tussen relatief dicht bij elkaar gelegen dynamische stedelijke gebieden aan de ene kant en afgelegen natuur, boerenland en landelijke dorpen aan de andere kant.

De *metropolitan areas* van Philadelphia, Washington D.C. en Baltimore behoren tot de dichtstbevolkte stedelijke gebieden van de VS, met gezamenlijk ongeveer veertien miljoen inwoners. Daar komt nog bij dat Washington D.C. als het politieke schakelcentrum van de wereldmacht VS fungeert en dat Philadelphia als wieg van de natie een grote historische en culturele betekenis bezit. Het is daardoor des te verbazingwekkender dat op slechts enkele minuten rijden van de stedelijke drukte ongerepte natuurlandschappen, stille baaien, zonnige stranden, ruige kusten, beboste wandelpaden, fantastische druipsteengrotten, slaperige dorpjes en boeiende eilanden te vinden zijn. Maar naast de hoogtepunten in de steden en de natuur biedt de centrale Atlantische kust ook een grote hoeveelheid historische bezienswaardigheden. Deze laten beeldend zien welke ontwikkeling de Verenigde Staten sinds het allereerste begin heeft doorgemaakt.

Aan de Centrale Atlantische kust veroorzaakte de tropische orkaan Sandy in oktober 2012 aanzienlijke schade. *Hurricanes* bereiken dit gebied in de regel echter alleen in afgezwakte vorm als storm.

Het Empty Sky September 11 Memorial in het Liberty State Park richt de blik op de ontbrekende torens

In een oogopslag: Centrale Atlantische kust

Hoogtepunten

Philadelphia: met het interessante National Historic Park (zie blz. 272).

Atlantic City: casino's aan de Boardwalk (zie blz. 295).

Washington D.C.: musea aan de National Mall (zie blz. 303).

Williamsburg: historisch openluchtmuseum in Virginia (zie blz. 329).

Luray Caverns: fantastische ondergrondse wereld in Virginia (zie blz. 337).

Fraaie routes

Jamestown Discovery Trail: aan de 40 mijl lange toeristische route liggen verscheidene historische plantages met bezienswaardige landhuizen (zie blz. 328).

Blue Ridge Parkway: de 469 mijl lange Parkway begint bij het Shenandoah National Park en leidt via de Appalachen naar het Great Smoky National Park (zie blz. 341).

Tips

Winkelavontuur in Lancaster County: het winkelcentrum Kitchen Kettle Village ziet er uit als een dorp. In kleine huizen wordt al het lekkers en moois aangeboden dat in het amishgebied wordt geproduceerd (zie blz. 291).

Uitstapje naar de Brandywine Valley: de Brandywine River slingert zich oostelijk van Philadelphia door een romantisch dal. Aan de oever liet de familie DuPont een kasteel bouwen (zie blz. 292).

Chinees eten in Richmond: restaurant Peter Chang serveert uitstekende Szechuan-gerechten (zie blz. 331).

Actief

Het Philadelphia van bokslegende Rocky Balboa: filmliefhebbers kunnen in de voetsporen van Rocky Balboa – ofwel Sylvester Stallone – door de stad wandelen en talrijke locaties uit de zes Rockyfilms bekijken (zie blz. 282).

Pier- en Boardwalkwandeling in het gokparadijs: naast de grote gelukstempels zijn in de gokstad Atlantic City de langs het strand lopende Boardwalk en de drie in zee stekende pieren de populairste attracties (zie blz. 298).

Skyline Drive – de 'Koningsweg' van de Appalachen: de 170 km lange Skyline Drive loopt met 75 uitkijkpunten over de bergkammen van de Appalachen (zie blz. 336).

Naar wrakken duiken bij de Outer Banks: bij deze eilanden kan een heel scheepskerkhof verkend worden (zie blz. 347).

Het midden van New Jersey

Een universitaire sfeer op de mooie campus van de beroemde universiteit in Princeton, waar Albert Einstein ruim twintig jaar woonde, een kleinsteedse ambiance in Trenton, de hoofdstad van New Jersey, en historische resten langs de Delaware River, waar tijdens de Vrijheidsoorlog het lot van de VS werd bepaald: de corridor tussen Manhattan en Philadelphia bezit een heel bijzondere aantrekkingskracht.

Wie van New York City naar Philadelphia rijdt, zal zich al vlak na het passeren van de staatsgrens van New Jersey afvragen waar de bijnaam Garden State ('tuinstaat') vandaan komt. Er is in het hart van de staat niets te zien wat op een bloemrijke natuuroase lijkt.
Zijn reputatie van vakantiestaat – jaarlijks wordt de staat aangedaan door ruim vijftig miljoen overwegend Amerikaanse bezoekers – dankt New Jersey echter niet aan zijn functie als corridor tussen New York City in het noorden en Washington D.C. in het zuiden, maar eerder aan de landelijke gebieden in het zuiden en zijn lange kustlijn (zie blz. 295). Bijna 40% van het oppervlak van de staat is bebost, dat is ongeveer het hele gebied Pine Barrens tussen Camden en de Atlantische Oceaan. Maar ook het overwegend stedelijke New Jersey heeft zijn aantrekkelijke kanten, zoals men op een rit door de corridor tussen New York City en Philadelphia gemakkelijk kan vaststellen.

Deze twee grootste steden van het Amerikaanse oosten liggen zo'n 200 km uit elkaar. Op de New Jersey Turnpike kunt u deze afstand in zo'n twee uur afleggen, wanneer het doorgaans drukke verkeer dat althans toestaat. Afgezien van tolstations, tankstations, enorme verkeersborden en rustplaatsen voor vrachtwagens is er langs de snelweg echter niet veel te zien. De tolweg is een van de drukst bereden snelwegen van de VS. Interessanter is de rit vanaf Elizabeth over de US 27. Deze alternatieve route, waarop weinig files voorkomen, voert door kleinere steden, waar u hier en daar halt kunt houden.

Interessante stopplaatsen zijn Princeton, Trenton en Camden. Het mooie Princeton is de vestigingsplaats van de gerenommeerde Princeton University, die als even prestigieus als Harvard en Yale geldt. Meer dan twintig jaar lang werkte Albert Einstein er aan het beroemde Institute for Advanced Study. Trenton is de hoofdstad van New Jersey. In het Washington Crossing State Park ten noordwesten van de stad doorstonden de door George Washington aangevoerde Amerikaanse troepen in de Vrijheidsoorlog tegen Engeland een moeilijke periode. En aan de oever van de Delaware in Camden ligt een aquarium dat een uitstekend inkijkje biedt in het zeeleven.

Jersey City ▶ 1, K 5

Het 262.000 inwoners tellende, in 1630 door Nederlandse kolonisten gestichte **Jersey City** wordt alleen door de Hudson Rivier en de staatsgrens tussen New York en New Jersey van Manhattan gescheiden. De op een na grootste stad van de Garden State strekt zich uit over het schiereiland tussen de Hudson River, de Hackensack River en de Newark Bay, en vormt een knooppunt van talrijke belangrijke verbindingen, die uit het noorden, het westen en zuiden in de richting van New York lopen.

Liberty State Park

Statue Cruises, tel. 1-877-523-9849, www.statuecruises.com, de veerboten varen tussen 8.30 en 18 uur
Ten zuiden van het centrum strekt zich langs de oever van de Hudson het **Liberty State Park** uit. Het is mogelijk om hier over een promenade langs de rivieroever te wandelen, terwijl u geniet van het uitzicht op de imposante skyline van Manhattan, inclusief het Vrijheidsbeeld en Ellis Island. Een personenveer brengt u naar het Statue of Liberty en Ellis Island.

Princeton ▶ 1, J 6

Deze vriendelijke, Europees aandoende kleine stad dankt zijn bekendheid in de eerste plaats aan de wereldberoemde universiteit, die vooral op het gebied van wiskunde en natuurkunde veel Nobelprijswinnaars voortbracht en in één adem wordt genoemd met Harvard en Yale.

Albert Einstein was in 1933 op de vlucht voor het naziregime naar Princeton gekomen, waar hij de laatste 22 jaar van zijn leven onderzoek deed aan het Institute for Advanced Studies. Zijn woonhuis op Mercer Street nr. 112 werd op zijn verzoek niet in een museum veranderd. Dat in Princeton relatief weinig aan de voormalige medeburger herinnert, komt voort uit de laatste wil van Einstein, die tegen ieder vorm van persoonsverheerlijking was. Het enige **Einsteinmonument** werd in het jubileumjaar 2005 in de Princeton Town Hall Green (Stockton St.) opgericht.

Bezienswaardigheden

Universiteitscampus

Na in 1746 in Elizabeth als College of New Jersey te zijn gesticht, betrok de onderwijsinstelling tien jaar later de net voltooide **Nassau Hall** in Princeton, waar in 1783 de deelnemers van het Continental Congress samenkwamen en de plaats voor een half jaar tot hoofdstad van de Verenigde Staten maakten. In de eerst alleen uit Nassau Hall bestaande, maar later met tal van gebouwen uitgebreide **Princeton University** volgden vele prominenten hun academische opleiding – kunstenaars en schrijvers als T.S. Eliot en F. Scott Fitzgerald, latere presidenten als James Madison, Woodrow Wilson en Grover Cleveland, maar ook gerenommeerde wetenschappers. De Duitse schrijver Thomas Mann werkte er in 1938 twee jaar lang als gastdocent, tot hij naar Californië verhuisde. Naast Nassau Hall, het oudste gebouw op de campus, kunnen er enkele andere architectonische hoogstandjes worden bewonderd, zoals de in 1892 voltooide **Alexander Hall** met hoektorentjes, dakkapellen en een met sculpturen versierde gevel. Vlakbij staat de **Blair Hall Tower** met twee achthoekige torens. De tussen 1925 en 1928 in neogotische stijl gebouwde **University Chapel** met een Franse kansel uit de middeleeuwen en mooie, kleurige ramen is geïnspireerd op de kapel van het King's College in het Engelse Cambridge.

De meer dan zestigduizend kunstwerken in het **Art Museum** stammen overwegend uit de periode tussen de antieke oudheid en heden, en zijn veelal afkomstig uit het Middellandse Zeegebied, West-Europa, de VS en Latijns-Amerika (tel. 1-609-258-3788, www.princetonartmuseum.org, di.-za. 10-17, do. tot 22, zo. 13-17 uur, toegang gratis).

Einstein-Salon

158 Nassau St., tel. 1-609-921-6748, www.princetonhistory.org, wo.-zo. 12-16, do. tot 19 uur, volwassenen $ 4
De **Historical Society of Princeton,** die in het Bainbridge House een museum onderhoudt, bezit enkele meubels, die eigendom waren van de geniale denker.

Informatie

Princeton Chamber of Commerce: 182 Nassau St., Suite 301, Princeton, New Jersey 08542, tel. 1-609-924-1776, www.visitprinceton.org.

Accommodatie

Goed hotel – **Holiday Inn:** 100 Independence Way, tel. 1-609-520-1200, www.holidayinn.com. Met restaurant, zwembad, fitnesscenter en internet. Vanaf $ 115.

Tip

EINSTEIN IN PRINCETON

Echte Einsteinmemorabilia vindt u in Princeton waar niemand ze zou vermoeden: in de kledingwinkel **Landau**. De eigenaar van deze winkel, Robert Landau, heeft in de loop der jaren memorabilia, documenten en foto's verzameld die hij achter in zijn winkel exposeert, alsof hij zijn privémuseum voor de wereld wil verstoppen (Landau, 102 Nassau St., tel. 1-609-924-3494, www.landauprinceton.com/einstein-museum, ma.-za. 9.30-17.30, zo. 9.30-16.30 uur, toegang gratis).

Aanbevolen – **Hampton Inn:** 4385 US 1 South, tel. 1-609-951-0066, www.hamptoninn3.hilton.com. Alle kamers met slaapbank, schrijftafel, magnetron, koelkast, koffieapparaat en waterkoker. Gratis wifi. Vanaf $ 110.

Eten en drinken

Voortreffelijk restaurant – **Blue Point Grill:** 258 Nassau St., tel. 1-609-921-1211, www.bluepointgrill.com, dag. 17-21 uur. Eenzaam aan de top met vis en zeevruchten. Wijn of bier moet u in dit restaurant zelf meenemen. Hoofdgerecht $ 19-38.

Tevreden gasten – **Teresa Caffe:** 23 Palmer Sq. E., tel. 1-609-921-1974, ma.-vr. 11-23, za. en zo. 9-23 uur. Populair restaurant met Italiaanse gerechten. Vanaf $ 12.

Winkelen

Consumententempel – **Princeton Shopping Center:** 301 N. Harrison St., www.princetonshoppingcenter.com, ma.-za. 9-20, zo. 12-18 uur. Meer dan vijftig winkels, boetieks en restaurants.

Mode, accessoires – **Rouge:** 51 Witherspoon St., tel. 1-609- 921-0280, ma.-za. 10-18, zo. 12-18 uur. Boetiek voor modebewuste dames met gevoel voor nieuwe trends en must-haves.

Actief

Uni-tours – **Orange Key Guide Service:** Frist Campus Center, tel. 1-609-258-3060. Rondleidingen vanaf Clio Hall over de Princeton University Campus, info via www.princeton.edu/main/visiting/tours.

Vervoer

Trein: Princeton heeft zelf geen treinstation, maar in Princeton Junction, circa 6 km naar het zuidoosten, stopt de regionale trein tussen New York en Philadelphia. De sneltrein Acela Express stopt daar niet.

Trenton ▶1, J 6

Deze stad aan de oever van de rivier de Delaware fungeert sinds 1790 weliswaar als hoofdstad van de staat New Jersey, maar speelt op toeristisch gebied een marginale rol. De economische ontwikkeling liet op zich wachten tot na de Burgeroorlog, toen pottenbakkerijen en staal- en rubberfabrieken zich er begonnen te vestigen. Een van de zonen van de stad is John Roebling, die het ontwerp voor de Brooklyn Bridge in New York ontwikkelde.

Bezienswaardigheden

State House

W. State St., rondleidingen van een uur ma.-vr. 10-15, 1e en 3e za. van de maand 12-15 uur, tel. 1-609-847-3150, www.njleg.state.nj.us > Welcome To The State House > Guided Tours

Het in 1792 opgetrokken **State House** is de op een na oudste ononderbroken gebruikte regeringszetel van de VS. Het gebouw onderging wel talrijke aanpassingen en uitbreidingen, bijvoorbeeld na een grote brand in 1885. Rondleidingen beginnen meestal in de door galerijen omgeven rotunda, waarin de bronzen balustrades op decoratieve wijze met de roodbruine muren harmoniëren.

Old Barracks Museum

Barrack/W. Front St., tel. 1-609-396-1776, www.barracks.org, ma.-za. 10-17 uur, volwassenen $ 8, kinderen $ 6

In de omgeving van het State House staat het **Old Barracks Museum**, dat in een U-vormig, natuurstenen gebouw uit 1758 is ondergebracht. Net als vier vergelijkbare, niet meer bestaande bouwwerken werd het tijdens de French and Indian War gebouwd als onderkomen voor Britse soldaten, omdat de Amerikaanse kolonisten weigerden Engelsen in hun huizen in te kwartieren. In de kamers tonen in historische kostuums geklede gidsen hoe de soldaten destijds hun dienst vervulden en hun dagelijks leven doorbrachten.

Trent House

15 Market St., tel. 1-609-989-3027, www.williamtrenthouse.org, rondleidingen wo.-zo. 12.30-16 uur, volwassenen $ 5

Het woonhuis van William Trent, naar wie de stad is genoemd, is tientallen jaren ouder dan de Old Barracks en het State House. **Trent House** werd gebouwd tussen 1716 en 1719, toen de omgeving rond de Delaware River nog een ongerepte wildernis was. De heer des huizes vergaarde met zijn molens en zijn handel een vermogen, dat hij deels in de bouw van de latere hoofdstad investeerde. De door een klein park omgeven villa biedt de bezoekers een blik in het luxe leven van de geldaristocratie uit de koloniale tijd. In het bijzonder het interieur is erg bezienswaardig. Later fungeerde het gebouw als woning van vier gouverneurs van New Jersey.

New Jersey State Museum

205 W. State St., tel. 1-609-292-6464, www.state.nj.us/state/museum, di.-zo. 9-16.45 uur, planetarium volwassenen $ 7, kinderen $ 5

Om archeologie, dinosaurussen, schilderkunst, cultuurgeschiedenis, natuurlijke historie en mineralogie draait het in het **New Jersey State Museum**. Bij het museum hoort een planetarium met wisselende voorstellingen. In het honderdvijftig zitplaatsen tellende auditorium beleven de bezoekers spannende reizen door het zonnestelsel.

Sculpturenpark

126 Sculptors Way, tel. 1-609-586-0616, www.groundsforsculpture.org, alleen online-tickets, volwassenen $ 18

Op de **Grounds for Sculpture** ten oosten van Trenton staan moderne sculpturen en plastieken van kunstenaars uit alle delen van de wereld. Om de twee jaar worden de in een park opgestelde werken omgewisseld om op die manier zoveel mogelijk beeldhouwers de gelegenheid te geven om hun werk voor een groot publiek toegankelijk te maken. Tot de exposerende kunstenaars behoorden onder anderen grootheden als Patrick Dougherty, Sarah Haviland, J. Seward Johnson Jr., Brower Hatcher en Bruce Beasley. Sommige werken zijn in overdekte galeries ondergebracht.

Informatie

Trenton Convention & Visitors Bureau: Lafayette & Barrack St., Trenton, NJ 08608, tel. 1-609-777-1770, www.destinationtrenton.com.

Department of State, Division of Travel and Tourism: P. O. Box 460, Trenton, NJ 08625, tel. 1-609-599-6540, www.visitnj.org. Informatie over New Jersey.

Accommodatie

De stad kent weinig hotels. Misschien moet u uitwijken naar de omgeving.

Aangenaam – **Wyndham Garden Trenton:** 1 W. Lafayette St., tel. 1-609-421-4000, www.wyndham.com. Groot, verzorgd hotel met fitnessruimte en businesscenter. Kamers met bad of alleen douche. Vanaf $ 140.

Eten en drinken

Iets andere keuken – **Blue Danube:** 538 Adeline St., tel. 1-609-393-6133, www.bluedanuberestaurant.net, di.-za. 11.30-14.30, 17-22, zo. 15-21 uur. Stevige Oost-Europese gerechten met klassiekers als goulash en gevulde kool. Vanaf circa $ 20.

Heerlijke Iberische gerechten – **Malaga Restaurant:** 511 Lalor St., Hamilton Township, tel. 1-609-396-8878, www.malagarestaurant.com, ma.-vr. en zo. vanaf 11.30, za. vanaf 15 uur. Spaanse keuken. Vanaf $ 13.

Washington Crossing Historic Park ▶1, J 6

River Rd., tel. 1-215-493-4076, www.washingtoncrossingpark.org, dag. 10-16 uur, rondleiding volwassenen $ 6

In de ijskoude kerstnacht van het jaar 1776 staken in Pennsylvania gestationeerde Amerikaanse troepen de Delaware River bij Titusville over om de in Trenton gelegerde Britten te verrassen. Tijdens de Ten Critical Days, 'tien kritische dagen', die doorslaggevend waren voor het verdere verloop van de Vrijheidsoorlog, behaalden de door George Washington aangevoerde troepen hun eerste overwinning op de Britten. In het Visitor Center staan vitrines en objecten die gedetailleerde informatie over de veldslag bieden. De **Swan Collection** bestaat uit zo'n negenhonderd uniformen, insignes en wapens uit die tijd.

In het park met picknickplaatsen staan in het Historic Village enkele historische gebouwen als de **McConkey Ferry Inn,** waar Washington de aanval op Trenton moet hebben voorbereid. Ten zuiden van de Ferry Inn leidt een houten brug over de Route 29 en het parallel lopende Delaware & Raritan Canal naar de oever van de Delaware River, waar de historische rivieroversteek plaatsvond. De in het Duitse Gmünd geboren en naar de VS geëmigreerde schilder Emmanuel Leutze (1816-1868) gebruikte de historische scène voor zijn beroemde werk *Washington steekt de Delaware over.* 's Zomers bieden boeren op zaterdagochtend hun producten aan.

Camden (NJ) ▶1, J 6

Hoewel de stad door de machtige Delaware River van de staat Pennsylvania wordt gescheiden, is het rond de 77.000 inwoners tellende **Camden** onderdeel van het stedelijke gebied Philadelphia, dat zich in oostelijke richting tot Cherry Hill aan de New Jersey Turnpike uitstrekt. Camden was vroeger een belangrijk industrie- en transportcentrum voor het zuidwesten van de staat, maar verloor deze rol in de loop der tijd, waardoor hele wijken afgleden in armoede en werkloosheid. Het is geen wonder dat in veel delen van de stad de criminaliteitscijfers bijzonder hoog zijn; toeristen kunnen uit die buurten daarom beter wegblijven. Begin jaren 90 ondernam het stadsbestuur pogingen om het door verval bedreigde centrum van de volledige ondergang te redden en aantrekkelijker te maken. Een eerste stap was de nieuwbouw aan de oever van de Delaware River.

Ulysses S. Wiggins Waterfront Park

www.camdenwaterfront.com

In het **Ulysses S. Wiggins Waterfront Park** aan de oever van de Delaware, waar 's avonds het uitzicht op de verlichte skyline van Philadelphia prachtig is, hoeven bezoekers zich geen zorgen te maken over hun veiligheid.

Adventure Aquarium

Aan het Waterfront, dag. 10-17 uur, tel. 1-856-365-3300, www.adventureaquarium.com, volwassenen $ 27, kinderen 2-12 jaar $ 20 plus tax, parkeren $ 10

Het uitstekende **Adventure Aquarium**, met meer dan vijfhonderd verschillende soorten zeedieren, is onderdeel van het Waterfront Park. Het hart van het aquarium wordt gevormd door een bassin met een inhoud van bijna 2,5 miljoen liter, dat met een van de vloer tot het plafond reikende glazen wand aan het Ocean Realm Theater grenst, waarin u als in een bioscoop kunt zitten kijken hoe pijlstaartroggen, exotische vissen en zeeschildpadden hun rondjes zwemmen. Het is vaak moeilijk een plaats te vinden als duikers in het bassin de dieren voeren.

In een aan de fauna van West-Afrika gewijd gedeelte van het complex leven nijlpaarden, krokodillen, stekelvarkens, schildpadden, meer dan duizend vissen en los rondvliegende vogels. In de Jules Verne Gallery draait het om nog exotischer levensvormen, zoals fantastische kwallen, reuzeninktvissen en zeekatten. De haaien hebben een eigen, 1,5 miljoen liter groot bassin met een hangbrug eroverheen, van waar u van dichtbij grote en kleine

Het Adventure Aquarium in Camden is een bijzondere belevenis voor jong en oud

exemplaren kunt bewonderen. Bij het aquarium horen buitenverblijven waar in de warme seizoenen regelmatig shows met zeeleeuwen plaatsvinden.

USS New Jersey

62 Battleship Pl., tel. 1-856-966-1652, www.battleshipnewjersey.org, in de zomer dag. 9-17 uur, rest van het jaar korter, volwassenen $ 22, kinderen $ 17

Naast de in de afgelopen jaren aan het Waterfront verschenen attracties is er ook nog een oudere: de **USS New Jersey**. Dit slagschip ligt al sinds 1999 voor anker aan de oever van de Delaware, nadat het in de Tweede Wereldoorlog en vervolgens in de Korea- en in de Vietnamoorlog was ingezet.

Accommodatie

... in Cherry Hill:

Ten oosten van Camden ligt het stadsdeel Cherry Hill met enkele hotels. Deze zijn handig wanneer de accommodatie in Philadelphia te duur of volgeboekt is.

Nette inrichting – **Holiday Inn:** Rte 70/Sayer Ave., tel. 1-856-663-5300, www.holidaycherryhill.com. Met een verwarmd binnen- en buitenzwembad, fitnesscenter en restaurant. Vanaf $ 130.

Voor een romantisch verblijf – **Feathers Nest Inn:** Rt. 38 & Cuthbert Blvd., tel. 1-856-663-0411, www.feathernestinn.com. Individueel ingerichte suites en standaardkamers, alle met tv. Vanaf circa $ 95.

Eten en drinken

Alles uit de zee – **Red Lobster:** 2100 New Jersey 38, tel. 1-856-321-1701. In dit ketenrestaurant worden seafoodgerechten geserveerd. Vanaf $ 14.

Nostalgisch – **Cherry Hill Diner:** 2341 Rt. 38, tel. 1-856-667-8255, www.cherryhilldiner.com, dag. 24 Std. Soepen, sandwiches, hamburgers, salades en steaks in een typisch Amerikaanse dinersfeer. Vanaf circa $ 8.

Vervoer

Veerboot: River Link Ferry, tel. 1-267-559-2399, www.riverlinkferry.org, dag. 9.30-18 uur. Regelmatige veerboten tussen Penn's Landing in Philadelphia en Waterfront Park in Camden, retourkaartje $ 7.

Philadelphia en omgeving

Na New York City is de metropool Philadelphia met vijf miljoen inwoners het grootste stedelijke gebied in het oosten van de VS en het op vier na grootste van het land. Tot het belang van de metropool van de 'broederliefde' draagt, naast de historische rol in de onafhankelijkheidsstrijd, de rijkdom aan instellingen voor kunst en cultuur bij.

Elke Amerikaanse staat bezit een motto. Dat van Pennsylvania luidt zonder valse bescheidenheid: *America Starts Here* ('Hier begint Amerika'). Uit zo'n drie eeuwen geschiedenis blijkt wel dat deze boude bewering ergens op gebaseerd is. Want in de grote stad **Philadelphia**, Grieks voor 'broederliefde', stond de wieg van de VS. Op 4 juli 1776 riep het Congres hier de onafhankelijkheid uit. Deze verklaring, die naast de in 1787 eveneens in Philadelphia aangenomen grondwet tot de belangrijkste documenten uit de geschiedenis van de VS behoort, stond aan het begin van de dynamische ontwikkeling van het land tot wereldmacht.

Met het loskomen van Groot-Brittannië luidde de beroemde Liberty Bell (Vrijheidsklok) in Philadelphia een nieuw tijdperk in. De jonge stad had zich al eerder op zijn eigen krachten bezonnen, waarbij mannen als Benjamin Franklin naar voren traden. Hij stichtte in 1731 de eerste uitleenbibliotheek van de VS. In 1740 ontstond met de University of Pennsylvania de eerste universiteit op Amerikaanse bodem, in 1790 gevolgd door de eerste beurs van de VS.

Tegen het oorspronkelijke idee van zijn stichters in ontwikkelde Philadelphia zich in de 19e eeuw niet tot een groene oase, maar tot een enorme, stinkende stad met zware industrie. Tegenwoordig is daar in het hart van de stad niets meer van te zien, omdat het centrum in de jaren 90 ingrijpend werd gesaneerd. De belangrijkste historische attracties, die in een Historisch Nationaal Park zijn samengebracht, worden gepresenteerd in een toestand die in overeenstemming is met hun historische rol bij de vorming van de staat.

Buiten de stad liggen eveneens interessante historische bezienswaardigheden, maar ook de nederzettingen van de strengchristelijke amish, die de afgelopen decennia tot een toeristische attractie zijn uitgegroeid vanwege hun schilderachtige afwijzen van technologische ontwikkeling en hun zeer Bijbelvaste levenswijze.

✪ Philadelphia ▸ 1, J 6

Kaart: blz. 278

Independence National Historical Park

Philadelphia's bewaarplaats voor historische schatten is het door de National Park Service beheerde **Independence National Historical Park** midden in het centrum. Binnen de meest historische vierkante mijl van de VS zijn ongeveer veertig gebouwen geopend voor bezichtiging. In het middelpunt van het park ligt tussen de Fifth en Sixth Street de Independence Mall met de mijlpalen van de Amerikaanse onafhankelijkheidsstrijd.

National Constitution Center 1

525 Arch St., Independence Mall, tel. 1-215-409-6600, www.constitutioncenter.org, ma.-vr. 9.30-17, za. 9.30-17, zo. 12-17 uur, volwassenen $ 14,50

Als eerste instelling in zijn soort in Amerika houdt het **National Constitution Center** zich uitsluitend bezig met de geschiedenis en rol van de Amerikaanse grondwet, waarbij gebruikgemaakt wordt van de modernste technieken, zoals bij een inleidende, zeer patriottische multimediapresentatie op een 360°-filmdoek. Vanaf de Grand Hall van het Center kijkt u door een glazen gevel over de Independence Mall uit op de verder naar het zuiden gelegen Independence Hall, een door de architect met opzet gegenereerd uitzicht. In de Signer's Hall kunnen bezoekers zich mengen onder de levensgrote bronzen sculpturen van de 41 afgevaardigden van het Constitutioneel Verdrag, die de Amerikaanse grondwet uitwerkten en op 17 september 1787 ondertekenden. Benjamin Franklin hield daarbij een slotwoord.

Independence Visitor Center 2

1 N. Independence Mall W., tel. 1-800-537-7676, www.independencevisitorcenter.com, dag. 8.30-18 uur

Philadelphia Pass

Met de **Philadelphia Pass** kunnen bezoekers de bezienswaardigheden, musea en theaters van de stad leren kennen en bovendien deelnemen aan stadsrondleidingen. Een dagpas voor volwassenen kost $ 59, de tweedaagse Pass $ 89 (www.philadelphiapass.com). De City Pass (volwassenen $ 59) is daarentegen gedurende 9 dagen geldig en ook voor de toegang tot het Aquarium of de Zoo, maar heeft minder attracties te bieden (www.citypass.com).

Het **Independence Visitor Center** dient niet alleen als bezoekerscentrum voor het Independence National Historical Park (INHP), maar fungeert ook als toeristenbureau. Naast een reserveringsdienst voor hotels en restaurants biedt het touchscreens waarmee men beschrijvingen van bezienswaardigheden en evenementen kan raadplegen, en kaartjes voor plaatselijke attracties kan kopen. In

Midden in het Independence National Historical Park bevindt zich de Italiaanse ambassade

Liberty Bell: een nationale relikwie

Voor veel Amerikanen bestaat er slechts één nationaal symbool voor vrijheid en onafhankelijkheid: de Liberty Bell. Een kopie ervan siert talrijke capitools in de staten van toen. Het origineel is te zien in het Independence National Historical Park in Philadelphia, in een speciaal hiervoor gebouwd paviljoen.

De bijna 1000 kg zware, voor 70% uit koper en voor 25% uit tin en kleinere hoeveelheden lood, arseen, zink, goud en zilver bestaande Liberty Bell kijkt terug op een afwisselende geschiedenis. In opdracht van het stadsbestuur van Philadelphia werd in 1752 in Engeland een klok gegoten met een tekst uit het Bijbelboek Leviticus '... en gij zult vrijheid in het hele land afkondigen voor al zijn bewoners'. Toen de klok echter voor de eerste keer werd geluid, ontstond er een barst die invloed op de toon had. Tot tweemaal toe werd hij door de lokale klokkengieters Pass & Stow met gebruikmaking van het oorspronkelijke materiaal nagegoten – en telkens ontstond er na het luiden van de klok opnieuw een barst in het metaal.

Om hem te beschermen tegen de Britten, die kerkklokken tot munitie en ander oorlogstuig omsmolten, verstopten de burgers van Philadelphia het symbool van hun onafhankelijkheid in de oorlog tegen Engeland in het 100 km verderop gelegen Allentown (zie blz. 258). De klok werd voor het laatst geluid tijdens de feestelijkheden ter gelegenheid van de 114e geboortedag van de eerste president van de VS, George Washington, in 1846. Daarna werd hij opgesteld in de Independence Hall.

In 2003 kreeg de klok een eigen paviljoen. Zijn in een stalen raamwerk bevestigde ophanging bestaat uit een juk van iepenhout. Waar het vroegere 'onderkomen' van de Liberty Bell net genoeg ruimte voor de klok zelf bood, is het nieuwe paviljoen voorzien van een aanvullende tentoonstelling met wetenswaardigheden over de ontstaansgeschiedenis van de Liberty Bell en zijn huidige rol als vrijheidssymbool. Buitenlandse bezoekers kunnen in een speciaal ingerichte ruimte in een tiental verschillende talen informatie lezen en een film bekijken die in opdracht van de National Park Service werd geproduceerd.

Er zijn soms heftige nationale discussies gevoerd over de 'verhuizing' van de Liberty Bell, omdat in de begeleidende expositie ook documenten getoond worden die handelen over minder fraaie zaken uit de geschiedenis en duidelijk in tegenspraak zijn met idealen die met de Liberty Bell worden geassocieerd, zoals vrijheid en broederschap. Bij de bouw van het nieuwe paviljoen stuitten de bouwvakkers op restanten van het in 1832 afgebroken Robert Morris Mansion. Hier woonden de Amerikaanse presidenten George Washington en John Adams toen Philadelphia tussen 1790 en 1800 de hoofdstad van de VS was. Historici hebben erop gewezen dat George Washington, toen hij van 1789 tot 1797 als president dit huis bewoonde, acht slaven in bezit had.

het videotheater kunt u een film bekijken die een beeld geeft van de stad en zijn vele bezienswaardigheden.

Liberty Bell Center 3

Market St. tussen 5th/6th St., www.nps.gov/inde, dag. 9-17 uur, toegang gratis

Het **Liberty Bell Center** op de Independence Mall is het gebouw dat het wellicht belangrijkste historische symbool van de stad herbergt: de Vrijheidsklok (zie links). Recentelijk verhuisde deze klok voor de derde keer, maar hij moet nu zijn definitieve plaats gevonden hebben in een uit veel glas bestaand paviljoen, waar de klok, met op de achtergrond de Independence Hall, zonder storende moderne gebouwen in de buurt kan worden bekeken.

Independence Hall 4

Independence Mall, tel. 1-215-965-2305, www.nps.gov/inde, dag. 9-17 uur, tijdgebonden tickets ter plaatse, ook online voor volwassenen $ 1,50

Aan de overkant van Chestnut Street, waar de paardenkoetsen parkeren en een George Washingtonmonument staat, ligt de **Independence Hall**, waarin sinds de voltooiing in de eerste helft van de 18e eeuw belangrijke historische gebeurtenissen plaatsvonden. In mei 1775 kwam het tweede Continental Congress in de Assembly Hall samen en besloot in de afzonderlijke kolonies voorbereidingen te treffen voor de verdediging tegen de Engelsen. Een maand later benoemden de congresleden George Washington op deze plaats tot opperbevelhebber van het Continental Army. Een jaar later namen de gedelegeerden in dit gebouw de Amerikaanse Onafhankelijkheidsverklaring aan. Net zo belangrijk was de formele aanvaarding van de Amerikaanse grondwet door de Federal Constitution Convention op 17 september 1787. De Independence Hall wordt als een nationaal heiligdom beschouwd.

Second Bank of the United States 5

420 Chestnut St., tel. 1-800-537-7676, 11-17 uur, toegang gratis

De **Second Bank of the United States** valt op door de zuilenfaçade in Greek Revivalstijl. Dit naar het voorbeeld van het Parthenon gebouwde voormalige bankgebouw uit 1824 bezit een uitgelezen verzameling portretten van de leiders van de Vrijheidsoorlog, de ondertekenaars van de Onafhankelijkheidsverklaring en de Amerikaanse grondwet, en schilderijen van hoge militairen en diplomaten uit die tijd.

Carpenters' Hall 6

Chestnut St. tussen 3rd en 4th St., tel. 1-215-925-0167, www.carpentershall.com, di.- zo. 10-16 uur, jan. en feb. alleen wo.-zo., toegang gratis

In de **Carpenters' Hall** is een videopresentatie te zien die achtergrondinformatie over de Amerikaanse geschiedenis geeft. In het gebouw kwam in 1774 het eerste Continental Congress samen voor overleg over de toenemende betutteling van de Amerikaanse kolonies door Engeland. Op hun verzoeken om grotere zelfstandigheid werd door de Britse Kroon meestal afwijzend gereageerd, zodat het Congres aandrong op een gemeenschappelijke politieke koers ten opzichte van het Britse moederland.

Onder leiding van John en Samuel Adams, die tot de invloedrijkste voorvechters van de Amerikaanse onafhankelijkheid behoorden, en geïnspireerd door de vlammende toespraken van de patriot en latere vrijheidsstrijder Patrick Henry, besloten de gedelegeerden uit de twaalf koloniën – Georgia ontbrak – tot een boycot van Engelse waren en het instellen van import- en exportbeperkende maatregelen tegen Engeland. Bovendien verlangden zij van de Britse Kroon dat de belastingen en heffingen werden geschrapt die na het einde van de Zevenjarige Oorlog tegen Frankrijk in 1763 waren opgelegd om de oorlogskosten te betalen en de Britse schatkist opnieuw te vullen.

Benjamin Franklin Court & Museum 7

Ingang museum Market of Chestnut St., www.nps.gov/inde > Plan Your Visit > Benjamin

Franklin Museum, dag. 9-17, in hartje zomer tot 19 uur, volwassenen $ 5
Aan de andere kant van Chestnut Street bouwde het multitalent Benjamin Franklin (1706-1790) in 1763 in het **Franklin Court**, een huis waarin de befaamde drukker, staatsman, schrijver, uitvinder, diplomaat, filantroop en wetenschapper de laatste vijf jaren van zijn leven doorbracht. Dit huis bestaat niet meer sinds 1812, maar de omtrek is door een witte stalen constructie gemarkeerd. Het **Benjamin Franklin Museum** belicht met documenten, computeranimaties, schilderijen en interactieve opstellingen leven en werk van de grote zoon van de stad. Het museum werd na een renovatie in 2013 heropend door Ralph Archbold, die al meer dan dertig jaar als Franklin-imitator optreedt en in Philadelphia vaak op de foto wordt gezet. Met zijn tot op de schouders hangende dunne haar ziet hij eruit zoals Franklin op oude schilderijen staat afgebeeld.

Christ Church Burial Ground 8

Hoek Fifth/Arch St.
Na zijn dood in 1790 werd Benjamin Franklin op de **Christ Church Burial Ground** begraven. Ter herinnering aan zijn beroemde devies 'Een penny gespaard is een penny verdiend' liggen er vaak munten van één cent op het graf, dat hij met zijn vrouw Deborah deelt. Op de historische begraafplaats liggen nog vier andere ondertekenaars van de Amerikaanse Onafhankelijkheidsverklaring begraven.

Gespiegeld: de mural Philadelphia Muses van Mag Seligman in de S 13th St/Locust St

City Tavern 9

Second/Walnut St., tel. 1-215-413-1443, www.citytavern.com, lunch dag. vanaf 11.30, diner dag. vanaf 16, zo. vanaf 15 uur, reserveren aanbevolen, diner vanaf $ 23

In de uit de 18e eeuw stammende **City Tavern** vindt u een historische ambiance. Het personeel begroet u in kostuums die er precies zo uitzien als de kostuums in de 18e eeuw. Gasten lopen over een krakende houten vloer en nemen plaats in een van de over de twee verdiepingen verspreide eetzalen. Vroeger aten hier beroemdheden als George Washington, Benjamin Franklin en Paul Revere. De van oorsprong uit Duitsland afkomstige chef-kok Walter Staib, die zich de 'culinair ambassadeur van de stad Philadelphia' mag noemen, zorgt ook in de keuken voor historische correctheid en serveert bijvoorbeeld specialiteiten als bataatkoekjes, een lievelingsgerecht van Thomas Jefferson.

Penn's Landing 10

Aan de oever van de Delaware River ligt **Penn's Landing**, dat een populaire bestemming voor een uitstapje binnen de stad vormt. Hier zou William Penn in 1682 aan land zijn gegaan. Op het oeverterrein verandert **Spruce Street Harbor Park** 's zomers tijdelijk in een levendig ontspanningsoord met een biertuin, restaurant en drijvende tuinen (juni-sept.).

Independence Seaport Museum 11

211 S. Columbus Blvd., tel. 1-215-413-8655, www.phillyseaport.org, zo.-wo. 10-17, do.-za. 10-19 uur, volwassenen $ 16, kinderen $ 12

Drijvende geschiedenis is te bezichtigen in het Independence Seaport Museum. Daar ligt de in 1883 van stapel gelopen Portugese schoenerbark Gazela voor anker, wanneer het schip niet als 'drijvende ambassadeur van Philadelphia' uitgevaren is. Een tweede oldtimer, de USS Olympia, was het vlaggenschip van de vloot van admiraal George Dewey tijdens de Slag van Manilla in 1898 in de Spaans-Amerikaanse Oorlog. Van recenter datum is de onderzeeboot USS Becuna, die vanaf 1944 in het zuiden van de Grote Oceaan opereerde, maar na de Tweede Wereldoorlog enkel nog als trainingsschip in gebruik is geweest. Een andere oudgediende, die buiten het museum voor anker ligt, is de in 1904 van stapel gelopen Moshulu. Deze nog altijd zeewaardige viermaster is al jaren geleden verbouwd tot restaurantschip.

Society Hill ▶ 1, J 6

Ten zuidwesten van Penn's Landing ligt het stadsdeel **Society Hill**. Deze wijk is genoemd naar de Free Society of Traders, een groep zakenmensen die op uitnodiging van William Penn in Philadelphia een bedrijf stichtten. De vele gebouwen uit de 18e en 19e eeuw zorgen ervoor dat in Society Hill een sympathiek-nostalgische sfeer hangt. Rond het Head House Square liggen traditierijke restaurants. Vroeger verkochten de boeren uit de omgeving op dit plein hun producten.

South Street 12

Front tot 10th St. en Lombard tot Bainbridge St., www.southstreet.com

Met bijna vijfhonderd boetieks, galeries, theaters, nachtclubs, cafés en restaurants is **South Street**, een populaire uitgaanswijk, met name ook voor wie tot de late uurtjes wil gaan stappen. Oud geworden hippies zitten hier tussen pak en stropdas dragende zakenlui, skaters met gepiercete neusvleugels delen een tafeltje met platinablonde schoonheidsspecialistes uit de nagelstudio in de straat die hier hun pauze doorbrengen. Dat het in de levendigste uitgaans- en restaurantwijk van Philadelphia ook minder conventioneel kan toegaan, blijkt uit bedrijfsnamen als Crash Bang Boom, Erogenous Zone en Armed & Dangerous.

Ninth Street Market 13

9th St., di.-za. 8-16, zo. 8-13 uur

Een traditioneel, al meer dan een eeuw bestaand instituut in Society Hill is de **Ninth Street Market**, die voornamelijk wordt gehouden op 9th Street. Op overhuifde trottoirs staan stapels kisten met groente, karrenvrachten verse watermeloenen, plastic tonnen met verse vis en blauwe zwemkrab *(blue*

crab) uit de Chesapeake Bay. Doordeweeks barst de markt 's ochtends uit zijn voegen en doet vanwege zijn chaos en zijn geuren aan Palermo of Napels denken. Tussen de uitstallingen gaan kleine cafés, bloemenwinkels en winkels voor huishoudelijke artikelen en ondergoed schuil. Weliswaar is het strikt Italiaanse karakter van de markt in de loop der decennia verdwenen door de toestroom van andere nationaliteiten, maar over het geheel genomen domineren de kleuren groen-wit-rood er nog altijd.

Edgar Allan Poe National Historic Site 14

532 7th/Spring Garden St., tel. 1-215-597-8780, www.nps.gov/edal, vr.-zo. 9-17 uur, toegang gratis

De beroemde Amerikaanse schrijver Edgar Allen Poe verhuisde vermoedelijk tussen de herfst van 1842 en de zomer van 1843 naar de tegenwoordig als museum ingerichte **Edgar Allan Poe National Historic Site** om zijn woning in april 1844 alweer te verlaten. Tijdens rondleidingen door het woonhuis vertellen de medewerkers spannende verhalen. De rondleiding eindigt in de kelder. Tegen een muur zit het afvoerkanaal van een schouw. In *De zwarte kat* metselde de ik-persoon, die zijn vrouw met een bijl gedood had, daar haar lijk in.

Stadscentrum

African American Museum 15

701 Arch St., tel. 1-215-574-0380, www.aampmuseum.org, do.-za. 10-17, zo. 12-17 uur, volwassenen $ 14, kinderen $ 10

Met meer dan vierhonderdduizend objecten, waaronder documenten, schilderijen, meubels, foto's, boeken, kleding en volkskunst, biedt het **African American Museum** informatie over het leven in verleden en heden van de Afro-Amerikaanse inwoners van Philadelphia – van het dagelijks leven tot de burgerrechtenbeweging, van geneeskundige verzorging tot religie, en van sportieve prestaties tot kunst en architectuur. Het museum organiseert regelmatig muzikale evenementen, doorgaans met bekende artiesten.

Philadelphia

Bezienswaardig

1 National Constitution Center
2 Independence Visitor Center
3 Liberty Bell Center
4 Independence Hall
5 Second Bank of the United States
6 Carpenters' Hall
7 Benjamin Franklin Court & Museum
8 Christ Church Burial Ground
9 City Tavern
10 Penn's Landing
11 Independence Seaport Museum
12 South Street
13 Ninth Street Market
14 Edgar Allan Poe National Historic Site
15 African American Museum
16 Chinatown
17 Macy's Center City
18 One Liberty Place
19 City Hall
20 Logan Square
21 Academy of Natural Sciences
22 Franklin Institute
23 The Barnes
24 Rodin Museum
25 Philadelphia Museum of Art
26 - 33 zie blz. 282

Accommodatie

1 Sonesta Hotel Philadelphia
2 Sheraton Philadelphia Downtown
3 Holiday Inn Express
4 Alexander Inn
5 Hampton Inn Center City
6 Days Inn
7 Rodeway Inn Center City

Eten en drinken

1 Vetri
2 Urban Farmer
3 Moshulu
4 El Vez
5 Khmer Kitchen

Winkelen

1 Reading Terminal Market
2 Jeweller's Row
3 King of Prussia Mall
4 Souvenir Philadelphia

Uitgaan

1 World Cafe Live
2 Brasil's Nightclub
3 SugarHouse Casino
4 Kimmel Center for the Performing Arts
5 Academy of Music
6 Mann Music Center
7 Old City Arts Association

Actief

1 Ghost Tours of Philadelphia
2 Adventure Aquarium
3 Philly by Segway
4 Eastern State Penitentiary

Chinatown 16

Waar zich tegenwoordig **Chinatown** uitstrekt, stond in de jaren 1860 slechts één Chinese wasserij. Ongeveer tien jaar later opende op Race Street nr. 913, waar tegenwoordig een informatiebord staat, het eerste Chinese restaurant, Mei-Hsian Lou, zijn deuren. In de daaropvolgende decennia kreeg het vervolgens tientallen buren. In een recenter verleden werd de wijk door de opening van Vietnamese, Birmese en Japanse restaurants steeds internationaler (9th tot 12th St./Vine tot Arch St.).

Reading Terminal Market 1

12th/Arch Streets, ma.-za. 9-18, zo. 9-17 uur

De ruim 115 jaar oude markthal **Reading Terminal Market** (zie blz. 280) in Philadelphia is een van de mooiste in zijn soort in de VS. In de nostalgisch aandoende ambiance kunt u niet alleen geweldig winkelen, maar ook goed en goedkoop eten.

Macy's Center City 17

Tussen Market/Chestnut St. en 13th/ Juniper St., tel. 1-215-241-9000, www1.macys.com, orgelconcerten ma.-za. 12 en 17, wo., vr. 19 uur

Een van de oudste, in 1861 gestichte warenhuizen van de VS, dat tegenwoordig onder de naam **Macy's Center City** opereert, werd in 1910 verbouwd door de befaamde architect en stadsplanner Daniel Burnham, die er een consumptiepaleis van maakte dat alle andere winkels in de schaduw stelde. Toen het warenhuis zijn poorten opende, stond de verbluffte klandizie in een vijf verdiepingen hoge, door galerijen omgeven glimmende,

Tip

READING TERMINAL MARKET

De 'buik van Philadelphia' ligt midden in het centrum in een voormalig station, waar tot in de jaren 70 een stuk of honderd marktkooplui hun werkterrein moesten delen met reizigers en stationspersoneel. Na vele pieken en dalen in de afgelopen decennia presenteert de in 1892 gestichte **Reading Terminal Market** 1 zich nu als gastronomische bazaar, die voor veel inwoners van de stad een onontbeerlijke instelling is geworden. Frankrijkkenners zullen tussen het aanbod van vlees en worsten, vitrines vol kip, tientallen bakkersproducten en bloemenstalletjes herinnerd worden aan de oude Hallen in Parijs. De zeer drukke markt dankt zijn populariteit mede aan de talrijke eetstalletjes. Van woensdag tot zaterdag zetten amishboerinnen uit Pennsylvania Dutch Country hun kraampjes neer en dragen met handgebreide quilts, zelfgebakken koeken en andere amishspecialiteiten bij aan de verscheidenheid van het marktaanbod (12th St./Arch St., tel. 1-215-922-2317, www.readingterminalmarket.org, ma.-za. 8-18, zo. 9-17 uur).

bronzen lobby, die met zijn barok aandoende orgel met dertigduizend pijpen eerder op een kathedraal leek.

City Hall 19

Market/Broad St., Observation Deck ma.-vr. 9.30-16.15 uur, $ 6, tijdgebonden tickets verplicht

Op het snijpunt van de belangrijke verkeersaders Market Street en Broad Street staat onmiskenbaar de tussen 1871 en 1901 gebouwde **City Hall**. Tot 1988 was het verboden om hoger te bouwen dan de 167 m hoge toren van het stadhuis. De hemel boven Philadelphia was gereserveerd voor de stichter van de staat en de stad, William Penn, wiens 11 m hoge standbeeld de toren van het stadhuis bekroont. Bezoekers van de City Hall hebben vanaf het platform van de toren hetzelfde uitzicht als het bronzen beeld. Met zijn maar liefst 642 kamers geldt het in de stijl van de Franse renaissance opgetrokken reuzenbouwwerk als het grootste stadhuis in de VS.

Logan Square 20

De indianenbeelden van de Swann Memorial Fountain op **Logan Square** symboliseren de drie belangrijkste waterwegen – de Delaware River, Schuylkill River en Wissahickon Creek.

Academy of Natural Sciences 21

19th St./Benjamin Franklin Pkwy, tel. 1-215-299-1000, www.ansp.org, ma.-vr. 10-16.30, za., zo. 10-17 uur, volwassenen $ 18, kinderen $ 14

Aan de zuidzijde van het plein ligt de **Academy of Natural Sciences** met talrijke levende dieren zoals reptielen en hagedissen. Vooral de dinosaurusexpositie trekt veel bezoekers. Ertegenover kunt u in het **Sister Cities Park Visitor Center** informatie krijgen over alle bezienswaardigheden in de stad en toegangskaartjes kopen (200 N. 18th St.).

Franklin Institute 22

271 N. 21st St., tel. 1-215-448-1200, www2.fi.edu, dag. 9.30-19 uur, volwassenen $ 20, kinderen tot 11 jaar $ 16

Het **Franklin Institute** met vele technische installaties die u kunt uitproberen, is gewijd aan een verscheidenheid aan zaken, van astronomie tot militaire technologie en van kunstharten tot meteorologie. De Free Library of Philadelphia met meer dan twee miljoen boeken is niet alleen populair bij boekenwurmen. In het dakcafé van de bibliotheek kunt u uitrusten van de inspannende culturele drukte. Het museum bezit naast een planetarium ook nog een IMAX-theater met films over walvissen, dinosauriërs en de prachtige verscheidenheid van de nationale parken ($ 6).

The Barnes 23

2025 B. Franklin Pkwy, tel. 1-215-278-7000, www.barnesfoundation.org, wo.-ma. 10-17 uur, volwassenen $ 25, kinderen $ 10, eerste zo. gratis

Een genoegen vormt het kunstmuseum **The Barnes**, met werk van onder anderen Renoir, Cézanne, Matisse, Courbet, Picasso en Goya, maar ook met Afrikaanse sculpturen en meubilair van de in Pennsylvania levende amish.

Rodin Museum 24

22nd St./Benjamin Franklin Pkwy, tel. 1-215-763-8100, www.rodinmuseum.org, wo.-ma. 10-17 uur, volwassenen $ 10, tot 18 jaar $ 7

Voor het **Rodin Museum** staat een kopie van Rodins beroemde beeld *De denker*. De verzameling kunstwerken van de beroemde Franse beeldhouwer Auguste Rodin (1840-1917) was een geschenk van de zakenman Jules E. Mastbaum aan de stad Philadelphia.

Philadelphia Museum of Art 25

Benjamin Franklin Pkwy, tel. 1-215-763-8100, www.philamuseum.org, di.-zo. 10-17, wo. en vr. tot 20.45 uur, volwassenen $ 20 inclusief Rodin Museum

De Franklin Parkway eindigt buiten het centrum midden in het antieke Griekenland – althans zo lijkt het. Op een lage heuvel ligt als een geweldige zuilentempel het **Philadelphia Museum of Art**. In het enorme complex vindt u naast schilderijen van Rubens, Renoir en Van Gogh ook werken van 20e-eeuwse kunstenaars als Alexander Calder, wiens monumentale *Mobile* in de entreehal boven de grote trap hangt. Impressionistische schilderijen, een boeddhistische tempel, een Japans theehuis, door amish gemaakte meubels, klederdracht en kostuums, maar ook een nagebouwd Franse kloosterkruisgang uit de 12e eeuw behoren tot de bezienswaardigheden.

Informatie

Independence Visitor Center: 1 N. Independence Mall W., Philadelphia, PA 19106, tel. 1-215-925-6101, www.phlvisitorcenter.com, dag. 8.30-19 uur.

Accommodatie

Onberispelijke service – **Sonesta Hotel Philadelphia** 1 **:** 1800 Market St., tel. 1-215-561-7500, www.sonesta.com/philadelphia. Stadshotel met een ideale locatie aan de museumstraat, eigen restaurant, buitenzwembad. Vanaf $ 220.

Tip

PHILLY VAN BOVEN

Een grandioos panoramisch uitzicht op de stad biedt het **One Liberty Observation Deck** op de 57 etage van het **One Liberty Place** 18 **,** het hoogste gebouw van Philadelphia (www.phillyfromthetop.com, dag. 10-22 uur, volwassenen $ 19). Andere uitkijkpunten op luchtige hoogte zijn de **City Hall Tower** (zie blz. 280), het **R2L Restaurant** in het Two Liberty Place (www.r2lrestaurant.com), het restaurant **Nineteen** in het Hyatt in het Bellevue (www.hyatt.com) en het restaurant **Top of the Tower** (Three Logan Square, www.skybrunch.com).

Actief

HET PHILADELPHIA VAN BOKSLEGENDE ROCKY BALBOA

Informatie

Begin: Thomas Aquinas Catholic Church (1719 Morris St.)
Lengte: circa 15 mijl (24 km)
Duur: 3-4 uur

In 1976 ging het bokserepos *Rocky* in première. Deze speelfilm van regisseur John G. Avildsen werd tegen alle verwachtingen in een groot commercieel succes. Het was de best bezochte film van 1976 en in het volgende jaar werd hij met drie Oscars bekroond. De titelrol – die van de in Philadelphia wonende bokser Rocky Balboa – werd gespeeld door Sylvester Stallone, die ook hetscript schreef. Uit deze eerste succesfilm ontwikkelde zich een reeks van in totaal zes Rockyfilms, waarin Philadelphia telkens als plaats van handeling een hoofdrol speelde. Liefhebbers kunnen een groot aantal locaties uit de film bezichtigen.

Voordat Rocky door zijn bokswedstrijden beroemd werd, bewoonde hij een inmiddels als **Rocky's Apartment** 26 bekend geworden, tamelijk sjofele woning in het stadsdeel Kensington. Het huis van twee verdiepingen op Tusculum Street nr. 1818 bezit nog altijd een gevel van rood baksteen. Afgezien van een nieuwe buitendeur en een nieuwe trapleuning is er na de filmopnames eigenlijk niets veranderd.

Talrijke scènes van de Rockyfilms hebben betrekking op Adrian, zoals Stallone zijn vriendin en latere vrouw Adrianna Pennino noemt. Wanneer hij deze zuster van zijn vriend Paulie leert kennen, woont ze samen met haar broer in **Adrian & Paulie's House** 27 (2822 Rosehill St.) en werkt ze in de nogal armoedige dierenwinkel **J & M Tropical Fish** 28, waarvan tegenwoordig alleen nog een bouwval over is (2146 N. Front St.).

Als hij niet ergens buiten zijn spieren staalt, traint Rocky in **Mickey's Gym** 29. Tegenwoordig is er een kleine supermarkt in het gebouw gevestigd (2147 N. Front St.).

Maar zowel in de eerste Rockyfilm als in *Rocky III* speelt de brede bordestrap voor het **Philadelphia Museum of Art** 25 een belangrijke rol in het openluchttrainingsprogramma van de bokser. Statistici hebben uitgerekend dat Rocky voor de 72 traptreden maar ruim tien seconden

nodig had, omdat hij telkens vier treden tegelijk nam. Dit korte sprintje is voor tal van navolgers inmiddels een symbool van volharding en overwinningsdrang geworden. Aan de bovenkant van de trap is als eerbetuiging een bronzen afdruk van Stallones sportschoenen in het cement aangebracht. Even verderop aan de noordkant van het museum (26th St. & Benjamin Franklin Pkwy) staat een boksermonument.
Zijn ochtendlijke trainingsrondjes door de stad voerden Rocky over de **Ninth Street Market** 13, een sympathiek-chaotische openluchtmarkt met gammele groente- en fruitstalletjes, vitrines vol geslachte kippen en halve varkens, lege dozen en culinaire lekkernijen (Ninth St.). In een van de filmafleveringen kocht hij op deze markt voorraden voor zijn restaurant in. In deze film verschijnt ook het beeld van de ruim een eeuw oude groente- en fruitwinkel P & F Giordano, die nog altijd bestaat (1043 S. 9th St., tel. 1-215-922-7819, www.italianmarketphilly.org).
In *Rocky II* wil Stallone van Adrian weten of ze met hem wil trouwen. Als locatie voor het huwelijksaanzoek koos de regisseur het roofdierenverblijf in de **Philadelphia Zoo** 30 (3400 W. Girard Ave., tel. 1-215-243-1100, www.philadelphiazoo.org). Adrian neemt het aanzoek aan. Enige tijd later vindt de eenvoudige huwelijksceremonie plaats in de **St. Thomas Aquinas Catholic Church** 31, een nog altijd bestaande rooms-katholieke kerk (1719 Morris St., www.staquinas.com). Nadat zijn vrouw, die door Talia Shire werd gespeeld, aan kanker is overleden, treurt Rocky bij haar graf op de begraafplaats **Laurel Hill Cemetery** 32. Op dit kerkhof van beroemdheden zijn naast veel bekende Amerikanen ook enkele ondertekenaars van de Amerikaanse Onafhankelijkheidsverklaring begraven (3822 Ridge Ave., www.thelaurelhillcemetery.org).
In de laatste aflevering van de Rockyserie wordt Balboa eigenaar van het restaurant Adrian's, waarin hij samen met zijn vriend Paulie Pennino (Burt Young) op de televisie naar een bokswedstrijd kijkt. Deze scène werd in januari/februari 2006 opgenomen in het **Victor Cafe** 33, dat vanwege de gezellige sfeer en de goede keuken nog altijd tot de populairste Italiaanse restaurants van de stad behoort (1303 Dickinson St., tel. 1-215-468-3040, www.victorcafe.com).

Goed stadshotel – **Sheraton Philadelphia Downtown** 2: 17th/Race St., tel. 1-215-448-2000, www.starwoodhotels.com. Bij dit chique hotel met 29 verdiepingen en 760 goed ingerichte kamers zijn ook een steakhouse, een sauna, verscheidene sportcomplexen en een fitnesscenter aangesloten. Vanaf $ 175.
Ietwat luidruchtig – **Holiday Inn Express** 3: 100 N. Columbus Blvd., tel. 1-215-627-7900, www.hiepennslanding.com. Een van de voordeligste onderkomens in de binnenstad. Standaardkamers met ontbijt. Vanaf circa $ 160.
Sympathieke stadsoase – **Alexander Inn** 4: 12th/Spruce St., tel. 1-215-923-3535, www.alexanderinn.com. Grote inn in de buurt van het Pennsylvania Convention Center met fitnessruimte, health club en spa, inclusief ontbijt$ 129-169.
Prima prijs-kwaliteitverhouding – **Hampton Inn Center City** 5: 1301 Race St., tel. 1-215-665-9100, www.hamptoninn3.hilton.com. Over twaalf verdiepingen verdeeld vindt u hier kamers met bad of alleen een douche, naast éénkamersuites. Whirlpool, binnenzwembad en een fitnessruimte. Vanaf $ 160.
Goede ligging – **Days Inn** 6: 1227 Race St., tel. 1-215-564-2888, www.daysinnphiladelphia.com. Centraal ketenmotel met schone kamers, maar zonder veel comfort. Vanaf $ 130.
Startpunt voor bezichtigingen – **Rodeway Inn Center City** 7: 1208 Walnut St., tel. 1-215-546-7000, www.rodewayinn.com. Sommige kamers hebben een bad, andere alleen een douche. Strijkijzer en föhn op de kamer, inclusief ontbijt. Vanaf $ 125.

Eten en drinken

Italiaanse gerechten – **Vetri** 1: 1312 Spruce St., tel. 1-215-732-3478, www.vetriristorante.com, alleen diner, zo. gesl.. De meermaals

In restaurant El Vez mixt de barkeepster overheerlijke margarita's

bekroonde chef-kok Marc Vetri kookt Italiaans. Een van zijn beroemde nagerechten heet 'chocolate polenta soufflé'. Er wordt dagelijks alleen een vast fijnproeversmenu geserveerd – voor $ 155 zeer duur, maar de prijs zeker waard.

Aangenaam steakhouse – **Urban Farmer** 2 **:** 1850 Benjamin Franklin Pkwy, tel. 1-215-963-2788, www.urbanfarmerphiladelphia.com, dag. 6.30-22 uur. Uitstekende dry-aged-steaks in een aangename, urbane sfeer. Wie moeilijk een keus kan maken, neemt de steak tasting voor $ 66.

Een beetje anders dan anders – **Moshulu** 3 **:** 401 S. Columbus Blvd., tel. 1-215-923-2500, www.moshulu.com, ma.-za. vanaf 17, zo. brunch vanaf 10-14.30 uur. Moshulu is een tot restaurantschip omgebouwde, romantische viermaster met een voortreffelijk aanbod aan gerechten en wijnen. $ 25-49.

Latinokeuken – **El Vez** 4 **:** 121 S. 13th St., tel. 1-215-928-9800, www.elvezrestaurant.com, dag. lunch en diner, zo. brunch. Mexicaans-Amerikaanse keuken en verleidelijke margarita's. Kleurrijke ambiance. Vanaf $ 11.

Echt Aziatisch – **Khmer Kitchen** 5 **:** 620 1700 S. 6th St., tel. 1-215-755-2222, di.-za. 10-20.30, zo. tot 19.30 uur. Klein restaurant met traditionele zoetzure of pikante gerechten uit Cambodja. B.Y.O. en alleen cash! Smakelijke soepen vanaf $ 7,50, hoofdgerecht vanaf $ 8.

Winkelen

Alles wat je hartje begeert – **Reading Terminal Market** 1 **:** zie Tip blz. 280

Sieraden – **Jeweller's Row** 2 **:** Sansom St. tussen 7th/8th St. en 8th St. van Chestnut tot Walnut St. Al meer dan 150 jaar bestaande juwelierswijk met honderden juweliers en sieradenontwerpers.

Winkelcentrum – **King of Prussia Mall 3:** ten noorden van Philadelphia in King of Prussia, 160 N. Gulph Rd., ma.-za. 10-21.30, zo. 11-19 uur. Enorme mall met alles wat consumentenharten sneller doet slaan.
Souvenirs – **Souvenir Philadelphia 4:** 307 Arch St., tel. 1-215-923-2565. Wie een souvenir uit Philadelphia wil, zal hier zeker iets vinden. De Amerikaanse Onafhankelijkheidsverklaring is er als poster.

Uitgaan

Rustig en cool – **World Cafe Live 1:** 3025 Walnut St., tel. 1-215-222-1400, www.philly.worldcafelive.com. Bij het avondeten is er dagelijks wisselende livemuziek.
Opwindende ritmes – **Brasil's Nightclub 2:** 112 Chestnut St., tel. 1-215-432-0031, www.brasilsnightclub-philly.com, wo., vr.-za. vanaf 21 uur. Zuid-Amerikaanse flair.
Dag en nacht – **SugarHouse Casino 3:** 1001 N. Delaware Ave., www.sugarhousecasino.com. Slots, Bars, restaurants en entertainment aan de Water Front. Gratis trolleybus.
Podiumkunst – **Kimmel Center for the Performing Arts 4:** 300 S. Broad St., tel. 1-215-731-3333, www.kimmelcenter.org. Dit futuristisch aandoende gebouw onder een glazen gewelf is in Philadelphia de belangrijkste tempel voor podiumkunst. Tot het centrum behoren de **Verizon Hall** voor verschillende evenementen en het **Perelman Theater,** dat slecht één van de meer dan tien theaters van de stad is.
Opera-avonden – **Academy of Music 5:** Broad/Locust St., tel. 1-215-893-1999, www.academyofmusic.org. Philadelphia's grandioze operagebouw uit 1857 biedt bijna drieduizend toeschouwers plaats. De Opera Company of Philadelphia en het Pennsylvania Ballet gebruiken het complex gezamenlijk.
Openluchtconcerten – **Mann Music Center 6:** Fairmount Park, www.manncenter.org. In dit outdoorcentrum worden in de zomer concerten gehouden.
Gratis kunst – **Old City Arts Association 7:** www.oldcityarts.org/start.html. Deze organisatie biedt iedere eerste vrijdag van de maand tussen 17 en 21 uur een openhuisavond, waarbij vijftig deelnemende galeries en culturele instellingen gratis kunnen worden bezocht.

Actief

Stadsrondleidingen – **Ghost Tours of Philadelphia 1:** 5th/Chestnut St., tel. 1-215-413-1997, www.ghosttour.com/philadelphia.html. Spooktochten met nachtelijke bezichtigingen van begraafplaatsen en historische gebouwen.
Independence Historic National Park 2; Visitor Center, gratis rondleidingen door parkrangers. Verschillende thema's.
Aquarium – **Adventure Aquarium 2:** Vanaf Ferry Dock (Penn's Landing) varen River-Link-veerboten naar Camden (NJ) en het Aquarium (tel. 1-215-925-5465, www.riverlinkferry.org, dag. 9-18 uur), zie blz. 277.
Rechtop per tweewieler – **Philly by Segway 3:** 229 Arch St., tel. 1-215-280-3746, www.phillytourhub.com. Tochten met het futuristische vervoermiddel voor deelnemers vanaf veertien jaar. Vanaf $ 55.
In de bak – **Eastern State Penitentiary 4:** 2027 Fairmont Ave., tel. 1-215-236-3300, www.easternstate.org, dag. 10-17 uur, $ 14. Bezienswaardige museumgevangenis, waar Al Capone ooit comfortabel verbleef.

Evenementen

Mummers Parade: 1 jan. Nieuwjaarsparade met dansers en bands.
Manayunk Arts Festival: juni. Groot kunstfestival met vele evenementen in de openlucht, www.manayunk.com.
Philadelphia Folk Festival: aug. Volksmuziekfestival, www.pfs.org/folk-festival.
Puerto Rican Week Festival Parade: sept. Porto Ricaans straatfeest met een grote, gekostumeerde optocht.
Philadelphia Fringe Festival: sept. Cultureel festival, www.fringearts.com/programs/festival.
Annual German-American Steuben Parade: sept. Duits-Amerikaanse parade met *Oktoberfest*, www.steubenparade.com.
Columbus Day Parade: okt. Optocht ter ere van Columbus.

Omgeving van Philadelphia

Vervoer

Vliegtuig: Philadelphia International Airport, tel. 1-215-937-6937, www.phl.org. De 13 km van het centrum gelegen luchthaven wordt door alle Amerikaanse en vele buitenlandse luchtvaartmaatschappijen aangedaan. De lokale trein SEPTA vervoert reizigers in circa 30 min. naar de stad ($ 8). Een taxi naar het centrum kost circa $ 28,50.

Trein: Amtrak Terminal, 30th St./Market St., tel. 1-800-USA-RAIL. Station voor de Amtrak-verbindingen naar alle delen van de VS. De treinen van NJ Transit rijden naar Atlantic City.

Bus: Greyhound Lines Terminal, 10th St./Filbert St., tel. 1-215-931-4075, www.greyhound.com. Bussen ook in de omgeving van Philadelphia.

Openbaar vervoer: in de stad rijden bussen, metro's en trolleybussen van SEPTA (Southeast Pennsylvania Transportation Authority, www.septa.org). SEPTA-bussen kosten contant $ 2 (gepast betalen) of $ 1,55 voor een jeton. Met een Independence Pass ($ 12) kunt u een dag lang onbeperkt gebruikmaken van alle vormen van openbaar vervoer.

Ten noordwesten van Philadelphia ▶ 1, H 6

Kaart: boven

Valley Forge National Historical Park 1

www.wmchapel.org, dag. 10-17 uur

Het **Valley Forge National Historical Park** houdt de herinnering aan de grimmige winter van 1777/1778 levend, toen George Washingtons Continental Army aan het eind van zijn krachten, slecht uitgerust en door honger en ziekte geplaagd, de bitterste fase van de Vrijheidsoorlog doormaakte. Eind 1777 verscheen in deze heuvelachtige omgeving een haveloos geklede, ongemotiveerde troep van twaalfduizend Amerikaanse soldaten om er te overwinteren. Langs de weg die zich door het heuvelige nationaal park slingert, liggen herbouwde blokhutten die de soldaten als onderkomen gebruikten.

George Washingtons toenmalige hoofdkwartier was ondergebracht in het woonhuis van een molenaar, waarin tegenwoordig een museum is gevestigd. Daarnaast staan de van boomstammen opgetrokken hutten waarin de lijfwacht van Washington was ingekwartierd. Ook de Washington Memorial Chapel met een klokkenspel van 58 klokken herinnert aan de grote generaal. De kapel is tegenwoordig een populaire trouwlocatie (www.wmchapel.org, dag. 10-17 uur).

Eind februari 1778 keerde het tij. Vanaf dat moment nam de Pruisische generaal baron Friedrich Wilhelm von Steuben, die met een aanbevelingsbrief van de in Parijs wonende diplomaat Benjamin Franklin in de Verenigde Staten was aangekomen, de training van de soldaten op zich en maakte van hen in korte tijd een slagvaardig, gedisciplineerd en moreel sterk leger.

Von Steuben sprak nauwelijks Engels. Hij schreef zijn exercitieaanwijzingen op in het Frans en liet ze vervolgens, in Engelse vertaling, onder de manschappen uitdelen. Later werden zijn in het *Blue book* samengevatte regels een militaire klassieker.

Toen het leger van Washington op 19 juni 1778 in Valley Forge opbrak om de uit Philadelphia naar New York vertrekkende Britse troepen te achtervolgen, had het in een precaire situatie een beslissende overwinning behaald – de triomf over zichzelf. Von Steuben had daarin een groot aandeel. Toen hij in november 1794 op 64-jarige leeftijd aan een beroerte overleed, lieten de Amerikanen in zijn grafsteen beitelen: 'Zijn diensten waren onontbeerlijk voor het bereiken van de Amerikaanse onafhankelijkheid'.

Informatie

Welcome Center: 1400 Outer Line Dr., King of Prussia, PA 19406, tel. 1-610-783-1000, www.nps.gov/vafo, dag. 9-17 uur. U kunt een audioguide voor het nationale park huren, toegang gratis.

Accommodatie

Herbouwd – **Best Western King of Prussia:** 127 S. Gulph Rd., King of Prussia, tel. 1-610-265-4500, www.bwkop.com. Hotel met verwarmd buitenzwembad, spa, internet en fitnessruimte. Inclusief ontbijt. In de buurt van de King of Prussia Mall. $ 120-150.

Prima ingericht – **Comfort Inn Valley Forge:** 550 W. DeKalb Pike, King of Prussia, tel. 1-610-962-0700, www.comfortinn.com > Comfort Inn Valley Forge. Groter motel, kamers inclusief minibar, koelkast en koffiezetapparaat. Vanaf $ 90.

Eten en drinken

Voor de flinke trek – **Peppers Italian Restaurant:** 239 Town Center Rd., King of Prussia, tel. 1-610-265-2416, www.peppersitalianrestaurant.com, dag. vanaf 11 uur. Italiaanse gerechten in overvloedige porties. Tot de specialiteiten behoort chicken amaretto. Diner vanaf circa $ 15.

Japans – **Kabuki:** 180 E. DeKalb Pike, King of Prussia, tel. 1-610-878-9203, ma.-za. 11.30-22, zo. vanaf 13.30 uur. Kleurrijke sushi, sashimi en andere Japanse gerechten in een ontspannen sfeer. Voor alcohol geldt: B.Y.O.! Vanaf $ 11.

Hopewell Furnace National Historic Site 2

Second Mark Bird Ln., Elverson, tel. 1-610-582-8773, www.nps.gov/hofu, dag. 9-17 uur, toegang gratis

Tijdens zomerweekends brengen arbeiders en boerinnen in oude klederdracht **Hopewell Furnace National Historic Site** tot leven. In een grote loods draait een gigantisch waterrad dat door middel van drijfriemen een groot aantal ouderwetse machines in beweging zet. Aan de bosrand werken kolenbranders in een vrijwel ondoordringbare walm aan een houtskoolmeiler. In dit tafereel passen ook boerinnen in enkellange dracht en met merkwaardige mutsen vol ruches op hun hoofd, die in de middeleeuws aandoende keukens bedrijvig in de weer zijn of met lange houten lepels in koperen ketels met hete appelsiroop roeren.

Op de plaats waar tegenwoordig het sfeervolle museumdorp ligt, werd 112 jaar lang op eenvoudige wijze, maar volgens de stand der techniek van die tijd ruwijzer geproduceerd, met een bloeiperiode tussen 1820 en 1840. Zoals het complex er in die tijd uitzag, is het

Bijbel of bier: amishtieners en het rumspringa

De amish worden vanwege hun diepe religiositeit en door hun levenswijze vaak als een soort heiligen gezien. Dat deze bevolkingsgroep echter met dezelfde problemen wordt geconfronteerd als de rest van de VS, blijkt uit een grotendeels onbekend amishgebruik: het *rumspringa*.

De amish leiden met hun oude tradities en waarden een teruggetrokken bestaan, opgesloten binnen de Amerikaanse 'Coca-Colacultuur' – en tegelijkertijd toch ook helemaal daarbuiten. Ze gebruiken geen elektriciteit, rijden in plaats van in een auto met paard-en-wagen als ze op bezoek gaan of gaan winkelen, bewerken hun velden met echte paardenkrachten en kleden zich in eenvoudige kleding, die met haken en ogen in plaats van met ritsen of knopen bijeengehouden wordt.

Des te verbazender is de kinderopvoeding. Zodra tieners het 16e levensjaar achter de rug hebben, breekt voor velen van hen de *rumspringa*-periode aan, een fase waarvan niet van tevoren is vastgelegd hoe lang hij zal duren, waarbij ze de verder verboden wereld van de Amerikaanse maatschappij met al haar uitwassen mogen ontdekken om naar eigen goeddunken te kiezen tussen Bijbel en bier, zedelijk leven en seks. Uitgerust met smartphones spreken jongeren van beide geslachten af voor soms wilde feesten op afgelegen boerderijen, in bossen en zelfs in oude mijngangen. De alcohol stroomt daarbij rijkelijk, en de theoretische kennis van de jonge wilden over het andere geslacht kan zonder ouderlijke strafmaatregelen in de praktijk worden getoetst.

Bij tijd en wijle lopen *rumspringa*-ruzies zodanig uit de hand dat de politie moet ingrijpen om er een einde aan te maken. In Leon (Ohio) moest de sheriff optreden toen op een maandagochtend in een greppel langs de weg buiten het dorp een dood paard en de restanten van een buggy werden gevonden. In de loop van het onderzoek ontdekte hij dat er tijdens een paardenbuggyrace tussen drie jongeren een zware botsing had plaatsgevonden. Hoe lang de *rumspringa*-fase duurt en wat er allemaal is toegestaan respectievelijk verboden, verschilt niet alleen per familie, maar ook per religieuze gezindte. Bij de zeer conservatieve Swarzentrubergroepen kan de jeugd tijdens de *rumspringa* helemaal uit de band springen en tot het uiterste gaan. Minder strenge New Ordergroepen remmen de adolescenten af om excessen te voorkomen. Zij doen dat bijvoorbeeld door samen met andere gemeenschappen sportieve evenementen of concerten te organiseren waarbij de jongeren elkaar kunnen leren kennen.

De amish-ouders hebben een goede reden om hun nageslacht grote vrijheden te gunnen. De kinderen moeten de decadentie van de 'buitenwereld' leren kennen en uit eigen vrije wil in de schoot van hun gemeenschap terugkeren om zich ten slotte te laten dopen. Daarna moeten ze zich evenwel aan het strenge reglement van hun gemeenschap onderwerpen – en voor altijd. Wie na het *rumspringa* voor de moderne wereld kiest, breekt met familie en gemeenschap – eveneens voor altijd.

voor de hedendaagse bezoeker opnieuw ingericht. Naast het Ironmaster's Mansion kunt u verscheidene andere gebouwen bezichtigen, zoals een smederij, schuren, stallen en onderkomens voor de arbeiders.

De beste tijd voor een bezoek zijn de zomerweekends, wanneer traditioneel geklede inwoners naar het dorp terugkeren en demonstreren hoe de mensen in de eerste helft van de 19e eeuw hun dagelijks leven doorbrachten en werkten.

Pennsylvania Dutch Country ▶ 1, H 6

Kaart: blz. 286

Ten zuiden van de in oost-westrichting lopende Interstate 76 ligt het heuvelachtige **Pennsylvania Dutch Country** met wit of rood gesauste boerderijen, slanke silo's en akkers te midden van dorpen en bossen. In dit deel van Pennsylvania domineert niet de moderne, hightech agrarische industrie, maar een traditionele vorm van landbouw. Dit is in het bijzonder te danken aan de conservatieve amish, die hun landerijen nog net als in vroeger tijden bewerken. Overigens is Dutch hier een verbastering van Deutsch en geen verwijzing naar Nederlanders. Sinds het eind van de jaren 80 is Pennsylvania Dutch Country veranderd in een toeristische attractie – met groeiende bezoekersaantallen. Oorzaak van deze ontwikkeling was de in 1985 in de bioscoop verschenen film *Witness*. De regisseur gebruikte een echte amishboerderij uit Lancaster County als decor voor een groot deel van de film.

De vaak kinderrijke amishgezinnen – tien kinderen zijn geen zeldzaamheid – leven hun eenvoudige bestaan zonder elektriciteit en auto's. Hun traditionele transportmiddel is de buggy, een vierwielige, meestal gesloten zwarte paardenkoets, waarvan de buitenverlichting tegenwoordig op batterijen loopt – een knieval voor de moderne tijd. Getrouwde mannen dragen doorgaans een baard en gaan in het zwart of donkerblauw gekleed, terwijl de vrouwen hun lange haar onder een muts verbergen en zich in het openbaar uitsluitend vertonen in decent tot op de knie of enkel hangende rokken. Hoe dichter u Lancaster nadert, des te idyllischer worden de zacht glooiende heuvels waarop boerderijen, tabaksakkers en weiden liggen. Amishboeren, die doorgaans boerderijen van ongeveer 25 ha bezitten, produceren hun agrarische producten zonder de inzet van chemische bestrijdingsmiddelen, wat hun waren aantrekkelijk maakt voor klanten die op hun gezondheid letten. In de regel zijn schuren en woningen wit gesaust en onderscheiden ze zich van Amerikaanse boerderijen doordat er geen elektrische leidingen naar de gebouwen lopen. Veel boeren verkopen hun producten direct aan klanten, die naar de boerderij komen en interesse hebben in zelfgemaakte marmelade, dranken of quilts.

Ephrata 3

In het jaar 1732 vestigde een piëtistische Duitse gemeenschap zich in **Ephrata** en stichtte daar een van de eerste religieuze gemeenschappen van de VS. De Duitse partnerstad van de circa 14.000 tellende plaats is Eberbach am Neckar.

Ephrata Cloister

632 W. Main St., tel. 1-717-733-6600, www.ephratacloister.com, ma.-za. 9-17, zo. 12-17 uur, volwassenen $ 10

De verbinding met het Neckartal heeft een geschiedenis: De stichter van deze sekte was de uit Eberbach aan de Neckar afkomstige bakkerszoon Conrad Beissel (1691-1768), die in 1720 naar de VS emigreerde, zich in Pennsylvania bij de sekte der Tunkers aansloot en vier jaar later een eigen sekte en het **Ephrata Cloister** stichtte. Hij werd gevolgd door driehonderd aanhangers, die in ascetische eenzaamheid wensten te leven en werken. De broeders en zusters maakten vooral naam als drukkers, boekbinders en schoonschrijvers. In het jaar 1748 brachten zij de twaalfhonderd bladzijden tellende mennonietenbijbel *Martyrs' Mirror* uit, het omvangrijkste boek uit de koloniale tijd van Amerika. In de kloostertuin staat een aantal gerestaureerde houten gebouwen die, grijs en onversierd, een beeld geven van het strenge gemeenschapsleven van weleer. Aan het begin van de 19e eeuw bestond de sekte niet meer.

Green Dragon Market

955 N. State St., tel. 1-717-738-1117, www.greendragonmarket.com, vr. 9-21 uur

Sinds 1932 wordt elke vrijdag aan de rand van Ephrata de **Green Dragonmarkt** gehouden. Meer dan vierhonderd boeren, handelaars en ambachtslieden verkopen en kopen op deze markt producten in de hallen of in de openlucht. Af en toe vinden er ook veeveilingen plaats.

Lancaster 4

Al voor de Amerikaanse onafhankelijkheid was **Lancaster** economisch en politiek van belang. Tegenwoordig is het stadje het agrarische centrum en de toeristenmetropool van Pennsylvania Dutch Country. De inwoners leven weliswaar niet in een groot openluchtmuseum, maar ze wonen ver genoeg van de hectische steden van de oostkust om er een levensstijl op na te houden die met zijn ritme op stadsbewoners een wel heel beschouwelijke indruk maakt.

Het moderne leven is aan Lancaster echter niet voorbij gegaan. Zo zijn er goede restaurants en brouwerijen, maar ook hamburgerketens te vinden. Wie echter amishkost als *Schnitz und Knepp* (een gerecht van ham, appel en knoedels) wil proberen, kan er ook terecht. *Smorgasbord* is een stevig buffet in country style, dat culinair niet te hoog moet worden ingeschat. Het leuke eraan is dat je met anderen aan een gemeenschappelijke tafel zit te eten.

Central Market

23 N. Market St., www.centralmarketlancaster.com, di., vr. 6-16, za. 6-14 uur

Puntige kerktorens, rode bakstenen muren, bontgekleurde voordeuren en zelfs een gevangenis, die met zijn middeleeuwse kasteelarchitectuur als de mooiste van het land geldt, maken van Lancaster een uitstalkast van het verleden. De in 1889 in neoromaanse stijl gebouwde **Central Market** is al van verre te herkennen aan zijn massieve, vierkante torens, en behoort tot de oudste overdekte markten in de Verenigde Staten. Net als ze altijd deden, verkopen boeren uit de wijde omgeving hier verse producten, zoals vlees, kaas, brood en banket, kunstnijverheid en bloemen.

Landis Valley Museum

2451 Kissel Hill Rd., tel. 1-717-569-0401, www.landisvalleymuseum.org, ma.-za. 9-17, zo. 12-17 uur, volwassenen $ 12, kinderen $ 8

Tijdens een wandeling door het interessante **Landis Valley Museum** kunt u goed zien hoe het er in de tweede helft van de 19e eeuw aan toeging in het door vooral Duitse immigranten bevolkte landelijke Pennsylvania. De broers Henry en George Landis verzamelden ongeveer 75.000 objecten, variërend van een blokhut tot een wafelijzer, om een beeld van het leven van toen te geven. Tot de originele gebouwen behoren een herberg, een school, een huis, een drukkerij, een hotel en een boerderij, waarin een kokkin allerhande handige keukengeheimen uit grootmoeders tijd prijsgeeft.

The Amish Farm & House

2395 Lincoln Hwy, tel. 1-717-394-6185, www.amishfarmandhouse.com, apr.-mei en sept.-okt. 9-17, juni-aug. 9-18, rest van het jaar korter, volwassenen $ 9,50, kinderen $ 6,50

De talrijke huizen en boerderijen die u in de omgeving van Lancaster kunt bezichtigen, geven niet alleen een beeld van de traditionele levenswijze van de amish, maar ook van hun bedrijvigheid. **The Amish Farm & House** bestaat uit een natuurstenen, meer dan twee eeuwen oude boerenwoning met een tiental kamers. De keuken, de slaapkamers en de woonkamer zijn zo ingericht dat het lijkt alsof ze nog steeds door een amishfamilie worden bewoond. Dat is weliswaar niet meer het geval, maar er lopen nog wel kippen, koeien en paarden rond op het terrein van de boerderij, die daardoor een zeer authentieke indruk maakt.

Informatie

Pennsylvania Dutch Convention & Visitors Bureau: 501 Greenfield Rd., aan de Rte 30, Lancaster, PA 17601, tel. 1-717-299-8901, www.padutchcountry.com.

Accommodatie

Fantastisch hotel – **Best Western Eden Resort Inn & Suites:** 222 Eden Rd., tel. 1-717-569-6444, www.edenresort.com. Comfortabel hotel met zwembad, sauna, tennisbaan en fitnessruimte. Vanaf $ 150.
Rustiek toevluchtsoord – **Pheasant Run Farm B&B:** 200 Marticville Rd., tel. 1-717-872-0991, www.pheasantrunfarmbb.com. Oude boerderij uit 1842 op het terrein van een mais- en alfalfafarm. De kamers zijn grotendeels met antiek meubilair ingericht. $ 139-189.
Eenvoudig – **Lancaster Budget Host Inn:** 2100 Lincoln Hwy E., tel. 1-717-397-7781, www.lancasterbudgethost.com. Alle kamers met koffieapparaat, koelkast, ook suites. Klein zwembad, wifi. Vanaf $ 90.
Camping – **Outdoor World Circle M Camping Resort:** 2111 Millersville Rd., Lancaster, tel. 1-717-872-0929. Groot terrein met een goed recreatieaanbod.

Eten en drinken

Eenvoudig – **Plain & Fancy Farm:** 3121 Old Philadelphia Pike, Bird in Hand, tel. 1-717-768-4400, www.plainandfancyfarm.com, dag. 11.30-20 uur. Menu's met lokaal geproduceerde ingrediënten komen voor $ 19,95 op tafel.
Met anderen – **Good 'n Plenty:** 150 Eastbrook Rd., Smoketown, tel. 1-717-394-7111, www.goodnplenty.com, dag. 11.30-20, zo. tot 17 uur. Voor Amerika ongebruikelijk wordt de tafel met andere gasten gedeeld. Lekkere Pennsylvania-Dutchkost: goed en overvloedig. Diner vanaf $ 9,95.
Overvloedig ontbijt – **Jennie's Diner:** Lincoln Hwy E. ten oosten van de kruising Rte 896 en Rte 30 E., tel. 1-717-397-2507. Dag en nacht geopend. Vanaf $ 5.

Winkelen

In de amishwinkels worden onder meer cd's met interessante, becommentarieerde rondleidingen door Amish Country aangeboden. Populaire amish-souvenirs uit de regio zijn ook houten speelgoed en quilts.
Boerenproducten – **Kitchen Kettle Village:** Rte 340, Intercourse ten oosten van Lancaster, tel. 1-717-768-8261, www.kitchenkettle.com, ma.-za. 9-17 uur. Landelijk complex met circa veertig winkels, amish-zaken en restaurants.
Outlets – **Rockvale Square Outlets:** Rtes 30/896, www.rockvaleoutletslancaster.com, ma.-za. 9.30-21, zo. 11-17 uur. Shoppingmall voor artikelen direct uit de fabriek.

Bird-in-Hand 5

Het dorpje **Bird-in-Hand**, bestaand uit een handjevol oude gebouwen, is bij toeristen waarschijnlijk vooral in trek omdat het de sfeer van een oud, klein gebleven landelijk plaatsje uitstraalt. Op sommige boerderijgebouwen ziet u zogenaamde heksentekens, kleurige, geometrische symbolen. Deze tekens worden door de huidige inwoners als versiering gebruikt, maar ontstonden uit emblemen waarmee de vroegere Duitssprekende immigranten geboortebewijzen en textiel versierden. Amishboeren wijzen de tekens af, omdat zij ze beschouwen als symbolen van bijgeloof (Old Philadelphia Pike, www.lancasterpa.com/bird-in-hand).

Actief

Excursies in amishland – **Aaron & Jessica's Buggy Rides:** 3121A Old Philadelphia Pike, tel. 1-717-768-8828, www.amishbuggyrides.com. Door mennonieten georganiseerde buggytochten. **Abe's Buggy Rides:** Rte. 340, tel. 1-717-392-1794, www.abesbuggyrides.com. Uitstapjes met de paardenbuggy. **Amish Country Tours:** tel. 1-717-768-8400, www.amishexperience.com. Tochten met een kleine bus door het gebied van de amish.

Intercourse 6

Het vlak bij Bird-in-Hand gelegen **Intercourse** is een van de bekendste dorpen van Pennsylvania Dutch Country. Het dankt zijn populariteit niet alleen aan zijn ongewone

Schilderachtig boerenlandschap met groene weiden in de Brandywine Valley

naam (Engels *intercourse* = geslachtsverkeer), waarvan de oorsprong niet duidelijk is. Intercourse is een heel karakteristiek amishdorp en werd daarom ook voor enkele scènes in de film *Witness* als decor gebruikt. In talrijke mooie *country stores* worden amishproducten aangeboden. Bovendien is er een flink aantal restaurants en accommodatiemogelijkheden. 's Zomers speelt een kleine band populaire melodieën.

Amish Village 7

199 Hartman Bridge Rd., tel. 1-717-687-8511, www.theamishvillage.net, zomer ma.-za. 9-18, zo. 10-18 uur, rest van het jaar korter, volwassenen $ 9,50, kinderen $ 6,50

Zo'n 3 km ten noorden van **Strasburg** ligt **Amish Village**, met een boerderij en allerlei bijgebouwen, zoals een rookkamer, stallen, een smederij, een watermolen en een minuscule school – een mooi dorp, dat op aanschouwelijke wijze het door tradities en aloude normen en waarden bepaalde leven van de amish toont.

Strasburg Rail Road 8

Rte 741 E., tel. 1-866-725-9666, www.strasburgrailroad.com

De **Strasburg Rail Road** brengt het gouden tijdperk van de trein tot leven. Naast mooie, door lak en chroom glanzende oude en nieuwe locomotieven en wagons ziet u hier een gereconstrueerd station in vroeg-20e-eeuwse stijl. Tochten met stoomlocomotieven door de landelijke omgeving duren 45 minuten. Tijdens de rit kunt u zich culinair laten verwennen.

Brandywine Valley

▶ 1, H 6

Kaart: blz. 286

Brandywine Battlefield 9

Tel. 1-610-459-3342, www.brandywinebattlefield.org, di.-za. 9-16, zo. 12-16 uur

In september 1777 moest het Continental Army bij **Chadds Ford** een nederlaag tegen de Britten incasseren. Na de gewonnen slag konden de Engelsen een bres slaan in de verdedigingsring rond Philadelphia, waardoor de leden van het tweede Continental Congress gedwongen werden naar York te verhuizen. De locatie van de grootste veldslag van de Amerikaanse Vrijheidsoorlog, het **Brandywine Battlefield,** kan worden bezichtigd. Op het terrein ziet u onder andere het hoofdkwartier van generaal George Washington en de accommodatie van de jonge markies De Lafayette, die in Chadds Ford voor het eerst kennismaakte met oorlogshandelingen.

Brandywine River Museum 10

US Rte 1, tel. 1-610-388-2700, www.brandywinemuseum.org, dag. 9.30-16.30 uur, volwassenen $ 18, kinderen $ 6

Het **Brandywine River Museum**, dat deels in een gerenoveerde molen uit de 19e eeuw en deels in nieuwe vleugels is ondergebracht, toont werken van Edward Moran, Asher Durand en de familie Wyeth naast illustraties van Thomas Nast, Maxfield Parrish en Howard Pyle. De illustrator Pyle (1853-1911) heeft in Wilmington de Brandywine School of Painting gesticht en ook les gegeven aan Newell Convers Wyeth, die zijn talent op zijn beurt doorgaf aan zijn zoon Andrew en zijn kleinzoon Jamie. Langs de rivier voert een wandelpad van het museum naar het 1,5 km verderop gelegen **John Chad House**, waar in de 18e eeuw een kastelein en een veerman woonden.

Nemours Mansion and Gardens 11

1600 Rockland Rd., tel. 1-302-651-6913, www.nemoursmansion.org, mei-begin nov. di.-za. 11-16, zo. 13-16 uur, volwassenen $ 17

Alfred I du Pont leefde met het **Nemours Mansion and Gardens** zijn royalistische ambities uit door in 1910 een paleis te bouwen in Lodewijk XVI-stijl. De kamers van het prachtige, gerenoveerde gebouw vormen een museum vol antieke kostbaarheden, oosterse tapijten, schilderijen van oude meesters en zware, van plafonds met stucwerk omlaaghangende kristallen kroonluchters. Het park doet denken aan de tuinen van Versailles. Er zijn ook enkele oldtimers te zien.

Tip

WEELDERIGE TUINIDYLLE

Voor natuurliefhebbers zijn de in opdracht van de steenrijke familie Du Pont aangelegde **Longwood Gardens** een must. Het schitterende park met zijn talrijke vijvers waaruit geweldige fonteinen omhoogspuiten, ontvouwt in mei en juni, wanneer de azalea's en magnolia's zich van hun mooiste kant laten zien, een ongelofelijke bloemenpracht. Een deel van de meer dan elfduizend planten is ondergebracht in enorme kassen, zodat de tuinen ook op regenachtige dagen en in koudere jaargetijden kunnen worden bezichtigd (Rte 1, Kennett Sq., tel. 1-610-388-1000, www.longwoodgardens.org, zo.-wo. 9-18, do.-za. 9-22 uur, volwassenen $ 20).

Winterthur Museum and Gardens 12

Rte 52, Kennett Pike, tel. 1-302-888-4600, www.winterthur.org, di.-zo. 10-17 uur, volwassenen $ 20

Kunstverzamelaar Henry Francis du Pont liet het complex van het **Winterthur Museum and Gardens** optrekken als zomerresidentie, waarin hij van 1880 tot 1951 woonde. Hij concentreerde zijn hartstocht vooral op voorwerpen die tussen de 17e en de 19e eeuw in Amerika werden gebruikt of geproduceerd – meubels, textiel, glaswerk, porselein en tapijten. Na zijn dood werd de uit 89.000 objecten bestaande privécollectie onder de naam Winterthur Museum and Gardens in een museum omgezet. De voor het publiek opengestelde tuin is vooral tijdens de bloei in het voorjaar een lust voor het oog.

Wilmington ▶1, H 7

De met meer dan zeventigduizend inwoners grootste stad van de staat Delaware haalde begin jaren 90 negatieve koppen in de krant omdat drugshandel en misdaad er welig tierden. Om ondanks het gebrek aan politie de toenemende misdaad toch te kunnen aanpakken, ging Wilmington er als eerste stad in de VS toe over om zijn centrum bijna helemaal met camera's bewaken.

Bezienswaardigheden

Hagley Museum and Library

200 Hagley Rd., tel. 1-302-658-2400, www.hagley.org, mrt.-jan. 9.30-16.30 uur, volwassenen $ 14, senioren $ 10, kinderen 6-14 jaar $ 5

Het aan de oever van de Brandywine River gelegen complex van het **Hagley Museum and Library** bezit twee zwaartepunten. Aan de ene kant geeft het een beeld van de geschiedenis van de beroemde familie Du Pont, die op Wilmington zijn stempel drukte. Zowel het museum als de bibliotheek bieden informatie over de levensstijl van de toenmalige beau monde. Aan de andere kant laat de expositie met stoommachines, turbines en watermolens zie hoe de industriële vooruitgang verliep, die door het DuPont-imperium werd bevorderd en die van Wilmington de chemiemetropool van de VS maakte.

Fort Christina en Old Swedes Church

www.oldswedes.org

Nederlanders, Zweden en Britten waren ruim 350 jaar geleden de eerste blanke kolonisten die aan de Delaware River een steunpunt hadden. Het enige wat nu nog herinnert aan het in 1638 gebouwde Zweedse **Fort Christina** zijn een in 1938 door de Zweedse regering opgericht monument aan het eind van 7th Street en de replica van een blokhuis. De **Old Swedes Church** uit 1698 behoort tot de oudste kerken in de Verenigde Staten en wordt nog altijd voor zijn oorspronkelijke doel gebruikt.

Delaware Art Museum

2301 Kentmere Pkwy, tel. 1-302-571-9590, www.delart.org, wo.-zo. 10-16, do. tot 20 uur, volwassenen $ 12

Het nieuwe **Delaware Art Museum** is gewijd aan Amerikaanse kunst sinds de 19e eeuw en toont werk van onder anderen Thomas Eakins, John Sloan, Winslow Homer, Howard Pyle, Maxfield Parrish en de familie Wyeth. Ook glaskunstenaar Dale Chihuly en lichtkunstenaar James Turrell waren bij de bouw van het museum betrokken.

Informatie

Greater Wilmington Convention & Visitors Bureau: 100 W. 10th St., tel. 1-800-489-6664, www.visitwilmingtonde.com.

Accommodatie

Arrangement – **Best Western Plus Brandywine Valley Inn:** 1807 Concord Pike, tel. 1-302-656-94 36, www.bestwestern.com. Arrangement: tweepersoonskamer met ontbijt en toegang tot musea respectievelijk tuinen voor twee personen $ 152.

Alles oké – **Red Roof Plus:** 415 Stanton Christiana Rd., Newark, tel. 1-302-292-2870, www.redroof.com. Keurig rookvrij motel. Vanaf $ 75.

Eten en drinken

Creatief – **Flaming Amy's Bowl:** 4418 Shipyard Blvd., tel. 1-910-399-7288, dag. 11-21 uur. Een eenvoudig principe: de gast kiest de ingrediënten en sauzen, de kok grilt. $ 9,50.

Prime rib op zondag – **Iron Hill Brewery & Restaurant:** 620 Justison St., tel. 1-302-472-2739, www.ironhillbrewery.com, dag. 11-23 uur. Voortreffelijke pizza's, Tex-Mexgerechten, gegrilde kip. Diner $ 15-20.

De kust van New Jersey

Sinds Atlantic City, het mekka voor goklustigen, als een feniks is herrezen uit een poel van corruptie, schandalen en economische neergang, bloeit het toerisme aan de zuidkust van New Jersey als nooit tevoren. Cape May met zijn unieke victoriaanse ambiance en badplaatsen met brede stranden dragen ook bij aan de toeristische hoogconjunctuur.

De 210 km lange Atlantische kust van New Jersey strekt zich uit van de Lower New York Bay tot het zuiden van de staat bij de monding van de Delaware River, die de grens met de ernaast gelegen staat Delaware markeert. Meer dan zestig badplaatsen, vakantiecentra, pretparken, golfterreinen, jachthavens en onbebouwde stranden rijgen zich hier aaneen tot één groot vakantiegebied. In toeristisch opzicht bestaat de Atlantische kust van New Jersey uit twee delen. De noordelijke helft begint met het schiereiland Sandy Hook, dat vanaf Manhattan te zien is, en strekt zich in zuidelijke richting uit tot in de buitenwijken van Atlantic City. Daartussen liggen kustplaatsen als Long Branch, dat zijn beste tijd al lang heeft gehad. Na in 19e eeuw een populaire badplaats te zijn geweest, verloor de plaats in de 20e eeuw zijn aantrekkingskracht. Een vergelijkbaar lot trof andere plaatsen, zoals Asbury Park. Deze stad ontwaakte in de zomer van 2002 evenwel nog eenmaal uit zijn lethargie toen rockster Bruce Springsteen zijn album *The Rising* presenteerde op de plek waar hij eind jaren 60 in de plaatselijke Stone Pony Club zijn carrière was begonnen.

In tegenstelling tot de in lethargie vervallen noordkust bloeit het toerisme juist aan de zuidkust tussen Atlantic City en het mooie, victoriaanse Cape May. Bepalend was daarbij de dynamiek die uitging van de grootste gokmetropool van het oosten, Atlantic City. Eind 19e eeuw was de stad een van de grootste badplaatsen in het oosten van de VS en bezat het een reputatie zoals alleen het Franse Biarritz of het Engelse Brighton kenden. Maar veertig jaar later werd het bestuurd door corrupte gemeentepolitici. De stad kwam er echter weer bovenop en werkte zich met uiteindelijk twaalf hotelcasino's op tot het 'Las Vegas van de oostkust'. In 2012 veroorzaakte de orkaan Sandy echter immense schade. Maar dat was niet eens het grootste probleem. De toegenomen concurrentie van andere casino's in de omgeving leidde er namelijk toe dat de bedrijven in de stad hun glans verloren en dat inmiddels al vijf lokale gokpaleizen hun deuren moesten sluiten.

✪ Atlantic City ▶ 1, K 7

Het gokparadijs **Atlantic City** heeft een zeer gunstige ligging. Het vormt de punt van een driehoek met als basis Washington-Philadelphia-New York. De stad ligt op nog geen uur rijden van Philadelphia en twee van New York City. Wat tot in het recente verleden een winstgevend pluspunt was, blijkt de afgelopen jaren echter juist een nadeel te zijn. Niet alleen in indianenreservaten schoten casino's als paddenstoelen uit de grond, nogal wat staten kwamen met het oog op de verlokkende opbrengsten terug op hun anticasinopolitiek en stonden de bouw van gokpaleizen toe, die Atlantic City zijn gasten afhandig maakten. Atlantic Club Casino, Showboat Casino, Trump Plaza Casino en het nog maar een paar jaar oude Revel Casino zijn door de financiële neergang inmiddels al gedwongen hun deuren te sluiten en hun medewerkers massaal te ontslaan.

De Taj Mahal aan de Boardwalk kent sinds de sluiting in 2016 een ongewisse toekomst

Hoe Atlantic City in de toekomst zal reageren op de dalende bezoekersaantallen en de teruglopende bedrijvigheid, moet nog blijken. In de overgebleven casino's rollen nog altijd de rouletteballen en de blackjackkaarten worden nog als vanouds geschud. Op de Boardwalk zijn nog altijd mensen onderweg die Atlantic City waarderen vanwege iets wat andere gokmetropolen niet te bieden hebben: een aantrekkelijke ligging direct aan zee.

De grote casino's

Taj Mahal

Donald Trump heeft met de 1 miljard dollar kostende **Taj Mahal** de extravagante droom van een exotisch gokparadijs vervuld. Zelfs in het uitbundige Atlantic City was dit een bijzonder project. In het met torentjes en portalen, stenen olifanten en 'Byzantijnse' tierelantijnen versierde monumentale gebouw werden de gasten omringd door een leger van bedienden, die met kleurrijke tulbanden en haremoutfit helemaal in het beeld pasten. Ondanks een nieuwe investeerder sloten de casinodeuren in oktober 2016, waardoor enkele duizenden medewerkers hun baan verloren. Wat er in de toekomst met het bijzondere gebouw gaat gebeuren, is onzeker.

Caesar's Atlantic City

2100 Pacific Ave., tel. 1-609-348-4411, www.caesarsac.com

Net als zijn grote voorbeeld in Las Vegas hanteert ook **Caesar's Atlantic City** het antieke Rome als thema. In marmeren hallen treft u Caesar en Cleopatra niet alleen in marmer en gips aan, maar ook in vlees en bloed wanneer het liefdespaar af en toe in historisch verantwoorde kostuums zijn ronde door het casino maakt. In casinoafdelingen als Cleopatra's Garden en Palace Court rinkelen de speelautomaten, terwijl de Toga Bar moe gespeelde gasten met longdrinks als Aphrodites Kus of

Eva's Verleiding weer in een gokstemming probeert te krijgen. Wie na een gokmarathon honger heeft gekregen, kan een hapje eten in Nero's Chophouse of Cafe Roma. Winkelen is mogelijk in de Pier Shops, waar de etalages vol liggen met glinsterende en extravagante sieraden. De gevel van de hoogbouw van het hotel is versierd met een gigantische betonnen kopie van een beeld van Julius Caesar.

Tropicana Casino

S. Brighton Ave./Boardwalk, tel. 1-800-345-8767, www.tropicana.net

Ook het relatief nieuwe winkel- en amusementscomplex The Quarter in het **Tropicana Casino** is geïnspireerd op Las Vegas. Het circa $ 275 miljoen kostende project laat zien waar de toekomst van casino's zal liggen. In het Tropicana-'Quarter' hangt op drie verdiepingen vol winkels en restaurants een Caribische sfeer: bezoekers lopen op geplaveide straten onder een kunstmatige hemel langs palmen en fonteinen, die aan de gouden jaren 40 in 'Old Havanna' moeten herinneren, toen Cuba nog niet tot de aartsvijanden van de VS was gaan behoren. Hemingway zou zich in de Rum Bar van het Cuba Libre Restaurant met zijn zestig soorten rum hebben thuisgevoeld. Wie wil genieten van Cubaanse gerechten en daarna wil dansen op *latin music*, moet zorgen dat hij bijtijds aanwezig is. Het hart van het uitgaansleven is elke avond de populaire Planet Rose Karaoke Bar, waar onder aanmoediging van het publiek uit twintig karaokezangeressen en -zangers een winnaar wordt gekozen.

Informatie

Greater Atlantic City Convention & Visitors Bureau: 2314 Pacific Ave., Atlantic City, NJ 08401, tel. 1-609-348-7100, www.atlanticcitynj.com en www.cityatlantic.com.

Accommodatie

Wie in een van de casinohotels wil slapen, bespaart geld als hij er zo.-do. overnacht. Op vrijdag en met name zaterdag kosten de kamers minstens het drievoudige.

Aangenaam – **Borgata Hotel, Casino & Spa:** 1 Borgata Way, tel. 1-609-317-1000, www.theborgata.com. Aangenaam ingerichte kamers en suites, waar wat comfort betreft niets op valt af te dingen. De spa biedt een hele reeks behandelingen. Kamers vanaf $ 139.

Vriendelijke ligging – **Golden Nugget:** Huron & Brigantine Blvd, tel. 1-609-441-2000, www.goldennugget.com/atlanticcity. Groot, ietwat luidruchtig hotelcasino aan de haven en niet aan de Boardwalk. Vanaf $ 99.

Uitzicht op strand en zee – **Days Inn Atlantic City Boardwalk:** Boardwalk/Morris St., tel. 1-609-344-6101, www.daysinn.com. Standaardmotel met verwarmd buitenzwembad, ontbijtbuffet, direct aan de Boardwalk. Vanaf $ 85.

Voortreffelijk ingericht – **Harrah's Resort Atlantic City:** 777 Harrah's Blvd., tel. 1-609-441-5000, www.harrahsresort.com. Het meer dan 2500 kamers tellende hotelcasino biedt wat comfort en ontspanning betreft alles wat je maar kunt wensen. Vanaf $ 69.

Actief

PIER- EN BOARDWALKWANDELING IN HET GOKPARADIJS

Informatie

Begin: Garden Pier ten oosten van het Showboat Casino in Atlantic City
Lengte: bijna 2 km
Duur: 2 uur tot een halve dag

Er kan geen twijfel over bestaan dat in Atlantic City de casino's de meeste aantrekkingskracht uitoefenen. Maar heel aantrekkelijk is ook de in oost-westrichting lopende Boardwalk – een brede flaneerpromenade, waar men zich in de zoutige zeelucht opperbest kan vermaken bij het 'people watching'. Aan de charme dragen ook drie historische, maar gemoderniseerde pieren bij. Aan de oostzijde van de Boardwalk strekte zich vroeger de **Garden Pier** 1 uit in zee. In de balzaal werkte Rudolph Valentino als dansleraar, voordat hij zijn carrière op het witte doek begon. Tegenwoordig huisvest de opgang van de in 2011 afgebroken pier het **Atlantic City Historical Museum** over de geschiedenis van de stad (tel. 1-609-347-5839, www.acmuseum.org, dag. 10-16 uur, toegang gratis) en het **Atlantic City Art Center**, waar elke maand wisselende exposities, concerten en lezingen door schrijvers worden gehouden (tel. 1-609-347-5837, www.acartcenter.org, di.-zo. 10-16 uur, toegang gratis).

De planken **Boardwalk** 2 / 3 / 4 bestaat sinds 1870. Vanaf deze houten promenade, waarover men zich in strandstoelen met wieltjes kan laten voortduwen, zijn zes grote casino's direct bereikbaar. Een gestage stroom kijklustigen flaneert er langs snackbars, cafés, strandbars en winkels.

Voor het aan zijn oriëntaalse gevel herkenbare **Trump Taj Mahal Casino** 5 (zie blz. 296) begint de **Steel Pier** 6. Vroeger werd het publiek hier aangetrokken door attracties als boksende kangoeroes, Siamese tweelingen, een hond op waterski's en dansende tijgers. Het beroemdst was het circusnummer van de blinde amazone Sonora Carver, die in het zadel van haar paard van een 12 m hoge toren in een waterbekken sprong. Tegenwoordig huisvest de pier een pretpark voor het hele gezin, inclusief draaimolens, achtbanen, een verlicht reuzenrad, hightechkatapults, klimmuren, waterparken, bungeejumps en snackbars (www.steelpier.com). Op de sinds 1884 bestaande **Central Pier** 7 is ondertussen de moderne techniek met video- en laserspelen doorgedrongen. Daarnaast kunnen bezoekers op een kartbaan hun stuurmanskunsten laten zien of zich met typisch kermisamusement ontspannen.

Pal voor hotel-casino **Caesar's** 8 werd de $ 145 miljoen kostende **Playground** 9 als vierde en nieuwste pier toegevoegd. De vier verdiepingen hoge, via een brug met het casino verbonden pier steekt 300 m in de Atlantische Oceaan. Het ooit als Pier Shops bekende complex werd in 2015 door een investeerder hernoemd en omgevormd. Met shoppingmogelijkheden en diverse muziekbars en restaurants moet hier een gezellig muziekcentrum ontstaan (www.playgroundpierac.com).

Kamperen – **Blueberry Hill Campground:** Port Republic, 283 Clarks Landing Rd., tel. 1-609-652-1644, www.atlanticblueberryrvp.com, mei-okt. Zo'n 13 mijl van Atlantic City.

Eten en drinken

Wie geen keus kan maken, doet er goed aan een buffet te bezoeken. Borgata, Caesar's, Harrah's, Golden Nugget en Tropicana bieden 'all-you-can-eat'-buffetten.

In de stijl van het oude Havana – **Cuba Libre Restaurant:** 2831 Boardwalk, tel. 1-609-348-6700, www.cubalibrerestaurant.com, dag. 11-23 uur, vr., za. langer. Cubaanse gerechten en dranken met salsamuziek. Vanaf $ 21.

Groeten uit het Verre Oosten – **Pho Sydney:** 2323 Atlantic Ave., tel. 1-609-348-5946, dag. 10-22 uur. Smakelijke Vietnamese noedelsoepen, garnalen en rijstgerechten. $ 8-10.

Actief

Wellness – **Bluemercury Spa – The Quarter:** tel. 1-609-347-7778, www.bluemercury.com, dag. 9-20 uur. Casinospa met alle mogelijke voorzieningen. Gezichtsverzorging vanaf $ 95, Zweedse massage $ 105, alle overige luxueuze bodytreatments vanaf $ 240.

Winkelen

Atlantic City is een shoppingparadijs. Niet alleen omdat er in de buurt van de casino's leuke boetieks te vinden zijn, maar ook omdat mode en schoenen zonder btw worden verkocht.

Outlets – **Tanger Outlets:** 2014 Baltic Ave., tel. 1-609-344-0095, www.tangeroutlet.com/atlanticcity, ma.-za. 9-21, zo. 10-19 uur, 's winters korter. Groot Outlet-Center.

Voor een chique smaak – **The Quarter:** 2801 Pacific Ave., www.tropicana.net. Chique winkels in 'Old Havanna'-sfeer, onder meer Swarovski en The Old Farmer's Almanac General Store.

Uitgaan

Niet alleen de casinoclubs, maar ook de beach bars aan het strand zijn tot lang na middernacht geopend. Hippe bars vindt u in de casino's **Borgata**, **Caesar's** en **Tropicana**.

Grote evenementen – **Atlantic City Boardwalk Hall:** 2301 Boardwalk, tel. 1-609-348-7000, www.boardwalkhall.com. Arena voor 17.000 toeschouwers, die grootste concerten en sportevenementen van Atlantic City.

Tip

BEACH BARS

Atlantic City heeft zich tot een hippe *party town* weten te ontwikkelen. Het beste bewijs daarvoor zijn de recentelijk uit de grond gestampte strandbars, waarmee Atlantic City zijn imago als favoriet woonoord van pensionado's van zich wil afschudden. **Bally's Bikini Beach Bar**, waar serveersters in bikini margarita's rondbrengen, de **Backyard Bar at Caesar's** en de **LandShark Bar & Grill** liggen aan de Boardwalk en zijn via plankenpaadjes te bereiken. Waar vroeger de gestage oceaanbries op een paar meter van de casino-ingangen duinlandschappen deed ontstaan, liggen tegenwoordig *young and beautiful people* in strandstoelen te nippen aan exotische longdrinks.

Vervoer

Vliegtuig: Atlantic City International Airport, tel. 1-609-645-7895, www.sjta.com/acairport. Op 16 km van Downtown, in Egg Harbor Township, Exit 9 van de Atlantic City Expressway. Op de luchthaven vindt u de autoverhuurders Hertz, Avis, Enterprise en Budget. De stad bereikt u met de taxi of met de Jitney Airport Shuttle (tel. 1-609-344-8642).
Trein: er zijn treinverbindingen tussen Philadelphia en Atlantic City en tussen Atlantic City en New York City (Penn Station).
Bus: Greyhound Terminal, 1901 Atlantic Ave., www.greyhound.com.
Openbaar vervoer: de minibussen van Jitney rijden op diverse trajecten; de kaartjes zijn niet duur (1616 Pacific Ave., tel. 1-609-344-8642, www.jitneyac.com).

Kustplaatsen

Margate City ▶ 1, K 7

De ten zuidwesten van Atlantic City gelegen buurgemeente **Margate City** bezit met **Lucy de Olifant** een vaak afgebeelde attractie. Het zes etages hoge, decoratief beschilderde dier van hout en blik werd in 1881 door een makelaar in onroerend goed gebouwd als reclameobject en kantoor. Nu fungeert het bouwwerk al heel lang als kinderspeelplaats (9200 Atlantic Ave., www.lucythe elephant.org, half juni-begin sept. dag. 10-20, apr.-half juni en begin sept.-eind okt. za., zo. 10-16.30 uur, volwassenen $ 8, kinderen tot 12 jaar $ 4).

Ocean City ▶ 1, K 7

Ocean City is de bekendste van de op gezinnen ingestelde badplaatsen aan de zuidelijke kust van New Jersey. Aan de houten strandpromenade liggen eetkraampjes, restaurants en amusementshallen. Welbewust probeert Ocean City zich te onderscheiden van zijn grote zusterstad Atlantic City. In plaats van roulettetafels en speelautomaten vindt u hier strandgenoegens, zonneschermen en vele zomerse evenementen, variërend van Venetiaanse nachten tot wedstrijden zandkastelen bouwen. Het Ocean City dat in 1879 door vier methodistische priesters als 'moralistisch kustresort' werd gesticht, bepaalt de plaats nu nog steeds. Het decennialang geldende zondagse zwemverbod werd in 1987 weliswaar ingetrokken, maar tot op heden is de consumptie van alcohol hier strikt beperkt.

Bezienswaardigheden

Ter hoogte van Sixth Street ligt het pretpark **Gillian's Wonderland Pier** met een reuzenrad en een draaimolen. Niet veel verderop garandeert **Gillian's Adventures Water Park** in de zomer natte verkoeling met reuzenglijbanen (Plymouth Pl./Boardwalk, tel. 1-609-399-7082, www.gillians.com, juni-aug. ma.-zo. 13-18.30 uur, volwassenen $ 31, kinderen $ 27).

Veel van de in het **Historical Museum** tentoongestelde objecten stammen uit de in 1901 voor de stad gezonken viermaster Sindia. Dit schip liep onderweg van Japan naar New York City aan de grond en dook tot in de jaren 90 bij eb op uit zee. Intussen is het in zijn geheel in de zandige oceaanbodem weggezonken (www.ocnjmuseum.org).

Informatie

Ocean City Chamber of Commerce: 16 E. 9th St., Ocean City, NJ 082 26, tel. 1-609-399-1412, www.oceancityvacation.com en www.ocnj.us.

Accommodatie

Typische motor inn – **Ocean 7:** 7th St./Boardwalk, tel. 1-609-398-2200, www.ocean7motel.com. Direct aan de Boardwalk, verwarmd buitenzwembad, muntenwasserij, kamers en suites met keuken. Vanaf $ 200.
Blijvende, goede herinneringen – **Brown's Nostalgia B&B:** 1001 Wesley Ave., tel. 1-609-398-6364, www.brownsnostalgia.com. Klein, eenvoudig ingericht, niet ver van de Boardwalk, rookvrij. Vanaf $ 122.

Eten en drinken

Goede prijs-kwaliteitverhouding – **Cousin's:** 104 Asbury Ave., tel. 1-609-399-9462, mei-okt.

dag. 16.30-21 uur. Soepen, salades, Italiaanse specialiteiten, van 16.30-17.30 uur lagere prijzen. Vanaf $ 12.

Eenvoudige schotels – **Del's Grill:** 934 Boardwalk, tel. 1-609-399-3931, www.delsgrill.com. Familierestaurant voor kleinere gerechten als salades, sandwiches en hamburgers. Vanaf $ 8.

Wildwood ▶ 1, J 8

Het kleine plaatsje Wildwood, dat 5400 inwoners telt, verwelkomt in het zomerseizoen ongeveer 250.000 bezoekers. De 4 km lange **Boardwalk** vormt het levendige centrum van een van de grootste attractieparken aan de oostkust van de Verenigde Staten. Deze pretzone bestaat om precies te zijn uit drie aquaparken en de kolossale Morey's Piers met tachtig bliksemsnelle en deels uiterst spannende kermisattracties, waaronder achtbanen, die als zich als 'schreeuwtherapie'-instelling presenteren. Daarnaast zijn er nog talloze souvenirshops, kiosken, suikerspinpaviljoens, pizzabakkerijen, hamburgertenten, speelhallen en minigolfbanen. Om bij de bezoekers de stemming erin te houden, organiseert men onder meer ijseetwedstrijden, zomerse kerstoptochten, schoonheidswedstrijden voor baby's, professionele bokswedstrijden, strandyogasessies, talentenjachten, worstelavonden, badeendenregatta's, vlooienmarkten, stripboekexposities, kampioenschappen vliegeren en bluesfestivals. Overigens: Wildwood heeft ook een strand.

Cape May ▶ 1, J 8

De zuidelijkste badplaats van New Jersey onderscheidt zich niet alleen door zijn ligging op de punt van een schiereiland van de andere badplaatsen. In tegenstelling tot bijvoorbeeld Wildwood wordt **Cape May** gekenmerkt door landelijke charme, ongereptheid en schitterende victoriaanse huizen.

De ooit door Leni-Lenape-indianen bewoonde streek werd in 1623 onder leiding van de uit Manhattan afkomstige Nederlander Cornelius Mey gekoloniseerd. Al snel volgden vissers, walvisjagers en scheepsbouwers, en sinds het midden van de 18e eeuw ook de beau monde uit steden als Philadelphia en New York.

Na een vernietigende brand in 1878 was de as nog niet afgekoeld toen de eerste inwoners alweer een begin maakten met de wederopbouw, waaraan Cape May tegenwoordig zijn unieke victoriaanse sfeer dankt. In de loop der jaren werden de meeste van de ongeveer zeshonderd *painted ladies*, zoals de victoriaanse huizen ook wel genoemd worden, gerestaureerd. Vooral aan Columbia Avenue, Hughes Street en Jackson Street staan vele mooie bouwwerken met hier en daar prachtige tuinen en gezellige terrassen.

Bezienswaardigheden

Painted Ladies

Tot de mooiste overblijfselen uit de victoriaanse tijd behoren het fraaie **Wilbraham Mansion** (133 Myrthle Ave.) uit 1840, de in 1872 in Italiaanse renaissancestijl gebouwde **Mainstay Inn** (635 Columbia Ave.) en **The Abbey** (34 Gurney St.), die in 1869/1870 in neogotische stijl verrees, met origineel meubilair is ingericht en tegenwoordig, zoals veel andere victoriaanse schoonheden, als bed and breakfastaccommodatie in gebruik is. Een uitzondering is de in 1872 als privéclub voor heren gebouwde **Emlen Physick Estate** (1048 Washington St.), die tegenwoordig als museum dient (www.capemaymac.org).

Cape May Point Lighthouse

www.capemaymac.org > Attractions > Cape May Lighthouse, in de zomer 10-17 uur, $ 8

De zuidelijkste punt van New Jersey wordt van deze historische wijk gescheiden door een goeddeels onbebouwd stuk land. Sinds 1859 waakt het **Cape May Point Lighthouse** over het scheepvaartverkeer. Er leiden 199 treden naar een uitkijkplatform van de vuurtoren, dat rondom uitzicht biedt. In het Oil House naast de toren is een klein maritiem museum ingericht.

Historic Cold Spring Village

720 Rte 9, tel. 1-609-898-2300, www.hcsv.org, di.-zo. 10-16.30 uur, gratis parkeerplaats, volwassenen $ 12, kinderen 3-12 jaar $ 10

Circa 5 km ten noorden van Cape May ligt het Historic Cold Spring Village, dat een levendige indruk biedt van het leven van de kolonisten in de 19e eeuw. Op het terrein staan meer dan 25 historische gebouwen, waaronder een smederij en een school. 'Bewoners' in historische kostuums verrichten werkzaamheden uit die tijd en demonstreren ambachtelijke vaardigheden die tegenwoordig bijna zijn vergeten. Er worden talrijke evenementen georganiseerd, waaronder zomerconcerten en het Celtic Festival in juni met dans en muziek.

Informatie

Chamber of Commerce of Greater Cape May: 513 Washington St., tel. 1-609-884-5508, www.capemaychamber.com.

Cape May Welcome Center: 609 Lafayette St., tel. 1-609-884-5508, www.capemay.com.

Accommodatie

Pure ontspanning – **The Mission Inn:** 1117 New Jersey Ave., tel. 1-609-884-8380, www.missioninn.net. Slechts een blok van het strand gelegen Inn. Acht gezellige en luxueuze kamers met haard, airconditioning, tv en internet. Schilderachtig in de stijl van een oude missiepost ingericht. Huurfietsen, badhanddoeken en ontbijt zijn inbegrepen. Rookvrij, minimumleeftijd 12 jaar, $ 230-330.

Om verliefd op te worden – **Southern Mansion:** 720 Washington St., tel. 1-609-884-7171, www.southernmansion.com. Luxueuze B&B in een voormalige Italiaanse villa uit 1863. Zeer smaakvol ingericht met antiek. Naseizoen vanaf $ 169.

Als uit een sprookje – **Gingerbread House:** 28 Gurney St., tel. 1-609-884-0211, www.gingerbreadinn.com. Traditioneel ingericht verblijf in een victoriaans pand. Behaaglijke kamers met airconditioning, wifi. $ 148-330.

Goede inrichting – **Beachcomber Camping Resort:** 462 Seashore Rd., Cape May, tel. 1-609-886-6035, www.beachcombercamp.com, apr.-okt. Met veel recreatieve faciliteiten, cabins en trailer om te huren.

Camping – **Cape Island Resort:** 709 Rte 9, Cape May, tel. 1-609-884-5777, www.capeisland.com, mei-okt. Met zwembad, tennisbanen, minigolf en winkel.

Eten en drinken

Uitstekend – **410 Bank Street:** 410 Bank St., tel. 1-609-884-2127, dag. 17-22 uur. Toprestaurant met cajun-, creoolse en Caribische gerechten, BYO. Vanaf $ 29.

Superontbijt – **Mad Batter:** 19 Jackson St., tel. 1-609-884-5970, www.madbatter.com, feb.-dec. dag. 8-22 uur. Met terras. Goede vis- en vleesgerechten. Specialiteit van het huis zijn de crab cakes. Vanaf $ 12.

Actief

Voor alle stranden moet van eind mei tot begin september tussen 10 en 17 uur worden betaald door personen vanaf 12 jaar. De zogenaamde beach tags zijn verkrijgbaar aan het begin van elk strand voor $ 6 per dag respectievelijk $ 12 voor drie dagen.

Tours – **Atlantic Center for the Arts:** 1048 Washington St., tel. 1-609-884-5404, www.capemaymac.org. Aangeboden worden onder meer tochten te voet respectievelijk met de trolleybus door de oude stad, ook bij maneschijn.

Evenementen

Cape May's Spring Festival: apr. en mei. lentefeest.

Cape May Music Festival: mei/juni.

Movies on the Beach: juli/aug. Donderdagavond gratis film op het strand.

Victorian Weekend: sept./okt. Rondleidingen en verkoop van antiek.

Harvest Brew Fest: sept.

Vervoer

Veerboot: Cape May Terminal, tel.1-800-643-3779, Lewes Terminal, tel. 1-800-643-3779, www.capemaylewesferry.com. Tussen Cape May en Lewes (Delaware) varen dagelijks veerboten, de overtocht duurt 75 min. Bij slecht weer verschuiven de vertrektijden.

✪ Washington D.C.

▶ 1, G 8

Washington, hoofdstad van de Verenigde Staten, zetel van de machtigste regering ter wereld, vestigingsplaats van nationale en internationale verenigingen en organisaties, beroemde musea en culturele instellingen, trekpleister voor mensen uit alle landen, telt 600.000 inwoners en is zelfbewust en mondain, zonder protserig te zijn.

Het regeringscentrum van de wereldmacht VS doet met zijn weliswaar compacte, maar toch open aandoende centrum aan een Europese grote stad denken. Er staan geen hoge gebouwen van glas en beton, omdat geen enkel gebouw, behalve het aan de eerste Amerikaanse president gewijde Washington Monument, hoger mag zijn dan het Capitool. Dit 'on-Amerikaanse' uiterlijk is te danken aan de Franse architect Pierre Charles L'Enfant, maar ook aan de bouwmeesters van de monumenten en architectonische blikvangers. Ze oriënteerden zich op Rome en Athene bij het scheppen van een machtscentrum voor de Nieuwe Wereld. Het resultaat was een classicistisch decor uit wit marmer voor de 'grote etalage' van de VS.

Er gingen bijna twee eeuwen voorbij voordat de hoofdstad zijn huidige uiterlijk kreeg. Het Amerikaanse Congres vergaderde in acht verschillende steden totdat president George Washington zich in 1790 uitsprak voor een stuk grond aan de oever van de Potomac River als vestigingsplaats van de nieuwe hoofdstad. Omdat er weinig geld beschikbaar was voor het project 'hoofdstad', ontstonden er al snel onenigheden tussen de grootschalige plannen smedende, eigenzinnige Franse architect L'Enfant en zijn opdrachtgevers. Twee jaar na het begin van de werkzaamheden was de Fransman zijn baan alweer kwijt.

Van stadsontwikkeling in de eigenlijke zin kon pas na 1870 worden gesproken toen Washington D.C. na het eind van de Burgeroorlog door de toestroom van tienduizenden bevrijde slaven snel groeide en de bouw van de regeringsgebouwen in hoog tempo voortging. Destijds vormden de National Mall en de omringende straten een enorme bouwput. Enkele symbolen, zoals het Lincoln Memorial en het Jefferson Memorial, kwamen pas in de 20e eeuw tot stand.

National Mall

Kaart: blz. 306

De 3 km lange en drie huizenblokken brede National Mall is niet alleen de paradeboulevard, maar ook het politieke en culturele hart van de natie, met het nationale parlement, de regeringszetel in het Witte Huis en de belangrijkste musea en monumenten van het land.

Capitol Hill

Capitool 1

Capitol Visitor Center, aan de oostkant van het Capitool, tel. 1-202-226-8000, www.visitthecapitol.gov, alleen één uur durende gratis rondleidingen met 13 minuten durende oriënteringsfilm ma.-za. 8.50-15.20 uur, online-reservering aanbevolen, alle info ook beschikbaar als app

De National Mall begint in het oosten op **Capitol Hill**. Op deze heuvel troont het **Capitool**, de zetel van het Huis van Afgevaardigden en de Senaat. Het machtige koepelgebouw, geïnspireerd op de Sint-Pieter in Rome, diende als het architectonische voorbeeld van de State Houses van een groot aantal staten binnen de federatie. Na het leggen van de eerste steen in 1793 duurde het nog

Het National Air and Space Museum: een hoofdattractie aan de National Mall

tot de Burgeroorlog voordat de bijna 79 m hoge koepel van het gebouw was voltooid. Deze vertraging kwam niet alleen door gebrek aan geld. Nadat de Britten het bouwwerk bij de bezetting van Washington in 1814 in brand hadden gestoken, was het alleen aan hogere machten te danken dat delen van het gebouw door een zware stortbui werden gered. Het machtswoord van Abraham Lincoln was nodig om in 1863 de 4000 ton zware ijzeren koepel te voltooien en hem met het bijna 6 m hoge Statue of Freedom te bekronen.

De meer dan 50 m hoge koepel midden op het Capitool wordt versierd met een enorm fresco met scènes uit de Amerikaanse geschiedenis. Verscheidene kunstenaars hadden meer dan 75 jaar nodig voor de voltooiing ervan. Enkele historische schilderijen in de rotunda werden gemaakt door John Trumball, die als adjudant van George Washington de geschilderde taferelen persoonlijk had meegemaakt. In de aangrenzende Statuary Hall eren de Amerikaanse staten hun belangrijkste persoonlijkheden met honderd standbeelden.

Supreme Court 2

1 First St. NE., tel. 1-202-479-3000, www.supremecourtus.gov, ma.-vr. 9-16.30, bezichtiging alleen wanneer het Hof geen zitting houdt

Voor Amerika's in 1935 voltooide gebouw van de hoogste rechtbank, het **Supreme Court**, koos de architect Cass Gilbert een classicistisch ontwerp met Korinthische zuilen, waarmee de waardigheid van het instituut werd uitgedrukt. Het hoogste gerechtshof bestaat uit acht rechters *(Associate Justices)* en een voorzitter *(Chief Justice)*, die op voorstel van de Amerikaanse president voor het leven worden benoemd. Het Supreme Court heeft tot taak te waken over de grondwet en de grondwettelijkheid van wetten en verordeningen van de uitvoerende macht, en belangrijke beslissingen te nemen over kwesties als burgerrechten, abortus, euthanasie en de doodstraf. Als de rechters iets schriftelijk moeten vastleggen, gebruiken ze net als vroeger een ganzenveer om mee te schrijven. Op de begane grond draait een film over het Supreme Court.

Library of Congress 3

101 Independence Ave. SE., tel. 1-202-707-8000, www.loc.gov, rondleidingen ma.-vr. 10.30-15.30, za. tot 14.30 uur

Elk jaar raadplegen meer dan 800.000 bezoekers de **Library of Congress**, het in 1800 gestichte 'geheugen van de wereld'. In drie gebouwen zijn op in totaal 800 km aan planken meer dan 120 miljoen manuscripten, boeken, foto's en kaarten in 500 talen ondergebracht. De hele boeken- en tijdschriftencatalogus is al lang in de computer gezet en elektronisch te raadplegen. De verzameling zeldzame werken bestaat uit 6000 boeken die voor het begin van de 16e eeuw zijn gedrukt, waaronder een van de slechts drie nog bestaande Gutenbergbijbels op perkament, uit 1455. Een bijzondere plaats voor alle boekenliefhebbers is de enorme leeszaal met marmeren muren, waarop een met koper gedekte koepel rust.

Langs de Independence Avenue

National Museum of the American Indian 4

4th St./Independence Ave. SW., tel. 1-202-633-1000, www.nmai.si.edu, dag. 10-17.30 uur, toegang gratis

Met zijn ruwe, golvende kalkstenen gevel doet het **National Museum of the American Indian** denken aan een klip van gelig gesteente en vormt een scherp contrast met de classicistische architectuur van de National Mall. De collecties omvatten 800.000 objecten, die 10.000 jaar geschiedenis van indianenculturen uit Noord-, Midden- en Zuid-Amerika representeren. Hiertoe behoren een gesneden totempaal van de Tlingit, een bronzen sculptuur van de Pueblo-indianen uit New Mexico en textiel van de Diné (Navajo). In de tentoonstellingen gaat het niet alleen om kunst en cultuur, maar ook om presentaties als Our Lives, waar het dagelijks leven van indianenstammen in de 21e eeuw wordt getoond.

National Air and Space Museum 5

Independence Ave./4th St. SW., tel. 1-202-633-2214, www.airandspace.si.edu, dag. 10-17.30 uur, toegang gratis

Het **National Air and Space Museum** is niet alleen interessant voor mensen met technische belangstelling. De expositie over de geschiedenis van de vliegkunst begint met de in 1903 door de gebroeders Wright gebouwde Flyer, waarmee de beide luchtvaartpioniers op de Outer Banks van North Carolina de deur naar een nieuw tijdperk openden. De Spirit of St. Louis, waarmee Charles Lindbergh als eerste de Atlantische Oceaan over vloog, is er te zien, net als de ruimtecapsule van de Apollo-11-missie. De toekomst wordt door een origineel model van de Enterprise uit de bekende tv-serie *Star Trek* gerepresenteerd. In het IMAX-theater hebben bezoekers de keus tussen vier spannende films op een reuzenfilmdoek.

Omdat het museum uit ruimtegebrek slechts een klein deel van zijn expositie toegankelijk kon maken, heeft men in de buurt van het Washington Dulles International Airport (Virginia) het **Steven F. Udvar-Hazy Center** ingericht, een in een enorme hangar gehuisvest filiaal. Daar zijn ruim tweehonderd vliegtuigen tentoongesteld, waaronder de spaceshuttle Discovery, de beroemdberuchte B-29 Superfortress Enola Gay en de legendarische Concorde (14390 Air & Space Museum Pkwy, Chantilly, Virginia 20151, tel. 1-703-572-4118, www.airandspacesi.edu > Visit > Udvar-Hazy Center, dag. 10-17.30 uur, toegang gratis, parkeren $ 15).

Gratis attracties

De belangrijkste, drukbezochte bezienswaardigheden van Washington D.C. zijn een koopje: alle musea van het Smithsonian Institution (zie blz. 308) en alle monumenten op de National Mall (zie blz. 303) zijn gratis toegankelijk. Dat geldt ook voor de National Archives (zie blz. 311), de National Portrait Gallery, de National Zoo en het National Building Museum.

Washington D.C.

Bezienswaardig

1 Capitool
2 Supreme Court
3 Library of Congress
4 National Museum of the American Indian
5 National Air and Space Museum
6 Smithsonian Institution
7 US Holocaust Memorial Museum
8 Jefferson Memorial
9 Franklin Delano Roosevelt Memorial
10 Martin Luther King Memorial
11 Korean War Memorial
12 Lincoln Memorial
13 Vietnam Veterans Memorial
14 World War II Memorial
15 Washington Monument
16 National Museum of African American History and Culture
17 National Museum of American History
18 National Museum of Natural History
19 National Gallery of Art
20 Newseum
21 National Archives
22 J. Edgar Hoover Building
23 Old Post Office
24 Ronald Reagan International Trade Center Building
25 White House
26 Renwick Gallery
27 Ford's Theater
28 International Spy Museum
29 German-American Heritage Museum
30 Chinatown
31 Union Station
32 Adams Morgan
33 Arlington National Cemetery
34 Georgetown

Accommodatie

1 Park Hyatt
2 Melrose Hotel
3 Hotel George
4 Comfort Inn Convention
5 Fairfield Inn
6 Jurys Normandy Inn
7 American Youth Hostels

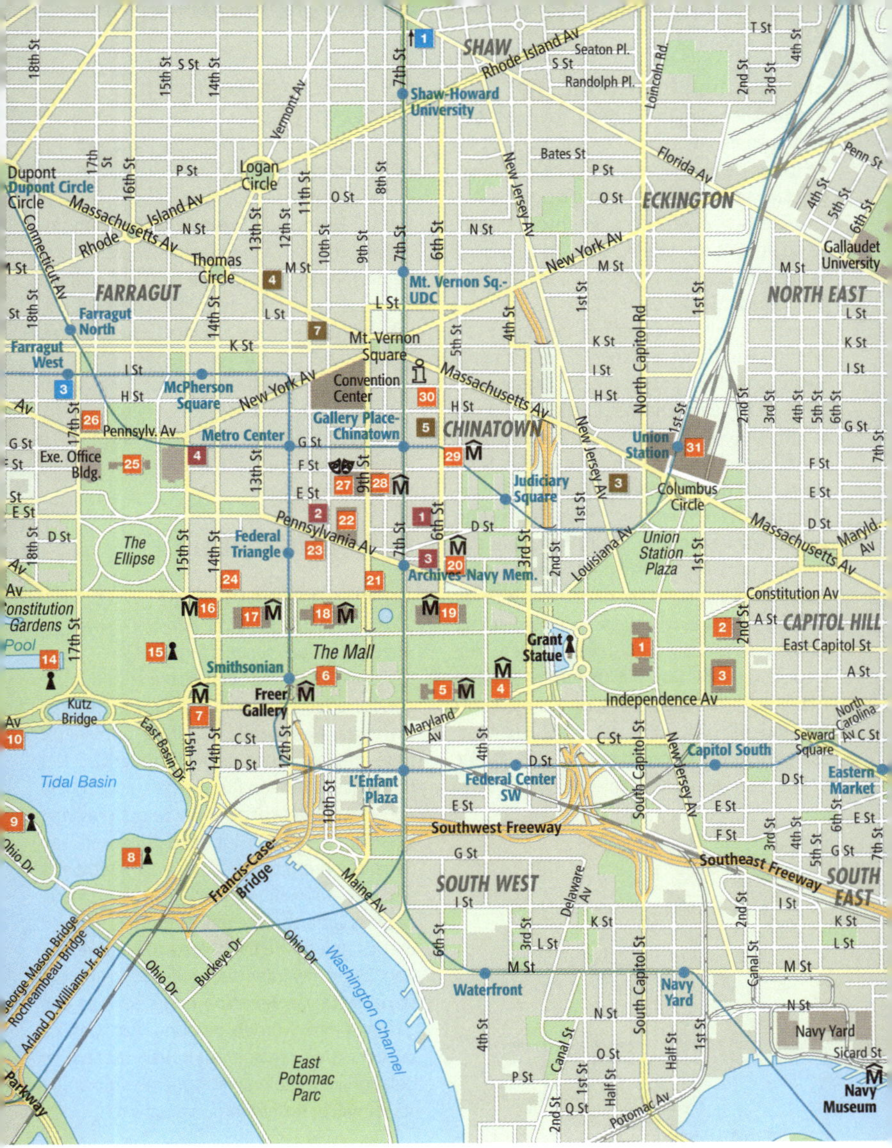

Eten en drinken

1. Rasika
2. Fogo de Chão
3. Capital Grille
4. Old Ebbitt Grill
5. Dean & DeLuca

Winkelen

1. Tysons Corner Center

Uitgaan

1. 9:30 Club
2. Beer Baron Tavern
3. Bottom Line
4. John Kennedy Center for the Performing Arts

Smithsonian Institution 6

Het **Smithsonian Institution**, dat negentien musea en een dierentuin omvat, behoort tot de meest gerenommeerde culturele instellingen ter wereld. Het werd gesticht door de Britse wetenschapper James Smithson. Hij zette nooit voet op Amerikaanse bodem, maar vermaakte zijn vermogen van $ 500.000 aan de hoofdstad van de VS voor de stichting van een instelling 'ter vermeerdering en verbreding van de wetenschap'. Drie jaar na de stichting in 1846 betrok het Smithsonian Institution het neoromaanse Castle, dat nu een informatiecentrum is, omgeven door een park en musea als het **Arts and Industries Building** met het **Discovery Theater** (www.discoverytheater.org), het **Hirshhorn Museum** (www.hirshhorn.si.edu) met meer dan zesduizend schilderijen en een beeldentuin, de in Aziatische kunst gespecialiseerde **Freer Gallery of Art** (www.asia.si.edu), de **Sackler Gallery** (www.asia.si.edu) met Chinese collecties en het **National Museum of African Art** (www.africa.si.edu) met Afrikaanse kunst (950 Independence Ave., tel. 1-202-633-4600, alle genoemde musea dag. 11.00-17.20 uur, online reserveren aanbevolen).

Tip

KERSENBLOESEMFEEST

Het Jefferson Memorial is op zijn mooist in het voorjaar, wanneer de kersenbomen rond het Tidal Basin bloeien. Bijna een eeuw geleden schonk de burgemeester van Tokio de hoofdstad enkele duizenden kersenbomen, die sindsdien jaarlijks in bloei staan. Het **National Cherry Blossom Festival** gaat elk jaar in maart/april gepaard met vuurwerk en optochten.

US Holocaust Memorial Museum 7

100 Raoul Wallenberg Plaza, tel. 1-202-488-0400, www.ushmm.org, dag. 10-17.20 uur, online reserveren aanbevolen

Het **US Holocaust Memorial Museum** documenteert op aangrijpende wijze de tragedie van zes miljoen Joden en een miljoen Roma, Jehova's getuigen, en Poolse en Russische krijgsgevangenen tijdens het naziregime in Duitsland. Op drie verdiepingen geven foto's, diorama's en vitrines een beeld van wat er toen allemaal gebeurd is. Tot de deprimerendste objecten behoren hoge stapels schoenen en brillen van concentratiekampslachtoffers die werden vergast.

Bij het Tidal Basin

Jefferson Memorial 8

900 Ohio Dr. SW., tel. 1-202-426-6841, www.nps.gov/thje, permanent toegankelijk

In het jaar 1943 werd voor de tweehonderdste geboortedag van Thomas Jefferson met het **Jefferson Memorial** een van de populairste monumenten langs de Mall opgericht. Het Romeinse Pantheon fungeerde als voorbeeld voor het ronde, koepelvormige gebouw met portico. De met 54 Ionische zuilen en een 6 m hoog bronzen beeld uitgeruste tempel is een eerbetoon aan de staatsman en architect Thomas Jefferson. De binnenmuur is versierd met citaten uit de Onafhankelijkheidsverklaring. Bij de inwijdingsfeestelijkheden kon het standbeeld van Jefferson nog slechts in een gipsen versie worden getoond. Pas toen na de oorlog de rantsoenering van strategisch belangrijke metalen was opgeheven, kon de staatsman in brons worden gegoten.

Franklin Delano Roosevelt Memorial 9

900 Ohio Dr. SW., tel. 1-202-426-6841, www.nps.gov/frde, permanent toegankelijk, toegang gratis

Het uit vier delen bestaande **Franklin Delano Roosevelt Memorial** herinnert aan de vier ambtstermijnen van de 32e president van de VS (1933-1945), tot wiens verdiensten het tijdens de Grote Depressie geïnitieerde hervormings- en hulpprogramma New Deal behoorde.

Martin Luther King Memorial 10

www.nps.gov/mlkm

Het **Martin Luther King Memorial** gedenkt de in 1968 vermoorde leider van de zwarte burgerrechtenbeweging. Hij is de eerste Afro-Amerikaan voor wie aan de National Mall een gedenkteken is opgericht. In drie delen symboliseert het de centrale ideeën van King: gerechtigheid, democratie en hoop.

Rond het Lincoln Memorial

Korean War Memorial 11

Daniel French Dr. 4/Independence Ave. SW., tel. 1-202-426-6841, www.nps.gov/kwvm, permanent toegankelijk, toegang gratis

Met zijn negentien beelden van Amerikaanse soldaten die met hun wapen in de hand, een helm op het hoofd en een regenponcho om door een veld lopen, oogt het **Korean War Memorial** als een in steen gestolde oorlogsscène. De Koreaoorlog tussen 1950 en 1953 kostte aan Amerikaanse zijde meer dan 54.000 doden en vermisten.

Lincoln Memorial 12

23rd St. tussen Constitution en Independence Ave. NW., tel. 1-202-426-6841, www.nps.gov/linc, permanent toegankelijk, toegang gratis

Aan het westelijke uiteinde van de National Mall staat het **Lincoln Memorial**. Vanaf de monumentale trap hiervan kijkt u uit op het Washington Monument en het Capitool in de verte. Het gebouw ter ere van de vroegere president Abraham Lincoln kwam tussen 1915 en 1922 tot stand naar een ontwerp van Henry Bacon, die zich liet inspireren door het Parthenon in Athene. In een open hal in het gebouw zit, omgeven door in de muren gegraveerde teksten uit de Gettysburgh Address (zie blz. 251), de marmeren Lincoln, die door de gebroeders Piccarilli uit steen werd gehouwen naar een ontwerp van de beeldhouwer Daniel Chester French. Op de trap van het Memorial hield de vijf jaar later vermoorde Martin Luther King in 1963 ten overstaan van 750.000 demonstranten na een protestmars voor burgerrechten zijn beroemde redevoering *I have a dream*, waarin hij een politiek van rassengelijkheid predikte als voorwaarde voor een vreedzame toekomst voor de VS.

Vietnam Veterans Memorial 13

Constitution Ave./Henry Bacon Dr. NW., tel. 1-202-426-6841, www.nps.gov/vive, permanent toegankelijk, toegang gratis

Zeer sober, maar daardoor des te indrukwekkender zijn de half in de aarde verzonken, zwarte stenen muren van het **Vietnam Veterans Memorial**, een eerbetoon aan de bijna zestigduizen Amerikanen die omkwamen of verdwenen in de Vietnamoorlog. Dag in, dag uit speuren vrienden en familieleden de namen van de oorlogsslachtoffers af die er in graniet zijn ingegraveerd. Een jury koos het ontwerp voor het monument in 1980 uit 1421 ingediende voorstellen. Het ontwerp is afkomstig van de 21-jarige architectuurstudente Maya Ying Lin van Yale University.

World War II Memorial 14

900 Ohio Dr. SW., tel. 1-202-426-6841, www.nps.gov/nwwm, www.wwiimemorial.com, permanent toegankelijk, toegang gratis

Het **World War II Memorial** werd na zeventien jaar discussiëren over ontwerp en standplaats gebouwd tussen het Washington Monument en het Lincoln Memorial. Het granieten complex rond een centrale watervlakte ter ere van de gevallenen en overlevenden uit de Tweede Wereldoorlog werd sinds zijn voltooiing nogal bekritiseerd, omdat het op banale wijze verdriet en glorie in grijs graniet verpakt. 'Mussolini zou het gewaardeerd hebben,' schreef *TIME Magazine* over het bouwwerk, dat herinneringen zou oproepen aan de hoogdravendheid van de fascistische architectuur.

Washington Monument 15

Dag. 9-17 uur, hoogseizoen tot 22 uur, gratis tijdvakkaartjes en online gereserveerde kaartjes, www.recreation.gov, zijn af te halen in het gebouw ten oosten van het monument, 15th St.

Ranger met bezoeker bij het Vietnam Veterans Memorial aan de National Mall

In het centrum van de National Mall verrijst het ter ere van de eerste Amerikaanse president opgetrokken **Washington Monument**. De 170 m hoge marmeren toren werd in 1884 voor het publiek opengesteld. Jaarlijks brengt een lift honderdduizenden bezoekers naar het uitkijkplatform, dat over het gehele District of Columbia uitziet. Het gebouw oogt weliswaar als een massieve obelisk, maar bestaat in werkelijkheid uit metselwerk.

Langs Constitution Avenue

National Museum of African American History and Culture 16

Constitution Ave. NW./15th St., tel. 1-202-633-1000, www.nmaahc.si.edu, dag. 10-17.30 uur, toegang gratis

Het **National Museum of African American History and Culture** opende zijn deuren in 2016. Het negen verdiepingen omvattende gebouw, naar een ontwerp van de Britse architect van Tanzaniaanse herkomst David Adjaye, weerspiegelt op aangrijpende wijze de geschiedenis en toekomst van de Afrikaans-Amerikaanse burgers.

National Museum of American History 17

14th St./Constitution Ave., tel. 1-202-633-1000, www.americanhistory.si.edu, dag. 10-17.30 uur, toegang gratis

Het **National Museum of American History** presenteert zich als tempel van het technologische en culturele erfgoed van de VS. Op drie verdiepingen toont het bezienswaardigheden op een keur aan gebieden, zoals geneeskunde, wegvervoer, elektriciteit, damesmode, geschiedenis van na de Burgeroorlog, keramiek, geld en het leger. Een bijzonder 'sieraad' is de originele Star Spangled Banner Flag, die bij de aanval van de Britten in 1814 op Baltimore boven Fort McHenry waaide. Sommige bezoekers interesseren zich meer voor zaken als de valse tanden van George Washington of de nachthemden van de first ladies.

National Museum of Natural History 18

10th St./Constitution Ave., tel. 1-202-633-1000, www.mnh.si.edu, dag. 10-17.30 uur, toegang gratis

Het **National Museum of Natural History**, een fraaie schatkamer op het gebied van natuurlijke historie, informeert over de evolutie van de mens en het ontstaan van kunst en cultuur. Er zijn dinosaurusskeletten, fossielen, opgezette vogels, zoogdieren, insecten, mineralen en meteorieten te zien. Interessantste objecten zijn de 45,5 karaat wegende Hopediamant uit Zuid-Afrika en modellen van een Afrikaanse mannetjesolifant en een blauwe vinvis. De grootste fossiele plant die ooit werd opgegraven, afkomstig uit een kolenmijn in Iowa, is 3,9 m lang, 3,7 m hoog en 16 ton zwaar. Voor het IMAX-theater en het Butterfly Pavillion moet worden betaald.

National Gallery of Art 19

Tussen 3rd en 9th St. an der Constitution Ave. NW., tel. 1-202-737-4215, www.nga.gov, ma.-za. 10-17, zo. 11-18 uur, toegang gratis

El Greco, Rubens, Titiaan, Rembrandt, Renoir, Cézanne en Whistler zijn kunstenaars van wereldklasse wier werken in een van de bijzonderste kunsttempels van de VS, de **National Gallery of Art**, worden gepresenteerd. In het **West Building**, naar een ontwerp van John Russell Pope in 1941 gebouwd, wordt het werk van kunstenaars van de 13e tot en met de 20e eeuw getoond. Als bijzonder waardevol geldt het *Portret van Ginevra Benci*, het enige meesterwerk van Leonardo da Vinci dat buiten Europa is te zien. Het moderne equivalent van het classicistische West Building is het in 1978 gebouwde **East Wing Building** van de sterarchitect I.M. Pei. De daar geëxposeerde schilderijen, grafiek en sculpturen stammen alle uit de 20e eeuw. Het betreft werk van onder anderen Alexander Calder, Henry Moore, Pablo Picasso en Joan Miró.

Stadscentrum

Kaart: blz. 306

Pennsylvania Avenue

Pennsylvania Avenue vormt de hoofdslagader van de metropool, waarop persoonlijkheden als John F. Kennedy ten grave werden gedragen, protestmarsen tegen rassendiscriminatie en de Vietnamoorlog werden georganiseerd en parades werden gehouden.

Newseum 20

555 Pennsylvania Ave. NW, tel. 1-202-292-6100, www.newseum.org, dag. 9-17 uur, volwassenen $ 25, kinderen $ 15

De met historie beladen boulevard is een geschikte locatie voor het **Newseum**, dat zich bezighoudt met de stand van de nieuwsmedia. Op zeven verdiepingen kunnen bezoekers zich informeren over krantenkoppen producerende gebeurtenissen, een blik werpen achter de coulissen van de media en zelfs de voorpagina van een krant vormgeven.

National Archives 21

700 Pennsylvania Ave. NW., tel. 1-202-357-5000, www.archives.gov/dc-metro/washing ton, dag. 10-17.30 uur, toegang gratis

In de **National Archives** liggen documenten van onschatbare waarde – nationale en internationale verdragen en akkoorden, wetboeken, kaarten, bewijsstukken voor het aan- of verkopen van land, honderden oorkondes, de Onafhankelijkheidsverklaring, de Amerikaanse grondwet en de ontslagbrief van president Nixon na het Watergateschandaal. De belangrijkste documenten van de Amerikaanse geschiedenis zijn in de rotunda in speciale vitrines tentoongesteld, waarin heliumgas het verval van het papier verhindert en andere maatregelen deze schatten beschermen tegen beschadiging of diefstal.

J. Edgar Hoover Building 22

935 Pennsylvania Ave. NW., www.fbi.gov

Twee instituten die met elkaar verwante taken uitvoeren, zijn van elkaar gescheiden door

Pennsylvania Avenue, en vooral ook door hun onderling heel verschillende opvattingen over het recht: het Department of Justice (ministerie van Justitie) en het **J. Edgar Hoover Building**, het hoofdkantoor van de federale politie, de FBI, dat er uitziet als een gevangenis voor zware criminelen. De in 1908 door Teddy Roosevelt opgerichte FBI (Federal Bureau of Investigation) werd vanaf 1924 geleid door de autoritaire J. Edgar Hoover.

Old Post Office 23

12th St./Pennsylvania Ave. NW.

Halverwege het Capitool en het Witte Huis reikt de neoromaanse toren van het in 1899 opgetrokken **Old Post Office** naar de hemel. Onder de naam Trump International liet Donald Trump het enorme gebouw voor 200 miljoen dollar in het belangrijkste luxehotel van de stad veranderen. In september 2016 werd het hotel met 263 kamers, inclusief 35 dure suites en het exclusieve Trump Townhouse voor ongeveer $ 22.000 per nacht (naseizoen), restaurants en een fitnesscenter met spa geopend.

Ronald Reagan International Trade Center Building 24

1300 Pennsylvania Ave, www.itcdc.com, dag. 5-2 uur

Het **Ronald Reagan International Trade Center Building** is ook voor toeristen interessant. U kunt er kunst en delen van de Berlijnse Muur zien, segways huren en in het grote *food court* pauzeren (ma.-vr. 7-19, za. 13-18, zo. 12-17 uur) of 's zomers in de openlucht bij een gratis liveconcert van uw lunchpakket genieten. Iedere vrijdag van 11-15 uur is er een levendige Farmer Market met verse boerenproducten.

White House 25

1600 Pennsylvania Ave. NW., tel. 1-202-456-7041, www.whitehouse.gov. Als buitenlander is het vrijwel onmogelijk om het Witte Huis te bezichtigen. Ook de ambassade in Washington D.C. biedt geen hulp

Het **Witte Huis,** de residentie van de Amerikaanse president, ligt als een klein kasteeltje in het weelderige groen van de White House Grounds. Geen enkel machtscentrum in de wereld staat zo open voor bezoekers als de ambtswoning van de Amerikaanse president, waar dag in dag uit toeristen uit alle landen van de wereld komen kijken.

Downtown

Renwick Gallery 26

Pennsylvania Ave. & 17th St., tel. 1-202-633-7970, www.americanart.si.edu, dag. 10-17.30 uur, Tour 12 uur, toegang gratis

Het artistieke zwaartepunt van de **Renwick Gallery**, Washingtons oudste kunstmuseum uit 1869, ligt op Amerikaanse kunst van de koloniale tijd tot heden. U kunt er onder meer werken zien van kunstenaars als John Singer Sargent, Frederic Edwin Church, Albert Bierstadt, Mary Cassatt, Thomas Eakins, Thomas Cole, James Abbott McNeill Whistler en Edward Hopper.

Ford's Theater 27

W. 511 10th St. NW., tel. 1-202-347-4833, www.fordstheatre.org, wisselende tijden

Op de avond van 14 april 1865 was Abraham Lincoln in het **Ford's Theater** het slachtoffer van een moordaanslag. De president bezocht samen met zijn vrouw een opvoering van het stuk *Our American Cousin*, toen hij door de toneelspeler en fanatieke aanhanger van de zuidelijke staten John Wilkes Booth werd neergeschoten. Meer informatie vindt u in een museum in het souterrain van het theater, dat nog altijd in gebruik is.

International Spy Museum 28

800 F St. NW., tel. 1-202-393-7798, www.spymuseum.org, meestal 9 of 10-18 uur, volwassenen $ 22, kinderen $ 15

Afluisterapparaten, minicamera's voor in het knoopsgat van uw revers, onzichtbare inkt, in polshorloges verstopte geheime camera's, sabotagegereedschap, schoenen met ingebouwde zenders: zelfs James Bond, wiens Walther PPK tot de tentoongestelde objecten behoort, zou onder de indruk zijn van de collectie in de meer dan twintig zalen van het

International Spy Museum. Verscheidene specialisten van de CIA, de FBI, het Amerikaanse leger en spionage-experts van de NAVO en de KGB hielpen mee bij de totstandkoming van de exposities.

German-American Heritage Museum 29

719 6th St. NW., tel. 1-202-467-5000, www.gahmusa.org, di.-vr. 11-17, za. 12-17 uur, volwassenen $ 7

Het **German-American Heritage Museum** is gewijd aan de geschiedenis van de Duitse immigratie naar de VS.

Chinatown 30

Door de Friendship Arch op de 7th en F St. NW. bereikt u **Chinatown,** dat slechts enkele straten omvat. Na jarenlange veranderingen in het stadsbeeld wonen hier nog slechts circa driehonderd Chinezen. Net als in andere grote steden bestaat ook Chinatown in de hoofdstad uit een klein aantal Aziatische restaurants, soepkeukens en eettentjes.

Union Station 31

50 Massachusetts Ave., tel. 1-202-289-1908, www.unionstationdc.com, winkels ma.-za. 10-21, zo. 12-18 uur

Een treinstation hebben de meeste steden wel, maar Washington D.C. beschikt met zijn **Union Station** over niets minder dan een paleis. Het gebouw werd door de beroemde architect David Burnham in beaux-artsstijl ontworpen en met bladgoud, marmer en graniet versierd. Aan het eind van de jaren 70 speelde het gemeentebestuur met de gedachte om het station af te breken.

Uiteindelijk besloot men tot een 160 miljoen dollar kostende renovatie met als doel er naast de normale spoorwegactiviteiten een winkelpassage met meer dan 130 zaken, van apotheken tot juweliers, en een *food court* in te richten. Toeristen kunnen ter plaatse diverse bustochten boeken en een hotel laten reserveren. In het voorjaar van 2016 werd de restauratie van de hoofdhal afgesloten. Net als vroeger ziet deze er tegenwoordig weer fantastisch uit.

Buiten het centrum

▶ 1, F/G 8

Kaart: blz. 306

Adams Morgan 32

Ten noorden van Dupont Circle strekt zich de wijk **Adams Morgan** uit, aan de ene kant een typische woonwijk met huizen van bruin baksteen, maar aan de andere kant ook een wijk met restaurants en cafés waarin verschillende etnische groepen en kunstenaars wonen. Aan 18th Street en Columbia Road vindt u talrijke exotische restaurants met Ethiopische, Thaise, Chinese, Mexicaanse of Caribische gerechten.

De wijk ontstond in de jaren 20, toen rijke burgers er aanzienlijke huizen bouwden. Toen de beter gesitueerden na de Tweede Wereldoorlog naar de voorsteden trokken, werden veel grote woonhuizen opgedeeld in kleinere eenheden met een betaalbare huur. Ze werden betrokken door immigranten van verschillende nationaliteiten en jonge autochtonen. Jaarlijks in september vieren de inwoners de Adams Morgan Day met dans, tentoonstellingen en culinaire specialiteiten uit vele delen van de wereld.

Arlington National Cemetery 33

www.arlingtoncemetery.mil, toegang gratis

Op de enorme begraafplaats **Arlington National Cemetery** herinneren meer dan 200.000 witte grafstenen aan de mannen en vrouwen die omkwamen in dienst van hun land. Het drukst bezocht zijn de graven van president John F. Kennedy en diens broer Robert, die beiden omkwamen bij een aanslag. Het uit wit marmer vervaardigde Monument van de Onbekende Soldaat staat voor de doden uit beide wereldoorlogen en de Koreaoorlog, de Vietnamoorlog en de Golfoorlog. Traditioneel wordt het monument bewaakt door soldaten van de derde divisie van de US Infantry. De stram uitgevoerde wisseling van de wacht is een toeristische attractie.

Georgetown 34

Georgetown heeft zijn identiteit behouden, wat de wijk tegenwoordig toeristisch aantrekkelijk maakt. Elke inwoner van de hoofdstad kent de wijk als trendy, waar goede en dure restaurants, musea en boetieks te vinden zijn. Het straatbeeld wordt gekenmerkt door 18e- en 19e-eeuwse gevels met erkers, bont geschilderde deuren en steile trappen naar de voordeuren. Vroeger ontsierde een cementfabriek de oever van de Potomac in Georgetown.

Na de sloop ontstond met de Washington Harbour een tot de rivieroever open gebouwencomplex – een ideale plek om op een warme vrijdagavond aan het weekend te beginnen. Het epicentrum van het geheel wordt gevormd door **Tony & Joe's** en **Nick's Riverside Grill**, twee openluchtbars aan de rand van een verlichte vijver, die met zijn opspuitende fonteinen voor afkoeling zorgt. Eromheen drinkt men bier, wijn, champagne, cocktails en sapjes. Zodra de avondschemering de Potomac River loodgrijs kleurt, meren de eerste jachten af. Gezeten op goed gevulde koelboxen genieten de bemanningen van hun meegebrachte waren of mengen zich onder het gewone volk.

Het **Chesapeake and Ohio Canal** in het midden van Georgetown, waarin kromgegroeide bomen hun zwaarbeladen takken baden, doet aan als een nostalgische herinnering aan de goede, oude tijd. Geldgebrek leidde ertoe dat romantische kanaaltochten over de dwars door de stad stromende waterweg na bijna dertig jaar moesten worden beëindigd.

Informatie

Destination DC: 901 7th Street NW., tel. 1-202-789-7000, www.washington.org, ma.-vr. 8.30-17 uur. Alle informatie, stadsplattegronden en een brochure zijn te downloaden via de website.

Capitol Visitor Center: Oostkant van het US-Capitol, tel. 1-202-226-8000, www.visitthecapitol.gov, ma.-za. 8.30-16.30 uur. Goede informatie over hotels, restaurants en evenementen in Downtown is verkrijgbaar via www.downtowndc.org.

Accommodatie

Voorzien van alle gemakken – **Park Hyatt 1:** 1201 24th St. NW., tel. 1-202-789-1234, www.park.hyatt.com. Groot luxehotel met kamers en suites, whirlpool, verwarmd binnenzwembad, sauna en een businesscenter. Vanaf $ 350.

Zeer sympathiek – **Melrose Hotel 2:** 2430 Pennsylvania Ave. NW., tel. 1-202-955-6400, www.melrosehoteldc.com. Verzorgd en gunstig gelegen hotel tussen Downtown en Georgetown. Eigen restaurant en bar, comfortabele kamers, fitness- en businesscenter, vriendelijke service. Vanaf $ 220.

Sieraad – **Hotel George 3:** 15 E. St. NW., tel. 1-202-347-4200, www.hotelgeorge.com. Modern ingerichte, gezellige kamers, die opvallen door hun hippe design. Eigen bistro in Franse stijl. Vanaf $ 180.

Goed gedreven – **Comfort Inn Convention Center 4:** 1201 13th St. NW., tel. 1-202-682-5300, www.dcdowntownhotel.com. Rookvrij ketenmotel. Koelkast en wifi. Inclusief ontbijt, parkeren $ 30. Vanaf $ 167.

Centraal – **Fairfield Inn 5:** 500 H St. NW., tel. 1-202-289-5959, www.marriott.com. Ketenmotel, kamers met bad of douche, sauna, enkele fitnessapparaten. $ 120-200.

Smaakvol ingerichte kamers – **Jurys Normandy Inn 6:** 2118 Wyoming Ave. NW., tel. 1-202-483-1350, www.thenormandydc.com. Suites respectievelijk kamers met meer of minder comfort. Midden in de ambassadewijk. Vanaf $ 144.

Voor backpackers – **American Youth Hostels 7:** 1009 11th St. NW., tel. 1-202-737-2333, www.hiwashingtondc.org. Gebruik van de keuken, bedden in slaapzalen, muntenwasserij en internet. Vanaf circa $ 40.

Eten en drinken

Een klasse apart – **Rasika 1:** 633 D St. NW., tel. 1-202-637-1222, www.rasikarestaurant.com, ma.-vr. 11.30-14, ma.-za. 17-22.30 uur. Uitstekende Indiase lekkernijen vanaf $ 18. Aanbevolen wordt het tastingmenu met vier

Georgetown heeft zich ontwikkeld tot een geliefde woonwijk

of zes gangen voor $ 60 of 75. Voordeliger is het pre-Theatermenu, dat tot 18.30 uur wordt geserveerd voor $ 35.

Een hele belevenis – **Fogo de Chão** 2 **:** 1101 Pennsylvania Ave., tel. 1-202-347-4668, www.fogo.com, dag. 11.30-14, 17-22 uur. Een paradijs voor vleesliefhebbers. Verscheidene vleessoorten van een spies, all you can eat, inclusief saladbar en nagerechten. Diner $ 55, lunch $ 37, vegetarisch $ 29/15.

Uitstekende kwaliteit – **Capital Grille** 3 **:** 601 Pennsylvania Ave. NW., tel. 1-202-737-6200, www.thecapitalgrille.com > Locations, ma.-za. lunch, diner dag. Een bekend ontmoetingspunt van politici met overheerlijke steakspecialiteiten en een bar. $ 22-54, barmenu circa $ 18.

Goede gerechten, gezellige sfeer – **Old Ebbitt Grill** 4 **:** 675 15th St. NW., tel. 1-202-347-4800, www.ebbitt.com, dag. In Washingtons oudste bar heerst een Engelse clubsfeer, gegrilde kalfslever met aardappelen en ui $ 18,95, parmezaan-forel met sauce hollandaise $ 20,95.

Gezellig café met delicatessenmarkt – **Dean & DeLuca** 5 **:** 3276 M St., Georgetown, tel. 1-202-342-2500, www.deandeluca.com, dag. 8-20 uur. Uitstekend café met hemels gebak en kleine gerechten. Bij de zaak hoort een supermarkt met heerlijke delicatessen. Vanaf $ 8.

Winkelen

Aantrekkelijke souvenirs – **Gift Shop des Air & Space Museum** 5 **:** tel. 1-202-633-4510, www.airandspace.si.edu > Visit > Museum in DC > Museum Store. Ieder museum van het Smithsonian Institution in D.C. heeft een winkel, waar bijzondere artikelen worden verkocht. Over het algemeen hebben ze iets te maken met het thema van het betreffende museum, in de shop van het Air & Space Museum vind je bijvoorbeeld stoere pilotenjacks voor kinderen.

Gigantische mall – **Tysons Corner Center** 1: 1961 Chain Bridge Rd., Tysons Corner, www.tysonscornercenter.com. Een topbestemming voor hardcore-shoppers. Weliswaar zo'n 13 mijl buiten het centrum, maar bereikbaar met de metro.

Uitgaan

Shows en concerten – **9:30 Club** 1: 815 V St. NW., tel. 1-202-265-0930, www.930.com, zo.-do. vanaf 19.30, vr., za. vanaf 21 uur. De club behoort tot de beste gelegenheden met livemuziek. Je kunt er dansen of alleen kijken. Regelmatig shows en concerten.
500 biersoorten – **Beer Baron Tavern** 2: 1523 22nd St. NW., tel. 1-202-293-1887, www.beerbarondc.com, dag. 16-24 uur. Bieren uit de hele wereld in flessen en blikjes, altijd vijftig vers van de tap.
Voor echte kroegtijgers – **Bottom Line** 3: 1716 I St. NW., tel. 1-202-298-8488, thebottomlinedc.com, dag. 11.30-23 uur. Hier kunt u met gelijkgestemden eten, drinken en dansen.
Podiumkunst – **John Kennedy Center for the Performing Arts** 4: 2700 F St. NW., tel. 1-202-467-4600, www.kennedy-center.org. De vijf podia trekken jaarlijks drie miljoen toeschouwers. Basis van de Washington National Opera en het National Symphony Orchestra, Rondleidingen ma.-vr. 10-17, za., zo. 10-13 uur. Tickets online, aan de kassa, telefonisch (tel. 1-202-467-4600 10-21 uur) of via de post. Info via www.www.kennedy-center.org/tickets.

Evenementen

Chinees Nieuwjaar: jan./feb. Bont programma met optochten.
Washington International Film Festival: feb./mrt. Filmfestival met onder andere films uit landen als China en India.
St. Patrick's Day Parade: mrt. Feest ter ere van de nationale heilige van Ierland.
Blossom Kite Festival: mrt./apr. Groots opgezet vliegerfeest.
Kersenbloesemfeest: mrt./apr. Zie blz. 308.
Carnival Extravaganza: juli. Caribisch carnavalsfeest met steelbands, culinaire specialiteiten en gekostumeerde optochten.
Barbecue Battle: juni. Nationale barbecuekampioenschappen.
Smithsonian Folklife Festival: juni/juli. Historisch feest met cultureel programma.
Adams Morgan Day Festival: sept. Cultureel wijkfeest.

Vervoer

Vliegtuig: in de omgeving van Washington D.C. liggen drie luchthavens.
Baltimore/Washington International Airport (tel. 1-410-859-7111, www.bwiairport.com) ligt 50 km ten noordoosten van Washington. De lokale trein MARC (tel. 1-410-672-6169, www.mtamaryland.com) rijdt in een halfuur naar het Union Station. Een shuttlebus rijdt elk uur van de luchthaven naar het centrum (www.supershuttle.com). Een taxi kost $ 90.
Ronald Reagan National Airport, tel. 1-703-417-8000, www.mwaa.com/reagan. Deze luchthaven ligt 16 km van de stad in Virginia. De blauwe en gele Metroraillijn rijden van de luchthaven naar Washington, www.wmata.com/getting_around/new_metro, alleen met SmarTrip Card van automaten.
Washington Dulles International Airport, (tel. 1-703-572-2700, www.metwashairports.com/dulles/dulles.htm) ligt ongeveer 40 km van de stad in Virginia. De Washington Flyer Super Shuttle biedt vanaf de luchthaven een deur-tot-deurservice met een minivan aan, tel. 1-800-258-3826, www.supershuttle.com; kaartjes zijn verkrijgbaar in de Main Terminal, Ground Transportation Level.
Trein: Union Station, First St./Massachusetts Ave., tel. 1-800-USA-RAIL, www.amtrak.com. Op het traject New York-Philadelphia-Baltimore-Washington rijden Acelasneltreinen. Andere treinverbindingen via Richmond naar Florida.
Vervoer in de stad: veel bezienswaardigheden zijn bereikbaar met de Metrorail (metro, weekdagen tot 24, za.-zo. tot 2 uur, www.wmata.com). In het stedelijke gebied is er een uitgestrekt busnetwerk. U kunt zonder extra kosten van de metro op de bus overstappen, maar niet omgekeerd. Op de Potomac: waterbussen tussen Jefferson Memorial en Georgetown, elke 20 minuten.

Rond Chesapeake Bay

Maryland, Delaware en Virginia delen de enorme Chesapeake Bay. Terwijl de eerste twee staten – afgezien van de grote stad Baltimore – zich vooral van hun landelijke kant laten zien, liggen nergens in de VS zoveel historische plaatsen als in Virginia, waar bijna vier eeuw geleden de eerste Engelse kolonisten neerstreken en zowel de onafhankelijkheidsstrijd als de Burgeroorlog diepe littekens achterlieten.

Al eeuwen bepalen de nabijheid van de zee en het uitgesproken landelijke karakter het leven van de mensen in de kleine steden en dorpen. In het noorden vormt de Delaware Bay de grens met buurstaat New Jersey. In het oosten liggen de stranden van de Atlantische Oceaankust met bekende badplaatsen, terwijl in het westen de hoofdarm van de 8300 km^2 metende Chesapeake Bay het gebied bijna geheel van het Amerikaanse vasteland scheidt.

De Chesapeake Bay behoorde vroeger tot de rijkste visgronden van de wereld, maar de visstand is door overbevissing en watervervuiling achteruitgegaan. Desondanks is de regio nog altijd een paradijs voor lekkerbekken, die daarbij vooral een bijzondere specialiteit op het oog hebben: de *blue crab*. Dit schaaldier, dat zijn naam dankt aan zijn groenblauw gekleurde bepantsering, komt hier nog altijd op grote schaal voor. Veel visrestaurants rond de baai serveren de blauwe zwemkrab dan ook, en daar overwegend op twee manieren bereid: in zijn geheel gekookt of in de vorm van *crab pie*, een soort grote bal van krabbenvlees.

Op maar weinig plaatsen laat het hedendaagse Amerika zich zo van zijn romantische zijde zien als in Virginia. Nog altijd strekken de katoen- en tabaksvelden zich uit tot aan de horizon, en villa's van plantagebezitters met witgekalkte zuilenfaçades herinneren aan een glansrijk verleden. Nostalgie en melancholie vermengen zich wanneer mensen tijdens historische feesten lange gewaden en oude uniformen aantrekken om lang vervlogen tijden tot leven te wekken. Roemruchte namen maken herinneringen wakker aan de oorspronkelijke indianenbevolking, Engelse zeevaarders en Europese kolonisten. Nergens voelt de bezoeker zich meer in oude tijden teruggeworpen dan in Colonial Williamsburg, een onder monumentenzorg vallende, gerestaureerde stadswijk waar de 'inwoners' in historische kostuums het leven uit de koloniale tijd naspelen.

Baltimore ▸ 1, G 7

Baltimore was altijd al een belangrijke havenstad, maar een toeristische aanrader is de metropool pas sinds een paar jaar. Het grootste stedelijke gebied van Maryland kampt echter nog steeds met het vroegere imago van een oninteressante industriestad, vermoedelijk ook omdat het stadsvernieuwingsprogramma zich hoofdzakelijk beperkte tot de Inner Harbor en de eromheen gelegen wijken.

De 'binnenhaven' van Baltimore ligt ver verwijderd van de open zee aan een hoofdarm van de gigantische, tot diep in het achterland van de kust reikende Chesapeake Bay. In zomerweekends treden hier orkestjes, muziekbands en entertainers op om de mensenmassa's op een gezellige manier te onderhouden.

Bezienswaardigheden

Observation Deck

401 E. Pratt St., www.viewbaltimore.org, ma.-za. 10-18, zo. 11-18 uur, volwassenen $ 6, kinderen $ 4

Het Observation Deck op de 27e verdieping van het World Trade Center direct aan de waterkant biedt bezoekers een fantastisch uitzicht op de haven.

National Aquarium

501 E. Pratt St., Pier 4, tel. 1-410-576-3800, www. aqua.org, dag. 9-17, vr.-za. tot 20 uur, volwassenen $ 40, , kinderen $ 25, online-tickets voor vrijdagavond halve prijs

In het **National Aquarium** wacht de bezoekers een exotische wereld met tienduizend levensvormen, van vissen, vogels en reptielen tot amfibieën. De attractie is inmiddels al lang uitgegroeid tot meer dan alleen een aquarium, maar de dolfijnenshows en het haaienbassin zijn nog altijd de populairste bezienswaardigheden. Behalve een Atlantisch koraalrif kunt u er een regenwoud bezichtigen, waar de apen door de bomen klauteren Daarbij komen een Australië-afdeling en 4D-films.

Historic Ships

Piers 1, 3 en 5, Inner Harbor, tel. 1-410-539-1797, www.historicships.org, in de zomer zo.-do. 10-17, vr., za. tot 19 uur, rest van het jaar korter, volwassenen $ 18, kinderen $ 9

Aan de nautische sfeer van de Inner Harbor wordt het meest bijgedragen door de **Historic Ships in Baltimore**. Het afgedankte lichtschip Chesapeake, dat tussen 1933 en 1973 als drijvende vuurtoren in de monding van de Chesapeake Bay lag, vormt een mooi plaatje in de haven. Daarnaast zijn er nog andere schepen, zoals de historische onderzeeboot USS Torsk, die in 1972 na 11.884 keer te hebben gedoken met pensioen ging. De USS Taney is het laatste nog intacte oorlogsschip dat de Japanse aanval op Pearl Harbour in 1941 doorstond. Het in 1797 in Baltimore van stapel gelopen fregat Constellation doet niet alleen de harten van liefhebbers van zeilschepen sneller kloppen. Ook het ronde, op 'spinnenpoten' staande Seven Foot Knoll Lighthouse uit 1856 is onderdeel van het museum.

Maryland Science Center

601 Light St., tel. 1-410-685-5225, www.mdsci.org, in de zomer dag. 10-18, vr. tot 20 uur, rest van het jaar korter, volwassenen $ 25, vr. vanaf 17 uur $ 10

Films in een IMAX-theater, interactieve installaties voor natuurwetenschappelijke proefjes, een planetarium en exposities over verschillende wetenschappelijke disciplines maken een bezoek aan het **Maryland Science Center** tot een groot genoegen voor jong en oud.

Reginald Lewis Museum

830 E. Pratt St., tel. 1-443-263-1800, www.lewismuseum.org, wo.-za. 10-17 uur, zo. 12-17 uur, volwassenen $ 8, kinderen $ 6

Het middelpunt van het **Reginald F. Lewis Museum** is het Afro-Amerikaanse erfgoed van de staat Maryland, waarbij het om de invloed van twee eeuwen slavernij op de toenmalige en huidige maatschappij draait. Er is echter ook aandacht voor de waarden en de culturele tradities en de kunsten die de slaven bij hun deportatie uit Afrika meebrachten.

Baltimore Museum of Art

10 Art Museum Dr., tel. 1-443-573-1700, www.artbma.org, wo.-vr. 10-17, za., zo. 11-18 uur, toegang gratis, voor bijzondere tentoonstellingen wordt een toegangsprijs gevraagd

Matisse, Picasso, Renoir, Degas, Cézanne, Van Gogh – het **Baltimore Museum of Art** is het beste kunstmuseum van de stad. Regelmatig vinden er wisselende tentoonstellingen plaats. De permanente collectie van het museum bestaat uit Europese kunst van de 15e tot de 19e eeuw.

Walters Art Museum

600 N. Charles St., tel. 1-410-547-9000, www.thewalters.org, wo.-zo. 10-17, do. tot 21 uur, toegang gratis

Het **Walters Art Museum** is gespecialiseerd in Griekse, Romeinse en Aziatische kunst, maar er kunnen ook werken uit de renaissance worden bewonderd. Er zijn in het museum verder onder andere Tibetaanse schilderkunst, Indiase miniaturen en kunstvoorwerpen van de Maya's, Inca's en Azteken te zien.

American Visionary Art Museum

800 Key Hwy, tel. 1-410-244-1900, www.avam.org, di.-zo. 10-18 uur, volwassenen $ 16, kinderen $ 10

Boeiende 'naïeve' creaties van zelfverklaarde kunstenaars, die hun 'innerlijke stem' volgen, kunnen in het **American Visionary Art Museum** worden bewonderd. De opmerkelijke kunstwerken van 'anders'-denkenden worden niet door iedereen gewaardeerd, maar wie van kunst buiten de gebaande paden houdt, zal er plezier aan beleven.

Little Italy

Little Italy ligt ten oosten van de Inner Harbor. De kern van deze dorpse Italiaanse wijk met een twintigtal pasta- en pizzarestaurants ligt aan Exeter Street, rond de kerk **St. Leo the Great**, die in de jaren 1880 op initiatief van Italiaanse immigranten werd gebouwd.

Star-Spangled Banner Flag House

844 E. Pratt St., tel. 1-410-837-1793, www.flaghouse.org, di.-za. 10-16 uur, volwassenen $ 9, kinderen $ 7

Aan de rand van Little Italy staat het in 1793 gebouwde **Star Spangled Banner Flag House**. In het bescheiden, door een vlaggenpark en een museum omgeven huisje woonde de naaister Mary Pikkersgill, die het prototype van de huidige Amerikaanse vlag vervaardigde, met dertien strepen en destijds nog dertien sterren.

Fell's Point

www.fellspoint.us

In de 18e eeuw loste men aan de oever van **Fell's Point** voornamelijk hout voor de scheepsbouw op de werven in de omgeving. In het voetspoor van de industrialisatie vestigden zich vervolgens arbeiders in de kleine huizen aan de smalle straten, waarna de wijk later langzaam in verval raakte. Pas in de jaren 80 veranderden investeerders hem weer in een levendig woon- en werkgebied, waarbij de oude gebouwen behouden bleven. Op bijna elke hoek staan tegenwoordig cafés en restaurants met decoratieve uithangborden en 'antiekwinkels' met meer of minder originele uitstallingen in de etalage, die aan een rommelmarkt doen denken.

Baltimore-VIPs

W. Fayette/Greene St.

Het enfant terrible van de rockmuziek, Frank Zappa, was niet de enige bekende zoon van de stad. De maatschappijkritische essayist Henry Louis Mencken werd in 1880 in Baltimore geboren en woonde 68 jaar lang in Hollins Street. De grote misdaadschrijver Dashiell Hammett zag in 1894 in Baltimore het levenslicht. Edgar Allan Poe woonde en werkte van 1832 tot 1835 in de stad en werd op de Westminster Burying Ground begraven.

Maryland Zoo

Druid Hill Park, tel. 1-410-396-7102, www.marylandzoo.org, mrt.-dec. 10-16 uur, jan.-feb. alleen vr.-ma., volwassenen $ 18, kinderen $ 14

Om de fauna van Afrika te leren kennen, hoeft u Baltimore niet te verlaten. In de **Maryland Zoo** leven olifanten, neushoorns, luipaarden, leeuwen, giraffen, gazelles en apen. De leefomgeving van de dieren is er zo natuurgetrouw mogelijk nagebootst. Naast dieren uit Afrika waaronder een stuk of honderd Zuid-Afrikaanse pinguïns, zijn er ook vertegenwoordigers uit andere delen van de wereld, zoals ijsberen en rivierotters.

Informatie

Baltimore Visitor Center: 401 Light St., Baltimore, MD 21202, tel. 1-877-BALTIMORE, www.baltimore.org, dag. 9-18 uur. Elf minute durende film over de hoogtepunten van de stad. Inlichtingen voor internationale bezoekers vanaf een band via tel. 1-410-837-4636.

Accommodatie

In Downtown zijn hotels zeer duur, voordeliger accommodatie vindt u in de richting van de luchthaven. Raadpleeg voor een goed aanbod www.baltimore.org.

De Inner Harbor van Baltimore met het uit de vaart genomen lichtschip Chesapeake

Mooi stadshotel met comfort – **Renaissance Harborplace Hotel:** 202 E. Pratt St., tel. 1-410-547-1200, www.renaissanceharborplace.com. Luxehotel aan de haven met binnenzwembad, sauna, whirlpool, zonneterras en fitnessfaciliteiten. $ 180-280.

Goede ligging – **Days Inn Inner Harbor:** 100 Hopkins Pl., tel. 1-410-576-1000, www.daysinn.com. Verzorgd ketenhotel met bar en restaurant, koelkast en magnetron, wifi. Vanaf $ 120, parkeren $ 27.

Spartaans, maar schoon – **Motel 6:** 1401 Bloomfield Ave., I-95 Exit 50a, tel. 1-410-646-1700, www.motel6.com. Vier mijl ten oosten van de Inner Harbor. Ketenmotel met gratis ochtendkoffie, wifi, parkeerplaats. Vanaf $ 66.

Eten en drinken

Het wachten waard – **Attman's Delicatessen:** 1019 E. Lombard St., tel. 1-410-563-2666, www.attmansdeli.com, ma.-za. 8-18.30, zo. tot 17 uur. Rijkelijk belegde sandwiches in vele variaties, salades en soepen. Voor de lunch is er een lange wachttijd! Sandwiches vanaf $ 9.

Seafood – **Phillips Harborplace:** 601 E. Pratt St., tel. 1-410-685-6600, www.phillipsseafood.com, di.-zo. 11-21 uur. Heerlijke crab cakes ($ 31), seafoodschotel ($ 34), jumbo shrimps ($ 25) en gegrilde ribeyesteak ($ 42).

Winkelen

Aan de noord- en westkant is de Inner Harbor omgeven door shoppingmalls met *food courts*.

Boerenmarkt – **Lexington Market:** 400 W. Lexington St./Eutaw St. Sinds 1872 worden hier op weekdagen verse groenten en fruit, vlees, kaas en worst verkocht.

Enorme mall – **Arundel Mills:** 7000 Arundel Mills Circle, Hanover, tel. 1-410-540-5110, www.simon.com/mall, ma.-za. 10-21.30, zo. 11-19 uur. Meer dan tweehonderd outlets, restaurants en het casino Maryland Live! Met 4200 speelautomaten.

Uitgaan

Als in de Sixtijnse Kapel – **Mt. Royal Tavern:** 1204 W. Mount Royal Ave., tel. 1-410-669-6686, dag. 10-2 uur. Bar met plafondkunst in de stijl van de Sixtijnse Kapel. Voordelige drankjes en muziek. Contante betaling, geen eten – alleen drinken.

Muziekkroeg – **Cat's Eye Pub:** 1730 Thames St., tel. 1-410-276-9866, www.catseyepub.com. Gezellige tent voor muziek en een heerlijk biertje.

Evenementen

Shows: France-Merrick Performing Arts Center, 12 N. Eutaw St., tel. 1-410-727-7787, www.france-merrickpac.com. In de oudste bioscoop van de stad uit 1914 worden in het prachtige interieur shows in Broadwaystijl opgevoerd.

Vervoer

Vliegtuig: Baltimore/Washington International Airport, tel. 1-410-859-7111, www.bwiairport.com. De luchthaven ligt 16 km ten zuiden van het centrum. Om in de stad te komen, kunt u gebruikmaken van de Super Shuttle (tel. 1-800-258-3826, www.supershuttle.com) of de metro met de Light Rail Service. Een taxi voor de 15 minuten durende rit kost ongeveer $ 35.

Trein: Amtrak Terminal, Pennsylvania Station, 1500 N. Charles St., tel. 1-800-872-7245, www.amtrak.com. De Acelasneltrein tussen Washington D.C. en Boston doet ook Baltimore aan.

Bus: de gratis hybride bus Charm City Circulator verbindt langs vier routes bestemmingen rond de Inner Harbor met elkaar (ma.-do. 7-20, vr. tot 24, za. 9-24, zo. 9-20 uur, www.charmcitycirculator.com). Busstation voor langeafstandsbussen, Baltimore Greyhound Station, 2110 Haines St., Baltimore Downtown, tel. 1-410-752-7682, www.greyhound.com; zelfde adres Peter Pan (tel. 1-800-237-8747, www.peterpanbus.com).

Watertaxi: Baltimore Water Taxi, tel. 1-800-658-8947, www.baltimorewatertaxi.com. Verbindingen tussen de Inner Harbor en Fell's Point. Dagkaartje $ 12.

Annapolis ▸ 1, G 8

De in 1649 gestichte hoofdstad van de staat Maryland ligt aan de diep in het achterland ingesneden Chesapeake Bay en is niet alleen door zijn ligging met de zee verbonden. In verscheidene kleinere baaien in de omgeving liggen honderden zeiljachten in ideale wateren, die de hoofdstad tot een bekend watersportcentrum hebben gemaakt. Bovendien is de academie van de Amerikaanse marine, waar kadetten hun opleiding volgen, in het slechts 39.000 inwoners tellende stadje gevestigd. U hebt voor het bezichtigen van het centrum geen auto nodig.

Bezienswaardigheden

State House

State Circle, tel. 1-410-946-5400, www.msa.md.gov > State House, dag. 9-17 uur, er wordt gecontroleerd, zorg voor een identiteitsbewijs met foto, de toegang is gratis

Op een heuvel in het centrum van de hoofdstad met zijn schilderachtige koloniale straatbeeld en mooie, oude, bakstenen gevels staat het fraaie **State House** uit 1772, dat langer dan welk ander parlement in de VS voortdurend in gebruik is geweest. Met zijn verschillende verdiepingen tellende, houten, degelijk grijs gekleurde koepel vormt het een van de architectonische blikvangers van de stad.

De afgevaardigden komen bijeen in een oude vergaderzaal, die net zo is gerestaureerd zoals George Washington hem kende. In 1783/1784 diende het gebouw een half jaar lang als het Capitool van Amerika, voordat het Congres zich uiteindelijk in Washington D.C. vestigde. In het jaar 1783 trad George Washington in de Old Senate Chamber terug als opperbevelhebber van de troepen. Een jaar later ratificeerde het Continental Congress op dezelfde locatie het Verdrag van Parijs, waarmee de onafhankelijkheidsstrijd officieel werd beëindigd.

Naast George Washington waren andere beroemdheden als Thomas Jefferson en Benjamin Franklin regelmatig in de stad op bezoek. Franklin zou de maker van de bliksemafleider op de top van het State House zijn geweest.

City Dock

De door oude gebouwen omzoomde Main Street loopt van de Church Circle bergafwaarts naar de waterkant aan de Chesapeake Bay. In plaats van oude zeilschepen met exotische waren leggen daar tegenwoordig de moderne waterscooters van de modieuze jetset aan, waardoor de waterkant door de plaatselijke bevolking spottend tot Ego Alley werd omgedoopt. In de 18e eeuw was het **City Dock** aanlegplaats voor de beruchte slavenschepen.

Met een ervan kwam de jonge Afrikaan Kunta Kinte naar Amerika, wiens verhaal door Alex Haley in zijn roman *Roots* vereeuwigd werd. De auteur zelf zit in brons gegoten aan de waterkant en geniet van het uitzicht. Wie zich bij hem wil aansluiten, kan het best plaatsnemen voor de uit de 18e eeuw stammende Middleton Tavern, onder de rood-wit gestreepte markiezen. Het traditionele etablissement maakt van binnen een museale indruk met musketten uit de Burgeroorlog, oude kadettenuniformen en nautische schilderijen aan de muur (2 Market Space, tel. 1-410-263-3323, www.middletontavern.com, ma.-vr. 11.30-1.30, za.-zo. 10-1.30 uur).

US Naval Academy

Armel-Leftwich Visitor Center, 52 King George St., tel. 1-410-293-8687, www.usnabsd.com/for-visitors/, mrt.-dec. 9-17, rest van het jaar tot 16 uur, appèl om 12 uur, rondleiding volwassenen $ 10,50, bezoek alleen met paspoort

Slechts enkele stappen verderop begint het terrein van de **US Naval Academy**, een traditierijk opleidingsinstituut van de Amerikaanse marine op het terrein van het vroegere Fort Severn. Driemaal per semester houden de wit geüniformeerde kadetten tijdens hun vierjarige opleiding een grote parade. Op het terrein is overigens niets te merken van een kazernesfeer. De met bonte markiezen versierde officiersonderkomens langs King George Street doen eerder denken aan elegante strandhotels. Tijdens rondleidingen door de academie wandelen bezoekers onder meer door de smetteloze gangen van de slaapzalen en ontdekken hier en daar foto's van beroemde voormalige kadetten, zoals ex-president Jimmy Carter en de vroegere presidentskandidaat Ross Perot, die hier beiden examen deden. In de Preble Hall toont het Naval Academy Museum modellen van Amerikaanse en Engelse oorlogsschepen.

Informatie

Annapolis & Anne Arundel County Conference & Visitors Bureau: 26 West St., Annapolis, MD 21401, tel. 1-410-280-0445, www.visitannapolis.org.

Accommodatie

Ruime keus – **Annapolis Bed & Breakfast Association:** www.annapolisbandb.org. Een samenwerkingsverband van aanbevolen B&B's in het oude centrum van de stad.

Gezellig – **Country Inn & Suites:** 2600 Housely Rd., tel. 1-410-571-6700, www.countryinns.com. Mooi verblijf met zwembad en wifi. De King Rooms hebben een whirlpool. Inclusief ontbijt. Vanaf $ 145.

Stijlvol – **Loews Annapolis Hotel:** 126 West St., tel. 1-410-263-7777, www.loewsannapolishotel.com. Luxueus hotel met alle comfort en een centrale ligging. Vanaf $ 179.

Eenvoudig – **Comfort Inn:** 76 Old Mill Bottom Rd. N., tel. 1-410-757-8500, www.comfortinn.com. Circa vier mijl van het historische district. Eenvoudig ingerichte kamers met wifi, inclusief ontbijt. Vanaf $ 99.

Camping – **Cherry Hill Park:** College Park, 9800 Cherry Hill Rd., tel. 1-301-937-7116, www.cherryhillpark.com, hele jaar. Zeer goed ingericht. Er kunnen trailers, cabins en joerts worden gehuurd.

Eten en drinken

Geliefd – **Vin 909:** 909 Bay Ridge Ave., tel. 1-410-990-1846, www.vin909.com, di.-zo. diner, wo.-vr. ook lunch. Pizza, jakobsschelpen of noedelschotel, de verse biologische gerechten worden zeer gewaardeerd. Mooie wijnkaart. Vanaf $ 15.

Regelmatig muziek – **Rams Head Tavern:** 33 West St., tel. 1-410-268-4545, www.ramsheadtavern.com, ma.-za. 11-2, zo. 10-2 uur. Zo'n 170 biersoorten, live-optredens, biertuin en brunch (zo.). Kleine en grote gerechten. Vanaf $ 10.

Populair – **Chick and Ruth's Delly:** 165 Main St., tel. 1-410-269-6737, www.chickandruths.com, zo.-do. 6.30-23.30, vr., za. 6.30-0.30 uur. Eenvoudige tearoom met goed ontbijt, sandwiches, hamburgers, pizza, milkshakes en salades. Vanaf $ 7.

Winkelen

Amishproducten – **Pennsylvania Dutch Farmers Market:** Annapolis Harbour Center, www.padutchfarmmarket.com, do., vr. 9-18, za. 8.30-15 uur. Specialiteiten uit de keukens van de amish en mennonieten.

Mode en meer – **Westfield Mall:** 2002 Annapolis Mall, www.westfield.com/annapolis, ma.-za. 10-21, zo. 11-19 uur. Zo'n 250 winkels van Apple tot Victoria's Secret, restaurants voor elke smaak.

Uitgaan

Aangename ambiance – **Rams Head Tavern** (zie boven). Een van de populaire uitgaansgelegenheden. Er spelen vaak bekende muzikanten.

Actief

Stadstours – **Four Centuries Tours of Annapolis:** 48 Maryland Ave., tel. 1-410-268-7601, www.annapolistours.com, in de zomer dag., 's winters alleen za., volwassenen $ 18. In de stijl van de 18e eeuw geklede gidsen leiden u door het historische Annapolis. **Segs in the City,** 42 Randall St., tel. 1-800-734-7393, www.segsinthecity.com. 1,5 uur durende rondleidingen met futuristische tweewielers, dag. 10, 12.15 en 14.30 uur.

Evenementen

Maryland Seafood Festival tweede weekend van sept. Sandy Point State Park, tel. 1-410-268-7682, www.mdseafoodfestival.com, za.-zo. vanaf 11 uur. Hier draait bijna alles om vis en zeevruchten.

Maryland Renaissance Festival (eind aug. tot eind okt.): tijdens dit spektakel in Crownsville bij Annapolis gaat het er middeleeuws aan toe, met riddertoernooien en draailiermuziek. Voor eten en drinken is natuurlijk ook gezorgd. Bezoekers kunnen historische kostuums kopen of huren (vanaf $ 20) en op het festival zelfs trouwen in dergelijke kledij (Rte 450, tel. 1-800-296-7304, www.visitannapolis.org/events, anders za. en zo. 10-19 uur).

Atlantische kust

Rehoboth Beach

▶ 1, J 8

De bekendste en populairste badplaats van Delaware is het van een brede boulevard voorziene **Rehoboth Beach**. Tot in het laatste kwart van de 19e eeuw was dit stuk kust praktisch ontoegankelijk, totdat er een spoorweg en in de jaren 20 ook een autoweg werden aangelegd. De bijnaam 'zomerhoofdstad van de Verenigde Staten' voert de plaats niet zonder reden. In de vakantietijd ontvluchten veel regeringsambtenaren het verzengend hete Washington D.C. om af te koelen aan zee.

De hele kust van Delaware geldt bij windsurfers en zeilers als een uitgelezen watersportgebied. Aan de vele regenboogvlaggen is te zien dat Rehoboth Beach populair is onder homoseksuelen. Maar even goed is de plaats ook een vakantieparadijs voor gezinnen gebleven.

Ocean City (MD)

▶ 1, J 9

Ocean City, gelegen aan de zuidpunt van een 16 km lang eiland, heeft zich in de loop der jaren tot de bekendste badplaats aan de kust van Maryland ontwikkeld. Kermisattracties, waterpretparken, minigolfterreinen, achtbanen, gocartbanen, souvenirwinkels en talloze fastfoodkraampjes maken van de strandboulevard een zomerse speelplaats voor gezinnen met kinderen. Op de pier is al van verre een geweldig reuzenrad te onderscheiden.

Informatie

Ocean City Visitors Bureau: 4001 Coastal Hwy, Ocean City, MD 21842, tel. 1-410-289-8181, www.ococean.com.

Accommodatie

Hotels in Ocean City moeten in het hoogseizoen minstens drie dagen van tevoren worden gereserveerd.
Met uitzicht op zee – **Quality Inn Oceanfront:** 54th St. 5400 Coastal Hwy, tel. 1-410-524-7200, www.qioceanfront.com. Direct aan het strand gelegen, met een zwembad, coffeeshop en bar. Sommige kamers hebben een keuken. Vanaf $ 154.
Sympathiek – **Sea Hawk Motel:** 12410 Coastal Hwy, tel. 1-410-250-3191, www.seahawkmotel.com. Familiebedrijf op een half blok verwijderd van het strand. Ook kamers met een kleine keuken. Vanaf circa $ 128.
Aan het strand – **Castaways RV Resort:** 12550 Eagles Nest Rd., Berlin, tel. 1-410-213-0097, www.castawaysrvoc.com. Mooie plaats voor campers, ook cottages.

Tip

PONY PENNING DAY

Het **Chincoteague National Wildlife Refuge** is tot ver buiten Virginia bekend vanwege de wilde pony's die al eeuwenlang in het zuiden van Assateague leven. De grootste toestroom van bezoekers kennen de beide eilanden jaarlijks in de laatste week van juli tijdens Pony Penning Day. Enkele tienduizenden nieuwsgierigen komen dan naar de eilanden om te bekijken hoe de 'zoutwatercowboys' de wilde pony's op woensdag tussen 7 en 13 uur van Assateague Island door het water naar Chincoteague Island drijven.

Camping – **Assateague State Park:** Berlin, Rte. 611, 7307 Stephen Decatur Hwy, tel. 1-410-641-2918, half apr.-okt. Groot terrein voor campers en tenten. Kleine winkel.

Eten en drinken

Bij het water – **Fager's Island:** 60th St. at The Bay, tel. 1-410-524-5500, www.fagers.com, dag. 11-24, Bar tot 2 uur. Uitstekend seafoodrestaurant, meer dan honderd biersoorten, goed aanbod aan wijnen, mooi uitzicht op de oceaan. Lunch vanaf $ 8, diner vanaf $ 24.
Overtuigend – **Antipasti:** 3101 Philadelphia Ave., tel. 1-410-289-4588, www.ristoranteantipasti.com, dag. vanaf 17 uur. Veel geprezen Italiaan. Huisspecialiteit is filetto ai pepi, botermalse steak met knoflook en Italiaanse kruiden voor $ 40.

Uitgaan

Strandbar – **Macky's:** 54th St., tel. 1-410-723-5565, www.mackys.com. Goed eten, muziek, happy hour dag. 15-18 uur.
Met strandparty – **Seacrets:** 49th St./The Bay, tel. 1-410-524-4900, www.seacrets.com. Sfeer als op Jamaica, livebands, direct aan het strand.

Chincoteague Island

▶ 1, J 9

Te midden van zoutmoerassen strekt zich langs de Atlantische kust het 12 km lange en 2,5 km brede **Chincoteague Island** uit, het enige vakantie-eiland van de staat Virginia. In de late 17e eeuw stichtten zeelui het gelijknamige vissersdorp, tegenwoordig een klein toeristencentrum dat hoofdzakelijk vanwege zijn landelijk-maritieme sfeer vakantiegangers aantrekt. Net als vroeger is de kweek van oesters en mosselen een belangrijke inkomstenbron. Meer daarover komt u te weten in het kleine **Oyster & Maritime Museum** (7125 Maddox Blvd., tel. 1-757-336-6117, 's zomers 10-17 uur, ma. gesloten). Het eiland, dat is gezegend met een prachtig landschap, is bij uitstek geschikt voor activiteiten in de openlucht, zoals fietsen, wandelen, vogels kijken en kajaktochten door de ondiepe wateren.

Bezoekers kunnen op Chincoteague Island met de **Pony Express** een bustocht langs bezienswaardigheden maken. De bus stopt regelmatig (half juni-sept. di., do., tel. 1-757-336-6529, per rit $ 0,25).

Informatie

Chincoteague Chamber of Commerce: 6733 Maddox Blvd., tel. 1-757-336-6161, www.chincoteaguechamber.com. **Virginia Welcome Center:** New Church, Route 13 S. Mile Marker 1, tel. 1-757-824-5000. Informatiecentrum van de staat Virginia.

Accommodatie

Goede keus – **Island Motor Inn:** 4391 Main St., tel. 1-757-336 3141, www.islandresort inn.com. Mooi complex met zwembad, goede standaardkamers met koelkast, koffieapparaat en wifi. Vanaf $ 120.
Toevluchtsoord – **Refuge Inn:** 7058 Maddox Blvd., tel. 1-757-336-5511, www.refugeinn.com. Standaardkamers of ruime suites met keuken. Fraai complex met zwembad, kinderspeelplaats en fietsverhuur. Vanaf $ 100.
Eilandcamping – **Tom's Cove Park:** aan de zuidoostkant van het eiland, tel. 1-757-336-6498, www.tomscovepark.com, mrt.-nov. Kampeerterrein met zwembad en winkel.

Eten en drinken

Goede gerechten – **Don's Restaurant:** 4113 Main St., tel. 1-757-336-5715, dag. lunch en diner met seafood in een ontspannen sfeer. Op de bovenverdieping in Chattie's Lounge wo., vr. en za. livemuziek. Vanaf $ 16.

Assateague Island ▶ 1, J 9

Chincoteague Island wordt van het bijna 60 km lange **Assateague Island** gescheiden door een zee-engte, die sinds 1962 door een brug wordt overspannen. Assateague strekt zich in het noorden voor de kust van Maryland uit, bijna tot aan Ocean City. In het zuidelijke deel van het eiland werd in 1943 het

In een gouden gloed: zonsopgang bij Chincoteague Island

Chincoteague National Wildlife Refuge ingesteld (ondanks de verwarrende naam gelegen op Assateague), waar onder meer otters, reeën, wasberen, konijnen en talrijke zeldzame vogelsoorten leven.

Chesapeake Bay Bridge-Tunnel ▶ 1, H 11

www.cbbt.com, tol voor de tunnel $ 15

De bijna 30 km lange **Chesapeake Bay Bridge Tunnel** tussen Cape Charles en Norfolk vormt over de monding van de Chesapeake Bay de verbinding tussen Eastern Shore en het vasteland van Virginia. De weg loopt deels over een brug, maar duikt op twee plaatsen in een tunnel onder de open zee. Als 'brugpijlers' fungeren vier kunstmatige eilanden. Het zuidelijkste daarvan, Sea Gull Island, dient als uitkijkpunt en rustplaats met restaurant. Vanwege de trek van vissen tussen de baai en de kustwateren geldt de 190 m lange pier tot in de wijde omgeving als een van de beste locaties om te vissen.

Hampton Roads

▶ 1, G 11

Onder **Hampton Roads** verstaat de lokale bevolking twee dingen: in de eerste plaats de baaien en waterwegen rond de monding van de James River, en ten tweede de zeven rond deze natuurlijke haven gelegen steden Norfolk, Virginia Beach, Portsmouth, Chesapeake, Suffolk, Hampton en Newport News, die met 1,6 miljoen mensen de grootste agglomeratie van de staat Virginia vormen.

Norfolk

In de tijd van de Burgeroorlog was **Norfolk** een van de belangrijkste havens van de Confederatie. Nog altijd toont de grootste marinebasis ter wereld met het Naval Station zijn betekenis, wanneer een groot deel van de daar thuis horende 130 schepen in de haven voor anker ligt. Tijdens een rondvaart door de haven krijgt u een goede indruk van de enorme schepen, waaronder de USS Enterprise, het eerste door atoomkracht aangedreven vliegdekschip ter wereld.

National Maritime Center Nauticus

1 Waterside Dr., tel. 1-757-664-1000, www.nauticus.org, in de zomer dag. 10-17 uur, rest van het jaar ma. gesloten, volwassenen $ 16, kinderen $ 12

In het **National Maritime Center Nauticus** wordt onder meer een multimediashow over exotische zeedieren gegeven, en kunt u kleine, ongevaarlijke dieren in de *touch tank* aanraken. Ernaast ligt het battleship USS Wisconsin, het grootste en laatste in opdracht van de US Navy gebouwde slagschip.

Chrysler Museum

245 W. Olney Rd., tel. 1-757-664-6200, www.chrysler.org, di.-za. 10-17, zo. 12-17 uur, toegang gratis

Het **Chrysler Museum** is een van de belangrijkste kunstmusea in de VS. Naast werken van grote meesters als Rubens, Renoir, Picasso en Gainsborough biedt het museum een indrukwekkende verzameling glazen kunstwerken, van Romeins tot hedendaags. Glasblazers tonen om 12 uur hun vaardigheden.

Informatie

Norfolk Convention and Visitors Bureau: 232 E. Main St., Norfolk, VA 23510, tel. 1-757-664-6620, www.visitnorfolktoday.com.

Accommodatie

Onberispelijk – **Courtyard by Marriott:** 520 Plume St., tel. 1-757-963-6000, www.marriott.com. Goed ingericht stadshotel met zwembad, fitnessruimte, wasautomaten. $ 149-189, parkeren $ 19.

Okay – **La Quinta Inn:** 1387 N. Military Hwy, tel. 1-757-466-7001, www.laquintanorfolkairport.com. 72 rookvrije kamers, inclusief ontbijt. Vanaf $ 99.

Eten en drinken

Mexicaans – **Luna Maya:** 2010 Colley Ave. & 21st St., tel. 1-757-622-6986. Goede Mexicaanse gerechten, negen verschillende margarita-varianten. Vanaf $ 13.

Exotisch – **Rama Garden Thai:** 441 Granby St., tel. 1-757-616-0533. Originale Thaise gerechten vanaf $ 11.

Actief

Havenrondvaart – **American Rover:** 333 Waterside Dr., tel. 1-757-627-7245, www.americanrover.com, dag. twee uur durende rondvaarten met een zeilschip, volwassenen $ 22.

Colonial Parkway

Nergens op het grondgebied van de VS presenteert de Anglo-Amerikaanse geschiedenis van het land zich zo compact als in de 'Historische Driehoek' ten zuidoosten van Virginia's hoofdstad Richmond. De centrale wegverbinding door het daar in 1936 aangelegde Colonial National Historical Park is de Colonial Parkway van Jamestown via Williamsburg naar Yorktown.

Jamestown ▶ 1, G 11

In mei 1607 gingen aan de oever van een klein eiland in de James River drie schepen voor anker. Ter ere van de Engelse koning noemden de 104 Engelsen die hier aan land gingen hun toekomstige vaderstad **Jamestown**, de eerste permanente Engelse nederzetting in Amerika. Er waren genoeg redenen in het toenmalige Engeland voor dergelijke koloniale expedities naar de goeddeels onbekende Nieuwe Wereld. Velen droomden van grote rijkdommen. Anderen richtten zich op de bekering van de indianen of het veroveren van nieuwe markten. In Jamestown herinneren nog maar weinig sporen aan de tijd van de eerste kolonisering. Het oudste overblijfsel uit die tijd is een kerktoren uit de jaren 1640, die in de in 1907 gebouwde Memorial Church werd geïntegreerd. In het begin van de 20e eeuw werd ter ere van de ontdekkingsreiziger en avonturier kapitein John Smith, die de kolonisten hiernaartoe bracht, een standbeeld opgericht.

Levende geschiedenis: het openluchtmuseum Jamestown Settlement

Tip

JAMESTOWN DISCOVERY TRAIL

Een romantische rit voert over de 65 km lange **Jamestown Discovery Trail** (Rte 5) tussen Williamsburg en Richmond, waaraan verschillende historische plantages liggen (www.virginia.org/jamestowndiscoverytrail).

Sherwood Forest dicht bij Charles City was eigendom van John Tyler, die zijn buurman William Henry Harrison opvolgde als president van de VS, nadat deze vlak na zijn inaugurele rede was overleden. Omdat zowel John Tyler als zijn zoon Harrison Tyler nog op hoge leeftijd nakomelingen kregen, werd de plantage in de afgelopen anderhalve eeuw maar aan weinig generaties doorgegeven, waardoor het complex veel van zijn authenticiteit heeft behouden (5416 Tuckahoe Avenue, tel. 1-804-829-5377, www.sherwoodforest.org, dag. 9-17 uur, bezichtiging huis $ 10, rondleiding door het huis alleen op afspraak, $ 35).

Westover werd rond 1730 gebouwd door de stichter van Richmond. Het terrein en de tuin kunnen worden bezichtigd. Het woonhuis met zijn steile dak en hoge schoorstenen – kenmerkend voor de georgian bouwstijl – is niet toegankelijk. Het hoofdgebouw stamt uit de tijd rond 1900 (7000 Westover Rd., Charles City, tel. 1-804-829-2882, dag. 9-18 uur, $ 5).

Het hoofdgebouw van de **Berkeley Plantation** ligt tussen hoge bomen verscholen in een aan de rivieroever gelegen park. Elk jaar viert men op de plantage het dankfeest voor de oogst (Thanksgiving), dat in 1619 op deze plek aan de oever van de James River voor de eerste maal op Amerikaanse bodem werd gevierd (12602 Harrison Landing Rd., Charles City, tel. 1-804-829-6018, www.berkeleyplantation.com, half mrt.-dec. 9.30-16.30 uur, rest van het jaar korter, $ 11).

Shirley Plantation, de oudste plantage langs deze route, werd in 1613 slechts zes jaar na Jamestown gesticht. Het tussen 1723 en 1738 gebouwde herenhuis ziet er nog net zo uit als vroeger. De nok van het hoofdhuis is verfraaid met een gestileerde ananas van een meter hoog. Dit was ooit een symbool van gastvrijheid (501 Shirley Plantation Rd., Charles City, tel. 1-804-829-5121, www.shirleyplantation.com, mrt.-nov. 9.30-16.30 uur, $ 11.

Historic Jamestown

Rte 31 S., tel. 1-757-898-2410, www.nps.gov/colo, dag. 9-17 uur, volwassenen $ 14, kinderen $ 7

Omdat in Jamestown talrijke confrontaties hadden plaatsgevonden tussen Engelsen en indianen, wijdden de nakomelingen van de kolonisten een tweede monument aan de indiaanse opperhoofdsdochter Pocahontas, die Smith het leven had gered. Hier en daar staan nog enkele door de eerste kolonisten geplante moerbeibomen, waarmee men zijde wilde gaan produceren. Van later opgetrokken gebouwen resteren vaak alleen gemarkeerde fundamenten of ingestorte muren.

Jamestown Settlement

Rte 31 S., tel. 1-757-253-4838, www.historyisfun.org/Jamestown-Settlement.htm, dag. 9-17, in het hoogseizoen tot 18 uur, volwassenen $ 17, kinderen $ 8

Niet ver van de oorspronkelijke nederzetting ontstond in 1957 met Jamestown Settlement een historisch openluchtmuseum met een gereconstrueerd dorp van de Powhatanindianen en een nederzetting die het leven van de pioniers van Jamestown toont. In fraaie lemen huizen verrichten 'inwoners' in historische kostuums allerlei dagelijkse werkzaamheden. Aan de rivieroever liggen replica's voor anker van de schepen waarmee de eerste kolonisten de Atlantische Oceaan overstaken.

Williamsburg

▶ 1, G 10/11

Nergens anders in de Verenigde Staten waant men zich zozeer in de 18e eeuw als in **Williamsburg**, van 1699 tot 1780 de bloeiende hoofdstad van Virginia en een politiek en cultureel centrum dat kon wedijveren met Philadelphia, Boston en New York. Na de onafhankelijkheid begon de ster van Williamsburg te verbleken, omdat de dynamische metropolen in het oosten op de voorgrond traden. Tot in de 20e eeuw verkeerde de plaats in een lange slaap. In 1926 brak een nieuw tijdperk aan met de restauratie van de koloniale metropool.

Colonial Williamsburg

Dagkaart volwassenen $ 41, kinderen 6-12 jaar $ 22

In **Colonial Williamsburg** vormen tegenwoordig zo'n tachtig herbouwde gebouwen op een areaal van 70 ha een idyllisch dorp in de stijl van de 18e eeuw met een bakstenen buskruitopslag, een kerk en witgeverfde huizen, waar u het liefst zelf zou willen intrekken. Voor een bezoek aan een café, zoals de **Chownings Tavern**, die u kunt vinden met behulp van een als wegwijzer fungerende zilveren bierpul, zult u moeten lopen, omdat Colonial Williamsburg autovrij is. Niet ver van Robertson's Windmill hameren kuipers aan nieuwe vaten, terwijl de smid op zijn werkbank aan een scharnier werkt.

Op de ongeasfalteerde wegen zijn toeristengidsen in enkellange rokken onderweg naar het **Capitool,** een reconstructie van het oorspronkelijke gebouw, dat uit 1705 stamde en na een brand in 1753 weer werd opgebouwd. Daar bogen de raadsleden zich over de ontwerpen van de Onafhankelijkheidsverklaring voordat het document in 1776 in Philadelphia werd aangenomen.

In het **Governor's Palace** uit 1720 resideerden zeven Britse onderkoningen en tijdens de Revolutie de gouverneurs Patrick Henry en Thomas Jefferson. Ook dit gebouw is een reconstructie op basis van het oorspronkelijke ontwerp. Het naar de beroemde Engelse architect Christopher Wren genoemde Wren Building van het William and Mary College is gerestaureerd in de stijl van de 18e eeuw.

Informatie

Colonial Williamsburg Visitors Center: 101 Visitor Center Dr., Williamsburg, VA 23185, tel. 1-757-220-7645, 1-800-447-8679, www.colonialwilliamsburg.com.

Accommodatie

Voortreffelijk – **Aldrich House:** 505 Capitol Court, tel. 1-757-229-5422, www.aldrichhouse.com. Behaaglijke kamers, waarvan sommige met hemelbed en open haard. Vanaf $ 125.

Fantastisch – **War Hill B&B:** 4560 Long Hill Rd., tel. 1-757-565-0248, www.warhillinn.com. Kamers en suites, maar ook cottages, waarvan sommige met open haard. Vanaf $ 120.

Actief

Pretpark – **Busch Gardens Williamsburg:** Exit 242A von der I-64, tel. 1-00-343-7946, www.seaworldparks.com/en/buschgardens-williamsburg, in de zomer dag. vanaf 10 uur, verschillende sluitingstijden. Pretpark met historische thema's, negen nationaliteitendorpen en talloze attracties, volwassenen $ 77, kinderen tot 9 jaar $ 67, parkeren $ 15).

Waterpark – **Water Country USA:** 176 Water Country Pkwy, tel. 1-800-343-7946, www.watercountryusa.com, dag. 10-18, in de zomer tot 20 uur. Een enorm park dat voor avontuurlijke afkoeling zorgt. Volwassenen $ 52, kinderen 3-9 jaar $ 45, parkeren $ 15.

Vervoer

Trein: Williamsburg Transportation Center, 468 N. Boundary St., tel. 1-757-229-8750. Enkele blokken van het historische centrum

gelegen station voor de Amtraktreinen uit of naar Washington D.C.
Bus: Greyhoundbussen, tel. 1-757-229-1460. Vertrek bij het treinstation in Boundary St.

Yorktown ▶1, G 11

De derde plaats in de Historische Driehoek is Yorktown, beroemd geworden in de laatste dagen van de Vrijheidsoorlog. Tijdens een beslissende slag in 1781 stonden de Britse troepen onder generaal Cornwallis tegenover de Frans-Amerikaanse troepen onder leiding van markies De Lafayette, generaal Rochambeau en George Washington. Op 28 september begonnen zo'n 9000 Amerikanen en 7800 Fransen met een belegering van 8000 Britten, die drie weken later capituleerden. Een witte triomfzuil, opgeworpen wallen en talrijke kanonnen op het toenmalige slagveld herinneren aan de overwinning (Rte 1020, www.historyisfun.org).

Richmond ▶1, F 10

De hoofdstad van Virginia is een kleine historische schatkamer. Niettemin is de 217.000 inwoners tellende metropool aan de James River geen stoffig openluchtmuseum.

Bezienswaardigheden

State Capitol

9th/E. Grace St., tel. 1-804-698-1788, www.virginiageneralassembly.gov, ma.-za. 8-17, zo. 13-17 uur, gratis rondleidingen ma.-za. 9-16, zo. 13-16 uur

Na het Capitool in Annapolis is het **State Capitol** in Richmond – in 1788 naar een ontwerp van Thomas Jefferson gebouwd – het oudste nog altijd functionerende parlementsgebouw in de VS. De architect en latere president zou zich hebben laten inspireren door het Romeinse Maison Carrée in het Zuid-Franse Nîmes. In de rotunda staat het enige standbeeld van George Washington waar de president zelf model voor heeft gestaan, en wel voor de Franse beeldhouwer Jean Antoine Houdon. Rond het levensgrote kunstwerk van carraramarmer, dat voor de verscheping naar de VS in 1796 in het Louvre in Parijs werd tentoongesteld, zijn de bustes van zeven latere presidenten uit Virginia verzameld. In het park van het Capitool is George Washington vereeuwigd met een ruiterstandbeeld, dat in München werd gegoten.

Museum of the Confederacy

1201 E. Clay St., tel. 1-804-649-1861, www.moc.org, dag. 10-17 uur, combiticket inclusief het Witte Huis volwassenen $ 18, kinderen 7-13 jaar $ 9

Voor de lokale bewoners is het **Museum of the Confederacy** het belangrijkste historische museum van de stad. In de hoofdstad van de zuidelijke staten resideerde van 1861 tot het eind van de Burgeroorlog de president van de Confederatie, Jefferson Davis. Hij richtte in het in 1818 verbouwde Brockenbrough House zijn ambtsresidentie in. Sinds die tijd geldt het gebouw als het 'Witte Huis' van de Confederatie. In 1976 bouwde de stad er een museumvleugel aan , waarin tegenwoordig wapens, uniformen, kostuums en documenten tentoongesteld liggen die afkomstig zijn uit de zuidelijke staten of het leger van de Geconfedereerden.

Virginia Museum of Fine Arts

200 N. Blvd., tel. 1-804-340-1405, www.vmfa.state.va.us, dag. 10-17, do., vr. tot 21 uur, toegang gratis

Het **Virginia Museum of Fine Arts** biedt een breed scala aan beroemde werken van vooraanstaande kunstenaars als Monet, Renoir, Degas, Picasso en de poparticoon Andy Warhol. Voorts vindt u in de tentoonstelling naast kunstwerken uit het antieke Griekenland en oude Rome ook maskers en sculpturen uit West-Afrika, Engels zilver en de Pratt Collection, een van de grootste verzamelingen Russische kunst buiten Europa.

Poe Museum

1914-16 E. Main St., tel. 1-804-648-5523, www.poemuseum.org, di.-za. 10-17, zo. 11-17 uur, volwassenen $ 6

Het Court of Appeals en Downtown, gezien vanuit de State Capitol in Richmond

In het oudste, tussen 1737 en 1740 gebouwde huis van Richmond is het **Poe Museum** ondergebracht. Objecten herinneren aan de schrijver Edgar Allen Poe, die in Richmond opgroeide.

Informatie

Metro Richmond Convention & Visitor's Bureau: 401 N. 3rd St., Richmond, VA 23219, tel. 1-804-783-7450, www.visitrichmondva.com, dienstregeling en plattegrond.

Richmond Mural Project: Voor liefhebbers van moderne straatkunst, street art, is er een wandeling langs honderd artistieke muurschilderingen. Raadpleeg www.richmondmuralproject.squarespace.com/murals-1.

Accommodatie

Hotels en motels in alle categorieën vindt u aan W. Broad St. ten noordwesten van het centrum parallel aan de I-64. Ook aan Exit 61 en 92 van de I-95 liggen overnachtingsgelegenheden.

Vorstelijke ambiance – **Jefferson Hotel:** 101 W. Franklin St., tel. 1-804-649-4750, www.jeffersonhotel.com. Bijzonder stijlvol hotel uit 1895, gedeeltelijk met wandtapijten, marmeren zuilen en glas in lood. Een welhaast koninklijke lobby. Vanaf $ 230.

Een zuidelijke droom – **Virginia Cliffe Inn:** 2900 Mountain Rd., Glen Allen, Twaalf mijl ten noorden van Richmond, tel. 1-804-266-7344, www.vacliffeinn.com. Romantisch en chic verblijf met vier rookvrije kamers. Vanaf $ 135.

Eten en drinken

Eenvoudig, maar top – **Mamma Zu:** 501 S. Pine St., tel. 1-804-788-4205, ma.-vr. 11-14, ma.-za. 17-22 uur. Fantastische Italiaanse gerechten, geen creditcards. $ 14-40.

Excellent – **Peter Chang:** 2816 W. Broad St., tel. 1-804-728-1820, www.peterchangrestaurant.com, dag. 11-23 uur. Smakelijke Szechuanspeciaiteiten. $ 10-22.

Actief

Pretpark – **Kings Dominion:** 16 000 Theme Park Way, Doswell ten noorden van Richmond, tel. 1-804-876-5400, www.kingsdominion.com, mei-sept. dag. vanaf 10 uur. Met achtbanen en Soak City Waterpark, 3-61 jaar $ 66, online goedkoper, parkeren $ 15.

Fredericksburg ▸1, F 9

Op de ranglijst van Amerikaanse steden met een hoge kwaliteit van leven staat het 28.000 inwoners tellende **Fredericksburg** hoog genoteerd. Zijn aantrekkingskracht dankt het plaatsje niet alleen aan zijn historische stadsbeeld. Fredericksburg profiteert toeristisch vooral van het feit dat George Washington van 1738 tot 1753 opgroeide op de nabijgelegen Ferry Farm en een deel van zijn familie later in Fredericksburg woonde.

Bezienswaardigheden

Kenmore Mansion

1201 Washington Ave., tel. 1-540-373-3381, www.kenmore.org, mrt.-okt. ma.-za. 10-17, zo. 12-17 uur, het huis is alleen te bezichtigen in het kader van een rondleiding van 45 minuten, volwassenen $ 10

In de aan de oever van de Rappahannock River gelegen stad kunt u de bewegwijzerde Heritage Tour volgen, die naar de meeste bezienswaardigheden voert, zoals **Kenmore Mansion,** een voor Washingtons zuster Betty en haar echtgenoot gebouwd huis met een schitterend stucwerkplafond, een prachtige eetkamer en historisch meubilair dat bij de tijd past.

Mary Washington House

1200 Charles St., tel. 1-540-373-1569, www.washingtonheritagemuseums.org, mrt.-okt. ma.-za. 11-17, zo. 12-16 uur, rest van het jaar korter, volwassenen $ 5

Washingtons moeder woonde vanaf 1772 in het **Mary Washington House**, dat George had gekocht zodat ze in de buurt van haar dochter Betty kon zijn.

Rising Sun Tavern

1304 Caroline St., tel. 1-540-371-1494, mrt.-okt. ma.-za. 11-17, zo. 12-16 uur, rest van het jaar korter, volwassenen $ 5

De nabijgelegen, in 1760 gebouwde **Rising Sun Tavern** bewijst dat het goed toeven was in de cafés van de 18e eeuw. Het vroegere etablissement is bewaard in de toestand waarin het begin 19e eeuw verkeerde en grotendeels met oorspronkelijk meubilair ingericht.

Hugh Mercer Apothecary Shop

1020 Caroline St., tel. 1-540-373-3362, mrt.-nov. ma.-za. 11-17, zo. 12-16 uur, rest van het jaar korter, volwassenen $ 5

Uit dezelfde eeuw stamt de **Hugh Mercer Apothecary Shop**, waar de bezoekers van de taveerne de volgende dag hun hoofdpijn te lijf konden gaan met poedertjes. Ook Mary Washington was een bezoekster van dit rijk van dozen, flacons en flessen voor medicijnen.

James Monroe Museum

908 Charles St., tel. 1-540-654-1043, www.jamesmonroemuseum.umw.edu, mrt.-nov. ma.-za. 10-17, zo. 13-17 uur, rest van het jaar korter, volwassenen $ 6

Naast George Washington was de vijfde president James Monroe de tweede beroemdheid in de geschiedenis van Fredericksburg. In het **James Monroe Museum** herinneren memorabilia, meubels en documenten aan de vroegere president (1817-1825). Aan de achterkant van het huis staat een gedenktafel gewijd aan de beroemde, door hem geformuleerde Monroedoctrine. Dit document uit

Kortingskaarten

Met een **Timeless Ticket** of **Day Pass** krijgt u tegen korting toegang tot de negen hoofdattracties van Fredericksburg. Bij het Timeless Ticket krijgt u ook een plattegrond. De kortingpassen worden in het Visitor Center verkocht (Timeless Ticket $ 32, Day Pass $ 16, beide inclusief 1 kind van 6-18 jaar).

1823 wees inmenging van andere mogendheden in de aangelegenheden van het Amerikaanse continent beslist af.

Informatie

Fredericksburg Visitor Center: 706 Carolina St., Fredericksburg, VA 22401, tel. 1-540-373-1776 of 1-800-678-4748, www.visitfred.com, dag. 9-17, in de zomer tot 19 uur.

Accommodatie

Prima verblijf – **Country Inn & Suites:** 656 Warrenton Rd., tel. 1-540-656-2398, www.countryinns.com. Verwarmd binnenzwembad, mooie kamers met koffieapparaat, magnetron en koelkast. Inclusief ontbijt, wifi en parkeren. Vanaf $ 85.

Keurig – **Best Western Fredericksburg:** 2205 Plank Rd., tel. 1-540-371-5050, www.bestwestern.com. Meer dan honderd kamers met twee queensizebedden of een kingsizebed, zwembad en wasautomaten. Vanaf $ 85.

Camping – **Aquia Pines Campground:** 3071 Jefferson Davis Hwy, Stafford, tel. 1-540-659-3447, www.aquiapines.com. Gedeeltelijk bebost terrein met kampeerplekken en ruime cabins. **Fredericksburg KOA:** 7400 Brookside Ln., tel. 1-540-898-7252, www.fredericksburgkoa.com. Goed uitgerust terrein met cabins en zwembad.

Eten en drinken

Voortreffelijk adres – **La Petite Auberge:** 311 William St., tel. 1-540-371-2727, www.lapetiteaubergefred.com, ma.-za. Lunch en diner, wo. jazzavond. Frans geïnspireerde bistro. Diner $ 17-28, *early menu* $ 25.

Supermarkt – **Wegman's:** 2281 Carl D. Silver Pkwy, tel. 1-540-322-4800, dag. 6-24 uur. Mooie supermarkt met restaurant market café, sushi en seafood. Sandwiches vanaf $ 9.

Actief

Wijnproeven – **Trolley Tour Winery:** 706 Caroline St., tel. 1-540-898-0737, www.fredericksburgtrolley.com. Ieder zondag rijdt de trolleybus naar vier wijnmakerijen in de omgeving. Vijf uur durende tocht, inclusief lunch en wijnproeven $ 68.

Alexandria ► 1, F 8

Een groep Schotse tabakshandelaars stichtte in 1749 de tegenwoordig 144.000 inwoners tellende stad **Alexandria**. De aanvankelijk nog kleine haven aan de oever van de Potomac River groeide uit tot een belangrijke overslagplaats, waar essentiële goederen van schepen uit Engeland werden uitgeladen, terwijl voornamelijk tabak uit de reusachtige kolonie Virginia met bestemming Europa aan boord werd genomen.

Het oudste gebouw in het historische centrum van Alexandria was het in 1749 gebouwde **Ramsay House**, dat in 1949 afbrandde en door het huidige bouwwerk werd vervangen. Hier vindt u het bezoekerscentrum (zie blz. 334). Naast de oude kern met betegelde trottoirs is de de **Waterfront** het bezienswaardigste deel van Alexandria. Rond de kleine haven met plezierboten is het in de zomerweekends een drukte van belang. Vakantiegangers en plaatselijke bewoners zitten in restaurants vlak bij het water onder parasols en genieten van de ontspannen sfeer.

Bezienswaardigheden

Gadsby's Tavern Museum

134 N. Royal St., tel. 1-703-746-4242, www.alexandriava.gov/gadsbystavern, apr.-okt. di.-za. 10-17, zo., ma. 13-17, rest van het jaar wo.-za. 11-16, zo. 13-16 uur, volwassenen $ 5

Het **Gadsby's Tavern Museum** bestaat uit twee gebouwen die aan het eind van de 18e en in de 19e eeuw een populaire locatie waren voor feesten en bijeenkomsten van de plaatselijke notabelen. George Washington vierde hier bijvoorbeeld tweemaal zijn verjaardag. Andere beroemde gasten waren onder anderen John Adams, Thomas Jefferson, James Madison en markies De Lafayette.

Stabler-Leadbeater Apothecary Museum

107 S. Fairfax St., tel. 1-703-838-3852, www.alexandriava.gov/apothecary, apr.-okt. di.-za. 10-17, zo., ma. 13-17 uur, rest van het jaar korter

Net zo oud als de historische taveerne is het in 1792 geopende **Stabler-Leadbeater Apothecary Museum**. De tot 1933 geopende apotheek is tegenwoordig een museum, waar onderricht wordt gegeven in het maken van medicinale poeders en pillen, die vroeger in mooie dozen werden bewaard.

Torpedo Factory Art Center

105 N. Union St., tel. 1-703-838-4565, www.torpedofactory.org, dag. 10-18, do. tot 21 uur

Het **Torpedo Factory Art Center** vormt het middelpunt van de promenade aan de Potomac River. In de in 1918 als torpedofabriek opgerichte gebouwen werd ook nog in de Tweede Wereldoorlog munitie gemaakt. Tegenwoordig zijn er meer dan tachtig ateliers ondergebracht, waar u schilders en beeldhouwers aan het werk kunt zien. Bovendien bevindt zich in het complex het **Alexandria Archaeology Museum,** waar prehistorische stenen werktuigen uit de regio tentoongesteld zijn (tel. 1-703-838-4399, di.-vr. 10-15, za. 10-17, zo. 13-17 uur).

Mount Vernon

3200 Mt. Vernon Memorial Pkwy, 1-703-780-2000, www.mountvernon.org, apr.-aug. 8-17, mrt., sept. en okt. 9-17, nov.-feb. 9-16 uur, volwassenen $ 20, kinderen 6-11 jaar $ 10

Zo'n 14 km ten zuiden van Alexandria staat **Mount Vernon**, het laatste woonhuis van de eerste president van de Verenigde Staten, George Washington. Het complex omvat naast het herenhuis nog twaalf andere gebouwen, waaronder een korenmolen, stallen en schuren. Hij betrok de plantage aan de oever van de Potomac River in 1759, nadat hij met Martha Dandridge Custis was getrouwd. U kunt er het bed zien waarin hij in 1799 stierf, en nog vele andere memorabilia, waaronder zijn sabel. Bijgebouwen, zoals slavenhutten, brandden in 1835 af, maar zijn later herbouwd. De eerste Amerikaanse president ligt met zijn vrouw op het landgoed begraven.

Informatie

Visitor Center: 221 King St., Alexandria, VA 22314, tel. 1-703-746-3301, www.visitalexandriava.com, dag. 9-17 uur. Informatie over de stad. Behulpzaam personeel.

Accommodatie

Omdat Alexandria tot de regio Washington D.C. behoort, zijn de hotelprijzen bijzonder hoog.

Gewoon klasse – **Hotel Monaco:** 480 King St., tel. 1-703-549-6080, www.monaco-alexandria.com. Het enige hotel in het historische centrum van Alexandria. Zwembad, fitnessruimte, sauna, standaardkamers of suites. Vanaf $ 153.

Voor genieters – **Best Western Old Colony:** 1101 N. Washington St., tel. 1-703-739-2222, www.hotel-alexandria.com. Klein hotel met 49 kamers verdeeld over twee etages (geen lift), inclusief ontbijt, wifi en parkeren. Vanaf $ 130.

Keurig – **Red Roof Plus:** 5975 Richmond Hwy, tel. 1-703-960-5200, www.redroof.com. Iets buiten de stad gelegen ketenmotel met restaurants in de buurt. Circa $ 100.

Camping – **Bull Run Regional Park Campground:** Fairfax Station, 5400 Ox Rd., I-66, Exit 52, ten noordwesten van Alexandria, tel. 1-703-631-0550, half mei-half okt. Eenvoudige plaatsen voor tenten, maar ook voor campers met stroomaansluiting. Minigolf en klein zwembad in de buurt.

Eten en drinken

Populair – **Fish Market:** 105 King St., tel. 1-703-836-5676, www.fishmarketva.com, dag. 11-23 uur. Vis, sandwiches en pasta in een gezellige sfeer, dag. 11.30-22 uur, livemuziek. Hoofdgerecht vanaf $ 14.

Levendige sfeer – **King Street Blues:** 112 N. St. Asaph St., tel. 1-703-836-8800, www.kingstreetblues.com, dag. 11.30-2 uur. Restaurant en bar met veel jong publiek en ook goede gerechten. Vr. en za. is er livemuziek. Diner $ 10-20.

Actief

Fietsverhuur – **Bike and Roll:** 3 Cameron St., tel. 1-202-842-2453, www.bikethesites.com. Vooral in het weekend is reserveren noodzakelijk.

Appalachen

Beboste bergruggen waar wasberen en lynxen leven, grandioze druipsteengrotten, statige presidentswoningen, geurende wijngaarden, bloeiende rododendrons en azalea's. Maar in de landelijke omgeving van de Appalachen is de natuur niet het enige wat u kunt bewonderen.

De Appalachen liggen op nog geen twee uur rijden ten westen van Washington D.C.: een blauwe bergrug die, naarmate u hem dichter nadert, steeds duidelijker tegen de hemel afsteekt. Tot de spectaculairste landschappen van deze bergketen, die zich uitstrekt van Canada tot Alabama, behoort het Shenandoah National Park, waarvan de indiaanse naam 'dochter der sterren' betekent – ook al komen de hoogste bergen van het beboste middengebergte nergens boven de 1200 m uit. De Appalachen zijn een populaire vrijetijdsbestemming bij de Amerikanen zelf. Meer dan 800 km aan wandelpaden inclusief de Appalachian Trail ontsluiten het vooral in het najaar drukbezochte gebied, wanneer in de Indian summer de eikenbossen op grandioze wijze verkleuren. Maar ook in de lente tijdens de bloeitijd van struiken en bloemen heeft het park natuurliefhebbers veel te bieden. Er liggen zelfs bezienswaardigheden onder het aardoppervlak, zoals de Luray Caverns bewijzen met hun druipsteengrotten, groot als paleiszalen. Aan de voet van de bergketen strekken zich tot in het centrum van Virginia de heuvels van de Piedmont uit, waar wijngaarden en fruitplantages liggen. In dit gebied wordt intensieve landbouw bedreven,

De Appalachenketen is een gebied van gemengde bossen

Actief

SKYLINE DRIVE – DE 'KONINGSWEG' VAN DE APPALACHEN

Informatie

Begin: Dickey Ridge Visitor Center (3655 Hwy 211 E. Luray, VA 22835-9036, tel. 1-540-999-3500, www.nps.gov/shen, dag. 9-17 uur, personenauto mrt.-nov. $ 15, dec.-feb. $ 10
Lengte: 170 km
Duur: met stops en korte wandelingen minstens een hele dag
Belangrijk: in het Shenandoah NP ligt circa 800 km aan wandelpaden. Alle zijn gemarkeerd met cementpalen, waarop richtingen en afstanden staan aangegeven.

De **Skyline Drive** loopt grotendeels over de 850 tot 1100 m hoog gelegen kam van de veel bezongen **Blue Ridge Mountains**, zoals het centrale deel van de Appalachen ook wel wordt genoemd. Meer dan zestig uitkijkpunten nodigen uit om even te stoppen. Maar het landschap is te mooi om er alleen per auto doorheen te rijden. De bekendste wandelroute is een deel van de van Canada naar Alabama lopende **Appalachian Trail** (zie blz. 369), die de Skyline Drive op enige afstand over zijn hele lengte volgt. Op regelmatige afstanden staan er open schuilhutten met een haard, waar gratis overnacht kan worden (alleen met een vergunning). Meestal is er een bron in de buurt. Levensmiddelen moeten beslist buiten het bereik van beren worden opgehangen.
Bij het Dickey Ridge Visitor Center begint en eindigt de slechts 2 km lange **Fox Hollow Trail**. Langs dit gemakkelijke wandelpad ligt de in 1856 gebouwde farm van de familie Fox, die tot in de jaren 30 de grond bewerkte en een tegenwoordig half vervallen begraafplaats met oude grafstenen naliet. Bij het parkeerterrein Gravel Springs Gap (mijl 17,6) ligt het begin van de heen en terug 8 km lange **Big Devil Stairs Trail**. Eerst volgt u de Appalachian Trail tot de enigszins terzijde gelegen Gravel Springs-schuilhut, om vervolgens verder te lopen door een gemengd bos, dat door zwarte beren bewoond wordt, tot u uitkomt bij een machtige rots waar u van het uitzicht over het schilderachtige dallandschap kunt genieten. Via dezelfde route keert u naar het parkeerterrein terug.
Wie in plaats van te wandelen liever paardrijdt, kan zich bij de **Skyland Stables** in het zadel hijsen. De stal ligt bij het Skyland Resort (mijl 41,7) en organiseert tussen april en november dagelijks ritten van verschillende lengte. Kinderen vanaf 5 jaar kunnen zich vermaken met ritten op een pony (tel. 1-877-847-1919, www.goshenandoah.com/horse-back-riding.aspx).

sinds enkele decennia vooral door wijnboeren die in de voetstappen van de eerste serieuze, maar niet erg succesvolle wijnboer Thomas Jefferson een nieuwe agrarische sector zijn begonnen. Hoewel het universele genie Jefferson zijn leven lang met de cultivering van druiven experimenteerde, ontstond pas in de 20e eeuw, in het gebied tussen Charlottesville in het zuiden en de grens van Maryland in het noorden, een belangrijk wijnbouwgebied. In 1985 waren er 29 wijnboeren actief, tegenwoordig zijn het er circa 100. Elk jaar vinden er in Virginia meer dan 300 wijnfeesten plaats. Zelfs in de winter organiseren de wijnboeren evenementen met wijnproeverijen, houtvuren en lekker eten, met name op Valentijnsdag in februari.

Hoewel de regio hoofdzakelijk landelijk van aard is, bieden enkele plaatsen stedelijke afwisseling. Dat geldt in de eerste plaats voor Charlottesville, dat vanwege de in 1819 door Thomas Jefferson gestichte University of Virginia een van de belangrijkste academische centra van het oosten van de VS is. Ook Roanoke bezit een universiteit, maar deze stad heeft vooral als commercieel centrum naam gemaakt.

Shenandoah National Park ▸ 1, D/E 9

De noordelijke toegang van dit 125 km lange park ligt bij het stadje **Front Royal**, dat sinds de instelling van het enige nationaal park van Virginia in 1926 in een klein toeristencentrum is veranderd. De pronkweg van het nationaal park is de bij mile marker 0 ten zuiden van Front Royal beginnende **Skyline Drive** (zie blz. 336). Er komen in dit park meer dan honderd boomsoorten en vijftienhonderd soorten kruidachtige planten voor. Daarnaast leven er de meeste in Noord-Amerika voorkomende vogels en zoogdieren, zoals wasberen, opossums, lynxen, zwarte beren en stinkdieren. In de lente bloeien rododendrons, azalea's en weidebloemen. In de herfst verandert de regio in een kleurenpracht wanneer vanaf half oktober de bladeren van de verschillende soorten eiken, de hickory's en de berken verkleuren tot fel oplichtend rood of geel en een welhaast kitscherig contrast met de diepblauwe hemel vormen. De *rangers* in het Visitor Center informeren u over de wandelpaden (zie blz. 336).

Accommodatie

In het nationale park liggen drie rustieke lodges. Reserveren: DNC Parks & Resorts at Shenandoah (P. O. Box 727, Luray, VA 22835, tel. 1-801-559-5070, www.goshenandoah.com > Lodging).

Rustiek toevluchtsoord – **Big Meadows Lodge:** Mijl 51, circa honderd kamers voor verschillende wensen. Vanaf $ 105.

Eenvoudig of comfortabel – **Skyland Resort:** Mijl 41,7, 177 kamers, rustieke cabins en moderne suites. Vanaf $ 85.

Mooie cabins – **Lewis Mountain Cabins:** Mijl 57,2, rustieke kleine hutten met eigen badkamer, keukengerei moet u zelf meebrengen. Vanaf $ 109.

Kamperen – **Campgrounds:** Het nationale park kent vier kampeerterreinen – Mathews Arm bij mijl 22,1, Big Meadows bij mijl 51,2, Lewis Mountain bij mijl 57,5 en Loft Mountain bij mijl 79,5. Behalve Matthews Arm zijn alle terreinen met douches en een kleine winkel uitgerust.

Eten en drinken

Voor de grote trek – in het park vindt u verscheidene restaurants en cafetaria's: **Elkwallow Wayside,** mijl 24,1; **Skyland Restaurant,** mijl 41,7; **Big Meadows Wayside,** mijl 51,2; **Big Meadows Lodge,** mijl 51,2; **Loft Mountain Wayside,** mijl 79,5.

✿ Luray Caverns ▸ 1, E 8

970 Hwy 211 W., Luray, tel. 1-540-743-6551, www.luraycaverns.com, rondleidingen 's zomers dag. 9-19 uur, rest van het jaar korter, volwassenen $ 26, kinderen 6-12 jaar $ 14

De **Luray Caverns** vormen het mooiste grottenstelsel van het oosten van de VS, na de Mammoth Cave in Kentucky. Het hele jaar door trekt de tot 59 m diepe, fantastische onderaardse wereld een half miljoen bezoekers aan, die het fascinerende rijk van druipsteengrotten, barok gevormde stalagmieten, sierlijke stalactieten en ondergrondse meren komen bewonderen. Een in 1954 door Leland Sprinkle ontworpen elektronisch orgel dat in plaats van pijpen tot vierhonderd miljoen jaar oude stalagmieten gebruikt, verandert de Cathedral Room in een klein Disneyland.

Grandioze onderaardse wereld met druipsteenformaties: de Luray Caverns

Charlottesville ▶ 1, E 9

De Piedmont in het midden van Virginia, aan de voet van de Appalachen, wordt gekenmerkt door zacht glooiende heuvels. Tot de grootste steden in deze regio behoort het vijftigduizend inwoners tellende **Charlottesville**, met zijn aantrekkelijke voetgangerszone in het centrum en de door Thomas Jefferson gestichte **University of Virginia**. De universiteit ging van start in 1825, nadat de deels door Jefferson ontworpen gebouwen waren voltooid. Tot de studenten behoorden Edgar Allan Poe, wiens studentenkamer kan worden bezocht, en de latere president Woodrow Wilson, die voor zijn veertienpuntenplan aan het eind van de Eerste Wereldoorlog de Nobelprijs voor de Vrede kreeg (US 29/250 Bus, tel. 1-434-924-7969, www.virginia.edu/exploring.html, dag. behalve nov. en op examendagen).

Informatie

Downtown Visitor Center: 610 E. Main St., Charlottesville, VA 22902, tel. 1-434-293-6789 of 1-877-386-1103, www.visitcharlottesville.org.

Accommodatie

Fantastisch – **Inn at Monticello:** 1188 Scottsville Rd., tel. 1-434-979-3593, www.innatmonticello.com. Gerestaureerde B&B van rond 1850. Vijf gastenkamers met eigen badkamer. $ 180-295.

Met zwembad en businesscenter – **Courtyard by Marriott:** 638 Hillsdale Dr., tel. 1-434-973-7100, www.courtyard.com/choch. Gastenkamers en suites voorzien van een koelkast en een koffieapparaat. Gratis internet. Vanaf $ 115.

Schoon en voordelig – **Excel Inn & Suites:** 140 Emmet St., tel. 1-434-293-5141, www.excelinncharlottesville.com. Eenvoudig en schoon motel met buitenzwembad. Inclusief een klein ontbijt. Vanaf $ 84.

Kamperen – **Charlottesville KOA Kampground:** 3825 Red Hill Rd., tel. 1-434-296-9881, www.charlottesvillekoa.com. Rustig, bebost terrein. Het complex beschikt over een zwembad en een winkel. Plaatsen voor tenten en campers. Cabins en wifi.

Eten en drinken

Ongecompliceerd – **Bodo's Bagels:** 505 Preston St., tel. 1-434-293-5224, www.bodosbagels.com, ma.-za. 7-20, zo. 8-15 uur. Populair om zijn ontbijt, bagels, salades en sandwiches. Vanaf $ 3.

Spaanse lekkernijen – **Mas Tapas:** 904 Monticello Rd., tel. 1-434-979-0990, www.mastapas.com, ma.-za. 17.30-2 uur. Smakelijke tapas, sangria en een goede keus aan wijnen. Tapas vanaf $ 4, raciones vanaf $ 8.

Omgeving van Charlottesville

In het Charlottesvilles Visitor Center (zie blz. 338) kunt u terecht voor de 'Monticelli Neighborhood Pass'. Deze is geldig voor Monticello, Ash Lawn-Highland en de Michie Tavern ('s zomers $ 40, 's winters $ 34).

Michie Tavern

683 Jefferson Pkwy, tel. 1-434-977-1234, www.michietavern.com, dag. 11.30-15 uur, buffet volwassenen $ 17,95, kinderen 12-15 jaar $ 11, museum dag. 9-17 uur

Het rustieke pension **Mitchie Tavern** uit het eind van de 18e eeuw, dat vroeger gunstig langs een postkoetsroute lag, werd in 1927 naar zijn huidige locatie verplaatst. Tot de bijgebouwen behoren een rookschuur, een keuken en een brongebouw (bezichtiging volwassenen $ 6). Gasten worden verwend met gerechten naar recepten uit de 18e eeuw, zoals een stevig standaardmenu met gebraden kip, bonen en aardappelpuree en lekkere nagerechten.

Monticello

Exit 64 van de I-64, tel. 1-434-984-9800, www.monticello.org, mrt.-okt. 9-17, $ 25, nov.-feb. 10-17 uur, volwassenen $ 17

Thomas Jefferson (1743-1826), derde president van de VS, die ook als architect zijn sporen verdiende, begon in 1769 met de bouw van zijn classicistische woning **Monticello**, die pas in het jaar 1808 werd voltooid. De entreehal is gevuld met talrijke 'souvenirs' die werden meegebracht door de Lewis & Clark Expedition in 1804-1806 naar het westen van de VS, waaronder een bizonschedel, machtige hertengeweien en mammoetbeenderen.

Jefferson was een enthousiast tuinier, die pogingen deed om druivenrassen te kruisen, maar er niet in slaagde om goede wijn te verbouwen. Hij stierf in 1826 op 83-jarige leeftijd en werd op de familiebegraafplaats op de helling onder zijn residentie begraven

Tip

WIJNPROEVEN

Bij Charlottesville worden op de volgende wijngaarden wijnproeverijen georganiseerd: **Barboursville** (17655 Winery Road, Barboursville, tel. 1-434-872-0207, www.bbvwine.com, dag. 11-17 uur, $ 7, met restaurant Palladio wo.-zo.); **First Colony Winery** (1650 Harris Creek Rd., tel. 1-540-832-3824, www.firstcolonywinery.com, dag. 11-18 uur, rondleidingen en proeven, $ 7); **Blenheim Vineyards** (31 Blenheim Farm, tel. 1-434-293-5366, www.blenheimvineyards.com, proeven dag. 9-17.30 uur, $ 6); **Jefferson Vineyards** (1353 Thomas Jefferson Pkwy, tel. 1-434-977-3042, www.jeffersonvineyards.com, rondleidingen op afspraak, proeven dag. 11-18 uur, $ 10). Op de meeste wijngaarden wordt geen eten geserveerd. Wie niet zelf wil rijden, kan op de website van het Visitor Center van Charlottesville een aantal aanbieders van excursies vinden.

Ash Lawn-Highland

2050 James Monroe Pkwy, tel. 1-434-293-8000, www.ashlawnhighland.org, apr.-okt. 9-18, nov.-mrt. 11-17 uur, volwassenen $ 14

Terwijl Monticello wat formeel aandoet, maakt **Ash Lawn-Highland** een aantrekkelijk landelijke indruk. De door tuinen omgeven tabaksplantage met zijn wit gesauste houten gebouwen was van 1799 tot 1823 de woning van de vijfde president, James Monroe (1758-1831). Het complex is bescheiden ingericht, wat niet zozeer een kwestie van smaak was, maar vooral te maken had met de financiële situatie van de eigenaar. Tijdens zijn termijn als ambassadeur in Parijs had hij schulden gemaakt. In 1825 zag hij zich daardoor zelfs gedwongen de plantage te verkopen.

Montpelier Mansion

11395 Constitution Hwy, tel. 1-540-672-2728, www.montpelier.org, rondleidingen dag. 9.30-16 uur, volwassenen $ 20

De derde president uit de omgeving van Charlottesville was de in **Montpelier Mansion** in het dorp Orange wonende James Madison (1751-1836). Dit in 1760 gebouwde herenhuis ligt in een park, maar er staan nog maar weinig oorspronkelijke objecten in, omdat de president grote delen van zijn bezit moest verkopen om de speelschulden van zijn stiefzoon te betalen. Het hoofdgebouw is aanmerkelijk verkleind en daarmee teruggebracht naar de staat in de tijd van James Madison.

Lexington ▶ 1, C/D 10

Op de historische landkaart van de Verenigde Staten neemt dit stadje een belangrijke plaats in – niet zozeer omdat het een mooie plattelandsgemeente is, maar omdat er een tijd lang twee beroemde helden van de zuidelijke staten uit de Burgeroorlog hebben gewoond, generaal Robert E. Lee en Thomas J. 'Stonewall' Jackson. Generaal Lee, in de Burgeroorlog opperbevelhebber van de Army of Northern Virginia, een deel van het leger van de zuidelijke staten, was van 1865 tot 1870 werkzaam als president van de plaatselijke hogeschool, die in 1871 in Washington and Lee University werd omgedoopt.

Bezienswaardigheden

Lee Chapel

Campus, tel. 1-540-458-8768, www.chapelapps.wlu.edu, apr.-okt. ma.-za. 9-17, zo. 13-17, rest van het jaar tot 16 uur, toegang gratis

In de **Lee Chapel** op de universiteitscampus ligt de in 1870 overleden Robert E. Lee in zijn familiegraf begraven. Het in 1867 opgerichte bakstenen gebouw dient als museum met talrijke portretten en een liggend marmeren beeld van Lee door de beeldhouwer Edward Valentine. In het souterrain van de kapel is de spartaans ingerichte werkkamer van de generaal te zien.

Natural Bridge

Rte 11 S., VA 24578, tel. 1-540-291-2121, www.naturalbridgeva.com, apr.-mei, nov. 9-17, juni-okt. 10-18 uur, volwassenen $ 18

Ten zuidwesten van Lexington sleet de Cedar Creek een kalksteenformatie uit tot een enorme natuurlijke boog, de **Natural Bridge**. Thomas Jefferson was zo onder de indruk van dit natuurfenomeen dat hij het gehele gebied in 1774 kocht. Nu is de boog particulier eigendom en wordt hij commercieel geëxploiteerd, inclusief een wassenbeelden-, speelgoed- en monstermuseum, beelden van dinosaurussen en een 'Stonehenge' uit piepschuim.

Roanoke ▶ 1, C 10

's Nachts is deze 97.000 inwoners tellende stad al van verre te herkennen aan de enorme, rode neonster op de Mill Mountain. Het centrum ligt rond het historische Market Square. Boeren uit de omgeving verkopen er 's zomers op de overdekte **City Market** elke dag vers fruit en groenten en brengen op deze wijze een landelijke sfeer in de stad.

Bezienswaardigheden

Virginia Museum of Transportation

303 Norfolk Ave., tel. 1-540-342-5670, www.vmt.org, ma.-za. 10-17, zo. 13-17 uur, volwassenen $ 10, kinderen 3-11 jaar $ 8

De exposities in het **Virginia Museum of Transportation** herinneren aan de tijden dat Roanoke nog een belangrijk knooppunt was van de Norfolk & Western Railway en de Shenandoah Valley Railroad. De oude stoom- en diesellocomotieven, die bij het jaarlijkse treinenfeest samen met de liefdevol gerestaureerde wagons worden ingezet, roepen veel nostalgische gevoelens op.

Taubman Museum of Art

110 Salem Ave. SE., tel. 1-540-342-5760, www.taubmanmuseum.org, wo.-za. 10-17, zo. 12-17 uur, eerste vr. van de maand tot 21 uur, toegang gratis

Met het **Taubman Museum of Art** ontstond in de stad een forum voor de werken van regionale kunstenaars uit de Appalachen, zoals Thomas Eakins, Winslow Homer en Childe Hassam. Eveneens de moeite waard is het futuristische museum zelf, dat werd gebouwd naar een ontwerp van de uit Los Angeles afkomstige architect Randall Stout.

Mill Mountain Zoological Park

J. P. Fishburne Pkwy/Prospect Rd., tel. 1-540-343-3241, www.mmzoo.org, dag. 10-17 uur, volwassenen $ 9, kinderen $ 7

Een rit over de Mill Mountain is de moeite waard vanwege het uitzicht en vanwege het **Mill Mountain Zoological Park** met zijn lynxen, tijgers, sneeuwluipaarden, Aziatische reptielen en vele vogelsoorten. Dit is een van de weinige dierentuinen waar de bezoeker de bedreigde kleine panda te zien krijgt.

Informatie

Roanoke Valley Convention & Visitors Bureau: 101 Shenandoah Ave. NE., Roanoke, VA 24016, tel. 1-540-342-6025, www.visitroano keva.com.

Accommodatie

Grote kamers, goede service – **Best Western Valley View:** 5050 Valley View Blvd., tel. 1-540-362-2400, www.bwroanoke.com. Groot hotel met binnenzwembad. Op elke kamer een koffieapparaat. $ 93-150.

Eenvoudig, maar schoon – **Sleep Inn:** 4045 Electric Rd., tel. 1-540-772-1500, www.sleepinn.com. Alle kamers met gratis internet en ontbijt. $ 66-100.

Eten en drinken

Eenvoudig, gezellig, goed – **Hollywood's Restaurant & Bakery:** 7770 Williamson Rd., tel. 1-540-362-1812, www.hollywoodsrestaurant.com, ma.-za. 11-22 uur. Salades, ribeyesteak, hamburgers en *coco loco chicken* tegen aangename prijzen. Vanaf $ 9.

Niet alleen een goed ontbijt – **Roanoker Restaurant:** 2522 Colonial Avenue SW., tel. 1-540-344-7746, www.theroanokerrestaurant.com, di.-za. 7-21, zo. 8-21 uur. Amerikaanse gerechten, die naar grootmoeders recept worden bereid. Diner $ 8-16.

Winkelen

Van alles wat – **Valley View Mall:** 4802 Valley View Blvd. NW., tel. 1-540-563-4400, www.valleyviewmall.com, ma.-za. 10-21, zo. 12-18 uur. Mall met Sears, JCPenney, H & M en Macy's naast enkele restaurants.

Vervoer

Trein: Het voormalige spoorwegcentrum Roanoke is niet meer op het spoorwegnet van Amtrak aangesloten. De dichtstbijgelegen stations zijn die van Clifton Forge en Lynchburg.

Blue Ridge Mountains

► 1, A-D 10-12

De Blue Ridge Mountains, de Blauwe Bergen worden in talrijke liederen door de Amerikanen bezongen. Zij verwijzen daarmee naar het langgerekte middelgebergte van de Appalachen. De bijnaam is heel toepasselijk. De uit de dalen opstijgende nevel hult het berglandschap in een blauwe aquarelsfeer. Het gebergte vormt van Canada tot in Alabama de stenen ruggengraat van het oosten van Amerika. Vroeger joegen indianen in wouden op herten en beren of verzamelden zij bessen en wortels. Tegenwoordig liggen in de dunbevolkte gebieden eenzame boerderijen van vreemde, als enigszins achterlijk beschouwde 'hillbillies'.

Blue Ridge Parkway tot milepost 220

www.blueridgeparkway.org

Ten zuidoosten van Roanoke loopt de **Blue Ridge Parkway**, de veel geroemde panoramaweg door de Appalachen. Deze weg begint in het noorden in het Shenandoah National Park en strekt zich over een lengte van in totaal 750 km van Virginia via North Carolina uit tot het Cherokee Indian Reservation aan de voet van de Great Smoky

Mountains. De aanleg van de Parkway begon in 1935 tijdens de economische crisis als arbeidsvoorzieningsproject, maar hij werd pas in 1987 voltooid. De panoramaroute was Amerika's eerste uitsluitend voor het toeristenverkeer aangelegde weg, waar geen reclameborden langs staan en waar alleen maar natuur te zien is, naast enkele rustplaatsen. Bij mijl 217 passeert de Parkway de grens met de staat North Carolina en slingert daarna in zuidwestelijke richting langs uitkijkpunten, informatieborden, een mineralogisch museum en enkele restaurants. De bewegwijzering voert u naar wandelpaden waarop u de afwisselende natuur van de Appalachen kunt leren kennen. Langs de hele Parkway is niet één tankstation te vinden, maar bij veel kruisingen kunt u de weg verlaten om te tanken.

Mabry Mill

266 Mabry Mill Rd. SE., milepost 176, tel. 1-276-952-2947, www.mabrymillrestaurant.com

Bij mijl 176 staat een van de bekendste bezienswaardigheden in Virginia, **Mabry Mill**, een gerestaureerde, in de jaren 30 buiten bedrijf gestelde korenmolen, die nu als restaurant dient. In het warme jaargetijde geven mannen en vrouwen in historische kostuums, appelsiroop kokend of in een smederij werkend, een beeld van het vroeger zo armoedige leven van de bewoners van de Appalachen (www.mabrymillrestaurant.com).

Blue Ridge Music Center

Mijl 213, www.blueridgemusiccenter.org

Wie geïnteresseerd is in de uit de Appalachen afkomstige bluegrassmuziek, moet een stop inlassen bij het **Blue Ridge Music Center** (mijl 213, www.blueridgemusiccenter.org). Tussen juni en september treden hier muzikanten en bands op in de openlucht en in een muziektheater. In het bezoekerscentrum is een grote verzameling cd's en boeken over dit genre verkrijgbaar.

Een populaire attractie: de Mabry Mill aan de Blue Ridge Parkway

Het eilandenrijk van de Outer Banks

Zand, zout, zon, wind en branding zijn de ingrediënten die van een vakantie op een eiland een belevenis maken. Een bezoek aan de locatie van de eerste vlucht van de gebroeders Wright, een beklimming van het hoogste duin in het oosten van de VS en een duikexcursie naar een scheepswrak maken van de belevenis zelfs een waar avontuur.

De 50 km voor het vasteland gelegen Outer Banks beschermen de kusten van North Carolina, de Albemarle Sound en de Pamlico Sound als een smalle, 280 km lange, hier en daar door openingen onderbroken natuurlijke dam van zand. Een blik op de landkaart is genoeg om te zien dat deze zich van de grens met Virginia tot en met het Cape Lookout National Park in het zuiden uitstrekkende, opvallende keten van eilanden een bijzonder natuurfenomeen is.

Aan de ene kant verandert deze zandbank voortdurend, niet alleen onder invloed van stormen en orkanen, maar ook als gevolg van normale zeestromingen. Niets blijft er zoals het is. Elke golfslag verandert de grotendeels ongerepte stranden. In de buurt van de branding staande vakantiehuizen merken het meest van het bewegen van de kustlijn, als bijvoorbeeld een heftige wervelstorm hele stukken strand doet verdwijnen of nieuw doet verschijnen.

Aan de andere kant is het Atlantische 'balkon' van North Carolina door de natuur met welhaast paradijselijke lieflijkheid bedeeld. Veel delen van de Outer Banks zien er met hun duinen en helmgras nog volkomen ongerept uit. In enkele gebieden delen de wilde paarden de eilandenwereld met meer dan 250 verschillende soorten vogels.

De voortdurende veranderingen door de natuur hebben niet alleen invloed op de eilandketen zelf, maar ook op de daarvoor liggende zeebodem. De zeekaarten konden in het verleden niet snel genoeg aangepast worden om de Outer Banks goed in kaart te brengen. De zeelui konden daarover meepraten. Het is dan ook geen wonder dat dit deel van de zee de bijnaam 'Kerkhof van de Atlantische Oceaan' kreeg. De afgelopen eeuwen gingen daar duizenden schepen ten onder – voor duikers een waar feest. De commerciële ontwikkeling rond Kitty Hawk en Nags Head, waar de gebroeders Wright vliegeschiedenis schreven, laat zien wat voor toekomst ook voor de andere eilanden in het verschiet kan liggen. Het recreatieve potentieel van de eilandketen is zo groot dat het moeilijk verborgen kan blijven voor investeerders.

Kitty Hawk ▶ 3, K 1

Het noordelijkste plaatsje van de Outer Banks zou een anoniem dorpje zijn gebleven als de broers Orville en Wilbur Wright tussen het duinstruweel geen luchtvaartgeschiedenis hadden geschreven. Op 17 december 1903 legden zij met een zelfgebouwd vliegtuig genaamd Flyer de eerste gemotoriseerde vlucht in de geschiedenis van de mensheid af – om precies te zijn 36 m ver. Op dezelfde dag volgden nog drie andere vluchten en bij de laatste poging overbrugden ze zelfs een afstand van 260 m.

Wright Brothers National Memorial

US 158 Bypass, milepost 7,5, Kill Devil Hills, tel. 1-252-473-2111, www.nps.gov/wrbr, dag. 9-17 uur, vanaf 16 jaar $ 7

Waar bij de Kill Devil Hills de hoogste zandduinen van de oostkust liggen, herinnert een 20 m hoog granieten monument op een heuvel aan de baanbrekende onderneming van de broers. Naast het oorspronkelijke vliegveld liggen het bezoekerscentrum van het **Wright Brothers National Memorial** en een hal met vele voorwerpen die betrekking hebben op ruim een eeuw luchtvaart, waaronder vanzelfsprekend een reconstructie van de Flyer.

Nags Head ▶ 3, K 1

Supermarkten, winkelcentra, fastfoodrestaurants, T-shirtwinkels – Nags Head, het stedelijke hart van de Outer Banks, is de afgelopen jaren snel gegroeid.

Jockey's Ridge State Park

Carolista Dr., mijl 12 aan de Hwy 158 Bypass, www.jockeysridgestatepark.com, 's zomers dag. 8-21, 's winters 7-18 uur

Midden in het plaatsje reikt het grootste duin van de Atlantische kust van de VS, in het **Jockey's Ridge State Park**, tot aan de doorgaande weg. De hoogte varieert tussen de 25 en 35 m, doordat de wind het zandeiland voortdurend verandert. Het duin heeft veel weg van een kleine woestijn, maar toch gedijen er in deze 's zomers hete, droge omgeving talrijke planten, zoals wasgagel (Myrica pennsylvanica) en laurierachtigen. Vroeg in de ochtend kunt u hazen, vossen, wasberen en hagedissen tegenkomen. Vanwege de voortdurende wind is het State Park een bij gezinnen populair vliegergebied. Er zijn ook ondernemingen die zich hebben gespecialiseerd in deltavliegen.

Jennette's Pier

7223 South Virginia Dare Trail, tel. 1-252-255-1501, www.jennettespier.net, dag. 6-24 uur, volwassenen $ 2, kinderen $ 1

De in 1939 gebouwde **Jennette's Pier** is de oudste van de vele houten pieren op de Outer Banks. Hij dient als stek voor vissers, maar ook als een apart soort museum: binnen zijn enorme opgezette vissen als tijgerhaaien, barracuda's en zwaardvissen te zien, die voor de Outer Banks aan de haak zijn geslagen.

Accommodatie

Om te ontspannen – **Cahoon's Cottages:** 7213 South Virginia Dare Trail, tel. 1-252-441-5358, www.cahoonscottages.com. Huisjes op een steenworp afstand van het strand, met badkamer en keuken. Vanaf circa $ 130.

Aan het strand – **Surf Side Hotel:** 6701 South Virginia Dare, tel. 1-252-441-2105, www.surfsideobx.com. Comfortabele kamers en suites, ook met balkon en uitzicht op zee. Koelkast, magnetron, zwembaden. Vanaf $ 145.

Eten en drinken

Hemelse zeevruchten – **Tale of the Whale Restaurant:** Nags Head Cswy, tel. 1-252-441-7332, www.taleofthewhalenagshead.com, dag. 16-21 uur. Gerenommeerd visrestaurant aan zee. Visspecialiteiten $ 18-30, *early bird dinner* 20% korting.

Actief

Hanggliding – **Kitty Hawk Kites Hang Gliding School:** Jockey's Ridge State Park, Carolista Dr., tel. 1-252-441-2426, www.kittyhawk.com. Tandemvluchten.

Roanoke Island ▶ 3, K 1

Beschermd door de noordelijke Outer Banks ligt **Roanake Island** aan de kant van het vasteland. Al sinds het einde van de 16e eeuw bewaart het eiland een duister geheim dat historici al eeuwenlang proberen te ontrafelen – zonder succes. In de lente van 1585 zeilden op initiatief van de zeevaarder Walter Raleigh, die in opdracht van koningin Elizabeth I in Amerika de Britse koloniale ambities tegen de Spanjaarden moest verdedigen, vijfhonderd man naar de kust van North Carolina, om op Roanoke Island een kolonie te stichten en Fort Raleigh te bouwen. Hun leider John White reisde twee jaar later naar Engeland terug om dringend noodzakelijke levensmiddelen en materiaal op te halen.

Toen hij in 1590 naar Roanoke Island terugkeerde, waren zijn landgenoten verdwenen. Het enige spoor dat ze hadden achtergelaten was het in de bast van verscheidene bomen gekraste woord Croatan. Wetenschappers zijn er nog altijd niet achter wat het betekent. Vermoedelijk trokken de kolonisten na het afreizen van White naar het noorden, waar zij waarschijnlijk werden omgebracht door de Powhatan-indianen. Het sinds 1937 elke zomer in het **Waterside Theater** opgevoerde drama *The Lost Colony* van de Pulitzerprijswinnaar Paul Green is gewijd aan de mysterieuze verdwijning (noordeinde van Roanoke Island, tel. 1-252-473-5772, www.nps.gov/fora, juni-aug. dag. 9-20, rest van het jaar tot 17 uur, bezichtiging park gratis).

Bezienswaardigheden

Roanoke Island Festival Park

Tel. 1-252-475-1500, www.roanokeisland.com, mrt.-dec. dag. 9-17 uur, volwassenen $ 10, kinderen 6-17 jaar $ 7

Op Ice Plant Island ligt, in het zicht van de waterkant van het dorp Manteo, in het Roanoke Island Festival Park de driemaster **Elizabeth II** voor anker, een replica van de Elizabeth, het zeilschip dat de kolonisten van de zogenaamde Lost Colony naar Amerika bracht. Bij de herbouw van het schip hebben ambachtslieden uitsluitend traditionele methoden en materialen gebruikt. Gekostumeerde zeelui vertellen bezoekers aan boord uiterst spannende verhalen over de door vele raadsels omgeven

In het avondlicht dobberen de jachten in een haven van de Outer Banks

kolonie van Fort Raleigh. Aan land demonstreert een smid zijn oude ambachtskunsten, een indiaans longhouse en een ceremoniële plek tonen de indiaanse levenswijze.

North Carolina Aquariums

3 mijl ten noorden van Manteo, tel. 1-252-473-3494, www.ncaquariums.com, dag. 9-17 uur, volwassenen $ 11, kinderen $ 9

In de **North Carolina Aquariums** is in bekkens en aquaria alles samengebracht wat maar in de wateren van North Carolina zwemt en kruipt. Daarbij gaat het niet alleen om zeedieren, maar ook om de 'bewoners' van de rivieren en meren. In twee *touch tanks* kunnen bezoekers heremietkreeften en pijlstaartroggen aanraken. Behalve bij de exposities over orkanen kunt u ook kippenvel krijgen bij de terraria met zwarte weduwen, tarantula's en gifslangen.

Informatie

Outer Banks Visitors Bureau: 1 Visitors Center Circle, Manteo, NC 27954, tel. 1-252-473-2138, www.outerbanks.org.

Accommodatie

Kleine, rustieke inn – **Roanoke Island Inn:** Waterfront, Manteo, tel. 1-252-473-5511, www.roanokeislandinn.com. Van buiten toegankelijke gastenkamers met koffieapparaat. Alleen van Pasen tot okt. Vanaf $ 228.

Voordelig – **Dare Haven Motel:** Rte. 64/264, Manteo, tel. 1-252-473-2322, www.darehaven.com. Klein, gezellig motel. Alle kamers hebben een koelkast, wifi. $ 89-115.

Rustig – **Wanchese Inn:** Wanchese aan de zuidkant van het eiland, tel. 1-252-475-1166, www.wancheseinn.com. Eenvoudige B&B. Kamer inclusief ontbijt $ 99-149.

Eten en drinken

Ook buiten eten – **Full Moon Café:** 208 Queen Elizabeth St., Manteo, tel. 1-252-473-MOON, www.thefullmooncafe.com, dag. Lunch en diner, seafood, salades, snacks. Vooral bekend om de ruime keus aan biersoorten! Vanaf $ 10.

Familierestaurant – **Stripers Bar & Grill:** 1100A South Bay Club Dr., Manteo, tel. 1-252-475-1021, www.stripersbarandgrille.com, dag. 10-21 uur. Aangenaam zitten, zowel binnen als buiten. Pasta, hamburgers of seafood. Vanaf circa $ 11.

De zuidelijke eilanden ► 3, K 2

Pea Island National Wildlife Refuge

www.fws.gov/peaisland

In het natuurreservaat **Pea Island National Wildlife Refuge** leven in de winter duizenden sneeuw- en grote Canadese ganzen, meer dan twintig soorten eenden, plevieren, fluitzwanen, slechtvalken en andere vogelsoorten, zoals meeuwen en reigers. Het eiland dankt zijn naam aan het feit dat sneeuwganzen bij voorkeur de op erwten ('peas') lijkende zeelathyrus eten. Van mei tot september patrouilleren natuurbeschermers langs de stranden om de eieren van schildpadden op te sporen en deze in geval van nood naar beschermde plaatsen te brengen. De warme Golfstroom die langs de kust trekt, zorgt zelfs in het koude jaargetijde voor een zacht klimaat.

Cape Hatteras

Tel. 1-252-473-2111, www.nps.gov/caha, eind apr.-tweede ma. in okt. dag. 9-16.30 uur, volwassenen $ 8

Aan de beroemde diagonaal zwart-wit gestreepte vuurtoren van **Cape Hatteras**, met zijn 63 m de hoogste vuurtoren van Noord-Amerika, is goed te zien hoezeer de krachten van de natuur inwerken op de Outer Banks. De kusterosie en de stijgende zeespiegel bedreigden het uit 1,2 miljoen bakstenen bestaande bouwwerk zodanig dat het in 1999 circa 150 m verder landinwaarts moest worden verplaatst. Het licht van het kuststation is bij helder weer op 80 km afstand te zien. 257 treden voeren naar het uitkijkplatform, vanwaar u een fantastisch uitzicht hebt.

Actief

NAAR WRAKKEN DUIKEN BIJ DE OUTER BANKS

Informatie

Begin: in Nags Head en Morehead City op Cedar Island vindt u restaurants, hotels en gespecialiseerde duikuitrustingverhuurders
Duikondernemingen: Nags Head Diving, 312 Hwy 64, Manteo, tel. 1-252-473-1356, www.nagsheaddiving.com; Dive Hatteras, Saxon Cut Dr., Hatteras Village, tel. 1-703-517-3724, www.divehatteras.com; Olympus Dive Center, 713 Shepard St., Morehead City, tel. 1-252-726-9432, www.olympusdiving.com
Afstand: de meeste duiklocaties liggen gemakkelijk bereikbaar vlak voor de kust
Beste seizoen: het beste zicht hebt u in de zomermaanden
Wrakduiken: een overzichtskaart met de ligging van de scheepswrakken in North Carolina vindt u op www.nc-wreckdiving.com

Voor de kust van de Outer Banks liggen meer dan vijftienhonderd scheepswrakken op de bodem van de zee. Geen wonder dat duiktoeristen uit de hele wereld hier onderwateravonturen komen beleven. Naast gezonken schepen zien de duikers hier ook zeebewoners als zandtijgerhaaien, pijlstaartroggen, barracuda's, zeeschildpadden en hamerhaaien. Het warme water van de Golfstroom omspoelde hier al in de 16e eeuw een scheepskerkhof. Veel wrakken liggen zo gunstig dat ze door ervaren duikers met een gids probleemloos verkend kunnen worden.
Enkele wrakken bezitten onder kenners een cultstatus. Een daarvan is de 150 m lange tanker **Papoose**, die in 1942 door de Duitse onderzeeër U-124 tot zinken werd gebracht. In hetzelfde oorlogsjaar beleefde de Duitse **U-352** na een aanval door de Amerikaanse kustwacht zijn zwartste moment. Pas 32 jaar later ontdekte een duiker het wrak; het boordkanon dient op het marktplein van Morehead City als herinnering aan de Tweede Wereldoorlog. De Duitse U-558 torpedeerde in de Tweede Wereldoorlog het vrachtschip **HMS Bedfordshire**, dat net als de Duitse onderzeeër **U-85**, die in 1942 met een bemanning van 46 koppen door de Amerikaanse torpedobootjager Roper tot zinken werd gebracht, tot de hoogtepunten onder de wrakken behoort.
De 100 m lange landingsboot **Indra**, in 1992 als kunstmatig rif opzettelijk tot zinken gebracht, dient als oefenterrein voor beginners. Dezelfde bestemming heeft de **Aeolus**, die in de jaren 60 een telefoonkabel van de Maldiven naar Sri Lanka legde.

De kust voor de vuurtoren is zo gevaarlijk omdat de Golfstroom daar op de Virginia Drift botst, een tak van de uit het noorden komende Labradorstroom.

Vervoer

Veerboot: van Ocracoke varen verscheidene autoveren in ruim 2 uur naar Cedar Island, vanwaar u verder kunt rijden naar Morehead City. Plaatsen kunnen alleen worden gegarandeerd na telefonische reservering (Ocracoke: 1-800-293-3779; Cedar Island: tel. 1-800-293-3779 of 1-252-225-7411). Een tweede veerboot verbindt Ocracoke met Swan Quarter (tel. 1-800-293-3779, www.outerbanks.com/ferry-system.html).

Nashville
Appalachen
Atlanta
Charleston
Savannah

Hoofdstuk 4

Het zuiden

Georgia, Tennessee en South Carolina hebben tot op de dag van vandaag het imago van oude, traditionele zuidelijke staten. Meer dan tweehonderd jaar lang ploeterden uit Afrika afkomstige slaven op de katoen- en rijstplantages, voordat de overwinning van de Noordelijken in de Burgeroorlog een eind maakte aan deze vorm van dwangarbeid. Wat blijft zijn de clichés en herinneringen, die dankzij de roman 'Gejaagd door de wind' van Margaret Mitchell op onovertroffen wijze voor de eeuwigheid zijn vastgelegd.

Bij nader inzien blijkt dat veel van die clichés kunnen dienen als beschrijving van de huidige toestand. Het gebied ten zuiden van de Mason-Dixon Line (de grens tussen Pennsylvania en Maryland), die in de eerste helft van de 19e eeuw de demarcatielijn vormde tussen de staten waar slavernij bestond en de staten waar die was afgeschaft, is inderdaad anders dan het gebied ten noorden ervan. De zuidelijke staten hadden hun economische basis in de landbouw, de noordelijke in de industrie. Hieruit zijn sociaal-culturele tegenstellingen voortgevloeid die door alle maatschappelijke lagen en politieke partijen heen gaan en ook na de Burgeroorlog hun stempel hebben gedrukt op de verhouding tussen de noordelijke en zuidelijke staten van de Verenigde Staten.

Afgezien van de metropolen Atlanta en Nashville toont het zuiden zich eerder van een provinciale kant. Dat geldt zowel voor het berglandschap van de zuidelijke Appalachen als voor de landstreken in Tennessee, Georgia, North Carolina en South Carolina.

Het Historic District in Charleston betovert met zijn historische villa's en huizen

In een oogopslag: het zuiden

Hoogtepunten

Chattanooga: deze stad is niet alleen een bezoek waard om de nostalgische spoorlijn Chattanooga Choo Choo, maar ook vanwege zijn recreatieve aanbod (zie blz. 373).

Okefenokee Swamp: bomen met ruige baarden en een ontoegankelijk moeras maken van dit landschap een door de beschaving bijna vergeten gebied. (zie blz. 390).

Savannah: op veel plaatsen in deze stad aan de kust krijgt u de indruk dat de tijd is blijven stilstaan in een ver verleden. (zie blz. 395).

Charleston: deze kustplaats in South Carolina met zijn stijlvolle villa's, mooie parken en historische plantages is een van de mooiste steden van het oosten van de VS (zie blz. 405).

Fraaie routes

Door de Blue Ridge Mountains: de weg door de Blue Ridge Mountains tussen Lake Lanier, het indianenreservaat van de Cherokees ten noorden daarvan en Knoxville in Tennessee voert u door een van de mooiste delen van de Appalachen (zie blz. 366).

Antebellum Trail: aan de toeristische weg tussen Athens en Macon in Georgia liggen diverse dorpen en stadjes uit de tijd voor de Burgeroorlog (1861-1865) met een bijzonder fraaie architectuur (zie blz. 384).

De kust van Georgia met de Golden Isles: op verscheidene van deze eilanden heerst de typische sfeer van de zuidelijke staten, waarvan u hier met volle teugen kunt genieten. (zie blz. 390).

Tips

Robert W. Woodruff Arts Center in Atlanta: het High Museum of Art is niet alleen vanwege zijn kunstcollectie, maar ook om het gebouw van Richard Meier een bezoek waard (zie blz. 357).

Jack Daniel's Distillery in Lynchburg: ook voor niet-whiskeyliefhebbers is een blik achter de coulissen op de vaten interessant (zie blz. 378).

Volop krab iets buiten Savannah: de Crab Shack serveert in een rustiek ambiance seafood in alle variaties (zie blz. 401).

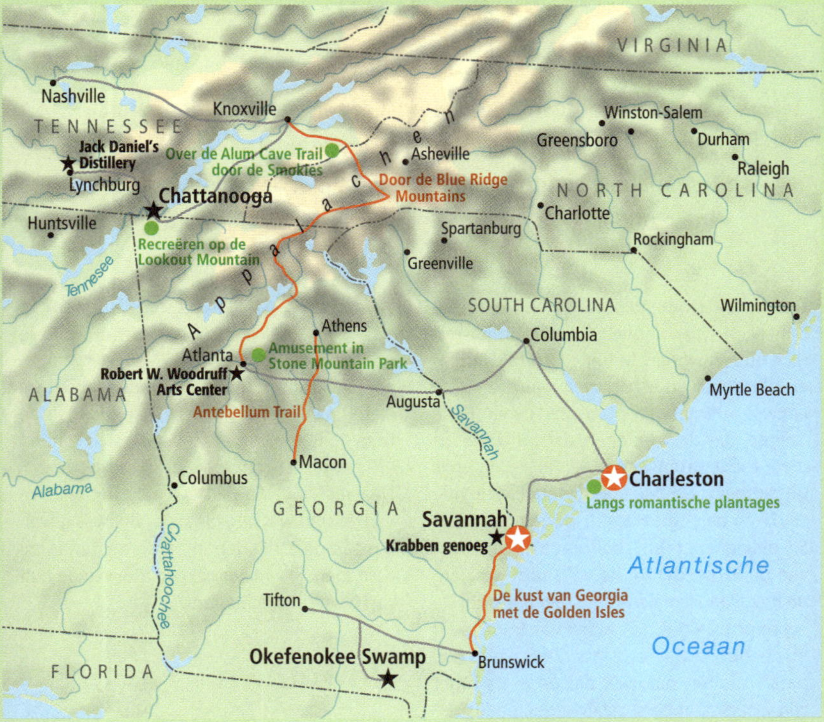

Actief

Amusement in Stone Mountain Park: bezoekers vinden in dit bij Atlanta gelegen park een combinatie van typische pretparkattracties, historische bezienswaardigheden en natuurschoon (zie blz. 362).

Over de Alum Cave Trail door de Smokies: het fraaie wandelpad door de Great Smokey Mountains voert naar ongewone rotsformaties (zie blz. 370).

Recreëren op de Lookout Mountain: de attracties op de berg bij Chattanooga, waarop u van een mooi uitzicht kunt genieten, bieden volop vermaak (zie blz. 374).

Langs romantische plantages: enkele plantages in de omgeving van Charleston hebben de tand des tijds glansrijk doorstaan. Hier heerst nog steeds een 19e-eeuwse plantageromantiek (zie blz. 408).

Atlanta

▶ 3, D 4

Atlanta, de hoofdstad van Georgia, is een verkeersknooppunt, het zuidelijke centrum van de media en de zetel van nationale en internationale bedrijven – de stad bezit niet de typische charme van de zuidelijke staten, maar is wel een bruisende metropool.

De zuidelijke romantiek gaat schuil in de buitenwijken waar de welgestelden in luisterrijke huizen wonen. In het centrum van glas en beton kunt u echter zien wat deze 21e-eeuwse metropool vooral is: een dynamische 'stijger', die de afgelopen decennia steeds meer tot centrum van de zuidelijke staten is uitgegroeid. De 540.000 inwoners tellende stad – in de agglomeratie wonen ongeveer 5,5 miljoen mensen – behoort aan het begin van de 21e eeuw tot de vijf snelst groeiende bevolkingsconcentraties van het land. De echte groei vindt niet in het centrum, maar in de buitenwijken plaats. Zelfs voor een passant is het duidelijk dat deze stad met zijn wolkenkrabbers, asfaltwegen en klaverbladen niets te maken heeft met de elders in het zuiden heersende, idyllische 'magnolia-mythe'.

Atlanta staat voor het nieuwe, internationale gezicht van het oude zuiden met een kosmopolitische uitstraling: hier vindt u vestigingen van tientallen banken van over de hele wereld en kantoren van meer dan duizend multinationals. Het past in dit beeld dat ongeveer 10% van de bewoners van de agglomeratie Atlanta niet in de Verenigde Staten zelf is geboren.

Maar Atlanta heeft een grotere betekenis, ook internationaal. Onder de krachtige leiding van Martin Luther King, die hier werd geboren, ontwikkelde zich in de zuidelijke staten van de VS een beweging voor zwarteburgerrechten, waarvan de burgerlijke ongehoorzaamheid en het geweldloze protest tot voorbeeld zouden dienen voor tal van organisaties in andere landen.

Atlanta is een jonge stad. Hij werd in 1837 gesticht en had 27 jaar later al een hele geschiedenis achter de rug. In 1864 trok generaal William T. Sherman van de noordelijke staten na een belegering van 117 dagen de toen 15.000 inwoners tellende stad binnen en stelde een afschrikwekkend voorbeeld. Na evacuatie van de bevolking liet hij alles van de stad wat nog niet ten offer was gevallen aan de artilleriebombardementen in de as leggen. Slechts ongeveer 10% van de huizen bleef onbeschadigd.

Downtown

Kaart: blz. 355

Met **Downtown** beschikt Atlanta over een compact wolkenkrabbercentrum met financiële instellingen, kantoorflats en winkelcentra. Toch zijn het eerder de buitenwijken die kenmerkend zijn voor de stad, stadsdelen die soms een zeer uiteenlopend karakter tentoonspreiden. Sinds kort proberen de stadsbestuurders om Downtown nieuwe impulsen te geven door projecten op te zetten, vooral in de omgeving van het Centennial Olympic Park.

In het stadscentrum

Five Points Station 1

Het eigenlijke centrum van Downtown Atlanta is te vinden rondom het **Five Points Station** met zijn centrale bus- en metrostations. In deze buurt bloeit de straathandel. Verder verkondigen predikers hier hun heilsboodschap, terwijl bankiers en kantooremployés uit de glazen torenflats bij mooi weer in de openlucht hun lunch verorberen. Hier is het onmogelijk om over het hoofd te zien dat twee derde van de bevolking uit Afro-Amerikanen bestaat.

Underground Atlanta 2

50 Upper Alabama St., www.underground atlanta.com, ma.-za. 10-20, zo. 12-18 uur, horeca langer

Het nabijgelegen **Underground Atlanta** laat bij de bezoeker vaak met een gevoel van teleurstelling achter, omdat het geen recht doet aan de in brochures en folders beloofde attractiviteit. Op een onder de straten gelegen terrein waar vroeger stoomlocomotieven en wagons rangeerden, zijn nu cafetaria's, winkels en kraampjes met honkbalpetten, zonnebrillen en T-shirts met 'Atlanta' erop te vinden, maar ook een Visitor Information.

CNN Center 3

1 CNN Center, tel. 1-404-827-2300, www.cnn.com/studiotour, rondleidingen dag. 9-17 uur, $ 16

Het **CNN Center** is genoemd naar de in 1980 door Ted Turner opgerichte nieuwszender. In het reusachtige atrium van het gebouw, met het Omni Hotel en een *food court*, hebt u de mogelijkheid om op een rondleiding door de CNN-studio's een indruk te krijgen van het werk van de nieuwsredactie en de mensen achter de special-effects.

Centennial Olympic Park en omgeving

Centennial Olympic Park 4

International Blvd./Techwood Dr., www.centennialpark.com, dag. 7-23 uur

Voor het CNN Center strekt zich het voor de Olympische Spelen van 1996 aangelegde **Centennial Olympic Park** uit, met gazons, fonteinen, vijvers, *reflecting pool*, bloemperken, amfitheater en bezoekerscentrum. Het brengt ook een eerbetoon aan de twee slachtoffers die tijdens de spelen bij een bomaanslag omkwamen. Het pronkstuk van het park is de Fountain of Rings (Fontein van de Ringen), de grootste fontein ter wereld, die het olympische symbool van de vijf ringen met behulp van 25 watersproeiers weergeeft. Zeer populair zijn de concerten, die van april tot oktober op dinsdag en donderdag van 12 tot 13 gratis en iedere woensdag voor $ 5 van 17.30 tot 20 uur in het Southern Company Amphitheater plaatsvinden. 's Winter nodigt een ijsbaan uit tot een paar rondjes op de schaats ($ 12).

Atlanta CityPass

Met de voordelige **Atlanta CityPASS** kunt u aanzienlijk besparen op enkele belangrijkste bezienswaardigheden. Hij biedt onder meer toegang tot het Georgia Aquarium, de World of Coca-Cola, de CNN-Studiotour, het High Museum of Art, het Fernbank Museum of Natural History, de Zoo Atlanta en het Center for Civil & Human Rights (online verkoop van tickets via www.de.citypass.com/atlanta, volwassenen $82,50, kinderen 3-12 jaar $ 65).

Skyview en College Football Hall of Fame

Het Centennial Olympic Park en zijn omgeving worden in de komend jaren nog uitgebreid. Tegenwoordig vindt u er al het reuzenrad (met airconditioning!) **SkyView** 5 (dag. 10-22, vr.-za. tot 1 uur, volwassenen $ 15, kinderen $ 9) en de **College Football Hall of Fame** 6, dat College Footballteams als thema heeft en daarom met name voor Amerikaanse liefhebbers interessant is (250 Marietta St., tel. 1-404-880-4800, www.cfbhall.com, zo.-vr. 10-17, za. 9-18 uur, volwassenen $ 22, kinderen $ 18).

Georgia Aquarium 7

255 Baker St., tel. 1-404-581-4000, www.georgiaaquarium.org, zo.-vr. 10-17, za. 9-18 uur, volwassenen $ 40, kinderen 3-12 jaar $ 34, online goedkoper, parkeren $ 10

De getallen alleen al zijn indrukwekkend. Het nieuwe **Georgia Aquarium** herbergt meer

Institute of Technology
Tech Pkwy
North Ave.
Ponce de Leon Av
North Av
Coca-Cola Int'l. Building
Coca-Cola USA Building
Techwood Dr.
Spring St
W. Peachtree St
Peachtree St
Piedmont Av
Bedford Pl.
Parkway Dr.
Marietta St
Pine St
Angier Av
Civic Center
Alexander St
Ralph McGill Blvd.
Baker St
Courtland St
Highland Av
Harris St
Freedom Pkwy
International Blvd.
Peachtree Center
Georgia World Congress Center
Ellis St
Peachtree Center Av
Luckie St
Irwin St
Stone Mountain Park
Georgia Int'l Plaza
Omni-Dome-World Congress Center
Woodruff Park
Auburn Av
APEX Museum
Amtrak Station
M. L. King Jr. Dr.
Edgewood Av
Five Points
Georgia State Univ.
Decatur St
Piedmont Av
Hillard St
Jackson St
Georgia State
Washington St
Bell St
King Memorial
Peters St
Peachtree St
Pryor St
Central Av
Mitchell St
Garnett
Trinity Av
Spring St
Oakland Cemetery
Martin Luther King jr. Dr.
Whitehall St
Memorial Dr.
Georgia Dept. of Archives and History
Rawson-Washington Park
Wells St
Fulton St
Washington St
Capitol Av
Sydney St
Grant Park
Windsor St
Pryor St
Central Av
Connally St
Hill St
Cherokee Av
0 125 250 375 500 m
Ralph David Abernathy Blvd.
Georgia Av

Atlanta

Bezienswaardig

1 Five Points Station
2 Underground Atlanta
3 CNN Center
4 Centennial Olympic Park
5 Skyview
6 College Football Hall of Fame
7 Georgia Aquarium
8 New World of Coca Cola
9 Center for Civil and Human Rights
10 Georgia State Capitol
11 Oakland Cemetery
12 Zoo Atlanta
13 Martin Luther King Jr. National Historic Site
14 Fox Theatre
15 Margaret Mitchell House
16 Woodruff Arts Center
17 Atlanta Botanical Garden
18 Jimmy Carter Library and Museum
19 Fernbank Museum of Natural History
20 Buckhead

Accommodatie

1 Shellmont Inn
2 Ellis Hotel
3 Holiday Inn Express
4 Hampton Inn
5 Motel 6
6 Stone Mountain Park Campground

Eten en drinken

1 Morton's Steakhouse
2 Midtown Tavern
3 Fox Bros BBQ
4 Aviva

Winkelen

1 Lenox Square
2 Whole Foods Market

Uitgaan

1 Blind Willie's
2 Six Feet Under
3 Hard Rock Cafe
4 Johnny's Hideaway
5 Atlanta Symphony Orchestra
6 Cobb Energy Performing Arts Centre
7 Michael C. Carlos Dance Centre
8 Actor's Express

Actief

1 Six Flags Over Georgia

---

dan honderdduizend dieren van meer dan vijfhonderd verschillende soorten in bijna dertig miljoen liter zout en zoet water.

In de eerste paar maanden werd het meteen duidelijk: de onbetwiste helden zijn de (inmiddels vier) onschuldige walvishaaien, de grootste vissoort op aarde, die in alle tropische en subtropische oceanen ter wereld voorkomt. Volwassen exemplaren kunnen een gewicht van meer dan 20.000 kg bereiken. Anders dan andere haaien zijn walvishaaien geen roofdieren, maar voeden ze zich met plankton. Behalve deze vier reuzen dingen vijf beloega's en vier voor de Zuid-Afrikaanse kust gevangen manta's naar de gunst van het publiek.

New World of Coca Cola 8

121 Baker St., tel. 1-404-676-5151, www.worldofcoca-cola.com, juni-juli 10-18, rest van het jaar 10-17 uur, volwassenen 16 $, kinderen 3-12 jaar $ 12, parkeergarage $ 10

In de omgeving van het aquarium maakt het futuristische paviljoen **New World of Coca Cola** reclame voor de bekendste frisdrank ter wereld. Een geweldige, 27 m hoge glazen cilinder, waarin een zeer grote colafles staat, wijst bezoekers de weg in deze presentatietempel van de firma Coca-Cola, die zijn hoofdkwartier in Atlanta heeft. In het Happiness Factory Theater maken gasten via een film kennis met het thema van het museum. Op twee etages met een meer dan twee keer zo grote expositieruimte als voorheen, ziet u reclames, affiches en memorabilia, zoals een vrachtwagen uit 1939 uit Argentinië, en apparaten die betrekking hebben op de bruine dorstlesser, die in een speciale ruimte wordt gebotteld.

Natuurlijk kunt u ook cola proeven, en niet alleen de originele Coca-Cola, maar ook andere verfrissingen. Uit de proefinstallaties stromen namelijk zo'n honderd dranken die door Coca-Cola wereldwijd worden geproduceerd, waaronder de Ananas Fanta (alleen in Griekenland verkrijgbaar), de Fanta Melon Frosty (alleen in Thailand) en de Inca Cola (alleen in Peru).

Center for Civil and Human Rights 9

100 Ivan Allen Jr. Blvd., tel. 1-678-999-8990, www.civilandhumanrights.org, ma.-za. 10-17, zo. 12-17 uur, volwassenen $ 16, kinderen 3-12 jaar $ 12

Vlak bij de World of Coca Cola toont het **Center for Civil and Human Rights** indrukwekkende exposities over mensenrechtenschendingen uit heden en verleden.

Ten zuiden van Downtown

Georgia State Capitol 10

206 Washington St., tel. 1-404-463-4536, www.libs.uga.edu/capitolmuseum, ma.-vr. 8-17 uur, rondleiding met reservering tel. 1-404-463-4536

Het in 1889 voltooide **Georgia State Capitol** is moeilijk over het hoofd te zien. De glanzende koepel is bedekt met goud uit het in de omgeving gelegen Dahlonega. De rotonde valt op met een 77 m hoog plafond en talrijke bustes van beroemde inwoners van de staat Georgia. Brede trappen leiden naar de tweede verdieping met de vergaderzalen van het Huis van Afgevaardigden en de Senaat, waarin de gedelegeerden vanaf half januari tijdens een veertig dagen durende zittingsperiode beraadslagen. Op de verdieping daarboven worden in de tentoonstellingszalen van het Georgia Capitol Museum de belangrijkste landbouwproducten van de staat getoond: pinda's, en verder ziet u er flora en fauna, mineralen en kunstvoorwerpen van indianen.

Oakland Cemetery 11

Ten zuidoosten van Downtown ligt **Oakland Cemetery** met het sobere graf van Margaret Mitchell (248 Oakland Ave.), die met de roman *Gejaagd door de wind* wereldfaam vergaarde. De toerist zal in de stad vergeefs op zoek gaan naar Tara, het bekende landgoed van de familie van Scarlett O'Hara. Toen David O. Selznick aan het eind van de jaren 30 dit epos over de Amerikaanse Burgeroorlog verfilmde, was de plantage alleen te vinden in de coulissen van Hollywood in Californië.

Zoo Atlanta 12

800 Cherokee Ave., tel. 1-404-624-WILD, www.zooatlanta.org, ma.-vr. 9.30-17.30, za., zo. tot 18.30, volwassenen $ 26, kinderen 3-11 jaar $ 18

In Grant Park, zo'n 3 km ten zuiden van Downtown, hebben naast neushoorns, leeuwen, olifanten en giraffen ook zeldzame pelsdieren een thuis gevonden: de twee reuzenpanda's Lun Lun en Yang Yang en hun kinderen. Een van de belangrijkste onderdelen van de **Zoo Atlanta** is de afdeling primaten, waar met succes gorilla's worden gefokt en hun gedrag wordt bestudeerd.

Sweet Auburn

Kaart: blz. 355

In de tijd van de rassenscheiding leefden Afro-Amerikanen die waren opgeklommen tot de middenklasse tot in de jaren 50 in het stadsdeel **Sweet Auburn**. De huizen aan de historische modelboulevard Auburn Avenue zijn in de jaren 90 met het zicht op de Olympische Spelen door de National Park Authority deels gerestaureerd, deels opnieuw opgebouwd en omgetoverd in een populaire bezienswaardigheid, waarin de nadruk ligt op herinneringen aan de burgerrechtenstrijder Martin Luther King.

Martin Luther King Jr. National Historic Site 13

De historische plaatsen die met hem te maken hebben, worden onder de naam **Martin Luther King Jr. National Historic Site** beheerd door de National Park Service.

Auburn Avenue Nr. 501

Tel. 1-404-331-5190, www.nps.gov/malu, rondleidingen dag. vanaf 10 uur

Auburn Avenue 501 is een bekend adres in Atlanta. In dit sobere huis met één verdieping kwam op 15 januari 1929 de latere leider van de zwarteburgerrechten Martin Luther King ter wereld. De kamers maken duidelijk dat het gezin in bescheiden welstand verkeerde. Er hangen veel foto's die de jonge Martin Luther King tonen in de familiekring.

Ebenezer Baptist Church

407 Auburn Ave., dag. 9-17 uur, toegang gratis
In dezelfde straat staat de **Ebenezer Baptist Church**, de kerk waarin de grootvader en vader van Martin Luther King reeds actief waren als dominee, en waar hij zelf in de voetsporen van zijn voorouders trad.

The King Center

449 Auburn Ave., tel. 1-404-526-8900, www.thekingcenter.org, dag. 9-18, 's winters tot 17 uur
De belangrijkste herinnering aan King vormt het **King Center**, een complex met tentoonstellingsruimten en kantoorgebouwen rondom een fontein. Midden in een vijver ziet u de witmarmeren sarcofaag van King. Dagelijks komen hier busladingen bezoekers uit het hele land, schoolklassen, maar ook de meest uiteenlopende groepen geïnteresseerden, vooral Afro-Amerikanen, voor wie de laatste rustplaats van King een bedevaartsoord is geworden.

Midtown

Kaart: blz. 355
Volg vanuit Downtown de centrale Peach Street in noordelijke richting en u komt, aan de overzijde van de Ponce de Leon Avenue, in het stadsdeel Midtown, met zijn eigen centra van kunst en cultuur, maar ook met groene oases midden in de stad.

Gebouwen en tuinen

Fox Theatre 14

660 Peachtree St., tel. 1-404-881-2100, www.foxtheatre.org, rondleidingen ma., do., za. 10, 11, 12 uur, $ 18
Het **Fox Theatre**, oorspronkelijk de tempel van een sekte, werd in 1926, elf jaar na de voltooiing van het gebouw, heropend als theater. Dankzij de weelderige oriëntaalse inrichting komt het vanbinnen over als een waar sprookjespaleis. Het hele jaar door vinden hier zeer diverse culturele opvoeringen plaats, van opera's tot Broadwayshows en ballet. Het grandioze theater is op een rondleiding te bezichtigen.

Margaret Mitchell House 15

990 Peachtree St., tel. 1-404-249-7015, www.atlantahistorycenter.com/mmh, ma.-za. 10-17.30, zo. 12-17.30 uur, volwassenen $ 13, kinderen $ 5,50
Even verderop toont het **Margaret Mitchell House** tal van stukken die herinneren aan de beroemde schrijfster, die van 1925 tot 1932 met haar man John Marsh in dit huis woonde en er het grootste deel van de roman *Gejaagd door de wind* schreef. Jarenlang werd het huis met sloop bedreigd, totdat het in 1997 dankzij de financiering door een automerk gerenoveerd kon worden en heropend als museum.

De rondleidingen van één uur beginnen in het bezoekerscentrum, waar een 17 minuten durende film over Mitchells leven wordt getoond. De voormalige woonvertrekken zijn grotendeels nog ingericht zoals in de tijd van Margaret Mitchell. U ziet onder andere haar schrijfmachine en de Pulitzer Prize die ze kreeg voor haar bestseller.

Robert W. Woodruff Arts Center 16

1280 Peachtree St., tel. 1-404-733-4200, www.woodruffcenter.org
Het **Woodruff Arts Center** heet ook wel Woodruff's Village, omdat het totale complex een soort klein kunstdorp met verschillende culturele instellingen is, zoals het Alliance Theater, het bezienswaardige kunstmuseum High Museum of Art (zie hieronder) en de kunstacademie. Het is genoemd naar Robert W. Woodruff, voormalig president van Coca-Cola en filantroop. De concerten van het gerenommeerde Atlanta Symphony Orchestra worden gegeven in de Symphony Hall, die 1800 plaatsen telt.

Door zijn ronde voorgevel van witte keramische tegels is het door Richard Meier ontworpen **High Museum of Art** gemakkelijk te herkennen. U ziet er fraaie kunstwerken van keramiek, tekeningen, sculpturen van bijvoorbeeld Alexander Calder, textiel, film- en videokunst, objecten van glas en metaal, schilderijen, grafiek en foto's (www.high.org, di.-do., za. 10-17, vr. 10-21, zo. 12-17 uur, volwassenen $ 19,50, vr. vanaf 16 uur halve prijs).

Atlanta Botanical Garden 17

1345 Piedmont Ave. NE., tel. 1-404-876-5859, www.atlantabotanicalgarden.org, di.-zo. apr.-okt. 9-19, nov.-mrt. 9-17 uur, volwassenen $ 21,95, kinderen $ 15,95

De prachtige **Atlanta Botanica Garden** van 12 ha groot in de buurt van Piedmont Park is een groene en zeer veelzijdige oase. In het Dorothy Chapman Fuqua Conservatory zijn bijvoorbeeld zeldzame en met uitsterven bedreigde tropische en in woestijngebieden levende plantensoorten te bewonderen. Het personeel kweekt en verzorgt met veel toewijding ook vleesetende planten, die in de vrije natuur steeds zeldzamer worden als gevolg van de toenemende vervuiling van het milieu.

In de oranjerie ligt de nadruk vooral op de economisch exploiteerbare bomen die citrusvruchten, kaneel, cacao, kokosnoten, papaja's en vanille voortbrengen.

Ten oosten van Midtown

Carter Library and Museum 18

441 Freedom Pkwy, tel. 1-404-865-7100, www.jimmycarterlibrary.gov, ma.-za. 9-16.45, zo. 12-16.45 uur, volwassenen $ 8

De **Jimmy Carter Library and Museum** in het oosten van Midtown herinnert aan de eerste Amerikaanse president (1976-1980) die uit Georgia afkomstig was. Voorwerpen, foto's, films en schilderijen documenteren de carrière van Jimmy Carter van pindaboer tot bekleder van het hoogste ambt. In één zaal is het Oval Office uit het Witte Huis precies zo gereconstrueerd als het was in de tijd van Carter. Een van de recentste tentoongestelde stukken is de oorkonde van de Nobelprijs voor de Vrede, die hij in 2001 ontving.

Druid Hills

Kaart: blz. 355

De wijk ten oosten van de Botanische Tuin behoort tot de welvarendste van Atlanta. Hier is de Emory University gevestigd.

Fernbank Museum of Natural History 19

767 Clifton Rd. NE, tel. 1-404-929-6300, www.fernbankmuseum.org, ma.-za. 10-17, zo. 12-17 uur, volwassenen $ 18, kinderen $ 16

Het om een binnenplaats met een glazen dak aangelegde **Fernbank Museum of Natural**

Muurschildering ter herinnering aan belangrijke personen uit Atlanta

History documenteert de natuurlijke historie van Georgia. De met fossielen bedekte rotsplaten in de lobby zijn overigens afkomstig uit Europa. De bezoeker van dit interactieve wetenschappelijk museum kan zich bezighouden met de Amerikaanse fauna, maar ook met milieuproblematiek. In het IMAX-theater zijn films over natuurverschijnselen te zien.

Fernbank Science Center

156 Heaton Park Dr., tel. 1-678-874-7102, tijden van de demonstraties op www.fsc.fernbank.edu

In het naburige **Fernbank Science Center** wordt de bezoeker ver buiten Georgia gevoerd. In het planetarium en astronomisch observatorium komt men nader met de kosmos in aanraking.

Buckhead

Kaart: blz. 355

Het stedelijke landschap van de agglomeratie Atlanta strekt zich ver in alle windrichtingen uit. Ten noorden van Midtown, ongeveer 10 km van Downtown, heeft vooral het stadsdeel **Buckhead** 20 de laatste jaren van zich doen spreken als trendy wijk. Behalve met reusachtige winkelcentra als Lenox Square

Gejaagd door de wind: Margaret Mitchell

Tot op de dag van vandaag is er in de VS geen roman zo goed verkocht als *Gejaagd door de wind* van Margaret Mitchell. Sinds de nederlaag van de Zuidelijken in de Amerikaanse Burgeroorlog is de voormalige glans van deze staten in de literatuur vaak tot thema gekozen. Niemand echter deed dat zo treffend als deze schrijfster uit Atlanta.

Margaret Mitchell kwam op 8 november 1900 in Atlanta ter wereld als dochter van een advocaat en een strijdster voor vrouwenrechten van Ierse afkomst. Vanaf 1922 werkte ze als journaliste voor de *Atlanta Journal*. Door zware artritis moest ze haar journalistieke loopbaan opgeven. Ze was steeds vaker aan bed gekluisterd en begon boeken te verslinden. Toen ze in 1926 van haar tweede echtgenoot een schrijfmachine kreeg, begon ze te schrijven aan *Gejaagd door de wind*.

Tien jaar lang werkte Margaret Mitchell achter haar zwarte Remington 2000 aan dit epos, dat als onderwerp de Amerikaanse Burgeroorlog (1861-1865) heeft, gezien vanuit het perspectief van de zuidelijke staten, met Atlanta als belangrijkste plaats van handeling. Wat de meer dan duizend bladzijden tellende roman echter tot een bestseller maakte, was niet deze historische achtergrond, maar de beschrijving van de ongelukkige liefde tussen de mooie, egoïstische, lastige en onweerstaanbare Scarlett O'Hara, dochter van een katoenplantagehouder, en de charmante avonturier Rhett Butler. Jaren later reisde een uitgever die op zoek was naar nieuwe schrijvers door Georgia en leerde daar toevallig Margaret Mitchell kennen. Pas na een lang gesprek vertrouwde ze hem haar manuscript toe, dat op 10 juni 1936 als roman op de markt verscheen. In oktober van datzelfde jaar waren er al meer dan een miljoen exemplaren over de toonbank gegaan. Korte tijd later verwierf de filmproducer David O. Selznick de filmrechten voor het in die tijd astronomische bedrag van $ 50.000. Een jaar later werd de schrijfster bekroond met de prestigieuze Pulitzerprijs voor literatuur en sindsdien was ze een beroemde Amerikaan.

Het door Selznick geproduceerde filmepos werd voor het eerst vertoond in 1939 in Atlanta in aanwezigheid van de beide hoofdrolspelers Clark Gable en Vivien Leigh. Sinds de publicatie van het lijvige boek, midden in de economische wereldcrisis, hebben miljoenen lezers en lezeressen zich geïdentificeerd met Scarlett O'Hara en Rhett Butler, en samen met hen liefgehad, gestreden en geleden. Hoewel roman en film geen sociaalkritisch karakter hadden, behandelden ze rassenkwesties en maakten die tot een landelijk bespreekbaar thema. Tijdens het leven van Margaret Mitchell hebben uitgever en lezers steeds gehoopt op een vervolg van het verhaal: tevergeefs. Die onderneming was voorbehouden aan Alexandra Ripley. In 1992 werd de roman *Scarlett* gepubliceerd. Op 11 augustus 1949 werd Margaret Mitchell voor haar huis aangereden door een dronken taxichauffeur en raakte zo zwaar gewond dat ze enkele dagen later overleed. Ze ligt begraven op Oakland Cemetery.

en Phipps Plaza maakt deze wijk, ook wel het 'Beverly Hills van het oosten' genoemd, furore met diverse luxehotels, topklasserestaurants, chique bars en clubs, uitnodigende cafés en exclusieve boetieks.

Atlanta History Center

130 W. Paces Ferry Rd., tel. 1-404-814-4000, www.atlantahistorycenter.com, ma.-za. 10-17.30, zo. 12-17.30 uur, volwassenen $ 21, kinderen 4-12 jaar $ 18

Een van de interessantste musea van de stad is het **Atlanta History Center**, dat niet alleen over de gebruikelijke tentoonstellingszalen beschikt, maar bovendien uit een groot stuk grond met afwisselende bebouwing bestaat. Het museum legt het accent op de ontwikkeling van de stad van 1835 tot het begin van de 21e eeuw. Op andere afdelingen staan de geschiedenis van de staat Georgia en die van het hele zuiden van de Verenigde Staten centraal.

Park

Met het tegenwoordig als restaurant dienende **Swan House** is in het park een boerenhofstede met erf uit 1928 te zien. Geheel tegengesteld aan dit stijlvolle gebouw is de landelijk-eenvoudige **Tullie Smith Farm** in de stijl van de 19e eeuw, waar schapen en geiten worden gehouden. Vermoedelijk vanaf de herfst 2017 is hier als nieuwe toevoeging het op een andere plek weggehaalde ronde schilderij **Cyclorama** te zien. In 1885 begonnen Duitse kunstenaars in Wisconsin met het grootste olieverfschilderij ter wereld, dat de Slag bij Atlanta uit de Burgeroorlog voorstelt. Talrijke specialisten conserveerden het kunstwerk, voordat het zijn nieuwe plaats in het Cyclorama Building kreeg. Ook te zien is hier de **Western & Atlantic Railroad Texas Locomotive,** een gietijzeren stoomlocomotief met voorgebouwde koevanger uit 1856.

Informatie

Atlanta Convention and Visitors Bureau: 233 Peachtree St. NE., Atlanta, GA 30303, tel. 1-404-521-6600, www.atlanta.net. Goede informatie over de stad.

Accommodatie

Verzorgd onderkomen – **Omni Hotel** 3 **:** 100 CNN Center, tel. 1-404-659-0000, www.omnihotels.com. Het stadshotel kent meer dan duizend kamers en suites, twee restaurants, een health club met spa, een zwembad en een businesscenter. Vanaf $ 180, 's zomers vanaf $ 110.

Verleid tot een langer verblijf – **Shellmont Inn** 1 **:** 821 Piedmont Ave. NE., tel. 1-404-872-9290, www.shellmont.com. Victoriaanse B&B uit het einde van de 19e eeuw. Kamers in het hoofdgebouw of in het nabijgelegen Carriage House, waarvan sommige met open haard en whirlpool. Vanaf $ 175.

Hoogbouw in het centrum – **Ellis Hotel** 2 **:** 176 Peachtree St. NW, tel. 1-404-523-5155, www.ellishotel.com. Chic hotel met etages alleen voor vrouwen of allergische gasten. Wifi en fitnesscenter. Vanaf circa $ 160.

Centrale ligging – **Holiday Inn Express** 3 **:** 111 Cone St., 1-404-524-7000, www.ihg.com. 2 pk of suites, alle met koelkast en magnetron. Ontbijtbuffet en wifi bij de prijs inbegrepen, parkeren $ 20. Vanaf circa $ 150.

Geen rommel – **Hampton Inn** 4 **:** 244 North Ave. NW., tel. 1-404-881-0881, www.hamptoninn1.hilton.com. Een keurig, groot hotel met honderd kamers. Zonder al te veel franje. Vanaf $ 130.

Goede basis – **Motel 6** 5 **:** 311 Courtland St. NE., tel. 1-404-659-4545, www.motel6.com. Zeer eenvoudig, maar goede locatie in Downtown. Gratis parkeren. Vanaf $ 129.

Camping – **Stone Mountain Park Campground** 6 **:** www.stonemountainpark.com/Campground, tel. 1-770-498-5710. Ten oosten van Atlanta aan de I-285 gelegen camping met zwembad.

Eten en drinken

Uitstekende specialiteiten – **Morton's Steakhouse** 1 **:** 303 Peachtree St. NE., tel. 1-404-577-4366, www.mortons.com, dag. diner. Perfect bereide steaks met heerlijke bijgerechten, maar duur. Vanaf $ 60.

Café-restaurant – **Midtown Tavern** 2 **:** 554 Piedmont Ave NE, tel. 1-404-541-1372, www.midtowntavern.net, ma.-za. 17-3, zo. 12-24 uur.

Actief

AMUSEMENT IN STONE MOUNTAIN PARK

Informatie

Begin: Downtown Atlanta
Lengte: heenreis 26 km
Duur: 1 dag
Adres: Stone Mountain Park, tel. 1-770-498-5690, www.stonemountainpark.com

Openingstijden/prijzen: attracties mrt.-dec. 10-17 uur, 's zomers langer. Dagpas vanaf 12 jaar $ 32, kinderen 3-11 jaar $ 26, online zelfde prijs inclusief snack en drank, parkeren $ 15.

Het **Stone Mountain Park**, dat 20 minuten rijden ten oosten van Atlanta aan Hwy 78 ligt, behoort tot de grote trekpleisters in de omgeving van Atlanta. Deze oase van bos en water is een waar recreatieparadijs.
Als u door de **hoofdingang** 1 van het park komt, doemt voor u de **Stone Mountain** 2 op, een berg die u moeilijk over het hoofd kunt zien. Een heel leger handwerkslieden is tientallen jaren bezig geweest om een 28 m hoog en 58 m breed reliëf in de gladde noordwand van de berg te houwen. Het in 1970 voltooide tafereel, dat de Amerikaanse Burgeroorlog als thema heeft,

toont het vooral in de zuidelijke staten nog altijd aanbeden driemanschap Jefferson Davis (president van de Confederatie), General Robert E. Lee en General 'Stonewall' Jackson hoog te paard. De drukste plek binnen het park is **Crossroads** 3. Bezoekers lopen door een dorp in 19e-eeuwse stijl met oude gebouwen, waarin moderne kiosks, ijskraampjes en souvenirwinkels zijn gevestigd. Tijdens de rondwandeling passeert u het oud ogende station van de Stone Mountain Scenic Railroad, waarmee u in een klein halfuur een rondje om de Stone Mountain kunt rijden. Als u graag iets sportiefs doet, kunt u via de Sky Hike door de boomkruinen lopen. U moet daarbij op duizelingwekkende hoogte het evenwicht zien te bewaren op kabels en loopplanken. Een natte klimpartij voor kinderen wordt gevormd door de Geyser Towers. Ook heel spannend is het boomkroonpad SkyWalk.
In de omgeving van Crossroads nodigt de **Antebellum Plantation and Farmyard** 4 uit tot het maken van een korte wandeling door de 18e en 19e eeuw. Langs de route liggen zo'n twintig naar dit openluchtmuseum verplaatste gebouwen, die stammen uit de periode 1783-1875. Aan de hand van deze bouwwerken, die variëren van een landhuis tot een slavenonderkomen, wordt u geïnformeerd over het boerenbedrijf uit lang vervlogen tijden. In enkele historische gebouwen worden rondleidingen gegeven door gekostumeerd personeel. Kinderen kunnen hun hart ophalen in een kinderboerderij.
Ook wie niet graag grote afstanden lopend aflegt, zal weinig moeite hebben met een wandeling door de Antebellum Plantation en Crossroads. De beklimming van de 290 m hoge rug van de vermoedelijk 300 miljoen jaar oude, granieten Stone Mountain is daarentegen aanmerkelijk zwaarder. Voor de circa 2 km lange **Summit Trail** 5 naar de top moet u ongeveer 40 minuten uittrekken.
De **Summit Skyride** 6, een in Zwitserland gebouwde kabelbaan, brengt u in slechts drie minuten naar de top van de Stone Mountain. De kabelbaan voert langs het Burgeroorlogreliëf en biedt het beste uitzicht op het gigantische beeldhouwwerk.
Stevig schoeisel is ook noodzakelijk voor een aantal andere attracties. Aan de 45 minuten durende en door muziek begeleide lasershow Spectacular in Mountainvision (juni-juli dag. 21.30 uur, rest van het jaar zie website) kunt u veel plezier beleven. De lasershow is inbegrepen bij het parkeertarief, maar er zijn ook speciale terrassen, waar u wel voor moet bijbetalen.

Levendige bar met goede hamburgers, salades en sandwiches, ook na middernacht. Circa $ 15.
Goede ribs – **Fox Bros BBQ** 3: 1238 Dekalb Ave. NE., tel. 1-404-577-4030, www.foxbrosbbq.com, dag. 11-22 uur. BBQ en goede keus aan bieren, ontspannen sfeer met terras. Vanaf $ 14.
Snel – **Aviva** 4: The Mall at Peachtree Center 225, tel. 1-404-698-3600, www.avivabykameel.com, ma.-vr. 7.30-16 uur. Voor de lunch of een tussendoortje. Verse mediterrane specialiteiten als falafel, kip met roosmarijn, vegetarische schotels en salades. Vanaf $ 6.

Winkelen

Enorme mall – **Lenox Square** 1: 3393 Peachtree Rd. NE., www.simon.com/mall, ma.-za. 10-21, zo. 12-18 uur. Een van de grootste malls in het Amerikaanse zuidoosten. Hier vindt u niet alleen alles wat u nodig hebt, maar kunt u ook gastronomisch genieten.
Verse biogerechten – **Whole Foods Market** 2: 650 Ponce De Leon Ave NE, www.wholefoodsmarket.com, dag. 8-22 uur. Fantastisch aanbod aan groenten en fruit, kaas en wijn. Ruime keus aan versbereide gerechten.

Uitgaan

Goede jazz en blues – **Blind Willie's** 1: 828 N. Highland Ave., tel. 1-404-873-2583, www.blindwilliesblues.com, ma.-za. vanaf 19 uur. Klein, maar uitstekend jazzcafé, genoemd naar de uit Georgia afkomstige jazzgrootheid Blind Willie McTell.

Levendig – **Six Feet Under 2: **437 Memorial Drive S. E., tel. 1-404-523-6664, www.sixfeetunderatlanta.com, dag. 11-1 uur. Restaurant met verse zeevruchten en lekkernijen als *spicy rat toes* (gevulde jalapenos). Tegelijk een biertent met patio en uitzicht op de Oakland Cemetery!
Downtown – **Hard Rock Cafe 3:** 215 Peachtree St. NE., tel. 1-404-688-7625, www.hardrock.com, dag. 11-24 uur, bar langer. Een café-restaurant met talrijke memorabilia uit de muziekscene.
Voor oudere gasten – **Johnny's Hideaway 4:** 3771 Roswell Rd. NE, tel. 1-404-233-8026, www.johnnyshideaway.com. In het stadsdeel Buckhead gelegen club met dj-muziek om te dansen. Een zaal is versierd met Frank Sinatra-memorabilia.
Gerenommeerd ensemble – **Atlanta Symphony Orchestra 5:** 1280 Peachtree St. NE., tel. 1-404-733-4900, www.atlantasymphony.org. Bekend orkest, onder de muzikale leiding van Robert Spano, die in de VS al beroemde ensembles heeft gedirigeerd.
Atlanta Opera – **Cobb Energy Performing Arts Centre 6:** 2800 Cobb Galleria Pkwy, tel. 1-770-916-2800, www.atlantaopera.org. Atlanta's gerenommeerde opera behoort tot de vlaggenschepen van de culturele scene.
Atlanta Ballet – **Michael C. Carlos Dance Centre 7:** 1695 Marietta Blvd. NW, tel. 1-800-982-2787, www.atlantaballet.com. Het oudste permanente ballet van de VS brengt beroemde stukken als *Carmen*, *Hamlet* en de *Notenkraker*.
Avantgarde-theater – **Actor's Express 8:** 887 W. Marietta St., tel. 1-404-607-7469, www.actorsexpress.com. Innovatief theatergezelschap, dat moderne en klassieke stukken opvoerd.

Actief

Pretpark – **Six Flags Over Georgia 1:** Aan de I-20 West, tel. 1-770-948-9290, www.sixflags.com. Groot park met zenuwslopende attracties, maar ook een klassieke carrousel en een waterpark. Voor kinderen van alle leeftijden. Online reserveren vanaf $ 46, parkeren $ 20.

Evenementen

St. Patrick's Day Parade: mrt. Iers geïnspireerde parade met doedelzakken in groen-wit-oranje.
Atlanta Jazz Festival: mei.
Black Arts Festival: juli. Tien dagen durend feest met Afro-Amerikaanse kunst.
Lesbian and Gay Pride Festival: okt. Homo- en lesbofestival met parade.
Peach Bowl Parade: dec. Oudejaarsfeest met muziekgroepen uit heel Amerika.
Museumdag: *First Thursday*, elke eerste do. van de maand 17-20 uur. Gratis toegang tot musea, galeries en andere culturele instellingen (www.atlantadowntown.com/fun/first thursdays-art-walk).

Vervoer

Vliegtuig: Hartsfield International Airport, tel. 1-404-530-7300, www.atlanta-airport.com. De luchthaven ligt 16 km ten zuidoosten van Downtown. Er rijdt 24/7 een trein van terminal naar terminal; tussen de terminals en de stad rijden pendeltreinen en bussen van MARTA. Vliegverbindingen met de hele wereld. Alle bekende autoverhuurbedrijven hebben hier een vestiging.
Trein: Brookwood Station, 1688 Peachtree Rd., tel. 1-800-872-7245, www.amtrak.com. Er rijden dag. Amtraktreinen naar bijvoorbeeld Washington D.C. (reistijd circa 11,5 uur) en naar Louisiana.
Bus: Greyhound Terminal, 232 Forsyth St., Garnett St. MARTA Station, tel. 1-404-584-1728, www.greyhound.com. Bussen naar alle delen van het land.
Lokaal openbaar vervoer: vervoersmaatschappij MARTA (www.itsmarta.com) beheert twee metro- en verschillende buslijnen (5-1 uur). Een tramlus verbindt het Centennial Olympic Park via Lucky Street en Edgewood Avenue met het King Historic District, waar het geboortehuis van Martin Luther King staat (dienstregeling en route zijn te vinden op www.streetcar.atlantaga.gov).

De Philips Arena naast het CNN Center is de thuisbasis van basketbalteam Atlanta Hawks

3
KENTUCKY
2012 BASKETBALL CHAMPIONSHIP
WELCOME TO THE NCAA BASKETBALL
BAYLOR
55
KENTUCKY 71
BASKETBALL CHAMPIONSHIP

Blue Ridge Mountains

Een reis door de Blue Ridge Mountains in de driehoek waar Georgia, North Carolina en Tennessee elkaar raken, voert door mooi berglandschap in het Great Smoky Mountains National Park en aan de voet van de Appalachen ook door interessante stadjes, de bakermat van de Cherokee-indianen en commerciële toeristenoorden.

Nog geen uur rijden ten noorden van Atlanta begint het terrein langzaam te hellen als aankondiging van wat zich steeds duidelijker aan de horizon aftekent: de Blue Ridge Mountains. Dit zuidelijke deel van de machtige Appalachenketen, die zich van de grens met Canada tot in de zuidelijke staten van de VS uitstrekt, verliest op het grondgebied van Georgia langzaamaan hoogte en eindigt dan aan de rand van de vlakten waar de pinda's worden verbouwd.

Georgia deelt de Blue Ridge Mountains met zijn buurstaten North Carolina en Tennessee, waar deze bergketen in het beroemde Great Smoky Mountains National Park als een soort grandioze finale nog eenmaal alle registers van landschappelijke schoonheid opentrekt. Met meer dan twintig miljoen bezoekers per jaar wordt dit nationaal park vaak als een van de drukstbezochte van Amerika beschouwd, tot schrik van alle natuurvrienden. De waarheid is echter dat deze bezoekerscijfers worden 'vervalst' door de weg die midden door het park voert, want die is een van de weinige wegen die in oost-westrichting over de zuidelijke Appalachen tussen Tennessee en North Carolina lopen en wordt derhalve ook gebruikt door mensen op doorreis. Eenmaal van de weg af kan het gebeuren dat u in de Great Smoky Mountains in geen velden of wegen een levende ziel tegenkomt.

In de uitlopers van de Blue Ridge Mountains treffen de bezoekers kleine dorpen aan als het eerste goudzoekersstadje van Amerika, Dahlonega, en het Duits aandoende Helen. De liefhebber van Thomas Wolfe kan in Asheville in de voetsporen van de bekendste zoon van de stad treden, die in het pension van zijn moeder zijn grote succes *Look Homeward, Angel* (1929) schreef.

Aan de oostflank van de Great Smoky Mountains breidt het schitterende Appalachenlandschap van het stamgebied van de Cherokee-indianen met als 'hoofdstad' Cherokee zich uit. Hotels, motels en restaurantjes omzomen de straten, waar maar één bron van inkomsten lijkt te bestaan: toerisme.

Aan de voet van de Blue Ridge Mountains

Lake Sidney Lanier ▶ 3, D 4

Ten noorden van Atlanta ligt **Lake Sidney Lanier**, een bekend vakantieparadijs. Dit door de Chattahoochee River en Chestatee River gevoede meer is genoemd naar de lokale dichter en componist Sidney Lanier (1842-1881), die in veel van zijn werken de lof van de schoonheid der natuur zong. Bij de Olympische Spelen van 1996 was dit meer het toneel van de roei- en kajakwedstrijden, waardoor het zeer geliefd werd als doel van een uitstapje.

Bij de bevolking van Atlanta was Lake Lanier al lange tijd in trek als bestemming voor een vakantie of een weekendje weg, aangezien het niet ver weg ligt en de in totaal 865 km lange oever goed ontsloten is. Langs het meer zijn tal van campings, sportvelden, accommodatiemogelijkheden, picknickplaatsen en stranden te vinden.

Dahlonega ▶ 3, D 3

Sinds 1954 wordt er elk jaar in **Dahlonega** een goudkoortsfestival gehouden, dat herinnert aan de letterlijk gouden tijd van het stadje. Hier werd in 1828 voor het eerst goud op Amerikaanse bodem gevonden.

Dahlonega Gold Museum

1 Public Sq., tel. 1-706-864-2257, ma.-za. 9-17, zo. 10-17 uur, volwassenen $ 7, kinderen $ 4,50

In de 6300 inwoners tellende plaats zijn de sporen van de eerste Amerikaanse goldrush zichtbaar. In het **Dahlonega Gold Museum** wordt een film vertoond over leven en werk van de toenmalige goudzoekers. Verder zijn er nuggets en gouden munten te zien die van het plaatselijk gevonden goud zijn geslagen.

Consolidated Gold Mine

185 Consolidated Gold Mine Rd., tel. 1-706-864-8473, www.consolidatedgoldmine.com, 's zomers 10-17, 's winters 10-16 uur, volwassenen $ 16, kinderen $ 11

De bezoeker van het stadje krijgt een indruk van de goldrush tijdens een 45 minuten durende rondleiding door de **Consolidated Gold Mine**, waar twintig jaar voor de Californische goudkoorts al goud werd gevonden.

Helen ▶ 3, D 3

Het plaatsje **Helen** maakt aanschouwelijk hoe Amerikanen zich het Duitse Beieren voorstellen. Voor de winkels in de hoofdstraat wapperen blauw-witte vlaggen in de wind. Hier worden vooral veel lederhosen, bierpullen, koekoeksklokken en kerstballen verkocht. Deze Beierse enclave in Georgia is verder verfraaid met buitenproportionele tuinkabouters, windmolens en kerstmannen. De restaurants en cafés zijn gesierd met namen als Old Innsbruck, Old Heidelberg Restaurant en Hofbrauhaus Inn, waaruit blijkt dat het hier regelmatig ontbreekt aan de nodige geografische kennis.

Asheville ▶ 3, E 2

De westelijkste punt van de staat North Carolina grenst aan het noordoosten van Georgia. De grootste plaats is hier **Asheville** met zestigduizend inwoners. Het stadje is een bolwerk van art-decoarchitectuur en een bedevaartsoord voor liefhebbers van Amerikaanse literatuur.

Thomas Wolfe Memorial

52 N. Market St., tel. 1-828-253-8304, www.wolfememorial.com, di.-za. 9-17, volwassenen $ 5, kinderen 7-17 jaar $ 2

Het **Thomas Wolfe Memorial** bestaat uit het in 1880 gebouwde en in 1998 door een brand zwaar beschadigde Old Kentucky Home, het pension dat door de moeder van Thomas Wolfe (1900-1938) werd gedreven. De auteur bracht er zijn kinderjaren door en hier speelt ook zijn eerste, autobiografische roman *Look Homeward, Angel*. Zes jaar na de brand werd het Memorial heropend, maar nog steeds is niet alles gerestaureerd. Een modern bezoekerscentrum achter het gebouw verschaft door onder andere een audiovisuele presentatie informatie over leven en werk van de schrijver. Na zijn vroege dood werd Wolfe begraven op Riverside Cemetery, waar 28 jaar eerder ook de verteller Sydney Porter alias O. Henry (1862-1910) zijn laatste rustplaats vond.

Biltmore Estate ▶ 3, D 3

1 Approach Rd., tel. 1-828-225-1333, www.biltmore.com, dag. 9-16.30 uur, volwassenen $ 75, korting online, inclusief toegang tot de tuin en wijnproeverij, kinderen halve prijs, parkeren $ 20

George Vanderbilt, de kleinzoon van de legendarische spoorwegmagnaat en financier Cornelius Vanderbilt, liet tussen 1889 en 1895 midden in een schitterend natuurpark de grootste particuliere residentie van de hele Verenigde Staten bouwen. De architect Richard Morris Hunt ontwierp een kasteel met maar liefst 255 vertrekken. Omdat het kasteel ontworpen is in de bouwstijl van de Franse renaissance, wordt het vaak aangeduid als het Amerikaanse Versailles. Vanderbilt en

Hunt kochten op hun reizen schilderijen van meesters als Renoir en Whistler, porselein uit het Verre Oosten, kostbare tapijten en antiek, en ook het schaakspel waarachter Napoleon Bonaparte op het eiland St.-Helena zich nog het hoofd heeft zitten breken.

Cherokee ▶ 3, D 2/3

Dit dorp aan de rand van het **Cherokee Indian Reservation** (www.visitcherokeenc.com) heeft zich volledig overgeleverd aan het toerisme. In het reservaat wonen 10.500 nazaten van de indianen die in de eerste helft van de 19e eeuw op de 'Trail of Tears' naar Oklahoma werden gedeporteerd (zie blz. 42). Het **Museum of the Cherokee Indian** documenteert over de cultuur van de Cherokee (Hwy 441/ Drama Rd., tel. 1-828-497-3481, dag. 9-17 uur, volwassenen $ 11, kinderen $ 8).

Oconaluftee Indian Village

Hwy 441 N., tel. 1-828-497-2111, apr.-nov. ma.-za. 10-17 uur, volwassenen $ 16,40, kinderen $ 8,40

Het **Oconaluftee Indian Village** in de stijl van 1750 biedt een interessante indruk van het leven van de indianen in vroeger eeu-

Cherokee-powwow: de dansers concentreren zich voor hun grote optreden

wen. U ziet er ceremoniële maskers, steengravures en prachtig gevlochten manden.

Harrah's Cherokee

777 Casino Dr., tel. 1-828-497-7777, www.harrahscherokee.com

Net als de indianen in de meeste andere reservaten proberen de Cherokee een inkomen te verwerven door casino's te exploiteren. Dat het casino **Harrah's Cherokee** al sinds lang een reputatie geniet als regionaal amusementswalhalla, blijkt wel uit het feit dat bekende artiesten als Kenny Rogers, Jay Leno, B. B. King, Styx en de Foreigners.

Great Smoky Mountains

Great Smoky Mountains National Park ▶ 3, D 2/3

Sugarlands Visitor Center, 1420 Little River Road, tel. 1-865-436-1200, www.nps.gov/grsm

Tennessee en North Carolina delen het 85 km lange en 30 km brede **Great Smoky Mountains National Park**, waarvan de hoogste bergen tot de hoogtepunten van het oosten van de Verenigde Staten behoren. Op de midden door dit beschermde natuurgebied lopende **Newfound Gap Road** is het 's zomers bijna altijd spitsuur.

Wandelpaden

Wandelpaden, zoals de 7,1 km lange **Alum Cave (Bluffs) Trail** (zie blz. 370), waarbij u een hoogteverschil van bijna 900 m moet trotseren, of de 4 km lange **Chimney Tops Trail** voeren door een nagenoeg verlaten landschap met loof- en naaldbossen, meertjes en beken en zacht glooiende bergruggen. De langste hiking trail in het park is het 109 km lange traject van de **Appalachian Trail** over de 2080 m hoge Clingman's Dome. Aldaar hebt u uitzicht over de in 'rokerige' nevel gehulde bergketens waaraan het park zijn naam ontleent.

Gatlinburg ▶ 3, D 2

Gatlinburg, in de directe omgeving van de noordgrens van het nationaal park, vormt met zijn concentratie aan motels, shopping malls, souvenirwinkels, pretparken en restaurants een scherpe tegenstelling met het natuurschoon van het park.

Dit in een nauw dal liggende toeristenbolwerk is een soort Torremolinos in de bergen. Midden in de zomer is er op de hoofdstraten vrijwel geen doorkomen aan, voor auto's, noch voor voetgangers 's Winters wordt de Gatlingburg Ski Area bepaald door skiërs en snowboarders (www.obergatlinburg.com).

Actief

OVER DE ALUM CAVE TRAIL DOOR DE SMOKIES

Informatie

Begin: van het Sugarlands Visitor Center bij Gatlinburg rijdt u 14 km zuidwaarts op de Newfound Gap Road naar een aan de linkerkant van de weg gelegen parkeerplaats, waar het wandelpad begint

Lengte: vanaf het beginpunt heen en terug in totaal 7,1 km
Duur: 2-3 uur
Moeilijkheidsgraad: gemiddeld
Kaart: ▶ 3, D 2/3

In het **Great Smoky Mountains National Park** ligt ongeveer 1200 km aan wandelpaden. De meeste paden voeren door dichte wouden en over bergruggen waarop u kunt genieten van een schitterend uitzicht. Wie langere wandelingen op het programma heeft, kan gebruikmaken van tientallen kleine tentstandplaatsen en 18 schuilhutten.

Op mooie zomerweekenden moet u tijdig op het parkeerterrein aan het begin van de **Alum Cave Trail** verschijnen, om zeker te zijn van een parkeerplaats voor uw auto. Op het eerste traject klimt de weg geleidelijk omhoog richting **Arch Rock**. Wie hier in de vroege zomer wandelt, kan genieten van de vele rododendronstruiken die hier dan bloeien. De Arch Rock is een natuurlijke boog die ongeveer 2 km van de parkeerplaats staat. Bij het daaropvolgende **Inspiration Point** kijkt u in westelijke richting uit op de Little Duck Hawk Ridge met een ongewoon rotsvenster, en in noordoostelijke richting op het Myrtle Point op Mount LeConte.

Na 3,5 km bereikt u de **Alum Cave**, die geen echte grot is, maar een ongeveer 25 m hoge en 150 m brede kuil in de rotsen. In het warme jaargetijde sijpelt hier water langs de randen. De toegang tot de Alum Cave wordt vergemakkelijkt door in de rots uitgehouwen trappen en een zekeringskabel. Ten tijde van de Amerikaanse Burgeroorlog wonnen de Confederates hier salpeter voor de productie van munitie.

Vanaf de Alum Cave kunt u verder wandelen naar de top van de bijna 2000 m hoge **Mount LeConte**, waar een hut staat. Het hele traject naar deze top is heen en terug bijna 18 km lang.

Ripley's Aquarium of the Smokies

88 River Rd., tel. 1-865-430-8808, www.gatlinburg.ripleyaquariums.com, 's zomers dag. 9-22 uur, rest van het jaar korter, volwassenen $ 30

Een van de attracties van de plaats is **Ripley's Aquarium of the Smokies**, een interessant aquarium met ruim 3 m lange haaien, 8000 exotische vissen zoals vraatzuchtige piranha's, en de enigszins griezelig overkomende Japanse spinkrabben, de grootste schaaldieren ter wereld.

Pigeon Forge ▶ 3, D 2

Ook het naburige **Pigeon Forge** is volledig in de greep van ongebreidelde commercie. Elk weekend in de zomer stort zich een geweldige vloedgolf van mensen over het dorp uit, vastbesloten om zich te vermaken in pretparken als **Dollywood** van Dolly Parton (1020 Dollywood Ln., tel. 1-865-428-9488, www.dollywood.com). Daarbij oefent men de vrije val, jaagt als een ware Tarzan aan ziplines door de bomen of winkelt in de reusachtige winkelcentra en outletstores totdat men erbij neervalt.

Informatie

Pigeon Forge Welcome Center: 1950 Parkway, Pigeon Forge, Tennessee 37863, tel. 1-865-453-8574, www.mypigeon forge.com.

Accommodatie

Altijd kerst – **The Inn at Christmas Place:** 119 Christmas Tree L., tel. 1-888-465-9644, www.innatchristmasplace.com. Een zeer origineel ingericht huis, waar zelfs in de zomer een kerstsfeer heerst! Vanaf $ 189.

Aanbevolen onderkomen – **La Quinta Inn:** 219 Emert St., tel. 1-865-429-3010, www.lq.com. Alleen rookvrije kamers, met koffieapparaat, magnetron en koelkast. Inclusief ontbijt. Vanaf $ 119.

Eten en drinken

Stevig – **Bennett's Pit Bar-B-Que:** 2910 Pkwy, tel. 1-865-429-2200, dag. 11-21, za., zo. tot 22 uur. Hier eet u in een rustieke sfeer. Lekkere barbecuegerechten. Diner $ 15-22.

Naar traditioneel recept bereid – **Old Mill:** 164 Old Mill Ave., tel. 1-865-429-3463, www.oldmillsquare.com, dag. 8-21 uur. Hier worden niet alleen gebakken runderlever, ribeyesteaks en gegrilde kip, maar ook seafoodschotels geserveerd – typisch landelijke, stevige gerechten zonder poespas. Diner vanaf $ 18.

In de Tennessee Valley

Knoxville ▶ 3, D 2

Voordat Nashville werd uitgeroepen tot hoofdstad van Tennessee, speelde het tegenwoordig 165.000 inwoners tellende Knoxville aan de oever van de Tennessee River deze rol. De eerste blanke die zich hier vestigde, was generaal James White, die zijn zeven blokhutten in 1786 omheinde met palissaden.

White's Fort

205 E. Hill Ave., tel. 1-865-525-6514, www.jameswhitesfort.org, ma.-za. 10-16 uur, volwassenen $ 7, kinderen $ 3

White's Fort is nu een klein openluchtmuseum met historisch ingerichte hutten, waarin alleen de airconditioning de 21e eeuw verraadt.

Knoxville Zoo

3500 Knoxville Zoo Dr., tel. 1-865-637-5331, www.knoxville-zoo.org, dag. 9.30- 18 uur, volwassenen $ 20, kinderen 4-12 jaar $ 17

In de **Knoxville Zoo** is groot Afrikaans wild te zien, zoals giraffen, olifanten, gorilla's en andere zoogdieren, plus vogels en reptielen, maar de dierentuin houdt zich tevens bezig met het fokken van kleine panda's en heeft daarmee internationale faam verworven.

Sequoyah Birthplace Museum ▶ 3, D 3

576 Hwy 360, Vonore, tel. 1-423-884-6246, www.sequoyahmuseum.org, ma.-za. 9-17, zo. 12-17 uur, volwassenen $ 3, kinderen $ 1

Terwijl andere beroemde indianen als Sitting Bull, Crazy Horse of Geronimo hoofdzakelijk vanwege hun strijd tegen de blanken een prominente plaats in de annalen van de Amerikaanse geschiedenis verwierven, maakte de Cherokee Sequoyah (1776-1843) naam door een ongeëvenaarde culturele prestatie. Hij werd in 1776 geboren als zoon van een Cherokeevrouw en een Duitse handelaar en kreeg een indiaanse opvoeding. Tijdens de jacht raakte hij gewond aan een been, waardoor hij gehandicapt werd. Op de missieschool kwam hij in aanraking met het Engelse schrift en hij stelde zich tot opdracht zijn eigen taal ook van een schrift te voorzien. Na twaalf jaar had hij een uit 85 tekens bestaand Cherokeealfabet ontworpen. Daarna verschenen verscheidene publicaties in het Cherokee, zoals het tijdschrift *Cherokee Phoenix*.

Van Atlanta naar Nashville

Op de weg naar Nashville, het bolwerk van de countrymuziek, komt u verwijzingen tegen naar reeds lang verdwenen indianenculturen, maar ook bezienswaardigheden als de beroemde spoorlijn Chattanooga Choo-Choo en door een moutgeur omgeven whiskeystokerijen.

Op basis van vondsten van prehistorische pijlpunten concluderen archeologen en antropologen dat er al meer dan twaalfduizend jaar geleden mensen leefden bij Cartersville ten noorden van Atlanta. Deze vroege tijden gaan verscholen in het duister van de geschiedenis, maar over latere perioden kan de wetenschap meer informatie bieden. Dat geldt bijvoorbeeld voor de zogenaamde Mississippiperiode tussen 1000 en 1600. In die tijd begonnen de mensen aan de Mississippi het land te cultiveren en nieuwe maatschappelijke organisatievormen te ontwikkelen, wat zich uitbreidde naar het oosten en leidde tot het ontstaan van een nieuwe cultuur bij de Etowah Indian Mounds in Georgia.

De enige grotere stad tussen Atlanta en Nashville is Chattanooga, direct voorbij de grens met Tennessee. Tot voor enkele tientallen jaren was dit nog een saai plaatsje aan de oever van de Tennessee River, maar de stadssanering heeft intussen vruchten afgeworpen en van de grensstad een populaire toeristenbestemming gemaakt. De eerste mijlpaal op weg naar een betere toekomst was de uitbouw van het Tennessee Aquarium, dat zich vroeger uitsluitend bezighield met zoetwaterdieren, maar sinds de uitbreiding ook soorten uit de wereldzeeën toont alsmede slangen en reptielen.

Nashville onderscheidt zich met zijn moderne kern van andere Amerikaanse steden van vergelijkbare grootte doordat veel bezienswaardigheden in het compacte centrum gemakkelijk te voet te bereiken zijn. Nog een verschil: de bevolking van de hoofdstad van Tennessee kenmerkt zich niet bepaald door hectisch en opgewonden gedrag. Dit past goed bij de countrymuziek, waarmee Nashville al tientallen jaren wordt geassocieerd. In 1925 begon een radiostation met het maken van dansprogramma's met country. De uitzendingen werden razend populair. Door de moderne media is er in de loop der tijd veel veranderd, maar een countryoptreden is nog steeds de belangrijkste culturele gebeurtenis die de stad kent.

Op weg naar Tennessee ▶ 3, C 4

Etowah Indian Mounds Historic Site

813 Indian Mound Rd. SE., tel. 1-770-387-3747, www.gastateparks.org/info/etowah, di.-za. 9-17 uur, volwassenen $ 6, kinderen $ 3

Bij Cartersville ten noorden van Atlanta leefde in de historische Mississippiperiode een gemeenschap van enkele duizenden indianen op de tegenwoordige **Etowah Indian Mounds Historic Site**, waar zij een verbazingwekkende nederzetting bouwden met zes begrafenis- en ceremoniële heuvels. Behalve op de beenderen van overledenen stuitten onderzoekers in de afgevlakte heuvels op de resten van een indianendorp met grafgiften als koperen oorhangers, verschillende soorten haarversiering en unieke stenen beeldjes. De opgegraven objecten zijn te zien in een klein museum.

New Echota Historic Site

1211 Chatsworth Hwy NE., tel. 1-706-624-1321, www.gastateparks.org, wo.-za. 9-17 uur, volwassenen $ 7, kinderen $ 3
Buiten het dorp Calhoun ligt ten westen van de I-75 de **New Echota State Historic Site**, nog zo'n belangrijke historische vindplaats. Hier stichtten de Cherokee in 1825 de hoofdstad van hun indianenrepubliek, die zich ver over de grenzen van Georgia tot aan North Carolina, Tennessee en Alabama uitstrekte. Op het terrein staan talrijke gerestaureerde of gereconstrueerde gebouwen, waaronder het Council House, het Hooggerechtshof, de Vann Tavern en een drukkerij, waarin de vermaarde *Cherokee Phoenix* van de persen rolde. Dat was het eerste indiaanse tijdschrift in het door Sequoyah (zie blz. 371) ontwikkelde Cherokeeschrift.

Rome

Deze stad ligt op zeven heuvels en verdient daarmee zijn prestigieuze naam. Tussen de heuvels ligt het kleine historische centrum met bakstenen huizen. Het beeld van Romulus en Remus voor de City Hall is een geschenk uit 1929 van de Italiaanse dictator Benito Mussolini.

Berry College

2277 Martha Berry Hwy NW., tel. 1-706-232-5374, www.berry.edu
De mecenas Martha Berry verbouwde in 1902 een school in blokhuisstijl tot het naar haar genoemde **Berry College**, waartoe 35 gebouwen op een enorme campus behoren, die wel wat weg heeft van een kloostercomplex. De bijna 2200 studenten krijgen college in deels prachtige gebouwen, die zijn gefinancierd door rijke industriëlen als Henry Ford en Andrew Carnegie.

Chieftain's Museum

501 Riverside Pkwy, tel. 1-706-291-9494, www.chieftainsmuseum.org, wo.-za. 10-17 uur, volwassenen $ 5, kinderen $ 3
In Rome staat het **Chieftain's Museum**, de in 1794 gebouwde woning van het beroemde Cherokeeopperhoofd Major Ridge. Deze sloot eind 1835, in de overtuiging daarmee het voortbestaan van de Cherokee te garanderen, een overeenkomst met de Amerikaanse regering, waarbij hij het volledige territorium van de Cherokee voor circa $ 5 miljoen plus een nieuw grondgebied in Oklahoma aan de Verenigde Staten verkocht.

Volgens de afspraken kregen de indianen twee jaar de tijd om naar hun verbanningsoord in Oklahoma te vertrekken. Aangezien het verdrag nooit is goedgekeurd door de regering van de Cherokee, beschouwden de meeste leden van de stam het als niet rechtsgeldig. Enkele jaren eerder nog had stamhoofd Ridge een wet laten aannemen waarin werd vastgelegd dat op de verkoop van grondgebied van de stam de doodstraf stond. Het museum besteedt de meeste aandacht aan de beruchte 'Trail of Tears', (zie blz. 42) de deportatie van de Cherokee naar Oklahoma.

Chattanooga ▶3, C 3

Onmiddellijk voorbij de grens met Tennessee ligt een middelgrote stad met een pakkende, welluidende naam: het 160.000 inwoners tellende **Chattanooga**. Glenn Miller maakte de stad in de jaren 40 wereldberoemd met het nummer *Chattanooga Choo-Choo*, dat over een denkbeeldige spoorlijn ging. Inmiddels is de Chattanooga Choo-Choo een van de grootste toeristische trekpleisters in deze stad aan de Tennessee River. De vrolijk gekleurde stoomlocomotief staat in de voormalige **Southern Railway Terminal**, een treinstation dat al jaren in gebruik is als hotel en waar men zelfs in een historische treinwagon kan overnachten (zie blz. 377).

Tennessee RiverPark

Een Amerikaans tijdschrift heeft Chattanooga enige tijd geleden uitgekozen als voetgangersvriendelijkste stad van de Verenigde Staten. Deze onderscheiding heeft de stad onder

Actief

RECREËREN OP DE LOOKOUT MOUNTAIN

Informatie

Begin: dalstation van de Lookout Mountain Incline Railway (St. Elmo Station, 3917 St. Elmo Ave.) – parkeerplaats beschikbaar
Lengte: circa 11,5 km
Duur: 4-6 uur

Een van de populairste attracties in de openlucht in Chattanooga is een slechts enkele kilometers van het centrum gelegen recreatiegebied: de Lookout Mountain (www.look outmountain.com). U kunt de langgerekte bergrug met de auto bereiken via de Lookout Mountain Scenic Hwy (148), voor het geval u de afstanden tussen de verschillende attracties niet te voet wilt afleggen. Of u maakt gebruik van de kabelspoorbaan **Lookout Mountain Incline Railway** 1, het steilste passagierstraject van Amerika, dat na tien minuten het bergstation bereikt (3917 St. Elmo Ave., www.ridetheincline.com, ritten elke 20 minuten, 's zomers 8.30-21 uur, rest van het jaar korter, retour volwassene $ 15, kind 3-12 jaar $ 7, kaartje inclusief Rock City en Ruby Falls volwassene $ 50, kind $ 27). Van het bergstation loopt u een kleine 500 m in noordelijke richting over de E. Brow Road naar het Battles for Chattanooga Museum bij de ingang van het **Point Park** 2, dat tegenwoordig deel uitmaakt van het Lookout Mountain Battlefield. Vanuit de hoogte geniet u van prachtig uitzicht over de stad en de bochten van de Tennessee River. Er lopen talrijke wandelpaden door het park. Op dit slagveld versloegen de troepen van de Union in 1863, tijdens de Amerikaanse Burgeroorlog, de Geconfedereerden en veroverden zo een

strategische toegangsroute naar de zuidelijke staten. In het bezoekerscentrum kunt u meer te weten komen over de historische gebeurtenissen (Lookout Mountain Battlefield Visitor Center, volwassene $ 3).
De **Ruby Falls** 3 behoren tot de ongewoonste watervallen die men zich kan voorstellen, want ze liggen ongeveer 100 m onder het aardoppervlak in een grottenstelsel. Een lift brengt de bezoekers naar de kunstmatig verlichte sprookjeswereld, die in 1928 werd ontdekt. U hebt geen warme kleding nodig. Tijdens een rondleiding met gids komt u meer te weten over ongewone druipsteenformaties als drakenvoet, totempaal of olifantenpoot, en bereikt u na ongeveer een half uur over goed begaanbare paden lopen de circa 40 m hoge waterval in de Solomon's Temple, die door onbekende bronnen wordt gevoed. Het bijzondere karakter van het natuurwonder wordt versterkt door een licht- en geluidshow (tel. 1-423-821-2544, www.rubyfalls.com, rondleidingen dag. 8-20 uur, circa 90 min., volwassene $ 20, kind 3-12 jaar $ 12).
Een andere attractie op de Lookout Mountain kunt u vanuit het centrum van Chattanooga het best bereiken door met de auto de naar het zuiden lopende Broad Street, de Tennessee Avenue en de Ochs Hwy (Hwy 58) te volgen. De uit bizarre rotsformaties, grotten en rotsbruggen bestaande **Rock City Gardens** 4 worden bevolkt door een leger van tuinkabouters. De op natuurlijke wijze ontstane doolhof werd in de jaren 20 door de dochter van Duitse immigranten beplant met honderden verschillende boom- en plantensoorten. Tevens veranderde zij het terrein op de berg van Chattanooga in een deels kitscherig sprookjesland, waar het geluid uit verstopte luidsprekers komt.
De steile **granietklif Lovers Leap** 5 bereikt u via de circa 100 m lange, aan kabels bungelende Sky Bridge. De toeristeninformatie belooft u op dit uitkijkpunt vrij uitzicht op zeven Amerikaanse staten (Tennessee, Kentucky, Virginia, South en North Carolina, Alabama en Georgia), maar daarbij vertellen ze niet dat de 150 km verderop gelegen Smoky Mountains het uitzicht nogal beperken. Volgens de overlevering zou de dochter van een hoofdman van de Cherokee zich op deze plaats van het leven hebben beroofd, nadat haar vader haar minnaar hier in de diepte had laten werpen (1400 Patten Rd., tel. 1-706-820-2531, www.seerockcity.com, dag. 8.30-20 uur, volwassene $ 20, kind 3-12 jaar $ 12).

andere te danken aan het Tennessee River Park, dat 16 km de oever van de Tennessee River volgt. Op het deel van het voetpad dat door het centrum van de stad loopt, bij Ross's Landing, voert een trap regelrecht naar de rivier, waar op warme zomerdagen de mensen in kano's, rubberboten en andere vaartuigen strijden om het koelste plaatsje onder de waterstralen van een fontein. De Riverwalk leidt langs de mooiste plaatsen in het RiverPark.

Tennessee Aquarium

1 Broad St., tel. 1-423-265-0695, www.tnaqua.org, dag. 10-18 uur, volwassenen $ 30, kinderen 3-12 jaar $ 19

Onder de bezienswaardigheden in het Tennessee River Park neemt het veelgeprezen **Tennessee Aquarium** een bijzondere plaats in. Het is de afgelopen jaren uitgebreid en heeft nu een twee keer zo grote oppervlakte als voorheen, waardoor het momenteel het grootste zoetwateraquarium ter wereld is. Hier zijn meer dan negenduizend vissen, vogels, zoogdieren en reptielen in hun natuurlijke leefomgeving te zien. Het lijkt alsof de alligators, otters, schildpadden, meervallen en piranha's gewoon in de vrije natuur rondzwemmen. Een van de nagebootste habitats is bijvoorbeeld een stuk van de Tennessee River tussen de bron in de Appalachen en de Mississippi. Vanachter een ander venster ziet de bezoeker tot zijn stomme verbazing een reusachtige cipres en vraagt zich af hoe het de architecten van het aquarium is gelukt om deze enorme boom op de derde verdieping te krijgen. Sommige bassins zijn verscheidene

Amerika: land van vreemde alcoholwetten

In het land waarin zelfs de vrome Pilgrim Fathers op hun reis naar de Nieuwe Wereld met de Mayflower meer bier dan drinkwater vervoerden en waarvan de eerste president George Washington tot de eerste commerciële stokers van sterkedrank van het land behoorde, komen de strenge wetten ten aanzien van alcoholgebruik vreemd over.

Ook lang na de drooglegging (1917-1933) bestaan er in de VS nog alcoholwetten zoals wij ons die in Europa niet kunnen voorstellen. Daarbij bestaan er van staat tot staat en van district tot district verschillen. Zelfs sommige steden en kleinere plaatsen hebben hun eigen regelgeving betreffende de alcoholconsumptie. Twee dingen zijn standaard voor alle staten: de minimumleeftijd voor de koop en consumptie van alcohol is 21 jaar en het maximaal toegestane promillage voor automobilisten bedraagt 0,8.

Naast deze twee federale wetten heerst er een onoverzichtelijke warboel van regels en verordeningen. De zogenaamde *blue laws* verbieden hier en daar bijvoorbeeld de verkoop van alcohol op zondag en sommige feestdagen. In supermarkten worden de schappen met bier en wijn op deze 'verboden' dagen onzichtbaar gemaakt achter een groot doek, opdat niemand op het idee komt om een sixpack naar de kassa mee te nemen. Het verbod op de verkoop van alcohol op zondag is echter op zijn retour, omdat veel winkels weten dat zondag na zaterdag de beste omzetdag van de week is; veel filialen willen daarom niet langer afzien van de verkoop van alcohol.

Een voorbeeld van de willekeur is het stadje Rockport in New England, ten noorden van Boston. Daar braken in het voorjaar van 2005 nieuwe tijden aan. Sinds halverwege de 19e eeuw had dit stadje 'drooggestaan', omdat indertijd één enkele vrouw een onverbiddelijke veldtocht had gevoerd tegen alcohol. In 2005 vond ten slotte een stemming plaats over de oude lokale alcoholwetten, en deze keer besloten de inwoners om het al meer dan een eeuw oude verbod op de verkoop van alcohol en op het schenken van alcoholica in cafés en restaurants op te heffen.

In cafetaria's en fastfoodgelegenheden zult u in de regel moeten afzien van een glaasje wijn of bier bij het eten. Dat komt doordat men een alcoholvergunning nodig heeft om alcoholische dranken te mogen schenken, en zo'n licentie is niet goedkoop. Om die reden zien de uitbaters van eenvoudige gelegenheden af van de aanschaf van een tapvergunning. In andere zaken geldt 'BYO', wat *bring your own* betekent, dat wil zeggen: u mag uw eigen wijn of bier meebrengen en ter plaatse opdrinken. Voor het beschikbaar stellen van openers en glazen wordt kurkgeld gevraagd. Restaurants wijzen in de regel op B.Y.O. met een bord voor het raam of een vermelding op hun website. De grotere restaurants beschikken over het algemeen wel over een alcoholvergunning, want ze weten dat hun gasten graag een glaasje drinken bij het eten.

verdiepingen hoog, zodat men bij de wandeling van boven naar beneden door de halfduistere gangen de indruk krijgt steeds dieper in een meer af te dalen. In het nieuwe deel van het aquarium komen de bezoekers in contact met zowel zeedieren als exotische vlinders.

IMAX 3D Theatre

Tel. 1-800-262-0695, dag. vanaf 11 uur, volwassenen $ 12, kinderen $ 8

Het **IMAX 3D Theatre** in de buurt van het aquarium vertoont adembenemende driedimensionale films op een reusachtig doek, bijvoorbeeld over haaien bij Mexico, Colombia, Egypte en Polynesië of over de wondere wereld van de Galápagos, waarbij u zo dichtbij komt dat u het gevoel hebt dat het echt is.

Hunter Museum of American Art

10 Bluff View, tel. 1-423-267-0968, www.huntermuseum.org, ma., di. en vr., za. 10-17, wo. en zo. 12-17, do. 10-20 uur, vanaf 17 jaar $ 15

Het **Bluff View Art District** heeft zich tot een populaire uitgaansbuurt ontwikkeld. In dit stadsdeel staat ook het **Hunter Museum of American Art** met een voortreffelijke collectie Amerikaanse kunst. Tot de schilderijen behoren werken van kunstenaars als Thomas Cole van de Hudson River School, van vertegenwoordigers van het Amerikaanse impressionisme als Mary Cassatt, John Twachtman, Lila Cabot Perry en Maurice Prendergast en daarnaast werken van abstract-expressionisten als Willem de Kooning.

River Gallery Sculpture Garden

400 E. 2nd St., dag. 10 uur tot zonsondergang, toegang gratis

De **River Gallery Sculpture Garden**, die aan een steile oever van de rivier ligt, verbindt kunst met natuur. Een twintigtal oorspronkelijke kunstwerken staat hier in de openlucht langs verharde wegen tentoongesteld.

Informatie

Chattanooga Area Convention & Visitors Bureau: 215 Broad St., Chattanooga, TN 37402, tel. 1-423-756-8687, www.chattanoogafun.com.

Accommodatie

Historisch stationshotel – **Chattanooga Choo Choo Holiday Inn:** 1400 Market St., tel. 1-423-266-5000, www.choochoo.com. De hotellobby en het restaurant bevinden zich in het gerestaureerde station uit het begin van de 20e eeuw. Spoorwegfans kunnen hier overnachten in verbouwde victoriaans wagons. Vanaf $ 180.

Superlocatie – **Mayor's Mansion Inn:** 801 Vine St., tel. 1-423-265-5000, www.mayorsmansioninn.com. Deze B&B bevindt zich in de voormalige woning van de burgemeester en kent een chique inrichting met achttien schitterende kamers. Vanaf $ 150.

Voordelig en goed – **Days Inn:** 901 Carter St., tel. 1-423-266-7331, www.daysinn.com. Standaardmotel met wifi, zwembad en restaurant. kamers met magnetron, koffieapparaat en koelkast. Voor de deur stopt de gratis shuttle. Vanaf $ 80.

Downtown – **Doubletree:** 407 Chestnut St., tel. 1-423-756-5150, www.hilton.com. Groot hotel met mooie kamers, zwembad, fitness, wifi en restaurant. Vanaf $ 149.

Camping – **Lookout Mountain/Chattanooga West KOA:** 930 Mountain Shadows Dr., Trenton, tel. 1-706-657-6815, www.lookoutmountainkoa.com. In Georgia gelegen, goed uitgerust terrein met cabins.

Eten en drinken

Goede gerechten, kleurrijk decor – **212 Market Restaurant:** 212 Market St., tel. 1-423-265-1212, www.212market.com, dag. Lunch en diner. Kleurrijk restaurant met een ongedwongen sfeer. Huisspecialiteit: shrimps met grits voor $ 23. Goede wijnkeus, op dinsdag wijn tegen de halve prijs bij het diner.

Zuidelijke keuken – **Mount Vernon:** 3509 Broad St., tel. 1-423-266-6591, www.mymtvernon.com, ma.-vr. 11-21, za. 16-21.30 uur, zo. gesl.. Aanbevolen worden de schelvisfilet met kruiden en limoen en de fettuccini alfredo. Ook zijn er heerlijke desserts als amaretto cream pie.

Hier wordt gerstenat gebrouwen – **Big River Grille & Brewing Works:** 222 Broad St., tel. 1-423-267-2739, www.bigrivergrille.com, dag. 11-22 uur. Zelfgebrouwen bier bij seafood, hamburgers, cajunpasta ($ 15) of kip met aardappelpuree ($ 14).

Winkelen

Farmproducten, kunstnijverheid – **Chattanooga Market:** 1826 Carter St., www.chattanoogamarket.com, mei-dec. iedere zo. 11-16 uur. Levendige markt met groenten en fruit, aardewerk en livemuziek.

Fantastisch winkelcentrum – **Hamilton Place:** 2100 Hamilton Place Blvd., www.hamiltonplace.com, ma.-za. 10-21, zo. 12-18 uur. Groot winkelcomplex met zowel winkels als warenhuizen.

Actief

Klimmen in de stad – **High Point Climbing:** 219 Broad St., tel. 1-423-602-7625, www.highpointclimbing.com, ma., wo., vr. vanaf 6, verder vanaf 10 uur. Langs de buitenwand klimmen, een genot voor sportievelingen. $ 17 plus uitrusting.

Evenementen

Riverbend Festival: juni. Chattanooga's grootste, acht dagen durende stadsfeest, met jazz, blues, country en ook klassieke muziek. Beeldhouwers en schilders stellen hun werken tentoon, koks serveren de keuken van de zuidelijke staten (www.riverbendfestival.com).

Vervoer

Lokaal openbaar vervoer: Om de 5 à 10 minuten doen elektrische bussen de belangrijkste punten in de binnenstad van Chattanooga aan (tel. 1-423-629-1473, www.carta-bus.org). Enkele reis $ 1,50, Downtown gratis.

Lynchburg ▶ 3, B 3

Lynchburg is een vreemd stadje. Boven het centrum rond het Courthouse hangt dag in dag uit een sterke, moutige whiskeygeur, en dat terwijl Lynchburg in een district met onthouding ligt, waar de sterkedrank verkocht noch gedronken mag worden.

Jack Daniel's Distillery

10 Short St., tel. 1-931-759-4221, www.jackdaniels.com, dag. 9-16.30 uur

De moutgeur in de straten van Lynchburg stroomt niet uit de bars en kroegen, maar uit de in 1866 gestichte, voor bezoekers toegankelijke whiskeystokerij **Jack Daniel's Distillery.** Sinds 2012 is er een juridische lacune, die de strikte onthouding omzeilt: bij een rondleiding met proeverij ($ 17-22) in de distilleerderij mogen bezoekers (vanaf 21 jaar) alleen even nippen! Een gewone rondleiding kost $ 14. Goede schoenen worden aanbevolen.

George Dickle Distillery

Cascade Hollow Rd., tel. 1-931-857-3124, toestel 230, www.dickel.com, ma.-za. 9-15.30 uur

Ten noordoosten van Lynchburg staat bij het dorp Normandy nog een whiskeydistilleerderij. **George Dickle**, waar men ook aan een rondleiding door het bedrijf kan deelnemen.

Franklin ▶ 3, B 2

Langs de met bakstenen geplaveide straten van het centrum van dit stadje van twintigduizend inwoners staan prachtige 19e-eeuwse huizen, waarin stijlvolle boetieks, antiekwinkels, galeries, souvenirwinkels, uitstekende restaurants en cafetaria's voor de snelle hap gevestigd zijn. De charme en de bekoorlijkheid van het plaatsje doen bijna vergeten dat eind november 1864, tijdens de Burgeroorlog, bij Franklin een slechts vijf uur durende slag werd gestreden, die het leven kostte aan achtduizend soldaten, onder wie zes generaals van de Geconfedereerden.

Bezienswaardigheden

Carter House

1140 Columbia Ave., tel. 1-615-791-1861, ma.-za. 9-17, zo. 11-17 uur, volwassenen $ 15, kinderen $ 8

De Slag bij Franklin liet ook het in 1830 gebouwde **Carter House** niet ongemoeid. Meer

Alleen kijken, niet drinken, luidt het devies in de Jack Daniel's Distillery

dan 1000 kogels sloegen in dit bakstenen gebouw in. Nu is er een museum over de Burgeroorlog ondergebracht met een videopresentatie. Het was een van de zwaarst beschadigde gebouwen uit de oorlog, maar desondanks heeft het uiteindelijk de vijandelijkheden doorstaan.

Carnton Plantation

1345 Carnton Ln., tel. 1-615-794-0903, www.carnton.org, ma.-za. 9-17, zo. 11-17 uur, volwassenen $ 18, kinderen $ 8

Ook aan de **Carnton Plantation** ging de Burgeroorlog niet ongemerkt voorbij. Deze beeldschone villa met zijn zuilenfaçade diende als veldlazaret voor de troepen van de Zuidelijken; hier bliezen honderden soldaten de laatste adem uit. De vrouw des huizes Carrie McGavock heeft meer dan vijftienhonderd gesneuvelden ter aarde laten bestellen op haar eigen terrein. Deze privébegraafplaats kan nog steeds worden bezichtigd in het bij het landgoed behorende park. Robert Hicks beschrijft de toenmalige oorlogsgebeurtenissen in zijn in 2005 verschenen roman *The Widow of the South.*

Natchez Trace Parkway

www.nps.gov/natr

Franklin ligt aan de historische, 710 km lange **Natchez Trace Parkway**, die van het stadje Natchez in de staat Mississippi 24 km voorbij Franklin in Nashville loopt. Zo'n achtduizend jaar geleden denderden grote kuddes bizons over het pad, dat later werd gebruikt door indianen, pelsjagers, handelaars, missionarissen en soldaten. Er lagen veel gevaren op de loer – indianen, bandieten en wilde dieren – waaraan de weg de bijnaam Devil's Backbone (Ruggengraat van de Duivel) dankt. Aan het begin van de 19e eeuw was dit de enige verbinding tussen de beschaafde wereld aan de oostkust en de beschavingsgrens aan de Mississippi. Met de uitvinding van de stoomboot werd de zware landweg overbodig, maar in de 20e eeuw werd hij omgebouwd tot moderne toeristische route.

Informatie

Williamson County Visitor Information Center: 400 Main St., Franklin, TN 37064, tel. 1-615-591-8514, www.visitwilliamson.com.

Accommodatie

Aangenaam hotel – **Drury Plaza:** 1874 West McEwen Dr., tel. 1-615-771-6778, www.druryhotels.com. Uitstekend, rookvrij hotel met zwembad en comfortabele kamers, waar het u aan niets ontbreekt. Vanaf $ 130.

Goede kwaliteit voor deze prijs – **Best Value Inn & Suites:** 4201 Franklin Commons, tel. 1-615-591-5678, www.motelfranklin.com. Eenvoudig motel. Kamers met magnetron en koelkast. Ook kamers voor rokers. Vanaf $ 60.

Eten, Uitgaan

Consumptie en amusement – **Factory at Franklin:** 230 Franklin Rd., www.factoryatfranklin.com, dag. vanaf 9 uur. In elf voormalige fabrieksgebouwen werden winkels en restaurants ingericht. Daarbij is er een breed aanbod aan amusement. Zaterdag van 8 tot 13 uur wordt er een boerenmarkt gehouden.

Nashville ▶ 3, B 2

Iedere Amerikaan kent **Nashville** als de bakermat van de countrymuziek, die artiesten als Hank Williams en Willie Nelson roem bezorgde en nu nieuwe sterren als Garth Brooks en George Strait koestert. De 644.000 inwoners tellende stad is tegelijkertijd ook de zetel van de regering en het parlement van Tennessee, maar dat wordt minder belangrijk gevonden. In 2010 werd de stad zwaar getroffen door overstromingen.

Anders dan het grootste deel van de oostkust van de Verenigde Staten ligt Nashville niet in de Eastern Time Zone, maar in de Central Time Zone, dat wil zeggen dat het tijdsverschil met Nederland en België niet 6, maar 7 uur bedraagt.

Bezienswaardigheden

Ryman Auditorium

116 Fifth Ave. N., tel. 1-615-889-3060, www.ryman.com, rondleidingen en backstagetours op dagen dat er geen voorstelling is 9-16 uur, volwassenen vanaf $ 20

Het **Ryman Auditorium** werd in 1892 gebouwd als gospelkerk en diende later als theater, waarin beroemdheden als Sarah Bernhardt, Enrico Caruso, Orson Welles en Mae West door het publiek werden bejubeld. In de tweede helft van de 20e eeuw begon het theater een glanzende carrière als tempel van de countrymuziek. Van 1943 tot 1973 hebben alle sterren van de countrymuziek hier opgetreden. Tegenwoordig zijn er in het auditorium, dat plaats biedt aan 2100 bezoekers, diverse culturele evenementen.

Grand Ole Opry

2804 Opryland Dr., tel. 1-615-871-OPRY, www.opry.com

Liefhebbers van countrymuziek kunnen bij de concerten naar acht of meer artiesten luisteren. Backstagetours kunnen online worden geboekt en kosten $ 24-125 (2804 Opryland Dr., tel. 1-615-871-6779, www.opry.com). De in de omgeving gelegen tuinen van het **Gaylord Opryland Resort** trekken met watervallen, tropische bossen en meanderende beken talloze bezoekers aan.

Country Music Hall of Fame

222 Fifth Ave. S., tel. 1-615-416-2001, www.countrymusichalloffame.com, dag. 9-17 uur, volwassenen $ 25, kinderen 6-12 jaar $ 15

Ongeveer 37 miljoen dollar had het muziekverslaafde Nashville over voor een tempel voor bekende countrygrootheden, die in 2001 zijn deuren opende. Wie altijd al de gouden Cadillac van Elvis Presley of de 3000 andere memorabilia van meer of minderberoemde zangers en zangeressen had willen zien, is hier aan het juiste adres.

Een permanente tentoonstelling onder de noemer *Sing me back home* met kostuums, memorabilia, muziekinstrumenten, foto's en liedmanuscripten nemen de bezoeker mee op een boeiende reis door tientallen jaren countrymuziek.

Johnny Cash Museum

119 Third Ave. S., tel. 1-615-256-1777, www.johnnycashmuseum.com, dag. 10-19 uur, volwassenen $ 19, kinderen $ 15

Cashfans treffen in dit kleine museum zo'n duizend herinneringsstukken aan de Man in Black.

State Capitol

Charlotte Ave. tussen 6th en 7th Ave., tel. 1-615-741-2692, www.capitol.tn.gov, rondleidingen ma.-vr. 9-15 uur, toegang gratis

De regeringszetel van de staat Tennessee op een heuvel in Downtown vertoont wat uiterlijk betreft overduidelijke neoklassieke invloeden. Het in 1859 naar ontwerp van William Strickland voltooide gebouw wordt omgeven door een park met daarin talrijke monumenten, waaronder een ruiterbeeld van de zevende Amerikaanse president Andrew Jackson, die afkomstig was uit Nashville.

Frist Center for the Visual Arts

919 Broadway, tel. 1-615-244-3340, www.fristcenter.org, ma.-wo. en za. 10-17.30, do., vr. 10-21, zo. 13-17.30 uur, volwassenen $ 12

In het voormalige hoofdpostkantoor, dat in 1934 werd gebouwd in art-decostijl, is nu het **Frist Center for the Visual Arts** ondergebracht, een belangrijk kunstcentrum in Nashville. Het Frist Center bezit weliswaar slechts een kleine eigen collectie, maar biedt het hele jaar door reizende tentoonstellingen over bijvoorbeeld Venetiaanse glaskunst, landschapsfotografie of het Franse impressionisme.

Tennessee State Museum

Fifth/Deaderick St., tel. 1-615-741-2692, www.tnmuseum.org, di.-za. 10-17, zo. 13-17 uur, toegang gratis

Het **Tennessee State Museum** behandelt een tijdsbestek van vijftienduizend jaar: van de prehistorie via de Engelse kolonisering tot aan de Amerikaanse Burgeroorlog en de periode daarna. Historisch meubilair, wapens, vlaggen en tal van memorabilia met betrekking tot beroemdheden als Andrew Jackson, Daniel Boone, James K. Polk, David Crockett en Sam Houston maken het museum tot een interessante historische schatkamer.

The Parthenon

West End Ave./25th Ave., tel. 1-615-862-8431, www.nashville.gov/parthenon, di.-za. 9-16.30, zo. 12.30-16.30 uur, volwassenen $ 6

Dat Nashville soms het Athene van het zuiden wordt genoemd, heeft te maken met een eeuwfeesttentoonstelling die in 1897 in het Centennial Park werd gehouden. Het hart van de expositie was een kopie op ware grootte in gips en hout van het Parthenon in Athene, die in 1931 werd nagebouwd in het beduidend bestendigere zandsteen. Behalve de stedelijke kunstcollecties met belangrijk Amerikaans werk is daar een 13 m hoog beeld van Athena te zien, de Griekse godin van de wijsheid, weerbaarheid en de kunsten.

The Hermitage

4580 Rachel's Ln., tel. 1-615-889-2941, www.thehermitage.com, mrt.-half okt. dag. 8.30-17, rest van het jaar 9-16.30 uur, volwassenen $ 20, kinderen 13-18 jaar $ 15

The Hermitage was de particuliere residentie van de zevende Amerikaanse president Andrew Jackson (1767-1845), die van 1829 tot 1837 het hoogste staatsambt bekleedde. Hij is onder andere de geschiedenisboeken in gegaan als de president die verantwoordelijk was voor de wrede verdrijving van de indianenstammen van het zuidoosten. In 1834 ging zijn villa in vlammen op, maar twee jaar later werd hij opnieuw opgebouwd. De kamers zijn ingericht met meubels en kunstwerken uit de tijd van Jackson zelf. De president ligt naast zijn vrouw Rachel begraven in een paviljoen op het terrein.

Informatie

Nashville Convention & Visitors Bureau: One Nashville Place, 150 4th Ave. N., Nashville, TN 37219, tel. 1-615-259-4730, www.visitmusiccity.com.

Tip

COUNTRY IN OVERVLOED

Het muziekleven van Nashville speelt zich vooral af in doorrookte kroegen, waar elke avond jonge talenten op kleine podia staan en waarbij een hoed of een emmer rondgaat om hen van een honorarium te voorzien. Sinds de tijd van de drooglegging gelden sommige straten als een paradijs voor muziekliefhebbers en nachtbrakers. Wanneer de groten van de countrymuziek 's winters niet in de Grand Ole Opry, maar net als vroeger in het Ryman Auditorium optreden, lopen ze in de pauze snel de hoek om, om in **Tootsie's Orchid Lounge** (422 Broadway, tel. 1-615-726-0463, www.tootsies.net, dag. vanaf 19 uur) een glaasje te drinken. Zijn de sterren niet in levenden lijve aanwezig in dit kleine etablissement, dan toch op zijn minst in de vorm van foto's met handtekening aan de muur. Elke avond livemuziek, maar wie een plaats aan een tafeltje wil, moet er wel voor zorgen tijdig aanwezig te zijn.

De moeilijk te vinden **Printer's Alley** in het centrum van Nashville, waar nu nog gelegenheden als de **Bourbon Street Blues & Boogie Bar** (220 Printer's Alley, tel. 1-615-242-5837, www.bourbonstreetbluesandboogiebar.com, dag. vanaf 11 uur) het historisch erfgoed in ere houden, doet aan vervlogen tijden denken. Het kleine **Bluebird Café** (4104 Hillsboro Rd., tel. 1-615-383-1461, www.bluebirdcafe.com, dag. vanaf 18 uur) is een buitenbeentje. Het

Typisch Nashville: een countrymuzikant in Tootsie's Orchid Lounge

ligt niet in het muzikale hart van de stad, maar aan de rand te midden van winkels. Hier heeft al een hele reeks musici op het podium gestaan die het in de jaren daarop heel ver zouden schoppen, tot aan de grote concertzalen van de Verenigde Staten toe.
Wie in Nashville een keer iets anders wil dan countrymuziek, kan in de welhaast even imposante rhythm-and-bluesscene vluchten. Het hoogtepunt daarvan vormt de **B.B. King's Blues Club** (152 Second Ave., tel. 1-615-256-2727, www.bbkingclubs.com/nashville, dag. vanaf 11 uur), waar de B. B. King's Blues Club All-Star Band het muzikale erfgoed van de in 2015 op 89-jarige leeftijd gestorven artiest in ere houdt.

Accommodatie

Historisch, met alle voorzieningen – **Hermitage Hotel:** 231 Sixth Ave. N., tel. 1-615-244-3121, www.thehermitagehotel.com. Het beste hotel tussen Memphis en Atlanta met een vorstelijke lobby en luxueus ingerichte kamers en suites, waar het gasten aan niets ontbreekt. Vanaf $ 299.

Centrale ligging – **Hampton Inn & Suites:** 310 4th Ave. S., tel. 1-615-277-5000, www.hamptonnashvilledowntown.com. Modern, groot complex met 155 kamers en een zwembad. Goede centrale ligging voor een avondje gezellig stappen bij de muziekclubs. Rookvrij, inclusief ontbijt en softdrinks. Parkeren $ 30. Vanaf $ 200.

Goede keus – **Knights Inn:** 99 Spring St., tel. 1-615-259-9160, www.wyndhamhotels.com. Standaardmotel 1,6 km van Downtown met zwembad. Alle kamers met koelkast en magnetron. Wifi en ontbijt inbegrepen. Vanaf $ 85.

Eten en drinken

Populaire Mexicaan – **Mas Tacos:** 732 McFerrin St., tel. 1-615-543-6271, twitter.com/mastacos, ma.-vr. 11-21, za. 10-15 uur, bar ook langer. Goede taco's. Zeer eenvoudig, zeer goed, zeer geliefd. Alleen cash! Vanaf $ 6.

Lokaal geliefde gerechten – **Ted's Montana Grill:** 2817 West End Ave., tel. 1-615-329-3415, www.tedsmontanagrill.com, zo.-do. 11-22, vr. en za. 11-23 uur. Smakelijke, goed bereide vleesgerechten als in de pionierstijd. Circa $ 15.

Calorierijke keuken – **Hog Heaven:** 115 27th Ave. N., tel. 1-615-329-1234, ma.-za. 10-19 uur. Garagesfeer en stevige barbecuegerechten als gegrilde kip. $ 6-15.

Winkelen

Een typisch souvenir uit Nashville zijn cowboylaarzen. In het centrum en aan de Church Street vindt u winkels.

Typische souvenirs – **Hatch Show Print:** 224 5th Ave. S., tel. 1-615-577-7710, dag. 9.30-18 uur. Wie als souvenir een poster van een countryster zoekt, kan in deze drukkerij uit 1879 zijn slag slaan.

Winkelen en amusement – **Opry Mills:** 433 Opry Mills Dr., www.simon.com, ma.-za. 10-21.30, zo. 11-19 uur. Enorm shopping- en entertainmentcomplex met meer dan tweehonderd winkels, restaurants en bioscopen.

Uitgaan

Partyparadijs op drie etages – **Wildhorse Saloon:** 120 Second Ave. N., tel. 1-615-902-8200, www.wildhorsesaloon.com, di.-zo. vanaf 11, ma. vanaf 16.30 uur. Populair restaurant met een bar en een levendige muziekscene.

Ook voor de late trek – **Gold Rush:** 2205 Elliston Pl., tel. 1-615-321-1160, www.goldrushnashville.com, dag. 11-3 uur. Mexicaanse gerechten, een martinibar en een westernbar, rookterras.

Voor het hele gezin – **Nashville Shores:** 4001 Bell Road in Hermitage, tel. 1-615-889-7050, www.nashvilleshores.com. Waterpark, zipline, jet-ski, waterfietsen en rv-park. Waterpark volwassenen $ 37, na 16 uur $ 22.

Actief

Stoomboot – **General Jackson Showboat:** Gaylord Opryland Complex, 2800 Opryland Dr., tel. 1-615-458-3900, www.generaljackson.com. Tochten aan boord van een 'Mississippi'-stoomboot met diner.

Antebellum Trail

Enkele plaatsen tussen Athens en Macon in Georgia die grotendeels aan de verwoestingen van de Burgeroorlog zijn ontkomen, hebben de toeristische Antebellum Trail op touw gezet. Deze plaatsen kunnen bogen op prachtige straten met meer dan honderdvijftig jaar oude villa's en karakteristieke kleinere huizen.

Witgekalkte plantervilla's, eindeloze katoenvelden, schaduwrijke lanen met eeuwenoude knoestige eiken, nevelige moerassen, magnoliatuinen en dames uit de betere kringen in hoepelrokken, die door stijlvolle plantagehuizen schrijden: al is er de afgelopen decennia veel veranderd, toch is deze idylle in het Amerikaanse zuiden tussen de supermoderne miljoenenstad Atlanta en de Atlantische kust nog steeds te vinden.

Aan de bijna 150 km lange Antebellum Trail, die ten oosten van Atlanta in het universiteitsstadje Athens begint en in Macon aan de Ocmulgee River eindigt, is de oude pracht van de zuidelijke staten vooral nog in verscheidene kleine steden te vinden. Tijdens de Amerikaanse Burgeroorlog vielen op het gebied van de toenmalige Confederatie van Zuidelijke Staten vooral veel van de grote steden ten offer aan de bloedige gevechten. Zo zijn er gebieden in Georgia waar generaal William T. Sherman van de Noordelijken op zijn mars van het verwoeste Atlanta naar Savannah een spoor van vernietiging achterliet. Zijn soldaten plunderden en brandschatten, of het nu ging om militaire objecten of niet. Zij pikten van de farms en de velden alles wat ze konden gebruiken en namen niet eens de moeite om te stoppen bij de hutten van de slaven.

Slechts weinige oorden in dit deel van Georgia bleven gespaard voor de wrede strategie van de verbrande aarde. Madison bijvoorbeeld had het geluk dat senator Joshua Hill daar zijn stralend witte buitenverblijf had laten bouwen. Hij was met de broer van generaal Sherman bevriend en gold als een tegenstander van de afscheiding van de zuidelijke staten. Bij een treffen met de generaal pleitte Hill er met succes voor dat Madison gespaard zou blijven, zodat de meeste huizen van voor de Burgeroorlog bewaard zijn gebleven en nu tot de juwelen van de Antebellum Trail behoren.

De Amerikanen noemen deze huizen *gingerbread houses* ('peperkoekhuizen'), omdat de houten balkonleuningen en witgeverfde voorgevels enigszins op het suikerwerk van een peperkoek lijken. Naast deze sfeervolle huizen, niet zelden omgeven door een prachtige, verzorgde tuin, zijn in de tijd voor de Burgeroorlog ook luxueuze paleizen gebouwd, die een kijkje in de levenswijze van de toenmalige hogere kringen geven. Maar de plantage Tara uit *Gejaagd door de wind* zult u ook op de Antebellum Trail vergeefs zoeken: die was alleen in de filmstudio's van Hollywood te vinden.

Athens ▶ 3, D 4

De in het jaar 1785 gestichte campus in Athens, met meer dan driehonderd gebouwen, maakt deel uit van het historisch erfgoed van de stad. Op het parkachtige universiteitsterrein vallen de gebouwen met colonnades op, uitgevoerd in classicistische stijl, een stijl die zich in 1832 met de bouw van de universiteitskapel doorzette en de stad de bijnaam The Classic City opleverde.

Athens heeft echter niet alleen naam gemaakt als bastion van wetenschap en architectonische toonzaal, maar ook als kolonie van musici, waar jonge muzikanten in het voetspoor zijn getreden van uit Georgia stammende grootheden als Otis Redding, Little Richard en James Brown. Dat geldt bijvoorbeeld voor de drie uit Athens afkomstige en internationaal beroemde bands Indigo Girls, de B-52s en R.E.M., en ook voor Kenny Rogers.

Bezienswaardigheden

Georgia Museum of Art

90 Carlton St., www.uga.edu/gamuseum, di.-za. 10-17, do. tot 21, zo. 13-15 uur, toegang gratis

In het bij de universiteit behorende **Georgia Museum of Art** worden zowel schilderijen uit de Italiaanse renaissance als moderne Amerikaanse schilderkunst tentoongesteld en daarnaast kunstvoorwerpen uit de hele wereld.

Historische huizen

Het in 1845 in classicistische stijl gebouwde **Taylor-Grady House** is verfraaid met dertien Dorische zuilen die symbool staan voor de dertien oorspronkelijke staten van de VS. Het **President's House** (1857-1858) van de voormalige voorzitter van de University of Georgia is ook gebaseerd op Griekse voorbeelden met een voorgevel met Korinthische en zijgevels met Dorische zuilen. Het oudste huis van Athens, het **Church-Waddel-Brumby House**, is in 1820 gebouwd als woning van een hoogleraar wiskunde en dient nu als toeristenbureau.

Informatie

Athens Welcome Center: 280 E. Dougherty St., Athens, tel. 1-706-353-1820, www.athenswelcomecenter.com, www.antebellumtrail.org. Hier kan de 90 minuten durende 'Classic City Tour' per kleine bus worden geboekt.

Accommodatie

Verzorgde ambiance – **The Colonels:** 3890 Barnett Shoals Rd., tel. 1-706-559-9595, www.thecolonels.net. Gebouw uit 1860, idyllisch landelijk gelegen. Antiek meubilair, airconditioning, internet. Vanaf $ 149.

Centraal verblijf – **Foundry Park Inn:** 295 East Dougherty St., tel. 1-706-549-7020, www.foundryparkinn.com. Modern motel met spa, restaurant en livemuziek ernaast. Vanaf $ 120.

Uitgaan

Beroemd muziekcafé – **40 Watt Club:** 285 W. Washington St., tel. 1-706-549-7871, www.40watt.com, alleen concerten. De bekendste muziekclub van Georgia profiteerde in het verleden van beroemdheden uit de lokale scene.

Evenementen

AthFest: juni. Muziekfestival met meer dan 120 bands, die gedurende een heel weekend zowel binnen als buiten optreden, www.athfest.com.

Madison ▶ 3, D 4

Dit stadje met nog geen vierduizend inwoners wordt als de parel van de Antebellum Trail beschouwd en komt in veel straten over als een openluchtmuseum. De door historische huizen omzoomde straten komen samen bij het Morgan County Courthouse in het centrum, dat goed te herkennen is aan zijn koepelvormige klokkentoren. Veel villa's en mooie cottages aan South Main en Academy Street zijn tussen 1830 en 1860 gebouwd, toen kooplieden en boeren uit de regio met katoen lucratieve zaken deden.

Historische huizen

Het meest gefotografeerde landhuis in Madison is het **Hunter House** (580 S Main St.) uit 1883. Zijn onnavolgbare pracht dankt het in Queen Annestijl gebouwde huis aan de hoekige architectuur met erkers en dakkapellen, een rondom lopende veranda en een mooie tuin met azalea's en rozen. Het huis wordt al meerdere jaren ingrijpend gerestaureerd en is helaas niet te bezichtigen.

Samen met het enigszins vervallen **Dovecote House** (201 S. Main St.) behoort het **Joshua Hill House** (485 Old Post Rd.) tot de

Het 19e-eeuwse Hunter House lijkt wel een sprookjeskasteel

mooiste bouwwerken van de stad. Senator Joshua Hill, die er dankzij zijn persoonlijke inzet voor zorgde dat de stad tijdens de Burgeroorlog niet werd verwoest, was de heer des huizes van dit neoklassieke paleis met sneeuwwitte zuilen.

Informatie

Madison-Morgan Chamber of Commerce: 115 E. Jefferson St., Madison, GA 30650-1362, tel. 1-706-342-4454, www.madisonga.org. In mei en december zijn er rondleidingen naar particuliere huizen, die anders niet te bezichtigen zijn.

Accommodatie

Charmant verblijf – **Madison Oaks Inn:** 766 E. Ave., tel. 1-706-343-9990, www.madisonoakinn.com. Prachtig, in een park gelegen complex in Greek-Revivalstijl uit 1905. Zeer verzorgde kamers met ontbijt. $ 195-250.

Toevluchtsoord – **Brady Inn:** 250 N. 2nd St., tel. 1-706-342-4400, www.bradyinn.com. B&B in een victoriaanse cottage. Zeven gastenkamers met eigen badkamer, roken alleen in de tuin. Vanaf $ 129.

Alternatief voor victoriaans – **Quality Inn:** 2001 Eatonton Rd., tel. 1-706-342-0054, www.choicehotels.com. Ketenmotel bij de Interstate buiten de plaats. Vanaf $ 65.

Eten en drinken

Moderne kookkunst – **Town 220:** 220 W. Washington St., tel. 1-706-752-1445, www.town220.com, di.-za. Lunch en diner. Heerlijke steaks en seafood in een chique sfeer. Uitgebreide wijnkaart, bar en een mooi terras. Vanaf $ 17.

Onderweg naar Macon ▶ 3, D/E 5

Eatonton

De historische kern van **Eatonton**, een leuk plaatsje met zevenduizend inwoners, valt minder op dan die van Madison, al staan er in talrijke zijstraten zeer bezienswaardige huizen uit de 19e eeuw.

Uncle Remus Museum

214 Oak St., tel. 1-706-485-6856, ma.-za. 10-12, 13-17, zo. 14-17 uur, volwassenen $ 5, kinderen $ 3

In Eatonton werd in 1848 Joel Chandler Harris (1848-1908) geboren, die met het konijn Br'er Rabbit en de vos Br'er Fox twee populaire fabeldieren schiep, die in veel van zijn Uncle-Remus-verhalen opduiken. Het **Uncle Remus Museum** is ondergebracht in een blokhut, die uit twee originele slavenhutten werd samengesteld. De tentoonstelling belicht hoe Chandler, geïnspireerd door de Afro-Amerikaanse verhalenvertellers uit zijn jeugd, de vertelfiguur Uncle Remus ontwikkelde.

Milledgeville

Voorbij Lake Sinclair, dat in 1953 is ontstaan nadat in de Oconee River een stuwdam was gebouwd, komt u in **Milledgeville**, dat van 1803 tot 1868 de hoofdstad van Georgia was. Het in 1806 gebouwde Old State Capitol herinnert nog aan die tijd; hier kwam in 1861 de zogenaamde Secession Convention bijeen. Na drie dagen verbitterd debatteren besloten de gedelegeerden uit de Amerikaanse Unie te treden, waarmee Georgia zich in de Burgeroorlog aan de zijde der Zuidelijken schaarde.

De inwoners van Milledgeville gaan er prat op dat de twee hoofdrolspelers van de film *Gejaagd door de wind*, Clark Gable en Vivien Leigh, voor het begin van de opnamen naar hun stadje zijn gestuurd om te oefenen op de *Southern twang*, het lijzige accent van de bewoners van de zuidelijke staten.

Historische huizen

In het hoofdgebouw en de jongere bijgebouwen is een militaire universiteit ondergebracht, het **Georgia Military College**. Het **Old Governor's Mansion**, dat in 1838 in classicistische stijl werd voltooid en een zuilengevel bezit, behoort eveneens tot dit complex dat zo beladen is met geschiedenis.

Macon ▶ 3, D 5

Het 91.000 inwoners tellende **Macon** is de grootste stad aan de Antebellum Trail. Macon ligt aan de Ocmulgee River, die door de landstreek tussen de heuvelachtige Piedmont Region in het noorden en de kustvlakte in het zuiden stroomt. De stad werd in 1823 als een zakencentrum te midden van de uitgestrekte plantages gesticht. Welvarende tijdgenoten lieten in het centrum imposante paleizen neerzetten, die voor een deel nog bewaard gebleven zijn.

Bezienswaardigheden

Hay House

934 Georgia Ave., tel. 1-404-881-9980, www.georgiatrust.org, rondleidingen ma.-za. 10-16, zo. 13-16 uur, volwassenen $ 11

Een van de mooiste voorbeelden van de zogenaamde Italian renaissance revivalstijl (een soort neorenaissance) is het 24 kamers tellende **Hay House**. Dit prachtige, in een tuin gelegen huis met zwierige bordestrap naar de hoofdingang is gebouwd tussen 1855 en 1859. Dergelijke paleizen met pleisterornamenten, kristallen luchters, antieke meubels en exquis porselein bevinden zich tegenwoordig nog maar zelden in privébezit, aangezien de kosten voor het onderhoud ervan meestal te hoog zijn. Dat geldt ook voor het door de Georgia Trust for Historic Preservation beheerde Hay House. Ten tijde van de voltooiing maakte dit huis niet alleen indruk door het prachtige buitenkant, met zijn tegenstelling tussen het rood baksteen en de sneeuwwitte zuilen, balkons en raamomlijstingen. Binnen werd gebruikgemaakt van de modernste technieken, zoals een centrale watervoorziening, een lift en een uitgekiend ventilatiesysteem.

Old Cannonball House

856 Mulberry St., tel. 1-478-745-5982, www.cannonballhouse.org, rondleidingen ma.-za. 10-15.30 uur, volwassenen $ 8

Het enige gebouw in de stad dat tijdens de Burgeroorlog werd beschadigd, is het **Old Cannonball House**. In de vloer van dit in 1853 voor een rechter gebouwde huis zit een ijzeren kogel vast, die in 1864 door troepen van de Unie werd afgevuurd. De schade was niet al te groot, doordat het projectiel insloeg tussen de Ionische zuilen van de voorgevel door, één venster doorboorde en ten slotte in de vloer bleef steken. De met chic meubilair, kostbare tapijten en menig kunstwerk ingerichte kamers geven een indruk van de luxe levensstijl van de toenmalige bewoners.

The Allman Brothers Band Museum at the Big House

2321 Vineville Ave., tel. 1-478-741-5551, www.thebighousemuseum.com, do.-zo. 11-18 uur, volwassenen $ 15, kinderen $ 10

Grootheden uit de wereld van de muziek, zoals Little Richard, Otis Redding, James Brown en de Allman Brothers Band, begonnen hun loopbaan in Macon. De Allman Brothers woonden hier van 1969 tot 1979 en schreven muziekgeschiedenis met hun *southern rock*. Een van de leden, Gregg Allman, was van 1975 tot 1979 getrouwd met de zangeres Cher. Twee leden van de band kwamen in Macon op bijna dezelfde plaats om het leven bij een motorongeluk. In **The Allman Brothers Band Museum at the Big House** komt u meer te weten over de hoogte- en dieptepunten in de geschiedenis van de band.

Georgia Sports Hall of Fame

301 Cherry St., tel. 1-478-752-1585, www.gshf.org, di.-za. 9-17 uur, volwassenen $ 8, kinderen $ 3,50

De populaire en drukbezochte **Georgia Sports Hall of Fame** documenteert het leven en de carrières van uitblinkers in verschillende sporten, van golf en American football tot honkbal, basketbal en autoracen. De vitrines van dit grootste sportmuseum van de staat staan vol persoonsgebonden objecten, zoals shirts, sportschoenen en gewonnen prijzen. In de Locker Room (kleedkamer) worden geen kleren uitgetrokken, maar sportuitrustingen, video's van wedstrijden, foto's van sportsterren en trainingskleding verkocht.

Ocmulgee National Monument

1207 Emery Hwy, dag. 9-17 uur, tel. 1-478-752-8257, www.nps.gov/ocmu, toegang gratis

Al tienduizend jaar voor de stichting van Macon zwierven nomadische jagers door de oevergebieden van de Ocmulgee River. Archeologen hebben aanwijzingen hiervoor gevonden in de vorm van eenvoudige speer- en pijlpunten. Vondsten die onderzoekers buiten het huidige stadscentrum in het **Ocmulgee National Monument** hebben gedaan, dateren van veel later datum. Daar leefde tussen de jaren 900 en 1400 een gemeenschap van landbouwers uit de zogenaamde Mississippicultuur, die zich vanaf circa 750 n.Chr. vanuit het centrale Mississippidal over uitgestrekte gebieden in het midden en oosten van de Verenigde Staten verbreidde. Niet ver van het Visitor Center, waar talrijke vondsten worden getoond en ook een korte film over de indianen te zien is, staat een reconstructie van een met aarde bedekt ceremonieel gebouw, dat er van een afstand uitziet als een afgeronde heuvel. Onder het ronde, door pilaren ondersteunde houten dak kwamen vermoedelijk de politieke en religieuze leiders van de gemeenschap bijeen. Het volk woonde in hutten op de heuveltjes boven de oever van de rivier.

In het zuidelijke deel van het National Monument liggen twee *temple mounds*, afgevlakte heuvels waarop in rechthoekige houten bouwwerken waarschijnlijk belangrijke ceremonies werden gehouden. In het museum van Ocmulgee worden voorwerpen van de Mississippicultuur tentoongesteld. Andere stukken, vooral aardewerk, wijzen op een Woodlandoorsprong of horen bij de Lamarcultuur, die zich vanaf de 14e eeuw aansloot bij de Mississippicultuur.

Informatie

Macon-Bibb County Convention & Visitors Bureau: 450 Martin Luther King Jr. Blvd., Macon, Georgia 31201, tel. 1-478-743-3401, www.visitmacon.org.

Accommodatie

Zuidelijke flair – **1842 Inn:** 353 College St., tel. 1-877-452-6599, www.1842inn.com. Prachtig zuilengebouw met 22 kamers, ingericht met wandtapijten, antiek en oude schilderijen. Sommige kamers hebben een whirlpool en open haard. Inclusief ontbijt Vanaf $ 189.

Goede inrichting – **Marriott Macon City Center Hotel:** 240 Coliseum Dr., tel. 1-478-621-5300, www.marriott.com. Modern hotel met een centrale ligging in Downtown. Zwembad en fitnesscenter. Parkeren $ 5. Alleen rookvrije kamers. Vanaf $ 139.

Standaardvoorzieningen – **Super 8 Macon West:** 4765 Chambers Rd., tel. 1-478-254-5200, www.super8.com. Goed gedreven motel. Alle kamers met magnetron, koelkast en wifi. Inclusief ontbijt. Vanaf $ 50.

Eten en drinken

Klein restaurant – **The Back Burner:** 2242 Ingleside Ave., tel. 1-478-746-3336, www.backburnermacon.com, di.-za. 11-14 en 17-21.30 uur. De uit Nice afkomstige chef-kok tovert uitstekende Franse gerechten op tafel. Diner circa $ 30.

Informele sfeer – **Hooters of Macon:** 112 Riverside Pkwy, tel. 1-478-471-7675, dag. vanaf 11 uur. Luchtig ketenrestautant, waar een leuke bediening tot het concept behoort. In hotpants worden Amerikaanse gerechten geserveerd. Vanaf $ 9.

Winkelen

Outdoor Mall – **The Shoppes at River Crossing:** 5080 Riverside Dr., tel. 1-478-254-2940, www.theshoppesatrivercrossing.com, ma.-za. 10-21, zo. 12-18 uur. Goede mix van winkels als het warenhuis Dillard's, GAP, Footlocker en de boekhandel Barnes & Noble, naast diverse restaurants. Hotspot voor gratis wifi.

Uitgaan

Voor grote optredens – **Grand Opera House:** 651 Mulberry St., tel. 1-478-301-5460, www.thegrandmacon.com. Operagebouw uit 1884 met een van de grootste podia van het zuiden voor toneel, concerten en mucicals.

Oud theater met nieuwe glans – **Historic Douglass Theatre:** 355 Martin Luther King Jr. Blvd., tel. 1-478-742-2000. In dit theater begon Otis Redding zijn carrière. Tegenwoordig zijn er verschillende evenementen en filmvoorstellingen.

Evenementen

Cherry Blossom Festival: mrt. Tiendaags cultureel festival dat jaarlijks wordt gehouden ter gelegenheid van de 285.000 bloeiende kersenbomen (www.cherryblossom.com).

De kust van Georgia

Aan de Atlantische kust van Georgia kan eilandhoppen tot verslaving leiden. Geen wonder dat Amerikaanse miljonairs zichzelf al in de 19e eeuw enkele van deze droomparadijzen cadeau gaven. Tegenwoordig staan de eilanden net als de overblijfselen van de plantagecultuur en de stadjes op het toeristische repertoire van Georgia.

Grillig gevormde baaien, in zee uitstekende stukken land, schiereilanden, moerasgebieden en bovenal een keten van waddeneilanden die zich noordwaarts tot in South Carolina en zuidwaarts tot in Florida uitstrekt – dat zijn de voornaamste kenmerken van de 160 km lange kust van de staat Georgia.

Aan de ene kant zijn sommige gebieden welhaast ongerept en in het geval van Cumberland Island of Sapelo Island slechts door weinig mensen bewoond. Aan de andere kant zijn enkele van de zogeheten Golden Isles, zoals Jekyll Island en Sea Island, al in de 19e eeuw door ontspanning zoekende industriemagnaten omgetoverd tot chique resorts voor miljonairs, met een schitterend subtropisch landschap, goed onderhouden golfbanen, kilometerslange zandstranden en vorstelijke hotels. Al deze luxe is nu vaak ook toegankelijk voor het publiek. Dankzij bruggen en dammen zijn deze eilanden gemakkelijk vanaf het vasteland te bereiken.

De natuurlijke condities van de kust van Georgia, met inbegrip van de ongewone geologie van de oceaanbodem, zorgen ervoor dat de getijdenverschillen hier groter zijn dan elders aan de Atlantische kust. Daardoor zijn op hun beurt moerassen en marsgronden ontstaan, waar de bijzondere flora en fauna bijdragen aan de verscheidenheid van de natuur. Het grootste zoetwatermoerasgebied van Noord-Amerika ligt in het achterland van de kust en verbindt Georgia en Florida met elkaar. Het enorme Okefenokee Swamp vormt een ideale habitat voor alligators, schildpadden en vogels.

Afgezien van Savannah liggen er geen grote steden aan de Atlantische kust. Plaatsjes als Brunswick en Darien, waar in de havens de viskotters krakend tegen elkaar liggen te schuren, ademen nog altijd de sfeer van de koloniale tijd, vermengd met de romantisch-melancholieke charme van het zuiden. Daarbij horen magnolia's, kornoeljes, jasmijn en vooral de altijdgroene eiken met hun warrige 'baarden' van Spaans mos, die uit hun fraaie kruinen hangen.

Okefenokee Swamp

► 3, F 7

US Hwy 1 S., Waycross, tel. 1-912-283-0583, www.okeswamp.com, dag. 9-17.30 uur, volwassenen $ 17, kinderen $ 16

De indianen noemden het **Okefenokee Swamp**, dat van de zuidoostpunt van Georgia tot in de buurstaat Florida reikt, het 'land van de bevende aarde'. Daarmee verwezen ze naar de tot 5 m dikke veenplakken, die gaan deinen en de boomtoppen laten trillen wanneer men zich erover voortbeweegt.

Het beste uitgangspunt voor een tocht naar het moeras is het plaatsje Waycross. Grote delen zijn alleen per boot over de in totaal 190 km lange, met bruin water gevulde waterlopen toegankelijk. Op enkele plaatsen voeren houten vlonders door het natuurparadijs, waarlangs reusachtige alligators liggen te zonnen, of langbenige Amerikaanse blauwe reigers met stijve poten tussen de water-

Tip

UITSTAPJE NAAR DE RAND VAN DE BESCHAVING

De 10 km voor de kust liggende **Cumberland Island National Seashore** ▶ 3, F 7 is alleen vanuit St. Marys toegankelijk, per veerboot. De rangers van de National Park Service letten erop dat maar een beperkt aantal bezoekers per keer wordt overgezet naar het afgelegen eilandenrijk met zijn moerassen, stranden, eikenbossen en duinen, waar hotels noch toeristische voorzieningen te vinden zijn. Eigenaars van enkele privéterreinen hebben in het verleden wel discussie op gang trachten te brengen over een toeristische ontwikkeling van de eilanden of de bouw van een dam in het natuurgebied, maar tot nu toe nog zonder succes. Het schitterende natuurgebied haalde in 1996 de voorpagina's van de kranten toen John F. Kennedy Jr. en Carolyn Bessette elkaar in de piepkleine First African Baptist Church op Burbank Point het jawoord gaven (101 Wheeler St., St. Marys, GA 31558, tel. 912-882-4336, www.nps.gov/ cuis, de veerboot en de kampeerplaatsen moeten worden gereserveerd).

lelies door stappen. Witte wolken hangen als een donzen dekbed aan de hemel wanneer de mist aan het eind van de ochtend is opgetrokken. De bomen hebben baarden van Spaans mos en werpen hun schaduw over de groene wildernis.

Brunswick ▶ 3, F 6

Bontgeverfde garnalenkotters liggen voor anker in de natuurlijke haven van het stadje **Brunswick** en 's nachts gaan ze op vangst uit. De straten worden omzoomd door machtige eiken, die in de zwoele zomermaanden groene, schaduwrijke tunnels vormen.

Afgezien van het centrum van deze halverwege de 18e eeuw uit een plantage ontstane stad zijn er nog maar weinige van deze trotse bomen te vinden aan de kust, doordat tot in de 20e eeuw de houtexport en de scheepsbouw een grote behoefte hadden aan hout. Op de hoek van Albany Street en Prince Street steekt de **Lovers' Oak** zijn reusachtige bladerdak de hemel in. Deze ongeveer negenhonderd jaar oude boom heeft een stam met een doorsnede van 4 m. Zijn naam ontleent de boom naar men zegt aan het feit dat ook de indianen hem al gebruikten om eronder te minnekozen.

Hofwyl-Broadfield Plantation

19 km ten noorden van Brunswick, 5556 US Hwy 17 N., tel. 1-912-264-7333, www.gastateparks.org/info/hofwyl, wo.-zo. 9-17 uur, volwassenen $ 8, kinderen $ 4

Waar tot aan het begin van de 19e eeuw aan de oever van de Altamaha River een cipressenmoeras was gelegen, begon een boer uit Charleston rond 1807 met de aanleg van de **Hofwyl-Broadfield Plantation**. Zijn schoonzoon nam na zijn dood het bedrijf over en breidde het uit, zodat er uiteindelijk 357 slaven aan het werk waren. Na de Burgeroorlog en de afschaffing van de slavernij raakte de plantage langzaam in verval, waarna een reeks orkanen in 1915 de doodsteek gaf. In

Het fraaie kustlandschap van Sea Island

1973 vermaakten de eigenaars het landgoed aan de staat Georgia, die het als 'Historic Site' onder overheidsbescherming plaatste.

De voormalige plantage ziet er nu meer uit als een verwilderd park met eiken vol mosbaarden, magnolia's en camelia's. In het hoofdgebouw is een klein museum ingericht, waarin een film wordt vertoond over het leven van de plantagehouders en de slaven.

Informatie

Brunswick-Golden Isles Convention and Visitors Bureau: 1505 Richmond St., Brunswick, GA 31520 tel. 1-912-265-0620, www.goldenisles.com.

Accommodatie

Bijzondere herberg – **Hostel in the Forest:** 3901 Hwy 82, tel. 1-912-264-9738, www.foresthostel.com, tussen 10 en 20 uur telefonische reservering, deze is verplicht. Ecologische jeugdherberg midden in het bos. U kunt er in spartaans ingerichte ronde houten hutten overnachten of – zonder hoogtevrees – in een echte boomhut. $ 25 per persoon, alleen contante betaling.

Actief

Gokken op zee – **Emerald Princess Casino Cruises:** 1 Gisco Point Dr., tel. 1-912-265-3558, www.emeraldprincesscasino.com. ma.-do. 19-24, vr., za. 11-16 en 19-1, zo. 13-18 uur in internationale wateren, buiten de 3-mijlszone, waar gokken is toegestaan. Vanaf 18 jaar, reserveren verplicht, kosten $ 10.

Golden Isles

Brunswick vormt de poort tot de Golden Isles, een tiental kleine eilanden voor de kust, waarvan er enkele onder natuurbescherming vallen en soms moeilijk toegankelijk zijn, terwijl er op vier andere al tientallen jaren lang gerenommeerde toeristenbestemmingen met luxehotels en golfcomplexen liggen. Ze zijn door bruggen en dammen verbonden met het vasteland.

Sea Island ▶ 3, F 6

Een dam, waarvoor tol moet worden betaald om te mogen oversteken, voert van Brunswick naar **Sea Island** en St. Simons Island. Aan beide zijden van de dam en van de twee bruggen strekt zich een moerasland met poelen en waterwegen uit.

Sea Island Resort

The Cloister, 100 Cloister Dr., tel. 1-855-572-4975 of 1-888-732-4752, www.seaisland.com, vanaf circa $ 600

Het minuscule Sea Island, nog kleiner zelfs dan Jekyll Island, is een bekend adres voor gefortuneerde toeristen. Daar ligt namelijk een van de meest luxueuze vakantiehotelcomplexen van de hele Atlantische kust, **Sea Island Resorts**, dat behalve uit het tophotel The Cloister uit verschillende andere overnachtingsmogelijkheden bestaat. In 2005 vond hier in alle afzondering de belangrijke G8-top van de acht leidende industrielanden van de wereld plaats.

St. Simons Island ▶ 3, F 6

Aan de noordpunt van **St. Simons Island** liet de Britse generaal Oglethorpe in 1736 Fort Frederica bouwen, een bastion dat bedoeld was om het territorium van Georgia te beveiligen tegenover het naburige Spaanse Florida. Hier in de buurt staat ook de meer dan een eeuw oude Christ Church met een bezienswaardige begraafplaats. Het park bij de vuurtoren van St. Simons is een mooi plekje om u te ontspannen, met een aanlegplaats voor boten en een schaduwrijk picknickterrein.

Jekyll Island ▶ 3, F 6

Aan het begin van de 20e eeuw creëerden schatrijke ondernemers als Rockefeller, Astor, Vanderbilt en Pulitzer een goed beschut toevluchtsoord op dit kleine eiland, waar de leden van de Amerikaanse Millionaire's Club tijdens het golfen en bridgen in alle rust zaken konden doen. Aangezien deze uit New York, Boston en Philadelphia afkomstige Yankees (de Noordelijken uit de Amerikaanse Burgeroorlog) ondanks al hun rijkdom niet erg geliefd waren in Georgia, kochten ze dit toentertijd onbewoonde eiland en maakten er een luxueuze vakantiekolonie van – en dat is **Jekyll Island** nog altijd. Tevens richtten ze de Jekyll Island Club op, die vroeger zo exclusief was dat John D. Rockefeller van een lidmaatschap afzag vanwege de hoge kosten.

Tegenwoordig is het 10 km^2 grote Jekyll Island 'America's best kept secret', toegankelijk voor het publiek, als dat tenminste bij de tolpoort bereid is $ 6 parkeerkosten per dag te betalen. Achter de slagboom strekt zich een wereld uit van gladgeschoren gazons, tennisbanen, golfcourses, restaurants, cafés en luxewinkels. Natuurlijk bezit dit juweel van rust en natuur aan de andere kant van het eiland, de naar de open Atlantische Oceaan toegekeerde zijde, ook wonderschone stranden.

Informatie

Jekyll Island Welcome Center: 901 Downing Musgrove Cswy, tel. 1-877-453-5955, www.jekyllisland.com.

Accommodatie

Eilandparadijs – **Jekyll Island Club Hotel:** 371 Riverview Dr., tel. 1-912-635-2600, www.jekyllclub.com. Traditierijk, gerenommeerd onderkomen met strandshuttle, tennis en golf, naast een groot zwembad. $ 189-500, plus taxes circa 20%.

Schitterend oord – **Villas by the Sea:** 1175 N. Beachview Dr., tel. 1-912-635-2521, www.jekyllislandga.com. Op een steenworp van het strand, 1-, 2- of 3-kamerwoningen met keuken. $ 139-399.

Bij het strand – **Days Inn & Suites Oceanside:** 60 S. Beachview Dr., tel. 1-912-635-9800, www.daysinn.com. Kamers met koelkast, magnetron, zwembad, wifi en een klein ontbijt. Ook kamers voor rokers. Vanaf $ 103.

Kamperen – **Jekyll Island Campground:** 1197 Riverview Dr., tel. 1-912-635-3021. Zeer goed ingericht terrein met toegang tot het strand.

Eten en drinken

Populair seafoodrestaurant – **Latitude 31:** 1 Pier Rd., tel. 1-912-635-3800, www.latitude-31jekyllisland.com, dag. Lunch en diner, vr.-zo. muziek. Aan de Jekyll Marina geniet u van verse zeevruchten. Gratis daarbij is de grandioze zonsondergang. Vanaf $ 28.

Fraai uitzicht, keuken oké – **SeaJay's Waterfront Cafe & Pub:** 1 Harbor Rd., tel. 1-912-635-3200, www.seajays.com, dag. vanaf 11 uur. Dit restaurant aan de haven biedt elke dag wisselende dagschotels. Do.-za. livemuziek. Vanaf $ 15.

Actief

Fietsen op het eiland – **Jekyll Island Bike Rentals:** North Beachview Dr., tel. 1-912-635-2648. Het eiland kent mooie fietsroutes. Fiets voor een uur $ 6, een dag $ 14, tandem $ 21, kinderzitje $ 5.

Darien ▶ 3, F 6

In het historische centrum van **Darien** met zijn antiek- en kunstnijverheidswinkels gaat het er kalmpjes aan toe. Daar komt ook geen verandering in wanneer de garnalenkotters in Waterfront Park voor de vangst afvaren of juist van de oceaan terugkeren. In het park vindt ieder jaar het festival Blessing of the Fleet plaats, waarbij op een zondag in het voorjaar onder grote belangstelling en met een feestelijke parade de vissersvloot van het stadje wordt gezegend.

Fort King George

1600 Wayne St., tel. 1-912-437-4770, www.gastateparks.org/info/ftkinggeorge, di.-zo. 9-17 uur, volwassenen $ 7,50, kinderen $ 4

In 1721 richtten de Britten aan de monding van de Altamaha River **Fort King George** op. Het was de zuidelijkste militaire post van hun invloedsgebied in Noord-Amerika, en diende om rivaliserende machten en indianen in de gaten te houden. Het fort, dat bestond uit een (nu gereconstrueerd) blokhuis van cipressenstammen, barakken en aarden wallen, werd bemand door Schotse Highlanders, die ook nu nog, avontuurlijk bewapend en gekleed in Schotse kilts, te zien zijn bij de palissadeomheining van de vesting.

Informatie

Darien-McIntosh Visitor Center: 1111 Magnolia Bluff Way SW, Suite 255, Darien, GA 31305, tel. 1-912-437-6684, www.mcintoshcounty.com.

Accommodatie

Gezellig verblijf – **Darien Waterfront Inn:** 201 Broad St., tel. 1-912-437-1215, www.darienwaterfrontinn.com. Zes vriendelijk ingerichte gastenkamers in een relaxte sfeer met uitzicht op de rivier. Inclusief ontbijt. Vanaf $ 115.

Aanbevolen – **Comfort Inn:** I-95, Exit 49, 12924 Hwy 251, tel. 1-912-437-4200, www.comfortinn.com. Schone kamers, zwembad en vriendelijk personeel. Circa $ 75.

Eten en drinken

Shrimps! – **B&J's Steaks & Seafood:** 901 N. Way, tel. 1-912-437-2122, www.bandjssteaksandseafood.com, ma.-za. 7-21, zo. 8-14 uur. Heerlijke shrimps! Vr.-za. seafoodbuffet $ 22.

Savannah

▶ 3, F 5

Sinds jaar en dag wordt de bezoeker bedwelmd door de statige lanen omzoomd door eiken, de honderden prachtige herenhuizen uit de 18e en 19e eeuw, de lommerrijke pleinen met historische monumenten en de alom aanwezige zuidelijke sfeer van Savannah. Henry Miller schreef: 'Savannah is een soort levend monument, waaromheen een zinnelijk aura zweeft als om het oude Korinthe.'

Deze 140.000 inwoners tellende kuststad is de bestuurszetel van Chatham County en een van de belangrijkste zeehavens van het zuidoosten van de Verenigde Staten. Vroeger werd hier veel geld verdiend met katoen, tegenwoordig met scheepsbouw, papier-, chemische en levensmiddelenindustrie. Wie hierdoor denkt aan rokende schoorstenen en door pakhuizen geflankeerde straten, heeft het danig mis. Savannah speelt de glansrijke rol van de diva van het zuiden, een beetje excentriek en exotisch, zoals dat hoort bij een grande dame, met een lichte hang naar het morbide, wat echter geen afbreuk doet aan de nadrukkelijke levenslust van de stad.

Savannah is de oudste stad van Georgia. Hij werd in 1733 door de Engelse generaal James Oglethorpe tegelijk met de kolonie Georgia gesticht, om een eventuele opmars van de Spanjaarden uit Florida een halt te kunnen toeroepen. Oglethorpe liet qua stadsplanning niets aan het toeval over en ontwierp het stratenpatroon op de tekentafel. Op de kruispunten in het centrum liet hij 24 plantsoenen aanleggen. Deze met fonteinen, obelisken en standbeelden verfraaide oases worden omringd door villa's, die te midden van uitgestrekte tuinen met palmbosjes schuilgaan achter smeedijzeren hekken. Het romantische stadsbeeld bij bijvoorbeeld Chippewa Square en Wright Square viel zo goed in de smaak bij regisseurs als Robert Zemeckis en Robert Redford dat ze het gebruikten als decor van hun films *Forrest Gump* en *The Legend of Bagger Vance*.

Dat Savannah zich sinds halverwege de jaren 90 tot toeristische trekpleister heeft ontwikkeld, heeft het onder meer te danken aan de New Yorkse journalist John Berendt. In 1994 schreef hij de documentaire roman *Middernacht in de tuin van goed en kwaad* over Savannah, een onopgesmukte zedenschildering van de stad. Het verhaal gaat over een rijke antiquair die wordt beschuldigd van de moord op een homoseksueel. Nadat Clint Eastwood het boek in 1997 had verfilmd, was Savannah in één klap beroemd, en niet alleen in de Verenigde Staten.

Bezoekers die de film dan wel de roman kennen, willen graag de plaats zien waar deze moord ook inderdaad is gepleegd, bij Mercer House aan Monterey Square, maar in de ogen van veel toeristen zijn de kilometerslange lanen met imposante eiken, waarvan de kruinen een groene tunnel vormen, veel aantrekkelijker. Victory Drive en Washington Avenue zijn daarvan goede voorbeelden.

Historic District

Kaart: blz. 397

Het **Visitor Information Center** 1 is ondergebracht in het voormalige station van de Central of Georgia Railroad. Hier is alle mogelijke informatie over de stad beschikbaar en kunt u aan de hand van documenten, diorama's en films een goed overzicht van de geschiedenis en de bezienswaardigheden van Savannah krijgen.

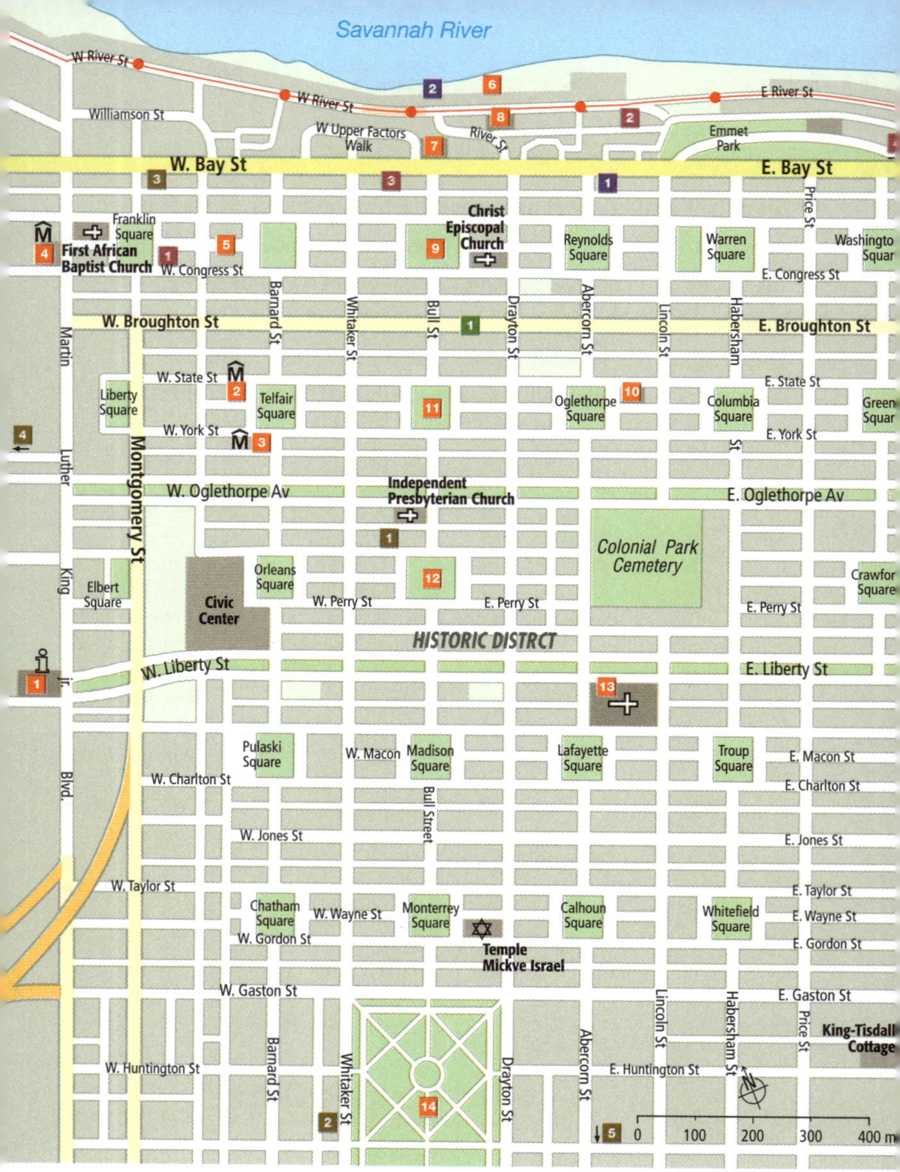

Rondwandeling

Telfair Museums

Telfair Sq., tel. 1-912-790-8800, di.-za. 10-17, zo.-ma. 12-17 uur, volwassenen $ 20

De met standbeelden van Rubens, Rafaël, Michelangelo en Rembrandt versierde voorgevel van het **Telfair Museum of Art** 2 geeft al een aanwijzing dat dit het oudste, in 1818 gestichte kunstmuseum van de zuidelijke staten betreft, waarin schilderijen, sculpturen en toegepaste kunst worden bewaard. De collecties werden eerst in het huis aan het Telfair Square en in het Owens-Thomas House (zie blz. 398)

Savannah

Bezienswaardig

1 Savannah Visitor Information Center
2 Telfair Museum of Art
3 Jepson Center for the Arts
4 Ships of the Sea Museum
5 City Market
6 Historic Savannah Waterfront
7 City Hall
8 Cotton Exchange
9 Johnson Square
10 Owens-Thomas House
11 Wright Square
12 Chippewa Square
13 Cathedral of St. John the Baptist
14 Forsyth Park

Accommodatie

1 Foley House Inn
2 Forsyth Park Inn
3 Best Western Plus
4 Thunderbird Inn
5 Skidaway Island State Park Campground

Eten en drinken

1 Belford's Savannah Seafood & Steaks
2 Shrimp Factory
3 Moon River Brewing Co.
4 Crab Shack

Winkelen

1 Broughton Street

Actief

1 Savannah Walks
2 Savannah's Riverboat Cruises

---

aan het publiek gepresenteerd, in 2006 kwam daar met de nieuwbouw van het **Jepson Center for the Arts** 3 aan de zuidkant van het Square een derde vestiging bij die voor tijdelijke tentoonstellingen wordt gebruikt.

Ships of the Sea Museum 4

41 Martin L. King Jr. Blvd. tel. 1-912-232-1511, www.shipsofthesea.org, di.-zo. 10-17 uur, volwassenen $ 9, kinderen $ 7

In de 18e en 19e eeuw speelde de trans-Atlantische handel een rol van grote betekenis. Hiervan profiteerde Savannah vooral in de periode tot aan het uitbreken van de Burgeroorlog in 1861, omdat het een van de grootste overslaghavens voor katoen ter wereld was. In 1819 liet de reder William Scarbrough het stijlvolle Scarbrough House bouwen, waarin nu het **Ships of the Sea Museum** is ondergebracht. Tot de vloot van Scarbrough behoorde het koopvaardijschip S.S. Savannah, dat als eerste stoomschip de Atlantische Oceaan overstak. Op de tentoonstelling in het scheepvaartmuseum zijn scheepsantiquiteiten, schilderijen en allerlei scheepsmodellen te zien. Het schip begon in mei 1819 aan zijn grote reis naar Europa en stopte daarbij in Liverpool, Arendal (Noorwegen), Kopenhagen, Stockholm en Sint-Petersburg . Vier jaar later leed het schipbreuk voor de kust van New York en zonk.

City Market 5

Jefferson/W. Saint Julian St., tel. 1-912-232-4903, www.savannahcitymarket.com

Al meer dan twee eeuwen geleden gold de omgeving van de **City Market** als de 'buik van Savannah'. Boeren en vissers boden hier hun verse waar aan, en kappers die hun klanten in de openlucht schoren, droegen bij aan de sfeer van de buurt, terwijl in de nabije omgeving paarden werden beslagen. Dit oude centrum is nu een verkeersluwe wijk geworden met kleine winkels, restaurants voor elke smaak en elke beurs, ijssalons, delicatessenwinkels en ouderwetse paard-en-wagens voor rondritten, waarvan het de bedoeling is dat ze enige authenticiteit verlenen aan de vele voetgangerpromenades met hun tientallen galeries. Straatmuzikanten en bandjes zorgen in het weekend voor gratis amusement.

Historic Savannah Waterfront 6

www.riverstreetsavannah.com

De waterkant van Savannah is niet aan de kant van de Atlantische Oceaan gelegen, maar verder landinwaarts aan de Savannah River, die de grens tussen South Carolina en Georgia markeert. En met deze waterkant is de havenstad meteen voorzien van een indrukwekkend decor. Aan de **Historic Savannah Waterfront** rijgen de voormalige pakhuizen met verweerde gevels zich aaneen. In de kelders zijn geen grote balen katoen meer opgestapeld, maar biervaten van de kroegen die hier, naast de *candy stores* en gezellige restaurants, het straatbeeld bepalen. Elke avond verandert de met hobbelige kinderkopjes geplaveide promenade langs de oever in een flaneerboulevard voor de inwoners en in een podium voor jongleurs en straatmuzikanten, totdat de zon achter de wirwar van hijskranen aan de andere kant van de brug naar South Carolina is ondergegaan.

City Hall 7

Bull/Bay St., dag. 8.30-17 uur gratis toegang

De Upper Factors Walk leidt van de rivier naar het stadhuis, de **City Hall.** Vanaf de stadskant eindigt de Bull Street direct voor het mooie koepelgebouw, waar de stadsbestuurders zitten te zweten boven hun stapels dossiers. Toen het in neorenaissancestijl gebouwde stadhuis in januari 1906 werd ingewijd, waren er tienduizend burgers aanwezig om deze gebeurtenis bij te wonen. Het representatieve gebouw bestaat grotendeels uit graniet, hier en daar bekleed met kalksteen en versierd met terracottaornamenten. Twee beelden, die de kunst en de handel symboliseren, verfraaien het balkon op de tweede verdieping. De toren was tot 1987 bedekt met koper, maar daar is toen een flinterdun laagje van 23-karaats goud overheen gelegd, betaald door een welgestelde burger.

Cotton Exchange 8

100 E. Bay St.

In de nabije omgeving van het stadhuis herinnert de neoromaanse baksteengevel van de **Cotton Exchange** aan de tijd van de katoen, die Savannah tot aanzienlijke welstand verhief. Nu zetelt hier de lokale vrijmetselaarsloge. De leeuwenfontein voor het gebouw is zo vaak afgebeeld in brochures dat hij nu als een soort symbool van de stad geldt

Johnson Square 9

Het nog in het jaar van de stichting van Savannah (1733) aangelegde **Johnson Square** is het oudste plein van de stad. Het is vernoemd naar Robert Johnson, de eerste gouverneur van Georgia. Het plein fungeert tegenwoordig als groene long van de stad. In het midden staat een monument voor Nathanael Greene (1742-1786), die als kwartiermeester-generaal na George Washington de belangrijkste bevelhebber tijdens de Vrijheidsoorlog was.

Owens-Thomas House 10

124 Abercorn St., tel. 1-912-233-9743, www.telfair.org, di.-za. 10-17, zo.-ma. 12-17 uur

Het in 1819 naar ontwerp van William Jay voltooide **Owens-Thomas House** heeft een tweeledige functie. Ten eerste geldt het voor de architectuurliefhebber als een van de mooiste Amerikaanse voorbeelden van de Britse regencystijl, die in zwang was in de periode 1790-1830, tussen de georgian en de victoriaanse stijl. Ten tweede maakt het Owens-Thomas House deel uit van het Telfair Museum of Art en stelt het een groot aantal decoratieve objecten en meubels tentoon, waarmee het huis tussen 1750 en 1830 was ingericht.

Wright Square 11

Op **Wright Square** bij Bull Street ligt Tomo-Chi-Chi begraven, het opperhoofd van de Yamacrawindianen, die tot de Cree behoorden. Hij werd er in 1739, in aanwezigheid van de Engelse generaal Oglethorpe, ter aarde besteld. Tomo-Chi-Chi had zich bewezen als goede vriend van de Engelsen. Hij sloot met Oglethorpe een verdrag dat de juridische basis zou leggen voor de kolonisering van Georgia.

Het opperhoofd bracht in 1734, hij was toen al 84 jaar oud, samen met zijn vrouw Senaukee een bezoek aan het Engelse hof en werd door zowel de koning als de aartsbisschop van Canterbury ontvangen. Hij stierf in 1739 in Yamacraw Indian Village en werd volgens zijn wens naar Savannah gebracht om te midden van zijn Engelse vrienden met militaire eer begraven te worden (Bull Street tussen State Street en York Street).

Chippewa Square 12

In het midden van **Chippewa Square** staat het monument voor de stichter van de stad,

De fontein in Forsyth Park: typisch zuidelijke ambiance

generaal James Oglethorpe (1696-1785). Het bronzen standbeeld van de hand van Daniel Chester French beeldt de Britse generaal uit, het zwaard in de hand en onverschrokken de blik gericht op het zuiden, waar de potentiële vijand zich bevond, namelijk de Spanjaarden in Florida (Bull Street).

Cathedral of St. John the Baptist 13

222 E. Harris St., www.savannahcathedral.org

De in 1876 gebouwde **Cathedral of St. John the Baptist** is architectonisch interessant en bezit kunstvoorwerpen die in 1898 een brand min of meer onbeschadigd doorstonden, waaronder enkele fraaie glas-in-loodramen. Door brandstichting in 2003 werd onder meer de kansel in de as gelegd, maar er is een getrouwe reconstructie vervaardigd met in Italië vervaardigd houtsnijwerk dat de vier evangelisten uitbeeldt.

Forsyth Park 14

Bull en Gaston Street

Op een warme zomerdag trekken de bewoners naar het beeldschone **Forsyth Park**, waar de in 1858 aangelegde victoriaanse fontein voor verkoeling zorgt. Het grootste stadspark van Savannah is een oase van rust, waarin men kan wandelen tussen de bemoste eiken en camelia's of gezeten op een bankje kan kijken naar de rondrennende joggers.

Buiten Savannah

▶ 3, F 5

Wormsloe Plantation

7601 Skidaway Rd., tel. 1-912-353-3023, www.gastateparks.org, di.-zo. 9-17 uur, volwassenen $ 10, kinderen $ 5

Noble Jones, een van de eerste Britse kolonisten in Georgia, stichtte in 1737 op 16 km ten zuidoosten van het huidige centrum van Savannah de **Wormsloe Plantation** op het Isle of Hope. Van het oorspronkelijke hoofdgebouw van de plantage zijn spaarzame resten overgebleven. In het in 1828 gebouwde nieuwe herenhuis zijn allerlei kunst- en gebruiksvoorwerpen uitgestald. De meeste mensen maken een uitstapje naar de plantage vanwege de 1600 m lange oprijlaan naar het huis, omzoomd door met Spanish Moss behangen reusachtige eikenbomen.

Fort Pulaski

US 80, ongeveer 25 km ten oosten van Savannah, tel. 1-912-786-5787, www.nps.gov/fopu, dag. 9-17 uur, volwassenen $ 7, kinderen $ 3

Onderweg naar Tybee Island (zie Tip blz. 401) komt u langs het tussen 1829 en 1847 gebouwde **Fort Pulaski**, dat de monding van de Savannah River in de Atlantische Oceaan bewaakt. De vesting, een mooi bewaard gebleven voorbeeld van 19e-eeuwse militaire architectuur, werd in 1862 tijdens de Burgeroorlog anderhalve dag beschoten door troepen van de Unie (de noordelijke staten) voordat het kon worden ingenomen.

Parkeren

In Savannah is parkeren gemakkelijk. Met een Visitor DayPass kunt u voor $ 8 een dag lang en voor $ 14 twee dagen lang onbeperkt parkeren op alle openbare parkeerplaatsen en in alle parkeergarages van de stad. De pas is te koop bij het Visitor Center en in veel hotels (Parking Services, tel. 1-912-651-6470).

Informatie

Savannah Visitor Information Center: 301 Martin Luther King Blvd., Savannah, GA 31401, tel. 1-912-944-0455, www.savannahvisit.com, ma.-zo. 9-17.30 uur. Nog een Visitor Center aan Ellis Square.

Accommodatie

Ten westen van de stad aan de I-95 liggen talrijke voordelige motels.

Gezellig – **Foley House Inn** 1: 14 W. Hull St., tel. 1-912-232-6622, www.foleyinn.com. Prachtige B&B in de historische kern. Negentien individueel ingerichte kamers, waar u comfortabel verblijft. Vanaf $ 189.

Fraaie B&B – **Forsyth Park Inn** 2: 102 W. Hall St., tel. 1-912-233-6800, www.forsythparkinn.com. Historisch B&B aan het Forsyth Park met mooi ingerichte kamers en een romantische cottage. Vanaf $ 179.

Schoon en sympathiek – **Best Western Plus** 3: 412 W. Bay St., tel. 1-912-233-1011, www.bestwestern.com. Hotel met goede kamers en een buitenzwembad op een centrale locatie. Vanaf $ 100, parkeren $ 20.

Totaal retro – **Thunderbird Inn** 4: 611 W. Oglethorpe Ave., tel. 1-912-232-2661, www.thethunderbirdinn.com. Hotel in Savannahs Downtown met licht ingerichte en vriendelijke kamers. Vanaf $ 100.

Kamperen – **Skidaway Island State Park Campground** 5: Diamond Causeway, 6 mijl ten zuidoosten van Savannah, tel. 1-912-598-2300, www.gastateparks.org/info/skidaway. Kampeerterrein met stroom en water op een mooie locatie.

Eten en drinken

Klassiek – **Belford's Savannah Seafood & Steaks** 1: 315 W. St. Julian St., tel. 1-912-

Tip

EILANDPARADIJS TYBEE ISLAND

Wie moe is geworden van het slenteren door de historische stadskern van Savannah kan ter afwisseling een ontspannen dagje doorbrengen op het strand van **Tybee Island** (20 minuten rijden ten oosten van de stad). Een 5 km lang zandstrand en met helmgras begroeide duinen flankeren het 3700 inwoners tellende eiland, waar aan het zuidelijke uiteinde een pier in zee steekt. Naast privéwoningen liggen er hotels, motels, vakantiehuisjes en restaurants. Er voeren 178 traptreden naar de top van de in 1867 gebouwde vuurtoren, waar een klein museum bij hoort. Hier hebt u uitzicht over het paradijselijke eiland, dat zich goed leent om op het strand te liggen, te zwemmen en schelpdieren te zoeken. Wie een paar ontspannen uren of dagen wil, is hier aan het juiste adres (Tybee Island Light Station, www.tybeelighthouse.org, wo.-ma. 9-17.30 uur, volwassene $ 9, kinderen $ 5).

233-2626, www.belfordssavannah.com, dag. vanaf 11 uur. Hier kunt u terecht voor heerlijke gerechten als shrimp-linguine met truffelolie voor $ 28. Mooi terras.

Voor krabliefhebbers – **Shrimp Factory** 2: 313 E. River St., tel. 1-912-236-4229, dag. vanaf 11 uur. In seafood gespecialiseerd toeristenrestaurant aan de waterkant. Cajun chicken met penne $ 18, shrimp-trio $ 30.

Lekkere gerechten – **Moon River Brewing Co.** 3: 21 W. Bay St., tel. 1-912-447-0943, www.moonriverbrewing.com, dag. vanaf 11 uur. Brouwerij met restaurant en grote biertuin. Hamburgers vanaf $ 9, braadworst $ 7 en filet mignon voor $ 20.

Met een gezellige sfeer – **Crab Shack** 4: 40 Estill Hammock Rd., tel. 1-912-786-9857, www.thecrabshack.com, dag. 11.30-22 uur. Buiten het centrum gelegen restaurant. Een geheime tip waar u in de tuin kunt eten. BBQ vanaf $ 16, een pond versgekookte shrimps voor $ 18, king crabs voor $ 50, 'Shack-specialty'-schotel voor $ 40. Dagelijkse lunch special voor $ 8.

Het ruisen van de zee – **Restaurants op Tybee Island** zie boven.

Winkelen

Heerlijk winkelen en flaneren – **Broughton Street** 1: Een van de beste winkelstraten van de stad. Hier kunt u terecht voort modezaken, souvenirboetieks en zaken in andere branches.

Actief

Thematours – **Savannah Walks** 1: 37 Abercorn St., tel. 1-912-238-9255, www.savannahwalks.com. Interessante rondleidingen te voet met verschillende thema's. Zorg voor goede schoenen.

Boottochten over de rivier – **Savannah's Riverboat Cruises** 2: 9 E. River St., tel. 1-912-232-6404, www.savannahriverboat.com. Uitstapjes met de River Queen of Georgia Queen.

Vervoer

In de historische binnenstad van Savannah rijden op verschillende routes gratis stadsbussen van de DOT (ma.-za. 7-21, zo. 11-21 uur). Langs het Waterfront rijdt eveneens gratis een tram uit de jaren 30 met onderweg 7 haltes (do.-zo. 12-21 uur).

De kust van South Carolina

Dankzij het subtropische klimaat is de kust van South Carolina in trek bij allerlei soorten vakantiegangers. Op Hilton Head Island komt de high society elkaar tegen bij het golfen en zeilen, in Beaufort ontspannen natuurliefhebbers zich, in Myrtle Beach gaat het hele gezin naar het strand en in Charleston heerst zuidelijke romantiek.

Niemand ontkomt aan Charleston, de parel aan de 300 km lange kuststrook van South Carolina. Charme, historie en traditie komen hier bij elkaar en vormen een prachtig straatbeeld. De romantische, enigszins melancholische sfeer van de zuidelijke staten is in vrijwel geen enkele andere stad aan de Atlantische kust zo voelbaar als op het schiereiland tussen de Cooper River en de Ashley River, waar u kunt wandelen door lanen met schitterende villa's en door lommerrijke zijstraten met sprookjesachtige tuinen – afgezien van de oude plantages met groen overwoekerde vijvers en met mos behangen eikenbomen, en de chique herenhuizen die aan boeken als *De hut van oom Tom* en *Gejaagd door de wind* doen denken.

Met een oppervlakte van 108 km^2 is Hilton Head Island het grootste eiland aan de Atlantische kust tussen New York en Florida. Het heeft de vorm van een schoen en bestaat uit moerasgebied, dennenbossen en een 20 km lang, door palmen en magnolia's omzoomd zandstrand aan de kant van de Atlantische Oceaan. Zijn huidige status als vrijetijdsparadijs voor vermogende vakantiegangers bezit het eiland sinds 1956, toen het met het vasteland werd verbonden.

Myrtle Beach heeft door de jaren heen al diverse titels in de wacht gesleept: wereldcentrum van aan de kust gelegen golfterreinen, campingmetropool van de VS, mekka van het midgetgolf en vakantiebolwerk voor studenten. Vanwege de gunstige aanbiedingen voor de golfliefhebber is de plaats met ruim honderd golfbanen erin geslaagd het seizoen over de 'strandmaanden' heen te verlengen in het voor- en najaar, zodat het nu negen maanden duurt.

De lokale toeristenbranche kan alleen van half november tot half februari even op adem komen, want al in de tweede helft van februari trekken overwinteraars uit de noordelijke staten met hun golfuitrusting naar dit gebied. In mei wordt het pas echt druk in Myrtle Beach, wanneer hordes uitbundige studenten tijdens hun *spring break*-vakantie in grote aantallen in deze badplaats neerstrijken. Volgens oudere lokale bewoners hebben zij slechts een paar doelen voor ogen: zon, drank en seks.

Hilton Head Island

▶ 3, G 5

Langs de weg naar de Atlantische kust staan rijen reusachtige, met Spaans mos overwoekerde eikenbomen. Vervolgens gaat de weg door dichte naaldbossen en eindeloze moerasgebieden naar de Intracoastal Waterway. Aan de andere kant van de brug strekt zich een eilandenparadijs uit dat door 34.000 mensen permanent wordt bewoond. 's Zomers worden zij in aantal overtroffen door 45.000 toeristen, van wie velen hun golfuitrusting meenemen. Behalve kilometerslange stranden met poederachtig zand beschikt het exclusieve, door de warme Golfstroom omspoelde eiland immers over 22 golfbanen. De beroemdste daarvan is de in 1969 aangelegde Harbour Town Golf Links, waar alle topgolfers ter wereld al

Maritieme romantiek op het vakantie-eiland Hilton Head

eens een balletje hebben geslagen. Op veel plaatsen worden fietsen verhuurd, ook met kinderzitjes en tandems. Hiermee kunt u over het goed onderhouden fietsnetwerk moeiteloos het eiland verkennen. Aangezien de openbare badstranden maar weinig parkeergelegenheid hebben, is fietsen een goed alternatief (www.hiltonheadisland.org/pdf/bikepathways.pdf).

Stranden

Alle stranden op het eiland zijn in principe openbaar, maar niet overal toegankelijk, aangezien veel kustgebieden zijn bebouwd of in handen van particulieren zijn. De volgende vijf stranden zijn bereikbaar via de openbare weg en geschikt om te zonnen en te zwemmen: **Alder Lane Beach** (South Forest Beach Drive), **Coligny Beach** (Coligny Circle), **Driessen Beach Park** (aan het eind van de Bradley Beach Road), **Folly Field Beach Park** (Folly Field Road) en **Islanders Beach Park** (dicht bij de Folly Field Road). Elk strand beschikt over toiletten, kleedhokjes, douches, strandtentjes en in het hoogseizoen een strandwacht.

Informatie

Hilton Head Island-Bluffton Chamber of Commerce and Visitor & Convention Bureau: 1 Chamber of Commerce Dr., P. O. Box 5647, Hilton Head Island, SC 29938, tel. 1-843-785-3673, www.hiltonheadisland.org.

Kranten: een overzicht van evenementen vindt u in de eilandkrant *The Island Times* en in het maandblad *Hilton Head Monthly*.

Accommodatie

Eigen strand – **Westin Hilton Head Island Resort:** Port Royal Plantation, 2 Grasslawn Ave., tel. 1-843-681-4000, www.westinhiltonheadisland.com. Luxueus, drie zwembaden, golf en tennis. Vanaf $ 260.

Mooi zwembad – **Sonesta Resort:** 130 Shipyard Dr., tel. 1-843-842.2400, www.sonesta.com. 340 kamers met koelkast, koffieapparaat, wifi en balkon. Spa, fitnesscenter en fietsverhuur. Vanaf $ 229 plus resort fee $ 20.

Goed ketenmotel – **Red Roof Inn:** 5 Regency Pkwy, tel. 1-843-686-6808, www.redroof.com. Hotel met zwembad, kinderen onder de achttien jaar gratis in de kamer van de ouders. Vanaf $ 75.

Eten en drinken

Extreem vers – **Hudson's Seafood House on the Docks:** 1 Hudson Rd., tel. 1-843-681-2772, www.hudsonsonthedocks.com, dag. vanaf 11 uur. Heerlijke zeevruchten in een ontspannen sfeer. Vanaf $ 18.

Pittoresk gelegen – **The Skull Creek Boathouse:** 397 Squire Pope Rd., tel. 1-843-681-3663, www.skullcreekboathouse.com. Fantastische sfeer, in de zomer met livemuziek. Seafood vanaf $ 10.

Amerikaans – **A Lowcountry Backyard:** 32 Palmetto Bay Rd., tel. 1-843-785-9273, www.hhbackyard.com. Relaxte sfeer, sandwiches, hamburgers en seafood. Vanaf $ 9.

Winkelen

Outlet – **Tanger Outlet:** in Bluffton, 1414 Fording Island Rd., tel. 1-843-837-5410, ma.-za. 10-21, zo. 11-18 uur. Outlet met honderd winkels als GAP, DKNY, Levi's, Guess, Hilfiger en Saks Fifth Avenue OFF 5TH.

Uitgaan

Tot het ochtendgloren – Rond het Hilton Plaza en 7, Greenwood Drive ligt de **Barmuda Triangle** met bars en verleidelijke happy hours.

Ontspannen flair – **Salty Dog Café:** 232 S. Sea Pines Dr., tel. 1-843-671-2233, www.saltydog.com, mrt.-nov. dag. 11-24 uur. Aan de zuidkant van het eiland. Terras met uitzicht op het water en livemuziek. Vanaf $ 11.

Actief

Diverse tochten – **Chamber of Commerce:** (zie blz. 403) Hier kunt u tochten door het moerasland en naar het Pinckney Island National Wildlife Refuge boeken. Populair zijn de boottochten met dolfijnen voeren. Paardrijtochten: Lawton Stables, tel. 1-843-671-2586, avontuurlijke kajaktochten: Outside Hiltonhead, tel. 1-843-686-6996.

Evenementen

Harbour Fest: Shelter Cove Harbour, juni-aug. dag. vanaf 18 uur. Gratis amusement en eetkraampjes. Elke dinsdag vuurwerk, of in geval van regen op woensdag (www.palmettodunes.com > events).

Beaufort ▶ 3, G 5

Naast kustweg 17 leidt **Beaufort**, gelegen aan een stuk kust met verschillende kleine eilanden, een teruggetrokken bestaan. Het kustplaatsje aan een licht gebogen baai komt sprookjesachtig over met zijn beeldschone villa's te midden van oeroude eiken, die vol hangen met lange slierten Spaans mos. Niet de stedelijke hectiek, maar een rustig tempo bepaalt hier het dagelijks leven. De grootste attractie van Beaufort wordt echter niet gevormd door de huizen uit de koloniale tijd en de kasseienstraatjes met oude gaslantaarns, maar door de ten oosten van het stadje gelegen eilanden, die via bruggen en dammen te bereiken zijn.

Huntington Island State Park

Aan de US 21 circa 25 km ten oosten van Beaufort, 2555 Sea Island Pkwy, tel. 1-843-838-2011,

Drayton Hall bleef als enige plantagehuis van Charleston in de Burgeroorlog gespaard

www.southcarolinaparks.com, dag. 6-18, in hartje zomer tot 21 uur

In het **Huntington Island State Park** hebt u vanaf de vuurtoren een fraai overzicht van deze wereld van zandstranden, moerassen en wandelpaden, maar u kunt ook vanaf de houten pier de zeemeeuwen en dolfijnen bekijken. In dit State Park vindt u accommodatie op een kampeerplaats met huisjes; in het bezoekerscentrum kunt u terecht voor informatie over alles wat het park te bieden heeft.

Charleston ▶3, G 5

Kaart: blz. 407

Deze in 1670 ter ere van de Engelse koning Karel II gestichte stad houdt als geen andere in de Verenigde Staten de aristocratie van de plantagehouders en de charme van de zuidelijke staten in ere.

Als Amerikanen het over hun oude steden met een karakteristiek stratenpatroon en een heel eigen sfeer hebben, dan valt al snel de naam **Charleston**. Met de ongeveer vijftienhonderd historische gebouwen vormt de stad een levendig openluchtmuseum vol luxe paleizen, stadsvilla's en cottages. Vrijwel alle gebouwen, zowel groot als klein, staan achter door rozenstruiken begroeide houten of smeedijzeren hekken te midden van prachtige tuinen, die door de meeste bewoners als een soort visitekaartje wordt beschouwd.

Wragg Square en Liberty Square

Op Wragg Square ist het **Charleston Visitor Center** 1 ondergebracht in een voormalige spoorwegremise uit 1856. Het bijzonder professionele personeel staat de bezoeker met raad en daad bij. Men verschaft er gedetailleerde plattegronden, entreebewijzen en inlichtingen over kortingen op de kaartjes voor veel bezienswaardigheden, zoals museumpassen.

Mary St
Wragg Sq
Chapel St
Ann St
Radcliffe St
John St
Charlotte St
Liberty Square
Calhoun St
Warren St
Hudson St
Henrietta St
Vanderhorst St
King Street
Meeting Street
Marion Square
Concord St
Charleston Maritime Center
Anson Borough Field
St Philip St
Calhoun St
Minotti St
East Bay Street
Burns Ln
Laurens St
The College of Charlston
George St
Society St
Anson St
Liberty St
Hasell St
52
Pritchard St
Coming St
Wentworth St
Pinckney St
Guingard St
Church St
Beaufain St
Pitt St
Market St
North Market St
Cruise Shi Terminal
Princess St
South Market St
West St
Fulton St
Concord St
Magazine St
Cliford St
Cumberland St
Church St
St Philip's Church
Jacob's St
St Mary's Church
Queen St
Queen St
Vendue Rge
French Huguenot Church
Cooper River
St John's Church
Short St
Chalmers St
State St
Waterfront Park
Broad St
Broad St
HISTORIC DISTRICT
St Michael's Pl.
Elliott St
New St
Logan St
Legare St
Orange St
Heyward Washington House
Concord St
Tradd St
Tradd St
Limehouse St
Greenhill St
First Baptist Church
Water St
Gibbes St
Ladson St
Lamboll St
Atlantic St
Charleston
South Battery
Meeting Street
Church St
Harbor
Murry Blvd.
East Battery
0 100 200 300 400 m

Charleston

Bezienswaardig

1 Charleston Visitor Center
2 Aiken-Rhett House
3 Charleston Museum
4 South Carolina Aquarium
5 Fort Sumter Visitor Education Center
6 Confederate Museum
7 Gibbes Museum of Art
8 Powder Magazine
9 Old Slave Mart Museum
10 Old Exchange and Provost Dungeon
11 Cabbage Row
12 Rainbow Row
13 East Battery
14 Edmondston-Alston House
15 White Point Gardens

Accommodatie

1 French Quarter Inn
2 Andrew Pinckney Inn
3 King Charles Inn
4 Indigo Inn
5 Elliott House Inn
6 Charleston KOA Kampground

Eten en drinken

1 Grill 225
2 FIG
3 Hyman's Seafood Company
4 Sticky Fingers
5 Dixie Supply Bakery & Café

Aiken-Rhett House 2

48 Elizabeth St., tel. 1-843-723-1159, www.historiccharleston.org, ma.-za. 10-17, zo. 14-17 uur, volwassenen $ 12, kinderen $ 5

Het **Aiken-Rhett House** is van alle gebouwen in de stad het enige bewaard gebleven landgoed dat van vóór de Burgeroorlog dateert. Het hoofdgebouw ziet er met zijn meubilair en inrichting in grote lijnen nog net zo uit als in 1858, maar vooral de slavenverblijven in de bijgebouwen zijn bijzonder, omdat ze de enige in de stad zijn die kunnen worden bezichtigd.

Charleston Museum 3

360 Meeting St., tel. 1-843-722-2996, www.charlestonmuseum.org, ma.-za. 9-17, zo. 13-17 uur, alleen museum volwassenen $ 12, kinderen $ 5

De vroegere welstand van Charleston berustte in eerste instantie op de lucratieve rijstproductie van de talloze plantages in het achterland. De nadruk van de exposities in het bezienswaardige **Charleston Museum** ligt op de weergave van het leven en het werk op deze landerijen. Sommige voorwerpen, zoals fossielen en walvisskeletten, gaan echter nog veel verder in de geschiedenis van de stad terug. Tot het museum behoort ook het rond 1803 voltooide **Joseph Manigault House**, waarin het Amerikaanse, Engelse en Franse meubilair getuigt van de hoge levensstandaard van de toenmalige rijstplanters.

South Carolina Aquarium 4

100 Aquarium Wharf, tel. 1-843-720-1990, www.scaquarium.org, mrt.-aug. 9-17, sept-feb. 9-16 uur, vanaf 13 jaar $ 25, kinderen 3-12 jaar $ 18

Het **South Carolina Aquarium** houdt zich weliswaar ook bezig met de fascinerende geheimen van het Amazonegebied, maar de nadruk ligt op de flora en fauna in South Carolina, van de Atlantische Oceaan via de kustvlakte en de heuvelige Piedmont Region tot aan het berglandschap van de Appalachen. Vooral de oceaanbassins, waarin haaien, murenen en kwallen rondzwemmen, vormen een trekpleister voor bezoekers. In een speciale *touch tank* kunnen kinderen en volwassenen ongevaarlijke zeebewoners aanraken.

Fort Sumter Visitor Education Center 5

340 Concord St., tel. 1-843-883-3123, www.nps.gov/fosu, dag. 8.30-17.30 uur; veerboten: tel. 1-843-881-7337, www.fortsumtertours.com, volwassenen $ 19,50, kinderen 4-11 jaar $ 12

Charleston heeft Amerikaanse geschiedenis geschreven. In Fort Sumter op een kunstmatig eiland in de Charleston Harbor viel in april 1861 het eerste schot in de Amerikaanse

Actief

LANGS ROMANTISCHE PLANTAGES

Informatie

Begin: centrum van Charleston
Lengte: heen en terug circa 60 mijl
Duur: een dag

Belangrijk: u kunt de plantages het best bezoeken per huurauto. Op de homepages of bij de Visitor Information vindt u vaak coupons of ticketkortingen.

South Carolina was in de 19e eeuw een van de grootste rijstleveranciers van de westerse wereld. Aan de stadsrand van Charleston zijn vier historische plantages bewaard gebleven, waar weliswaar geen rijst meer wordt verbouwd, maar daarvoor in de plaats worden bezoekers ondergedompeld in de unieke romantiek van de zuidelijke staten. De **Boone Hall Plantation** 1 behoort tot de oudste nog functionerende plantages in het zuiden van de VS. Vanaf de ingang van het terrein voert een fotogenieke laan met enorme eikenbomen naar het in 1936 gebouwde plantagehuis, waar u zich kunt laten rondleiden door gekostumeerde huisdames. Enkele slavenverblijven hebben de tand des tijds doorstaan (Hwy 17 N., Mount Pleasant, tel. 1-843-884-4371, www.boonehallplantation.com, mrt.-aug. ma.-za. 8.30-18.30, zo. 12-17 uur, sept.-dec. ma.-za. 9-17, zo. 12-17 uur, volwassenen $ 24, kinderen 6-12 jaar $ 12).
Dicht bij de oever van de Ashley River is tussen 1738 en 1742 de indrukwekkende, twee verdiepingen tellende bakstenen **Drayton Hall** 2 gebouwd, die ruim tweeënhalve eeuw

vrijwel onveranderd is gebleven en zelfs tijdens de Burgeroorlog geen schrammetje heeft opgelopen. De vijftien kamers van de residentie zijn niet meer ingericht. Het complex moet het hebben van zijn schitterende ligging op een uitgestrekt, door bomen omringd grasland (3380 Ashley River Rd., circa 14 km ten noorden van Charleston, tel. 1-843-769-2600, www.draytonhall.org, ma.-za. 9-15.30, zo. 11-15.30 uur, 1e week van feb. gesloten, rondleidingen van een halfuur, volwassenen $ 20, kinderen 12-16 jaar $ 22, 6-11 jaar $ 6).
Schitterende waterlelievijvers met mooie bruggetjes, moerassen met grote moerascipressen, weelderige bloembedden en enorme eikenbomen met lange mosbaarden maken van de **Magnolia Plantation** 3 een sprookjesachtig complex. Ruim 900 verschillende camelia- en 250 azaleasoorten groeien overal op het terrein, waar ook de Audubon Swamp Garden toe behoort. Deze 24 ha grote moeraswildernis met gigantische cipressen, die u op eigen gelegenheid kunt verkennen via houten steigers, vormt voor alligators en ontelbare vogelsoorten een ideale habitat. In het hoofdverblijf kunt u zich door tien kamers laten rondleiden en een indruk krijgen hoe het leven op een plantage in de 19e eeuw was (3550 Ashley River Rd., tel. 1-843-571-1266, www. magnoliaplantation.com, mrt.-okt. dag. 8-17.30 uur, rest van het jaar korter, basisentree volwassenen $ 15, kindern 6-12 jaar $ 10, voor aparte bezienswaardigheden als een rondleiding door het huis of de Audubon Swamp Garden betaalt u elk nog eens $ 8).
Begin 18e eeuw waren in Europa formele, volgens strikte regels aangelegde tuinen in de mode. Deze architectonische vorm kreeg ook in de VS voet aan de grond. Een prachtig voorbeeld hiervan is **Middleton Place** 4, waar rond het in 1755 gebouwde herenhuis op majestueuze wijze, deels in terrassen aangelegde tuinen werden gerealiseerd. Ongeveer honderd slaven zouden er tien jaar aan gewerkt hebben. In 1975 werd het plantagehuis omgedoopt tot museum, waar u inzicht krijgt in drie eeuwen plantageleven (4300 Ashley River Rd., tel. 1-843-556-6020, www.middletonplace.org, dag. 9-17 uur, volwassenen $ 28, kinderen 6-13 jaar $ 10, rondleiding door het huis ma. 12-16.30, di.-zo. 10-16.30 uur voor $ 15 extra).

Burgeroorlog, toen de troepen van de Geconfedereerden (Zuidelijken) het door de Unie (Noordelijken) bezette fort innamen. Bijna twee jaar lang is vervolgens strijd om de vesting geleverd, echter zonder dat de troepen van de Zuidelijken hun verzet opgaven. In het **Fort Sumter Visitor Education Center** wordt het begin van de oorlog met uitgebreide tentoonstellingen gedocumenteerd. Dit is ook het vertrekpunt van de veerboten naar Fort Sumter. De gehele tocht duurt circa 2,5 uur.

French Quarter

De naam van de wijk verwijst naar de Franse handelaren die zich hier ooit vestigden. Aan de Church Street herinnert de French Huguenot Church aan deze tijd.

Confederate Museum 6

Market Hall, 188 Meeting St., tel. 1-843-723-1541, di.-za. 11-15.30 uur, volwassenen $ 5

De organisatie Daughters of the Confederacy heeft het **Confederate Museum** ondergebracht in de voormalige markthal uit 1841. Er zijn vlaggen, uniformen, wapens en andere voorwerpen te zien die te maken hebben met de troepen van de Geconfedereerden, die in de Burgeroorlog van 1861 tot 1865 streden tegen de manschappen van de Unie.

Gibbes Museum of Art 7

135 Meeting St., tel. 1-843-722-2706, www. gibbesmuseum.org, di.-za. 10-17, zo. 13-17 uur, volwassenen $ 12, kinderen 4-17 jaar $ 6

Het **Gibbes Museum of Art** richt zich met zijn tentoonstelling vooral op Amerikaanse kunst en probeert de werken van lokale kunstenaars daarbij niet uit het oog te verliezen. Behalve een indrukwekkende portret- en miniatuurverzameling ziet u hier ook landschapsschilderingen, sculpturen en foto's.

Powder Magazine 8

79 Cumberland St., tel. 1-843-722-9350, www.powdermag.org, ma.-za. 10-16, zo. 13-16 uur, volwassenen $ 5, kinderen $ 2

Het oudste openbare gebouw in Charleston is het in 1712 binnen de stadsmuren verrezen **Powder Magazine**, dat vroeger dienstdeed als buskruitdepot. In 1748 werd een modernere opslagplaats gebouwd, maar de oude toren behield zijn functie tot de Amerikaanse Revolutie. Nu is er een tentoonstelling over Charleston in koloniale tijden ondergebracht.

Old Slave Mart Museum 9

6 Chalmers St., tel. 1-843-958-6467, ma.-za. 9-17 uur, volwassenen $ 7, kinderen $ 3

Het **Old Slave Mart Museum** in Chalmers Street, waar in 1863 de laatste slavenveiling plaatsvond, herinnert aan duistere tijden. Hier wordt de geschiedenis van de mensonterende dwangarbeid uit de doeken gedaan, die in 1670 begon toen de eerste arbeidskrachten vanuit Afrika naar Georgia werden gedeporteerd. In Charleston werden slaven vanaf 1856 in een hal verhandeld, omdat sindsdien 'menselijke koopwaar' niet meer in de openlucht mocht worden verkocht.

Old Exchange and Provost Dungeon 10

122 E. Bay St., tel. 1-843-727-2165, www.oldexchange.com, dag. 9-17 uur, volwassenen $ 9

In de door de Britten gebouwde gewelven van de **Old Exchange and Provost Dungeon** werden tijdens de Amerikaanse Vrijheidsoorlog Amerikaanse patriotten gevangengezet. Nu huist er een geschiedkundig museum.

South of Broad

South of Broad is het exclusieve deel van het Charlestonse Downtown. Aan de East Bay en Meeting Street, plus zijstraten, rijgen de paleisachtige villa's zich aaneen.

Cabbage Row 11

89-91 Church St.

Naast het **Heyward Washington House** (nr. 87) in de Church Street ligt de kleine privéstraat **Cabbage Row**. De schrijver DuBose Heyward nam deze als voorbeeld voor Catfish Row in zijn roman *Porgy*, die in 1935 wereldberoemd werd in de vorm van de opera *Porgy and Bess* van George Gershwin. Heyward schreef het libretto voor de opera samen met Ira Gershwin. Vanwege de in de opera behandelde rassenthematiek mocht deze in Charleston pas vanaf de jaren 70 worden opgevoerd.

Rainbow Row 12

79-107 E. Bay St.

De veertien 18e-eeuwse, in een rij gebouwde woonhuizen staan weliswaar bekend onder de naam **Rainbow Row**, toch zijn ze niet, zoals de naam doet vermoeden, in regenboogkleuren geschilderd, maar in rustieke pasteltinten. Oorspronkelijk waren op de begane grond winkels en op de bovenverdieping woningen gevestigd. De huizen stonden destijds pal aan het water, zodat de kooplieden eenvoudig de vlakbij aangemeerde schepen konden bereiken.

East Battery 13

De strandboulevard van Charleston, **East Battery**, is een toonzaal van romantische pronkstukken. De ene eeuwenoude villa is nog prachtiger dan de andere en sommige zijn ware sprookjespaleizen met hagelwitte gevels en uitgestrekte balkons. De eigenlijke East Battery bestaat uit een brede kademuur die de villa's tegen de oceaan moet beschermen en waarop de mensen nu wandelen, joggen en skaten.

Edmonston-Alston House 14

21 East Battery, tel. 1-843-722-7171, www.edmondstonalston.com, rondleidingen di.-za. 10-16.30, zo., ma. 13-16.30 uur, volwassenen $ 12, kinderen $ 8

Een van de mooiste villa's is het **Edmonston-Alston House**. Het is halverwege de jaren 1820 gebouwd voor een Schotse koopman, die niet heel lang van zijn vorstelijke onderkomen kon genieten, omdat hij het in 1837 wegens financiële problemen moest verkopen. Een van zijn opvolgers liet het stadspaleis renoveren in de neoklassieke stijl die het nog altijd kenmerkt. Het huis is zo authentiek met kostbare meubels, zilver en porselein ingericht dat het lijkt alsof de laatste bewoners net zijn vertrokken.

White Point Gardens 15

Het schiereiland tussen de Cooper en de Ashley River waarop Charleston ligt, eindigt in het zuiden met de **White Point Gardens**. In dit niet al te grote park staan majestueuze eikenbomen, historische beelden en monumenten, evenals kanonnen die ooit de haven beschermden. In het kleine paviljoen in het park worden regelmatig bruiloften gevierd en concerten gegeven. In de omgeving rijden paardenkoetsen door de straten met de mooiste villa's.

Informatie

Charleston Area Convention & Visitors Bureau: 423 King St., P.O. Box 975, Charleston, SC 29402, tel. 1-843-853-8000, www.charlestoncvb.com; Charleston Visitor Center, 375 Meeting St.

Accommodatie

Comfortabeler wordt het niet – **French Quarter Inn** 1: 166 Church St., tel. 1-843-722-1900, www.fqicharleston.com. Aangenaam luxueus in de historische wijk. Dag en nacht gratis koffie in zilveren samowaren, ontbijt op het terras, 's middags wijn en kaas bij de haard. De 'pillow-concierge' heeft keuze uit verschillende soorten kussens. Vanaf $ 279.

Downtown – **Andrew Pinckney Inn** 2: 40 Pinckney St., tel. 1-843-937-8800, www.andrewpinckneyinn.com. Gezellige, moderne accommodatie in een historisch gebouw. Vanaf $ 179.

Ouder, maar goed hotel – **King Charles Inn** 3: 237 Meeting St., tel. 1-843-723-7451, www.kingcharlesinn.com. Smaakvol ingericht Best Westernhotel met zwembad en restaurant, wifi en parkeergelegenheid. 's Middags wijn met kaas, net als het ontbijt inclusief. Vanaf $ 169.

Aangenaam – **Indigo Inn** 4: 1 Maiden Ln., tel. 1-843-577-5900, www.indigoinn.com. Veertig kamers in 18e-eeuwse stijl, mooie rustige tuin, overvloedig ontbijt. Vanaf $ 159.

Niet alleen een fantastische service – **Elliott House Inn** 5: 78 Queen St., tel. 1-843-518-6500, www.elliotthouseinn.com. Keurige B&B in de stijl van de 18e eeuw. Mooie tuin met zwembad, stijlvolle ambiance. 's Middags kaas en wijn op de veranda, gratis leenfietsen. Vanaf $ 159.

Kamperen – **Charleston KOA Kampground** 6: Ladson, tel. 1-843-797-1045, twintig mijl ten noordoosten van de stad, www.koa.com, hele jaar. Met zwembad, cabins en lodges.

Eten en drinken

Uitstekend – **Grill 225** 1: 225 E. Bay St., tel. 1-877-440-2250, www.grill225.com, ma.-zo. 11.30-15, 17.30-22 uur, vr., za. langer. Voortreffelijk steakhouse, waar ook goede seafood wordt geserveerd, maar tegen flinke prijzen. Steaks vanaf $ 39.

Superkeuken – **FIG** 2: 232 Meeting St., tel. 1-843-805-5900, www.eatatfig.com, ma.-do. 17-22.30, vr., za. tot 23 uur. Bistro met verse, Frans geïnspireerde gerechten. De ingrediënten zijn afkomstig van boerderijen rond Charleston. Hoofdgerecht circa $ 30.

Geliefd – **Hyman's Seafood Company** 3: 215 Meeting St., tel. 1-843-723-6000, www.hymanseafood.com, dag. 11-23, nov.-feb. ma.-do. alleen tot 21.30 uur. Zeer levendige zaak met seafood als tonijn, snapper en mahi. Reserveren niet mogelijk. Vanaf $ 15.

Voor ribfans – **Sticky Fingers** 4: 235 Meeting St., tel. 1-843-853-7427, www.stickyfingers.com, dag. 11-23 uur. De beste barbecue-ribs met diverse sauzen. Ook proefmenu's en pitchers bier. Vanaf $ 15.

Goed ontbijt – **Dixie Supply Bakery & Café** 5: 62 State St., tel. 1-843-722-5650, www.dixiecafecharleston.com, di.-zo. 8-14.30 uur. Ontbijt en Lunch. Ideaal voor het begin van de dag, ook voor vegetariërs. Lunch met sandwiches en burger. Vanaf $ 7.

Georgetown ▶ 3, G/H 4

Dit vroegere vissersplaatsje van negenduizend inwoners, omgeven door voormalige rijst- en indigoplantages, heeft zijn 19e-eeuwse straatbeeld behouden, hoewel er tegenwoordig een grote zeehaven ligt. Het stadje met enkele hotels, restaurants en diverse watersportmogelijkheden, waaronder kajakken, is in trek bij gezinnen, die vanhier uitstapjes ondernemen.

Aan de waterkant van de haven, de Harbor Walk, liggen een paar gezellige restaurants met terrassen, ideaal voor *people watching*. Ten noorden van de stad begint bij het Grand Strand het uitgestrekte strand dat doorloopt tot aan Myrtle Beach.

Hampton Plantation

25 km ten zuidwesten van Georgetown bij de US 17, 1950 Rutledge Rd., tel. 1-843-546-9361, www.southcarolinaparks.com, terrein dag. 9-17 uur, gratis; rondleiding door het huis vr.-di. 12 en 14 uur, volwassenen $ 7,50, kinderen $ 5

Op de **Hampton Plantation** ten zuidwesten van Georgetown krijgt de bezoeker een indruk hoe het er in de tijd van de slavernij aan toeging op de plantages. Een tijd lang woonde de uit deze omgeving afkomstige dichter Archibald Rutledge in het hoofdgebouw van deze rijstplantage uit 1850 met een met zuilen versierde façade plus stallen en schuren.

Brookgreen Gardens

5 km ten zuiden van Murrells Inlet aan de US 17, tel. 1-843-235-6000, www.brookgreen.org, dag. 9-17 uur, vanaf 13 jaar $ 16, kinderen $ 8

Tegenwoordig verbinden de landerijen van de grote, voormalige rijstplantage **Brookgreen Gardens**, even ten noorden van Georgetown, natuur en kunst. In de schitterende tuinen met oude eiken staan 1400 sculpturen van Amerikaanse kunstenaars uit de 19e en 20e eeuw opgesteld, met onder meer werken van bekende beeldhouwers als Frederic Remington en Daniel Chester French. Een kleine dierentuin biedt onderdak aan inheemse diersoorten als alligators en otters en vele soorten vogels.

Met een lange sluitertijd ziet het reuzenrad in Myrtle Beach er heel apart uit

Myrtle Beach ▶ 3, H 4

Myrtle Beach, South Carolina's antwoord op Lloret de Mar, is een van de belangrijkste badplaatsen aan de Atlantische kust. Zover u kunt kijken, rijgen aan het Grand Strand de toeristische instellingen zich aaneen – motels in alle prijsklassen, eerder grote dan mooie hotels, pretparken met spookhuizen en draaimolens en outlets, hamburgertenten en snackbars. Jaren geleden heeft aan het Grand Strand, zoals de 90 km lange zandstrook rond Myrtle Beach heet, de countrymuziek zijn intrede gedaan. In The Carolina Opry worden elke avond concerten gegeven door zowel grote als kleine sterren. Cultureel aanbod is echter niet waar deze stad het van moet hebben. De echte attracties zijn naast het lange zandstrand de golfbanen, midgetgolfbanen, kartcircuits en achtbanen. Myrtle Beach telt ongeveer 28.000 inwoners, maar tijdens het hoogseizoen verblijven hier en in de omgeving een slordige 150.000 mensen, onder wie in het begin van het seizoen een groot aantal studenten, die Myrtle Beach de laatste jaren hebben uitverkoren voor hun feestvakanties. De ruim 1,5 km lange **Boardwalk** wordt omzoomd door zo'n zeshonderd palmettopalmbomen. Aan deze belangrijkste promenade van de stad, die tussen de 14th Avenue Pier en de Second Avenue Pier loopt, zijn talloze winkels, restaurants in alle prijsklassen en uitnodigende cafés gevestigd.

Informatie

Myrtle Beach Area Chamber of Commerce: 1200 N. Oak St., P. O. Box 2115, Myrtle Beach, SC 29578, tel. 1-843-626-7444, www.visitmyrtlebeach.com.

Accommodatie

Strand – **Best Western Plus Grand Strand Inn & Suites:** 1804 S. Ocean Blvd., tel. 1-843-448-1461, www.myrtlebeachbestwestern.com. Beachfront Building met keuken. Twee zwembaden. Inclusief wifi en ontbijt. Vanaf $ 130.

Kindvriendelijk – **Coral Beach Resort:** 1105 S. Ocean Blvd., tel. 1-843-448-8421, www.coralbeachmyrtlebeachresort.com. Zwembaden, suites voor maximaal zes personen. Vanaf $ 99.

Kamperen – **Myrtle Beach KOA Kampground:** 5th Ave., South Myrtle Beach, tel. 1-843-448-3421, www.myrtlebeachkoa.com, hele jaar. Met zwembad, volledig ingerichte cabins. In de buurt van een pretpark.

Eten en drinken

Schnitzel! – **Café Old Vienna:** 1604 N. Kings Hwy, tel. 1-843-946-6252, www.cafeoldvienna.com, di.-za. vanaf 11.30, ma. vanaf 17 uur. Wiener schnitzel en goulash. Vanaf $ 19.

Levendig – **Carolina Roadhouse:** 4617 N. Kings Hwy, tel. 1-843-497-9911, www.carolinaroadhouse.com, dag. 11-22 uur. Stevige gerechten als hamburgers, barbecue en dergelijke. Vanaf $ 10.

Populair – **Sea Captain's House:** 3002 N. Ocean Blvd., tel. 1-843-448-8082, www.seacaptains.com, dag. 7-22 uur. Ontbijt, lunch en diner met uitzicht op het strand. Vanaf $ 11.

Winkelen

Natuurfreaks – **Bass Pro Shops Outdoorworld:** 10177 N. Kings Hwy., tel. 1-843-361-4800, www.basspro.com, ma.-za. 9-22, zo. 10-22 uur. Alles voor het buitenleven. Met restaurant Islamorada Fish Co.

Grote mall – **Coastal Grand Mall:** 2000 Coastal Grand Circle, www.coastalgrand.com, ma.-za. 10-21, zo. 12-18 uur. *Food court* en de warenhuizen Belk, Dillard's en Sears.

Voordelig – **Barefoot Landing:** N. Myrtle Beach, www.bflanding.com. Meer dan honderd winkels en restaurants, plus het T.I.G.E.R.S. Preservation Station.

Uitgaan

XXL-amusement – **Broadway at the Beach:** www.broadwayatthebeach.com. honderd winkels, twintig restaurants, tien nachtclubs, gondelvaarten, in het seizoen di. om 22 uur vuurwerk.

Evenementen

Sun Fun Festival: begin juni. Vier dagen vol activiteit: schoonheidswedstrijden, bootraces, vliegshows (www.sunfunfestival.com).

Pensacola
Tallahassee
Jacksonville
Orlando
Tampa
St. Petersburg
Miami
Florida Keys

Hoofdstuk 5

Florida

Landschappen van betoverende schoonheid en een aangenaam zeeklimaat lokten ruim een eeuw geleden al de eerste toeristen naar de kust van Florida. Maar ook nu trekt het subtropische natuurschoon met zijn witte zandstranden, door palmbossen verfraaide eilanden en warme surflocaties nog altijd veel liefhebbers. Wel zijn er sindsdien tussen de grens met Georgia en Alabama in het noorden en het kunstenaars- en toeristenmekka Key West in het zuiden tientallen topattracties bijgekomen, die Florida hebben doen uitgroeien tot een speeltuin voor zowel kinderen als volwassenen. Het levendige duo Miami en Miami Beach biedt grootsteedse voorzieningen onder palmen. In de miljonairsenclave Palm Beach mengen zich gewone toeristen onder de Amerikaanse high society. Op de lanceerbasis Kennedy Space Center leert u alles over het NASA-ruimteprogramma. Voor de oostkust en op de Florida Keys nodigen honderden scheepswrakken uit tot het duiken naar schatten. En in Orlando verrees binnen enkele decennia op door muskieten geteisterd braakland het grootste, populairste en veelzijdigste pretparkimperium ter wereld.

Florida's gigantische, moderne aanbod op het gebied van recreatie wekt de indruk dat de Sunshine State een zeer jonge staat is. Maar in werkelijkheid gaat de geschiedenis van deze niet-indiaanse staat vele eeuwen terug. Al in 1565 stichtten de Spanjaarden met St. Augustine de oudste tot op de dag van vandaag permanent bewoonde stad in heel Noord-Amerika.

De herfst is in Florida het orkaanseizoen, wat niet noodzakelijkerwijs bedreigend hoeft te zijn. In oktober 2016 veroorzaakte de orkaan Matthew in Florida weliswaar zware overstromingen, maar geen catastrofes zoals aanvankelijk gevreesd. Veel erger was de orkaan Irma in 2017. Hierbij vielen tientallen doden en miljoenen huishoudens zaten zonder stroom.

Betoverde oerwereld: in het Corkscrew Swamp Sanctuary leiden plankenpaden door het Everglades-moeras

In een oogopslag: Florida

Hoogtepunten

Miami Beach: de pastelkleurige art-decowijk South Beach (zie blz. 425).

Key West: het inspirerende eind van de Florida Keys (zie blz. 437).

Suncoast Seabird Sanctuary: het hospitaal voor wilde vogels op het schiereiland Pinellas is een belangrijke instelling (zie blz. 457).

Orlando: amusementsparadijs met een groot aantal themaparken (zie blz. 474).

Kennedy Space Center: lanceerbasis bij Cape Canaveral (zie blz. 484).

St. Augustine: de oudste niet-indiaanse stad van de VS (zie blz. 487).

Fraaie routes

Florida Keys: de ongeveer 160 km lange keten van de Florida Keys geldt met zijn Caribische ambiance als de publiekstrekker van de Sunshine State (zie blz. 431).

Zuidelijke Golfkust: tussen Naples en Sarasota omzomen kleine steden en nauw met de natuur verbonden eilanden deze schilderachtige kust aan de Golf van Mexico (zie blz. 446).

First Coast: grote steden als Jacksonville worden afgewisseld met verlaten eilandstranden, victoriaanse plaatsen en moderne uitgaansmogelijkheden (zie blz. 484).

Tips

Sundowner aan Bayside Marketplace in Miami: vanuit de bars en restaurants kijkt u uit op de haven, waar het water de lichten van de skyline weerspiegelt (zie blz. 419).

Ancient Spanish Monastery in Miami Beach: als je niet beter zou weten, zou je denken dat het klooster hier gebouwd was (zie blz. 428).

Salvador Dalí Museum in St. Petersburg: zelfs Dalí-kenners zullen in het originele museumgebouw nog voor hen onbekende werken ontdekken (zie blz. 456).

Actief

Avontuur rond het koraalrif: in het John Pennekamp Coral Reef Park in Key Largo duikt u onder in een exotische onderwaterwereld (zie blz. 432).

Het Key West van Ernest Hemingway: veel bezienswaardigheden in Key West herinneren aan de beroemde schrijver. Daarbij hoort natuurlijk een drankje bij Sloppy Joe's (zie blz. 438).

Kanotochten door de Everglades: over het water door het natuurreservaat (zie blz. 443).

Wandeling door een museumdorp: in Pensacola duikt u in het verleden (zie blz. 464).

Via waterglijbanen door Orlando: een groot plezier voor waterratten (zie blz. 476).

Miami en Miami Beach

Mensen die gek zijn op Miami bedoelen meestal Miami Beach. Het metropolitaanse duo wordt van elkaar gescheiden door de Biscayne Bay en elk deel bezit een heel eigen karakter. Miami is meer het zakelijke gedeelte, Miami Beach wordt gekenmerkt door een dynamische sfeer en een Caribische leefstijl. Beide steden zijn multiculturele hotspots.

Met circa 2,4 miljoen inwoners vormen Miami en Miami Beach het grootste verstedelijkte gebied van Florida. Eigenlijk zijn net als Miami Beach ook South Miami, Coral Gables en Bal Harbour zelfstandige steden. Gewoonlijk worden ze echter tot de zogenaamde Metropolitan Area (agglomeratie) gerekend die zich uitstrekt tussen de 25e en 26e noorderbreedtegraad en daarmee ongeveer op de Kreeftskeerkring ligt, waar geografisch gezien de subtropen beginnen.

Het grotendeels op het vasteland gelegen Miami heeft de afgelopen jaren zijn skyline met zijn torenhoge kantoren en bankgebouwen steeds verder de hoogte in gedreven, en samen met het eilandenrijk Miami Beach intensief gewerkt aan zijn flitsende reputatie van zonovergoten en toonaangevende metropool. In de jaren 80 had de stad bepaald nog niet zo'n goede naam. Hoge criminaliteitscijfers, rassenrellen en een enorme stroom Cubaanse vluchtelingen van vaak twijfelachtige reputatie, gevoegd bij het feit dat Miami stilaan uitgroeide tot het internationale centrum van de handel in heroïne en cocaïne en van de witwaspraktijken van de machtige Colombiaanse drugskartels, veroorzaakten een grote smet op het blazoen van de stad.

Halverwege de jaren 80 tekenden zich op het gebied van de economie lichtpuntjes aan de horizon af. Het handelsvolume met Latijns-Amerikaanse landen nam geleidelijk aan toe en in het centrum van Miami gingen banken en ondernemingen weer vestigingen openen. Ook begon de meest zuidelijk gelegen grote stad van Florida meer toeristen te trekken. Hier was ook de filmische reclamecampagne van de televisieserie *Miami Vice* op gericht, die in een groot aantal landen over de hele wereld werd uitgezonden en een belangrijke boodschap verspreidde: Miami is weliswaar een stad vol gevaren, maar ook een van de boeiendste metropolen van de VS.

Dat geldt vooral voor Miami Beach, dat op het zuidelijkste puntje van een voor de kust gelegen eiland ligt en van het vasteland gemakkelijk te bereiken is via verscheidene bruggen en dammen. Op een bepaald moment begon de mooie subtropische stad de trend te bepalen. Binnen enkele jaren veranderden de tot dan toe verwaarloosde gevels van de art-decowijk door de inspanningen van bouwlieden, schilders en designers in een betoverend filmdecor. Bijna van het ene moment op het andere ontwikkelde Miami Beach zich tot een hippe modehoofdstad en tot het trefpunt van de internationale beau monde.

Miami ▶ 4, M 10

Kaart: blz. 422

Het uitstekend ontsloten centrum van Miami maakt het bezoekers gemakkelijk de stad te verkennen. De gratis volautomatische bovengrondse spoorweg, de Metromover, loopt over drie lussen door het stadscentrum. Eén traject voert onder andere dwars door het Cen-Trust Building. Vanuit de als door een magische kracht voortbewogen wagons hebt u het beste uitzicht over Miami. Eén halte van de Metromover, ligt direct aan het Bayfront Park.

Downtown

Bayside Marketplace 1

401 Biscayne Blvd., tel. 1-305-577-3344, www.baysidemarketplace.com, ma.-do. 10-22, vr., za. 10-23, zo. 11-21 uur, bars en restaurants langer
Een goed startpunt voor een bezichtiging van Downtown is **Bayside Marketplace**, een drukbezocht complex van restaurants, cafés terrassen en boetieks aan Biscayne Bay. Winkels als Victoria's Secret of Disney Store, een *food court* maar ook restaurants als Hooters, Hard Rock Café en Bubba Gump Shrimp Co. trekken vooral 's avonds en in het weekend, als er livemuziek wordt gespeeld, veel bezoekers. Vanuit de cafés en restaurants kijkt u uit op de haven of op de skyline van de stad, wat vooral vlak na zonsondergang een hele belevenis is.

Flagler Street 1

De rumoerigste en drukste winkelstraat is de in oost-westrichting lopende Flagler Street. Het oostelijke deel van Flagler Street nodigt uit om te shoppen: hier vindt u veel kleine winkels en Macy's (22 E. Flagler St.).

Metro-Dade Cultural Center 2

101 W. Flagler St.
De straat voert voorbij Dade County Courthouse naar het **Metro-Dade Cultural Center**. De 'piazza' van dit centrum met mediterrane sfeer verandert rond het middaguur in een lunchoase voor zakenlieden en kantoorpersoneel. Het rond het plein gelegen cultureel centrum bestaat uit drie gebouwen, die met hun boogramen, pannendaken en smeedijzeren versiering aan een Spaanse bouwstijl doen denken, waaronder de **Miami-Dade Public Library,** de centrale bibliotheek van de stad en het bestuursdistrict, met een enorme verzameling literatuur over Florida (tel. 1-305-375-2665, www.mdpls.org, ma.-za. 9-18 uur, gratis wifi). Met prehistorische vondsten, voorwerpen die de cultuur van de Seminole-indianen belichten, diavoorstellingen en documentatie over de roerige jaren 20 geeft het museum **History Miami** inzicht in de bewogen geschiedenis van Zuid-Florida en Miami (tel. 1-305-375-1621, www.historymiami.org, ma.-za. 10-17, zo. 12-17 uur, volwassenen $ 10).

Museum Park Miami 3

Op de plek waar het voormalige Bicentennial Park ten zuiden van de oprit naar de Mac Arthur Causeway tot voor kort geen lust voor het oog was, bouwt de gemeente Miami aan het **Museum Park Miami**. Eind 2013 opende het door de Zwitserse architecten Herzog & de Meuron ontworpen **Pérez Art Museum Miami** zijn deuren. Het zwaartepunt van het PAMM ligt op moderne Noord- en Zuid-Amerikaanse kunst uit de 20e en 21e eeuw. (1103 Biscayne Blvd., tel. 1-305-375 3000, www.pamm.org, do.-di. 10-18, do. tot 21 uur, volwassenen $ 16, tweede za. en eerste do. van de maand en wifi zijn gratis). Voor 2017 is de opening van het **Frost Science Museum** in het Museum Park gepland. In het futuristische gebouw met planetarium moeten wetenschap en techniek dichter bij de bezoekers worden gebracht (www.frostscience.org).

Little Havana 4

In het stadsbeeld van Miami is de Caribische invloed op veel plaatsen onmiskenbaar, maar nergens zo duidelijk als in het stadsdeel **Little Havana** rond de Calle Ocho, zoals de zuidwestelijke 8th Street door de plaatselijke bewoners wordt genoemd. Het is een verzameling goedkope winkels met textiel, speelgoed en bossen plastic bloemen, waarmee de inwoners thuis graag de glimmende bronzen schrijnen van hun heiligen sieren.

De straten verraden de ware identiteit van Miami als een stad die weliswaar op Noord-Amerikaanse bodem ligt, maar in demografisch opzicht allang is gelatiniseerd en daardoor deel uitmaakt van het Caribisch gebied. In de cafés en eetgelegenheden kan het soms lastig zijn om te begrijpen wat er bedoeld wordt als u geen Spaans spreekt. Specialiteiten als *milanesa* (schnitzel), *baho* (Cubaans eenpansgerecht) en varkensvlees met zwarte bonen ontbreken in Little Havana zelden op de menukaart.

Varadero is een strand op Cuba, de muurschildering siert een huis in Little Havana

Coral Gables

Geen stad in Greater Miami houdt zijn eigen stijl zo consequent intact als Coral Gables. De gemeente ontstond in de jaren 20, toen aan de zuidkust van Florida enorm werd gebouwd. In tegenstelling tot andere speculanten, die vooral uit waren op het snelle geld, onderscheidde de stichter van Coral Gables, George Merrick, zich als estheet. Tijdens zijn reizen had hij kennisgemaakt met het Middellandse Zeegebied, waarvan hij de architectuur en planologie tot voorbeeld nam. Er werden brede, door palmen omzoomde boulevards en open pleinen met fonteinen aangelegd en met stucwerk versierde gevels gebouwd die evengoed in het Spaanse zuiden hadden kunnen staan.

Venetian Pool 5

2701 DeSoto Blvd., tel. 1-305-460-5306, www.coralgablesvenetianpool.com, op weekdagen vanaf 11, in het weekend vanaf 10 uur, volwassenen $ 13, kinderen alleen vanaf 3 jaar $ 8

Toen de stad in de jaren 20 uit de grond werd gestampt, werd als bouwmateriaal voor de huizen gedeeltelijk het versteende koraal in de bodem gebruikt. Een van deze steengroe-

ves is niet dichtgegooid, maar omgezet in de **Venetian Pool** een schitterend openluchtbad onder palmen met 3 miljoen liter zoet water. Naast het kristalheldere water zorgen omlijstingen van stukken versteend koraal, bloemen, een prachtige waterval, palmen en fraaie gebouwen in mediterrane stijl rond de ligweide voor een tropische sfeer.

Biltmore Hotel 6

1200 Anastasia Ave., tel. 1-855-311-6903, www.biltmorehotel.com

Het architectonisch visitekaartje van Coral Gables is het monumentale **Biltmore Hotel** met een 90 m hoge toren, waarvoor de Giralda in het Spaanse Sevilla model heeft gestaan. Vroeger liepen in dit tophotel prominente gasten als Bing Crosby, Ginger Rogers, Judy Garland en Al Capone in en uit. In het zwembad van het hotel, vanwaar u uitkijkt op het gazon dat met een nagelschaartje lijkt te zijn bijgepunt, was vroeger niemand minder dan Johnny Weissmuller, die Tarzan speelde op het witte doek, de baas. Hij leerde als winnaar van olympische gouden zwemmedailles de high society zwemmen.

Lowe Art Museum 7

1301 Stanford Dr., tel. 1-305-284-3535, www6.miami.edu/lowe, di.-za. 10-16, zo. 12-16 uur, volwassenen $ 12,50, kinderen tot 12 jaar gratis

Midden door de mediterraan ogende stad loopt Granada Boulevard, die net als de meeste andere straten een Spaanse naam heeft. Aan het zuidelijke uiteinde strekt zich de met een eigen zwembad uitgeruste campus van de University van Miami uit, waarop het **Lowe Art Museum** kunst uit de renaissance en de barok, Europese, precolumbiaanse, Aziatische en Afrikaanse kunst en werken van Amerikaanse kunstenaars uit de 19e eeuw toont.

Coconut Grove

The Grove, zoals de bewoners hun wijk noemen, was in de jaren 60 en 1970 in trek bij kunstenaars, schrijvers en bohemiens. Tegenwoordig ligt de aantrekkingskracht in de goede hotels, zoals het Ritz Carlton, en het 'Caribische' gevoel dat de bezoeker op het terras van een café kan opzoeken.

Coco Walk 8

3015 Grand Ave., tel. 1-305-444-0777, www.cocowalk.net, zo.-do. 10-22, vr. en za. 10-23, sommige bars tot 3 uur, betaald parkeren

De belangrijkste attractie is de niet ver van de Biscayne Bay gelegen sneeuwwitte **Coco Walk**, een klein winkelcentrum met frisse restaurants, een paar cafés, winkels en een bioscoop. Het uit verschillende verdiepingen bestaande, bijna antiek aandoende complex

Miami en Miami Beach

Bezienswaardig

1 Bayside Marketplace
2 Metro-Dade Cultural Center
3 Museum Park Miami
4 Little Havana
5 Venetian Pool
6 Biltmore Hotel
7 Lowe Art Museum
8 Coco Walk
9 The Barnacle
10 Villa Vizcaya
11 Zuid-Miami
12 Miami Seaquarium
13 Bill Baggs Cape Florida State Recreation Area
14 Wynwood Arts District
15 Jungle Island
16 Children's Museum
17 Port of Miami
18 Ocean Drive
19 Wolfsonian
20 Bass Museum
21 Holocaust Memorial
22 Ancient Spanish Monastery

Accommodatie

1 Essex House
2 Miami Marriott Biscayne Bay
3 Pelican Hotel
4 Waldorf Hotel
5 Freehand Miami
6 Sleep Inn
7 Larry and Penny Thompson Campground
8 Miami Everglades Kampground

Eten en drinken

1 The Forge
2 Caffe Abbracci
3 Joe's Stone Crab Restaurant
4 News Café

Winkelen

1 Flagler Street
2 Dadeland Mall

Uitgaan

1 Mango's Tropical Café
2 LIV
3 Jazid
4 Olympia Theater
5 The Fillmore
6 Actor's Playhouse

Actief

1 Doral Golf Resort & Spa

met trappen, fraaie balustrades en allerhande terrassen omsluit een binnenhof met kraampjes vol parfumflesjes, zonnebrillen en moderne accessoires. In het weekend is er vanaf 19 uur livemuziek De laatste zondag van het jaar wordt in Coconut Grove de satirische King Mango Strut gelopen.

The Barnacle 9

3485 Main Hwy, tel. 1-850-245-2157, www.floridastateparks.org/thebarnacle, wo.-ma. 9-17 uur, volwassenen $ 2

Naast lifestyle en trends is in **The Grove** ook de geschiedenis vertegenwoordigd met **The Barnacle**. De scheepsbouwer Ralph Munroe liet deze cottage met brede balkons aan het eind van de 19e eeuw verrijzen. Een groot aantal details duidt op de ambachtelijke achtergrond van de hobbyarchitect, die voornamelijk materialen uit de omgeving gebruikte en het huis op palen zette om het beter te ventileren en te beschermen tegen overstromingen. Door de toevoeging van een onderverdieping veranderde de oorspronkelijke paalwoning in een gewoon huis.

Villa Vizcaya 10

3251 S Miami Ave., tel. 1-305-250-9133, www.vizcayamuseum.org, wo.-ma. 9.30-16.30 uur, volwassenen $ 18, kinderen 6-12 jaar $ 6

De naam van **Villa Vizcaya** komt uit het Baskisch en betekent 'hooggelegen plaats'. Zo'n duizend deels Europese vaklieden werkten jarenlang aan de bouw van de schitterende villa in de stijl van de Italiaanse renaissance voordat de industrieel James Deering erin kon trekken. Het fraaie huis doet nu dienst als museum. Om de waardevolle kunstwerken voor de zoute lucht en de door de nabijheid van de zee veroorzaakte vochtigheid te beschermen, heeft men de binnenhof later overdekt met een glazen koepel.

Zuid-Miami 11

Fairchild Tropical Garden

10901 Old Cutler Rd., tel. 1-305-667-1651, www.fairchildgarden.org, dag. 7.30-16.30 uur, volwassenen $ 25, kinderen $ 12

De **Fairchild Tropical Garden** is een prachtige botanische tuin met tropische en subtropische vegetatie rond verscheidene meren. U kunt per tram een rit maken door het complex.

Monkey Jungle

14805 SW 216th St., tel. 1-305-235-1611, www.monkeyjungle.com, dag. 9.30-17 uur, volwassenen $ 30, kinderen 3-9 jaar $ 24

In de **Monkey Jungle** kunnen meer dan vierhonderd primaten vrij hun gang gaan op een open terrein, terwijl de bezoekers achter hekken moeten blijven. Het is leuk om de dieren te observeren.

Zoo Miami

12400 SW 152 St., tel. 1-305-251-0400, www.zoomiami.org, dag. 10-17 uur, vanaf 13 jaar $ 21,95

Aanzienlijk de ruimte hebben de dieren in de **Zoo Miami**. De nadruk ligt op Afrikaanse en Aziatische diersoorten, naast de fauna van nevelwouden, moerasgebieden en regenwouden.

South Miami-Dade Cultural Arts Center

Cutler Bay, 10950 SW 211 St., tel. 1-786-573-5316, www.smdcac.org

Het **South Miami-Dade Cultural Arts Center** is een centrum voor kunst en cultuur. Uiteenlopende evenementen, van concerten tot theater- en balletvoorstellingen.

Virginia Key en Key Biscayne ▶ 4, M 10

Ten zuiden van Downtown kunt u rijdend op de Bayshore Drive de Exit Rickenbacker Causeway nemen, die een verbinding vormt met twee eilanden in de Biscayne Bay.

Miami Seaquarium 12

4400 Rickenbacker Cswy, tel. 1-305-361-5705, www.miamiseaquarium.com, dag. 9.30-18 uur, volwassenen $ 45, kinderen 3-9 jaar $ 35

Op Virginia Key is het **Miami Seaquarium** al jaren een trekpleister voor gezinnen. Dolfijnen, zeeleeuwen en vooral de enorme orka

Tip

DE GROOTSTE KUNSTGALERIE VAN MIAMI

In een wijk met pakhuizen ten noorden van Downtown verschuilt zich het bijzondere kunstmekka **Wynwood Arts District** 14. Tussen vervallen gebouwen, fabriekshallen met golfplaten daken en lelijke fabrieksterreinen hebben ruim zeventig galeries, vier musea en verscheidene tentoonstellingsruimten hun deuren geopend. Hier is door tientallen kunstenaars de grootste openluchttentoonstelling van muurschilderingen in heel Florida ingericht. Het ging daarbij niet om een gepland project. Schilders ontdekten deze door de planologen vergeten uithoek van de stad, omdat hier voldoende ruimte was om de fantasieën van de kunstenaars te verwezenlijken en niemand zich door de penselende creatievelingen gestoord voelde. Integendeel. Wynwood veranderde gestaag in een kunstparadijs, waar jaarlijks in december de kunstbeurs **Art Basel Miami** wordt gehouden, het Amerikaanse broertje van de gerenommeerde tentoonstelling Art Basel. Tijdens deze beurs is in Miami het werk van ruim tweeduizend kunstenaars te bekijken.
Wie vooral belangstelling heeft voor de soms reusachtige muurschilderingen en graffitikunstwerken, kan eenvoudigweg een wandeling door de buurt maken en zijn ogen de kost geven. Bijna overal in dit openluchtmuseum zijn *murals* in de meest uiteenlopende stijlen te bewonderen, ook van beroemde kunstenaars als de Amerikaanse schilder en beeldhouwer Ron English.
Op zaterdag worden er rondleidingen aangeboden. Graag geboekt worden de tours op de tweede zaterdag van de maand om 19.45 uur, omdat er ook dan ook security ter plaatse is. Mobiele foodtrucks zorgen voor de inwendige mens (tussen I-95 en Biscayne Boulevard van de 20th tot de 36th St., www.wynwoodartwalk.com, $ 18-25). Voorzichtig vanwege het Zika-virus (zie blz. 80)!

Lolita treden er op tijdens shows. Nog belangrijker is dat het instituut zich bezighoudt met de bescherming van bedreigde diersoorten.

Bill Baggs Cape Florida State Recreation Area 13

1200 S. Crandon Blvd., tel. 1-305-361-5811, dag. 8 uur tot zonsondergang, personenauto $ 8
Het langwerpige, 8 km van het vasteland gelegen koraaleiland Key Biscayne is voor de inwoners van de stad een aangenaam nabijgelegen gebied om te ontspannen, met schilderachtige stranden en het **Bill Baggs Cape Florida State Recreation Area** aan het zuidelijke uiteinde. De vuurtoren weerstond in 1836 een aanval door de Seminolen en in de Burgeroorlog de inname door het leger van de zuidelijke staten.

Miami Beach

▶ 4, M 10

Kaart: blz. 422
De Mac Arthur Causeway, een van de diverse verbindingen tussen Miami en Miami Beach, is gemakkelijk te vinden dankzij de ranke Freedom Tower, die zich bij deze toegangsweg

Ocean Drive staat garant voor een exotisch nachtleven in Caribische sfeer

verheft. Een dam voert langs enkele eilanden, waaronder Palm Island, waar de gangsterleider Al Capone woonde, naar het zuidelijke uiteinde van de stad Miami Beach.

Mac Arthur Causeway

Jungle Island 15

1111 Parrot Jungle Trail, tel. 1-305-400-7000, www.jungleisland.com, ma.-vr. 10-17, za., zo. 10-18 uur, vanaf 11 jaar $ 40, kinderen 3-10 jaar $ 33, parkeren $ 10

Wie in een papegaaienoerwoud alleen bonte verenkleden verwacht, zal verbaasd staan over de variatie aan dieren en planten op **Jungle Island**. Weliswaar zijn exotische papegaaien de hoofdattractie, maar naast hen bevolken ook orang-oetans, kleine apen, alligators, tijgers, pinguïns en vele reptielen het complex. Tijdens speciale shows tonen papegaaien hun leervaardigheid. Voor jongere kinderen is er een kinderboerderij. Aan het privéstrand kan worden gezwommen.

Children's Museum 16

980 Mac Arthur Cswy, tel. 1-305-373-5437, www.miamichildrensmuseum.org, dag. 10-18 uur, $ 20

Met boeiende tentoonstellingen wil men in het **Children's Museum** belangstelling kweken voor thema's als gezonde voeding, geld versus consumptie, het omgaan met huisdieren, communicatie en het zeeleven.

Port of Miami 17

1015 N. America Way, Miami, Fl 33132, tel. 1-305-347-4800, www.miamidade.gov/portofmiami

Ten zuiden van de Mac Arthur Causeway in Miami Beach valt de **Port of Miami** op door de cruiseschepen die er aangemeerd liggen. In de loop der jaren is de Port of Miami uitgegroeid tot de grootste haven voor cruiseschepen ter wereld, met ruim 4,9 miljoen passagiers per jaar. Aan de kades in Biscayne Bay leggen de grootste schepen ter wereld aan.

South Beach

In het zuidelijkste deel van Miami Beach lieten bouwlieden in de jaren 30 in zeer korte tijd hele straten in art-decostijl verrijzen, waarmee de tijd van de economische depressie op een decoratieve manier moest worden overwonnen. Zo ontstond met South Beach een wijk die wordt gekenmerkt door geometrische gebouwen met een grote verscheidenheid aan ornamenten. In pastelkleurige stucversieringen op de gevels zijn hier voorkomende vogelsoorten te herkennen, naast motieven van druiven en meloenen die deuren en vensters omranken. 'SoBe', zoals South Beach hier wordt genoemd, bezit sinds de jaren 80 een cultstatus en valt op door zijn hotels, winkels en restaurants in art-decostijl, die mooier zijn dan ooit.

Ocean Drive 18

Art Deco Welcome Center, 1001 Ocean Dr., tel. 1-305-672-2014, www.mdpl.org, rondleidingen door het stadsdeel

Prachtige art-decogebouwen rijgen zich aaneen langs **Ocean Drive** die evenwijdig aan het door palmen omzoomde, niet door bebouwing bedorven zandstrand loopt. Overdag is het hier op een steenworp afstand van de branding een en al drukte onder de talloze gekleurde parasols. 's Avonds kleden de zonnebaders zich voor een culinaire wandeling naar de neonlichten van de restaurants, om zich daarna in *poolbars* en discotheken tot in de kleine uurtjes te ontspannen.

Wolfsonian 19

1001 Washington Ave., tel. 1-305-531-1001, www.wolfsonian.org, do.-di. 12-18, vr. tot 21 uur, volwassenen $ 10, vr. vanaf 18 uur gratis, French Café zelfde openingstijden

Het **Wolfsonian** probeert een antwoord te geven op de vraag hoe kunst en design in de periode tussen 1885 en 1945 door de

Go Miami Card
Wie vooraf al weet welke musea en attracties hij bezoeken wil, kan op de deels hoge toegangsprijzen tussen de 20 en 55% besparen met de Go Miami Card. Er zijn één-, twee-, drie- of vijfdaagse passen. De Go Miami Card wordt online gekocht, thuis al afgedrukt of als app op de mobiele telefoon geladen en pas ter plaatse geactiveerd (www.smartdestinations.com).

geschiedenis en de menselijke ervaringen zijn beïnvloed en hoe deze invloeden tot uitdrukking kwamen. Het gaat daarbij onder meer om de wisselwerking tussen kunst en propaganda, bijvoorbeeld in het Derde Rijk, maar ook om de invloed van de tijdgeest op de vormgeving van alledaagse gebruiksvoorwerpen.

Bass Museum 20

2121 Park Ave., tel. 1-305-673-7530, www.bassmuseum.org, wo.-zo. 12-17 uur, volwassenen $ 12, kinderen en senioren $ 8

Het in art-decostijl opgetrokken **Bass Museum** is gespecialiseerd in Europese kunst van de middeleeuwen en de renaissance en toont in dit verband werken van Dürer en Rubens. Daarnaast ziet u hier ook collecties uit Amerika, Azië en een kleine Egyptische verzameling. Verder biedt het museum hedendaagse kunst, bijvoorbeeld met videopresentaties. In 2016 werd het museum gerenoveerd, in de lente van 2017 werd het nieuwe gebouw geopend.

Holocaust Memorial 21

1933-1945 Meridian Ave., tel. 1-305-538-1663, www.holocaustmmb.org, dag. 9.30-22 uur, toegang gratis

Een uit honderden kleine menselijke sculpturen bestaande, naar de hemel grijpende arm met geopende hand staat in het middelpunt van de indrukwekkende **Holocaust Memorial**. Dit complex bestaat uit een meditatietuin met een waterlelievijver en daar rondom lage gebouwen, waaronder een kleine contemplatiekoepel, een herinneringsmuur waarin een groot aantal namen van slachtoffers van het naziregime is gegraveerd en het Lonely Path, een tunnel waarin alleen daglicht naar binnen valt door spleten in de muur.

Ancient Spanish Monastery 22

16711 W. Dixie Hwy, North Miami Beach, tel. 1-305-945-1461, www.spanishmonastery.com, ma.-za. 10-16, zo. 11-16 uur, volwassenen $ 10, kinderen $ 5

De uit Californië afkomstige krantenmagnaat en kunstverzamelaar William R. Hearst, door Orson Welles gespeeld in diens film *Citizen Kane*, kocht in 1925 tijdens een reis door Europa in het Spaanse Segovia een klooster dat uit de 12e eeuw stamde. Hij liet het volledig ontmantelen en de afzonderlijke delen nummeren. Vervolgens liet hij ze naar de VS verschepen. Pas in 1964 werden de historische muren uitgepakt en in North Miami weer in elkaar gezet. Tegenwoordig is het **Ancient Spanish Monastery**, dat wil zeggen het klooster zelf, het oudste museum op Amerikaans grondgebied. U kunt er historische kunstwerken bekijken, zoals een ruim zevenhonderd jaar oud gesneden Christusbeeld en antiek meubilair, waaronder een houten kast uit het privébezit van paus Urbanus VII (1623-1644).

Informatie

Greater Miami Convention & Visitors Bureau: 701 Brickell Ave., Suite 2700, Miami, FL 33131, tel. 1-305-539-3000, www.miamiandbeaches.com.

Miami Beach Visitors Center: 1901 Convention Center Dr., Miami Beach, FL 33139, tel. 1-305-673-7400, www.miamibeachguest.com.

Accommodatie

Goede ligging – **Essex House** 1: 1001 Collins Ave., tel. 1-305-534-2700, www.essexhotel.com. Chic hotel met tuin op de tweede rij, maar vlakbij het strand en de uitgaansgelegenheden. Openbare parkeergarage in de buurt. $ 159-240.

Stadshotel met goed comfort – **Miami Marriott Biscayne Bay** 2 : 1633 N. Bayshore Dr., tel. 1-305-374-3900, www.marriott.com. Het hotel is centraal gelegen. De meeste kamers kijken uit op Biscayne Bay. $ 144-299, parkeren $ 29.

Strand aan de overkant – **Pelican Hotel** 3 : 826 Ocean Dr., 1-305-673-3373, www.pelicanhotel.com. Bijzonder verblijf in een ongewoon design, met bar en restaurant. Vanaf $ 199 inclusief ontbijt.

Epicentrum van het amusement – **Waldorf Hotel** 4 : 860 Ocean Dr., tel. 1-305-531-7684, www.waldorftowers.com. Art-decohotel met kleine, maar schone kamers. Beneden verkoopt de eigen supermarkt bier, wijn, cosmetische artikelen, kranten en tijdschriften. $ 143-179.

Met zwembad – **Freehand Miami** 5 : 2727 Indian Creek Dr., tel. 1-305-531-2727. Hostel en hotel tegelijk, met een gezellige tuin, keuken, bar en restaurant. Bed in kamer voor acht $ 25, hotelkamer met airconditioning en eigen badkamer vanaf $ 87, kamer voor vier met keuken vanaf $ 125.

Voordelig – **Sleep Inn** 6 : 105 Fairway Dr., Miami Springs, tel. 1-305-871-753, www.sleepinn.com. Ketenmotel bij de luchthaven van Miami met shuttle-service, zwembad, internet, magnetron en ontbijt. Vanaf $ 89.

Kamperen – **Larry and Penny Thompson Campground** 7 : 12451 SW. 184 St., tel. 1-305-232-1049, www.miamidade.gov. Keurig kampeerterrein aan zee. Ook plaatsen voor tenten.

Miami Everglades Kampground 8 : 20675 SW. 162nd Ave., tel. 1-305-233-5300, www.miamicamp.com. Met zwembad en cabins.

Eten en drinken

Vorstelijke sfeer – **The Forge** 1 : 432 W. 41st St., tel. 1-305-538-8533, www.theforge.com, ma.-do., zo. 18-24, vr., za. 17-1 uur. Met antiek en kunst ingericht toprestaurant. Frans geïnspireerde keuken van hoog niveau. Hoofdgerecht vanaf $ 31.

Goed eten, dure wijnen – **Caffe Abbracci** 2 : 318 Aragon Ave., tel. 1-305-441-0700, www.caffeabbracci.com, ma.-vr. 11.30-15.30, dag. 18-23 uur. Voor liefhebbers van de Italiaanse keuken in een romantische omgeving. $ 22-34.

Seafoodklassieker – **Joe's Stone Crab Restaurant** 3 : 11 Washington Ave., tel. 1-305-673-0365, www.joesstonecrab.com, okt.-mei Lunch en diner, verder alleen diner. Geliefd krabrestaurant, geen reserveringen. Hoofdgerecht vanaf $ 18, *stone crabs* vanaf $ 57.

Populair straatcafé – **News Café** 4 : 800 Ocean Dr., tel. www.newscafe.com, 24 uur. Dit trendy café biedt sandwiches, dag en nacht ontbijt en omeletten. Bovendien een krantenkiosk voor een beetje leesvoer. $ 11-20.

Winkelen

Bekende winkelstraat – **Flagler Street** 1 : zie blz. 419.

Shoppingparadijs – **Dadeland Mall** 2 : 7535 N. Kendall Dr., südlich von Downtown, www.dadelandmall.com, ma.-za. 10-21.30, zo. 12-19 uur. Overdekte reuzenmall met bijna tweehonderd winkels, een *food court* en een kinderspeelterrein.

Uitgaan

Adressen en een evenementenkalender staan in *This Week in Miami – Miami Beach*. De krant vindt u in alle hotels en bij kiosken.

Permanente topdrukte – **Mango's Tropical Café** 1 : 900 Ocean Dr., tel. 1-305-673-4422, www.mangostropicalcafe.com. Klassezaak waar dagelijks Latijns-Amerikaanse livemuziek wordt gespeeld. Heren en dames uit de bediening dansen hierbij schaars gekleed op de toog.

Topnachtclub – **LIV** 2 : 4441 Collins Ave., www.livnightclub.com, tel. 1-305-674-4680, geopend wo.-zo. Stijlvol, altijd druk en zeer duur.

Dj- en livemuziek – **Jazid** 3 : 1342 Washington Ave., Miami Beach, tel. 1-305-673-9372, www.jazid.net, dag. 21-5 uur. Voor liefhebbers van jazz en rythm & blues.

Cultuur – **Olympia Theater** 4 : 174 E. Flagler St., tel. 1-305-374-2444, www.olympiatheater.org. Tempel van de lokale kunstscene met een bijna heel jaar durend seizoen.

Kleurrijke Baywatch-huisjes op het strand van Miami Beach

Klassieke concerten – **The Fillmore** 5: Washington Ave./17th St., tel. 1-305-673-7300, www.fillmoremb.com. Hier kunt u terecht voor het Miami City Ballet en de Miami Beach Broadway Series.

Muzikale podiumstukken – **Actors' Playhouse** 6: 280 Miracle Mile, Coral Gables, tel. 1-305-444-9293, www.actorsplayhouse.org. Muziektheater met plaats voor zeshonderd toeschouwers.

Actief

Wellness – **Doral Golf Resort & Spa** 1: 4400 NW. 87th Ave., tel. 1-305-592-2000, www.doralresort.com.

Evenementen

Calle Ocho Festival: mrt. Cubaans feest met vrolijke muziek en kleurrijke optochten in Little Havana.

Caribbean Carnival: okt. Caribisch feest met optochten in Miami.

Vervoer

Vliegtuig: Miami International Airport, tel. 1-305-876-7000, www.miami-airport.com. Deze luchthaven ligt 8 km ten noordwesten van de stad. Van de luchthaven rijdt de MIA-Mover naar het Miami Intermodal Center (MIC), waar autoverhuurbedrijven zijn gevestigd en de Metrobus en Metrorail rijden. Reizigers die zojuist zijn geland, kunnen de roze borden naar het MIC volgen.

Trein: Amtrak Terminal, 8303 NW. 37th Ave., tel. 1-800-872-7245, www.amtrak.com. De treinreis van Miami naar Washington D.C. duurt ongeveer 24 uur.

Bus: Greyhound Lines Terminal, 4111 NW. 27th St., Miami, tel. 1-305-871-1810, www.grey hound.com. Station met bussen in alle richtingen, ook naar de Florida Keys.

Lokaal openbaar vervoer: Miami-Dade Transit, tel. 1-305-770-3131, www.miamidade.gov/transit. De gratis bovengrondse Metromover stopt bij 22 haltes in het centrum.

Florida Keys

De naam Keys is afgeleid van het Spaanse cayo (zandeiland). Honderden kleine en grote eilanden op voormalige koraalriffen vormen een opmerkelijke eilandenreeks tot aan Key West in het uiterste puntje. De toeristen- en kunstenaarskolonie ligt slechts 150 km van Cuba – op de Florida Keys heerst dan ook een Caribische sfeer. De eilandengroep werd zwaar getroffen door de orkaan Irma in 2017.

Amerika's verbinding met het Caribisch gebied bestaat uit een ruim 200 km lange, smalle, licht gebogen rij eilanden, die in de Golf van Mexico lijkt te zijn 'uitgestrooid'. Tussen Key Largo en Key West strekt zich een schijnbaar betoverende wereld van koraalriffen en eilanden uit. In werkelijkheid zijn de Keys echter allang ontsloten door een wegverbinding en heeft het eilandenrijk door de toestroom aan vakantiegangers veel van zijn vroeger ongerepte karakter verloren. Toch is op veel plaatsen op de eilandenketen tussen de Atlantische Oceaan en de Golf van Mexico de Caribische ambiance bewaard gebleven.

De Spaanse zeevaarder Ponce de León en de kroniekschrijver Antonio de Herrera waren de eerste Europeanen die in 1513 de Florida Keys zagen liggen. Vanaf dat moment werden de stukjes land weliswaar op zeekaarten aangegeven, maar nog tot in de 18e eeuw lieten de blanken de Calusa-indianen, die van oudsher de eilandengroep bewoonden, met rust. Het beslissende uur van de Keys brak aan in de 20e eeuw. Henry Morton Flagler gaf in 1906 het startsein om de Florida East Coast Railway via Miami door te trekken tot aan Key West. De spoorbaan zou een internationaal project worden. Met speciaal uit Duitsland geïmporteerd cement liet Flagler pijlers voor bruggen in het ondiepe water tussen de eilanden bouwen, alsof er geen technische problemen bestonden. Staal haalde men uit Pennsylvania, grind uit de Hudson River in de staat New York en de rond de vijfduizend werklieden kwamen uit allerlei landen over de hele wereld, onder wie velen uit Ierland. Al in het eerste jaar werd het project getroffen door een orkaan, waarbij 130 mensen om het leven kwamen. Maar zelfs toen een wervelstorm drie jaar later 60 km aan spoorrails in zee deed storten, bleef Flagler vastbesloten om de spoorbaan te voltooien. Op 22 januari 1912 maakte de 82-jarige ondernemer de eerste rit naar Key West persoonlijk mee.

Flagler was al ruim twintig jaar dood toen op Labour Day 1935 opnieuw een verschrikkelijke storm over de Florida Keys raasde en zware golven de brugpijlers neerhaalden. Dit betekende het definitieve einde van de spoorlijn. In plaats daarvan richtte men zich op de bouw van een wegverbinding, die in 1938 gereedkwam en op sommige plaatsen nog steeds parallel aan de oude spoorrails loopt. In 1982 is het traject naar Key West grondig gerenoveerd en zijn 37 van de 42 bruggen vernieuwd. Zogenaamde Mile Markers (MM) vergemakkelijken de oriëntering: Key West als zuidelijkste punt ligt bij MM 0, in Florida City op het vasteland staat de laatste markering MM 127. Met Bayside wordt de westelijk Golfzijde bedoeld en met Oceanside de Atlantische kust.

Upper Keys

De eilandenreeks Florida Keys bestaat geografisch gezien uit twee delen. De **Upper Keys**

Actief

AVONTUUR ROND HET KORAALRIF

Informatie

Begin: John Pennekamp Coral Reef Park (▶ 4, M 11), MM 102,5, www.pennekamppark.com

Openingstijden: dag. 8 uur tot zonsondergang

Toegang: auto $ 8,50, voetganger $ 2,50

Van Fort Lauderdale in het noorden tot het uiterste zuiden van de Florida Keys strekt zich aan de Atlantische kust het enige koraalrif van het Noord-Amerikaanse continent uit met niet minder dan 52 koraalsoorten, die de leefomgeving vormen van ongeveer 500 soorten vissen. Een deel van het rif ligt in het **John Pennekamp Coral Reef Park**, waar in een gebied met een oppervlakte van meer dan 200 km² met koraalriffen, zeegrasbedden en mangrovemoerassen exotische zeedieren leven. De riffen in het park beginnen ongeveer 5 km voor de kust.

Bij een vergunninghouder zijn kano's en motorboten te huur en kunnen duikexcursies en trips per boot met een glazen bodem worden geboekt. Populair zijn bovendien de tweeënhalf uur durende snorkeluitstapjes, waarop deelnemers anderhalf uur lang de unieke onderwaterwereld vanboven kunnen bewonderen. Snorkel- en duikexcursies kunnen het best worden gemaakt in de zomermaanden. Het zicht is dan het best en de zee het kalmst, zodat de bodem niet door de golven wordt omgewoeld. Naast watersporten behoren ook outdooractiviteiten aan land tot het aanbod: er zijn twee natuurleerpaden, twee kunstmatig aangelegde stranden, picknickhutten, een snackbar en een camping. Een attractie die duikers naar het zeereservaat **Key Largo National Marine Sanctuary** lokt, is een 3 m hoog en 2 ton zwaar bronzen Christusbeeld van de Italiaanse beeldhouwer Guido Galletti, dat op een diepte van 8 m op de zeebodem is te bewonderen.

omvatten het hele, prachtige gebied van het Biscayne National Park tot aan Marathon en de **Lower Keys** (zie blz. 436) strekken zich uit van de Seven Mile Bridge tot aan het hippe Key West.

Biscane National Park

▶ 4, M 11

9700 SW. 328th St., Homestead, FL 33033-5634, tel. 1-305-230-1144, www.nps.gov/bisc

Voordat Hwy 1 uitkomt bij de Florida Keys, kunt u bij Homestead een omweg maken naar het **Biscayne National Park**. Dit 730 km² grote beschermde natuurgebied bestaat voor 95% uit water, op ongeveer dertig onbewoonde eilanden na, waar sinds de ontdekking van Florida door de Spanjaarden niet al te veel veranderd zal zijn. Hotels, restaurants en zelfs cafetaria's zoekt u in het park tevergeefs. Op het grootste eiland, de 11 km van het vasteland gelegen Elliot Key, zetten excursieboten bezoekers af voor een wandeling op een educatief natuurpad. Als u iets wilt zien van de fantastische onderwaterwereld met zijn natuursponzen, zeeanemonen, hoorn- en hersenkoralen, zeewaaiers en zeeveren plus roggen, murenen, alen, dolfijnen en zeeschildpadden, bent u aangewezen op een boot en op een duik- of snorkeluitrusting.

Key Largo ▶ 4, L 11

Met circa 50 km is **Key Largo** het langste eiland in de keten Florida Keys. De gelijknamige stad heet pas zo sinds 1952, voor die tijd droeg hij de naam Rock Harbor. Onroerendgoedbedrijven drongen aan op deze verandering om het imago van de stad een impuls te geven, nadat John Houston hier vier jaar eerder verscheidene scènes van de illustere gangsterfilm *Key Largo* met Humphrey Bogart, Lauren Bacall en Edward G. Robinson had opgenomen.

Ook de rivierstoomboot *African Queen*, die bij Holiday Inn Key Largo ligt aangemeerd, is de filmgeschiedenis ingegaan. Met dit schip voeren Katherine Hepburn en Humphrey Bogart in de gelijknamige avonturenfilm door Afrika. Tegenwoordig wordt hij gebruikt voor toeristische uitstapjes.

Caribbean Club

104080 Overseas Hwy, tel. 1-305-451-4466, www.caribbeanclubkl.com, vr., za. livemuziek, wo.-avond karaoke

Bij Mile Marker 104 vindt u de Caribbean Club, de toenmalige filmset van *Key Largo*. De muren zijn versierd met herinneringen aan de film. In 1996 kwamen de filmmakers terug en gebruikten het café als filmlocatie om enkele scènes op te nemen voor de spannende thriller *Blood & Wine* met Jack Nicholson en Jennifer Lopez.

Florida Keys National Marine Sanctuary

www.spiegelgrove.com

In juni 2002 heeft men in het **Florida Keys National Marine Sanctuary** bijna 10 km voor de kust het 150 m lange militaire vrachtschip *Spiegel Grove* afgezonken om het deel uit te laten maken een kunstmatig koraalrif. Sindsdien hebben zich op alle delen van het schip algen, sponzen, oesters en koralen gevestigd, die het op 41 m diepte gelegen wrak in de loop der jaren volledig zullen bedekken.

Informatie

Chamber of Commerce: 106000 Overseas Hwy, Key Largo, FL 33037, tel. 1-305-451-1414, www.keylargochamber.org.

Accommodatie

Slapen op de zeebodem – **Jules' Undersea Lodge:** MM 103, tel. 1-305-451-2353, www.jul.com. Deze lodge behoort tot de ongewoonste in de VS, want het gaat hier om een voormalig onderzoekslaboratorium op de zeebodem. Het alleen voor duikers bereikbare hotel beschikt over een douche, telefoon en pizzaservice! $ 800 voor twee personen. Drie uur durend verblijf met duikcursus $ 150 per persoon.

Strandidylle – **Island Bay Resort:** 92530 Overseas Hwy, Tavernier, tel. 1-305-852-4087, www.islandbayresort.com/keys. Het resort omvat tien mooie cottages (alle met keuken) voor maximaal vier personen aan een privéstrand. Vanaf $ 199.

Prima op doorreis – **Holiday Inn Key Largo:** 99701 Overseas Hwy, tel. 1-305-451-2121, www.holidayinnkeylargo.com. Alle kamers met twee tweepersoonsbedden en kabel-tv, tropisch aandoend zwembad. $ 145-200.

Het meest noodzakelijke – **Marina del Mar Resort:** 527 Caribbean Dr., MM 100, tel. 1-305-451-4107, www.marinadelmarkeylargo.com. Een- tot tweekamerstudio's, waarvan vele met keuken. Vanaf $ 110.

Eten en drinken

Voor visliefhebbers – **Mr. Mac's Kitchen:** 99336 Overseas Hwy, tel. 1-305-451-3722, www.mrsmacskitchen.com, ma.-za. 7-21.30 uur. Dagelijks versgegrilde vis, maar ook vleesgerechten, pasta, hamburgers of alligator. Diner $ 10-25.

Goed begin van de dag – **Chad's Deli & Bakery:** MM 92,3, tel. 1-305-853-5566, www.chadsdeli.com, dag. 10-21, vr. tot 22 uur. Goed ontbijt, dag. lunch- en dinerspecials, hamburgers, sandwiches, salades en soepen. Vanaf $ 9.

Islamorada ▶ 4, L 11

Ten zuiden van het stadje Tavernier begint het eilandenkwartet **Islamorada,** een mekka voor zeevissers. Nergens is het gemakkelijker om een boot met kapitein en uitrusting voor een hengeltocht te huren. Wanneer de jachten 's middags van hun tochten terugkeren, bestaat er een goede kans dat u hier en daar een gevangen blauwe marlijn kunt fotograferen.

Postcard Inn Resort

84001 Overseas Hwy, tel. 1-305-664-2321, www.holidayisle.com

Islamorada is niet alleen een paradijs voor watersporters en natuurliefhebbers, maar ook voor feestgangers. Tot het **Postcard Inn Resort** behoren zwembadlandschappen en tikibars in Polynesische stijl, waar al 's middags aan het zandstrand onder de palmen strandfeesten met Caribische livemuziek en dans worden gehouden.

Theater of the Sea

84721 Overseas Hwy, MM 84.5, Islamorada, tel. 1-305-664-2431, www.theaterofthesea.com, dag. 9.30-15.30 uur, volwassenen $ 32

Het **Theater of the Sea** is een combinatie van een aquarium en een dierenpark, en toont bezoekers het zeeleven van de Florida Keys. Het populairst zijn de regelmatige shows met dolfijnen, zeeleeuwen en papegaaien. Wie samen met dolfijnen, roggen en zeeleeuwen wil zwemmen, moet hiervoor extra reserveren. Bij de toegangsprijs is een tocht met een glasbodemboot inbegrepen.

Dolphin Research Center

In het **Dolphin Research Center** op Grassy Key werd in de jaren 50 de populaire tv-serie *Flipper* opgenomen. In het kader van een programma mag u met de sterren zwemmen (zie blz. 436).

Informatie

Islamorada Chamber of Commerce: MM 83,2, Islamorada, FL 33036, tel. 1-305-664-4503, www.islamoradachamber.com.

Accommodatie

Vakantieparadijs onder palmen – **Chesapeake Resort:** 83409 Overseas Hwy, tel. 1-305-664-4662, www.chesapeake-resort.com. Goed ingericht vakantiehotel aan de Atlantische kant met eigen strand en jachthaven. Vanaf $ 175, resort fee $ 18.

Als een tropisch sprookje – **Casa Thorn:** 114 Palm Ln., tel. 1-305-852-3996, www.casathorn.com. Gasten kunnen in deze B&B kiezen uit suites in Indonesische, Marokkaanse of Pacifische stijl of in normale suites overnachten. $ 89-229.

Eten en drinken

Niet alleen goede pizza's – **Bayside Gourmet:** 82758 Overseas Hwy, tel. 1-305-735-4471, ma.-za. 6-22, zo. 6-14 uur. Gebak, pizza's, traditionele Italiaanse gerechten, cheese-steak en meer. Uitstekende gerechten. Circa $ 9-17.

Sfeervol – **Lorelei Restaurant:** MM 82, Bayside, tel. 1-305-664-2692, dag. 7-24 uur. Rustiek restaurant aan het water, diner vanaf $ 13.

Mel Fisher, koning van de schatzoekers

Op 20 juli 1985 kwam om 13.05 uur een bericht binnen van de Dauntless, die 65 km ten westen van Key West in het azuurblauwe water voer. Kapitein Kane Fisher kon zijn opwinding nauwelijks verbergen toen zijn vader Mel Fisher via de radio zijn sensationele mededeling deed: 'Leg de kaarten weg. Wij hebben de jackpot gewonnen!'

Na een moeizame zoektocht van ruim zestien jaar was de droom van de schatzoeker eindelijk uitgekomen: zijn bemanning had het op de zeebodem gelegen wrak van de Spaanse Nuestra Señora de Atocha gevonden. Al als tiener droomde Mel Fisher ervan om schatten op te sporen in verre zeeën. In 1964 was het zo ver en haalde hij meer dan duizend gouden munten naar boven uit een in 1715 gezonken galjoen. Dit succes spoorde hem aan om op zoek te gaan naar de Atocha, die in 1622 was gezonken met onmetelijke rijkdommen aan boord, waarover hij had gelezen in een duikgids. Tegelijkertijd speurde hij naar het zusterschip Santa Margarita en had geluk toen hij in 1980 aan boord van dat historische zeilschip goud en andere rijkdommen ter waarde van ruim $ 20 miljoen ontdekte.

De vondst van de Atocha vijf jaar later overtrof alle verwachtingen. Uit zijn gebarsten buik borgen Fishers duikers 47 ton zilver, 150.000 gouden munten en goudstaven en honderden onbewerkte smaragden van tussen een half en 77 karaat, waaronder een edelsteen met een waarde van meer dan $ 2 miljoen. In totaal werd de schat van de Atocha geschat op $ 400 miljoen. Om de juwelen, munten, siervoorwerpen, wapens en nautische objecten aan het publiek te kunnen tonen, kocht Amerika's beroemdste schatzoeker in Key West een voormalig station van de kustwacht op en stichtte de Mel Fisher Maritime Heritage Society om een museum voor schatten in te richten. Mel Fisher was niet alleen een succesvol schatzoeker. Hij verstond ook de kunst om van zijn avontuurlijke activiteiten een winstgevend bedrijf te maken. Als duikpionier leidde hij in de loop van zijn leven 65.000 'collega's' op, die ook schatduiker wilden worden. Een aantal van hen nam hij op in zijn team. Bovendien maakte hij onder water talrijke bioscoopfilms, documentaires, reclamefilms en leerzame films voor beginnende duikers. Toen de televisie nog maar in de kinderschoenen stond, verzorgde hij al een programma met onderwateravonturen dat iedere week werd uitgezonden. Ook op het gebied van duikuitrustingen toonde Fisher zich baanbrekend. Hij ontwikkelde nieuwe duikpakken, onderwatercamera's, gasharpoenen en andere nuttige attributen voor de jacht op de bodem van de zee.

De onaangenaamste momenten in het leven van Mel Fisher waren de geschillen die in de rechtszaal werden uitgevochten over de vraag in hoeverre hij aanspraak kon maken op de schatten die hij boven water had gehaald. Pas toen de staat Florida hem 25% van zijn jaarlijkse vondsten garandeerde, kwam er een einde aan het juridische gekrakeel. Zijn laatste strijd, ditmaal tegen kanker, verloor Mel Fisher in 1998 op 76-jarige leeftijd.

Tip

ZWEMMEN MET DOLFIJNEN

Het onderzoekscentrum **Dolphin Research Center** (zie blz. 434) op Grassy Key heeft in zijn bestaansgeschiedenis talrijke programma's ontwikkeld om bezoekers in contact te brengen met dolfijnen. U kunt hier een dag lang als trainer of onderzoeker aan de slag, met dolfijnen schilderen, spelen en in een bassin met deze zeezoogdieren stappen. Een van de populairste activiteiten van het centrum is echter de zogenoemde Dolphin Encounter.

Nadat u bent ingewijd in de belangrijkste gedragskenmerken en met uw handen een groot aantal tekens voor de dolfijnen hebt leren geven, begint het werkelijke programma: 20 minuten lang kunt u rondjes zwemmen met de sympathieke dieren. Wie zich niet op zijn gemak voelt in diep water of niet kan zwemmen, ontmoet de dolfijnen bij het programma Dolphin Dip op een platform in het water. Kinderen tot 8 jaar moeten begeleid worden door minimaal één volwassene, kinderen tot 5 jaar moeten worden vastgehouden door een volwassene. Als u goed Engels spreekt, kunt u ook meedoen aan het programma Dolphin Explorer, een van de alternatieven die u niet van tevoren kunt bespreken (58901 Overseas Hwy, www.dolphins.org, dag. 9-16.30 uur, op veel feestdagen gesloten. Reserveren is voor sommige programma's verplicht: via tel. 1-305-289-0002, geen reserveringen per of e-mail, volwassenen $ 28, kinderen 4-12 jaar $ 23 (alleen toegang). Online korting, Dolphin Encounter Programm $ 199 inclusief certificaat; Meet the Dolphin voor 5 min. $ 25).

In de aangrenzende Cabana Bar vieren gasten de zonsondergang.

Actief

Fietsverhuur – **Backcountry Cowboy:** MM 82,2, tel. 1-305-517-4177, www.backcountry cowboy.com. Fietsen, eilandtochten, kajaks.

Marathon ►4, K 12

In het geografische en commerciële centrum van de Florida Keys ligt **Marathon**. Tijdens de aanleg van Flaglers spoorbaan deed de plaats dienst als arbeiderskamp en materiaalopslagplaats. Nu is dit na Key West het grootste toeristische centrum van het eilandenrijk, dat bezoekers trekt met een 18 holesgolfterrein en de langste pier ter wereld.

Lower Keys ►4, J-K 12

Ten zuiden van Marathon ligt de Seven Mile Bridge, die de verbinding vormt tussen de Upper en **Lower Keys**. Voor de ingenieurs van Henry Flagler was dit project de grootste uitdaging bij de bouw van de spoorlijn naar Key West. Ieder jaar wordt op een zaterdagochtend in april de brug afgesloten voor de Seven Mile Bridge Run.

Bahia Honda State Park

MM 37, tel. 1-305-872-3210, www.bahiahonda park.com

Strandminnaars vinden aan het zuideinde van de brug in het **Bahia Honda State Park** een geschikt plekje. Hoog boven de palmen herinnert een ruïne aan minder zorgeloze tijden: een gedeeltelijk ingestorte brug, waarvan een orkaan een circa 200 m lang stuk rijbaan wegrukte. Het zandstrand in het park is een van de mooiste op de Florida Keys.

Big Pine Key

Het hoofdeiland van de Lower Keys is **Big Pine Key**. Dit eiland onderscheidt zich van de overige Florida Keys door de dichte dennenbossen. Heel bijzonder is ook de National Key Deer Refuge met een populatie van circa driehonderd Key-witstaartherten, die een schouderhoogte van slechts 60 cm bereiken. In dit natuurgebied ligt de Blue Hole, het grootste kunstmatig aangelegde zoetwatermeer van de eilandengroep. Het Great White Heron Refuge wijdt zich aan de bescherming van wild en speciaal de grote zilverreiger. In het **Looe Key National Marine Sanctuary** worden zeedieren beschermd, maar het is ook een populair duikgebied (Looe Key Dive Center, MM 27,5, tel. 1-305-872-2215, www.diveflakeys.com).

Key West ▶ 4, J 12

Het zuidelijkste eiland van de Florida Keys is Key West, het onbetwiste toeristische middelpunt, trefpunt van de homoscene en de betoverende Caribische 'uithoek' van Florida. Ooit was dit een afgelegen piratennest, maar tegenwoordig worden de aardige stadjes hier geregeerd door de commercie en de *American way of life*, maar dan met een exotisch Caribisch tintje.

Het leven van de mensen die zich vanaf het begin van de 19e eeuw op Key West vestigden, was door de beperkte economische mogelijkheden niet eenvoudig. Een groot aantal van de eilandbewoners hield zich in leven met het plunderen van scheepswrakken of liet zich goed betalen voor het verrichten van reddingen op zee. Later werden hier conserven- en sigarenfabrieken gebouwd, waardoor Key West in de tweede helft van de 19e eeuw uitgroeide tot de grootste stad van Florida.

Uit de jongste geschiedenis van het eiland stamt de volgende interessante anekdote. Toen de politie in april 1982 op de Upper Keys wegversperringen oprichtte en ieder uit het zuiden afkomstig voertuig doorzocht op illegale immigranten en verdovende middelen, leidden deze controles bij veel inwoners tot zoveel woede dat ze hun eiland prompt onafhankelijk van de VS verklaarden en de Conch Republic uitriepen (de inwoners van Key West worden *conchs* genoemd). Helemaal serieus was deze onafhankelijkheidsverklaring niet bedoeld, maar ze onderstreepte wel de diepgewortelde onafhankelijkheidsdrang van de bewoners, die door de geografische ligging te begrijpen is. Nog steeds kunnen toeristen zich tegen een vergoeding een paspoort van de Conch Republic laten aanmeten.

Bezienswaardigheden

Mallory Square

Iedereen komt elkaar aan het eind van de dag tegen bij de Sunset Celebration op **Mallory Square**. Goochelaars, straatmuzikanten, kunstnijverheidsverkopers en kijklustigen bereiden zich tijdens de traditionele 'voorstelling' voor op de lange nacht met country en calypso, frozen Margarita's en *conch chowder* (vissoep).

Eco-Discovery Center

33 E. Quay Rd., tel. 1-305-809-4750, www.floridakeys.noaa.gov, di.-za. 9-16 uur, toegang gratis

Voor informatie over het ecosysteem van de Florida Keys kunt u terecht bij het **Eco-Discovery Center**, waar u ook een model van een diepzeeonderzoekslaboratorium kunt bezichtigen.

Key West Museum of Art & History

281 Front St., tel. 1-305-295-6616, dag. dag. 9.30-16.30 uur, volwassenen $ 10, kinderen $ 5

In het in 1891 gebouwde douanekantoor van Key West documenteert het **Key West Museum of Art & History** de geschiedenis van de stad en veel van zijn burgers, onder wie de

Actief

HET KEY WEST VAN ERNEST HEMINGWAY

Informatie

Begin: Hemingway Home & Museum (907 Whitehead St.)
Lengte: circa 3 km
Duur: 2-4 uur

Van groot belang voor de populariteit van Key West was het door Ernest Hemingway in 1931 genomen besluit om hierheen te verhuizen. De Nobelprijswinnaar maakt nog steeds postuum op alle mogelijke plaatsen reclame voor de 25.000 inwoners tellende gemeente, die jaarlijks meer dan 1,5 miljoen bezoekers trekt. Voor velen van hen is een bezoek aan het in een weelderige tropische tuin gelegen **Hemingway Home & Museum** 1 een must. De beroemde heer des huizes bracht hier met onderbrekingen acht jaar van zijn leven door en schreef er romans als *For Whom the Bell Tolls*, *Death in the Afternoon* en *A Farewell to Arms* (907 Whitehead St., tel. 1-305-294-1575, www.hemingwayhome.com, rondleiding dag. 9-17 uur, volwassene $ 13). Vlakbij voert een trap omhoog naar het uitkijkplatform van een vuurtoren uit 1848, waar Key West aan uw voeten ligt. Direct om de hoek, waar tegenwoordig het Blue Heaven Restaurant is gevestigd, lag in het verleden onder de blote hemel de **Key West Arena** 2, waar Hemingway op vrijdagmiddag geregeld de rol van scheidsrechter bij bokswedstrijden op zich nam. De hartstochtelijke bewonderaar van het vuistgevecht betrad zo nu en dan ook de ring op zijn eigen perceel, waar hij een boksarena had laten bouwen (729 Thomas St.).

Eind jaren 20 bezocht de schoonvader van Hemingway, een industrieel, Key West om kennis te maken met zijn schoonzoon. Hij nam zijn intrek in het in 1926 gebouwde **Colonial Hotel** 3, dat tegenwoordig onder de naam Crowne Plaza Key West-La Concha in bedrijf is. In dit zeven verdiepingen tellende gebouw verbleef bovendien geruime tijd Tennessee Williams, die hier zijn beroemde toneelstuk *A Streetcar Named Desire* voltooide (430 Duval St.).

Waar tegenwoordig Captain Tony's Saloon staat, was in het verleden Hemingways stamkroeg **Sloppy Joe's** 4 gevestigd. De uitbater van dit café (428 Greene St.) was Josie Russell, een vriend en hengelpartner van Hemingway. In 1938 kreeg Hemingway ruzie met de cafébaas over een

huurverhoging van $ 4. Daarbij werd Josie Russell zo kwaad dat hij het complete interieur van de kroeg nog diezelfde nacht een halve straat verderop liet verplaatsen: op die locatie is nog altijd **Sloppy Joe's Saloon** 5 gevestigd (201 Duval St.).
In deze uitspanning maakte Ernest Hemingway ook kennis met zijn derde vrouw, Martha Gelhorn. Het door de verhuizing in onbruik geraakte pissoir van de kroeg liet Hemingway in zijn huis inbouwen, waar het tot op de dag van vandaag in gebruik is.
In april 1928 had Hemingway samen met zijn vrouw Pauline Havanna verlaten. Ze gingen aan boord van een stoomschip voor een eerste bezoek aan het eiland Key West. Het lot beschikte echter dat zijn voor de doortocht naar het noorden gereserveerde huurauto niet beschikbaar was, zodat de schrijver gedwongen was om zeven weken lang in het toenmalige Trev-Mor Hotel te overnachten. In deze periode leerde hij het eiland kennen en waarderen. Het hotel draagt nu de naam **Casa Antigua** 6 en is te bezichtigen (314 Simonton St., dag. 10-18 uur). Met een voorschot van $ 3300, dat Hemingway voor het schrijven van een aantal korte verhalen van het tijdschrift *Esquire* kreeg, liet de auteur in 1938 een boot met de naam *Pilar* bouwen, die in de buurt van de **Thompson Docks** 7 voor anker lag. De aanlegplaats was eigendom van een zakenman met wie Hemingway bevriend was (aan het noordelijke uiteinde van Margaret St.).
Wanneer Hemingway en zijn vaste drinkmaten besloten in plaats van vloeibaar vast voedsel tot zich te nemen, brachten ze meestal een bezoek aan het zeer eenvoudige restaurant **Mrs. Rhoda Baker's Electric Kitchen** 8. Dit dankte zijn naam niet aan het gebruik van een groot aantal elektrische apparaten in de keuken, maar aan een paar aan het plafond bungelende gloeilampen. De door Mrs. Baker geserveerde porties waren groot, het eten was smakelijk en de prijzen waren laag: een sandwich kostte in die tijd minder dan vijftig dollarcent. In het voormalige restaurant is tegenwoordig boekhandel Flaming Maggie's (830 Fleming St.) gevestigd. Nadat Hemingway in mei 1927 met de katholieke Pauline was getrouwd, had hij zich tot het katholicisme bekeerd. In Key West liet hij zich van een vrijgevige kant zien: met een schenking van de schrijver werd in de **St. Mary Star of the Sea Church** 9 een altaar geplaatst (1010 Windsor Lane).

schrijver Ernest Hemingway, aan wie onder andere diens uniform uit de Tweede Wereldoorlog herinnert. Andere tentoonstellingen zijn gewijd aan piraten en de Navy.

Mel Fisher Maritime Museum

200 Greene St., tel. 1-305-294-2633, www.melfisher.org, ma.-vr. 8.30-17, za., zo. 9.30-17 uur, volwassenen $ 15, kinderen $ 5

Schatzoeker Mel Fisher (zie blz. 435) haalde geregeld de voorpagina. Tot zijn ondernemingen behoorde de zoektocht naar twee in 1622 gezonken Spaanse galjoenen, waarvan hij de schatten wist te bergen en een gedeelte tentoonstelde in het **Mel Fisher Maritime Museum**. De vitrines liggen vol munten en wapens, goudstaven en sieraden, porselein en religieuze voorwerpen van puur zilver. U krijgt ook inzicht in de onderwaterarcheologie en technische uitrusting.

Little White House

111 Front St., tel. 1-305-294-9911, www.trumanlittlewhitehouse.com, dag. 9-16.30 uur, volwassenen $ 16,13, kinderen 5-12 jaar $ 5,38

Harry S. Truman (1884-1972), van 1945 tot 1953 president van de Verenigde Staten, kwam na de Tweede Wereldoorlog voor het eerst naar Key West om uit te zieken van een verkoudheid. Het eiland beviel hem echter zo goed dat hij in de jaren die volgden regelmatig zijn vakantie doorbracht in het **Little White House**. De in dit huis tentoongestelde voorwerpen vertellen verhalen met boeiende details over Truman.

Southernmost Point

Whitehead/South St.

Een enorme boei met zwarte, gele en rode strepen markeert het zuidelijkste puntje van de VS. Het eiland Cuba ligt slechts ongeveer

150 km van dit punt verwijderd. De boei is waarschijnlijk de meest gefotografeerde bezienswaardigheid in Key West.

Fort Zachary Taylor

Aan het einde van Southard St., tel. 1-305-292-6713, www.fortzacharytaylor.com, dag. 10-17 uur, personenauto $ 7

In de Burgeroorlog was dit strategisch gelegen fort bezet door de troepen van de Unie, die van daaruit het scheepvaartverkeer rond de zuidpunt van Florida controleerden. In enkele ruimten van de vesting zijn tentoonstellingen over de oorlog ingericht.

Informatie

Key West Information Center: 201 Front St., Suite 108, Key West, FL 33040, tel. 1-888-222-5590, www.keywestinfo.com.

Key West Chamber of Commerce: 510 Greene St., 1. Obergeschoss, Key West, FL 33040, tel. 1-305-294-2587, www.keywestchamber.org.

Accommodatie

Gezellig – **Duval Inn:** 511 Angela St., tel. 1-305-295-9531, www.duvalinn.com. Kleurrijk ingerichte kamers in een mooi huis uit de 19e eeuw. Verwarmd zwembad, inclusief ontbijt. Vanaf $ 139.

Goede ligging – **Best Western Hibiscus:** 1313 Simonton St., tel. 1-305-294-3763, www.bestwestern.com. Mooie kamers met koffieapparaat en koelkast. Zwembad, wifi, parkeergelegenheid, klein ontbijt inbegrepen. Vanaf $ 129.

Bijzonder fraai – **Key West B&B:** 415 William St., tel. 1-305-296-7274, www.keywestbandb.com. Victoriaans complex uit 1898 met gedeeltelijk luxueuze kamers, jacuzzi, sauna, inclusief ontbijt. Minimaal drie nachten, $ 90-285.

Budgetverblijf – **Key West Youth Hostel:** 718 South St., tel. 1-305-296-5719, www.keywesthostel.com. Jeugdherberg met fietsverhuur, in de slaapzaal $ 44, in het motel vanaf $ 100.

Kamperen – **Boyd's Key West Campground:** 6401 Maloney Ave., Stock Island, tel. 1-305-294-1465, www.boydscampground.com. Aangename plek direct aan zee met zwembad, supermarkt en busverbinding naar de stad.

Eten en drinken

Beachkwaliteit – **Michael's Restaurant:** 532 Margaret St., tel. 1-305-295-1300, www.michaelskeywest.com, dag. 17.30-23 uur. De uitstekende seafood- en vleesgerechten worden ook op het idyllische terras geserveerd. $ 15-50.

Eenvoudig, maar uitstekend – **Conch Republic Seafood Company:** 631 Greene St., tel. 1-305-294-4403, www.conchrepublicseafood.com, dag. lunch en diner. Restaurant aan de oude haven met uitzicht op zee. Tonijnsteaks, exotisch gemarineerde kip, varkensmedaillons. Diner circa $ 21.

Uitgaan

Bar met karakter – **Captain Tony's Saloon:** 428 Greene St., tel. 1-305-294-1838, www.capttonyssaloon.com, dag. De wanden van de oudste bar in Key West zijn met damesondergoed en visitekaartjes gedecoreerd. in de jaren 30 was Ernest Hemingway stamgast.

Lokale favoriet – **Schooner Wharf Bar:** 202 William St., tel. 1-305-292-3302, dag. Lunch en diner. Waar vroeger een shrimpsfabriek stond, stroomt tegenwoordig bier en dampen de verse zeevruchten.

Actief

Schitterende badstranden – **Fort Zachary Taylor:** Strand in het State Park met een rotsige oever (toegang via Truman Annex aan de Southard St.). **Smathers Beach:** Kunstmatig zandstrand en een van de stranden die zich aan de zuidelijke kust van Key West aaneen rijgen. Watersportmogelijkheden en eetkramen.

Evenementen

Hemingway Days Festival: juli. Festival ter ere van Ernest Hemingway.

Fantasy Fest: okt. Dit gekostumeerde feest – met veel bloot – duurt 10 dagen.

Everglades National Park

De deinende zee van riet- en cypergras strekt zich uit van horizon tot horizon, enkel onderbroken door eilandjes met struikgewas, palmen en moerascipressen. Bewegingloos droogt een slangenhalsvogel in de morgenzon zijn gespreide vleugels op een boomstronk. Niets verraadt dat in dit natuurparadijs een crisissfeer heerst.

Het circa 12.000 km^2 grote park bestaat uit een enorme vlakte met een heel klein verval richting zuidwesten. Door dit moerasland stroomt in een breedte van 100 km uiterst langzaam een dunne laag zoet water, dat afkomstig is uit noordelijker gelegen voorraden, voor de aanleg van de dijk eromheen vooral uit Lake Okeechobee. Neerslag draagt bij aan de watervoorziening, vooral tussen eind mei en oktober, als zich in het subtropische klimaat geregeld onweer ontlaadt en zware regens vallen. Voor muggen en andere insecten, die een belangrijke rol spelen in de voedselketen van de dieren, is dit zwoele, vochtige klimaat ideaal. Bezoekers zijn minder enthousiast over deze condities en komen daarom voornamelijk in de wintermaanden. Dan drogen de Everglades op tot verspreide waterplassen, waaromheen zich veel dieren ophouden, vooral alligators.

Het ecosysteem is de laatste decennia dramatisch veranderd. Groeiende steden en toenemende economische activiteit hebben de natuur steeds verder teruggedrongen. De meren in het midden van Zuid-Florida staan in verbinding met grote kanaalsystemen, die water leveren aan met name Groot-Miami, waardoor de Everglades steeds minder watertoevoer krijgen. Naast verdroging ondergaan de Everglades de negatieve invloed van aangevoerde meststoffen en pesticiden, die in het water terechtkomen en via de voedselketen vele diersoorten bereiken. Op moerasvogels bijvoorbeeld heeft het gif een bijzonder desastreuze uitwerking gehad. Eierschalen werden in de loop der tijd zo dun dat ze braken nog voordat de kuikens eruit kwamen. De vogelpopulatie is daardoor bij veel soorten met 90% teruggelopen.

Het heeft lang geduurd voordat erkend werd dat in het reusachtige natuurgebied veel factoren met elkaar samenhangen, zoals de gevolgen van de geleidelijke verandering van de waterstand. Jarenlang heeft men de watertoevoer geregeld via sluizen, waardoor de waterspiegel veel te snel daalde of steeg. Daardoor kregen bijvoorbeeld vogels in de overgangsfase tussen de vochtige zomer en de droge winter geen gelegenheid meer om nesten te bouwen en eieren uit te broeden.

Het zuiden van het nationaal park

▶ 4, K/L 10/11

Everglades Alligator Farm

40351 SW. 192nd Ave., Homestead, tel. 1-305-247-2628, www.everglades.com, dag. 9-18 uur, volwassenen $ 19,50, kinderen 4-11 jaar $ 14,50
Voordat u op weg 9336 de grens van het park bereikt, kunt u bij de **Everglades Alligator Farm** op bezoek gaan bij de grootste reptielen die in het Everglades National Park voorkomen. Op de in 1985 geopende krokodillenfarm worden alligators gefokt. Bezoekers kunnen hier kennismaken met in Florida voorkomende dieren als krokodillen, kaaimannen, vogels, slangen en spinnen.

Visitor Center

Direct bij de ingang van het park is het de moeite waard om een bezoek te brengen aan het **Ernest F. Coe Visitor Center**, waar verscheidene films over het park, de flora en fauna en orkanen wordt getoond. Slechts zo'n 6,5 km verderop ligt het **Royal Palm Visitor Center** met twee natuurpaden (*trails*) die nog geen kilometer lang, maar wel heel boeiend zijn. De naar de Amerikaanse slangenhalsvogel genoemde **Anhinga Trail** bestaat uit een geasfalteerde weg en plankenpaden en biedt bezoekers de mogelijkheid om in vrijheid levende alligators, vogels, schildpadden en waterslangen te bekijken. De naar een boom met koperrode schors genoemde **Gumo Limbo Trail** begint ook bij het bezoekerscentrum en slingert zich door een oerwoudvegetatie met slanke koningspalmen, wilde koffiebomen en andere soorten, waarbij zich epifyten als mossen en orchideeën op de takken hebben genesteld.

Tip

OP SLUIPJACHT MET INDIANEN

Van Alligator Alley (I-75, zie blz. 445) buigt bij Exit 49 in noordelijke richting de weg 833 af, die na 30 km uitkomt bij de ingang van het **Big Cypress Seminole Indian Reservation**. Het indiaanse bedrijf **Billie Swamp Safari** organiseert excursies per terreinwagen door dit landschap van moerassen, vochtige gebieden en kleine bossen, waarbij professionele gidsen u laten kennismaken met de flora en fauna in het midden van Zuid-Florida (30000 Gator Tail Trail, Clewiston, tel. 1-863-983-6101, www.billieswamp.com, dag. 10-17 uur, $ 25-50).

Na de fantastische tocht door de natuur kunt u een bezoek brengen aan het **Ah-Tah-Thi-Ki Museum**, dat een beeld geeft van de cultuur van de Seminolen rond het eind van de 19e eeuw. Levensgrote poppen dragen Seminolenkleding. Verder zijn er wapens en gebruiksvoorwerpen tentoongesteld, die een indruk geven van het dagelijkse leven van de Florida-indianen (www.ahtahthiki.com, dag. 9-17 uur, volwassenen $ 10, kinderen 5-18 jaar $ 7,50).

Parkway 9336

Bij de rit door het toeristische parkcentrum Flamingo komt u langs talrijke mogelijkheden om vanaf uitkijkpunten op loopplanken of weggetjes de prachtige wilde natuur van het park in u op te nemen.

Bij de **Pa-hay-okee Overlook** voert een plankier door het landschap en biedt een uitkijktoren een adembenemend uitzicht over het centrale gedeelte van de Everglades. Ongeveer 10 km verder komt u uit bij de fraaie **Mahogany Hammock**, waar een 500 m lange *boardwalk* (pad van plankiers) door een zee van cypergras en een mahoniebos voert. Een van deze mahoniebomen *(Swietenia mahogani)* staat bekend als de grootste in zijn soort in de Verenigde Staten.

Paurotis Pond behoort tot de talrijke fraaie waterpartijen langs de Parkway en is genoemd naar een in de Everglades weinig, maar rond het meer veelvuldig voorkomende palmensoort.

Bij mijlpaal 30,5 begint de **Mangrove Wilderness Trail**, die maar zo'n 700 m lang is en over een plankier door mangrovebegroeiing naar **West Lake** voert. De mangroven langs deze weg zijn extra interessant omdat hier drie in Florida voorkomende soorten groeien, die met hun steltwortels de grond vasthouden en zo in de loop van de tijd zelfs hele eilanden kunnen vormen.

De weg door het nationaal park eindigt in **Flamingo** aan de Florida Bay. U vindt er een toeristeninformatie, camping, kleine *store* annex café (uitsluitend jan.-mei), fiets- en kajakverhuur. In de vorige eeuw was deze

Actief

KANOTOCHTEN DOOR DE EVERGLADES

Informatie

Begin: Flamingo (zie blz. 442) in het Everglades National Park
Openingstijden: het park en het bijbehorende Ernest Coe Visitor Center bij de ingang Homestead/Florida City zijn het hele jaar 24 uur per dag geopend
Kano- en kajakverhuur: Flamingo Marina in Flamingo, tel. 1-239-695-3101, www.nps.gov/ever

Op de talrijke waterwegen in de Everglades is het natuurreservaat goed per kano te verkennen. Informeer voor u aan een excursie begint bij de parkrangers in het bezoekerscentrum naar de omstandigheden van het moment. Tot de basisuitrusting behoren voldoende drinkwater, zonnebrandcrème, zonnebril, anti-muggenmiddel, regenjas, proviand, een extra peddel en een waterdichte tas om bijvoorbeeld uw camera in te bewaren.
Houd van eind februari tot mei rekening met laag water op sommige plaatsen. De bekendste vanuit Flamingo te maken kanotochten zijn:
Nine Mile Pond: een 8 km lange, gemarkeerde rondgang door een moerasgebied met enkele eilandjes. Aan het einde van de droge tijd kan de waterstand misschien een beetje te laag zijn voor deze tocht.
Noble Hammock: deze 3 km lange kanotocht beschrijft een lus en gaat over door mangroven omzoomde waterlopen en vijvers. Op de kronkelende stroompjes is stuurmanskunst vereist.
Hell's Bay: ruim 160 oriëntatiepaaltjes wijzen de weg op deze 20 km lange kanotocht, waarlangs drie eenvoudige kampeerterreinen liggen. Wie daar wil overnachten, moet in het bezit zijn van een *permit* (kampeervergunning).
Florida Bay: in Flamingo kunnen kanoërs zich op het open water van de Florida Bay begeven, waar u zelfs hartje zomer nauwelijks door muggen wordt geplaagd. Op winderige dagen kan het water zeer woelig zijn.
Mud Lake Loop: 12 km lange lusvormige kanoroute die van Coot Bay Pond over vijvers, meren en kanalen gaat. Het Bear Lake Canal voert van tijd tot tijd te weinig water.
West Lake: op de 13 km lange excursie naar de Alligator Creek peddelt u over verschillende meren die via beken met elkaar zijn verbonden. Overnachten op de campings is alleen toegestaan met een *permit.*

locatie uitsluitend bereikbaar per boot en voornamelijk interessant voor vogeljagers. Tegenwoordig vormt zij het vakantiecentrum van de zuidoostelijke Everglades, van waaruit u boottochten, kanotochten en wandelingen kunt maken.

Informatie

Ernest Coe Visitor Center: 40001 US 9336, Homestead, FL 33034, tel. 1-305-242-7700, www.nps.gov/ever, dag. 8-17 uur. Het **Royal Palm Visitor Center** ligt 4 mijl van de parkingang, tel. 1-305-247-6211, dag. 8-17 uur.

Accommodatie

... in Flamingo:

Camping – **Flamingo Campground:** 1-877-444-6777, groot kampeerterrein aan het einde van de parkweg, met stroom. Voor dec. tot apr. reserveren! Wandelpaden en kanoroutes. **Long Pine Key Campground:** 6,8 mijl van de parkingang, voor tenten en campers, met toiletten en water. Alleen 15 nov.-mei, reserveren niet mogelijk.

Het noorden van het nationaal park

▶4, K/L 9/10

Shark Valley

Tel. 1-305-221-8776, www.sharkvalleytramtours.com, dag. 9-16 uur op het hele uur, open wagen volwassenen $ 25, kinderen $ 13, fiets $ 9/uur

Van Hwy 41 voert bij **Shark Valley** een 24 km lange lusvormige weg door de moerassen van de Everglades, die u per huurfiets of toeristische wagen kunt afleggen. Bij het keerpunt van de weg staat een 12 m hoge toren, waar u boven op het platform op een indrukwekkend uitzicht wordt getrakteerd.

Miccosukee Indian Village

MM 70, US. 41, tel. 1-305-552-8365, www.miccosukee.com/indian-village, dag. 9-17 uur, volwassenen $ 12, kinderen $ 6

Direct aan de noordgrens van de Everglades willen de bewoners van het **Miccosukee Indian Village** aan de Tamiami Trail ook een graantje meepikken van de toeristenstromen die naar het natuurgebied komen. Het dorp ligt in een 30.000 ha groot reservaat dat in 1934 is ingericht. Het wordt bewoond door zo'n vijfhonderd Miccosukee, die zich hebben afgescheiden van de Big Cypress Seminole Indians (zie blz. 445), die noordelijker leven. In het dorp kunnen bezoekers zien hoe de indianen hun typische houtsnijwerk en patchwork vervaardigen en manden vlechten.

Miccosukee Resort & Gaming

Hwy 41/Krome Ave., 500 SW. 177th Ave., tel. 1-877-242-6464, www.miccosukee.com

Het **Miccosukee Resort & Gaming** een kleine 30 km naar het oosten voldoet niet echt aan het traditionele beeld van een indianengemeenschap. De honderden speelautomaten, pokertafels en bingohallen in het hotelcasino tonen echter wel aan dat de Miccosukee-indianen van het zelfbestuur over hun reservaat een succes hebben gemaakt. Met ruim duizend videospelletjes, tientallen pokertafels, een hotel en een golfterrein worden hier nieuwe inkomstenbronnen aangeboord.

Big Cypress National Preserve

Als met een liniaal getrokken doorsnijdt Highway 41, de zogenaamde **Tamiami Trail**, het enorme moerasgebied van het Everglades

National Park in oost-westrichting. Daarachter zet het natuurlandschap zich in noordelijke richting voort, doorsneden door de bekende Alligator Alley (I-75), die even kaarsrecht als de Tamiami Trail door het **Big Cypress National Preserve** voert. Dit natuurgebied is genoemd naar de imposante eeuwenoude moerascipressen, die in de jaren 30 en 40 helaas grotendeels ten prooi vielen aan de houtindustrie. Aan de noordelijkste rand van het gebied strekt zich het Big Cypress Seminole Indian Reservation uit.

Everglades City

Als u de Tamiami Trail naar het westen volgt, krijgt u een goede indruk van de weidsheid van het moeraslandschap. Bij Everglades City buigt weg 29 in zuidelijke richting af naar het westelijkste gedeelte van het park. Hier worden tochten per excursieboot van anderhalf uur door de voor de kust gelegen Ten Thousand Islands aangeboden, waar u dolfijnen, roofvogels en steltlopers kunt zien.

Informatie

Gulf Coast Visitor Center: 815 Oyster Bar L., Everglades City, Ranger Station, tel. 1-239-695-3311, dag. 9-16.30 uur.

Accommodatie

Topadres – **Ivey House B&B:** 107 Camellia St., tel. 1-239-695-3299, www.iveyhouse.com. Gasten kunnen hier verblijven in de inn, in de lodge of in een cottage. Vanaf $ 99.

Vriendelijk – **Everglades City Motel:** 310 Collier Ave., tel. 1-239-695-4224, www.evergladescitymotel.com. Standaardkamers met airconditioning en badkamer. $ 89-150.

Eten en drinken

Gewoon goed – **Camellia Street Grill:** 208 Camellia St., tel. 1-239-695-2003, dag. 12-21 uur. Alligator, vis of pizza in een ontspannen sfeer. Muggenspray meenemen! $ 10-30.

Lokale delicatessen – **Oyster House Restaurant:** 901 S. Copeland Ave., tel. 1-239-695-2073, www.oysterhouserestaurant.com, dag. 11-21 uur. Shrimps $ 24, alligator $ 27.

Een white heron of zilverreiger op jacht in het brakke mangrovewater

Zuidelijke Golfkust

Klassieke reisdoelen aan de oostkust als Miami, Palm Beach en Daytona Beach hebben inmiddels concurrentie gekregen. De zuidelijke Golfkust wedijvert met de Atlantische kust om de gunst van de vakantieganger. Smetteloze stranden, pittoreske eilanden, moderne steden en aantrekkelijke bezienswaardigheden zijn trekpleisters waarmee de Golfkust evenzeer kan pronken als met zijn minder drukke plaatsen.

Van de ongeveer duizend mensen die dagelijks naar Florida komen, strijkt 80% neer ten zuiden van de lijn Tampa-Orlando, van wie velen aan de Golfkust. Dit komt vooral door de gunstige omstandigheden: het hele jaar door een aangenaam klimaat, vooral tussen oktober en mei, lage criminaliteitscijfers en een fantastische subtropische natuur. Veel Amerikanen en in toenemende mate ook Europeanen reizen in het koude jaargetijde naar de zuidelijke Golfkust om er te overwinteren en treden daarmee in de voetsporen van beroemdheden als Henry Ford, Thomas Edison en Charles Lindbergh, die hier hun winterverblijven inrichtten.

Voor de kust, voornamelijk bij Fort Myers en Sarasota, liggen zandbanken met eilanden, die tot de exclusiefste vakantieoorden van het westen van Florida behoren. Op Longboat Key bijvoorbeeld voert de kustboulevard langs statige buitenhuizen, luxueuze golfclubs en eersteklas resorts. Zelfs het gazon in de plantsoenen lijkt er verzorgder uit te zien dan elders in de Sunshine State. Voor de verplichte zonsondergang moet u op het strand van Lido Key zijn, waar zich de fotografen iedere avond kunnen uitleven.

Wie meer geïnteresseerd is in de vrije natuur, brengt zijn tijd waarschijnlijk liever door op het strand van Sanibel en Captiva Island, waar gunstige zeestromingen voor de mooiste schelpenstranden van Amerika zorgen. In het achterland van de kust ligt Fort Myers, de grootste stad aan de zuidelijke Golfkust. Hier werkte Thomas Edison tot aan zijn dood in 1931 aan geniale uitvindingen. Zijn midden in een mooie tuin gelegen woning aan de palmenstraat McGregor Boulevard is zonder twijfel de grootste toeristische trekpleister. Andere kustplaatsen blijven echter niet achter bij Fort Myers. Sarasota geldt als Florida's bolwerk op het gebied van de kunst en cultuur en heeft deze reputatie te danken aan het museum van de circuseigenaar John Ringling, die sinds de jaren 20 een voor de Verenigde Staten unieke collectie bijeenbracht. Naples ziet eruit alsof iedere avond kaboutertjes de straten en stoepen schoonvegen.

Naples ▶4, J 9

De zuidelijkst gelegen stad aan de Golf van Mexico is het al tientallen jaren geleden door gepensioneerden ontdekte **Naples**. Recentelijk heeft de 21.000 inwoners tellende gemeente met zijn kleine, maar fraaie centrum het plan opgevat om Palm Beach' reputatie als trefpunt van beroemdheden de loef af te steken. Nergens op Noord-Amerikaanse bodem vindt u meer golfkuiltjes per hoofd van de bevolking, en over een tekort aan boetieks, designwinkels en toprestaurants kan ook niemand zich beklagen. In de zomer trekt het 16 km lange zandstrand met zijn 300 m in zee uitstekende pier strandtoeristen aan en in de winter lokt het stadje bezoekers met temperaturen die tot 20°C kunnen oplopen.

Naples Zoo at Caribbean Gardens

1590 Goodlette Rd. N., tel. 1-239-262-5409, www.napleszoo.com, dag. 9-17 uur, vanaf 13 jaar $ 20, online goedkoper

De **Naples Zoo at Caribbean Gardens** is al bijna een eeuw lang een oase van rust. Het complex bestaat uit een dierentuin met zebra's, apen, leeuwen, luipaarden, tijgers, zwarte beren en poema's en uit een historische botanische tuin met vele exotische plantensoorten.

Informatie

Visitor & Information Center: 900 Fifth Avenue S., Naples, FL 34103, tel. 1-239-262-6141, www.napleschamber.org.

Accommodatie

Veel voorzieningen – **Naples Bay Resort:** 1500 5th Ave. S., tel. 1-239-530-1199, www.naplesbayresort.com. Prachtig viersterrenresort met vakantiewoningen, cottages, fijnproeversrestaurant, bar en eigen jachthaven. 2 pk doorsnee $ 199.

De charme van Florida – **Fairways Resort:** 103 Palm River Blvd., tel. 1-239-597-8181, www.fairwaysresort.com. In een tuin gelegen motel met zwembad. De helft van de 46 kamers heeft een keuken, ontbijt wordt in het tuinpaviljoen geserveerd. $ 90-170.

Eten en drinken

Cubaans – **Fernandez the Bull:** 1201 Piper Blvd., tel. 1-239-254-9855, www.fernandezthebull.com, dag. vanaf 11 uur, geen reserveringen, happy hour 15-18 uur. Cubaanse lekkernijen en goede drankjes als sangria, piña colada en mojito. Lekkere sandwiches vanaf circa $ 9.

Lee County Coast

Fort Myers Beach ▶ 4, J 8

Min of meer in de schaduw van de bekende eilanden Sanibel en Captiva heeft **Fort Myers Beach** op Estero Island zich tot een populaire badplaats ontwikkeld . Strand en waterkwaliteit zijn even fantastisch als bij de beroemde buren, maar de prijzen liggen beduidend lager. Bovendien profiteert het kustplaatsje van zijn reputatie als een van de veiligste stranden van de Sunshine State. Vooral gezinnen met kinderen komen hier naar hartenlust zwemmen en zandkastelen bouwen op het brede strand, dat zo vlak als een strijkplank naar zee loopt. Op de houten pier verzamelen zich tegen de avond bruine pelikanen om in de buurt van de hengelaars op een smakelijk maaltje te wachten. 's Middags treffen de muziekcafés op het strand al voorbereidingen voor uitbundige festiviteiten. Op woensdag en in het weekend verzorgen bands liveoptredens in Doc Ford's Rum Bar & Grille (708 Fisherman's Wharf, tel. 1-239-765-9660).

Sanibel en Captiva

▶ 4, J 8/9

Onder de vakantiebestemmingen aan de Golfkust neemt Lee County rond Fort Myers een belangrijke plaats in, vooral vanwege het kleine, exclusieve eilandenrijk voor dit kustgebied. Sinds 1963 verbindt een dam waar tol wordt geheven **Sanibel** en **Captiva** met het vasteland. Eerst bereikt de weg het 20 km lange en 3 km brede **Sanibel Island**, waar zevenduizend 'eilanders' wonen. Sanibel en het noordelijke buureiland Captiva Island gelden met hun ongerepte stranden als een mekka voor schelpenzoekers (zie blz. 448). Beide zijn bekend om hun chique hotels, luxueuze vakantiehuizen en prachtige vakantiecomplexen. U kunt de eilanden, waar zeldzame vogels, vlinders, flamingo's en pelikanen leven, het best per fiets verkennen. Vooral Sanibel bezit een dicht netwerk van fietspaden. Als u een boottocht maakt, is de kans groot dat u onderweg dolfijnen of lamantijnen te zien krijgt.

J. N. 'Ding' Darling Wildlife Refuge

1 Wildlife Dr., tel. 1-239-472-1100, www.fws.gov/dingdarling, dag. 7.30 uur tot zonsondergang, Wildlife Drive op vr. gesloten

Tip

SCHELPEN ZOEKEN

Nergens is de aanblik van gebukt lopende mensen die hun blik strak naar de grond gericht houden een zo'n veel voorkomend verschijnsel als op Sanibel Island en Captiva Island. Beide eilanden staan bekend als paradijs voor schelpenzoekers. Dit komt doordat er vanwege de gunstige zeestromingen enorme aantallen schelpen aanspoelen. De fraaie vondsten worden echter ook in zulke gigantische hoeveelheden opgeraapt dat kenners inmiddels aanraden om uit te wijken naar bijvoorbeeld het alleen per boot bereikbare Gasparilla Island of andere barrière-eilanden, waar zelfs zeldzame schelpen nog in overvloed te vinden zijn.
Andere interessante stranden, waar wel 400 verschillende soorten schelpdieren en slakken voorkomen, zijn Lovers Key State Park in Fort Myers en Tigertail Beach County Park op Marco Island ten zuiden van Naples. De beste periode voor *shell hunting* is van december tot maart. U moet wachten tot het eb is, omdat bij laagwater grote delen van het strand droogvallen. De stranden bij Venice zijn niet zozeer beroemd om hun schelpen, maar veeleer om hun aangespoelde haaientanden. Die variëren sterk in grootte, uiteenlopend van enkele millimeters tot ongeveer 7,5 cm. Praktische informatie over wat er op het strand allemaal te vinden is, geeft het **Bailey Matthews Shell Museum** op Sanibel Island, waar onder andere de privécollectie van de acteur Raymond Burr alias Perry Mason is te zien (3075 Sanibel-Captiva Rd., tel. 1-239-395-2233, www.shellmuseum.org, dag. 10-17 uur, volwassenen $ 11, kinderen 5-17 jaar $ 5).

In het natuurreseraat **J.N. 'Ding' Darling Wildlife Refuge** voeren verscheidene wegen door palmen en struweel van dwergpalmen naar een 12 m hoge uitkijktoren, waar u de planten- en dierenwereld van het beschermde natuurgebied in u kunt opnemen.

Informatie

Sanibel & Captiva Islands Chamber of Commerce: 1159 Causeway Rd., Sanibel Island, Florida 33957, tel. 1-239-472-1080, www.sanibel-captiva.org.

Accommodatie

Romantisch – **Parrot Nest:** 1237 Anhinga Ln., tel. 1-239-472-4212, www.parrotnest.com. Zes met kleine keukens uitgeruste kamers aan de oostkant van Sanibel. $ 129-219.

Privéstrand – **Sanibel Inn:** 937 E. Gulf Dr., tel. 1-239-472-3181, www.theinnsofsanibel.com. Kamers en suites met magnetron en koelkast of condo's met keuken en balkon. Zwembad, fietsen en kajaks inbegrepen. Vanaf $ 179.

Fort Myers ▸4, J 8

In **Fort Myers** knutselde de geniale uitvinder Thomas A. Edison tientallen jaren lang aan elektrische gloeilampen en telegrafen. Edisons vriend Henry Ford woonde er pal naast.

Edison & Ford Winter Estates

2350 McGregor Blvd., tel. 1-239-334-7419, www.efwefla.org, rondleidingen dag. 9-17.30 uur, volwassenen $ 20, kinderen 6-12 jaar $ 11

Aan de oever van de Caloosahatchee River bouwde Edison in een buitengewoon weelderige tropische tuin het **Thomas A. Edison's Winter Home**, waar hij in de jaren 1886-1931 bijna alle wintermaanden doorbracht. In zijn laboratorium experimenteerde Edison voor het uitbreken van de Eerste Wereldoorlog in opdracht van de regering ook met de vervaardiging van synthetisch rubber, omdat de VS niet meer afhankelijk wilden, zijn van de import van het natuurproduct.

Deze uitvinding was ook van groot belang voor een van Edisons vrienden, de automobielkoning Henry Ford, die in 1915 op het belendende perceel het bescheiden **Ford's Home** kocht. Weliswaar lijkt het huis van de schatrijke automagnaat er vanbinnen net zo uit te zien als in de tijd dat hij er daadwerkelijk woonde, maar in werkelijkheid is een groot deel van het originele interieur verdwenen. Op de parkeerplaats van de twee bijzondere landhuizen staat een enorme vijgenboom, die de tuinliefhebber Edison in 1925 als klein plantje van de bandenfabrikant Harvey Firestone had gekregen.

Informatie

Lee County Visitors & Convention Bureau: 2201 Second St., Fort Myers, FL 33901, tel. 1-239-338-3500, www.fortmyerssanibel.com.

Accommodatie

Fantastisch – **Hibiscus House:** 2135 McGregor Blvd., tel. 1-239-332-2651, www.thehibiscushouse.net. B&B uit 1912. Vijf gastenkamers, alle met eigen badkamer en wifi. $ 169.

Goed gelegen – **La Quinta Inn:** 4850 S. Cleveland Ave., tel. 1-239-275-3300, www.lq.com. Nette kamers met koffieapparaat en gratis highspeed-wifi. Buitenzwembad. $ 65-100.

Kamperen – **Woodsmoke Camping Resort:** 19551 US Hwy 41 S., tel. 1-239-267-3456, www.woodsmokecampingresort.com. Goed ingericht terrein met schaduw, wifi en een verwarmd zwembad. **Seminole Campground:** 8991 Triplett Rd., N. Fort Myers, tel. 1-239-543-2919, www.seminolecampground.com. Bebost terrein met winkel, zwembad en warme douches.

Eten en drinken

Garagesfeer – **Ford's Garage:** 2207 First St., tel. 1-239-332-3673, www.fordsgarageusa.com, ma.-do. 11-21, vr.-za. tot 2, zo. tot 22 uur. Goede bar in de sfeer van een Fordgarage, inclusief oldtimer. Hamburger 8,50 -$ 12.

Prima pizza – **Capone's Coal Fired Pizza:** 2225 First St., tel. 1-239- 337-2625, www.caponescoalfiredpizza.com, zo.-do. 11-22, vr.-za. tot 24 uur. Interieur en toiletten zijn het bekijken waard! Kleine pizza vanaf $ 9.

Winkelen

Uitrusting – **Bass Pro Shop:** 10040 Gulf Center Dr., www.basspro.com, ma.-za. 9-22, zo. 10-20 uur. Alles voor de sport, van kamperen tot vissen.

Sarasota ▸4, H 7

Een eeuw geleden was bijna de gehele zuidelijke Golfkust nog een afgelegen wildernis. Er stond in **Sarasota** maar een handvol huizen, voordat wintervakantiegangers zo rond 1900 de visrijke wateren, de tropische vegetatie en de voorjaarsachtige temperaturen ontdekten. Invloedrijk was John Ringling.

The Ringling

5401 Bay Shore Rd., tel. 1-941-359-5700, www.ringling.org, dag. 10-17 uur, volwassenen $ 25, kinderen $ 5, geldt ook voor Cà d'Zan

John Ringling kwam in 1920 naar Sarasota en bleef een beetje langer dan de bedoeling was – zestien jaar. Tegenwoordig behoort zijn nalatenschap tot de grootste bezienswaardigen van de stad. In de olieindustrie en als grondspeculant had hij een enorm vermogen opgebouwd. Daarbij had hij met zijn vier broers een circus en was hij een gepassioneerd kunstverzamelaar. Op het tot aan de baai van Sarasota reikende Ringlingbezit staan behalve een circusmuseum met kostuums, coulissen, rekwisieten en oude affiches het spectaculaire Ringlingkunstmuseum en de residentie van de ondernemersfamilie.

Als uit een sprookje: de Ringling-residentie Cà d'Zan

John and Mable Ringling Museum of Art

Op zijn reizen door de Oude Wereld had Ringling zijn hart verloren aan kunst uit de renaissance en de barok. Hij haalde werken uit beide perioden uit Italië en Spanje naar Florida, waaronder beelden, zuilen en fonteinen, die allemaal deel gingen uitmaken van het in 1929 geopende **John and Mable Ringling Museum of Art**. Tot aan zijn dood in 1936 kocht de circuseigenaar meer dan 600 schilderijen en talrijke sculpturen, waaronder werken van Veronese, Rubens en Moretti. Het in een park gelegen museum, dat is vormgegeven als een Florentijns palazzo in renaissancestijl, ligt rond een schitterende open binnenplaats met een beeldentuin.

Cà d'Zan

De als een dogenpaleis uit Venetie gebouwde residentie **Cà d'Zan** diende Ringling vanaf 1926 als woonzetel. Het fraaie, met terracottawerk versierde landhuis, waarvan de naam een verbastering is van de Italiaanse vertaling van 'Johns huis', wordt gekenmerkt door een combinatie van verschillende bouwstijlen, onder meer uit de Italiaanse en Franse renaissance, de barok en de moderne architectuur. Boven het dertig kamers en veertien badkamers tellende woonhuis verheft zich een bijna 20 m hoge toren, waarin vroeger een licht brandde ten teken dat de heer des huizes thuis was.

Overige Bezienswaardigheden

Sarasota Classic Car Museum

5500 N. Tamiami Trail, tel. 1-941-355-6228, www.sarasotacarmuseum.org, dag. 9-18 uur, volwassenen $ 12,85, kinderen 6-12 jaar $ 7,25

In dit oldtimermuseum gaat het om kostbaarheden van lak, blik en chroom. Het oudste tentoonstellingsstuk heeft het bouwjaar 1903 en er is aandacht voor bekende merken als Bentley, Cadillac en Ferrari. Tot de pronkstukken behoren een Mercedes-Benz Roadster die ooit door John Lennon werd bestuurd, en de Mini Cooper van Paul McCartney. Naast auto's zijn in het museum ook oude muziekautomaten te bewonderen.

Marie Selby Botanical Gardens

811 S. Palm Ave., tel. 1-941-366-5731, www.selby.org, dag. 10-17 uur, volwassenen $ 19, kinderen 6-11 jaar $ 6
Kenners rekenen de **Marie Selby Botanical Gardens** tot de mooiste botanische tuinen in de VS. Achter de ingang ligt een rijk van ruim zesduizend, deels zeldzame soorten orchideeën, prachtige bromelia's, bloeiende planten en varens, die in kassen of in de openlucht groeien.

Sarasota Jungle Gardens

3701 Bay Shore Rd., tel. 1-941-355-5305, www.sarasotajunglegardens.com, dag. 10-17 uur, volwassenen $ 18, kinderen 4-16 jaar $ 13
De zoölogische tegenhanger van dit botanische paradijs vormen de **Sarasota Jungle Gardens** met zeventig diersoorten, uiteenlopend van tijgerpythons tot flamingo's en van alligators tot roodstaartbuizerds.

Informatie

Sarasota Visitor Information Center: 701 N. Tamiami Trail, tel. 1-941-957-1877, www.sarasotafl.org.

Accommodatie

Schilderachtig strandtoevluchtsoord – **Palm Bay Club:** 5960 Midnight Pass Rd., tel. 1-941-349-1911, www.palmbayclub.com. Op Siesta Key gelegen strandhotel met veel faciliteiten als verwarmde zwembaden, een fitnesscenter, verscheidene tennisbanen, hengelpier en een verzorgd privéstrand. Minimaal drie dagen. Vanaf $ 190.
Grote appartementen met keuken – **Residence Inn:** 1040 University Pkwy, tel. 1-941-358-1468, www.marriott.com. 78 suites met gescheiden woon- en slaapkamers. Inclusief ontbijt. Vanaf $ 113.
Kamperen – **Sun 'n Fun Resort Campground:** 7125 Fruitville Rd., tel. 1-941-371-2505, www.sunnfunfl.com. Onder meer een groot zwembadlandschap.

Eten en drinken

Verse vis – **Big Water Fish Market:** 6641 Midnight Pass Rd., Siesta Key, tel. 1-941-554-8101, www.bigwaterfishmarket.com, ma.-vr. 10-21, za. 10-18, zo. 10-16 uur. Tegelijk een vismarkt en een eenvoudig restaurant. B.Y.O. uit de naburige winkel. Vanaf $ 12.
Je betaalt ook voor de locatie – **Marina Jack:** Island Park, tel. 1-941-365-4232, dag. 11.30-2 uur. Naast seafood worden klassiekers geserveerd. Je kunt hier buiten eten. $ 12-30.

Winkelen

Winkels en restaurants – **St. Armands Circle:** Ringling Causeway over de Sarasota Bay naar St. Armands Key. Rond het plein liggen circa 130 winkels.

De Soto National Memorial ▶4, H 7

8300 De Soto Memorial Hwy, tel. 1-941-792-0458, www.nps.gov/deso, dag. 9-17 uur
De reis naar Tampa Bay kunt u het best via **Longboat Key** maken. Aan de kant van de zee voert de Gulf of Mexico Drive langs gemanicuurde golfterreinen, groepjes villa's en luxueuze hotels met privézandstranden. Meer landinwaarts ligt aan de zuidoever van de Manatee River het **De Soto National Memorial**, waar de Spanjaard Hernando de Soto in 1539 met zeshonderd soldaten de eerste grote expeditie over land in het zuiden van de VS begon. Het streven was om de legendarische 'Zeven gouden steden van Cibola' te zoeken, maar de tocht eindigde in een fiasco, omdat de schatzoeker geen grammetje goud aantrof. De Soto kwam bij de onderneming in 1542 bij de Mississippi om het leven. In het bezoekerscentrum wordt een 20 minuten durende film over de historische gebeurtenissen vertoond.

Tampa Bay, noordelijke Golfkust en Panhandle

Grootsteedse charme in Tampa, fraaie kunst in St. Petersburg, strandleven in het dynamische Clearwater Beach: naast boeiende steden kent de noordelijke Golfkust ook stille, paradijselijke badplaatsen, die vooral aan de kust van de Panhandle een uitstekende reputatie genieten.

De diep in de Golfkust ingesneden Tampa Bay begint bij de 24 km lange en 54 m hoge Sunshine Skyway Bridge, waarover Route 19 via de Bradenton Bay naar St. Petersburg voert. De stad Tampa telde in 1884, toen de door Henry Plant gebouwde spoorbaan aan de Bay was voltooid, nog slechts zevenhonderd inwoners, maar begon daarna snel te groeien. De monding van de Hillsborough River, waaraan de stad ligt, werd destijds vergroot voor oceaanvrachtschepen. Daarna groeide het kustplaatsje tot 1890 uit tot een stadje met vijfduizend inwoners. Nu is Tampa met 340.000 inwoners de op twee na grootste stad van Florida. Hoe modern de Bay Metropole met zijn skyline van wolkenkrabbers en pretparken ook overkomt, enkele van de toeristische trekpleisters dateren toch van vroeger, zoals het door uivormige torenkoepels verfraaide Tampa Bay Hotel van de spoorweggigant Henry Plant. Een ander relict uit het verleden is het stadsdeel Ybor City, waar vroeger duizenden arbeidershanden sigaren maakten en het stadsdeel deden uitgroeien tot een bolwerk van deze rookwaar.

Wie aan de noordelijke Golfkust wil genieten van stranden, komt uitstekend aan zijn trekken op Pinellas Peninsula en vooral in de Panhandle, waar onder meer Panama City Beach zeer geliefd is bij badgasten. Op de voor de kust gelegen zandbankeilanden van deze 'Pannensteel' strekken zich zandstranden uit zo ver het oog reikt. Bij de olieramp van 2010 in de Golf van Mexico raakten die enige tijd ernstig vervuild.

Tampa ▶ 4, H 6

Samen met St. Petersburg behoorde Tampa in de jaren 80 tot de steden met de snelstgroeiende Spaanstalige bevolking in Florida. De uit de kluiten gewassen wolkenkrabbers in het centrum, rond de zes stratenblokken lange voetgangerszone Franklin Street Mall, wierpen steeds langere schaduwen over oude gebouwen, zoals de uit het begin van de 20e eeuw stammende Sacred Heart Church, het U.S. Courthouse uit 1905 en de in 1915 gebouwde Tampa City Hall. Ook in economisch opzicht is de vooruitgang van Tampa onmiskenbaar. Meer dan 30% van alle werkzaamheden in de hightechsector van Florida worden inmiddels in en rond Tampa verricht. Met succes probeert het stadsbestuur al jaren de decennia geleden ingezette vlucht uit de stad af te remmen en de binnenstad meer leven in te blazen.

Bezienswaardigheden

Florida Aquarium

701 Channelside Dr., tel. 1-813-273-4000, www.flaquarium.org, dag. 9.30-17 uur, volwassenen $ 25, kinderen 3-11 jaar $ 20, online goedloper

Interessant is een bezoek aan het **Florida Aquarium**. Het complex heeft meer dan tienduizend verschillende zeedieren en -planten een onderkomen gegeven. Bezoekers worden iedere dag vermaakt met duikershows in het haaienbassin en ze kunnen ook zelf contact maken met de zeebewoners. In Café Ray kunt u met een kopje koffie bijkomen van alle indrukken. Als nieuwste attractie krijgen bezoekers de mogelijkheid om met kleurige vissen te zwemmen in een nagebouwd koraalrif. In de IMAX-bioscoop ernaast zijn documentaires over de onderwaterwereld te zien.

Tampa CityPass

Wie van plan is meerdere attracties te bezoeken, bespaart veel geld met een **CityPass** (www.citypass.com/tampa, volwassenen $ 99, kind 3-9 jaar $ 89).

Tampa Bay Hotel

401 W. Kennedy Blvd., di.-za. 10-17, zo. 12-17 uur, volwassenen $ 10

In 1891 liet de spoorwegindustrieel Henry B. Plant het **Tampa Bay Hotel** bouwen in oriëntaalse stijl met uivormige koepels op de torentjes, alsof de architect zich had laten inspireren door de Basiliuskathedraal in Moskou. Het chique hotel met vijfhonderd kamers, twee balzalen, een casino en een zwembad was het eerste geheel van elektriciteit voorziene gebouw in Tampa. De gasten reden per riksja door de lange wandelhallen en tropische tuin. In 1933 bracht de stad in één vleugel de University of Tampa onder.

Tampa Museum of Art

120 W. Gasparilla Plaza, tel. 1-813-274-8130, www.tampamuseum.org, ma.-do. 11-19, vr. 11-20, za., zo. 11-17 uur, volwassenen $ 15

Het **Tampa Museum of Art** bezit een van de beste verzamelingen klassieke Griekse en Romeinse kunst van het land. Ook hedendaagse kunst is goed vertegenwoordigd, bijvoorbeeld in een afdeling gewijd aan Amerikaanse kunstenaars als Georgia O'Keeffe. Het museum is gehuisvest in een met aluminium platen bekleed gebouw, dat is ontworpen door de Californische architect Stanley Saitowitz.

Busch Gardens

3000 E. Busch Blvd., tel. 1-888-800-5447, www.buschgardens.com, dag. meestal 9-18 uur, vanaf 3 jaar $ 99, online voordeliger, parkeren $ 19

Bijna niemand bezoekt Tampa zonder een kijkje te nemen in de Busch Gardens, een combinatie van dierentuin en pretpark. Een grote publiekstrekker is het **Myombe Reserve**, een primatenafdeling met chimpansees en gorilla's. In een ander deel van de tuin hebben landschapsarchitecten een **Afrikaanse savanne** nagebootst, waarin alle grote dieren van het zwarte continent vertegenwoordigd zijn. Ook in het pretpark domineert het thema Afrika, bijvoorbeeld bij een tocht in rubberboten over de stroomversnellingen van de Congo River of bij de Rhino Rally Off-Road-Safari. Kinderen vinden het leuk om in de Walkaway Way de kangoeroes te voeren.

Lowry Park Zoo

1101 W. Sligh Ave., tel. 1-813-935-8552, www.lowryparkzoo.com, dag. 9.30-17 uur, volwassenen $ 30, kinderen 3-11 jaar $ 23, parkeren gratis

De **Lowry Park Zoo** is sinds 1937 ontwikkeld uit een klein dierenpark en heeft een uitstekende reputatie als instituut dat zich met een onderzoeks- en rehabilitatiecentrum onder meer wijdt aan de redding van de met uitsterven bedreigde *manetees*, zeekoeien. Naast deze lamantijnen kunt u in het Lowry Park nog tal van andere waterdieren en reptielen zien, waaronder alligators en slangen die in deze omgeving voorkomen, maar ook Afrikaans groot wild, primaten, tijgers en een groot aantal vogelsoorten. Jonge bezoekers vinden het heerlijk om een kijkje te nemen in de kinderboerderij, waar ze de dieren mogen voeren.

Museum of Science and Industry

4801 E. Fowler Ave., tel. 1-813-987-6000, www.mosi.org, ma.-vr. 9-17, za./zo. 9-18 uur, volwassenen $ 27, kinderen 3-12 jaar $ 21, parkeren $ 5

Met gesimuleerde *hurricanes*, een rit per fiets op 10 m hoogte over een staaldraad, planetariumshows en op een enorm scherm geprojecteerde IMAX-films trekt het **Museum of Science and Industry** jong en oud. Spreker bij de film over de Amerikaanse nationale parken is Robert Redford. Met interactieve

Wie geen zin meer in dieren heeft, kan in de Bush Gardens in een achtbaan stappen

presentaties kunt u de werking van de natuurwetten bestuderen en allerlei dingen aan de weet komen, bijvoorbeeld over het menselijk lichaam en de luchtvaarttechnologie.

Ybor City

Tampa's historische hart Ybor City was vroeger een centrum van tweehonderd sigarenfabrieken, waar twaalfduizend Cubaanse, Spaanse en Italiaanse werklieden jaarlijks ongeveer zevenhonderd miljoen sigaren rolden. De industriële vervaardiging van deze producten luidde de ondergang van de branche in. Een paar straten en huizenblokken herinneren nog aan vroeger, toen de stad twintigduizend immigranten telde, die in de historische wijk hun sporen hebben achtergelaten. In 7th Street ziet u gerestaureerde gevels uit de hoogtijdagen, oud ogende straatlantaarns en smeedijzeren tuin- en balkonhekken. Vooral in het weekend demonstreert het stadsdeel zijn Latijns-Amerikaanse uitstraling, die het tot vandaag de dag heeft behouden: een vijftigtal restaurants, bars en nachtclubs maakt van de voormalige sigarenmetropool een populair uitgaanscentrum voor nachtbrakers, dat op zaterdagavonden met reggaecafés, salsagelegenheden en margaritabars wel zo'n dertigduizend bezoekers weet te trekken. Tijdens rondleidingen door de stad komt u meer te weten over de gedeeltelijk in het laatste kwart van de 19e eeuw gebouwde fabrieken. U kunt bijvoorbeeld in de historische **Gonzalez y Martinez Cigar Factory** (7th Ave./21st St., dag. 10-18 uur) en in het **Ybor City Museum** toekijken hoe vlugge handen rookwaar vervaardigen. Het museum, in een voormalige Italiaanse bakkerij uit 1923, maakt deel uit van het Ybor City Museum State Park, waartoe ook bezienswaardigheden behoren, zo als een *casita*, een woning van een vroegere sigarenmaker, en talrijke memorabilia uit de hoogtijdagen van Ybor City (1600 E. 8th Ave., tel. 1-813-247-1437, www.ybormuseum.org, wo.-zo. 9-17 uur, $ 4).

Het met *azulejos* gedecoreerde **Columbia Restaurant** draagt een sterke herinnering aan de Spaanse erfenis. In het prachtig ingerichte etablissement laten bijna iedere avond flamencoritmes het kleine podium trillen. Als traditionele lekkernij wordt al zo'n honderd jaar een warme Cubaanse sandwich met varkensvlees, Italiaanse salami, emmentaler en *mixed pickles* geserveerd (2117 E. 7th Ave., tel. 1-813-248-4961, www.columbiarestaurant.com, ma.-za. 11-22, zo. 12-21 uur).

Informatie

Tampa Bay Visitors Bureau: 401 E. Jackson St., Suite 2100, Tampa, FL 33602, tel. 1-813-223-1111, www.visittampabay.com.

Accommodatie

Behulpzaam personeel – **Best Western Harbor Hotel:** 7700 Courtney Campbell Cswy, tel. 1-813-281-8900, www.bayharbortampa.com. Grote kamers met uitzicht op de baai of de stad. Buitenzwembad direct aan de waterkant. Vanaf $ 80.

Bij Busch Gardens – **Hyatt Place Busch Gardens:** 11408 N. 30th St., tel. 1-813-979 1922, www.hyatt.com. Inclusief ontbijt, wifi, zwembad, parkeren en shuttle service. Vanaf $ 115.

Eten en drinken

Uitstekend – **Bern's Steakhouse:** 1208 S. Howard Ave., tel. 1-813-251-2421, www.bernssteakhouse.com, dag. 17-22 uur. Goede steaks in alle varianten, enorme keus aan drankjes. 'Dessert room' met digestieven. Vanaf $ 35.

Hemelse ribs – **Kojak's House of Ribs:** 2808 W. Gandy Blvd., tel. 1-813-837-3774, www.kojaksbbq.net, di.-za. 11-21, zo. vanaf 12 uur. In dit eenvoudige restaurant zijn ribs met bonen in tomatensaus en appeltaart als nagerecht de klassieker. Je kunt ook op de veranda eten. Ribdiner vanaf $ 12.

Een instituut – **La Segunda Bakery:** 2512 N. 15th St.,Ybor City, www.lasegundabakery.com, ma.-vr. 6.30-17, za.-zo. 7-15 uur. Heerlijk Cubaans brood, lekkernijen, fantastische sandwiches, goede koffie.

Uitgaan

Coole mix – **Skipper's Smokehouse:** 910 Skipper St., tel. 1-813-971-0666, www.skipperssmokehouse.com, di.-vr. vanaf 11, za.-zo. vanaf 13 uur. Ontspannen sfeer, goed eten, 's avonds livebands in de openlucht. Vanaf $ 6.

Gezellig – **Hyde Park Café:** 1806 W. Platt St., tel. 1-813-254-2233, www.thehydeparkcafe.com, di., za. 21-3, vr. 20-3 uur. Drie bars onder een dak. Plaats om te dansen.

Actief

Casino – **Seminole Hard Rock Hotel & Casino:** 5223 N. Orient Rd., tel. 1-813-627-7625, www.seminolehardrocktampa.com. Groot hotelcasino met speeltafels, speelautomaten, bars, lounges, shows, zwembad en spa. Parkeren $ 10!

Waterpark – **Adventure Island:** 1001 Malcolm McKinley Dr., tel. 1-813-987-5660, www.adventureisland.com, meestal 9-18 uur. Glijbanen, watervallen, stroomversnellingen en zwembaden ($ 54, parkeren $ 15).

Vervoer

Vliegtuig: Tampa International Airport (TPA), www.tampaairport.com. De luchthaven ligt circa 8 km ten westen van de stad. De reis naar het centrum duurt ongeveer 15 minuten. Bussen, taxi's en limousines brengen passagiers naar de stad.

Trein: Tampa Union Station, 601 Nebraska Ave. N., tel. 1-813-221-7600 of 1-800-872-7245, www.amtrak.com. Van Tampa rijden treinen naar Miami en Jacksonville en vandaar verder richting New York en New Orleans.

Bus: Greyhound Lines Terminal, 610 Polk St., tel. 1-813-229-2174 of 1-800-231-2222, www.greyhound.com. Bussen naar veel steden in Florida en andere staten.

St. Petersburg ▶4, H 6

Deze 240.000 inwoners tellende stad ligt op de uiterste punt van het schiereiland Pinellas. Gemiddeld schijnt de zon hier 361 dagen per jaar en daarom ontwikkelde de plaats zich aan het einde van de 19e eeuw tot een favoriete bestemming voor gepensioneerden. Sindsdien is hij uitgegroeid tot een bolwerk op het gebied van recreatie en cultuur.

Voor de 45 km lange zeezijde van het schiereiland liggen eilanden met badplaatsen, waartussen de gemeentegrenzen nog maar moeilijk te onderscheiden zijn. Hoogstens aan de hand van een tussen rijen motels en huizengevels verstopt plaatsnaambordje valt af te leiden waar de ene plaats ophoudt en de andere begint. Tijdens een rit over de Gulf Boulevard zou u zich in een stad kunnen wanen, als u niet tussen de bebouwing door af en toe een glimp opving van de Boca Ciega Bay in het oosten en de Golf van Mexico in het westen, met zijn circa 100 m brede zandstrand, **St. Petersburg Beach,** dat via tal van toegangswegen te bereiken is.

Aan de zuidkant van het Pinellas Peninsula overspant de **Sunshine Skyway Bridge** (tolbrug) de Tampa Bay. Hij verbindt de stad met Terra Ceia en Palmetto.

Bezienswaardigheden

Pier

Het epicentrum van het dagelijks bestaan in St. Petersburg lag tientallen jaren lang ongeveer 800 m voor de stad op een door de zee omspoelde locatie: op de grote **pier**. Deze indrukwekkende promenade boven de zee stamt oorspronkelijk uit 1889, het jaar waarin de pier als eindpunt van een spoorweg werd aangelegd. Tot begin 2013 stond aan het eind van de pier een gigantisch, vijf verdiepingen tellend gebouw dat nog het meest op een piramide leek. Daarin waren een maritiem museum, talrijke snackbars, ijsstalletjes, modeboetieks, bars en restaurants gevestigd. In juni 2013 trokken alle zaken eruit en werd de pier met de verkruimelende betonnen kolos gesloten, in 2015 volgde de afbraak. De plannen voor de nieuwbouw liggen al klaar, de werkzaamheden zijn in 2017 begonnen.

Salvador Dalí Museum

1 Dali Blvd., www.thedali.org, dag. 10-17.30, do. tot 20 uur, volwassenen $ 24, do. 17-20 uur $ 10, kinderen $ 10, tieners $ 17

Decennia geleden werd in St. Petersburg al werk van Salvador Dalí tentoongesteld, maar sinds 2011 is er het door Yann Weymouth ontworpen **Salvador Dalí Museum**. Het complex bestaat uit een betonnen kubus die deels wordt omhuld door een glazen constructie. In de schitterende lobby verrijst een ranke wenteltrap tot boven de derde etage. In het museum is een van de grootste collecties werken van de Spaanse surrealist te bekijken. Te zien zijn onder meer olieverfschilderijen, aquarellen, tekeningen, rond de duizend grafische werken en beelden met een waarde van ruim $ 125 miljoen.

Museum of Fine Arts

255 Beach Dr. NE., tel. 1-727-896-2667, www.fine-arts.org, ma.-za. 10-17, do. tot 20, zo. 12-17 uur, volwassenen $ 17, do. vanaf 17 uur $ 5, kinderen $ 10

De museumstukken van het **Museum of Fine Arts** lopen uiteen van voorbeelden van Griekse en Romeinse kunst en verzamelingen van precolumbiaanse voorwerpen tot schilderijen van Franse impressionisten en Amerikaanse kunstenaars als Thomas Moran en Georgia O'-Keeffe. Tot de collectie van het Museum voor Schone Kunsten behoren bovendien interessante stukken uit het Verre Oosten, Afrika en Klein-Azië.

St. Pete Beach en Don Cesar Beach Resort

3400 Gulf Blvd., tel. 1-727-360-1881, www.doncesar.com, $ 260-500

In de zomer zijn de straten van St. Petersburg in de weekends meestal grotendeels verlaten, omdat veel inwoners hun tijd dan doorbrengen op St. Pete Beach. Voor het prachtige decor van het koraalkleurige **Don Cesar Beach Resort** strijken de golven van de branding het vlakke zandstrand glad. Het in de avondzon als een roze kasteel oplichtende hotel met een interieur van marmeren vloeren en pilaren biedt onderdak aan gasten met een dikke portemonnee. Pas sinds de jaren 70 doet het kolossale gebouw weer dienst als hotel, nadat het sedert de economische wereldcrisis van 1929 werd gebruikt als pakhuis, trainingscentrum voor sporters en militair hospitaal.

Fort de Soto Park

Tel. 1-727-893-9185, www.pinellascounty.org/park/, parkeren $ 5

Van St. Petersburg Beach voert Route 679 in zuidelijke richting naar de vijf eilanden van het **Fort de Soto Park**. Anders dan de naam zou doen vermoeden, bepaalde niet Hernando de Soto de geschiedenis van deze eilandengroep, maar zijn landgenoot Ponce de León, die hier in 1513 voor anker ging. Resten van een vestingcomplex dateren uit het einde van de 19e eeuw, toen de Tampa Bay tijdens de Spaans-Amerikaanse Oorlog in 1898 door een fort moest worden beschermd, maar dat nooit werd afgebouwd. Binnen de grenzen van het park liggen idyllische zandstranden die tot de mooiste van de Verenigde Staten behoren, en verder aanlegsteigers, campings, pieren voor hengelaars, fietspaden en een gemarkeerde kanoroute.

John's Pass Village

www.johnspass.com

In noordelijke richting sluit vanuit St. Petersburg Beach het dorp **John's Pass Village** aan. Het is zo met ruwe planken en roestig gegolfd plaatijzer rond een rood-wit geschilderde vuurtoren in elkaar getimmerd dat het lijkt alsof walvisvaarders hier al in de 19e eeuw hun thuiskomst hebben gevierd. Bezoekers kunnen over plankiers op verschillende niveaus door deze toeristische attractie wandelen. In veel houten keten zijn restaurants en cafés ondergebracht, waar doorleefde stemmen zingen onder begeleiding van gitaar- of banjomuziek. Minder sfeervol zijn de eindeloze rijen kraampjes met T-shirts, handdoeken en zonnebrillen.

Suncoast Seabird Sanctuary

18328 Gulf Blvd., tel. 1-727-391-6211, www.seabirdsanctuary.com, dag. 9 uur tot zonsondergang, toegang gratis

In Indian Shores bevindt zich sinds 1971 met het **Suncoast Seabird Sanctuary** een van de grootste hospitalen ter wereld voor in het wild levende vogels die ziek zijn of gewond zijn geraakt. Bruine pelikanen worden hier met voorrang geholpen; in veel delen van Amerika en in de rest van de wereld zijn ze immers bijna uitgestorven, terwijl ze aan de kust van Florida nog veel voorkomen. Met groot enthousiasme wordt in de kliniek het prachtige verhaal verteld over Pax, de eerste in gevangenschap geboren pelikaan, die vijf jaar na zijn vrijlating uit zichzelf terugkeerde om zich aan een verwonding te laten behandelen. Vanwege financiële problemen is de toekomst van het vogelziekenhuis momenteel zeer ongewis.

Informatie

St. Petersburg/Clearwater Area Convention & Visitors Bureau: 13805 58th St. N., Suite 2-200, Clearwater, FL 33760, tel. 1-727-464-7200, www.visitstpeteclearwater.com.

Clearwater Beach

▶ 4, H 6

Het onbetwiste mekka voor badgasten in de buurt van Tampa Bay is Clearwater Beach. Nergens aan de Golfkust heeft het badtoerisme zo'n hoge vlucht genomen als aan het daar gelegen zandstrand, waarlangs grote en kleine hotels, snackbars, pizzabakkers, souvenirwinkels, restaurants, een jachthaven en met palmen gesierde parken liggen. Iedere avond ontmoet men elkaar bij pier 60.

Clearwater Marine Aquarium

249 Windward Passage, tel. 1-727-441-1790, www.cmaquarium.org, ma.-do. 9-17, vr., za. 9-19, zo. 10-17 uur, volwassenen $ 22, senioren $ 20, kinderen 3-12 jaar $ 17

Een bezoek aan het **Clearwater Marine Aquarium** is een aanrader vanwege de vele zeedieren die er na een ziekte of ongeluk weer bovenop worden geholpen.

Informatie

St. Petersburg/Clearwater Area Convention & Visitors Bureau: 13805 58th St. N., Suite 2-200, Clearwater, FL 33760, tel. 1-727-464-7200, www.visitstpeteclearwater.com.

Accommodatie

Direct aan het strand gelegen – **Seaside Inn:** 401 S. Gulfview Blvd., tel. 1-727-446-8305, www.seasidecwbeach.com. Ouder hotel met nette kamers, ook met keuken. Verwarmd zwembad, wifi. $ 115-150.

Gezellig verblijf – **Amber Tides Motel:** 420 Hamden Dr., tel. 1-727-445-1145, www.ambertides-motel.com. Prima locate, eenvoudige kamers, waarvan sommige met keuken. De mooie tuin heeft een zwembad en grill. $ 100-150.

Kamperen – **Clearwater Travel Resort:** 2946 Gulf to Bay Blvd., tel. 1-727-791-0550, www.clearwatertravelresort.net. Kampeerterrein met 150 plaatsen, een zwembad en wifi.

Eten en drinken

Solide kwaliteit – **Heilman's Beachcomber Restaurant:** 447 Mandalay Ave., tel. 1-727-442-4144, www.bobheilmans.com, dag. vanaf 11.30 uur. Sappige steaks, seafood, lamsvlees, pastagerechten. Diner $ 14-30.

Niet voor stiltezoekers – **Frenchy's Saltwater Café:** 419 Poinsettia Ave., tel. 1-727-461-6295, www.frenchysonline.com, dag. 11-23 uur. Eenvoudige zaak met een bar en tafels binnen en buiten. Op de menukaart staat voor elk wat wils. Diner $ 8-17.

Uitgaan

In Polynesische stijl – **Shephard's Backyard Tiki Bar:** Shephards Beach Resort, 619 S. Gulfview Blvd., tel. 1-727-441-6875, www.shephards.com, dag. vanaf 11 uur. Bar op een platform boven het water met reggaemuziek, bikinidansen en go-go-girls.

Coole nachtclub – **The Wave:** Shepards Beach Resort (zie boven). Livemuziek of dj's. Hier is het vooral in het weekend gezellig. Wo.-za. 21-3 uur.

Actief

Indoorsurfen – **Surf Style:** 311 S. Gulfview Blvd., tel. 1-954-924-9779, flowrider.surfstyle.com, dag. 9-22 uur, absoluut leuk surfamusement op de FlowRider, ook voor kinderen. Dertig minuten inclusief board en instructie kost $ 30.

Dolfijnen spotten – **Seascreamer:** Clearwater Marina, tel. 1-727-447-7200, www.seascreamer.com, dag. vanaf 12 uur meerdere dolfijnentochten met een enorme speedboat (volwassenen $ 24).

Evenementen

Clearwater Jazz Holiday: okt. Vierdaags jazzfestival (www.clearwaterjazz.com).

Noordelijke Golfkust

Met zijn steden en badplaatsen is de Tampa Bay een door toeristen druk bezochte Golfregio. Wie de rust wil opzoeken, rijdt vanaf Clearwater via **Tarpon Springs** naar het noorden van de provincie. Hoe verder u de Tampa Bay achter u laat, des te landelijker wordt de omgeving.

Tarpon Springs ▶ 4, H 4

Griekse immigranten zetten rond 1900 in **Tarpon Springs** een handel op in natuursponzen, die in dit kustgebied in grote aantallen in zee voorkwamen. Tegenwoordig drukken nakomelingen van de Zuid-Europeanen nog duidelijk hun stempel op het toeristenbolwerk Tarpon Springs. Als u rond het middaguur over de havenboulevard loopt, klinkt luide sirtakimuziek uit de restaurants, begeleid door de geur van gyros, gebraden schapenvlees en harswijn. In de zijstraten spelen oude mannen op mediterrane wijze bordspellen aan kleine tafeltjes. Aan de haven leggen viskotters aan, waar duikers natuursponzen aan de toeristen laten zien.

Weeki Wachee ▶ 4, H 5

6131 Commercial Way, tel. 1-352-596-2062, www.weekiwachee.com, ma.-vr. 11, 13.30-15 uur, za.-zo. vanaf 10 uur, volwassenen $ 13, kinderen 6-12 jaar $ 8

Een in de hele wereld waarschijnlijk unieke attractie wacht bezoekers in **Weeki Wachee**. In het 40 m diepe bassin van de Weeki Wachee Spring voeren als waternimfen uitgedoste jongedames en verklede mannen, enkel door een glazen wand gescheiden van in een verduisterde ruimte gezeten toeschouwers, op 4 m diepte Hans Christian Andersens sprookje *De kleine zeemeermin* op. De acteurs krijgen een speciale training, die ervoor moet zorgen dat ze lang genoeg hun adem kunnen inhouden om afzonderlijke scènes te spelen, voordat ze zich aan speciale slangen weer van zuurstof kunnen voorzien. Op hetzelfde terrein kunt u op de Weeki Wachee River een boottocht maken of het vermaak opzoeken van het bij de prijs inbegrepen waterpark **Buccaneer Bay** met zijn vele glijbanen en waterattracties (jun.-sept. dag. 10-17 uur).

Homosassa Springs

▶ 4, H 5

4150 S. Suncoast Blvd., tel. 1-352-628-5343, www.floridastateparks.org, dag. 9-17.30 uur, volwassenen $ 13, kinderen 6-12 jaar $ 5

Het plaatsje Homosassa Springs trekt met het **Homosassa Springs Wildlife State Park** veel bezoekers. Rond de bron van de gelijknamige rivier ontstond een park met inheemse dieren, zoals alligators, otters, poema's, slangen, beren en deels ook bedreigde diersoorten. Publiekslievelingen zijn de zeekoeien, die in Homosassa een toevluchtsoord vonden. Vanuit een onderwaterobservatorium kunt u de zeekoeien of manatees bekijken.

Cedar Key ▶ 4, G 4

Een dam voert naar een subtropisch uitziend gebied met ongeveer veertig eilanden, waarvan de 'hoofdstad' **Cedar Key** is. In de tweede helft van de 19e eeuw was dit het eindstation van een spoorweg die vanaf Amelia Island was aangelegd. Over dit traject vervoerden locomotieven cederhout naar de oostkust, om bijvoorbeeld tot potloden te worden verwerkt. Toen er van de cederbossen nog maar weinig over was, veranderde Cedar Key in een ingedut stadje.

Het toerisme in Cedar Key blijft binnen de perken, wat het plaatsje duidelijk goed doet. Op de pier zitten vissers en pelikanen eendrachtig naast elkaar te wachten op een goede vangst. De straatjes in de omgeving van de haven, waarlangs hier en daar nog oude huizen van cederhouten planken staan, komen slechts driemaal per jaar tot leven: in

Als honderd jaar geleden: in Tarpon Springs duiken vissers naar natuursponzen

de maand april wanneer hier het Sidewalk Art Festival wordt gehouden, op 4 juli als Onafhankelijkheidsdag wordt gevierd en in oktober als de bezoekers massaal naar het gezellige Seafood Festival komen. Natuurvrienden kunnen diverse natuurpaden verkennen en genieten van de flora en fauna.

Tallahassee ▶4, F 2

De hoofdstad van Florida werd vanaf 1824 in een open gebied gesticht. De Apalachee, die van de 5e-17e eeuw in de regio leefden, noemden de omgeving Tallahassee.

Bezienswaardigheden

Old en New Capitol

Monroe St./Apalachee Pkwy, ma.-vr. 8-17 uur

Midden in het centrum staat het **Old Capitol** met een zuilengevel, een kleine koepel en ramen met markiezen. Hier zijn de voormalige vergaderzalen van de Senaat en het Huis van Afgevaardigden en historische voorwerpen te zien (ma.-za. vanaf 9, zo. vanaf 12 uur, toegang gratis). Direct erachter staat het **New Capitol** met een uitkijkplatform.

Musea

De geschiedenis van Florida sinds prehistorische tijden wordt gedocumenteerd in het **Museum of Florida History** (500 S. Bronough St., tel. 1-850-245-6400, www.museumoffloridahistory.com, ma.-vr. 9-16.30, za. 10-16.30, zo. 12-16.30 uur, toegang gratis). Mooi om te zien zijn de circa 130 antieke auto's in het **Antique Car Museum** (6800 Mahan Dr., tel. 1-850-942-0137, ma.-vr. 8-17, za. 10-17, zo. 12-17 uur, www.tacm.com, volwassene $ 17,50).

Lake Jackson Mounds State Archaeological Site

3600 Indian Mound Rd., tel. 1-850-922-6007, www.floridastateparks.org/lakejackson, dag. 8 uur tot zonsondergang, $ 3

Op de **Lake Jackson Mounds State Archaeological Site** stuitten archeologen op zes opgeworpen heuvels uit een indiaanse cultuur die bestond van circa 1000 tot 1450. Vondsten als schelpenhalskettingen, armbanden en voetringen duiden erop dat de plaats als ceremonieel centrum diende en dat de indianen handelsbetrekkingen met andere groepen onderhielden.

San Luis Archaeological Site

2100 W. Mission Rd., tel. 1-850-487-3711, www.missionsanluis.org, di.-zo. 10-16 uur, volwassenen $ 5, kinderen $ 3

Op een tweede opgravingsterrein, de **San Luis Archaeological Site**, waar aardewerk en sieraden zijn gevonden, lag een Apalachee-indianendorp, lang voordat Spaanse monniken in 1656 begonnen met de bouw van hun missiepost, die tot 1704 werd gebruikt als centrum van de Spaanse missie in West-Florida. Zowel de indiaanse als de missiegebouwen zijn voor een deel gereconstrueerd.

Edward Ball Wakulla Springs State Park

550 Wakulla Park Dr., tel. 1-850-926-0700, www.floridastateparks.org, dag. 8 uur tot zonsondergang, personenauto $ 6

Ten zuiden van Tallahassee omgeeft het **Edward Ball Wakulla Springs State Park** de bron van de Wakulla River, die met een diepte van 72 m en een uitstoot van 2 miljoen liter water per minuut een van de grootste bronnen ter wereld is. De Wakulla River stroomt door een paradijs voor alligators, reigers, waterhoenders, slangenhalsvogels en ibissen, dat zich uitstrekt over oerwouden en moerassen met cipressen en ondoordringbaar struikgewas. Hier werd de eerste Tarzanfilm met Johnny Weissmuller opgenomen.

Informatie

Tallahassee Area Convention & Visitors Bureau: 106 E. Jefferson St., Tallahassee, FL 32301, tel. 1-850-606-2305, www.visittallahassee.com.

Accommodatie

Redelijke prijzen – **Quality Inn & Suites:** 2020 Apalachee Pkwy., 850-877-4437, www.

qualityinn.com. 2,2 mijl ten zuiden aan de US 27 gelegen. Goed ingerichte, kleine suites met zwembad en ontbijt. Vanaf $ 80.
Keurig – **Red Roof Inn:** 2930 Hospitality St., tel. 1-850-385-7884, www.redroof.com. Motel op een goede locatie. Vanaf circa $ 55.

Eten en drinken

Authentiek Thaise gerechten – **Reangthai:** 2740 Capital Cir. NE., tel. 1-850-386-7898, di.-vr. 11-14, ma.-za. 17-20 uur, www.reangthai.com. De vele Thaise, exotisch gekruide gerechten maken de keus moeilijk. Lunch vanaf $ 9.
Burgers en bier in de tuin – **Wells Brothers Bar & Grill:** 1710 W. Tharpe St., tel. 1-850-942-6665, dag. 11-23 uur, www.wellsbrothersbarandgrill.com. Burgers vanaf $ 10.
Levendige sfeer – **Kool Beanz:** 921 Thomasville Rd., tel. 1-850-224-2466, www.koolbeanz-cafe.com, ma.-vr. 11-14.30, ma.-za. 17.30-22 uur, zo. brunch. Geraffineerde gerechten met latino-touch. Geen reserveringen. Diner $ 19-24, bier $ 4, wijn vanaf $ 5,25.
Voor fastfoodfans – **Food Truck Thursday:** am Ella Lake, do. 17-21 uur. met Picknicktafels en livemuziek.

Uitgaan

Concerten – **Cascades Park:** 1001 S. Gadsden St., www.talgov.com/parks/parks-cascades-events.aspx. Openluchtvoorstellingen.

De Panhandlekust

Apalachicola ▸ 4, D/E 3

Dat de Panhandle vroeger lucratievere tijden heeft gekend, illustreert het stadje **Apalachicola** aan de gelijknamige baai. In de afgelopen eeuw deed de haven goede zaken dankzij de verscheping van graniet en katoen. Maar het stadje verviel al enkele tientallen jaren geleden tot een onbetekenend, zij het nog altijd wel sfeervol kustplaatsje. De arts John Gorrie (1803-1855) vond in Apalachicola het prototype uit van de in Amerika onmisbare airconditioning. Het kleine **John Gorrie Museum** houdt de herinnering aan deze uitvinder levend (46 6th St., tel. 1-850-653-9347, do.-ma. 9-17 uur, $ 2).

Ten oosten van Apalachicola wordt de baai overspannen door de 5 km lange Gorrie Bridge. Verder naar het westen ligt de grens tussen de Eastern en Central Standard Time Zone (de klok een uur vooruitzetten!).

St. Joseph Peninsula State Park ▸ 4, D 3

8899 Cape San Blas Rd., tel. 1-850-227-1327, www.floridastateparks.org/stjoseph, dag. van 8 uur tot zonsondergang, $ 6
Als de klauw van een kip steekt het **St. Joseph Peninsula** uit in zee, een smalle zandbank met een State Park aan de westpunt. Op de smetteloze stranden, die tot de schoonste van de VS behoren, kunt u ongestoord genieten en 240 verschillende vogelsoorten bekijken. Fervente kampeerders kunnen hun hart ophalen op een van de vele campings met elektriciteit, douches en picknicktafels.

Panama City Beach ▸ 4, D 2

Wat Rimini is voor de Italiaanse Adriatische kust, is de veertigduizend inwoners tellende badplaats **Panama City Beach** voor de Panhandle. Het enige verschil is dat het sneeuwwitte zandstrand en het turquoise water brandschoon zijn. Op de ranglijst van de mooiste stranden van de Verenigde Staten nam Panama City Beach al herhaaldelijk een hoge positie in. En dat is des te verrassender wanneer u bedenkt dat direct naast het strand de door hotels, restaurants, souvenirwinkels en pretparken geflankeerde kustweg loopt. In de zomermaanden heerst er op deze Miracle Mile Strip een hectische drukte.

Museum of Man in the Sea

17314 Panama City Beach Pkwy, tel. 1-850-235-4101, www.maninthesea.org, di.-za. 10-16 uur, volwassenen $ 5, kinderen $ 3
Niet alleen met slecht weer is het de moeite waard om een bezoek te brengen aan dit museum, dat een overzicht geeft van menselijke

De Panhandle Cotton Trail

activiteiten onder water, van een onderzeeer tot het gebruik van op afstand bestuurbare duikapparatuur. Tentoonstellingen zijn gewijd aan opgehaalde schatten uit Spaanse galjoenen die eeuwen geleden zijn gezonken en aan de techniek van offshoreolieboringen.

Informatie

Panama City Beach Visitors Bureau: 17001 Panama City Beach Parkway, tel. 1-850-233-6503, dag. 8-17 uur, www.visitpanamacitybeach.com.

Accommodatie

Op een steenworp van het strand – **Osprey on the Gulf:** 15801 Front Beach Rd., tel. 1-850-234-0303, www.ospreyonthegulf.com. Kamers en suites met ingerichte keuken en balkon. Vanaf $ 119.

Strandvakantie – **Driftwood Lodge:** 15811 Front Beach Rd., tel. 1-850-234-6601, www.driftwoodpcb.com. Vooral geliefd bij gezinnen met kinderen. Verwarmd zwembad, picknickplaats. Veel kamers met keuken en balkon. Vanaf $ 83, deels minimaal verblijf drie dagen.

Aan het strand – **Holiday Inn Resort:** 11127 Front Beach Rd., tel. 1-877-859-5095, www.ihg.com. Met restaurants en zwembad. Kamers met magnetron, koelkast, balkon en wifi. Ook kamers voor rokers. Vanaf $ 130.

Kamperen – **Campers Inn:** 8800 Thomas Dr., tel. 1-850-234-5731, www.campersinn.net, hele jaar. Terrein voor campers en tenten. Er zijn ook rustieke cabins.

Eten en drinken

Barbecue – **Moe's Original Bar B Que:** 14896 Front Beach Rd., tel. 1-850-708-1633, www.moesoriginalbbq.com, dag. 11-22 uur. Rustieke sfeer. Op tafel komen ribs, shrimps, kip en salade. Vanaf $ 10,50.

Respectabele keus – **Boar's Head:** 17290 Front Beach Rd., tel. 1-850-234-6628, www.boarsheadrestaurant.com, dag. 16.30-22 uur. Vis- en vleesgerechten van de houtskoolgrill, vr. en za. livemuziek. Vanaf $ 20.
Voor elk wat wils – **Captain Anderson's Restaurant:** 5551 N. Lagoon Dr., tel. 1-850-234-2225, www.captanderson.com, feb.-okt. ma.-za. 16-22 uur. Direct aan het water. Shrimps in vele variaties, lobster, crab meat, seafoodschotels en angussteaks. Goede wijnkaart. Vanaf $ 17.

Uitgaan

Het nachtleven vindt voornamelijk plaats langs de **Thomas Drive**.
Partyparadijs – **Club La Vela:** 8813 Thomas Dr., tel. 1-850-235-1061, www.clublavela.com. Naar verluidt de grootste nachtclub van Amerika met vele themazalen, eigen zwembad en strand. Populair zijn de bikini-, wet-T-shirt- en male-hardbody-wedstrijden. Lente en zomer za. en zo. om 13 uur. Kom vooral op tijd!

Destin ▶ 4, B 2

In de afgelopen jaren heeft het op een landtong gelegen Destin zich tot een ware toeristische trekpleister ontwikkeld. Vooral in oktober trekt de kustplaats grote bezoekersaantallen: er komen dan soms wel dertigduizend amateurvissers om aan de **Fishing Rodeo** deel te nemen. Tijdens dit evenement wordt voor een groot publiek een prijs uitgereikt voor de grootste gevangen vis.

Wie liever een dagje gaat winkelen of de vangst van de dag in een restaurant wil proeven, is in **HarborWalk Village** aan het juiste adres. Dit 'dorp' bestaat uit moderne winkels en rustieke kraampjes met souvenirs. Voor HarborWalk Village ligt een groot aantal charter- en rondvaartboten afgemeerd, hetgeen een fotogeniek plaatje is.

Santa Rosa Island ▶ 4, B 2

De schitterende stranden op **Santa Rosa Island** zijn te bereiken via een brug bij Navarre. De smalle zandbank, die deel uitmaakt van de het Gulf Island National Seashore, beschut de kust over een lengte van 90 km. Santa Rosa Island eindigt in het westen in de Baai van Pensacola, die in 1822 werd uitgekozen als locatie voor een marinebasis. Om dit militaire steunpunt te beschermen tegen aanvallen vanaf de Golf bouwde men **Fort Pickens** (1829-1834). In 1886 werd dit de gevangenis van de prominentste 'staatsgevangene van de VS', het legendarische Apache-opperhoofd Geronimo. De stranden zijn grotendeels geschoond van de olie die na de ramp met de *Deepwater Horizon* in april 2010 was weggevloeid (Fort Pickens Rd., tel. 1-850-934-2635, www.nps.gov, dag. 9.30-17 uur).

Pensacola ▶ 4, A 2

Pensacola is na St. Augustine de oudste stad van Florida. Wat bewaard is gebleven uit het verleden van deze tegenwoordig 250.000 inwoners tellende stad gaat terug tot de eerste helft van de 19e eeuw. Ook in die tijd had Pensacola al profijt van zijn drukke haven, waar goederen en grondstoffen, vooral hout, werden overgeslagen. Een bonte mengeling van culturen – in Pensacola vestigden zich indiaanse jagers, blanke kolonisten, zeelieden en handelaars – verleende de plaats destijds een kosmopolitische, sfeervolle uitstraling, die u in het **Historic Pensacola Village** (zie Actief blz. 464) tot op de dag van vandaag kunt proeven.

Museum of Naval Aviation

Navy Blvd., tel. 1-850-452-3604, www.navalaviationmuseum.org, dag. 9-17 uur, toegang gratis
Economische tegenslagen waar Pensacola in het recentere verleden mee te kampen kreeg, wist de stad te overwinnen door zijn militaire betekenis als marinevliegbasis. Vanaf 1911 oefenden de piloten in watervliegtuigen voor hun inzet in de Eerste Wereldoorlog. Een exemplaar staat tentoongesteld in het **National Naval Aviation Museum**, naast veel modernere militaire toestellen. In het IMAX

Actief

WANDELING DOOR EEN MUSEUMDORP

Informatie

Begin: T.T. Wentworth Jr. Florida State Museum (330 Jefferson St.), Pensacola
Lengte: 1 km
Duur: 2-3 uur
Openingstijden: di.-za. 10-16 uur

Tickets: Tivoli High House Gift Shop, 205 E. Zaragoza St., tel. 1-850-595-5985, www.historicpensacola.org/plan-your-visit/, volwassenen $ 8, senioren vanaf 65 jaar $ 7, kinderen 3-14 jaar $ 4. De rondleidingen om 11 en 13 uur zijn inbegrepen.

In de vierenhalve eeuw nadat de eerste bewoners zich hier probeerden te vestigen, waren naast Spanje en Groot-Brittannië ook Frankrijk en de Confederatie aan het bewind in Pensacola en omgeving. In 1821 kwam de regio officieel onder bestuur van de Verenigde Staten. Wie zich eens goed wil verdiepen in de uiterst bewogen geschiedenis van de stad, kan een ontspannen wandeling door het uit 22 gebouwen bestaande **Historic Pensacola Village** maken.
Het **T.T. Wentworth Jr. Florida State Museum** 1, een representatief gebouw in Spaans-neorenaissancistische stijl, was in het verleden geruime tijd in gebruik als zetel van het stadsbestuur. Daarna werden er tentoonstellingen over geschiedenis en archeologie ingericht. Tot de pronkstukken van het museum behoren delen van het wrak van een van de zeven schepen van de Spaanse ontdekkingsreiziger Don Tristan de Luna, die tijdens een orkaan in 1559 in de Pensacola Bay naar de zeebodem zonken. Hoe het er in de 19e eeuw in Pensacola aan toeging, komt u te weten in het **Museum of Commerce** 2. Te zien is een complete historische straat, een

oude kapperszaak, een winkel met lederwaren en tuigage, vervoermiddelen als een historische trolleybus, paardenkoetsen, en drukpersen van lang voor het digitale tijdperk. In de buurt van het museum staat het twee verdiepingen hoge **Tivoli High House** 3, waar u kaartjes en alle informatie over het historische dorp krijgt. U vindt er bovendien een souvenirwinkel.
In de **Manuel Barrios Cottage** 4 komt u veel te weten over technologische ontwikkelingen in de 20e eeuw. Tot de tentoongestelde stukken behoren een prototype van een moderne wasmachine en een interieur van een keuken uit de jaren 20.
In de geschiedenis van Pensacola hebben de houtindustrie, productie van bakstenen, visserij en het spoorwegverkeer een belangrijke rol gespeeld. In het **Museum of Industry** 5 is een tentoonstelling aan deze industrietakken gewijd, met bijvoorbeeld een Baldwinstoomlocomotief van rond 1904. In de **Julee Cottage** 6, die eind 18e, begin 19e eeuw werd gebouwd, woonde de voormalige zwarte slavin Julee Panton. Dat ze een bijzonder actieve vrouw moet zijn geweest, blijkt uit het feit dat ze met haar eigen winkel zoveel geld verdiende dat ze zich kon vrijkopen en geld aan andere slaven leende. Op die manier wist ze aan haar mensonwaardige lot te ontkomen. De tentoonstelling in de cottage geeft een indruk van het bestaan van de Afro-Amerikanen in deze regio. Het oudste gebouw in Pensacola is het **Lavalle House** 7 uit 1805, een cottage in creoolse stijl. Van bijna een eeuw later dateert het **Lear-Rocheblave House** 8, een klassiek voorbeeld van een woning van een gezin uit de middenklasse uit het eind van de 19e eeuw. De vroegere bewoner was kapitein van een sleepboot. Ook het Pensacola Historical Museum, ingericht in de uit 1832 stammende en in 1903 ontwijde **Old Christ Church** 9, geeft een voortreffelijk beeld van de geschiedenis van de stad. In deze vermoedelijk oudste kerk van Florida zijn fossielen, indiaans aardewerk, historische foto's en klederdracht tentoongesteld. Het classicistische **Dorr House** 10 uit 1871 is in victoriaanse stijl ingericht. De sneeuwwitte voorzijde van het huis, met zuilen en balkons voor de werkelijke gevel, laat zien welke bouwstijl na de Amerikaanse Burgeroorlog (1861-1865) in Pensacola in zwang was.

Theatre worden boeiende films over de vliegerij getoond. Tot ver voorbij de landsgrenzen bekend is het Naval Air Station, de thuisbasis van de Blue Angels, een legendarisch, in 1946 opgericht stuntvliegersteam.

Informatie

Pensacola Tourist Information Center: 1401 E. Gregory St., Pensacola, FL 32502, tel. 1-850-434-1234, www.visitpensacola.com. Goede informatie over de stad.

Accommodatie

Bescheiden comfort – **Sole Inn & Suites:** 200 N. Palafox St., tel. 1-850-470-9298, www.soleinnandsuites.com. Boetiekhotel in het stadscentrum. Alle gastenkamers met koelkast, magnetron en koffieapparaat, inclusief klein ontbijt. Vanaf $ 129.
Standaard – **Quality Inn & Suites:** 7601 Scenic Hwy, tel. 1-850-477-7155, www.qualityinn.com. Groot motel met zwembad en loungebar. Inclusief ontbijt en internet. Vanaf $ 100.
Kamperen – **Navarre Family Campground:** 9201 Navarre Pkwy (Hwy 98), tussen Pensacola en Fort Walton Beach, tel. 1-850-939-2188, www.navarrebeachcampground.com, hele jaar geopend. Met rustieke cabins.

Eten en drinken

Voor vleesliefhebbers – **Jackson's Steakhouse:** 400 S. Palafox St., tel. 1-850-469-9898, www.jacksonsrestaurant.com, di.-vr. 11-14, di.-za. 17.30-22 uur. In een historisch gebouw gevestigd restaurant met rustiek-elegante sfeer en bar. Di.-za. 17.30-18 uur tweegangenmenu voor $ 29, steaks vanaf $ 29.
In de stijl van de jaren 50 – **Scenic 90 Café:** 701 Scenic Hwy, tel. 1-850-433-8844, www.scenic90cafe.com, ma. 6.30-15, verder tot 20.30 uur. Mooie, glimmende diner, ideaal om te ontbijten. Vanaf $ 7.

De oostkust

Al sinds het eind van de 19e eeuw geniet Florida's Atlantische kust de reputatie van een regio die alles heeft wat men van een zonovergoten vakantieparadijs verwacht. Jaar in jaar uit leveren de hordes vakantiegangers van over de hele wereld het bewijs. Kustgebieden als de Gold en de Treasure Coast en steden als Palm Beach en Fort Lauderdale hebben nog niets aan hun magische aantrekkingskracht ingeboet.

Weelderige natuur en een zelfs in de wintermaanden aangename temperatuur bewogen Amerika's gegoede burgers er ruim een eeuw geleden toe het door ijs en sneeuw geteisterde noorden de rug toe te keren om in het voorjaarsachtige Florida het koude jaargetijde door te brengen. Het voorbereidende werk daartoe had een zekere Julia Tuttle verricht. Ze kwam in 1875 per postboot terecht in het toenmalige niemandsland bij het huidige Miami en nam het kloeke besluit om hier een stad te stichten. Voorwaarde was dat de regio kon worden ontsloten. Na een periode van kou, die meer naar het noorden veel citrusplantages had vernietigd, stuurde ze de spoorwegbouwer Henry Morton Flagler een geurende oranjebloesem, die de industrieel klaarblijkelijk overhaalde om zijn East Coast Railway door te trekken naar Zuid-Florida.

Nu oefent de Atlantische Oceaankust van Florida met zijn witte zandstranden, smalle, voor zwemvakanties ideale barrière-eilanden, warme surfgebieden, zoals die rond Cocoa Beach, en interessante stadjes nog altijd grote aantrekkingskracht uit op Amerikaanse vakantiegangers en toeristen uit de Oude Wereld. Nog net als in het verleden worden veel plaatsen aan de oostelijke kust van de Sunshine State in één adem genoemd met zon, branding en zorgeloos leven, min of meer de Atlantische tegenhanger van de Californische Pacifische kust. In de afgelopen decennia zijn er ten noorden van Groot-Miami echter ook veel redenen bijgekomen om de oostkust te bezoeken – van het bezienswaardige Fort Lauderdale en de avontuurlijke wrakduikers aan de spreekwoordelijke 'Schatkust' tot de miljonairsenclave Palm Beach met zijn topklassehotels en idyllische golfterreinen, om maar te zwijgen van bezienswaardigheden als musea en state parks.

Florida's Gold Coast begint in Miami een eindigt in Palm Beach. In dit kustgebied liggen steden met bekende namen als Boca Raton en Hollywood, die allang niet meer zijn weg te denken uit de brochures van de reisbureaus. Karakteristiek voor Palm Beach zijn de vele palmen, waaraan dit bolwerk van de beau monde zijn naam dankt. Ze zouden van een Spaans schip stammen dat in 1878 met twintigduizend kokosnoten aan boord voor de kust aan de grond liep. De kolonisten plantten de aangespoelde noten. Henry Morton Flagler was zo enthousiast over de palmenoase dat hij hier een vakantieoord liet bouwen.

Gold Coast

Gold Coast (Goudkust) noemt de lokale bevolking niet onbescheiden de kuststrook die van Miami tot aan Palm Beach loopt en waaraan de bekendste badplaatsen liggen. De naam heeft niet alleen betrekking op het goudkleurige zand van het strand, maar ook op de welstand van de bewoners, die vooral tot uitdrukking komt in de miljonairsenclave Palm Beach.

Hollywood ▶4, M 9

De invloedssfeer van Groot-Miami loopt ver naar het noorden door en is zelfs nog bespeurbaar in het 145.000 inwoners tellende **Hollywood**. Bij deze badplaats ligt een 8 km lang zandstrand onder palmen, waarlangs de zogeheten boardwalk voert. Dit is intussen allang geen plankenpad meer, maar een geasfalteerde promenade met veel winkels, cafés, terrassen, restaurants en sportzaken waar u fietsen en *fun cycles* voor meer personen kunt huren.

Seminole Indian Reservation ▶4, L 9

Aan de stadsgrens tussen Hollywood en Fort Lauderdale ligt in het achterland van de kust het reservaat van de Seminole. Als inkomstenbron volgden de Native Americans het voorbeeld van andere reservaten. Ze openden het met meer dan duizend speelautomaten, pokertafels en speelrafels uitgeruste **Seminole Hard Rock Hotel & Casino** (One Seminole Way, tel. 1-866-502-7529, www.seminolehardrockhollywood.com). Naast deze twee complexen verscheen het **Seminole Paradise**, een shoppingcentrum met winkels, restaurants en nachtclubs.

Evenementen

Seminole Tribal Fair: begin feb., www.semtribefairandpowwow.com, in en bij het casino. Grote markt met powwow. Uit heel Amerika komen deelnemers naar deze wedstrijd met kostuums, trommels, zang en dans. Ook alligator wrestling, shows en kramen met indiaanse sieraden en gerechten ontbreken op het kleurrijke evenement natuurlijk niet.

Fort Lauderdale ▶4, M 9

Met 150.000 inwoners is **Fort Lauderdale** na Miami niet alleen de grootste stad aan de oostkust, maar ook een van de bezienswaardigste. De stad is vergeven van de door palmen omzoomde kanalen en waterwegen, schilderachtige baaien en mini-eilandjes, waarmee Fort Lauderdale een van de waterrijkste stadslandschappen van Florida is. Waar u ook kijkt: het volgende jacht ligt niet ver. Het ligt dan ook voor de hand om u drie uur lang over de New River te laten rondvaren in een *paddle wheeler* en de villa's van de beau monde en de financiële elite in ogenschouw te nemen.

River Walk

De uitnodigende **River Walk** met vele gezellige restaurantjes langs de New River verleidt tot een wandeling. De waterbussen (hier watertaxi geheten!) hebben hier verschillende haltes; één lijn vaart ook naar de cruisehaven Port Everglades (www.watertaxi.com, volwassene dagkaart $ 26, na 17 uur $ 17, halte bijvoorbeeld aan Las Olas Riverfront). Zonder eigen auto komt u ook goed waar u moet zijn met de Sun Trolley (www.suntrolley.com, bijna alle lijnen gratis, anders ritprijs $ 1, dagkaart $ 3).

Las Olas en Atlantic Boulevard

De belangrijkste winkelstraat is de van het oosten naar het westen lopende Las Olas Boulevard met chique restaurants en prima speciaalzaken, waarvoor de luxeauto's geparkeerd staan. Hier gaat het er na zonsondergang bij de oesters, tapas en sushi net zo kleurrijk en levendig aan toe als op de 'Strip', de kustweg Atlantic Boulevard (Hwy A1A), waarlangs zich aan de zeekant kilometerslang het fantastische zandstrand van Fort Lauderdale uitstrekt. Watersporters komen er geheel aan hun trekken. Langs de tegenovergelegen zijde is een hele reeks resorthotels verrezen, aangevuld met cafés, restaurants en terrassen, waar niet alleen tijdens de *spring break* de *frozen margarita* rijkelijk vloeit.

Museum of Art

1 E. Las Olas Blvd., tel. 1-954-525-5500, www.nsuartmuseum.org, di.-za. 11-17, zo. 12-17, do. 11-20 uur, volwassenen $ 10, kinderen 13-17 jaar $ 7

Een van de culturele attracties van de stad is het **Museum of Art**. De vaste tentoonstelling van dit museum is gewijd aan de Europese en Amerikaanse schilderkunst uit de 19e en 20e eeuw. Niet zo lang geleden verkreeg het museum ook een verzameling werken van negentig Cubaanse kunstenaars die in de Verenigde Staten of in andere delen van de wereld in ballingschap leven.

Informatie

Greater Fort Lauderdale Convention & Visitor's Bureau: 100 E. Broward Blvd., Suite 200, Fort Lauderdale, FL 33301, tel. 1-954-765-4466, www.sunny.org.

Accommodatie

Mooie ligging aan de jachthaven – **Bahia Mar Beach Resort:** 801 Seabreeze Blvd., tel. 1-954-764-2233, www.bahiamarhotel.com. Hotel aan het strand. Alle gastenkamers zijn vriendelijk ingericht, highspeed-internet, koffieapparaat, kluis en minibar. Vanaf $ 99.

Heel gezellig – **Victoria Park:** 855 NE. 20th Ave., tel. 1-954-565-5790, www.thevictoriaparkhotel.com. Klein, modern hotel met 28 suites en 4 tweepersoonskamers, waarvan sommige met whirlpool. Fraaie tuin met zwembad, ontbijt $ 9. Vanaf $ 119.

Aardig – **By Eddy Motel:** 1021 N.E. 13th Avenue., tel. 1-954-764-7555, www.byeddymotel.com. Klein onderkomen met terras en zwembad, wifi en barbecue. Schone kamers of suites, waarvan sommige met keuken. Vanaf $ 84.

Eten en drinken

Fantastische steaks – **Chima:** 2400 E. Las Olas Blvd., tel. 1-954-712-0580, dag. diner. Het Braziliaanse steakhouse biedt een gigantisch all-you-can-eatbuffet voor $ 60. $ 20 korting bij reservering per mail via www.chima.cc.

Medium of hot – **Thai Spice:** 1514 E. Commercial Blvd., tel. 1-954-771-4535, www.thaispicefla.com, ma.-vr. 11-15 en dag. vanaf 17 uur. Uitstekende Thaise specialiteiten. Vanaf $ 17.

Smakelijke vis – **Blue Moon Fish Co.:** 4405 W. Tradewinds Ave., tel. 1-954-267-9888, www.bluemoonfishco.com, dag. 11.30-22 uur. Fantastisch visrestaurant met terras. Diner vanaf $ 33, zo. brunch all you can eat, inclusief onbegrensd sekt $ 63.

Winkelen

Winkelcentra – **Sawgrass Mills:** 12801 W. Sunrise Blvd., Sunrise, www.sawgrassmills.com, ma.-za. 10-21.30, zo. 11-20 uur. Amerika's grootste shopping- en entertainment-mall met 350 winkels, tearooms, restaurants en bioscopen. **Galleria Mall:** 2414 E. Sunrise Blvd., www.galleriamall-fl.com, ma.-za. 10-21, zo. 12-18 uur. Groot winkelcentrum met warenhuizen, winkels en restaurants, maar ook nachtleven langs de Middle River.

Actief

Plezier op het water – **Jungle Queen Riverboat:** 801 Seabreeze Blvd./Rte AIA, Bahia Mar Yacht Basin, tel. 1-954-462-5596, www.junglequeen.com. 90 minuten durende boottocht langs de villa's en jachten van de superrijken. 11-uur-tour $ 25.

Evenementen

Florida Renaissance Festival: feb./mrt., www.ren-fest.com. Middeleeuws feest.

Blues Festival: nov. Muziekfestival op de River Walk.

Winterfeest dec. Met boottochten op de Intracoastal Waterway.

Vervoer

Vliegtuig: Fort Lauderdale-Hollywood International Airport (FLL), tel. 1-866-435-9355, www.fortlauderdaleinternationalairport.com. De luchthaven ligt 8 km van het stadscentrum verwijderd. Vanuit Nederland is hij alleen te bereiken met een overstap in bijvoorbeeld Atlanta of New York. Rit naar de stad 15 min.

Trein: Amtrak Terminal, 200 SW. 21st Terrace, tel. 1-954-587-5387, www.amtrak.com. Sneltreinen naar de oost- en de westkust.

Palm Beach ▸ 4, M 8

Palm Beach, gelegen op een smal eiland tussen de Atlantische Oceaan en Lake Worth, behoort tot de bekendste plaatsen aan de oostkust. Zijn reputatie van paradijs voor de *rich and famous* dankt deze negenduizend inwoners tellende gemeente aan de

Prachtige lobby van het luxehotel The Breakers aan het strand van Palm Beach

uitstraling van de aan het eind 19e eeuw ontstane miljonairsenclave. Met Henry Flaglers East Coast Railway was de kustplaats gemakkelijk te bereiken, wat veel industriemagnaten en sterren uit de showbusiness vooral in de winter dan ook deden. Wat dat betreft, is er nog niets veranderd. Palm Beach valt niet alleen op door zijn gegoede publiek, maar ook door zijn architectuur. Voor de panden in mediterrane stijl was Addison Mizner verantwoordelijk, die zijn energie na het einde van zijn bokscarrière ging richten op het tekenpotlood. Vanaf 1918 bracht hij zijn in Europa opgedane ervaringen in de praktijk. Al enige jaren later had de autodidact zich opgewerkt tot de huisarchitect van veel belangrijke opdrachtgevers. Mizner kopieerde de Zuid-Europese bouwstijl en verwierf daarmee niet alleen hoog aanzien in Palm Beach, maar ook in Boca Raton. Palm Beach is van de buurstad **West Palm Beach** slechts gescheiden door Lake Worth. Het verschil tussen beide gemeenten is echter onmiskenbaar. West Palm Beach is geen toevluchtsoord van de high society, het is een 'normale' stad met grote winkelstraten en malls, maar ook met een cultureel aanbod dat er zijn mag.

Bezienswaardigheden

The Breakers

1 S. County Rd., tel. 1-561-655-6611, www.thebreakers.com, 1-std. rondleidingen $ 15 (alleen online boeking via www.flaglermuseum.us/visiting/tour-the-breakers-hotel), apr.-nov. alleen za., rest van het jaar za. en di.

Het bekendste bouwwerk van Palm Beach is niet van de hand van Mizner. In 1926 opende het door het architectenduo Schultze en Weaver ontworpen **The Breakers** zijn deuren: een monumentaal hotelpaleis met een geweldige lobby die aan een gotische kathedraal doet denken en met meer dan achthonderd kamers. Het is omgeven door zandstrand en fraai verzorgde golfbanen. Het pal aan het strand gelegen tophotel biedt zelfs veeleisende gasten een overvloed aan luxe: maar liefst negen restaurants, drie bars, een koffiekamer, vier zwembaden, een whirlpool, een fitnessruimte en talrijke boetieks.

Tip

UITSTAPJE NAAR DE BAHAMA'S

De eilandengroep **Bahama's** ligt maar enkele uren varen van de kust van Florida. Van de veerhaven Port Everglades kunt u voor een kort bezoek naar het eiland Grand Bahama varen. De snelveren doen zo'n drie uur over de afstand, vertrekken 's morgens vroeg en komen laat in de avond terug (circa $ 90 plus btw, inclusief een kleine snack; voor een transfer naar de haven respectievelijk uw hotel betaalt u extra). De reis is comfortabeler als u er een of twee overnachtingen bij boekt (vanaf $ 235). Informatie: www.baleariacaribbean.com of www.2daycruise.com.

Whitehall Mansion

1 Whitehall Way, tel. 1-561-655-2833, www.flagler.org, di.-za. 10-17, zo. 12-17 uur, volwassenen $ 18, kinderen 13-17 jaar $ 10

Toen Mizner in 1918 naar Palm Beach kwam, stond hier ook een meesterwerk uit de lokale architectuur – het in 1901 gebouwde Whitehall Mansion, waarin nu het **Henry M. Flagler Museum** is ondergebracht. Voor dit witte paleis met een façade van Dorische zuilen moest het aanzienlijke bedrag van $ 4 miljoen worden neergeteld, wat de spoorwegbouwer kennelijk wel een passend huwelijksgeschenk vond voor zijn derde vrouw Lily. De entreezaal is schitterend ingericht met zeven verschillende soorten marmer uit Italië en Vermont. Onder de 73 vertrekken bevindt zich een balzaal in Louis XVI-stijl en een bibliotheek in de stijl van de Italiaanse renaissance. Op de eerste verdieping getuigen zestien slaapvertrekken in uiteenlopende stijlen – van oriëntaals tot de Engels – dat niets te goed en te duur was voor de gasten van Whithall Mansion. Naast zilver-, porselein- en schilderijenverzamelingen is hier ook The Rambler tentoongesteld, Flaglers eigen luxueuze treinwagon met waardevol houten inlegwerk, decoratief plafond en tulpvormige kroonkandelaars.

Miljonairsstraten

Omdat men zelfs in Palm Beach de beroemdheden maar zelden te zien krijgt, concentreert de aandacht van de meeste toeristen zich op de residenties en villa's die zich aan **Ocean Drive** aaneenrijgen. Een waar pronkstuk is de privéclub **Mar-a-Lago**, die eigendom is van Donald Trump. Het in 1923 in Spaans-Moorse stijl gebouwde paleis met 118 vertrekken is niet geopend voor publiek, maar wel te bekijken vanaf de straat (1100 S. Ocean Dr.).

Met **Worth Avenue** beschikt Palm Beach over een fraaie winkelstraat die vaak in één adem wordt genoemd met de beroemde Rodeo Drive in Beverly Hills. Hij nodigt niet alleen uit tot etalages kijken en winkelen, maar door zijn fraaie gevels, talrijke verscholen doorgangen en binnenhoven is het er ook aangenaam wandelen. Naast topboetieks van Armani, Chanel, Gucci, Calvin Klein, Giorgio Armani, Hermès, Sonia Rykiel, Valentino en Louis Vuitton vindt u onder de ruim tweehonderd zaken ook adressen waar u tegen betaalbaarder prijzen kunt winkelen.

City Place

West Palm Beach, 700 S. Rosemary Avenue, www.cityplace.com

Een belangrijke trekpleister in het levendige Downtown is het shoppingcenter **City Place** met talrijke winkels, bars en restaurants, waar hongerige en dorstige gasten naar tapasbars met livemuziek en happy hour specials worden gelokt. Ook in Clematis Street is het elke donderdagavond feest tijdens 'Clematis by Night' met openbare dansvoorstellingen en concerten. Met de gratis rode trolleybussen is de afstand tussen City Place en Clematis Street eenvoudig te overbruggen (www.downtownwpb.com/trolley, zo.-wo. 11-21, do.-za. 11-23 uur).

Norton Museum of Art

West Palm Beach, 1451 S. Olive Ave., tel. 1-561-832-5196, www.norton.org, di.-za. 10-17, do. tot 21, zo. 11-17 uur, tot dec. 2018 toegang gratis

De permanente collectie van het **Norton Museum of Art** bestaat uit Europese en Amerikaanse kunst uit de 19e en 20e eeuw, Chinese verzamelingen plus hedendaagse kunst en fotografie. Tot de grote Europeanen behoren Gauguin, Matisse, Miró, Monet en Picasso, terwijl op de Amerikaanse afdeling kunstenaars als Hopper, O'Keeffe, Pollock en Sheeler zijn vertegenwoordigd.

Informatie

Palm Beach County Convention and Visitors Bureau: 1555 Palm Beach Lakes Blvd., Suite 800, West Palm Beach, FL 33401, tel. 1-561-233-3000, www.palmbeachfl.com.

Accommodatie

Kleurrijke luxe – **Colony Hotel:** 155 Hammon Ave., tel. 1-561-655-5430, www.thecolony palmbeach.com. Voortreffelijk boetiekhotel, inclusief ontbijt, wifi en dinner show. Vanaf $ 400.

Als in de goede oude tijd – **Palm Beach Historic Inn:** 365 S. Country Rd., tel. 1-561-832-4009, www.palmbeachhistoricinn.com. Mooie inn uit 1921 met de flair van weleer. Alle kamers hebben een zeer smaakvolle inrichting. Vanaf $ 119.

Topverblijf – **Grandview Gardens:** 1608 Lake Ave., West Palm Beach, tel. 1-561-833-9023, www.grandview-gardens.com. Gezellige B&B met grote kamers, alle met koffieapparaat en koelkast. Terras aan het zwembad. Vanaf $ 139.

Eten en drinken

Eens in je leven – **The Circle at the Breakers:** zie blz. 469, tel. 1-877-724-3188. De zondagbrunch is cult en duur! Vanaf 11 uur storten de gasten zich bij harpmuziek op heerlijkheden als crab legs, sushi, prime rib en dertig desserts. Inclusief belasting en bediening circa $ 135.

Echt Cubaans – **Havanna:** 6801 S. Dixie Hwy, West Palm Beach, tel. 1-561-547-9799, dag. 11-22 uur, dag en nacht 'to go'. Traditionele Cubaanse kost. Lunch specials voor $ 8-9, sandwiches $ 8, verder $ 14-20.

Vervoer

Trein: Amtrak Terminal, 201 S Tamarind Ave., tel. 1-561-832-6169, www.amtrak.com. West Palm Beach ligt aan het spoorwegtracé tussen Miami en New York.

Barrier Isles ▶ 4, M 7/8

Voor de kust van het vasteland liggen langgerekte smalle barrière-eilanden zoals North Hutchinson Island, Hutchinson Island en Jupiter Island, waarop veel *county* en *state parks* plus ongeveer veertig stranden liggen, die tot de mooiste van de VS behoren.

Gaat u liever naar verlaten stranden, dan is het **St. Lucie Inlet State Park** (uitsluitend per boot bereikbaar) aan de noordpunt van Jupiter Island echt iets voor u. Hier strekt zich een niet door bebouwing aangetast strand uit tot aan het **Hobe Sound Wildlife Refuge** verder zuidelijk. Een snorkelparadijs met ondiep water is **Bathtub Reef Park** aan de zuidpunt van Hutchinson Island, waar een rif voor rustig water zorgt. **Pepper Park** op North Hutchinson Island is een uitstekende locatie voor mensen die vanaf de pier een hengel willen uitwerpen of graag een boot huren. Paardrijden kan in het **Frederick Douglass Memorial Park** ten zuiden van de Fort Pierce Inlet.

Attracties

Schildpadden observeren

Aan de kust van Hobe Sound en aan Jensen Beach, maar ook op een groot aantal andere plaatsen langs de oostkust, komen van half mei tot augustus dierenliefhebbers op een bijzondere manier aan hun trekken. U kunt zich aansluiten bij nachtelijke rondleidingen om de streng beschermde waterschildpadden te observeren bij het bouwen van een nest en het eieren leggen. Talrijke organisaties tussen Melbourne en Fort Lauderdale bieden dergelijke rondleidingen aan, vooral in juni en juli (een lijst met organisatoren kunt u vinden op: www.myfwc.com > Wildlife & Habitats > Sea Turtles).

Blowing Rocks Preserve

574 S. Beach Rd., dag. 9-16.30 uur, volwassenen $ 2, kinderen $ 1

Jupiter Island biedt een heel andere vorm van natuurschoon. In het **Blowing Rocks Preserve** ten noorden van Tequesta heeft de branding gaten in de kalkrotsen van de kust geslepen. Bij de juiste waterstand spuit binnendringend zeewater door de zogenaamde *blowholes* als geisers de lucht in.

Treasure Coast

▶ 4, L 5-M 8

Treasure Coast begint bij Palm Beach en strekt zich naar het noorden uit tot aan Melbourne. De naam 'Schatkust' kreeg dit Atlantische kustgebied niet voor niets. Sinds de 16e eeuw zijn hier honderden schepen vergaan, die meestal nog met lading en al op de zeebodem liggen. Rond 1715 kwam een Spaanse vloot van elf schepen op weg van Zuid-Amerika naar Europa in een vreselijke storm terecht en zonk, waarbij zeker duizend mensen om het leven kwamen. De zeilschepen zouden onmetelijke rijkdommen aan goud, zilver en juwelen aan boord hebben gehad. Sinds 1988 lukt het schatzoekers om de kostbaarheden deels omhoog te halen (een plattegrond met scheepswrakken is te vinden op www.nps.gov/nr/ > travel > flshipwrecks).

Musea

Schatten uit de Spaanse vloot die in 1715 schipbreuk leed, zijn uitgestald in Fort Pierce in de Treasure Room van het **St. Lucie County Regional History Center**. Gouden en zilveren munten, aardewerk, tinnen vaatwerk en nautische voorwerpen (414 Seaway Dr., tel. 1-772-462-1795, www.stlucieco.gov/history, wo.-za. 10-16, zo. 12-16 uur, volwassenen $ 4).

Gilbert's Bar House of Refuge bij Stuart is de laatste van de oorspronkelijk vijf reddingsstations voor schepen in nood die in de jaren 1870 aan de oostkust zijn gebouwd. De tentoonstellingen omvatten onder meer documenten over scheepsongelukken (301 SE. Mac Arthur Blvd., Hutchinson Island, ma.-za. 10-16, zo. 13-16 uur, $ 8).

Een mooie verzameling schatten uit wrakken bezit het **McLarty Treasure Museum** in Vero Beach: porselein, religieuze voorwerpen, wapens, munten, gereedschappen, scheepsbellen en sieraden Bij het museum hoort een uitkijkterras (13180 N. A1A, Vero Beach, tel. 1-772-589-2147, dag. 10-16 uur, volwassenen $ 2, kinderen tot 6 jaar gratis).

Cocoa Beach

Aan de oostkust van Florida liggen tientallen ideale surfstranden. Een waar paradijs voor surfers is **Cocoa Beach**, waar de golven ongehinderd door voor de kust gelegen riffen

Bij Cocoa Beach flitsen de surfers over de branding

naar het strand rollen. Van de zandstrook langs de kust steekt een 250 m lange, nogal verouderde houten pier de zee in. Hier kunt u met een drankje gaan zitten bij de schaduwrijke Mai Tiki Bar, die op het uiterste puntje van de pier staat en perfect uitzicht op de kust biedt (parkeren vanaf 17 uur gratis).

Informatie

Cocoa Beach Area Chamber Of Commerce: 8501 Astronaut Blvd., Cape Canaveral, FL 32920, tel. 1-321-784-6444, www.visitcocoabeach.com.

Accommodatie

Mooi strand – **International Palms Resort:** 1300 N. Atlantic Ave., tel. 1-321-783-2271, www.internationalpalms.com. Direct aan het strand met twee restaurants, twee cafeteria's en veel mogelijkheden voor sportieve activiteiten. Wie een privésfeer zoekt, verblijft in een van de in totaal veertien huisjes, inclusief eigen keuken. Vanaf $ 99.

Goede ligging – **Days Inn:** 5500 N. Atlantic Ave., tel. 1-321-868-7124, www.daysinn.com. Kamers met magnetron, koelkast, koffieapparaat, wifi en een klein ontbijt. Ook kamers voor rokers. Vanaf $ 85.

Winkelen

Ultiem surfmekka – **Ron Jon Surf Shop:** 4151 N. Atlantic Ave., tel. 1-321-799-8888, www.ronjons.com, dag. dag en nacht geopend. Enorme winkel met alles wat je voor de watersport en het strandleven nodig hebt.

Actief

Surfcursus – **Ron Jon Surf School:** 150 E. Columbia Ln., tel. 1-321-868-1980, www.cocoabeachsurfingschool.com. Privé- en groepsles van leraren die vroeger tot het nationale team van de VS behoorden.

Orlando en de pretparken

Themaparken met achtbanen, renbanen, aquaria, dierentuinen voor land- en zeedieren, waterparken met avontuurlijke glijbanen, filmstudio's, caféwijken, dinner theaters, kunstmusea, alligatorverblijven: Amerika's nummer 1 amusementsparadijs is een doldwaze wereld waarin het maar om één ding draait: plezier tot elke prijs.

Over de hele wereld staat het ruim 260.000 inwoners tellende Orlando bekend als een onneembare citadel van de amusementsindustrie, met meer dan 110.000 hotelkamers en circa 4500 restaurants. Ieder jaar bezoeken 60 miljoen toeristen dit deel van de Sunshine State – en dat aantal neemt toe. Eigenlijk ligt deze vibrerende kosmos niet in Orlando zelf, maar tussen de stad en de zuidelijke buur Kissimmee. Ongeveer anderhalve eeuw geleden lag in dit gebied enkel een afgelegen kamp voor soldaten die tegen Seminole vochten. De aansluiting op het spoorwegnet bracht in 1880 het eerste contact met de buitenwereld. Het gebied bleef echter een door muggen geteisterd braakland, tot het Disneyconcern na geheime onderhandelingen over de grond, om de prijs zo laag mogelijk te houden, in 1964 circa 25.000 m² moerasland aankocht om er een pretpark te laten verrijzen naar het voorbeeld van Disneyland in Anaheim (Californië). De bouwwerkzaamheden waren in recordtijd afgerond en al in 1971 konden de poorten van dit grote vermaakcentrum voor het publiek worden geopend.

Aan na-apers zou het in de daaropvolgende jaren niet ontbreken. Andere grote bedrijven onderkenden het economisch potentieel van de groeiende amusementsindustrie en probeerden eveneens een stuk van de 'grote, winstgevende koek' voor zichzelf veilig te stellen. Naast belangrijke instituten als de Universal Studios, Sea World en Gatorland vestigden zich ook vele kleine parken en attracties, die op hun beurt weer winkelcentra, restaurants, musea, shows, golfbanen, enorme parkeerterreinen en ontelbare hotels in alle prijsklassen aantrokken.

Bezoekers die hun accommodatie boeken in een bij het themapark horend hotel of een arrangement inclusief toegangsbiljet bespreken, krijgen een voorkeursbehandeling, zoals vroeger of langer toegang tot het park, gratis transfers en passen voor kortere wachttijden bij veel attracties (waarvoor anders betaald moet worden). Over het algemeen geldt: zorg dat u zo vroeg mogelijk bij de kassa bent, want tot aan het begin van de middag worden de rijen alleen maar langer.

✪ De pretparken ▶ 4, K 5

Kaart: blz. 478

Walt Disney World

Lake Buena Vista, tel. 1-407-824-2302, www.disneyworld.disney.go.com

De onbetwistbare marktleider in het enorme aanbod van pretparken is het uit vier zelfstandige delen bestaande, zich over 50 km² uitstrekkende **Walt Disney World**. Het bestaat uit de vier themaparken Magic Kingdom, Epcot, Animal Kingdom en Hollywood Studios, de twee waterparken Typhoon Lagoon en Blizzard Beach, plus zo'n dertig hotels en biedt iedere dag werkgelegenheid aan meer dan vijfduizend medewerkers, die als Assepoester,

Mickey Mouse of Goofy of in een andere functie werkzaam zijn.

Door de bank genomen openen het Magic Kingdom, Epcot en de Hollywood Studios hun poorten om 9 uur, maar gasten van geselecteerde resorts mogen het Animal Kingdom al om 8 uur betreden. Wie zijn kaartjes online koopt, kan met de bij de entreeprijs inbegrepen Fast Pass+ al dertig dagen tevoren online het tijdvak voor een bezoek aan een bepaalde attractie vastleggen, om wachttijden te verkorten.

Magic Kingdom 1

In het vooral voor kinderen geschikte **Magic Kingdom** komt u via de in 19e-eeuwse stijl vormgegeven Main Street terecht in zeven verschillend 'landen', zoals Fantasyland met een kasteel van Doornroosje, Tomorrowland over het ruimtevaarttijdperk, en Adventureland waar gezinnen zich een weg banen door een jungle en tegen piraten 'vechten'. De kans dat u onderweg Mickey Mouse, Donald Duck, Goofy, Pluto of een van de andere Disneyfiguren tegen het lijf loopt, is in dit park het grootst. Geregeld worden er parades gehouden waarbij alle verklede acteurs samen optreden.

EPCOT-Center 2

Het herkenningsteken van het **EPCOT Center** is Spaceship Earth in de vorm van een enorme golfbal. In dit Disneypark vindt u door hightech bestuurde attracties die de vruchten van de wetenschap, techniek en industrie als thema hebben. Een tweede deel van EPCOT, World Showcase, bestaat uit elf dorpen die elk een ander land vertegenwoordigen, zoals China, Frankrijk, Japan, Noorwegen, Marokko en Italië. In ieder dorp kan het land aan zijn architectuur worden herkend. De hele dag door vinden in deze dorpen karakteristieke openluchtvoorstellingen plaats, zoals optredens van artiesten uit het Rijk van het Midden of het carnaval van Venetië.

Animal Kingdom 3

Sinds de feestelijke opening in 1998 heeft het **Animal Kingdom** zich tot een heel bijzondere publiekstrekker ontwikkeld. In het

Stuntshow bij Indiana Jones in Disney's Hollywood Studios in Orlando

Actief

VIA WATERGLIJBANEN DOOR ORLANDO

Informatie

Begin: Universal's Volcano Bay
Lengte: 22,4 km
Duur: trek voor ieder park minimaal een halve dag uit
Kaart: zie blz 478

Orlando zou niet hét amusementsparadijs van Florida zijn geweest als de vertierstrategen er niet allang voor gezorgd hadden dat actieve waterratten tijdens de warme zomermaanden aan hun trekken kunnen komen. Eind 2016 sloot het waterpark Wet 'n Wild zijn poorten. Als vervanger opende in de zomer van 2017 **Universal's Volcano Bay** 2 met bloedstollende attracties. In een tropisch landschap troont een 60 m hoge vulkaan, omgeven door watervallen. 's Avonds zijn er spectaculaire lavastromen. De Ko'okiri Body Plunge zorgt met zijn 38 m hoge vrije val voor een hoop adrenaline en ook de Kala & Tai Nui Serpentine Body Slides met valdeuren zijn niet voor angsthazen. Rustiger is het aan het strand en in de Village, zodat ook kleintjes hier plezier kunnen hebben. Vlotvaarten maken het avontuur compleet (www.universalorlando.com).

Echte waaghalzen laten zich in **SeaWorld's Waterpark Aquatica** 3 in de waterglijbaan Omaka Rocka als in een halfpipe tegen trechtervormige wanden drukken, waarbij ze flink door elkaar worden geschud. Daarna worden ze door een labyrint van glijbanen en buizen gespoeld om uiteindelijk met een harde plons in een bassin te storten. Een andere topervaring is de Dolphin Plunge. Via een 15 m lange glazen buis roetsjen gasten door een zwembad waarin dolfijnen ronddartelen. Superdurfals storten zich in Ihu's Breakaway in een vrije val van 24 m omlaag, een van de enerverendste waterglijbaan van Orlando (5800 Water Play Way, tel. 1-888-800-5447, www.aquaticabyseaworld.com, hele jaar geopend, wisselende openingstijden, volwassenen $ 56, kinderen 3-9 jaar $ 58, online goedkoper, parkeren $ 15).

In hartje zomer zorgt in **Disney's Blizzard Beach Water Park** 4 een kunstmatig landschap van sneeuw en ijs, compleet met dennenbomen, ijspegels en een muzikale omlijsting van kerstliederen, voor grote verwarring. Zelfs bij de aanblik van dit winterlandschap krijgt u het ondanks temperaturen van 30°C in de schaduw al koud. Bezoekers in bikini en zwembroek kunnen zich hier met een skilift naar een besneeuwde bergtop laten brengen, waarna ze op verschillende manieren kunnen afdalen: op hun buik over het smeltwater van de skipiste of via een twaalf verdiepingen hoge waterglijbaan (1534 W. Buena Vista Dr., tel. 1-407-939-6244, www.disneyworld.disney.go.com/destinations/blizzard-beach/, dag. 10-18 uur, volwassenen $ 60, kinderen 3-9 jaar $ 54).

In **Disney's Typhoon Lagoon Water Park** 5 krijgt u in een omgeving met palmbosjes, bassins en tropische fantasielandschappen het gevoel dat er zojuist een verwoestende tyfoon is langsgeraasd. Door de harde storm is een vissersboot boven op een bergtop gestrand. Snorkelaars kunnen in dit waterpretpark bovendien tussen haaien en tropische vissen zwemmen en surfers kunnen op reusachtige golven laten zien wat ze waard zijn (1195 E. Buena Vista Dr., tel. 1-407-824-4321, info zie Blizzard Beach, tickets op dezelfde dag geldig voor beide waterparken, parkeren $ 20 per dag).

200 ha grote park leven exotische dieren in landschappen die bedrieglijk waarheidsgetrouw zijn nagemaakt, alsof u met een echte Afrikaanse savanne of een tijgerterritorium in Azië te maken hebt.

Als u van Harambe Village op de Kilimanjaro Safari aan boord van een omgebouwde vrachtwagen over gammele bruggen en uitgesleten paden langs leeuwen en giraffen rijdt, waant u zich onwillekeurig in een Oost-Afrikaans natuurreservaat. Er leven gorilla's in een fantastisch landschap, dat u op de Pangani Forest Exploration Trail te zien krijgt. In het Aziatische deel van het park voert de Maharaja Jungle Trek langs half vervallen tempels, waar u tussen de schilderachtige ruïnes tijgers kunt bespieden.

Disney's Hollywood Studios 4

Bij de **Disney's Hollywood Studios** kunt u een kijkje achter de schermen van een film- en televisieproductie nemen. In de stijl van Steven Spielberg valt er volop actie te beleven in de *Indiana Jones Stunt Show* met gevechtsscènes en explosies, terwijl bezoekers op de set van *Star Wars* het gevoel krijgen met de snelheid van het licht door de ruimte te razen. Uw zenuwen worden nog meer op de proef gesteld in de *Twilight Zone Tower of Terror*. Wie een echt adrenalineshot nodig heeft, kan zich in de donkere hoteltoren per lift met adembenemende snelheid naar boven laten katapulteren, waarna de lift in het pikdonker met een telkens wisselende angstaanjagende vaart in een bodemloze diepte lijkt te storten. Het daadwerkelijke filmbedrijf wordt nog het meest benaderd in de productiestudio's van tekenfilms, waar u originele schetsen kunt zien en tekenaars aan het werk zijn.

Kleinere parken

Gatorland 5

14501 S. Orange Blossom Trail, tel. 1-800-393-5197, www.gatorland.com, dag. 10-17 uur, vanaf 13 jaar $ 30, kinderen 3-12 jaar $ 20

In **Gatorland** dartelen niet alleen babyalligators rond, maar ook angstaanjagende volwassen exemplaren. Natuurlijk kan ook deze attractie niet zonder shows, zoals gevechten met alligators. Het meeste publiek trekt het moment van de dag dat de roofdieren worden gevoerd en de oppassers kruiwagenladingen vis en vlees aan de gulzige reptielen uitdelen. U kunt een beetje van het 'Crocodile Dundee-gevoel' opsnuiven als u zich inschrijft voor het programma *Trainer for a day*, dat in werkelijkheid maar twee uur duurt.

Sea World 6

7007 Sea World Dr., tel. 1-407-351-3600, www.seaworld.com, dag. vanaf 9 uur, sluitingstijden variëren, vanaf 3 jaar $ 99, online veel goedkoper, parkeren $ 20

Naast hightechinstituten en filmdecors gelden in het amusementsimperium Orlando vooral exotische dieren en zeebewoners als bijzondere trekpleister. Een fascinerende zeedierentuin is **Sea World**, een themapark met een walvis- en dolfijnstation, een arctisch onderzoeksstation, verblijven voor pinguïns, zeeleeuwen en otters en een enorm bassin voor de hoofdattractie – de orka Shamu. Naast de aparte dierenpresentaties zijn er ook verschillende speciale programma's, zoals *Animal Care Experience*, waarbij u een dag lang onder deskundige begeleiding bijvoorbeeld verweesde zeehondenjongen, zeeleeuwen of walrussen verzorgt. Het programma *Dine with Shamu* combineert een copieuze maaltijd van een zeevruchtenbuffet met een leerzaam optreden van een orkatrainer, die u wetenswaardigheden over het enorme zeezoogdier kan vertellen.

International Drive

Buiten de pretparken speelt het leven zich vooral af rond de **International Drive**, die parallel loopt aan de Interstate 4. Hier vindt u hotels, winkels, restaurants en attracties als het reuzenrad Orlando Eye, waar het vooral na sluiting van de parken druk is.

Titanic – Ship of Dreams 7

7324 International Dr., tel. 1-407-248-1166, www.premierexhibitions.com, dag. 10-20 uur, vanaf 12 jaar $ 22, kinderen 5-11 jaar $ 16

Orlando

Bezienswaardig

1 Magic Kingdom
2 EPCOT Center
3 Animal Kingdom
4 Disney's Hollywood Studios
5 Gatorland
6 Sea World
7 Titanic – Ship of Dreams
8 Wonderworks
9 Universal Studios
10 Islands of Adventure

Accommodatie

1 Loews Royal Pacific Resort
2 Floridays Resort
3 Disney's Pop Century Resort
4 La Quinta Inn
5 Disney's Fort Wilderness Resort

Eten en drinken

1 Bull & Bear
2 Fogo De Chao
3 Roy's
4 Emeril's
5 4 Rivers
6 Olive Garden
7 Ponderosa Steakhouse
8 Hot Krust Panini

Winkelen

1 Florida Mall
2 Mall at Millenia

Uitgaan

1 Universal City Walk
2 Downtown Disney
3 Amway Center

Actief

1 Loch Haven Cultural Park
2 Universal's Volcano Bay
3 SeaWorld's Waterpark
4 Blizzard Beach Water Park
5 Typhoon Lagoon

Ocala
Daytona Beach
SEMINOLE CO
ORANGE CO
Goldenrod
Winter Park
Aloma
University Blvd
Amtrak
Lake Fairview
Edgewater Dr.
Orange Ave.
Mead Botanical Gardens
Lake Irma
Lake Orlando
Hiawassee Rd.
Pine Hills Rd.
John Young Pkwy
Silver Star Rd.
Lawne Lake
Fairvilla
Lake Baldwin
Semoran Blvd.
Goldenrod Rd.
Eastern Beltway
Orlando Sports Stadium
E Colonial Dr.
Pine Hills
W Colonial Dr.
Orlando Executive Airport
Lake Eola Park
Church Street Station
Holland East-West Expwy (Toll)
Lake Underhill Rd.
Titusville
Orlovista
Greyhound
City Hall
Lake Mann
ORLANDO
Kirkman Rd
Clear Lake
Amtrak
Curry Ford Rd.
Lake Hiawassa
Turkey Lake
Lake Holden
Conway Rd.
Lake Catherine
Pershing Ave.
Gatlin Ave.
Conroy Rd.
Lake Cain Hills
Americana Blvd
Orange Blossom Trail
Edgewood
Little Lake Conway
Conway
Hoffner Ave.
Lake Jessamine
Lake Marsha
Spring Lake
Turkey Lake Rd.
Lake Conway
Pine Castle
Judge Rd.
Narcoossee Rd.
Merritt Island
Lake Ellenor
Sky Lake
Belle Isle
Lake Mare Prairie
Tangelo Park
Sand Lake Rd.
Beeline Expwy (Toll)
International Dr.
Morningside Park
Taft
Big Sand Lake
Bee Line Expwy (Toll)
Orlando International Airport
Buck Lake
Lake Nona
Central Florida Pkwy
John Young Pkwy
Shingle Creek
Florida Turnpike (Toll)
Red Lake
Lake Willis
Mud Lake
Flamingo
International
Central Florida Greenway (Toll)
Lake Bryan
ORANGE CO
OSCEOLA CO
Xanadu House of the Future
Boggy Creek Rd.
Fells Cove
Lake Cecile
Old Dixie Hwy
Alligatorland Safari Zoo
Main St.
Boggy Creek Rd.
East Lake Tohopekaliga
Vine St.
Bermuda Ave.
Poinciana Blvd
Kissimmee Municipal Airport
Kissimmee
Lake Tohopekaliga
Osceola County Art and Culture Center
Tampa, Lake Wales

De tentoonstelling **Titanic – ship of dreams** bezit ook originele voorwerpen uit de Titanic en veel memorabilia uit films die over de beroemdste schipbreuk ter wereld zijn gemaakt.

Wonderworks 8

9067 International Dr., tel. 1-407-351-8800, www.wonderworksonline.com, dag. 9-24 uur, vanaf 13 jaar $ 27, kinderen 4-12 jaar $ 21

U zult raar staan te kijken als u op de International Drive **Wonderworks** passeert. Het bouwwerk ziet eruit alsof het op zijn kop staat. Binnen kunt u een aardbeving met een kracht van 5,3 op de schaal van Richter aan den lijve ondervinden. Bovendien vindt u er allerlei interactieve hightechinstallaties, waarmee bezoekers kunnen experimenteren.

Universal Studios 9

De grootste concurrent van Disney's Hollywood Studios zijn de **Universal Studios**, waar het eveneens draait om decors en ensceneringen van films als *Jurassic Park*, *Back to the Future*, *Jaws*, *E.T.* en *Men in Black*. De ingang van het park is meteen al heel bijzonder. Een uiterst futuristisch aandoend netwerk van roltrappen en personentransportbanden vervoert bezoekers van de parkeergarage naar de ingang van de zogenoemde CityWalk, waar restaurants, bars, nachtclubs en winkels gevestigd zijn en het grootste hardrockcafé ter wereld gasten onthaalt. Via deze 'voorstad' komt u terecht bij het eigenlijke themapark. U kunt in het Manhattan van de jaren 20 naar de Blues Brothers luisteren, slenteren door een kopie van Fisherman's Wharf in San Francisco of u op de set van de rampenthriller *Twister* door een orkaan door elkaar laten schudden. In het tweede deel van *The Wizard World of Harry Potter* zijn Diagon's Alley (de Wegisweg) met de kobolden van Gringotts Bank (Goudgrijp) en een adembenemende achtbaan de voornaamste attracties. Met een Park-to-Park Ticket reist u met de Hogwarts Express (Zweinsteinexpress) naar Hogsmeade (Zweinsveld), de Potterwereld in het themapark Islands of Adventure.

Islands of Adventure 10

1000 Universal Studios Plaza, tel. 1-407-363-8000, www.universalorlando.com, dag. vanaf 8 of 9 uur, dagkaart voor de twee parken volwassenen $ 155, kinderen 3-9 jaar $ 150, parkeren $ 20

Het andere themapark van Universal heet **Islands of Adventure**. Hier worden bezoekers uitgenodigd in hightechachtbanen als *Amazing Adventures of Spiderman, The Incredible Hulk* en de *Dueling Dragons* uit te proberen hoeveel hun maag kan verdragen. Een indrukwekkende belevenis is de simulatie van een aardbeving met de kracht van 8,6 op de schaal van Richter in een metrostation in San Francisco – compleet met binnendringend water, plafonddragers die het begeven en brandende tankauto's. De grootste trekpleister in het park is de *The Wizard World of Harry Potter.*

Informatie

Orlando/Orange County Convention & Visitors Bureau: 8723 International Dr., Orlando, FL 32819, tel. 1-407-363-5872, www.orlandoinfo.com, www.orlandotourism.us, in het Mercado Mediterranean Shopping Village. Mobiel bereikbaar via visitOrlando.mobi.

Accommodatie

Caribisch – **Loews Royal Pacific Resort 1:** 6300 Hollywood Way, tel. 1-407-503-3000, www.loewshotels.com/en/Hotels/Royal-Pacific-Resort. Exotisch aandoend complex met een fraai zwembadlandschap en spa. 's Avonds bootstransfer naar de Universal City Walk, gratis transfers en diverse privileges voor de themaparken van Universal. Vanaf $ 280.

Bij Disney – **Floridays Resort 2:** 12562 International Dr., tel. 1-866-994-6321, www.floridaysresortorlando.com. Een ideaal verblijf voor gezinnen. Zwembad, wasautomaten, suites met twee kamers, twee badkamers, keuken en wifi. Vanaf $ 150.

Centraal – **Disney's Pop Century Resort 3:** 1050 Century Dr. Lake Buena Vista, tel. 1-407-938-4000, www.disneyworld.disney.go.com. Gunstig gelegen hotel in Disney World met mooie zwembaden en speelterrein, goed voor gezinnen. Transfers zijn bij de prijs inbegrepen. Vanaf $ 105.

Bij International Drive – **La Quinta Inn** 4**:** 5621 Major Blvd., tel. 1-407-313-3100, www.lq.com. Keurig ketenmotel met standaardkamers, niet ver van de Universal Studios. Vanaf $ 84.

Kamperen – **Disney's Fort Wilderness Resort** 5**:** Walt Disney World Resort, Lake Buena Vista, tel. 1-407-934-7639, www.disneyworld.disney.go.com. Goed uitgerust terrein. In de buurt ligt de Tri-Circle-D-Ranch, waar kinderen op pony's kunnen rijden.

Eten en drinken

Fantastische steaks – **Bull & Bear** 1**:** 14200 Bonnet Creek Resort Ln., tel. 1-407-597-5500, www.waldorfastoriaorlando.com, dag. vanaf 18 uur. Uitstekend, extravagant en duur. De 1000 g zware 'tomahawk'-steak voor twee personen kost $ 145.

Top-Braziliaan – **Fogo De Chao** 2**:** 8282 International Dr., tel. 1-407-370-0711, www.fogodechao.com, dag. Lunch en diner. Braziliaans churrasco-steakhouse in gauchostijl. Vleesspecialiteiten all you can eat met saladebuffet $ 50,95.

Uitstekend – **Roy's** 3**:** 7760 W. Sand Lake Rd., tel. 1-407-352-4844, www.roysrestaurant.com, dag. vanaf 17.30 uur. Stijlvol gepresenteerde gerechten in Hawaïaanse stijl, vooral seafood. Vanaf circa $ 30.

Frans toprestaurant – **Emeril's** 4**:** 6000 Universal Blvd., tel. 1-407-224-2424, www.emerils.com, dag. lunch en diner. Restaurant van de bekende Emeril Lagasse. Voor de een een fijnproeversparadijs, voor de ander een toeristenval. Vanaf $ 29.

Super BBQ – **4 Rivers** 5**:** 1047 S Dillard St., Winter Garden, tel. 1-844-474-8377, www.4rsmokehouse.com, ma.-do. 11-20, vr.-za. 11-21 uur. Ribs en meer. Vanaf $ 11.

Gewoon Italiaans – **Olive Garden** 6**:** 8984 International Dr., tel. 1-407-264-0420, www.olivegarden.com, dag. 11-22 uur. Ketenrestaurant met goede Italiaanse gerechten voor de hele familie. Vanaf $ 11.

Disney dag- en weekkaarten

Diep ademhalen! Wie dit advies opvolgt, is wellicht beter opgewassen tegen de gepeperde toegangsprijzen van de verschillende Disneyparken. Op www.tickets.disney.go.com > Parks & Tickets krijgt u een voorproefje. Ergerlijk is de verwarrende prijsvorming, die dwingt tot een lange studie van het aanbod. Een **dagkaart** voor een park kost voor volwassenen $ 102-114. Kinderen tussen 3 en 9 jaar betalen $ 96-104, inclusief btw (maar het Magic Kingdom kost $ 7 meer). Al vanaf 10 jaar (!) moet voor kinderen evenveel worden betaald als voor volwassenen. Extra dagen zijn nauwelijks goedkoper. Voor vier dagen toegang tot een park betaalt een gezin met één kind tussen 3 en 9 jaar in totaal $ 955. Voor dit bedrag mag echter niet van park worden gewisseld. Wil dit gezin 'pendelen', dan moet er extra worden betaald voor de optie *parkhopper*. In dat geval betaalt dit gezin voor vier dagen $ 1162. Aangezien de parken behoorlijk vermoeiend zijn, loont het om een **ticket voor zeven dagen** te kopen, want dit is toch amper duurder. Inclusief de parkhopperoptie betaalt het gezin dan $ 1297. Een waterpark is gelijk mee te boeken. U komt dan op het fiere totaalbedrag van $ 1464. Voor **parkeren** moet u dan wel nog eens $ 20 per dag extra rekenen. Met een arrangement *(package)* bent u misschien goedkoper uit. Het **Magic Your Way Package** behelst parktoegang (aantal dagen naar keuze), overnachting, transfer van het vliegveld, gratis parkeren en transfers tussen de parken. Bovendien mogen hotelgasten een uur vroeger een van de parken in (welk park wisselt per dag) of langer blijven. Disney World biedt diverse **totaalpakketten** met toegang, parkhopperoptie en accommodatie. Een arrangement voor een gezin van vier personen met vier dagen parkbezoek en drie overnachtingen in een standaardkamer kost zo'n $ 2390. Wie voor een accommodatie uit een hogere klasse kiest, moet meer dan het dubbele neertellen. De prijzen zijn vooraf uit te rekenen via www.disneyworld.disney. Zo kunt u zich een beetje voorbereiden.

Voordelig – **Ponderosa Steakhouse** 7 : 6362 International Dr., tel. 1-407-352-9343, www.ponderosaorlando.com, ontbijt, lunch en diner. Seafoodschotels, steaks en kip in ranchstijl. Hoofdgerecht vanaf $ 10.
Topsandwiches – **Hot Krust Panini** 8 : 8015 Turkey Lake Rd., tel. 1-407-355-7768, www.hotkrust.com, ma.-vr. 8.30-20, za. 10.30-20 uur. Ideaal voor een lunch, smakelijke soepen en salades. En natuurlijk een ruime keuze aan warme panini, van de klassieke Tuna Melt tot Veggie vacation. Vanaf $ 6.

Winkelen

Shopping – **Florida Mall** 1 : 8001 S. Orange Blossom Trail, www.simon.com, ma.-za. 10-21, zo. 12-18 uur. Een aanslag op uw reisbudget: hier vindt u Dillard's, JCPenney, Lord & Taylor, Macy's, Saks Fifth Avenue, Sears en nog 250 andere shops, naast restaurants en een hotel.
Mall at Millenia 2 : 4200 Conroy Rd., www.mallatmillenia.com, ma.-za. 10-21, zo. 11-19 uur. Cartier, Gucci, Chanel, Burberry, Louis Vuitton, Lacoste en Tiffany, naast Bloomingdale en Macy's.

In Sea World poseert de imposante ster van de orcashow uitgebreid voor het publiek

Uitgaan

Groot amusementscentrum – **Universal City Walk 1:** Voor de Universal Studios, dag. 11-2 uur. Leuk amusementsgebied met restaurants, bioscopen, clubs, bars en veel terrassen. Vooral in het weekend is het hier druk. De 'City Walk Party Pass' biedt voor $ 11,99 toegang tot alle muziekclubs (online via www.universalorlando.com/Theme-Park-Tickets/CityWalk-Tickets.aspx).

Disney-uitgaanswijk – **Downtown Disney met Pleasure Island 2:** Buena Vista Dr., dag. tot 2 uur. Tegenhanger van de City Walk met de grootste Walt Disneyshop ter wereld, restaurants, clubs en de grote show 'Cirque du Soleil La Nouba'.

Grote evenementen – **Amway Center 3:** 400 W. Church St., tel. 1-407-440-7000, www.amwaycenter.com. Groot complex in Orlando voor sportieve en culturele evenementen.

Actief

Recreatie – **Loch Haven Cultural Park 1:** N. Mills Ave. Een groot recreatiegebied met drie meren, parken, musea, galeries en het Shakespeare Theater.

Voor waterratten en durfals – **Waterparken:** zie blz. 476.

Vervoer

Vliegtuig: Orlando International Airport, tel. 1-407-825-2001, www.orlandoairports.net. Vanaf Schiphol vliegen verschillende maatschappijen op Orlando. Vanaf de luchthaven vertrekken op werkdagen tot circa 23, za. tot 22, zo. tot 20 uur Lynxbussen naar Downtown (bus 11 en 51) en International Drive (bus 42). Alle grote autoverhuurbedrijven hebben vestigingen op de luchthaven.

Trein: Amtrak Terminal, 1400 Sligh Blvd., tel. 1-800-872-7245, www.amtrak.com. Treinen van en naar Miami en andere delen van het land.

Bus: Greyhound Lines Terminal, 555 N. John Young Pkwy, tel. 1-407-292-3424, www.greyhound.com. Vanhier rijden bussen in alle richtingen.

Lokaal openbaar vervoer: bussen van I-Ride Trolleys rijden om het kwartier langs alle 54 haltes aan International Drive. Deze zijn herkenbaar aan het bordje I-RIDE (ritprijs $ 2, kind 3-9 jaar $ 1, One Day Pass (dagkaart) $ 5, Three Day Pass $ 7, te koop bij kiosken, www.iridetrolley.com, dag. 8-22.30 uur).

Lynxbus: www.golynx.com. De bussen rijden in de agglomeratie Groot-Orlando. De bushaltes zijn herkenbaar aan de pootafdruk van een lynx. Ritprijs $ 2, dagkaart $ 4,50, kaart voor zeven dagen $ 16, dag. 8-22.30 uur.

Space Coast en First Coast

Aan Cape Canaveral, vanwege het Kennedy Space Center ook wel Space Coast (Ruimtekust) genoemd, domineert de hightechindustrie. De rest van het noordoosten is, afgezien van de metropool Jacksonville, een combinatie van stille stadjes en historische plaatsen, die deze streek de bijnaam Eerste Kust hebben opgeleverd.

Tot na de Tweede Wereldoorlog waren de Atlantische eilanden bij Titusville een wereld van riet, zand en waterwegen. Maar al een paar jaar later koos de NASA het geïsoleerde kustgebied uit als standplaats voor zijn ruimtevaartprogramma. John Glenn was op 20 februari 1962 de eerste Amerikaan die de ruimte in werd geschoten en in het kader van het Apolloprogramma zette Neil Armstrong op 21 juli 1969 de eerste stap op de maan. Tot 1972 volgden nog zes maanlandingen. Eind jaren 70 begon met de ontwikkeling van de space shuttle en de eerste succesvolle vluchten daarvan een nieuw tijdperk. De donkerste uren beleefde de NASA in 1986 met de ontploffing van het ruimteveer Challenger, waarbij de zeven bemanningsleden de dood vonden, en in 2003, toen de Columbia bij terugkeer in de atmosfeer met eveneens zeven astronauten aan boord in vlammen opging.

Het noordoosten van Florida is echter niet alleen bekend geworden als reisdoel voor ruimtevaartliefhebbers, maar is bovendien een zwaargewicht wat betreft landschappelijk schoon, boeiende steden, interessante bezienswaardigheden en andere recreatiemogelijkheden. Geen stad in Florida weet zich met zo'n onmiskenbaar Spaanse flair te presenteren als St. Augustine. Deze toeristische bestemming gaat er prat op de oudste stad van de Verenigde Staten te zijn. Hoe verder u langs de First Coast in noordelijke richting rijdt, des te rustiger wordt – na het passeren van de grote stad Jacksonville – het landschap met de geïsoleerde Talbot Islands en Amelia Island, bijna aan de grens met Georgia.

✪ Kennedy Space Center ▶ 4, L 5

18 km ten oosten van de I-95 aan de SR 405, tel. 1-321-449-4444, www.kennedyspacecenter.com, dag. 9-17 uur, volwassenen $ 50, kinderen 3-11 jaar $ 40

Miljoenen kijklustigen brengen jaar in jaar uit een bezoek aan de lanceerbasis Kennedy Space Center. In het verleden startten hier de ruimteshuttles van de VS voor hun missies in een baan om de aarde. Ook de Apollovluchten, die hun hoogtepunt vonden in de landingen op de maan, werden hier voorbereid en begeleid. Het **Kennedy Space Center** vormt in zekere zin de toegangshal tot het uitgestrekte terrein van de NASA op Cape Canaveral. Buiten is een 'rakettuin' met hemelhoge draagraketten opgebouwd. Bovendien is er een grote Saturnusraket te zien, die bij de Apollovluchten werd ingezet. Regelmatig zijn er astronauten aanwezig op het terrein, aan wie het publiek vragen kan stellen. Ook kunt u deelnemen aan het programma *Lunch with an Astronaut*, waarbij de betreffende astronaut na het middagmaal over zijn of haar ervaringen in de ruimte vertelt. Een heel bijzondere belevenis zijn de verschillende 3D-films en een bijzonder realistische shuttlelancering, die wordt gesimuleerd in de Shuttle Launch Experience. In februari 2011 kwam met de laatste reis van de Endeavour naar het internationale ruimtestation ISS een einde aan het tijdperk van lanceringen van NASA-shuttles. Sinds 2012 mogen alleen nog Russische

Sojoezcapsules de ruimtereis naar het ISS ondernemen. Dit maakt een bezoek aan het Kennedy Space Center er echter niet minder aantrekkelijk op. Dat komt onder andere door de expositie van de imposante spaceshuttle Atlantis en de theatershow Star Trek van een halfuur.

Attracties

U.S. Astronaut Hall of Fame, Heroes and Legends

Al in het Visitor Center imponeert de in november 2016 naar hier verplaatste **U.S. Astronaut Hall of Fame, Heroes and Legends**. Dit is de wereldwijd grootste verzameling originele uitrustingen van ongeveer honderd astronauten, met onder meer eetlepels. Daarbij komen een 4-D-bioscoop, ruimtecapsules van de Mercury-, Gemini- en Apollo-missies, en interactieve opstellingen, waar u de zwaartekracht voelt als bij een wandeling over het maanoppervlak. Ook is een simulator waar u een viervoudige aardzwaartekracht kunt ervaren.

Space-Center-Bus-Touren

De beste indruk van het werk van de NASA krijgt u tijdens de bij de entreeprijs inbegrepen *Kennedy Space Center Tour* per bus over het terrein (ca. twee uur). Er wordt onder andere gestopt bij het Apollo/Saturn V Center, waar een 110 m lange draagraket staat, bij de Observation Gantry in de buurt van een Space Shuttlebaan en bij het International Space Station Center. Daar wordt alles uit de doeken gedaan over de bouw en het reilen en zeilen van het internationale ruimtestation ISS, dat de NASA in samenwerking met organisaties in Europa, Canada, Japan en Rusland verwezenlijkt. Een andere rondleiding draagt de naam *Cape Canaveral Early Space Tour*. Deze combineert de Kennedy Space Center Tour met een uitstapje naar de voormalige startplatforms van de Mercury-, Gemini- en Apolloprojecten. Er worden nog twee andere rondleidingen aangeboden. Op de bustocht na kosten alle rondleidingen bovenop de entreeprijs een extra $ 25, kind 3-11 jaar $ 19.

Accommodatie

Prima locatie – **Econo Lodge:** 260 E. Merritt Island Cswy., tel. 1-321-452-7711, www.choicehotels.com. Geen ander hotel licht dichter bij het Space Center. $ 80-200.

Goede keus – **Best Western Space Shuttle Inn:** 3455 Cheney Hwy/Rte 50, Titusville, tel. 1-321-269-9100, www.bestwestern.com. Ruime kamers, diverse sportgelegenheden, inclusief ontbijt $ 70-90.

Daytona Beach ▶4, K4

Het zandstrand van Daytona Beach scheidt de Atlantische Oceaan van een stadsdecor dat uit hotels, motels en appartementenblokken bestaat. Wat dat betreft onderscheidt deze badplaats zich niet van andere. Wat Daytona Beach bijzonder maakt, is de nauwe band met het liefste speelgoed van de Amerikaan: de heilige koe. Al aan het begin van de 19e eeuw denderden in het naburige Ormond Beach racewagens over het strand. Het enthousiasme van inwoners en bezoekers van Daytona Beach haakt aan bij deze voorgeschiedenis. Jaarlijks treffen zij elkaar dan ook bij verschillende evenementen op de Daytona International Speedway (zie Evenementen blz. 487).

Ook tijdens gewone weekeinden demonstreren auto- en motorbezitters hun liefde voor paardenkrachten. Wie zichzelf respecteert, koopt bij een tickethuisje voor $ 5 een bewijs om met zijn voertuig over het strand heen en weer te mogen rijden of er te mogen parkeren op een stranddag. In zomerweekends verandert de rand van de oceaan in een catwalk van ijdelheden. Draagsters van minuscule bikini's paraderen in gezelschap van gebruinde bodybuilders in open sportwagens. Tieners loodsen op zoek naar het andere geslacht hun strandbuggy's door de mensenmassa die zich tussen de geparkeerde auto's en motoren in het zand ophoudt. De beste locatie om de interessante chaos gade te slaan, is de 400 m in zee uitstekende **Main Street Pier**, waarop het restaurant Joe's Crab Shack is gevestigd.

Daytona International Speedway

1801 W. International Speedway Blvd., tel. 1-386-253-7223, www.daytonainternational speedway.com

Het wereldberoemde hogesnelheidscircuit, dat uit 1959 dateert, bestaat uit een 4 km lange, ovale racebaan, die wordt geflankeerd door hoge zijwanden. Als eerste race werd op 22 februari 1959 voor een publiek van ruim 41.000 man de eerste Daytona 500 verreden, die tot op vandaag de populairste wedstrijd is gebleven en elk jaar wel 150.000 toeschouwers trekt.

Informatie

Daytona Beach Area Convention & Visitors Bureau: 126 E. Orange Ave., Daytona Beach, FL 32114, tel. 1-386-255-0415, www.daytonabeach.com.

Accommodatie

Heerlijk aan het strand – **Shores Resort & Spa:** 2637 S. Atlantic Ave., tel. 1-866-934-7467, www.shoresresort.com. Groot hotel met een spa en fitnesscenter, verwarmd zwembad, tiki bar en restaurant. Vanaf $ 130 plus $ 15 resort fee.

Fantastische B&B – **The Villa:** 801 N. Peninsula Dr., tel. 1-386-248-2020, www.thevillabb.com. Verzorgd complex in Spaanse stijl met vier rookvrije kamers, zwembad en een mooie tuin. $ 130-250.

Charmante oase van rust – **River Lily Inn:** 558 Riverside Dr., tel. 1-386-253-5002, www.riverlilyinnbedandbreakfast.com. Aangename Bed & Breakfast in victoriaanse stijl. Zes licht ingerichte gastenkamers met eigen badkamer, tv, dvd-speler en wifi. Roken is alleen buiten toegestaan. Vanaf $ 135.

Kamperen – **Daytona Beach KOA:** 3520 S. Nova Rd., Port Orange, tel. 1-386-767-9170. Groot terrein met zwembad. Hele jaar geopend.

Mobile homes met veel ruimte – **Harris Village and RV Park:** 1080 N. US 1, Ormond Beach, tel. 1-386-673-0494, www.harrisvillage.com. Terrein alleen voor volwassenen. Goede voorzieningen.

De Spaanse wijk van St. Augustine, een van de oudste Europese nederzettingen in de VS

Eten en drinken

Duits eetpaleis – **European Cafe & Schnitzel House:** 210 S. Atlantic Ave., Ormond Beach, tel. 1-386-672-8834, www.hb17.com/schnitzelhouse, dag. 16-21 uur. Zestien verschillende soorten schnitzels. $ 14-19.
Groeten uit Italië – **Don Vito's:** W. Int. Speedway Blvd., tel. 1-386-492-7935, www.donvitosrestaurant.com, di.-zo. vanaf 16 uur. Pizza en pasta. $ 12-20.

Uitgaan

Er zijn verscheidene zaken in **Main St.** en omgeving, waaronder:
Lokale favoriet – **Froggy's Saloon:** 800 Main St., tel. 1-386-254-8808, ma., di. 11-19, do.-za. 19-3 uur. Lekker wegdromen: hier heeft men het plafond met vastgeplakte geldbiljetten in een dollarhemel veranderd.
Wilde feesten – **Razzle's Night Club:** 611 Seabreeze Blvd., tel. 1-386-257-6236, www.razzlesnightclub.com, wo.-za. 20-3 uur. Hippe 'High Energy' Dance Club met tien bars, een grote dansvloer en lichtshow.
Niet voor watjes – **Boot Hill Saloon:** 310 Main St., tel. 1-386-258-9506, www.boothillsaloon.com. Deze rustieke kroeg is een ontmoetingspunt voor bikers. Vaak livemuziek.

Evenementen

Speedweeks: feb. Normaal begint het seizoen met de zestiendaagse Speedweeks, waarbij ook de Daytona 500 wordt verreden.
Bike Week: mrt., www.officialbikeweek.com. Na de Speedweeks volgt de Bike Week met tientallen evenementen. Duizenden bikers presenteren zich met hun machines aan het bewonderende publiek.
Spring Break: mrt., www.dbspringbreak.com. Een groot en uitbundig feest, waarbij het jonge publiek vaak over een enorm uithoudingsvermogen blijkt te beschikken. Uit het hele land komen vooral studenten naar dit kleurrijke en soms behoorlijk ondeugende spektakel. Wie mee wil doen: een tijdige hotelreservering is vereist, want vol is vol.
Biketoberfest: okt. Bikers ontmoeten elkaar om hun motoren te showen en bier te drinken.

St. Augustine ▶4, K 3

Met nog geen 12.000 inwoners is **St. Augustine** een klein stadje, maar in historisch en toeristisch opzicht is het een zwaargewicht. Het is de oudste niet-indiaanse plaats op het grondgebied van de Verenigde Staten. De Spanjaard Pedro Menendez de Aviles stichtte de stad in 1565, 42 jaar voor Engelse kolonisten in Jamestown aan land gingen. Smalle straten, Spaanse huizen met schilderachtige binnenplaatsen, sierlijke balkons en smeedijzeren tralies verlenen het stadje een mediterrane sfeer. Daaraan draagt ook de opmerkelijke Bridge of Lions bij, die tussen het centrum en Anastasia Island over de Matanzas River ligt. Het middendeel garandeert als ophaalbrug een vrije doorvaart.

Bezienswaardigheden

Castillo de San Marcos

1 Castillo Dr., tel. 1-904-829-6506, www.nps.gov/casa, dag. 9-17 uur, volwassenen $ 10
De strategisch gunstige ligging aan de 'poort' van Florida maakte van St. Augustine eeuwenlang een felbevochten bastion. Om de historische plaats te beschermen, werd in 1672 het **Castillo de San Marcos** gebouwd, het oudste ommuurde verdedigingscomplex van de VS. Het bouwmateriaal was relatief zwakke schelpkalk (*coquina* of *tabby* genoemd), dat zich bij beschietingen uitstekend bleek te houden, aangezien het niet verbrijzelde, maar meegaf en kanonskogels, zoals ooggetuigen vertelden, 'als een slappe kaas' opving.

Tegenwoordig valt het middeleeuws aandoende complex met zijn decoratieve hoektorens onder de nationale parken. De laatste militaire functie van het kasteel, voordat het werd bestormd door toeristen, was in de 19e eeuw. Toen fungeerde het als gevangenis voor Seminole die zich verzetten tegen deportatie naar Oklahoma. Onder de gevangenen was ook opperhoofd Osceola, die in 1837 als eerste wist te ontsnappen uit de gevangenis, die tot dan toe als fullproof werd beschouwd.

Oldest Wooden Schoolhouse

14 St. George St., tel. 1-904-824-0192, www.oldestwoodenschoolhouse.com, dag. 9-17 uur, volwassenen $ 4, kinderen 6-12 jaar $ 3

De voetgangerszone St. George Street loopt dwars door het historisch centrum en wordt niet alleen omzoomd door de onvermijdelijke souvenirwinkels en snackbars, maar ook door de oudste gebouwen van de stad. Een daarvan is het **Oldest Wooden Schoolhouse**, waarschijnlijk midden 18e eeuw opgetrokken uit cipressen- en cederhout. Hier kunt u zien hoe een schooldag er twee eeuwen geleden uitzag.

Colonial Quarter

33 St. George St., tel. 1-904-825-6830, www.colonialquarter.com, dag. 10-18 uur, volwassenen $ 13, kinderen 5-12 jaar $ 7

Een groot aantal gerestaureerde en herbouwde huizen uit de Spaans-koloniale tijd van voor 1763 vormt het **Colonial Quarter**. Passend verklede ambachtslieden, huisvrouwen, dienstmeisjes en soldaten verbeelden het dagelijks leven in de 18e eeuw.

Gonzalez-Alvarez House

14 St. Francis St., tel. 1-904-824-2872, www.oldesthouse.org, dag. 9-17 uur, volwassenen $ 8, kinderen 6-18 jaar $ 4

Het oudste civiele gebouw van de stad is het **Gonzalez-Alvarez House** uit het begin van de 18e eeuw. Oorspronkelijk was dit een huis zonder verdiepingen, maar later is er een verdieping van hout aan toegevoegd. In de kamers is een klein museum met een aan de stadsgeschiedenis gewijde tentoonstelling ingericht.

Lightner Museum

75 King St., tel. 1-904-824-2874, www.lightnermuseum.org, dag. 9-17 uur, volwassenen $ 10, kinderen 12-18 jaar $ 5

Een klein park met een fontein scheidt het voormalige, door spoorwegmagnaat Henry M. Flagler (1830-1913) gebouwde Alcazar Hotel van King Street. In het Andalusisch-Moorse gebouw is sinds 1948 het **Lightner Museum** gevestigd, dat antiek, een verzameling mechanische muziekinstrumenten (demonstraties 11 en 14 uur), een victoriaans dorp en een collectie Tiffanyglas toont.

Flagler College

74 King St., tel. 1-904-829-6481, www.flagler.edu

Als monument voor een jonger verleden trekt in het centrum het **Flagler College** de aandacht. Het complex van gebouwen met rode pannendaken, vierkante torens, een binnenplaats met palmen, een fontein en veel terracotta werd in 1888 geopend als Hotel Ponce de Léon. In 1968 werd het luxehotel omgetoverd tot school. Bezoekers mogen een kijkje nemen in de rotonde, de ronde hal met mozaïekvloer en pilaren van houtsnijwerk, die twee zich naar boven versmallende balkons dragen, waarboven een beschilderde koepel prijkt.

Ten zuiden van St. Augustine

St. Augustine Alligator Farm

999 Anastasia Blvd., S. A1A Hwy, tel. 1-904-824-3337, www.alligatorfarm.com, dag. 9-17 uur, vanaf 12 jaar $ 25, kinderen 3-11 jaar $ 14

Ten zuiden van de stad houdt de **St. Augustine Alligator Farm** zich voornamelijk bezig met het fokken van alligators en krokodillen, maar in het subtropische dierenpark vonden ook apen, vele soorten vogels en reuzenschildpadden een thuis. Het grootste reptiel was vroeger onbetwist Gomek, een circa 1300 kg wegende krokodil uit Papoea-Nieuw-Guinea, die zijn alligatorcollega's piepklein deed lijken en sinds zijn overlijden in 1997 in geprepareerde staat in een aparte ruimte is te bewonderen.

Fort Matanzas

8635 A1A S., tel. 1-904-471-0116, www.nps.gov/foma, dag. 9-17.30 uur, gratis veerdienst elk uur 9.30-16.30 uur

Het Spaanse woord *matanzas* betekent zoveel als 'bloedbad' en slaat in die zin op een 22 km ten zuiden van St. Augustine gelegen plaats van die naam op een barrière-eiland, waar in 1565, het jaar dat St. Augustine werd gesticht, Spaanse soldaten 245 Fransen afslachtten. Tussen 1740 en 1742 werd hier ter bescherming van de zuidflank van de stad het kleine **Fort Matanzas** gebouwd. Om deze historische vesting van nabij te kunnen bekijken, moet u zich met een veerboot laten overzetten.

Marineland of Florida

9600 Oceanshore Blvd., tel. 1-904-471-1111, www.marineland.net, dag. 9-16.30 uur, vanaf 13 jaar $ 15, kinderen $ 10

Een filmmaatschappij uit Hollywood legde in 1938 tussen St. Augustine en Flagler Beach een zoutwaterbekken aan, om daar gehouden grote tuimelaars gemakkelijker op het celluloid te kunnen vastleggen dan in zee. Daaruit ontstond in de loop der jaren onder de naam **Marineland of Florida** een populaire toeristische attractie, die verschillende activiteiten met dolfijnen aanbiedt.

Informatie

St. Augustine, Ponte Vedra & The Beaches Visitors & Convention Bureau: 29 Old Mission Ave., St. Augustine, FL 32084, tel. 1-904-829-1711, 1-800-653-2489, www.floridashistoriccoast.com.

Accommodatie

Met uitzicht op zee – **House of Sea and Sun:** 2 B St., tel. 1-904-461-1716, www.houseofseaandsun.com. Mooie bed & breakfast uit de jaren 20. Circa vijf mijl buiten St. Augustine gelegen, direct aan zee. In het weekend minimaal twee nachten. Vanaf $ 179.

Romantisch – **Kenwood Inn:** 38 Marine St., tel. 1-904-824-2116, www.thekenwoodinn.com. Mooie, centraal gelegen B&B in victoriaanse stijl met brede balkons. Vanaf $ 149.

Fraai onderkomen – **Victorian House:** 11 Cadiz St., tel. 1-904-824-5214, www.victorianhousebnb.com. Victoriaanse B&B met in operettesfeer ingerichte kamers. Vanaf $ 199.

Jeugdige sfeer – **Pirate Haus Inn:** 32 Treasury St., tel. 1-904-808-1999, www.piratehaus.com. In het historische district gelegen B&B in jeugdherbergstijl. Met gemeenschappelijke keuken en patio. Kamers vanaf $ 90.

Eten en drinken

Victoriaans – **Raintree Restaurant:** 102 San Marco Ave., tel. 1-904-824-7211, dag. vanaf 17 uur zo. 10-14 uur brunch. Goede vis-, pasta- en steakgerechten, dinnerspecials vanaf $ 15. Er wordt automatisch 15% fooi berekend, die hoeft u dus niet extra te betalen!

Weg van de toeristische drukte – **Salt Water Cowboys:** Dondanville Rd., tel. 1-904-471-2332, www.saltwatercowboys.com, dag. vanaf 17 uur. Rustieke sfeer met fraai uitzicht op de Intercoastal Waterway. Jambalaya, BBQ, oesters of alligator. Vanaf $ 12.

Pizza en pasta – **Casa Benedetto's:** 6357 A1A S., tel. 1-904-471-5999, www.casabenedettos.com, ma.-za. vanaf 12 uur. Minestrone, fettucine ... Gezellig restaurant voor fans van Italiaanse gerechten. Vanaf $ 15.

Jacksonville ▶ 4, J/K 2

Met een oppervlakte van 2000 km² is Jacksonville een van de uitgestrektste steden van de VS, en met 740.000 inwoners zelfs nog groter dan Miami. Direct aan de St. John's River ligt **Jacksonville Landing**, een winkelcentrum met restaurants en een maritiem museum dat door dezelfde architect is ontworpen als de Bayside Marketplace in Miami (www.jacksonvillelanding.com).

Bezienswaardigheden

Cummer Museum of Art and Gardens

829 Riverside Ave., tel. 1-904-356-6857, www.cummer.org, di.-za. 10-16, zo. 12-16, di. tot 21 uur en vanaf 16 uur gratis toegang, rest van het jaar volwassenen $ 10, kinderen $ 6

Het **Cummer Museum of Art and Gardens** is het grootste kunstmuseum in het noordoosten van Florida en stelt Europese kunst van de 12e tot de 20e eeuw tentoon, met werken van Rubens, Gaddi, Aertsen en Vasari. Het zwaartepunt van de Amerikaanse afdeling zijn landschappen uit de 19e eeuw. Goed bekend staat de verzameling van zevenhonderd stuks Meissner-porselein.

Museum of Science and History

1025 Museum Circle, tel. 1-904-396-6674, www.themosh.org, ma.-vr. 10-17, za. 10-18, zo. 12-17 uur, volwassenen $ 12,50, kinderen 3-12 jaar $ 10

De Main Street Bridge leidt op de zuidoever naar het **Museum of Science and History**, dat bestaat uit een wetenschapscentrum waar door de bezoekers experimenten kunnen worden uitgevoerd, het Alexander Brest Planetarium, een astronomische expositie en een afdeling voor kinderen.

Museum of Contemporary Art

333 N. Laura St., tel. 1-904-366-6911, www.mocajacksonville.unf.edu, di., wo., vr., za. 11-17, do. tot 21, zo. 12-17 uur, volwassenen $ 8, kinderen $ 5

Het **Museum of Contemporary Art**, een van de grootste kunstinstellingen van het zuidoosten, is gespecialiseerd in eigentijdse kunst.

Amelia Island ▶ 4, K 2

In het uiterste noordoosten eindigt het grondgebied van de Sunshine State met het schilderachtige Amelia Island. Het eiland beroemt zich erop de enige plaats in de VS te zijn waar sinds halverwege de 16e eeuw acht verschillende vlaggen hebben gewapperd.

Fernandina Beach

Het enige plaatsje op het eiland draagt de naam Fernandina Beach en telt nog geen negenduizend inwoners. Het spoortijdperk in Fernandina Beach begon in 1858 met de aanleg van de Florida Railroad van hier naar Starke.

Fernandina Beach Historic District

De centrale Centre Street door het **Fernandina Beach Historic District** ziet eruit als aan het einde van de 19e eeuw. Meer dan vierhonderd huizen uit de victoriaanse tijd vormen het historische district en doen vermoeden dat de plaats destijds veel geld verdiende als exporthaven van cipressenhout, dat per trein werd aangevoerd uit Cedar Key aan de Golfkust. Nadat het eiland zich begin 20e eeuw bij gebrek aan grondstoffen moest terugtrekken uit de houtexport, verlegden plaatselijke zakenlieden hun activiteiten naar de garnalenvangst, die tot op heden naast het toerisme de belangrijkste bron van inkomsten vormt. De idyllische rust wordt in het eerste weekend van mei verstoord, als er 150.000 bezoekers afkomen op het jaarlijkse shrimps-festival. Een instituut is de **Palace Saloon** uit 1878 in Centre Street, de oudste kroeg van Florida (www.thepalace saloon.com).

Fort Clinch State Park

2601 Atlantic Ave., tel. 1-904-277-7274, www.floridastateparks.org/fortclinch, dag. 8 uur tot zonsondergang, personenauto $ 6

Nog een blik in het verleden krijgt u in **Fort Clinch State Park**, op het uiterste puntje van Florida. Het fort werd in 1847 gebouwd als

Aan de stranden van de First Coast wordt de dag afgesloten in de strandrestaurants

kustwacht, om de scheepvaart op de St. Mary's River en de haven van Fernandina te beschermen, maar bleek al binnen enkele jaren overbodig, waarna het aan zijn lot werd overgelaten. Op het parkterrein noodt een 4 km lang strand met fijn kwartszand en meer dan 12 m hoge duinen tot strandpret.

Informatie

Amelia Island Welcome Center: 961687 Gateway Blvd., tel. 1-904-261-3248, ma.-vr. 9-17 uur, www.islandchamber.com.

Accommodatie

Aangenaam – **Addison on Amelia:** 614 Ash St., tel. 1-904-277-1604, www.addisononamelia.com. Sfeervolle B&B met veertien rookvrije gastenkamers, verdeeld over drie gebouwen in antebellumstijl. Het hoofdhuis stamt uit 1876. Iedere kamer is romantisch ingericht en heeft een eigen badkamer. Vanaf $ 205.

Mooi ingericht – **Williams House:** 103 S. 9th St., tel. 1-904-277-2328, www.williamshouse.com. Victoriaanse B&B met luxueuze inrichting. In een geheime ruimte werden vroeger gevluchte slaven verstopt. $ 215-265.

Victoriaans – **Fairbanks House:** 227 S. 7th St., tel. 1-904-277-0500, www.fairbankshouse.com. Kamers met een vorstelijke ambiance uit de 19e eeuw. Inclusief ontbijt. Vanaf $ 195.

Kamperen – **Fort Clinch State Park:** Weg A1A, tel. 1-904-277-7274, www.floridastateparks.org. Twee kleinen terreinen.

Eten en drinken

Lekker – **29 South Eats:** 29 South 3rd St., tel. 1-904-277-7919, www.29southrestaurant.com, wo.-za. lunch, dag. Pork chop met macaronigratin en braam-gembersaus $ 24.

Voor fijnproevers – **Le Clos:** 20 S. 2nd St., tel. 1-904-261-8100, www.leclos.com, ma.-za. diner vanaf 17.30 uur. Frans geïnspireerde keuken op hoog niveau. Vanaf $ 19.

Actief

Kajaks en fietsen – **Kayak Amelia:** tel. 1-904-251-0016, www.kayakamelia.com. Kajaktochten door de kustwateren, fietsenverhuur.

Culinaire woordenlijst

In het restaurant

all you can eat	*voor een eenheidsprijs eet u zo veel u wilt*
appetizer	*voorgerecht*
breakfast	*ontbijt*
check/bill	*rekening*
... cheers!	*... proost!*
cream	*koffiemelk/slagroom*
dinner	*avondeten*
doggy bag	*de zak (of doos) waarin het restant wordt verpakt dat u mee naar huis neemt*
dressing	*dressing*
entrée	*hoofdgerecht*
For here or to go?	*Hier opeten of meenemen?*
help yourself	*bedien uzelf*
menu	*menukaart*
order	*bestelling*
Please wait to be seated.	*Wacht tot u naar een tafel wordt gebracht, alstublieft.*
restroom/bathroom/ ladies', men's room	*toilet*
tip	*fooi*
tax	*belasting*
waiter/waitress	*ober, serveerster*

Vis en zeebanket

bass	baars
clam chowder	soep van venusschelpen
cod	kabeljauw
calamari	inktvis
crabs	krabben
flounder	bot
haddock	schelvis
halibut	heilbot
lobster	kreeft
mackerel	makreel
mussels	mosselen
oysters	oesters
prawns	grote garnalen
salmon	zalm
scallops	jakobsschelpen
shellfish	schaaldieren
shrimps	kleine garnalen
sole	zeetong
swordfish	zwaardvis
trout	forel
tuna	tonijn

Vlees

bacon	bacon
beef (rare, medium, well done)	rundvlees (rood, medium, doorbakken)
ground beef	rundergehakt
gravy	jus
pork chops	varkenskarbonade
prime rib	sappig stuk rundvlees
sausages	worstjes
veal	kalfsvlees
spare ribs	spareribs, krabbetjes

Gevogelte/wild

chicken	kip
drumstick	kippenpoot
duck	eend
pigeon	duif
quail	kwartel
rabbit	konijn
roast goose	gebraden gans
turkey	kalkoen
venison	hert, ree
wild boar	wild zwijn

Groente

beans	bonen
cabbage	kool
carrot	wortel
cauliflower	bloemkool
cole slaw	koolsla
cucumber	komkommer
eggplant	aubergine
garlic	knoflook

lentils	linzen
lettuce	kropsla
mushrooms	champignons
peppers	paprika
peas	erwten
potatoes	aardappels
squash; pumpkin	pompoen
sweet corn	mais

Zoete gerechten

blueberry muffin	muffin met bosbessen
honey	honing
icecream	ijs
cereals	cruesli, cornflakes en dergelijke voor het ontbijt
maple sirup	ahornsiroop
oat meal	havermoutpap
pancake	pannenkoek
sundae	ijscoupe
sweetener	zoetstof
waffle with strawberries	wafel met aardbeien
whipped cream	slagroom

Bereiding

baked	uit de oven
boiled	gekookt
boiled egg	hardgekookt ei
broiled	gegrild
deep fried	gefrituurd (meestal met beslag)
eggs, sunny side up	spiegeleieren (hele dooier)
eggs, over easy	spiegeleieren (aan beide zijden gebakken)
fried	gebakken of gebraden
hot	scherp, heet
stuffed	gevuld

Karakteristieke gerechten

Boston baked beans	gedroogde, met varkensvlees en melasse gekookte bruine bonen
Boston cream pie	cake met vanillevla en chocolade
fry bead	in vet gebakken koek, gegeten met honing, salade, vlees of vis (specialiteit van de Seminole-indianen)
Key lime pie	limoentaart (Florida Keys)
Philly cheese steak	Italiaans broodje belegd met dunne, in reepjes gesneden ossenhaas, uien en kaas
crab cake	kleine koekjes van krab
lobster roll	sandwich belegd met kreeftenvlees, mayonaise, selderie en dragon (specialiteit van New England)

Dranken

cream	koffiemelk/slagroom
soy milk	sojamelk
draught beer (on tap)	bier van het vat
icecube	ijsklontje
iced tea	thee over vergruisd ijs
juice	sap
light beer	alcoholarm bier
liquor	sterke drank
mineral water	mineraalwater
pitcher	grote bierkan
wine	wijn
sparkling wine	mousserende wijn
soda water	mineraalwater met koolzuur

Woordenlijst

Algemeen

goedemorgen	good morning
goedemiddag	good afternoon
goedenavond	good evening
tot ziens	good bye
pardon	excuse me/sorry
hallo	hello
alstublieft	you're welcome/ please
dank u	thank you
ja/nee	yes/no
Pardon?	Pardon?
Wanneer?	When?
Hoe?	How?

Onderweg

halte	stop
bus	bus
auto	car
afrit/uitgang	exit
tankstation	gas station
benzine	gasoline
rechts	right
links	left
rechtdoor	straight ahead/ straight on
informatie	information
telefoon	telephone
postkantoor	post office
spoorwegstation	railroad station
luchthaven	airport
stadsplattegrond	city map
alle richtingen	all directions
eenrichtingsstraat	one-way street
ingang	entrance
geopend	open
gesloten	closed
kerk	church
museum	museum
strand	beach
brug	bridge
plaats/plein	place/square
autoweg	expressway
autosnelweg	highway/interstate
tweebaansweg	single track road

Tijd

3 uur	3 a.m.
15 uur	3 p.m.
uur	hour
dag/week	day/week
maand	month
jaar	year
vandaag	today
gisteren	yesterday
morgen	tomorrow
's morgens	in the morning
's middags	at noon
's avonds	in the evening
vroeg	early
laat	late
maandag	Monday
dinsdag	Tuesday
woensdag	Wednesday
donderdag	Thursday
vrijdag	Friday
zaterdag	Saturday
zondag	Sunday
feestdag	public holiday
winter	winter
lente/voorjaar	spring
zomer	summer
herfst/najaar	fall

Noodgevallen

Help!	Help!
politie	police
arts	doctor
tandarts	dentist
apotheek	pharmacy
ziekenhuis	hospital
ongeval	accident
pijn	pain
panne	breakdown
ambulance	ambulance
noodgeval	emergency

Accommodatie

hotel	hotel
pension	guesthouse
eenpersoonskamer	single room

tweepersoonskamer	double room
met twee bedden	with twin beds
met/zonder	with/without
badkamer	bathroom
met wc	ensuite
toilet	toilet/restroom
douche	shower
met ontbijt	with breakfast
halfpension	half board
bagage	baggage/lugage
rekening	bill

Winkelen

winkel	shop
markt	market
creditcard	credit card
geld	money
geldautomaat	cash machine/ATM
bakkerij	bakery
levensmiddelen	food
duur	expensive
goedkoop	cheap
maat	size
betalen	to pay

Getallen

1	one
2	two
3	three
4	four
5	five
6	six
7	seven
8	eight
9	nine
10	ten
11	eleven
12	twelve
13	thirteen
14	fourteen
15	fifteen
16	sixteen
17	seventeen
18	eighteen
19	nineteen
20	twenty
21	twenty-one
30	thirty
40	fourty
50	fifty
60	sixty
70	seventy
80	eighty
90	ninety
100	one hundred
150	one hundred and fifty
1000	thousand

Belangrijke zinnen

Algemeen

Spreekt u Nederlands?	*Do you speak Dutch?*
Ik begrijp het niet	*I do not understand.*
Ik spreek geen Engels.	*I do not speak English.*
Ik heet …	*My name is …*
Hoe heet jij/heet u?	*What's your name?*
Hoe gaat het?	*How are you?*
Goed, dank u.	*Thanks, fine.*
Hoe laat is het?	*What's the time?*
Tot straks (later).	*See you soon (later).*

Onderweg

Hoe kom ik bij/naar …?	*How do I get to …?*
Waar is …?	*Sorry, where is …?*
Kunt u mij … laten zien?	*Could you please show me …?*

Noodgevallen

Kunt u mij helpen?	*Could you please help me?*
Ik heb een dokter nodig.	*I need a doctor.*
Hier doet het pijn.	*Here I feel pain.*

Accommodatie

Hebt u een kamer?	*Do you have any vacancies?*
Hoeveel kost de kamer per nacht?	*How much is a room per night?*
Ik heb een kamer gereserveerd.	*I have booked a room.*

Winkelen

Hoeveel kost …?	*How much is …?*
Ik heb … nodig	*I need …*
Wanneer opent/sluit …?	*When does … open/… close?*

Register

Register

Register

Register

Colofon

Hulp gevraagd!
De informatie in deze reisgids is aan verandering onderhevig. Het kan dus wel eens gebeuren dat u ter plaatse een andere situatie aantreft dan de auteur. Is de tekst niet meer helemaal correct, laat ons dat dan even weten: anwbmedia@anwb.nl of Uitgeverij ANWB, Postbus 93200, 2509 BA Den Haag

Omslagfoto's: voorzijde omslag: Landschap bij Woodstock (age foodstock/Look, München); achterzijde omslag en rug: Washington Monument en Jefferson Memorial in Washington D.C. (Songquan Deng/Shutterstock.com)

Fotoverantwoording: Manfred Braunger, Freiburg: blz. 11, 29, 34, 41, 69, 83 b., 109, 120, 156, 196, 241, 255, 271, 292, 296/297, 310, 320, 327, 342, 386/387, 399, 426/427, 469, 475. Huber-Images, Garmisch-Partenkirchen: blz. 412, 486 (Richard). iStockphoto, Calgary (Canada): blz. 225 (Anwar); 151 (Bdphoto); 185 (deberarr); 288 (isitsharp); 204, 210/211 (littleny); 331 (traveler1116); 207 (Ultima_Gaina); 338 (zrfphoto). laif, Keulen: blz. 3 b. (Aurora/Bennett); 65 (Aurora/Hanson); 27 (Aurora/Sparks); 190 (Blickle); 14/15 (ccophotostock/McNeal); 64, 71 (Denger); 111, 114/115 (Le Figaro Magazine/Fautre); 276, 284 (Le Figaro Magazine/Gladieu); 55, 218/219, 239, 315, 382 (Le Figaro Magazine/Martin); 462, 472/473 (Haenel); 48/49 (Haidinger); 171, 490/491 (Heeb); 131 (Linkel); 106, 161, 432, 444/445, 450 (Modrow); 42 (Mohadjerin 2012Redux); 36 (Peterson 2012Redux); 365 (REA/ZUMA/Heradl-Leader); 335 (Runkel/robertharding); 201 (Sasse); 59 b., 117 (Steinhilber); 59 m., 244/245 (Stukhard); 138/139 (The New York Times/Redux). Look, München: blz. 23, 179, 213, 376, 404/405, 414, 459 (age footstock); 403 (Aurora Photos); 19, 103; (Fleisher); 93 (Frei); 251 (Johaentges); 454 (Limberger); Mauritius Images, Mittenwald: blz. 345 (age); 73 (age/Ellis); 258 (age/Long); 30 (age/Masa Ushioda); 144 (Alamy/AdventurePictures/Hmielewicz); 223 (Alamy/Condina); 274 (Alamy/dbimages); 232/233 (Alamy/Hopkins); 435 (Alamy/Houser); 358/359 (Alamy/Jenny); 325 (Alamy/Spires); 368/369 (Alamy/Whirlwind); 379 (Alamy/Wright); 304 (Bibikow); 35 (imagebroker/Allgöwer). Picture-Alliance, Frankfurt a. M.: blz. 252 (Glasshouse Images); 360 (newscom/Picture History). Schapowalow, Hamburg: blz. 126 (Borchi); 94, 392/393, 420/421 (Cozzi); 174 (SIME/Bartuccio); 188 (SIME/Degree); 37 (SIME/Piccoli); 59 o. (SIME/Rellini); 262 (SIME/Ripani); 430 (SIME/Romiti); 273 (SIME/Serrano); 348 (4Corners/Taylor). Shutterstock, New York (VS): 482/483 (Peter Etchells)

Productie: Uitgeverij ANWB
Coördinatie: Els Andriesse
Tekst: Manfred Braunger
Vertaling: Ernst Schreuder, Amsterdam
Eindredactie: Amir Andriesse, Diemen
Opmaak: Hubert Bredt, Amsterdam (binnenwerk);
Atelier van Wageningen, Amsterdam (omslag)
Grafisch concept: Groschwitz, Hamburg
Ontwerp omslag: Yu Zhao Design, Den Haag
Cartografie: © DuMont Reisekartografie, Fürstenfeldbruck

Vijfde, herziene druk
ISBN: 978 90 18 04154 0

www.anwb.nl.